U0685660

最新中国税收制度

李晶 刘澄 编著

中国社会科学出版社

图书在版编目（CIP）数据

最新中国税收制度/李晶，刘澄编著．—北京：中国社会科学出版社，2010.1

ISBN 978－7－5004－8408－0

（群体·社会丛书）

Ⅰ．最…　Ⅱ．①李…②刘…　Ⅲ．税收制度—基本知识—中国　Ⅳ．①F812.422

中国版本图书馆 CIP 数据核字（2009）第 233643 号

策划编辑　卢小生（E－mail：georgelu@vip.sina.com）
责任编辑　卢小生
责任校对　王应来
封面设计　杨　蕾
技术编辑　李　建

出版发行　中国社会科学出版社
社　　址　北京鼓楼西大街甲 158 号　　邮　编　100720
电　　话　010－84029450（邮购）
网　　址　http://www.csspw.cn
经　　销　新华书店
印　　刷　北京新魏印刷厂　　装　订　丰华装订厂
版　　次　2010 年 1 月第 1 版　　印　次　2010 年 1 月第 1 次印刷
开　　本　787×1092　1/16　　插　页　2
印　　张　40.75　　印　数　1—6000 册
字　　数　986 千字
定　　价　68.00 元

前　言

中国正经历着新一轮税制改革，中国人正面临着新一批税收制度。每一个处在新时代的人，必然要面对全新的税制。本书冠名《最新中国税收制度》，正是从税收基础理论和基本知识入手，以介绍最新中国税制为主要目标，在内容上强调理论性和实务性兼备，但以实务性为主，阐述税收制度、税制结构、税制改革及具体税种的操作实务的基础知识。

从总体上看，本书具有以下鲜明的特征：

其一，内容新。1994 年，中国在货物制造领域普遍实行生产型增值税；自 2004 年 7 月 1 日起，在东北地区率先实行增值税转型试点；自 2007 年 7 月 1 日起，在中部地区进行扩大增值税抵扣范围试点；自 2008 年 7 月 1 日起，对受灾严重地区实行增值税扩大抵扣范围政策；自 2009 年 1 月 1 日起，伴随中国政府扩大内需、促进经济增长的措施出炉，消费型增值税在全国范围内实施，改革过程历久而弥新。为了确保增值税转型改革的顺利实施，做好增值税、消费税和营业税之间的衔接，在推出新《中华人民共和国增值税暂行条例》的同时，还推出了新《中华人民共和国消费税暂行条例》和《中华人民共和国营业税暂行条例》，增值税、消费税、营业税改革同步进行。2007 年 3 月 16 日，第十届全国人民代表大会第五次会议通过了《中华人民共和国企业所得税法》，并自 2008 年 1 月 1 日起实施。2007 年 11 月 28 日，国务院第 197 次常务会议审议原则通过了《中华人民共和国企业所得税法实施条例》，自 2008 年 1 月 1 日起与新企业所得税法同步实施。在随后的一年时间内，财政部、国家税务总局分别以财税、国税发、国税函形式下发了大量的补充性文件，联合其他部委下发了各类文件，一批批指导性文件陆续公布实施。

全新的消费型增值税允许企业对新购进机器设备所含的增值税进项税额予以抵扣，将会给中国税收制度带来至关重要的影响。企业亟须透视增值税转型改革，把握政策的走向与脉搏，及时应对并且应变，以从政府的税制改革中获得最大利益。而无论是内资企业还是外资企业，都必须重新审视自己的发展策略与经营计划，把握新税收条例及相关政策影响，通过研读企业所得税法的实施条例，以评估新的政策指引对其经营模式、投资布局和融资策略的影响；内资企业需要复核其境外子公司等海外投资的组织结构、经营状况，应对新的“受控外国公司”条款和境外税款抵免的规定；外商投资企业及其海外投资方则将面临更高的税收负担，需要考虑减小因丧失税收优惠而带来的成本压力。一年多来，法律法规大量地充实了企业所得税法，弥补了企业所得税法执行中的不足，也使纳税人在学习时无从下手。本书正是为解决上述问题而著，因此，本书适合于希望了解和掌握最新中国税收制度的所有人员。

其二，税种全。在内容上，本书集中介绍了全部最新的增值税、消费税、营业税企业所得税和个人所得税政策，介绍了近两年内全部最新的房产税、城镇土地使用税、土地增值税、契税、车辆购置税、车船税和印花税政策，烟叶税等相关税种。可以说，本书囊括了到目前为止中国正在发挥调控作用的全部税种，涵盖了税收领域的主要知识点，有助于全面了解和掌握税收实务。因此，本书适合于企业管理人员阅读，可作为从事经济、管理工作的相关人员的培训教材和参考书。

其三，解析透。在体例上，本书主要遵循税制要素的顺序，对最新政策进行介绍；在风格上，抛弃传统的简单摘抄文件，而基于理解、学习、使用政策的角度来解释最新政策，并且对于重点政策辅以大量翔实的例题和解析说明，通过政策解析和案例说明来阐述与分析政策，引导读者快速掌握税收政策的精髓。本书在每章之后，都编写了内容提要、参考题、练习题和案例，以方便读者结合学时安排和最新税法的变化，合理安排学习内容，应对中国税收制度和税收法规体系的快速变革。因此，本书可作为高等学校经济、管理等相关专业的教材使用，是高校教师与学生学习最新中国税收制度的实用教材。由于其内容与重点紧扣注册会计师和注册税务师的知识体系，本书也可作为备考注册会计师与注册税务师的复习用书。

本书主要根据税法的最新发展，结合教学实践，配以大量的政策解析、案例说明，使之更加适应教学实践，也便于读者阅读和理解。本书大纲由刘澄、李晶共同研究确定，刘澄负责第一章、第二章、第五章、第六章、第十六章和第十七章的编写，李晶负责其余章节的编写，曾小伟和张跃瑗对本书进行了认真的校对。全书最后由刘澄负责统稿和协调工作。

由于作者在学校担负着繁重的教学科研工作，本书的写作基本是在业余时间进行的，写作和研究的过程历经艰辛。可喜的是，经过作者的努力，书稿终于付印了。在此，感谢出版社编辑们在幕后所做的大量编辑、修改工作，使本书能够尽快与读者见面。

尽管作者一直在不懈努力，但书中必定还会存在一些缺点和错误，恳请各位读者和同行提出宝贵意见。

李 晶　　刘 澄

2009 年 8 月于东北财经大学

目　录

第一篇　税收制度基础理论

第一章　税收与税法…………………………………………………… 3

第一节　税收的含义与特征…………………………………………… 3

一、税收的含义 ……………………………………………………… 3

二、传统意义的税收特征 …………………………………………… 3

第二节　税法的含义与构成要素……………………………………… 5

一、税法的含义 ……………………………………………………… 5

二、税法的构成要素 ………………………………………………… 5

第二章　中国税收制度………………………………………………… 8

第一节　中国税收的起源与变迁……………………………………… 8

第二节　新中国的税收制度…………………………………………… 8

第三节　最新税制改革的主要内容 ………………………………… 10

一、最新税制改革的背景…………………………………………… 10

二、最新税制改革的主要内容……………………………………… 10

第四节　现行税收制度的基本情况 ………………………………… 13

第二篇　商品税类

第三章　增值税 ……………………………………………………… 17

第一节　增值税概述 ………………………………………………… 17

一、增值税的计税原理及方法……………………………………… 17

二、增值税的来源…………………………………………………… 18

三、增值税的类型…………………………………………………… 19

四、增值税的特点…………………………………………………… 19

五、中国增值税的发展历程………………………………………… 20

第二节　征税范围 …………………………………………………… 23

一、征税范围的一般规定…………………………………………… 23

二、征税范围的特殊规定…………………………………………… 24

第三节　税率和征收率 ……………………………………………… 26

一、增值税税率 …… 26
二、征收率 …… 27
三、增值税税率的调整 …… 28
四、旧货销售 …… 28
第四节　纳税人的分类及管理 …… 30
一、纳税人的一般规定 …… 30
二、纳税人的分类标准 …… 31
三、纳税人的分类管理 …… 33
第五节　税收优惠 …… 34
一、税收优惠的一般规定 …… 34
二、税收优惠的特殊规定 …… 35
第六节　应纳税额的计算 …… 40
一、一般纳税人应纳税额的计算 …… 40
二、小规模纳税人应纳税额的计算 …… 42
第七节　销项税额的计算 …… 42
一、销项税额的计算 …… 42
二、销售额的计算 …… 43
第八节　进项税额的确定 …… 50
一、准予抵扣的进项税额 …… 50
二、不得抵扣的进项税额 …… 54
三、进项税额的转出 …… 55
第九节　进口货物应纳税额的计算 …… 59
一、进口货物适用税率 …… 59
二、应纳税额的计算 …… 59
第十节　出口货物退(免)税制度 …… 61
一、出口货物退(免)税基本政策 …… 61
二、出口货物退(免)税的适用范围 …… 62
三、出口退税的计算 …… 64
第十一节　增值税申报缴纳 …… 70
一、纳税义务发生时间 …… 70
二、征收机关 …… 71
三、纳税期限 …… 72
四、纳税地点 …… 72
第十二节　增值税专用发票管理 …… 72
一、专用发票的基本规定 …… 73
二、专用发票的领购与开具 …… 74
三、报税与缴销 …… 75
四、认证与税额抵扣 …… 76

五、已开具专用发票丢失的处理……………………………………………………… 77
六、失控增值税专用发票的处理………………………………………………………… 77
练习与思考 ……………………………………………………………………………… 77
第四章 消费税 ……………………………………………………………………… 90
第一节 消费税概述 ……………………………………………………………………… 90
一、消费税的概念……………………………………………………………………… 90
二、消费税的特点……………………………………………………………………… 90
三、消费税与增值税的关系…………………………………………………………… 91
第二节 消费税征税范围 ……………………………………………………………… 91
一、烟…………………………………………………………………………………… 91
二、酒及酒精…………………………………………………………………………… 91
三、化妆品……………………………………………………………………………… 92
四、贵重首饰及珠宝玉石……………………………………………………………… 93
五、鞭炮焰火…………………………………………………………………………… 93
六、成品油……………………………………………………………………………… 93
七、汽车轮胎…………………………………………………………………………… 95
八、摩托车……………………………………………………………………………… 95
九、小汽车……………………………………………………………………………… 95
十、高尔夫球及球具…………………………………………………………………… 96
十一、高档手表………………………………………………………………………… 96
十二、游艇……………………………………………………………………………… 96
十三、木制一次性筷子………………………………………………………………… 96
十四、实木地板………………………………………………………………………… 97
第三节 消费税纳税人 ………………………………………………………………… 98
一、纳税义务人………………………………………………………………………… 98
二、代收代缴义务人…………………………………………………………………… 99
三、课税环节…………………………………………………………………………… 99
第四节 税率 ……………………………………………………………………………… 99
一、税率形式…………………………………………………………………………… 99
二、消费税税率 ……………………………………………………………………… 100
三、适用税率的特殊规定 …………………………………………………………… 102
第五节 生产销售环节应纳税额的计算……………………………………………… 104
一、从价计征消费税的计算办法 …………………………………………………… 104
二、从量计征消费税的计算办法 …………………………………………………… 111
三、复合计征消费税的计算办法 …………………………………………………… 112
第六节 自产自用环节应纳税额的计算……………………………………………… 112
一、自产自用应税消费品的税务处理 ……………………………………………… 112
二、自产自用环节应纳税额的计算 ………………………………………………… 112

第七节　委托加工环节应纳税额的计算 …… 115
一、委托加工应税消费品的税务处理 …… 115
二、委托加工环节应纳税额的计算 …… 116
第八节　进口环节应纳税额的计算 …… 121
一、进口应税消费品的税务处理 …… 121
二、进口环节应纳税额的计算 …… 122
第九节　批发环节应纳税额的计算 …… 125
一、批发卷烟的税务处理 …… 125
二、批发环节应纳税额的计算 …… 125
第十节　零售环节应纳税额的计算 …… 126
一、零售应税消费品的税务处理 …… 126
二、零售环节应纳税额的计算 …… 129
第十一节　出口退(免)税 …… 130
一、出口货物退(免)税基本政策 …… 130
二、出口货物退(免)税的适用范围 …… 130
三、出口货物退税率 …… 130
四、出口退税管理 …… 131
第十二节　消费税申报缴纳 …… 131
一、纳税义务发生时间 …… 131
二、纳税地点 …… 131
三、纳税期限 …… 132
四、报税缴税的方法 …… 132
练习与思考 …… 133
第五章　营业税 …… 144
第一节　营业税概述 …… 144
一、营业税概念 …… 144
二、营业税的特点 …… 144
三、营业税的发展历程 …… 145
四、营业税的作用 …… 145
第二节　营业税征税范围的一般规定 …… 146
一、征税范围的一般规定 …… 146
二、征税范围的特殊规定 …… 147
第三节　营业税纳税人的一般规定 …… 148
一、纳税人 …… 148
二、扣缴义务人 …… 148
第四节　营业税税率 …… 149
一、基本规定 …… 149
二、税率的调整 …… 149

第五节 营业税税收优惠…… 150
一、起征点优惠 …… 150
二、先征后返 …… 150
三、减免税优惠 …… 150
第六节 营业税应纳税额计算的一般规定…… 170
一、计税依据 …… 170
二、应纳税额的计算 …… 171
第七节 交通运输业营业税的特殊规定…… 171
一、征税范围 …… 171
二、纳税人 …… 173
三、计税依据 …… 174
第八节 建筑业营业税的特殊规定…… 175
一、征税范围 …… 175
二、纳税人 …… 177
三、计税依据 …… 177
第九节 文化体育业营业税的特殊规定…… 179
一、征税范围 …… 179
二、纳税人 …… 180
三、计税依据 …… 181
第十节 邮电通信业营业税的特殊规定…… 181
一、征税范围 …… 181
二、纳税人 …… 183
三、计税依据 …… 183
第十一节 金融保险业营业税的特殊规定…… 184
一、征税范围 …… 184
二、纳税人 …… 185
三、计税依据 …… 186
第十二节 服务业营业税的特殊规定…… 188
一、征税范围 …… 188
二、纳税人 …… 191
三、计税依据 …… 191
第十三节 娱乐业营业税的特殊规定…… 194
一、征税范围 …… 194
二、纳税人 …… 195
三、计税依据 …… 195
第十四节 销售不动产营业税的特殊规定…… 195
一、征税范围 …… 195
二、纳税人 …… 196

三、计税依据 …… 197
第十五节 转让无形资产营业税的特殊规定 …… 198
一、征税范围 …… 198
二、纳税人 …… 200
三、计税依据 …… 200
第十六节 营业税申报缴纳 …… 200
一、纳税义务发生时间 …… 200
二、纳税期限 …… 201
三、纳税地点 …… 202
四、纳税申报 …… 204
练习与思考 …… 204
第六章 城市维护建设税 …… 209
第一节 城市维护建设税概述 …… 209
一、城市维护建设税的发展 …… 209
二、城市维护建设税的特点 …… 209
三、城市维护建设税的作用 …… 210
四、城市维护建设税的现状及要求 …… 210
第二节 城市维护建设税征税范围 …… 211
第三节 城市维护建设税纳税人 …… 211
第四节 城市维护建设税税率 …… 211
第五节 城市维护建设税税收优惠 …… 212
第六节 城市维护建设税应纳税额的计算 …… 213
一、计税依据 …… 213
二、应纳税额的计算 …… 213
第七节 城市维护建设税申报缴纳 …… 214
一、纳税环节 …… 214
二、纳税地点 …… 214
三、纳税期限 …… 214
四、纳税申报 …… 215
附:教育费附加的有关规定 …… 215
练习与思考 …… 216
第七章 关税 …… 219
第一节 关税概述 …… 219
一、关税的概念 …… 219
二、关税的发展历程 …… 219
三、关税的作用 …… 220
第二节 关税征税范围 …… 221
第三节 关税纳税人 …… 221

第四节 进出口税则…………………………………………………………………… 221
一、税率设置原则 ………………………………………………………………… 221
二、进口关税税率 ………………………………………………………………… 222
三、特别关税 ……………………………………………………………………… 222
四、出口关税税率 ………………………………………………………………… 223
五、税率的运用 …………………………………………………………………… 223
第五节 原产地原则…………………………………………………………………… 224
第六节 关税税收优惠………………………………………………………………… 225
一、进口关税优惠 ………………………………………………………………… 225
二、出口关税优惠 ………………………………………………………………… 233
三、延期缴纳税款优惠 …………………………………………………………… 234
第七节 进口关税应纳税额的计算…………………………………………………… 234
一、一般进口货物完税价格的确定 ……………………………………………… 234
二、特殊进口货物完税价格的确定 ……………………………………………… 238
三、进境物品进口税 ……………………………………………………………… 239
第八节 出口关税应纳税额的计算…………………………………………………… 240
一、出口货物完税价格的确定 …………………………………………………… 240
二、进出口货物完税价格中的运输及相关费用、保险费的计算………………… 240
第九节 关税征收管理………………………………………………………………… 241
一、关税保全和强制执行 ………………………………………………………… 241
二、关税的退还 …………………………………………………………………… 241
三、关税的补征和追征 …………………………………………………………… 241
四、报关企业和其他单位的法律责任 …………………………………………… 242
五、关税纳税争议 ………………………………………………………………… 242
第十节 关税申报缴纳………………………………………………………………… 242
一、关税的申报 …………………………………………………………………… 242
二、关税的缴纳 …………………………………………………………………… 242
练习与思考…………………………………………………………………………… 243

第三篇 费用税类

第八章 印花税…………………………………………………………………………… 249
第一节 印花税概述…………………………………………………………………… 249
一、印花税的计税原理、特点及作用……………………………………………… 249
二、印花税的来源 ………………………………………………………………… 249
第二节 印花税征税范围……………………………………………………………… 250
一、经济合同 ……………………………………………………………………… 250
二、产权转移书据 ………………………………………………………………… 251

三、营业账簿 …… 251
四、权利、许可证照 …… 251
五、财政部确定征税的其他凭证 …… 251
第三节 印花税纳税人 …… 252
一、立合同人 …… 252
二、立据人 …… 252
三、立账簿人 …… 252
四、领受人 …… 252
五、使用人 …… 252
第四节 印花税税率 …… 253
一、印花税税目 …… 253
二、印花税税率 …… 254
第五节 印花税税收优惠 …… 255
一、先征后返 …… 255
二、减免税 …… 256
第六节 印花税应纳税额的计算 …… 262
一、计税依据的一般规定 …… 262
二、计税依据的特殊规定 …… 263
三、应纳税额的计算 …… 265
第七节 印花税税收征管 …… 266
一、征收管理 …… 266
二、违章处罚 …… 267
第八节 印花税申报缴纳 …… 267
一、纳税方法 …… 267
二、纳税环节 …… 268
三、纳税地点 …… 268
四、纳税申报 …… 268
五、关于发行2008年印花税票的通知 …… 269
练习与思考 …… 269
第九章 房产税 …… 271
第一节 房产税概述 …… 271
一、房产税的发展 …… 271
二、房产税的特点 …… 271
三、房产税的作用 …… 272
第二节 房产税征税范围 …… 272
一、征税范围 …… 272
二、征税对象 …… 272
第三节 房产税纳税人 …… 273

第四节　房产税税率…… 274
一、计税依据 …… 274
二、税率 …… 275
第五节　房产税税收优惠…… 275
一、低税率 …… 275
二、减免税 …… 275
第六节　房产税应纳税额的计算…… 280
一、从价计征的计算 …… 280
二、从租计征的计算 …… 281
第七节　房产税申报缴纳…… 281
一、纳税义务发生时间 …… 281
二、纳税期限 …… 282
三、纳税地点 …… 282
四、纳税申报 …… 282
练习与思考…… 282
第十章　城镇土地使用税…… 284
第一节　城镇土地使用税概述…… 284
一、城镇土地使用税的发展 …… 284
二、城镇土地使用税的特点 …… 284
三、城镇土地使用税的作用 …… 285
第二节　城镇土地使用税征税范围…… 285
第三节　城镇土地使用税纳税人…… 286
第四节　城镇土地使用税税率…… 286
第五节　城镇土地使用税税收优惠…… 287
一、机关团体、事业单位自用土地的优惠…… 287
二、军队、武警、国防和劳教系统自用土地的优惠 …… 288
三、公共用地的优惠 …… 289
四、卫生、农业用地的优惠…… 290
五、教育科研和宣传文化事业用地的优惠 …… 290
六、金融机构、资产重组土地的优惠…… 292
七、能源、交通、水利用地的优惠 …… 292
八、廉租住房、经济适用住房建设用地等优惠…… 293
九、其他用地的优惠 …… 294
第六节　城镇土地使用税应纳税额的计算…… 296
一、计税依据 …… 296
二、应纳税额的计算 …… 296
第七节　城镇土地使用税申报缴纳…… 296
一、纳税期限 …… 296

二、纳税义务发生时间 …… 296
三、纳税地点和征收机构 …… 297
四、纳税申报 …… 297
练习与思考 …… 297
第十一章　耕地占用税 …… 299
第一节　耕地占用税概述 …… 299
一、耕地占用税的特点 …… 299
二、耕地占用税的作用 …… 299
第二节　耕地占用税征税范围 …… 300
第三节　耕地占用税纳税人 …… 300
第四节　耕地占用税税率 …… 301
一、税率的基本规定 …… 301
二、适用税额中应注意的问题 …… 301
第五节　耕地占用税税收优惠 …… 302
一、免征耕地占用税 …… 302
二、减征耕地占用税 …… 302
第六节　耕地占用税应纳税额的计算 …… 303
一、计税依据 …… 303
二、应纳税额的计算 …… 303
第七节　耕地占用税申报缴纳 …… 304
一、纳税义务发生时间 …… 304
二、纳税期限 …… 304
三、纳税地点 …… 304
四、征收机关 …… 304
练习与思考 …… 305
第十二章　车船税 …… 306
第一节　车船税概述 …… 306
一、车船税概念 …… 306
二、车船税的发展演变 …… 306
三、车船税的作用 …… 306
第二节　车船税征税范围 …… 307
第三节　车船税纳税人 …… 307
第四节　车船税税率 …… 307
第五节　车船税税收优惠 …… 309
一、法定减免 …… 309
二、特定减免 …… 309
第六节　车船税应纳税额的计算 …… 310
一、计税依据 …… 310

二、应纳税额的计算 …… 310
第七节 车船税申报缴纳 …… 311
一、纳税义务发生时间 …… 311
二、纳税期限 …… 311
三、纳税地点 …… 311
四、征收管理 …… 311
练习与思考 …… 312

第四篇 资本税类

第十三章 车辆购置税 …… 317
第一节 车辆购置税概述 …… 317
一、车辆购置税概念 …… 317
二、车辆购置税的特点 …… 317
三、车辆购置税的发展演变 …… 317
四、车辆购置税的作用 …… 318
第二节 车辆购置税征税范围 …… 319
第三节 车辆购置税纳税人 …… 319
第四节 车辆购置税税率 …… 319
第五节 车辆购置税税收优惠 …… 320
第六节 车辆购置税应纳税额的计算 …… 321
一、计税依据 …… 321
二、应纳税额的计算 …… 324
第七节 车辆购置税申报缴纳 …… 324
一、纳税环节 …… 324
二、纳税期限 …… 324
三、纳税地点 …… 325
四、纳税申报要求 …… 325
五、缴税方法 …… 325
六、退税管理 …… 326
练习与思考 …… 326
第十四章 契税 …… 328
第一节 契税概述 …… 328
一、契税的概念和发展历程 …… 328
二、契税的特点 …… 328
三、契税的作用 …… 328
第二节 契税征税范围 …… 329
第三节 契税纳税人 …… 330

第四节 契税税率…… 331
第五节 契税税收优惠…… 331
一、机关团体、事业单位、军事单位的优惠 …… 331
二、购买住房的优惠 …… 332
三、企业改制、重组的优惠…… 333
四、其他优惠 …… 334
第六节 契税应纳税额的计算…… 335
一、计税依据 …… 335
二、应纳税额的计算 …… 336
第七节 契税申报缴纳…… 337
一、纳税义务发生时间 …… 337
二、纳税期限 …… 337
三、纳税地点 …… 337
四、征收机关 …… 337
五、委托代征和直征制度 …… 338
六、契税减免管理办法 …… 338
练习与思考…… 338

第五篇 其他税类

第十五章 土地增值税…… 343
第一节 土地增值税概述…… 343
一、土地增值税的发展 …… 343
二、土地增值税的特点 …… 344
三、土地增值税的作用 …… 344
第二节 土地增值税征税范围…… 345
一、征税范围 …… 345
二、征税范围的界定 …… 345
三、征税范围的若干具体情况的判定 …… 346
第三节 土地增值税纳税人…… 349
第四节 土地增值税税率…… 349
第五节 土地增值税税收优惠…… 350
一、建造普通标准住宅 …… 350
二、国家征用收回的房地产 …… 350
三、个人转让房地产 …… 351
四、其他税收优惠 …… 351
第六节 土地增值税应纳税额的计算…… 351
一、应税收入的确定 …… 351

二、法定扣除项目的确定 …………………………………………………… 352
三、增值额的确定 …………………………………………………………… 355
四、应纳税额的计算 ………………………………………………………… 356
第七节 土地增值税申报缴纳……………………………………………… 357
一、申报时间 ………………………………………………………………… 357
二、纳税地点 ………………………………………………………………… 357
三、纳税申报 ………………………………………………………………… 357
四、房地产开发企业土地增值税清算 ……………………………………… 358
五、清算后再转让房地产的处理 …………………………………………… 359
练习与思考………………………………………………………………… 360
第十六章 资源税……………………………………………………………… 363
第一节 资源税概述………………………………………………………… 363
一、资源税概念 ……………………………………………………………… 363
二、资源税的特点 …………………………………………………………… 363
三、资源税的发展演变 ……………………………………………………… 364
四、资源税的作用 …………………………………………………………… 364
第二节 资源税征税范围…………………………………………………… 365
一、矿产品 …………………………………………………………………… 365
二、盐 ………………………………………………………………………… 365
第三节 资源税纳税人……………………………………………………… 366
一、纳税人 …………………………………………………………………… 366
二、扣缴义务人 ……………………………………………………………… 367
第四节 资源税税率………………………………………………………… 367
第五节 资源税税收优惠…………………………………………………… 368
一、减免税 …………………………………………………………………… 368
二、税额扣除 ………………………………………………………………… 369
三、进出口征税 ……………………………………………………………… 369
第六节 资源税应纳税额的计算…………………………………………… 369
一、计税依据 ………………………………………………………………… 369
二、应纳税额的计算 ………………………………………………………… 370
第七节 资源税申报缴纳…………………………………………………… 370
一、纳税义务发生时间 ……………………………………………………… 370
二、纳税期限 ………………………………………………………………… 371
三、纳税地点 ………………………………………………………………… 371
练习与思考………………………………………………………………… 371
第十七章 烟叶税……………………………………………………………… 374
第一节 烟叶税概述………………………………………………………… 374
一、烟叶税的由来 …………………………………………………………… 374

二、烟叶税的作用 …… 374
第二节 烟叶税征税范围 …… 375
第三节 烟叶税纳税人 …… 375
第四节 烟叶税税率 …… 375
第五节 烟叶税税收优惠 …… 375
第六节 烟叶税应纳税额的计算 …… 375
第七节 烟叶税申报缴纳 …… 376
练习与思考 …… 376

第六篇 所得税类

第十八章 企业所得税 …… 381
第一节 企业所得税概述 …… 381
一、新企业所得税法及其实施条例的制定背景 …… 381
二、新企业所得税法及其实施条例的重大变化 …… 381
三、新企业所得税法及其实施条例的主要内容 …… 382
四、新企业所得税制度体系建设的总体设想 …… 382
第二节 企业所得税纳税义务人 …… 383
一、纳税义务人的基本规定 …… 383
二、纳税义务人的具体规定 …… 383
三、纳税义务人的纳税义务 …… 386
第三节 企业所得税征税对象 …… 387
一、征税对象的一般规定 …… 387
二、境内外所得的确定原则 …… 387
第四节 企业所得税税率 …… 389
一、基本税率 …… 389
二、特殊税率 …… 389
第五节 企业所得税优惠 …… 390
一、企业所得税税收优惠的主要特点 …… 390
二、企业所得税免税收入 …… 391
三、农林牧渔业项目的税收优惠 …… 394
四、公共基础设施项目的税收优惠 …… 399
五、资源综合利用的税收优惠 …… 400
六、环保节能、安全生产的税收优惠 …… 401
七、中国清洁发展机制基金及项目的税收优惠 …… 403
八、软件和集成电路产业的优惠政策 …… 404
九、核力发电企业的税收优惠 …… 405
十、创业投资企业的税收优惠 …… 405

十一、小型微利企业的税收优惠 …… 407
十二、高新技术企业的税收优惠 …… 408
十三、研究开发费用的税收优惠 …… 412
十四、技术转让所得的税收优惠 …… 415
十五、科技企业孵化器的税收优惠 …… 415
十六、安置残疾人员的税收优惠 …… 415
十七、再就业的税收优惠 …… 417
十八、文化事业单位转制的税收优惠 …… 417
十九、农村城市信用社改制的税收优惠 …… 417
二十、证券投资基金的税收优惠 …… 417
二十一、海峡两岸海上直航的税收优惠 …… 417
二十二、民族自治地方的税收优惠 …… 418
二十三、非居民企业境内所得的税收优惠 …… 418
二十四、外国投资者取得利润的税收优惠 …… 420
二十五、税收优惠的其他规定 …… 420
第六节 应纳税所得额的确定 …… 422
一、应纳税所得额的一般规定 …… 422
二、收入总额 …… 423
三、扣除项目 …… 434
四、不得扣除项目 …… 465
第七节 资产的税务处理 …… 468
一、资产计量属性的一般规定 …… 468
二、固定资产的税务处理 …… 469
三、生产性生物资产的税务处理 …… 476
四、无形资产的税务处理 …… 478
五、固定资产大修理支出的税务处理 …… 481
六、固定资产改建支出的税务处理 …… 482
七、投资资产的税务处理 …… 483
八、存货资产的税务处理 …… 484
九、开采油(气)资源企业资产的税务处理 …… 486
第八节 亏损与重组业务的税务处理 …… 487
一、亏损业务的税务处理 …… 487
二、重组业务的税务处理 …… 488
三、清算业务的税务处理 …… 491
第九节 应纳税额的计算 …… 492
一、应纳税额计算的一般方法 …… 492
二、非居民企业应纳税额的计算 …… 493
第十节 境外所得的税收抵免 …… 494

一、境外所得的税收抵免 …… 494
二、股息红利的间接抵免 …… 495
三、境外税额扣除的证明要求 …… 496
第十一节 企业所得税源泉扣缴…… 496
一、企业所得税源泉扣缴 …… 496
二、非居民企业所得税源泉扣缴 …… 499
三、境外派发股息的所得税扣缴 …… 502
四、贷款利息的所得税扣缴 …… 502
五、国际运输业务的所得税扣缴 …… 502
第十二节 特别纳税调整…… 502
一、关联方与关联关系 …… 503
二、关联申报 …… 504
三、同期资料管理 …… 504
四、转让定价方法 …… 506
五、转让定价调查及调整 …… 509
六、预约定价安排管理 …… 512
七、成本分摊协议管理 …… 517
八、受控外国企业管理 …… 519
九、资本弱化管理 …… 520
十、一般反避税管理 …… 523
十一、相应调整及国际磋商 …… 524
十二、法律责任 …… 525
十三、核定征收 …… 527
十四、其他规定 …… 528
第十三节 企业所得税核定征收…… 528
一、核定征收的适用范围 …… 528
二、核定征收办法 …… 529
三、核定应税所得率 …… 529
四、核定征收企业所得税 …… 530
五、核定征收企业所得税的鉴定工作程序 …… 531
第十四节 企业所得税申报缴纳…… 531
一、纳税地点 …… 531
二、汇总纳税的规定 …… 532
三、纳税期限 …… 537
四、预缴和汇算清缴 …… 537
五、向税务机关报送资料的规定 …… 540
六、清算所得 …… 541
七、外币折算 …… 541

八、税收征管 …… 542
练习与思考 …… 542
第十九章　个人所得税 …… 548
第一节　个人所得税概述 …… 548
一、个人所得税的发展 …… 548
二、个人所得税的计税原理、征收模式 …… 549
三、个人所得税的作用 …… 549
第二节　个人所得税征税范围 …… 550
一、所得来源的确定 …… 550
二、应税所得项目 …… 551
第三节　个人所得税纳税人 …… 553
一、居民纳税义务人 …… 553
二、非居民纳税义务人 …… 554
第四节　个人所得税税率 …… 555
一、工资、薪金所得适用税率 …… 555
二、个体工商户的生产、经营所得和对企事业单位的承包经营、承租经营所得适用税率 …… 555
三、稿酬所得适用税率 …… 556
四、劳务报酬所得适用税率 …… 557
五、特许权使用费所得，利息、股息、红利所得，财产租赁所得，财产转让所得，偶然所得和其他所得适用税率 …… 557
第五节　个人所得税税收优惠 …… 558
一、免征个人所得税的优惠 …… 558
二、减征个人所得税的优惠 …… 560
三、暂免征收个人所得税的优惠 …… 561
四、低税率优惠 …… 562
五、其他优惠规定 …… 563
六、税额扣除 …… 565
第六节　工资、薪金个人所得的特殊规定 …… 569
一、征税范围 …… 569
二、应纳税所得额的规定 …… 570
三、应纳税额的计算 …… 571
四、应纳税额计算中的特殊问题 …… 572
五、境外所得的税额扣除 …… 584
第七节　劳务报酬所得的特殊规定 …… 585
一、征税范围 …… 585
二、应纳税所得额的规定 …… 587
三、应纳税额的计算 …… 588

第八节 稿酬所得的特殊规定…… 590
一、征税范围 …… 590
二、应纳税所得额的规定 …… 590
三、应纳税额的计算 …… 591
第九节 个体工商户生产经营所得的特殊规定…… 591
一、征税范围 …… 591
二、应纳税所得额的规定 …… 592
三、应纳税额的计算 …… 593
第十节 对企事业单位承包承租经营所得的特殊规定…… 596
一、征税范围 …… 596
二、应纳税所得额的规定 …… 596
三、应纳税额的计算 …… 596
第十一节 特许权使用费所得的特殊规定…… 596
一、征税范围 …… 596
二、应纳税所得额的规定 …… 597
三、应纳税额的计算 …… 598
第十二节 财产租赁所得的特殊规定…… 598
一、征税范围 …… 598
二、应纳税所得额的规定 …… 598
三、应纳税额的计算 …… 598
第十三节 财产转让所得的特殊规定…… 600
一、征税范围 …… 600
二、应纳税所得额的规定 …… 603
三、应纳税额的计算 …… 604
四、应纳税额计算中的特殊问题 …… 604
第十四节 股息利息红利所得的特殊规定…… 606
一、征税范围 …… 606
二、应纳税所得额的规定 …… 608
三、应纳税额的计算 …… 609
第十五节 偶然所得的特殊规定…… 609
一、征税范围 …… 609
二、应纳税所得额的规定 …… 610
三、应纳税额的计算 …… 610
第十六节 其他所得的特殊规定…… 610
一、征税范围 …… 610
二、应纳税所得额的规定 …… 611
三、应纳税额的计算 …… 611
第十七节 个人所得税申报缴纳…… 611

一、自行申报纳税 …… 611
二、代扣代缴纳税 …… 615
三、核定征收 …… 617
四、个人所得税的管理 …… 618
练习与思考 …… 622

第一篇　税收制度基础理论

本篇是税收基础理论篇，主要介绍税收制度的基本情况及税收制度变迁，其中税收制度概述主要包括税收制度的内容、税收制度的确定原则及我国税制结构的基本情况；我国税收制度变迁主要包括中国税收制度的改革，着重介绍了最新税收制度改革背景以及最新税收制度的基本情况。通过本章学习，要求读者了解我国的税收制度基本情况和正在进行中的新一轮税制改革。

第一章　税收与税法

第一节　税收的含义与特征

一、税收的含义

税收概念是整个税收大厦的基石，是税收理论和实践的基础。目前，我国税收理论界关于税收概念的表述有多种多样。归纳起来，主要有以下几种：1980 年，中华书局出版的《辞海》对税收概念的表述为，“税收是国家对有纳税义务的组织和个人所征收的货币和实物”，将税收解释为“一种收入”。1985 年，《中国税务》第 5 期将税收概念表述为，“税收则是对实物和货币的征收，是一个过程、一种活动”，将税收解释为“一种活动”。1988 年，税务总局政策研究处主编的《税收工作常用词汇》将税收概念表述为，“税收是国家为了实现其职能，凭借政治权力，按照法律规定标准，强制地、无偿地取得财政收入的一种形式”，将税收解释为“一种形式”。1987 年 11 月，东北财经大学出版社出版的《国家税收》对税收概念的表述为，“税收是国家为了实现其职能，制定并依据法律规定的标准，强制地、无偿地取得财政收入的一种手段”，将税收解释为“一种手段”。2008 年，东北财经大学出版社出版的《中国税收》将税收概念表述为，“税收是政府为满足其支出需要，依据其执行公共职能产生的一般利益，按照法律事先确定的范围和标准，向经济活动主体强制地征收一部分收入的课征形式”，将税收解释为“一种形式”。

就税收的本质而言，所谓“税收”，可以理解为“税的收取”或者“税的征收”。税字由“禾”与“兑”组成。“禾”在古书上指粟，就是谷子。“兑”有凭票据支付或领取的意思。可见，当初的税是农民把粮食缴给国家，以维持国家的生存。因此可以说，税收是国家为实现其职能，凭借政治权力，按照法律规定，通过税收工具强制地、无偿地参与国民收入和社会产品的分配和再分配取得财政收入的一种形式。

二、传统意义的税收特征

税收作为政府筹集财政收入的一种规范形式，具有区别于其他财政收入形式的特点。与其他分配方式相比，税收具有强制性、无偿性和固定性的特征，习惯上称为税收的“三性”。

（一）税收的基本特征

1. 税收的强制性。税收的强制性是指国家凭借其公共权力，以法律、法令形式对税收征纳双方的权利（权力）与义务进行制约，既不是由纳税主体按照个人意志自愿缴纳，也不是按照征税主体随意征税，而是依据法律进行征税。税收的强制性包括以下含义：

(1) 凭借国家政治权力征税。在对社会产品分配过程中，通常存在着两种权力：一种是所有者权力；另一种是政治权力。国家征税是以社会管理者的身份凭借其政治权力，而非财产所有者权力；国家征税所依据的政治权力作为社会最高管理者所拥有的社会公共权力凌驾于所有权之上，可以对一切所有者行使，不受任何财产所有权和生产资料所有制形式的制约。依据政治权力强制征税是税收作为一种财政范畴的前提条件，也是政府满足公共需要的必要保证。

(2) 纳税人负有纳税的义务。我国《宪法》明确规定，我国公民有依照法律纳税的义务，纳税人必须依法纳税，否则就要受到法律的制裁。税收的强制性是社会资源从具体的纳税人手中，无偿地转移到政府手中。就本质上而言，任何纳税人都不会自愿纳税，而必须通过强制手段来实现。从另一角度分析，每一个社会成员都享受国家举办的社会公共需要的产品或质量，同时必须负担满足社会公共需要的资金，即负有纳税的义务。

(3) 征纳双方的分配关系以法律形式加以规范和制约。税收强制性的具体体现，就是以法治税。税收分配的实质是一种法律关系，是由税法所调整的税收征纳双方的权利和义务关系，任何一方，只要不遵守这种以法律规范的权利与义务的关系，都要受到法律的制裁。

需要说明的是，税收的强制性亦称强制而非惩罚性。它与国家凭借其政治权力，对各种违法活动进行的罚款及没收收入等形式有着根本的区别。在财政收入中，虽然税收与罚没收入都具有强制性，但罚款和没收的前提是主体违反了法律和行政法规，而税收是国家对正常经营活动的主体依法征税。

2. 税收的无偿性。税收的无偿性是指国家征税后，税款一律纳入国家财政预算，由财政统一分配，而不直接向具体纳税人返还或支付报酬。税收的无偿性包括以下含义：

(1) 在税收上，国家与具体纳税人之间不具有直接偿还性。税收的无偿性表明了税收是价值的单方面运动，纳税人在纳税的时候，不能取得任何等价物。

(2) 税收相对于具体纳税人有间接的偿还性。国家征税虽然不对具体纳税人进行直接偿还，但纳税人可以享用国家用税收兴办的各项公共事业，此时在量上可能不存在直接对等的关系，但是税收的间接偿还已得到了体现。

需要说明的是，税收的无偿性与间接偿还性是辩证统一的关系。税收的无偿性是对个体纳税人而言的，就具体的征税过程而言，国家对具体的纳税人不存在直接的偿还关系，国家征税虽然使纳税人丧失了部分资源的所有权，而且纳税人享有的公共利益与其缴纳的税款并非一对一的对等。但就纳税人的整体而言，从整个社会来看，政府使用税款的目的是向社会全体成员包括具体纳税人提供社会需要的公共产品和公共服务，国家的一些社会活动改善了人们生存与发展所需要的共同的外部环境，为全体社会成员提供了各种服务。因此，税收的无偿性表现为个体的无偿性和整体的有偿性。

3. 税收的固定性。税收的固定性是指税收是按照国家法律法规规定的标准征收的，即纳税人、课税对象、税目、税率、计价办法和期限等，都是税收法律法规预先规定了的，有一个比较稳定的试用期间，是一种固定的连续收入。税收的固定性包括以下含义：

(1) 税收法律法规具有相对的稳定性。税收已渗透到社会经济活动和人们日常生活的各个方面，国家对纳税人进行强制、无偿的征税，必须使纳税人熟悉法律对税收的有关规定，以便于履行纳税义务。同时由于国家征税会影响到纳税人的生活和生产决策，所以税收法律法规具有相对稳定性。

（2）征纳双方以法律、法规为准绳。税收的法律法规对纳税人与征税机关均有约束力，不仅要求纳税人依法纳税，同时也要求征税机关依法征税。税收制度确立之后，纳税人只要取得了应税物品，发生了应税行为，就应该按照税收法律法规规定的标准缴纳税款。同时征税机关作出的各种征税行为和其他具体行政行为，也必须以税收法律法规为依据。

（3）税收固定性是相对的。税收的固定性并非意味着税收法律法规是一成不变的。当社会经济发生或即将发生重大变化时，客观上要求对课税对象及税收标准等进行科学、合理的调整，同时税法也要进行适当的修改，这样才能对经济的发展发挥有效的调节和促进作用。但是，为了不影响人们的正常生活和生产决策，税收法律法规应当具有相对的稳定性，绝不能朝令夕改，随心所欲。这种稳定性主要表现为：税收立法权力和执法权力的分离，税收法律法规的变更必须经过一定的立法程序，国家各级行政机关作为执法部门，无权随意变更税法。坚持按照法定程序制定、修订税法，是实现依法治税的重要内容。

（二）税收特征之间的关系

税收的上述三个基本特征，是税收内在本质属性的外在表现，是一切税收的共性，是税收区别于其他财政收入形式的重要标志，三个基本特征是一个完整的统一体，无偿性是税收分配的核心特征，强制性和固定性是对无偿性的保证和约束。正是这三个基本特征，才使得税收成为财政收入的最主要的组成部分。

第二节 税法的含义与构成要素

一、税法的含义

税法即税收法律制度，是调整税收关系的法律规范的总称，是国家法律的重要组成部分。它是以宪法为依据，调整国家与社会成员在征纳税上的权利与义务关系，维护社会经济秩序和税收秩序，保障国家利益和纳税人合法权益的一种法律规范，是国家税务机关及一切纳税单位和个人依法征税的行为规则。

按各税法的立法目的、征税对象、权益划分、适用范围、功能作用的不同，可作不同的分类。一般采用按照税法的功能作用的不同，将税法分为税收实体法和税收程序法两大类。本书主要介绍中国最新的税收实体法。

二、税法的构成要素

税法构成要素是税收课征制度构成的基本因素，具体体现在国家制定的各种基本法中。主要包括纳税人、课税对象、税目、税率、减税免税、纳税环节、纳税期限、违章处理等。其中纳税人、课税对象、税率是税收课征制度或税收基本构成的基本因素。

（一）课税对象

征税对象又称征税客体，是一种税区别于另一种税的主要标志。每一种税都必须明确对什么征税，不同的税种有不同的征税对象，如营业税的征税对象按行业分类，是指交通运输业、建筑业、金融保险业、邮电通信业、文化体育业、娱乐业、服务业企业的经营业务收入；增值税的征税对象是企业商品的增值额。与课税对象相关的概念中，有一些需要进一步明确：

1. 税目。税目是征税对象的具体内容，亦称“课税品目”或“征税品目”。设置税目的目的是为了体现公平原则，根据不同项目的利润水平和国家经济政策，通过设置不同的税率进行税收调控；同时也是为了体现简便原则，对性质相同、利润水平相同且国家经济政策调控方向也相同的项目进行分类，以便按照项目类别设置税率。有些税种不分课税对象的性质，一律按照课税对象的应税数额采用同一税率计征税款，因此没有必要设置税目，如企业所得税。有些税种具体课税对象复杂，需要规定税目，如消费税共有 14 个税目，每一税目中包含着不同的产品，列入税目的产品就是应税产品，没有列入税目的就不是应税产品。

2. 计税依据。计税依据是征税对象的税基。为了解决征税的计算问题，我国税收制度对每一税种都规定了计税时的依据，即计税基数。如消费税中的化妆品是以销售价格为基数计算征税。计税依据一般可分为两种类型：

（1）从价计征，即以课税对象的自然数量与单位价格的乘积为计税依据，按这种方法计征的税种称从价税。如消费税的计税依据为产品销售收入，即产品的销售数量与单位销售价格的乘积。

（2）从量计征，即以课税对象的自然实物量为计税依据，按税法规定的计量标准（数量、重量、面积等）计算，按这种方法计征的税种称从量税。如车船税，对载客汽车以“每辆”为计税依据；对船舶以“净吨位每吨”为计税依据。

3. 税源。税源是征税对象的源泉，是指税款的最终来源。每种税收都有其各自的经济来源，如企业所得税的税源，是企业的经营利润；个人所得税的税源，是个人取得的各种收入等。税收制度中并不明确规定税源，但通过分析征税对象的税源，对研究税收的调节作用，以及税收的负担具有很重要的作用。

（二）纳税人

纳税人是法律、行政法规规定的直接负有纳税义务的单位和个人，又称纳税义务人、课税主体。纳税人作为缴纳税款的主体，可以是法人，也可以是自然人。自然人是在法律上形成为一个权利与义务的主体的普通人，他们以个人身份来承担法律所规定的纳税义务。法人是指依法成立，具有民事权利能力和民事行为能力，独立地行使法定权利并承担法律义务的社会组织，如公司、企业和各种社会团体等。法人和自然人依法从事各项生产经营活动，依法向国家履行纳税义务。

与纳税人相关的概念中，有一些概念需要进一步明确：

1. 负税人。负税人是指实际或最终承担税款的单位和个人。在所得税中，纳税人与负税人通常是一致的，在流转税中，由于税负转嫁，纳税人与负税人通常是不一致的。在纳税人能够通过各种方式把税负转嫁出去的情况下，纳税人只是替代负税人缴纳了税款，纳税人并不因为纳税而减少收入，此时纳税人就不再是负税人。需要说明的是，税法中并没有负税人的规定，国家在税法中只规定由谁负责缴纳税款，并不规定税款最终由谁承担。

2. 代扣代缴义务人。扣缴义务人是指法律、行政法规规定负有代扣代缴、代收代缴税款义务的单位和个人。扣缴义务人既可以是各种类型的企业，也可以是机关、社会团体、部队、学校和其他单位，或者是个体工商户、个人合伙经营者和其他自然人。扣缴义务人必须按税收制度代扣代收税款，按规定期限缴纳国库，国家一般在收入分散、纳税人分散时，采用源泉控制的征收方法，以保证国家的财政收入。确定代扣代缴义务人，有利于加强税收的源泉控制，简化征税手续，减少税款流失。

（三）税率

税率是税额与征税对象数额之间的比例，是计算税额的尺度。税率的高低直接关系到国家财政收入和纳税人的负担，因此，税率构成税收制度的中心环节。税率一般分为三大类：比例税率、累进税率和定额税率。

1. 比例税率。比例税率是指对同一征税对象不分数额大小只规定一个固定的征收比例。该税率适合于对商品流转额的征收，体现了横向公平，适用范围广泛，在实际应用中可分三种形式：

（1）单一比例税率，即一个税种只规定一个税率，如我国的企业所得税率为25%。

（2）差别比例税率，即对一个税种规定不同的比例税率，具体包括：产品差别比例税率，如消费税的税率；行业差别比例税率，如我国营业税中不同行业的税率；地区差别比例税率，如城市维护建设税中不同地区所采用的税率。

（3）幅度比例税率，即国家只规定最低和最高税率，各地可以因地制宜在此幅度内自由确定一个比例税率，如营业税中娱乐业采用5%—20%的幅度税率。

2. 累进税率。累进税率是指对同一征税对象随着数量的增加，征收比例也随之升高的税率。具体形式是将征税对象按数额（或按比例）大小划分为若干等级，对不同等级规定由低到高的不同税率。这种税率一般在对所得课税中运用，这样可以有效地调节纳税人的收入，正确处理税收负担的纵向公平问题。实行累进税率时存在累进依据和累进方法问题。

累进税率的累进依据按征税对象的指标形式分为绝对额和相对率两种，即“额累”和“率累”。额累是以征税对象的绝对额为依据划分级数，分级累进征税，如个人所得税的工资、薪金所得是按应纳税所得额大小分级累进征税。率累是以征税对象的相对率为依据分级数，分级累进征税，如土地增值税就是以土地增值额的增长率为依据，分级累进征税。

3. 定额税率。又称固定税率，是根据征税对象的计量单位直接规定固定的征税数额。征税对象的计量单位可以是重量、数量、面积、体积等自然单位，也可以是专门规定的复合单位。如城镇土地使用税以“平方米”这一计量单位为计税依据。按定额税率征税，税额的多少只同征税对象的数量有关，同价格无关。定额税率计税简便，适用于从量计征的税种。

第二章　中国税收制度

第一节　中国税收的起源与变迁

国家政权和私有制是税收存在的前提条件。我国古代的第一个奴隶制国家夏朝，最早出现的财政征收方式是“贡”，即臣属将物品进献给君王。虽然臣属必须履行这一义务，但由于贡的数量和时间并不确定，所以，“贡”只是税收的雏形。西周时，征收军事物资称“赋”；征收土产物资称“税”。春秋后期，赋与税统一按田亩征收。“赋”指军赋，即君主向臣属征集的军役和军用品，国家对关口、集市、山地、水面等征集的收入也称“赋”。公元前594年（鲁宣公十五年），鲁国实行了“初税亩”，按平均产量对土地征税，这是征收田税的最早记载。这种税收以征收实物为主，实行“初税亩”反映了土地制度的变化，是一种历史的进步。后来，“赋”和“税”并用统称赋税。秦汉时，分别征收土地税、壮丁税和户口税。明朝时，摊丁入地，按土地征税。直至清末，租税成为多种捐税的统称，其中，农民向地主缴纳实物称为租，向国家缴纳货币称为税。

民国初年，开始以银元为单位，赋税照原定额折征银元。民国三年后，军阀割据时期，各地自行订立苛捐杂税，任意征收，群众怨声载道。民国十七年，国民政府整顿税收，分中央税与地方税，但人民税负仍极繁重。民国二十四年至二十六年，征收的税有统税、营业税、烟酒税、烟酒营业税、车船使用牌照税、印花税等十几种，征收的捐有牛捐、船货捐、住户用捐、纸捐等近十种，征收的杂捐有牲畜营业税附加、建设附加、教育附加、契税附加等十几种。抗日战争爆发后，物价飞涨，货币贬值，各种税率、税额屡屡增加。如屠宰税，民国三十年改按时值2%—6%的税率计征，民国三十六年税率增至10%。

民国二十八年起，政府收回设柜派员驻征。国民政府为供应军粮、调剂民食、稳定市场起见，于民国三十年六月宣布田赋收回中央征管，还规定从民国三十年度（民国三十年七月至民国三十一年六月为一年度，以后历届征实均沿用跨年度）起，田赋改征实物。

第二节　新中国的税收制度

新中国成立以来，我国的税制经历了以下四个大的历史发展时期：

第一个时期是1949年新中国成立到1957年，即国民经济恢复和社会主义改造时期，这是新中国税制建立和巩固的时期。

第二个时期是1958—1978年年底党的十一届三中全会召开之前，这是我国税制曲折发展的时期。

第三个时期是1978年党的十一届三中全会召开之后到2004年，伴随着中国的对外开放历程，我国进入建立涉外税制和完善商品税制的新时期。

第四个时期始于2004年，我国面临着加入世界贸易组织和经济高速发展的新局面，税制改革处在新的发展时期。

在上述四个时期，我国的税收制度先后进行了六次重大改革：

第一次是在新中国成立之后的1950年，在总结老解放区税制建设的经验和全面清理旧中国税收制度的基础上建立了中华人民共和国的新税制。

第二次是1958年税制改革，其主要内容是简化税制，以适应社会主义改造基本完成、经济管理体制改革之后的形势的要求。

第三次是1973年税制改革，其主要内容仍然是简化税制，这是“文化大革命”的产物。

第四次是1984年税制改革，其主要内容是以建立涉外税制为突破口，普遍实行国有企业“利改税”和全面改革工商税收制度，以适应改革开放初期的形势，适应发展有计划社会主义商品经济的要求。1980年和1981年，我国先后公布了中外合资经营企业所得税法和外国企业所得税法。从1982年7月1日起，对机器机械等5种产品，在全国范围内试行征收增值税。同一天起，开征燃油特别税。1983—1984年进行“两步利改税”，把国有企业原上缴利润形式改为征税形式，用税收形式固定国家与国有企业的收入分配关系。到20世纪80年代中期，在我国逐步建立了一个与国内一般税利并存的特殊的涉外税制体系。

第五次是1994年税制改革，其主要内容是全面改革工商税收制度，以适应建立社会主义市场经济体制的要求。从1994年1月1日起开始实施的税制改革，确定的税制改革指导思想是：“统一税法，公平税负，简化税制，合理分权，理顺分配关系，保障财政收入，建立符合社会主义市场经济要求的税制体系。”1994年我国在实行分税制财政体制改革的同时，对税制进行了全面而重大的改革，在不增加企业和个人总体税负的前提下，实施了以增值税为核心的流转税制，统一了内资企业所得税，改革了个人所得税，撤并和开征了一些地方税，税种由原来的37个简并为23个，结构趋于合理，初步实现了改革目标。可以说，1994年税制改革是中国历史上规模最大、影响最深远的一次税制改革。我国现行税收制度体系正是在1994年税制改革的基础上建立起来的。

第六次是2004年税制改革，其主要内容是统一税制，以适应加入世界贸易组织和中国经济高速发展的要求。此次税制改革修订了《中华人民共和国消费税暂行条例》，从2006年4月1日起，对我国现行消费税的税目、税率及相关政策进行调整；统一了车船使用税和车船使用牌照税为车船税，于2007年1月1日起生效；修订了《中华人民共和国城镇土地使用税暂行条例》，自2007年1月1日起，城镇土地使用税每平方米年税额在原规定的基础上提高两倍，外商投资企业和外国企业也纳入了城镇土地使用税的征税范围；修订了《中华人民共和国个人所得税法》；统一了企业所得税和外商投资企业和外国企业所得税为《中华人民共和国企业所得税法》，于2008年1月1日起生效；统一了耕地占用税，于2008年1月1日起生效；废止了城市房地产税，外商投资企业和外国企业于2009年1月1日起统一适用房产税；修订了《中华人民共和国增值税暂行条例》，允许纳税人外购固定资产支付的进项税额从销项税额中抵扣，实行彻底的消费型增值税；同时修订了《中华人民共和国消费税暂行条例》、《中华人民共和国营业税暂行条例》，三部商品税条例同时于2009年1月1日起生效。

第三节　最新税制改革的主要内容

一、最新税制改革的背景

1994年税制改革，初步建立了适合我国国情和市场经济体制要求、与国际惯例趋于接轨的税制体系，改进和增强了税收的财政职能，税收收入保持了较快的增长速度，明显改善了依法治税环境，形成了中央税和地方税体系，调动了两个积极性，在适应改革开放和社会主义商品经济发展需要、增强财政职能方面功不可没。

1994年税制改革在取得成功的同时，由于税制设置自身的不完善性，加上经济社会环境的变化，也逐步显露出一系列亟待解决的问题。主要表现在：（1）税制结构不理想，间接税与直接税的比例失调；（2）税收功能体现不全面，收入功能较强，调控功能弱化；（3）税种结构不完善，生产型增值税不利于企业扩大再生产投资和升级转型，征收面不够广、抵扣链条中断，削弱了该税种的应有作用；（4）内、外资企业两套所得税并存，不利于企业的公平竞争；（5）个人所得税调节分配不公的作用始终没能有效发挥；（6）“废旧立新”、“清费立税”力度不大，一些该废除的税种没有废除，该开征的税种没有开征；（7）税费结构不合理，宏观税负（指综合税费负担，下同）偏重，但税收占GDP比例却偏低；（8）分税制不彻底、不合理，地方税体系没有得到完善；（9）税收立法权过于集中，地方作用难以得到应有的发挥。

此外，1994年税改后，我国面临的宏观经济环境发生了两大根本性的变化：一是从“短缺经济”变为“需求经济”，税收的“反通货膨胀”指向被“对付通货紧缩”所取代。二是经济全球化发展迅猛，加入世界贸易组织后，我国融入世界贸易组织主流经济的速度不断加快，现行税制与国际税制发展趋势相距甚远，应对能力明显不足，更谈不上前瞻性的税制建设，亟待进行新一轮的改革。

二、最新税制改革的主要内容

中国税收制度改革原则可概括为“简税制，宽税基，低税率，严征管”。现将具体税制改革措施总结如下：

（一）完善出口退税

1994年税制改革，我国建立了以新的增值税、消费税制度为基础的出口货物退（免）税制度。1996年，由于财政原因，中国政府开始下调退税率。2002年，对生产企业自营出口或委托外贸企业代理出口的自产货物出口退税全面实行“免、抵、退”税办法，企业可以直接得到出口退税带来的实惠。

（二）完善增值税

自2009年1月1日起，国家允许纳税人在销项税额中抵扣购进固定资产的进项税额，实现增值税由生产型向消费型的转换。同时，为堵塞因转型可能会带来的一些税收漏洞，修订后的增值税条例规定，与企业技术改进、生产设备更新无关的容易混为个人消费的自用消费品（如小汽车、游艇等）所含的进项税额，不得予以抵扣。此外，降低了小规模纳税人的征收率，对小规模纳税人不再设置工业和商业两档征收率，将征收率统一降至3%。在征收管理方面，为了方便纳税人纳税申报，提高纳税服务水平，缓解征收大厅的申报压力，将纳税申报期限从10日延长至15日。此外，明确了对境外纳税人如何确定扣缴义务人、扣缴义务发生时间、扣缴地点和扣缴期限的规定。

（三）改革消费税

2006年3月21日，国家对现行消费税的税目、税率及相关政策进行调整。此次政策调整是1994年税制改革以来消费税最大规模的一次调整。调整后的消费税设置14个税目，取消护肤护发品税目，扩大了石油制品的征收范围，增加了木制一次性筷子、实木地板、游艇、高尔夫球及球具和高档手表5个税目；调整了小汽车、摩托车、酒及酒精、汽车轮胎税目的适用税率。

自2009年1月1日起，卷烟和白酒各环节均适用复合计税的办法。

自2009年5月1日起，调整了烟产品消费税政策，明确规定甲类香烟的消费税从价税率由原来的45%调整至56%，乙类香烟由30%调整至36%，雪茄烟由25%调整至36%。与此同时，调整了原甲乙类香烟的划分标准，原来50元的分界线上浮至70元，即每标准条（200支）调拨价格在70元（不含增值税）以上（含70元）的卷烟为甲类卷烟，低于此价格的为乙类卷烟。另外，在中华人民共和国境内从事卷烟批发业务的单位和个人，凡是批发销售的所有牌号规格卷烟的，都要按批发卷烟的销售额（不含增值税）乘以5%的税率缴纳批发环节的消费税。

（四）完善营业税

2008年11月10日，新的《中华人民共和国营业税暂行条例》公布，自2009年1月1日起实施。该条例删除了转贷业务差额征税的规定，删除了营业税条例所附的税目税率表中征收范围一栏，调整了纳税地点的表述方式，与增值税条例衔接，将纳税申报期限从10日延长至15日。

（五）统一企业所得税

2007年3月16日，新的《中华人民共和国企业所得税法》通过并于2008年1月1日起实施。新企业所得税法规定企业所得税的税率为25%；对符合条件的小型微利企业，减按20%的税率征收企业所得税；对于国家重点扶持和鼓励发展的产业和项目，给予企业所得税优惠；对于国家需要重点扶持的高新技术企业，减按15%的税率征收企业所得税。新税法扩大了企业投资于环境保护、节能节水、安全生产等方面的税收优惠，增加了企业“从事符合条件的环境保护、节能节水项目的所得”可以享受减免税优惠等方面的内容。统一后的企业所得税，减轻了内资企业的税负，取消了外资企业的税收优惠，促使实际税负与名义税负趋于一致，体现了以财税手段促进社会公平和产业结构优化的精神，更加符合中国经济社会发展的需要。

（六）改革个人所得税

2005年10月27日，新《中华人民共和国个人所得税法》发布，自2006年1月1日起，将工资、薪金所得的费用扣除标准提高到1600元，2008年3月1日起又进一步提高到2000元，并规定自2006年1月1日起，年所得超过12万元的纳税人应自主申报缴纳个人所得税。新修订的个人所得税法提高了工资、薪金所得的费用扣除额，增强了对高收入者的调节力度和对低收入者的保护，降低了税收负担，标志着我国个税法更加走向统一和成熟。

（七）改革地方税制

2006年2月17日，国务院总理温家宝签署中华人民共和国国务院令第459号，宣布即日起废止1950年12月19日政务院发布的屠宰税暂行条例，使这个在新中国有着55年之久的税种退出了历史舞台。取消屠宰税，不仅有利于减轻纳税人负担，而且有利于革除征税过程中产生的种种弊端，改善纳税人与政府的关系。

2006年12月27日，发布《中华人民共和国车船税暂行条例》，并自2007年1月1日起施行。《中华人民共和国车船税暂行条例》合并了1951年政务院发布的《车船使用牌照税暂行条例》和1986年国务院发布的《中华人民共和国车船使用税暂行条例》，规定在中华人民共和国境内，车辆、船舶的所有人或者管理人为车船税的纳税人，应当依照规定缴纳车船税。这样规定，既有利于实际执行中界定纳税人，同时也有利于建立和完善我国的财产税体系，为地方财政建立一个稳定的税收来源。

2006年12月30日，发布《中华人民共和国城镇土地使用税暂行条例》，对1988年发布施行的《中华人民共和国城镇土地使用税暂行条例》作出修改，提高了城镇土地使用税税额标准，将每平方米年税额在1988年暂行条例规定的基础上提高两倍；将征收范围扩大到外商投资企业和外国企业。城镇土地使用税是我国目前在土地保有环节征收的唯一税种。此次修改城镇土地使用税暂行条例，加大了对建设用地的税收调节力度，对抑制建设用地的过度扩张起到了一定的作用。

2007年12月1日，公布《中华人民共和国耕地占用税暂行条例》，并自2008年1月1日起施行。《中华人民共和国耕地占用税暂行条例》提高了税额标准，将现行条例规定的税额标准的上、下限提高4倍左右，各地具体适用税额由省、自治区、直辖市人民政府依照条例的规定根据本地区情况核定，同时规定占用基本农田的，适用税额还应当在上述适用税额的基础上再提高50%，以重点保护基本农田；统一了内、外资企业耕地占用税税收负担；从严规定了减免税项目，取消了对铁路线路、飞机场跑道、停机坪等占地免税的规定；加强了征收管理，明确了耕地占用税由地方税务机关负责征收，耕地占用税的征收管理适用于《中华人民共和国税收征管法》。这样规定，有利于合理利用土地资源，加强土地管理，保护耕地。

2008年12月31日，国务院总理温家宝签署第546号国务院令，明确自2009年1月1日起，1951年8月8日公布的政务院令政财字第133号《城市房地产税暂行条例》废止，自2009年1月1日起，外商投资企业、外国企业和组织以及外籍个人，依照《中华人民共和国房产税暂行条例》缴纳房产税。至此，内、外资企业将适用同样的政策、同一种方法进行计算缴纳房产税及城镇土地使用税。此次房地产税的改革进一步统一了内、外资企业在税收上的差别待遇，使内、外资企业在房产税及土地使用税两个税种实现了统一。

（八）调整资源税

自1994年我国开始实施按煤炭销售量缴纳煤炭资源税制度以来，已陆续上调了6次资源税。资源税调整旨在逐步提高资源型产品的价格，转变经济增长方式，促进全社会节约能源。

（九）取消农业税和新设烟叶税

2005年12月29日，十届全国人大常委会第十九次会议经表决决定，自2006年1月1日起，废止1958年6月3日一届全国人大常委会第九十六次会议通过的农业税条例，意味着从此9亿中国农民将依法彻底告别延续了2600年的“皇粮国税”。取消农业税，有利于减轻农民负担，增加农民收入；有利于进一步加强农业基础地位，增强农业竞争力，提高农业综合生产能力和农产品的国际竞争力，促进农村经济健康发展；有利于加快公共财政覆盖农村的步伐，逐步实现基层政府运转、农村义务教育等供给由农民提供为主向政府投入为主的根本性转变；有利于推进工业反哺农业、城市支持农村；有利于统筹城乡发展，加快解决“三农”问题。

2006年4月28日，国务院总理温家宝签署第464号国务院令，公布《中华人民共和国烟叶税暂行条例》。考虑到我国烟叶主产区的烟叶收购时间和实际纳税时间主要集中在每年的六七月，为保证烟叶税的及时征收，烟叶税暂行条例自公布之日起施行。原烟叶特产农业税是在烟叶收购环节由烟草收购公司缴纳的，改征烟叶税以后，纳税人、纳税环节、计税依据等都保持了原烟叶特产农业税的规定不变，不会增加农民的负担。

第四节　现行税收制度的基本情况

税收制度是在既定的管理体制下设置的税种以及与这些税种的征收、管理有关的，具有法律效力的各级成文法律、行政法规、部门规章等的总和。国家在一定时期内、一定体制下以法定形式规定的各种税收法律、法规的总和，称为税收制度体系。

我国采取的是多种税并存的复税制税收制度，税收制度体系由多个税种构成。按照税法的职能作用不同，可以将现行税收制度体系分为税收实体法和税收程序法。税收实体法是指确定税种立法，具体规定各税种的征收对象、征收范围、税目、税率、纳税地点等的税法。税收程序法是指税务管理方面的法律。税收优惠政策主要体现在税收实体法之中。

就实体法而言，我国现行税收制度体系是新中国成立后经过几次较大的改革逐步演变而来的。截至2009年7月1日，我国共有21个税收实体法。按照性质和作用，可以将其分为六大类：

第一类：商品税类，主要在生产、流通或者服务业中发挥调节作用。主要税种有增值税、消费税和营业税。

第二类：所得税类，主要是在国民收入形成后，对生产经营者的利润和个人的纯收入发挥调节作用。主要税种有企业所得税和个人所得税。

第三类：资源税类，主要对因开发和利用自然资源差异而形成的级差收入发挥调节作用。主要税种有资源税和城镇土地使用税。

第四类：特定目的税类，主要对特定对象和特定行为发挥调节作用。主要税种有土地增值税、车辆购置税、耕地占用税、固定资产投资方向调节税（自 2000 年 1 月 1 日起暂停征收）、城市维护建设税和烟叶税。

第五类：财产行为税类，主要对某些财产和行为发挥调节作用。主要税种有房产税、车船税、印花税和契税。

第六类：关税，主要对进出我国关境的货物和物品发挥调节作用。

第二篇　商品税类

本篇是税收的实务篇，主要讲述商品税类的具体规定，其中主要包括增值税、消费税和营业税、关税。通过学习，要求读者了解不同税种的税收规定，掌握最新最全的税收政策。

第三章　增值税

本章为重点章节。在介绍增值税的基本概念及其由来的基础上，重点介绍了我国现行增值税制度的基本内容，包括纳税义务人、征税范围、税率、应纳税额的计算及缴纳、我国现行的增值税出口退税政策等，最后介绍了增值税专用发票的使用与管理。

第一节　增值税概述

一、增值税的计税原理及方法

（一）增值税的计税原理

增值税是以商品生产流通各环节或提供劳务的增值额为计税依据而征收的一个税种。增值额是指纳税人在生产经营应税产品或提供应税劳务过程中新创造的价值。

1. 理论增值额。从理论上分析，增值额是指一定时期内劳动者在生产过程中新创造的价值额。可以从三个角度理解理论增值额：就生产经营单位而言，增值额是该单位商品销售额或劳务收入额扣除外购商品价值后的余额；就一项货物而言，增值额是该货物经历的生产和流通的各环节所创造的增值额之和，即货物的最终销售价值，相当于该商品实现消费时的最终销售额；就税收征管实际而言，增值额是指商品或劳务的销售额扣除法定外购项目金额之后的余额。

2. 法定增值额。法定增值额是各国政府根据各自的国情和政策要求，在增值税制度中人为地确定的增值额。

3. 法定增值额与理论增值额的关系。法定增值额与理论增值额一般是不一致的。导致法定增值额与理论增值额不一致的原因有两个：第一，各国在规定扣除范围时，对外购固定资产的处理办法不同；第二，各国对外购固定资产价款的处理办法各不相同。实行增值税的国家，据以征税的增值额都是一种法定增值额，并非理论上的增值额。

（二）增值税的计税方法

1. 直接计算法。即先计算出增值额，再乘以税率，求出应纳增值税的方法。在直接计算法中，计算增值额的方法有两种：加法和减法。

加法是将构成增值额的各要素相加来计算增值额。其计算公式为：

增值额 = 本期发生的工资 + 利润 + 租金 + 其他属于增值项目的数额

应纳税额 = 增值额 × 增值税率

减法又称为扣额法，是以产品销售额扣除法定扣除额后的余额作为增值额。扣除项目一般包括外购的原材料、固定资产、燃料动力、包装物等金额。其计算公式为：

增值额 = 企业本期售额 - 规定扣除的非增值额

应纳税额 = 增值额 × 增值税率

直接法是直接利用增值额的概念计算税额，经济含义十分清楚。然而，采用直接法必须满足一个条件，即增值税的税率必须单一，如果对产出品和投入品规定的税率不相同，则无法使用直接法。然而，实行增值税的国家基本上都是实行差别税率，这就决定了直接法虽然概念准确，但并不适用。另外，在计算每个销售对象的增值额并据以计税时，属于增值的项目表面上看很明确，但要核实这些数字是非常复杂的，实际应用的可能性很小，因此，并未得以广泛运用。

2. 间接计算法。又称为购进扣税法或发票扣税法，即先按商品销售额或劳务收入额依照规定的税率计算出整体税款，然后扣除外购商品或劳务的已纳税款，以其余额即作为应纳增值税额的方法。其计算公式为：

应纳税额 = （销售额 - 外购成本） × 增值税率

= 销售额 × 增值税率 - 本期购进中已纳税额

= 销项税额 - 进项税额

购进扣税法的好处主要是：（1）购进扣税法同样体现了按增值额计算征收增值税的基本原理。（2）购进扣税法要求凭发票扣税，具有国家统一严格管理的外部凭证作依据，计算准确可靠，又不必与成本核算挂钩，只需把发票上注明的税款累计起来，就可以求出应扣除的税额，大大简化了税额的计算，较易于被纳税人接受，从而有利于增值税的推行。（3）使用购进扣税法计算应纳增值税时，既可以按周进行，也可以按月、按季或按年进行，能够及时计算应纳增值税额并允许增值税使用多档税率。（4）实行购进扣税法，还可以对纳税人的纳税情况进行交叉审计，防止偷漏税。可见，在采用一档税率的情况下，间接计算法是具实际意义的方法，在实行增值税的国家，各国普遍采用购进扣税法。

二、增值税的来源

世界上最早提出设立增值税的人是美国耶鲁大学的托马斯·S. 亚当斯和德国商人兼学者威尔海姆·F. 西门子博士。尽管其设想未能在美国和德国率先实施，但是，他们提出的合理设想却得到了世界各国的税收理论界的认同。

世界上最早实行增值税的国家是法国。在改革增值税之前，法国一直实行营业税。这种营业税多环节课税而且每道环节全额征税，当产品从制造环节流转到批发环节，再到零售环节的时候，便产生了税上加税的现象。在这样的税收制度下，纳税人为了规避税收负担，最好的办法是建立大而全的企业，而这种经营模式与科学技术发展要求的精细化分工相违背，阻碍了社会生产力的增长。法国人对于营业税重复征税的弊端不满。1917 年、1928 年、1936 年和 1948 年，法国对原有的营业税进行多次改革，保留了道道环节征税的征税特征，但将对于每道环节的全额征税改为增量征税。1954 年，法国人将这一崭新的税种正式定义为增值税。

20 世纪 60 年代，增值税凭借其具有的中性、公平而且不限制流通环节的优点，开始得到欧共体国家的重视，许多国家纷纷接受并推广增值税。迄今为止，国际上已有 100 多个国家和地区相继实行了增值税，并将其作为主要税种。

增值税何以在这样短的时间内风靡世界？究其原因，在于其他销售环节税种日益暴露出与社会经济发展的不相适应，而增值税日趋显示出促进社会经济发展的优越性。

三、增值税的类型

从世界范围看，按照对外购固定资产处理方式的不同，增值税可分为三类：

（一）生产型增值税

生产型增值税是指计算增值税时，不允许扣除任何外购固定资产的价款，作为课税基数的法定增值额除包括纳税人新创造价值外，还包括当期计入成本的外购固定资产价款部分，即法定增值额相当于当期工资、利息、租金、利润等理论增值额和折旧额之和。就整个社会而言，该类型增值税的征税对象大体上相当于国民生产总值。生产型增值税的优点是可以保证财政收入；其缺点是对于固定资产存在着重复征税，不利于鼓励投资。

（二）收入型增值税

收入型增值税是指计算增值税时，对外购固定资产价款只允许扣除当期计入产品价值的折旧费部分，作为课税基数的法定增值额相当于当期工资、利息、租金和利润等各增值项目之和。就整个社会而言，该类型增值税的征税对象大体上相当于国民收入。收入型增值税的优点是使它成为理论上最合理的增值税；其缺点是由于外购固定资产价款是以计提折旧的方式分期转入产品价值的，且转入部分没有合法的外购凭证，给凭票扣税的计税方法带来困难，缺少实用性。

（三）消费型增值税

消费型增值税是指计算增值税时，允许将当期购入的固定资产价款一次性全部扣除，作为课税基数的法定增值额相当于纳税人当期的全部销售额扣除外购的全部生产资料价款后的余额。就整个社会而言，该类型增值税的征税对象仅相当于社会消费资料的价值。消费型增值税的特点是最简便、最能体现增值税优越性的类型。其优点是最宜规范凭票扣税的计税方法，可以一次性将已纳税款全部扣除，便于操作和管理；其缺点是减少财政收入。

四、增值税的特点

增值税的主要特征决定了它比其他任何流转税都具有明显的优越性。消费型增值税是最能体现增值税特征的制度类型。2009 年 1 月 1 日起，中国全面适用消费税增值税。消费型增值税的主要特征表现在以下几个方面：

（一）价外计税

增值税实行价外税制度，即应税项目价格中不含有增值税，增值税在价格之外额外收取。当纳税人收取了含增值税的销售额时，必须将其中包含的增值税剔除，以不含税的价格计算增值税，提高了价税的透明度。

（二）税负公平

增值税按产品或行业实行比例税率。其税率表示的是整体税负而不是环节税负，能够保证纳税人不论处于哪一个流转环节，也不论其流转额的变化有多大，均会得到公平的纳税负担。同一商品的税负不会因生产的组合方式不同和流转环节的多少而发生差异，税负公平，从而有利于生产结构和产业结构的合理化，有利于生产要素的合理配置和效率提高，促进公平竞争。在此基础上，设置不同的增值税税率，可以实现国家利用税收杠杆对国民经济实施有效的宏观经济调控，使国家经济政策得到贯彻和落实，提高税收对社会经济结构变动的适应性，有利于保证财政收入的及时、稳定和持续增长。

（三）税负转嫁

增值税税负具有转嫁性，税款随着货物的销售逐环节转移，由购买方负担，最终消费者负担全部税款。但在这一过程中，政府并不是直接向购买者征税，而是在生产经营的各个环节分段征收，逐环节征税，逐环节扣税，以各个环节的生产经营者为纳税人，以消费者为全部税款负担人。

（四）不重复征税

增值税以全部流转额为计税销售额，但实行税款扣除制度，即纳税人计算应纳税款时要从销项税额中扣除进项税额，对以前环节已纳税款予以扣除，只对货物或劳务的新增价值征税，从而保证了增值税的计算只是对商品和劳务在本企业增加的价值征税，消除了重复征税的弊端，具有中性税收特征。这一特征使得增值税对经济行为包括企业生产决策、生产组织形式等不产生影响，而是由市场对资源配置发挥基础性、主导性作用。

（五）征收范围广泛

增值税征收范围广泛，税基广阔，不仅适用于生产领域，而且适用于流通领域，还可以对各种劳务征收，征收范围具有普遍性，是一个可以对全社会征收的税种。

（六）全流通环节课税

增值税多环节课税，即在商品和劳务的生产直至销售的每一个环节无一遗漏地课税，征收环节具有连续性。各国在商品输出时，为了增强本国商品在国际市场上的竞争力，实行彻底的出口退税。对进口商品按本国的增值税率全额征税，不加任何抵扣，使进口商品与本国商品负担相同的增值税，符合国际贸易惯例，保护国内产品的生产。增值税这一特征既便于出口退税，又避免对进口征税不足，有利于扩大国际贸易往来。

五、中国增值税的发展历程

（一）增值税的引进与试点

我国实行增值税的历史较短（见图 3－1）。1979 年，我国曾在部分地区、行业进行增值税的试点。1984 年 9 月 18 日，国务院发布施行《中华人民共和国增值税条例（草案）》，正式实施增值税，正式建立增值税制度。

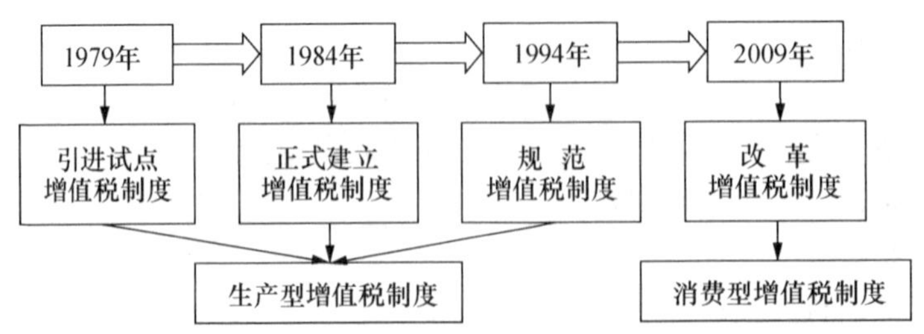

图 3－1 增值税在中国的发展进程

1984 年引进并试行增值税时，我国选择了生产型增值税，主要是基于三方面的考虑：（1）我国增值税是取代产品税而来的，其基本特性是价内税及税率差异较大。为保证不使企业因为改革而使税负增加或增加过快，并不使财政收入波动太大，要求以产品税为中心的传统流转税制进行改革时，应保持或基本保持原税负不变。

（2）当时中国的经济体制改革刚开始从农村转向城市，作为城市经济体制改革的一个突破口，税制改革直接关系到经济的稳定和改革的顺利进行。

（3）增值税改革是经济利益全方位的调整，而支持改革的成本或代价在很大程度上是由中央财政来承担的。在当时的环境下，为了使改革不致造成财政收入的下降过多，生产型增值税是比较现实的选择。

（二）增值税的推广与规范

我国现行增值税的基本规范，是 1993 年 12 月 13 日国务院颁布的《中华人民共和国增值税暂行条例》和同年 12 月 25 日财政部颁发的《中华人民共和国增值税暂行条例实施细则》，以及财政部和国家税务总局陆续颁发的规范性文件。1994 年之后，我国增值税进入国际通行的规范化行列。

1994 年税制改革时，依然采取了对企业购进的固定资产所含税金不予抵扣的生产型增值税，主要是基于两方面的考虑：

（1）保持财政收入的稳定，防止财政收入下滑。1994 年税制改革确定了增值税在流转税中的主体地位，确定了增值税在组织财政收入中的重要功能，也确定了增值税作为基础杠杆对国民经济的调节作用。

（2）当时我国正处于投资膨胀、经济过热的宏观经济背景下，而生产型增值税相对消费型增值税来说，对投资膨胀、经济过热有紧缩作用。在 1994 年增值税制度改革时，中国经济正处于投资和消费双膨胀状态，消费型增值税对投资具有刺激作用，与当时实行的紧缩政策不一致。采用生产型增值税能够抑制投资需求，有利于抑制投资膨胀。

（三）增值税的变革与完善

2001 年中国加入世界贸易组织以后，增值税改革呈现出紧迫性。2004 年 9 月 14 日，财政部、国家税务总局下发《东北地区扩大增值税抵扣范围若干问题的规定》，确定了自 2004 年 7 月 1 日起，黑龙江省、吉林省、辽宁省（含大连市）的 6 个行业率先实行增值税转型。2007 年 5 月 11 日，财政部、国家税务总局联合印发《中部地区扩大增值税抵扣范围暂行办法》，规定自 2007 年 7 月 1 日起，在中部地区 6 省 26 个城市 8 个行业进行扩大增值税抵扣范围的试点。2008 年 7 月 1 日起，国务院发布《关于支持汶川地震灾后恢复重建政策措施的意见》，对受灾严重地区实行增值税扩大抵扣范围政策，允许企业新购进机器设备所含的增值税进项税额予以抵扣（国家限制发展的特定行业除外）。2008 年 11 月 5 日，国务院第 34 次常务会议修订通过、中华人民共和国国务院令第 538 号公布《中华人民共和国增值税暂行条例》，自 2009 年 1 月 1 日起施行，在全地区全行业范围内实行消费型增值税。2008 年 12 月 15 日，财政部、国家税务总局第 50 号令公布《中华人民共和国增值税暂行条例实施细则》，对消费型增值税的条款进行了进一步解释与规定。至此，增值税生产型转消费型的改革达到巅峰。

案例分析

【例 1】世界范围内实行增值税的国家中，广泛采用的计税方法是（ ）。

A. 直接计算法　　B. 间接计算法

C. 加法　　D. 减法

参考答案：B。

解析：间接计算法是世界范围内实行增值税的国家中，广泛采用的计税方法。

【例 2】按照对外购固定资产处理方式的不同，作为课税基数的法定增值额最少的增值税类型是（　　）。

A. 生产型增值税　　B. 收入型增值税

C. 支出型增值税　　D. 消费型增值税

参考答案：D。

解析：消费型增值税是指计算增值税时，允许将当期购入的固定资产价款一次性全部扣除，作为课税基数的法定增值额相当于纳税人当期的全部销售额扣除外购的全部生产资料价款后的余额。

【例 3】法定增值额与理论增值额一致、理论上最合理，但是却缺少实用性的增值税类型是（　　）。

A. 生产型增值税　　B. 收入型增值税

C. 支出型增值税　　D. 消费型增值税

参考答案：B。

解析：收入型增值税是指计算增值税时，对外购固定资产价款只允许扣除当期计入产品价值的折旧费部分，作为课税基数的法定增值额相当于当期工资、利息、租金和利润等各增值项目之和，法定增值额与理论增值额一致，是理论上最合理的增值税。但由于外购固定资产价款是以计提折旧的方式分期转入产品价值的，且转入部分没有合法的外购凭证，给凭票扣税的计税方法带来困难，缺少实用性。

【例 4】2009 年 1 月 1 日起，我国实行的增值税类型属于（　　）。

A. 生产型增值税　　B. 收入型增值税

C. 流通型增值税　　D. 消费型增值税

参考答案：D。

解析：2009 年 1 月 1 日起，我国全面推广消费型增值税类型。

【例 5】我国 2009 年以前采用的生产型增值税，具有（　　）特点。

A. 确定法定增值额不允许扣除任何外购固定资产价款

B. 法定增值额小于理论增值额

C. 只允许扣除当期应计入产品价值的折旧费部分

D. 只允许扣除当期应计入产品价值的流动资产和折旧费

参考答案：A。

解析：我国 2009 年以前普遍实行的是生产型增值税，其特点是确定法定增值额不允许扣除任何外购固定资产价款，法定增值额大于理论增值额。

【例 6】下列表述中，符合消费型增值税特点的有（　　）。

A. 最简便最便于管理　　B. 重复征税现象最严重

C. 最有利于保证财政收入　　D. 最能体现增值税优越性

参考答案：A、D。

解析：消费型增值税最简便、最能体现增值税优越性，便于操作和管理。

第二节 征税范围

一、征税范围的一般规定

根据我国《增值税暂行条例》的规定，在中华人民共和国境内销售货物或提供加工、修理修配劳务以及进口货物都属于增值税的征收范围。因此，增值税征税范围包括以下三个部分：

（一）境内销售货物

货物，是指有形动产，包括电力、热力、气体在内。

1. 销售货物，是指有偿转让货物的所有权。

2. 有偿，包括从购买方取得货币、货物或其他经济利益。

3. 境内销售货物，是指所销售货物的所在地或起运地在境内。

政策解析

对印刷企业接受出版单位委托，自行购买纸张，印刷有统一刊号（CN）以及采用国际标准书号编序的图书、报纸和杂志，按货物销售征收增值税。

（二）进口货物

对纳税人报关进口的货物，应按规定征收增值税。

政策解析

第一，符合条件的进口环节增值税，可以作为内销环节进项税额在销项税额中抵扣。

第二，进口环节增值税的计算，关键基础在于关税政策规定。

（三）境内提供劳务

应当征收增值税的应税劳务，是指在境内有偿提供的加工、修理修配劳务。

1. 加工，是指受托加工货物，即委托方提供原料及主要材料，受托方按照委托方的要求，制造货物并收取加工费的业务。

2. 修理修配，是指受托对损伤和丧失功能的货物进行修复，使其恢复原状和功能的业务。

政策解析

第一，修理与修缮不同。修理是针对动产而言，应当征收增值税；修缮是针对不动产而言，应当征收营业税。

第二，属于应当征收增值税的应税劳务，一定是针对货物的加工、修理修配劳务。

3. 境内提供的加工、修理修配劳务，是指所加工、修理修配劳务发生在境内。

4. 单位或个体经营者聘用的员工为本单位或雇主提供加工、修理修配劳务，不包括在内。

二、征税范围的特殊规定

（一）视同销售行为

1. 视同销售行为的界定。单位或者个体工商户的下列行为，视同销售货物：

（1）将货物交付其他单位或者个人代销。

（2）销售代销货物。

政策解析

第一，结合营业税掌握代销行为中，货物销售额缴纳增值税、手续费缴纳营业税的有关规定。

第二，结合税收征收管理的有关规定，掌握委托代销纳税义务发生时间的有关规定。

（3）设有两个以上机构并实行统一核算的纳税人，将货物从一个机构移送其他机构用于销售，但相关机构设在同一县（市）的除外。

（4）将自产或者委托加工的货物用于非增值税应税项目。

（5）将自产、委托加工的货物用于集体福利或者个人消费。

（6）将自产、委托加工或者购进的货物作为投资，提供给其他单位或者个体工商户。

（7）将自产、委托加工或者购进的货物分配给股东或者投资者。

（8）将自产、委托加工或者购进的货物无偿赠送其他单位或者个人。

政策解析

第一，视同销售与不得抵扣进项税额之间存在着重要差别。

第二，将购进的货物用于集体福利或者个人消费、用于非增值税应税项目，不得抵扣进项税额，而不是视同销售行为。总结（4）—（8）项的规律为：凡是外购的货物，只有对外才视同销售，对内不视同销售。

第三，将自产、委托加工的货物用于非应税项目、集体福利、个人消费的，也构成应税销售，应计算缴纳增值税。

第四，纳税人将自产、委托加工或购买的货物用于抵债，也应视同销售。

第五，凡是自产或委托加工的货物，无论对内、对外，一律视同销售计算销项税额。

案例分析

【例】根据现行增值税法法规规定，下列项目中，属于视同销售行为应计算增值税销项税额的是（　　）。

A. 将购买的货物用于职工食堂　　B. 购买的货物发生非正常损失

C. 将购买的货物无偿赠送他人　　D. 将购买的货物用于生产免税产品

参考答案：C。

解析：根据现行增值税法法规规定，将购买的货物无偿赠送他人属于视同销售行为，应计算增值税销项税额；而将购买的货物用于职工食堂、购买的货物发生非正常损失、将购买的货物用于生产免税产品属于不得抵扣进项税额。

2. 视同销售行为的税务处理。属于增值税视同销售行为的，由主管税务机关核定其销售额，计算缴纳增值税。

（二）混合销售行为

1. 混合销售行为的界定。一项销售行为如果既涉及货物又涉及非增值税应税劳务，为混合销售行为。

非增值税应税劳务，是指属于应缴营业税的交通运输业、建筑业、金融保险业、邮电通信业、文化体育业、娱乐业、服务业税目征收范围的劳务。

从事货物的生产、批发或者零售的企业、企业性单位和个体工商户，包括以从事货物的生产、批发或者零售为主，并兼营非增值税应税劳务的单位和个体工商户在内。

政策解析

混合销售行为的关键在于，同一项销售行为中既包括销售货物又包括提供营业税劳务，它强调同一项销售行为中存在两类经营项目的混合，且两者有从属关系。

2. 混合销售行为的税务处理。

（1）一般情况下的税务处理。除另有规定外，从事货物的生产、批发或者零售的企业、企业性单位和个体工商户的混合销售行为，视为销售货物，应当缴纳增值税；其他单位和个人的混合销售行为，视为销售非增值税应税劳务，不缴纳增值税。

（2）特殊情况下的税务处理。纳税人的下列混合销售行为，应当分别核算货物的销售额和非增值税应税劳务的营业额，并根据其销售货物的销售额计算缴纳增值税，非增值税应税劳务的营业额不缴纳增值税；未分别核算的，由主管税务机关核定其货物的销售额：销售自产货物并同时提供建筑业劳务的行为；财政部、国家税务总局规定的其他情形。

政策解析

混合销售行为只征收一个税，要么征收增值税，要么征收营业税。

案例分析

【例1】某电梯生产企业为增值税一般纳税人，销售电梯的同时提供送货上门服务，本期收取货款20万元（不含税），同时收取运费2万元。则该项行为应确定为电梯生产企业的混合销售行为，应将2万元运费收入视为含税收入，按照电梯适用的17%税率换算为不含税收入后，并入电梯销售额20万元，一并计算增值税销项税额。

【例2】纳税人销售林木以及销售林木的同时提供林木管护劳务的行为，属于增值税征收范围，应征收增值税。

（三）兼营行为

1. 兼营行为的界定。兼营非应税劳务，是指纳税人在销售货物或提供应税劳务的同时，还从事非应税劳务，且两者之间没有直接的联系和从属关系。

政策解析

兼营非应税劳务强调同一纳税人的经营活动中存在两类经营项目，两者之间无直接的联系和从属关系。

2. 兼营行为的税务处理。纳税人兼营非增值税应税项目的，应分别核算货物或者应税劳务的销售额和非增值税应税项目的营业额；未分别核算的，由主管税务机关核定货物或者应税劳务的销售额。

政策解析

第一，能够分别核算销售额的兼营非应税劳务行为：应当征收两个税，销售货物征收增值税，非应税劳务征收营业税。

第二，不能够分别核算销售额的兼营非应税劳务行为：应当征收增值税，以体现从重征收的原则。

第三，不能够分别核算销售额的兼营非应税劳务行为在征收增值税时，相应的进项税额符合税法规定的，准予抵扣进项税额。

第三节　税率和征收率

按照简化税制、规范管理的目标，我国的增值税设置了两档比例税率，17%的基本税率和13%的低税率。此外，对小规模纳税人实行3%的征收率，对出口货物实行零税率。

一、增值税税率

增值税税率是按照货物的整体税负设计的，是货物在这一环节所负担的全部增值税额，包括本环节的应纳税额和以前环节的已纳税额。其计算公式为：

增值税税率＝（货物在本环节的应纳税额＋以前环节的已纳税额）÷货物在本环节的销售额×100%

＝应纳税额÷计税依据（不含税销售额）×100%

根据货物的销售额和增值税税率，可计算该货物到本环节为止应承担的全部税额。

增值税的税率分为基本税率和低税率两档，分别对应不同的征税对象。

（一）基本税率：17%

纳税人销售或者进口货物，除特殊规定外，税率为17%。

纳税人提供加工、修理修配劳务，税率为17%。

（二）低税率：13%和零税率

1. 纳税人销售或者进口下列货物，税率为13%：

（1）粮食、食用植物油；鲜奶；食用盐（自2007年1月1日起）。其中，棕榈油、棉籽油按照食用植物油13%的税率征收增值税；切面、饺子皮、米粉等经过简单加工的粮食复制品，比照粮食13%的税率征收增值税。粮食复制品是指以粮食为主要原料经简单加工的生食品，不包括挂面和以粮食为原料加工的速冻食品、副食品。

（2）自来水、暖气、冷气、热水、煤气、石油液化气、天然气、沼气、居民用煤炭制品。

（3）图书、报纸、杂志；音像制品和电子出版物（自2007年1月1日起）。其中，音像制品，是指正式出版的录有内容的录音带、录像带、唱片、激光唱盘和激光视盘。电子出版物，是指以数字代码方式，使用计算机应用程序，将图文声像等内容信息编辑加工

后存储在具有确定的物理形态的磁、光、电等介质上，通过内嵌在计算机、手机、电子阅读设备、电子显示设备、数字音/视频播放设备、电子游戏机、导航仪以及其他具有类似功能的设备上读取使用，具有交互功能，用以表达思想、普及知识和积累文化的大众传播媒体。载体形态和格式主要包括只读光盘（CD 只读光盘 CD - ROM、交互式光盘 CD - I、照片光盘 Photo - CD、高密度只读光盘 DVD - ROM、蓝光只读光盘 HD - DVD ROM 和 BD ROM）、一次写入式光盘（一次写入 CD 光盘 CD - R、一次写入高密度光盘 DVD - R、一次写入蓝光光盘 HD - DVD/R，BD - R）、可擦写光盘（可擦写 CD 光盘 CD - RW、可擦写高密度光盘 DVD - RW、可擦写蓝光光盘 HDDVD - RW 和 BD - RW、磁光盘 MO）、软磁盘（FD）、硬磁盘（HD）、集成电路卡（CF 卡、MD 卡、SM 卡、MMC 卡、RS - MMC 卡、MS 卡、SD 卡、XD 卡、T - flash 卡、记忆棒）和各种存储芯片。

（4）饲料、化肥、农药、农机、农膜。

（5）农业产品。是指种植业、养殖业、林业、牧业、水产业生产的各种植物、动物的初级产品。植物类包括人工种植和天然生长的各种植物的初级产品，包括粮食、蔬菜、烟叶、茶叶、园艺植物、药用植物、油料植物、纤维植物、糖料植物、林业产品和其他植物。动物类包括人工养殖和天然生长的各种动物的初级产品，包括水产品、畜牧产品、动物皮张、动物毛绒和其他动物组织。

政策解析

第一，农业生产者（单位和个人）销售自产农产品，免征增值税。

第二，自 2007 年 9 月 1 日起，工业盐适用 13% 税率；自 2009 年 1 月 1 日起，工业盐恢复适用 17% 税率。食用盐具体范围是指符合《食用盐》（GB5461—2000）和《食用盐卫生标准》（GB2721—2003）两项国家标准的食用盐。

第三，自 2009 年 1 月 1 日起，金属矿采选产品、非金属矿采选产品增值税税率由 13% 恢复到 17%。金属矿采选产品，包括黑色和有色金属矿采选产品；非金属矿采选产品，包括除金属矿采选产品以外的非金属矿采选产品、煤炭和盐。

（6）二甲醚（自 2008 年 7 月 1 日起）。是指化学分子式为 CH3OCH3，常温常压下为具有轻微醚香味，易燃、无毒、无腐蚀性的气体。

（7）国务院规定的其他货物。

2. 零税率。纳税人出口货物，税率为零；但是，国务院另有规定的除外。

纳税人兼营不同税率的货物或者应税劳务，应当分别核算不同税率货物或者应税劳务的销售额；未分别核算销售额的，从高适用税率。

零税率仅适用于出口货物（国务院另有规定的除外），包括两类：一类是报关出境货物；另一类是输往海关管理的保税工厂、保税仓库和保税区的货物。

二、征收率

考虑到小规模纳税人经营规模小，且会计核算不健全，难以按上述两档税率计税且不能使用增值税专用发票抵扣进项税额，因此实行按销售额与征收率计算应纳税额的简易方法。自 2009 年 1 月 1 日起，小规模纳税人增值税征收率为 3%。

征收率的调整，由国务院决定。

三、增值税税率的调整

税率的调整，由国务院决定。

考虑到某些行业和企业的税收负担，国家对某些货物的适用税率作了适当调整。

（一）征收率：6%

自2009年1月1日起，一般纳税人销售自产下列货物，可选择照简易办法依6%计税，并可自行开具增值税专用发票。

1. 县级及县级以下小型水力发电单位生产的电力。小型水力发电单位，是指各类投资主体建设的装机容量为5万千瓦以下（含5万千瓦）的小型水力发电单位。

2. 建筑用和生产建筑材料所用的砂、土、石料。

3. 以自己采掘的砂、土、石料或其他矿物连续生产的砖、瓦、石灰（不含黏土实心砖、瓦）。

4. 用微生物、微生物代谢产物、动物毒素、人或动物的血液或组织制成的生物制品。

5. 自来水。对属于一般纳税人的自来水公司销售自来水按简易办法依照6%征收率征收增值税，不得抵扣其购进自来水取得增值税扣税凭证上注明的增值税税款。

案例分析

【例】某市自来水公司为增值税一般纳税人，2009年10月销售自来水取得不含税销售额3 000万元，购进独立核算水厂的自来水，取得增值税专用发票上注明价款2 000万元、税款120万元。

则该自来水公司本月应缴纳的增值税为180万元（3 000×6%）。

6. 商品混凝土（仅限于以水泥为原料生产的水泥混凝土）。一般纳税人选择简易办法纳税后，36个月内不得变更。

7. 非临床用人体血液。属于增值税一般纳税人的单采血浆站销售非临床用人体血液，可以按照简易办法依照6%征收率计算应纳税额，但不得对外开具增值税专用发票。

（二）征收率：4%

自2009年1月1日起，一般纳税人销售货物属于下列情形之一的，暂按简易办法依照4%征收率计算缴纳增值税，可自行开具增值税专用发票。

1. 寄售商店代销寄售物品（包括居民个人寄售的物品在内）。

2. 典当业销售死当物品。

3. 经国务院或国务院授权机关批准的免税商店零售的免税品。

四、旧货销售

（一）一般纳税人销售自己使用过的物品

自2009年1月1日起，一般纳税人销售使用过的物品，区分不同的情况，适用下列税收政策：

1. 一般纳税人销售自己使用过的下列不得抵扣且未抵扣进项税额的固定资产，按简易办法依4%征收率减半征收增值税：

（1）用于非增值税应税项目、免征增值税项目、集体福利或者个人消费的购进货物或者应税劳务。

（2）非正常损失的购进货物及相关的应税劳务。

（3）非正常损失的在产品、产成品所耗用的购进货物或者应税劳务。

（4）国务院财政、税务主管部门规定的纳税人自用消费品。

（5）上述第（1）项至第（4）项规定的货物的运输费用和销售免税货物的运输费用。

2. 一般纳税人销售自己使用过的其他固定资产，区分不同情形征收增值税：

（1）销售自己使用过的2009年1月1日以后购进或者自制的固定资产，按照适用税率征收增值税。

（2）2008年12月31日以前未纳入扩大增值税抵扣范围试点的纳税人，销售自己使用过的2008年12月31日以前购进或者自制的固定资产，按照4%征收率减半征收增值税。

（3）2008年12月31日以前已纳入扩大增值税抵扣范围试点的纳税人，销售自己使用过的在本地区扩大增值税抵扣范围试点以前购进或者自制的固定资产，按照4%征收率减半征收增值税；销售自己使用过的在本地区扩大增值税抵扣范围试点以后购进或者自制的固定资产，按照适用税率征收增值税。

所谓已使用过的固定资产，是指纳税人根据财务会计制度已经计提折旧的固定资产。

一般纳税人销售自己使用过的物品和旧货，适用按简易办法依4%征收率减半征收增值税政策的，按下列公式确定销售额和应纳税额：

销售额＝含税销售额÷（1＋4%）

应纳税额＝销售额×4%÷2

一般纳税人销售自己使用过的固定资产，凡适用按简易办法依4%征收率减半征收增值税政策的，应开具普通发票，不得开具增值税专用发票。

3. 一般纳税人销售自己使用过的除固定资产以外的物品，应当按照适用税率征收增值税。

案例分析

【例1】广州某汽车制造企业为增值税一般纳税人，2009年2月购入机器设备一套，取得增值税专用发票上注明价款100万元、增值税17万元，当月专用发票认证合格并作为进项税额抵扣。2009年12月，企业将机器设备出售给设在异地的关联企业，零售价98万元。那么，该企业属于销售2009年1月1日以后购进的固定资产，应当按照税率征收增值税。

其应纳增值税计算如下：

应纳增值税＝98÷（1＋17%）×17%＝14.24（万元）

【例2】青岛某大型工业企业为增值税一般纳税人，在技术更新的过程中淘汰一批机器设备，将一台使用三年的机器设备销售，售价96 000元。已知该设备账面原值90 000元，为2007年6月购进。那么，该企业属于2008年12月31日前未纳入扩大增值税抵扣范围试点的纳税人，并且销售的是2008年12月31日以前购进的固定资产，因此，应当按照4%征收率减半征收增值税。

其应纳增值税计算如下：

应纳增值税 = 96 000 ÷ （1 + 4%） × 4% × 50% = 1 846.15（元）

（二）小规模纳税人销售自己使用过的物品

自 2009 年 1 月 1 日起，小规模纳税人销售自己使用过的固定资产和旧货，按下列公式确定销售额和应纳税额：

销售额 = 含税销售额 ÷ （1 + 3%）

应纳税额 = 销售额 × 2%

小规模纳税人销售自己使用过的固定资产，应开具普通发票，不得由税务机关代开增值税专用发票。

案例分析

【例】某服装加工企业 2009 年年应税销售额 40 万元，认定为增值税小规模纳税人。5 月，服装厂更新加工设备，将使用多年的缝纫机一批对外销售，取得含税销售额 103 000元。

则该服装厂应就其取得的收入计算缴纳增值税。计税时，属于小规模纳税人销售自己使用过的固定资产，应按 2% 的征收率计算。

其应纳增值税计算如下：

应纳增值税 = 103 000 ÷ （1 + 3%） × 2% = 2 000（元）

（三）纳税人销售旧货

自 2009 年 1 月 1 日起，纳税人销售旧货，按照简易办法依照 4% 征收率减半征收增值税，并且开具普通发票，不得自行开具或者由税务机关代开增值税专用发票。

所谓旧货，是指进入二次流通的具有部分使用价值的货物（含旧汽车、旧摩托车和旧游艇），但不包括自己使用过的物品。

案例分析

【例】某旧机动车经营市场 2009 年收购旧汽车和旧摩托车一批，支付价款 12 000 元；将旧汽车和旧摩托车一批改装修理后销售，取得含税销售额 156 000 元。那么，该企业应就其取得的收入计算缴纳增值税。计税时，应按照简易办法依 4% 的征收率计算。

其应纳增值税计算如下：

应纳增值税 = 156 000 ÷ （1 + 4%） × 4% × 50% = 3 000（元）

第四节　纳税人的分类及管理

一、纳税人的一般规定

（一）单位和个人

在中华人民共和国境内销售货物或者提供加工、修理修配劳务以及进口货物的单位和个人，为增值税的纳税人，应当依照本条例缴纳增值税。

单位，是指企业、行政单位、事业单位、军事单位、社会团体及其他单位。

个人，是指个体工商户和其他个人。

案例分析

【例】以下项目中，不属于增值税纳税人的是（ ）。

A. 个人　　B. 外商投资企业

C. 会计制度不健全的企业　　D. 在境外提供修理修配劳务的企业

参考答案：D。

解析：个人、外商投资企业、会计制度不健全的企业一律属于增值税纳税人，在境外提供修理修配劳务的企业，不属于增值税纳税人。

（二）承租人或承包人

单位租赁或者承包给其他单位或者个人经营的，以承租人或者承包人为纳税人。

对承租或承包的企业、单位和个人，有独立的生产、经营权，在财务上独立核算，并定期向出租者或发包者上缴租金或承包费的，应作为增值税纳税人按规定缴纳增值税。

（三）进口货物收货人

对报关进口的货物，以进口货物的收货人或办理报关手续的单位和个人为纳税人。

代理进口货物，以海关进口增值税专用缴款书上的纳税人为增值税纳税人。

政策解析

代理进口货物的行为，属于代购货物行为，应按增值税代购货物的征税规定执行。但鉴于代理进口货物的海关进口增值税专用缴款书有的开具给委托方，有的开具给受托方的特殊性，对代理进口货物，以海关进口增值税专用缴款书上的纳税人为增值税纳税人。即对报关进口货物，凡是海关的进口增值税专用缴款书开具给委托方的，对代理方不征增值税；凡是海关的进口增值税专用缴款书开具给代理方的，对代理方应按规定征收增值税。

（四）扣缴义务人

中华人民共和国境外的单位或者个人在境内提供应税劳务，在境内未设有经营机构的，以其境内代理人为扣缴义务人；在境内没有代理人的，以购买方为扣缴义务人。

政策解析

境外的单位或个人在境内销售应税劳务的有关规定：

第一，在境内设有经营机构的，其应纳税款以经营机构为纳税义务人。

第二，在境内未设有经营机构的，其应纳税款以其代理人为扣缴义务人。

第三，在境内未设有经营机构，也没有代理人的，以购买者为扣缴义务人。

二、纳税人的分类标准

（一）分类依据

从理论上讲，所有的纳税人都应当实行规范化的增值税，执行凭发票扣税的制度。但实际上，有许多纳税人由于会计核算不健全，或者属于不经常发生应税行为的企业或单位，难以实行规范化办法，国际上通行的做法是将这部分纳税人定名“小规模纳税人”，对他们采取全额定率的简易征收办法。这样，既有利于增值税的推广，又有利于简化征收，加强征管。

增值税的上述纳税人按其生产经营规模大小和会计核算健全与否两项标准分为一般纳税人与小规模纳税人。

（二）小规模纳税人的认定

小规模纳税人是指年销售额在规定标准之下，并且会计核算不健全、不能按规定报送有关税务资料的增值税纳税人。所谓会计核算不健全，是指不能正确核算增值税的销项税额、进项税额和应纳税额。

根据《增值税暂行条例实施细则》的规定，自2009年1月1日起，小规模纳税人的认定标准是：

1. 从事货物生产或者提供应税劳务的纳税人，以及以从事货物生产或者提供应税劳务为主，并兼营货物批发或者零售的纳税人，年应征增值税销售额（以下简称“应税销售额”）在50万元以下（含本数，下同）的；以从事货物生产或者提供应税劳务为主，即纳税人的年货物生产或者提供应税劳务的销售额占年应税销售额的比重在50%以上。

2. 从事货物批发或零售的纳税人，年应税销售额在80万元以下的。

自2009年1月1日起，年应税销售额超过小规模纳税人标准的其他个人按小规模纳税人纳税；非企业性单位、不经常发生应税行为的企业，可选择按小规模纳税人纳税。

小规模纳税人的标准由国务院财政、税务主管部门规定。

（三）一般纳税人的认定

1. 一般纳税人的认定。年应税销售额超过小规模纳税人标准的企业和企业性单位，经税务机关批准，可以认定为增值税一般纳税人。

非企业性单位、不经常发生应税行为的企业，如果经常发生增值税应税行为，并且符合一般纳税人条件，可以认定为一般纳税人。

2. 新开业企业的资格认定。新开业的符合一般纳税人条件的企业，应在办理税务登记的同时申请办理一般纳税人认定手续。具体规定是：税务机关对其（非商贸企业）预计的年应税销售额超过小规模企业标准的，可暂定为临时一般纳税人；其开业后的实际年应税销售额未超过小规模纳税人标准的，应重新申请办理一般纳税人认定手续。

3. 已开业企业的资格认定。已开业的小规模企业（商贸企业除外），年应税销售额超过小规模纳税人标准的，应在次年1月底以前申请办理一般纳税人认定手续。

2008年应税销售额超过新标准的小规模纳税人向主管税务机关申请一般纳税人资格认定的，主管税务机关应按照现行规定为其办理一般纳税人认定手续。

2009年应税销售额超过新标准的小规模纳税人，应当按照《中华人民共和国增值税暂行条例》及其实施细则的有关规定，向主管税务机关申请一般纳税人资格认定。未申请办理一般纳税人认定手续的，应按销售额依照增值税税率计算应纳税额，不得抵扣进项税额，也不得使用增值税专用发票。

年应税销售额未超过新标准的小规模纳税人，可以按照现行规定向主管税务机关申请一般纳税人资格认定。

4. 总分支机构的资格认定。纳税人总分支机构实行统一核算，其总机构年应税销售额超过小规模纳税标准，分支机构是商业企业以外的其他企业，年应税销售额未超过小规模纳税标准的，分支机构可申请办理一般纳税人认定手续。

案例分析

【例1】下列项目中，不属于增值税一般纳税人的是（　　）。

A. 会计核算健全且年应税销售额60万元的机器制造厂

B. 会计核算健全且年应税销售额50万元的商业企业

C. 会计核算健全且年应税销售额160万元的变速器厂

D. 从事货物批发且年应税销售额90万元的个体户

参考答案：B。

解析：机器制造厂、变速器厂为从事货物生产的纳税人，会计核算健全且年应税销售额达到50万元，应为增值税一般纳税人；从事货物批发或零售的商业企业，年应税销售额未达到80万元的，只能是小规模纳税人；从事货物批发且年应税销售额达到80万元的个体户，属于增值税一般纳税人。

【例2】某个人为增值税纳税人，对其为生产货物而外购原材料所包含的增值税，下列税务处理错误的是（　　）。

A. 按17%抵扣进项税　　　B. 按6%抵扣进项税

C. 按10%抵扣进项税　　　D. 不允许抵扣进项税

参考答案：A、B、C。

解析：个人作为增值税纳税人，应纳税额的计算只能按照小规模纳税人的简易方法，因此，其为生产货物而外购原材料所包含的增值税不允许抵扣进项税额。

三、纳税人的分类管理

（一）分类管理的一般规定

除国家税务总局另有规定外，纳税人一经认定为一般纳税人后，不得转为小规模纳税人。

小规模纳税人以外的纳税人应当向主管税务机关申请资格认定。具体认定办法由国务院税务主管部门制定。

小规模纳税人会计核算健全，能够提供准确税务资料的，可以向主管税务机关申请资格认定，不作为小规模纳税人，依照规定计算应纳税额。会计核算健全，是指能够按照国家统一的会计制度规定设置账簿，根据合法、有效凭证核算。

（二）一般纳税人年审和临时一般纳税人转为一般纳税人的认定

为加强一般纳税人的管理，在一般纳税人年审和临时一般纳税人转为一般纳税人过程中，对已使用增值税防伪税控系统但年应税销售额未达到规定标准的一般纳税人，如会计核算制度健全，且未有下列情形之一者，不取消其一般纳税人资格。

1. 虚开增值税专用发票或者有偷税、骗税、抗税行为。

2. 连续3个月未申报或者连续6个月纳税申报异常且无正当理由。

3. 不按规定保管、使用增值税专用发票、税控装置，造成严重后果。

上述纳税人在年审后的一个年度内，领购增值税专用发票应限定为千元版；个别确有需要，经严格审核可领购万元版的增值税专用发票，月领购增值税专用发票的份数不得超过25份。

（三）一般纳税人和小规模纳税人的管理方法

一般纳税人应纳增值税的计算实行购进扣税法，即以应税销售额为计税依据，并用销项税额减去进项税额的方法。其在销售或提供应税劳务时可以使用增值税专用发票，购进货物和应税劳务时有权向销售方索取专用发票，可以凭专用发票上注明的税款抵扣进项税额。

小规模纳税人销售货物时，自己只能开具普通发票，不得使用增值税专用发票，即使确实需要开具增值税专用发票，也只能申请由主管国家税务机关代开；小规模纳税人购买货物不能取得增值税专用发票，即使取得增值税专用发票也不能享有税款抵扣权；小规模纳税人按简易办法依征收率计算应纳税额。

小规模纳税人和一般纳税人的税额计算中，销售额的确定是一致的，进口货物应纳税额的计算也是一致的。

第五节　税收优惠

一、税收优惠的一般规定

（一）法定优惠

1. 法定税收优惠。自 2009 年 1 月 1 日起，下列项目免征增值税：

（1）农业生产者销售的自产农产品。其中，农业，是指种植业、养殖业、林业、牧业、水产业；农业生产者，包括从事农业生产的单位和个人；农产品，是指初级农产品，具体范围由财政部、国家税务总局确定。

（2）避孕药品和用具。

（3）古旧图书。是指向社会收购的古书和旧书。

（4）直接用于科学研究、科学试验和教学的进口仪器、设备。

（5）外国政府、国际组织无偿援助的进口物资和设备。

（6）由残疾人的组织直接进口供残疾人专用的物品。

（7）销售自己使用过的物品。自己使用过的物品，是指其他个人自己使用过的物品。

2. 税收优惠的管理。

（1）除法定减免税规定外，增值税的免税、减税项目由国务院规定。任何地区、部门均不得规定免税、减税项目。

（2）纳税人兼营免税、减税项目的，应当分别核算免税、减税项目的销售额；未分别核算销售额的，不得免税、减税。

（3）纳税人销售货物或者应税劳务适用免税规定的，可以放弃免税，依照条例的规定缴纳增值税。放弃免税后，36 个月内不得再申请免税。

（二）起征点优惠

起征点是指开始征税的起点。当收入额未达到起征点时，不征税；当收入额达到起征点时，则全额征税。

1. 起征点的幅度。自 2009 年 1 月 1 日起，增值税起征点的幅度规定如下：

（1）销售货物的，为月销售额 2000—5000 元。

（2）销售应税劳务的，为月销售额1500—3000元。

（3）按次纳税的，为每次（日）销售额150—200元。

省、自治区、直辖市财政厅（局）和国家税务总局应在规定的幅度内，根据实际情况确定本地区适用的起征点，并报财政部、国家税务总局备案。

纳税人销售额未达到国务院财政、税务主管部门规定的增值税起征点的，免征增值税；达到起征点的，依照规定全额计算缴纳增值税。

2. 起征点的适用范围。增值税起征点的适用范围限于个人。

政策解析

第一，起征点不同于免征额。

第二，增值税起征点的适用范围是个人。

二、税收优惠的特殊规定

（一）免征增值税

1. 再生资源利用方面。

（1）自2009年1月1日起，对销售下列自产货物实行免征增值税政策：第一，再生水。再生水是指对污水处理厂出水、工业排水（矿井水）、生活污水、垃圾处理厂渗透（滤）液等水源进行回收，经适当处理后达到一定水质标准，并在一定范围内重复利用的水资源。再生水应当符合水利部《再生水水质标准》（SL368—2006）的有关规定。第二，以废旧轮胎为全部生产原料生产的胶粉。胶粉应当符合GB/T19208—2008规定的性能指标。第三，翻新轮胎。翻新轮胎应当符合GB7037—2007、GB14646—2007或者HG/T3979—2007规定的性能指标，并且翻新轮胎的胎体100%来自废旧轮胎。第四，生产原料中掺兑废渣比例不低于30%的特定建材产品。特定建材产品，是指砖（不含烧结普通砖）、砌块、陶粒、墙板、管材、混凝土、砂浆、道路井盖、道路护栏、防火材料、耐火材料、保温材料、矿（岩）棉。

纳税人申请退税时提供的2009年10月1日以后开具的再生资源收购凭证、扣税凭证或销售发票，除符合现行发票管理有关规定外，还应注明购进或销售的再生资源的具体种类（从废旧金属、报废电子产品、报废机电设备及其零部件、废造纸原料、废轻化工原料、废塑料、废玻璃和其他再生资源等8类之中选择填写），符合条件可以享受退税。

（2）自2009年1月1日起，对污水处理劳务免征增值税。污水处理是指将污水加工处理后符合GB18918—2002有关规定的水质标准的业务。

（3）对各级政府及主管部门委托自来水厂（公司）随水费收取的污水处理费，免征增值税。

（4）个人（不含个体工商户）销售自己使用过的废旧物品，免征增值税。

2. 农业生产方面。

（1）为支持农业生产发展，下列货物免征增值税：第一，农膜。第二，批发和零售的种子、种苗、化肥、农药、农机。第三，生产销售的除尿素以外的氮肥、除磷酸二铵以外的磷肥、钾肥以及以免税化肥为主要原料的复混肥（企业生产复混肥产品所用的免税化肥成本占原料中全部化肥成本的比重高于70%）。

（2）对生产销售农膜、氮肥、阿维菌素、敌百虫等若干农业生产资料，以及批发、零售的种子、种苗、化肥、农药、农机，免征增值税。

（3）自 2008 年 6 月 1 日起，纳税人生产销售和批发、零售有机肥产品免征增值税。享受免税政策的有机肥产品，是指有机肥料、有机—无机复混肥料和生物有机肥。纳税人销售免税的有机肥产品，应按规定开具普通发票，不得开具增值税专用发票。

（4）2005 年 7 月 1 日起，对国内企业生产销售的尿素产品增值税由先征后返 50% 调整为暂免征收增值税。

（5）对下列饲料产品继续免征增值税：单一大宗饲料；混合饲料；配合饲料；复合预混料。但宠物饲料产品不属于免征增值税的饲料，应按照饲料产品 13% 的税率征收增值税。

（6）对农村电管站在收取电费时一并向用户收取的农村电网维护费（包括低压线路损耗和维护费以及电工经费）免征增值税。

3. 公益事业方面。

（1）残疾人员个人提供加工和修理修配劳务，免征增值税。

（2）供残疾人专用的假肢、轮椅、矫形器（包括上肢矫形器、下肢矫形器、脊椎侧弯矫形器），免征增值税。

（3）自 2009—2010 年供暖期间，对三北地区供热企业向居民个人（以下称“居民”）供热而取得的采暖费收入继续免征增值税。向居民供热而取得的采暖费收入，包括供热企业直接向居民收取的、通过其他单位向居民收取的和由单位代居民缴纳的采暖费。

免征增值税的采暖费收入，应当按照规定分别核算。通过热力产品经营企业向居民供热的热力产品生产企业，应当根据热力产品经营企业实际从居民取得的采暖费收入占该经营企业采暖费总收入的比例确定免税收入比例。

对既向居民供热又向单位供热或者兼营其他生产经营活动的供热企业，按其向居民供热而取得的采暖费收入占企业总收入的比例划分征免税界限。

所谓供热企业，是指热力产品生产企业和热力产品经营企业。热力产品生产企业包括专业供热企业、兼营供热企业和自供热单位。

4. 少数民族方面。自 2008 年 11 月 1 日起，边民通过互市贸易进口的生活用品，每人每日价值在人民币 8 000 元以下的，免征进口关税和进口环节税。但以边境小额贸易方式进口的商品，进口关税和进口环节税照章征收。

5. 大亚湾核电站。在 2014 年 12 月 31 日前，对大亚湾核电站销售给广东核电投资有限公司的电力，免征增值税；对大亚湾核电站出售给香港特区核电投资有限公司的电力及广东核电投资有限公司转售给香港特区核电投资有限公司的大亚湾核电站生产的电力，免征增值税。

（二）即征即退增值税

1. 对下列符合条件的软件产品，实行即征即退政策：

（1）在 2010 年年底以前，对一般纳税人销售其自行开发生产的软件产品，按 17% 的法定税率征收增值税后，对其增值税实际税负超过 3% 的部分实行即征即退政策。所退税款如果企业用于研究开发软件产品和扩大再生产，不作为企业所得税应税收入，不予征收企业所得税。

（2）增值税一般纳税人将进口的软件进行转换等本地化改造后对外销售，其销售的软件可按照自行开发生产的软件产品的有关规定，享受即征即退的税收优惠政策。本地化改造是指对进口软件重新设计、改进、转换等工作，单纯对进口软件进行汉字化处理后再销售的不包括在内。

（3）企业自营出口或委托、销售给出口企业出口的软件产品，不适用增值税即征即退办法。

（4）增值税一般纳税人随同计算机网络、计算机硬件和机器设备等一并销售其自行开发生产的嵌入式软件，如果能够按照规定，分别核算嵌入式软件与计算机硬件、机器设备等的销售额，可以享受软件产品增值税优惠政策。凡不能分别核算销售额的，不予退税。纳税人按照下列公式核算嵌入式软件的销售额：

嵌入式软件销售额 = 嵌入式软件与计算机硬件、机器设备销售额合计 － ［计算机硬件、机器设备成本 ×（1 + 成本利润率）］

公式中，成本，是指销售自产（或外购）的计算机硬件与机器设备的实际生产（或采购）成本。成本利润率，是指纳税人一并销售的计算机硬件与机器设备的成本利润率，实际成本利润率高于10%的，按实际成本利润率确定，低于10%的，按10%确定。

税务机关应按下列公式计算嵌入式软件的即征即退税额，并办理退税：

即征即退税额 = 嵌入式软件销售额 ×17% － 嵌入式软件销售额 ×3%

2. 自2008年7月1日起，对销售下列自产货物实行增值税即征即退的政策：

（1）以工业废气为原料生产的高纯度二氧化碳产品。高纯度二氧化碳产品，应当符合GB10621—2006有关规定。

（2）以垃圾为燃料生产的电力或者热力。垃圾用量占发电燃料的比重不低于80%，并且生产排放达到GB13223—2003第1时段标准或者GB18485—2001的有关规定。所谓垃圾，是指城市生活垃圾、农作物秸秆、树皮废渣、污泥、医疗垃圾。

（3）以煤炭开采过程中伴生的舍弃物油母页岩为原料生产的页岩油。

（4）以废旧沥青混凝土为原料生产的再生沥青混凝土。废旧沥青混凝土用量占生产原料的比重不低于30%。

（5）采用旋窑法工艺生产并且生产原料中掺兑废渣比例不低于30%的水泥（包括水泥熟料）。

对经生料烧制和熟料研磨工艺生产水泥产品的企业，掺兑废渣比例计算公式为：

掺兑废渣比例 =（生料烧制阶段掺兑废渣数量 + 熟料研磨阶段掺兑废渣数量）÷（生料数量 + 生料烧制和熟料研磨阶段掺兑废渣数量 + 其他材料数量）×100%

对外购熟料经研磨工艺生产水泥产品的企业，掺兑废渣比例计算公式为：

掺兑废渣比例 = 熟料研磨过程中掺兑废渣数量 ÷（熟料数量 + 熟料研磨过程中掺兑废渣数量 + 其他材料数量）×100%

3. 自2008年7月1日起，销售下列自产货物实现的增值税实行即征即退50%的政策：

（1）以退役军用发射药为原料生产的涂料硝化棉粉。退役军用发射药在生产原料中的比重不低于90%。

（2）对燃煤发电厂及各类工业企业产生的烟气、高硫天然气进行脱硫生产的副产品。副产品，是指石膏（其二水硫酸钙含量不低于85%）、硫酸（其浓度不低于15%）、硫酸铵（其总氮含量不低于18%）和硫黄。

（3）以废弃酒糟和酿酒底锅水为原料生产的蒸汽、活性炭、白炭黑、乳酸、乳酸钙、沼气。废弃酒糟和酿酒底锅水在生产原料中所占的比重不低于80%。

（4）以煤矸石、煤泥、石煤、油母页岩为燃料生产的电力和热力。煤矸石、煤泥、石煤、油母页岩用量占发电燃料的比重不低于60%。

（5）利用风力生产的电力。

（6）部分新型墙体材料产品。

4. 自2009年7月1日至2010年12月31日止，对内外资研发机构采购国产设备全额退还增值税。其中的内外资研发机构是指《科技开发用品免征进口税收暂行规定》（财政部、海关总署、国家税务总局令第44号）规定的科学研究、技术开发机构和《科学研究和教学用品免征进口税收规定》（财政部、海关总署、国家税务总局令第45号）规定的科学研究机构和学校。

5. 自2009年9月1日起，对增值税即征即退企业实施先评估后退税的管理措施。

主管税务机关受理享受增值税即征即退优惠政策的纳税人的退税申请后，应对其销售额变动率和增值税税负率开展纳税评估。

（1）销售额变动率的计算公式：

本期销售额环比变动率 =（本期即征即退货物和劳务销售额 - 上期即征即退货物和劳务销售额）÷上期即征即退货物和劳务销售额 ×100%

本期累计销售额环比变动率 =（本期即征即退货物和劳务累计销售额 - 上期即征即退货物和劳务累计销售额）÷上期即征即退货物和劳务累计销售额 ×100%

本期销售额同比变动率 =（本期即征即退货物和劳务销售额 - 去年同期即征即退货物和劳务销售额）÷去年同期即征即退货物和劳务销售额 ×100%

本期累计销售额同比变动率 =（本期即征即退货物和劳务累计销售额 - 去年同期即征即退货物和劳务累计销售额）÷去年同期即征即退货物和劳务累计销售额 ×100%

（2）增值税税负率的计算公式

增值税税负率 = 本期即征即退货物和劳务应纳税额 ÷ 本期即征即退货物和劳务销售额 ×100%

（三）先征后退增值税

1. 自2009年1月1日起，单位和个人销售再生资源，应当依照规定缴纳增值税。但增值税一般纳税人购进再生资源，应当凭取得的扣税凭证抵扣进项税额，原印有“废旧物资”字样的专用发票停止使用，不再作为增值税扣税凭证抵扣进项税额。

在2010年年底以前，对符合条件的增值税一般纳税人销售再生资源缴纳的增值税实行先征后退政策。对符合退税条件的纳税人，2009年销售再生资源实现的增值税，按70%的比例退回给纳税人；对其2010年销售再生资源实现的增值税，按50%的比例退回给纳税人。

报废船舶拆解和报废机动车拆解企业，适用《财政部、国家税务总局关于再生资源增值税政策的通知》的各项规定。

所谓再生资源，是指在社会生产和生活消费过程中产生的，已经失去原有全部或部分使用价值，经过回收、加工处理，能够使其重新获得使用价值的各种废弃物。上述加工处理，仅指清洗、挑选、整理等简单加工。

2. 自2008年7月1日起，对销售自产的综合利用生物柴油，实行增值税先征后退政策。综合利用生物柴油，是指以废弃的动物油和植物油为原料生产的柴油。废弃的动物油和植物油用量占生产原料的比重不低于70%。

3. 核力发电企业生产销售电力产品，自核电机组正式商业投产次月起15个年度内，统一实行增值税先征后退政策，返还比例分三个阶段逐级递减。具体返还比例为：(1)自正式商业投产次月起5个年度内，返还比例为已入库税款的75%；(2)自正式商业投产次月起第6—10个年度内，返还比例为已入库税款的70%；(3)自正式商业投产次月起第11—15个年度内，返还比例为已入库税款的55%；(4)自正式商业投产次月起满15个年度以后，不再实行增值税先征后退政策。自2008年1月1日起，核力发电企业取得的增值税退税款，专项用于还本付息，不征收企业所得税。

4. 在2014年12月31日前，对广东核电投资有限公司销售给广东电网公司的电力实行增值税先征后退政策，并免征城市维护建设税和教育费附加。

（四）限额减征增值税

为更好地促进残疾人员就业，国家决定选择部分省（市）进行调整完善现行福利企业税收优惠政策试点。

1. 试点的增值税优惠政策。

(1) 实行由税务机关按企业实际安置残疾人员的人数限额减征增值税的办法。每位残疾人员每年可减征的增值税的具体限额，由试点省市税务机关根据同级统计部门公布的当地上年在岗职工平均工资的两倍确定，但最高不得超过每人每年3.5万元。

(2) 享受增值税优惠政策的纳税人为生产销售应征增值税货物或提供加工、修理修配劳务的工业企业。但企业生产销售消费税应税货物、外购后直接销售的货物、委托外单位加工的货物、直接出口或委托其他企业代理出口的货物以及从事商品批发、零售的企业，不适用上述税收优惠政策。

企业应当将上述不得享受税收优惠政策的业务和其他业务分别核算，不能准确分别核算的，不得享受上述的税收优惠政策。

(3) 企业同时符合试点规定的增值税优惠政策条件和其他增值税政策条件的，只能选择其中一项政策执行。

2. 试点范围和条件。纳入此次试点的地区为辽宁省、上海市、浙江省、湖北省、广东省、重庆市、陕西省。享受政策的福利企业范围由现行的民政部门、街道和乡镇政府举办的国有、集体所有制福利企业扩大到由社会各种投资主体设立的各类所有制内资企业。

享受试点规定税收优惠政策的企业必须同时符合以下条件：

（1）企业实际安置的残疾人员占企业在职职工总数的比例必须达到25%以上。企业在职职工是指与企业签订1年以上劳动合同的职工。

（2）企业依法与安置的每位残疾人员签订1年以上的劳动合同。

（3）企业依法为安置的每位残疾人员缴纳基本养老保险、基本医疗保险、失业保险和工伤保险等社会保险。

（4）企业通过银行向安置的每位残疾人员支付不低于所在县（市）最低工资标准的工资。

上述残疾人员是指持有《中华人民共和国残疾人证》、《中华人民共和国残疾军人证（1—8级）》的盲、聋、哑、肢体残疾和智力残疾人员。

第六节 应纳税额的计算

一、一般纳税人应纳税额的计算

（一）应纳税额的计算公式

我国现行增值税一般纳税人应纳税额的计算采用购进扣税法，即根据增值税专用发票上注明的税款进行抵扣，销项税额与进项税额之差为应纳税额。

一般纳税人销售货物或者提供应税劳务，应纳税额为当期销项税额抵扣当期进项税额后的余额。应纳税额的计算公式为：

应纳税额 = 当期销项税额 - 当期进项税额

如果当期销项税额大于当期进项税额，则为纳税当期应纳税额。

如果当期销项税额小于当期进项税额，其不足部分可结转下期继续抵扣。在这种情况下，下期增值税应纳税额的计算公式为：

应纳税额 =（当期销项税额 - 当期进项税额）- 上期留抵税额

（二）当期的确认

“当期”是一个重要的时间限定，具体是指税务机关依照税法规定，对纳税人确定的纳税期限（一般为一个月）。也就是说，只有在纳税期限内实际发生的销项税额或进项税额，才是法定的当期销项税额和当期进项税额。

1. 销项税额的当期。对当期销项税额的时间限定，主要是通过纳税义务发生时间的确定加以明确。

2. 进项税额的当期。

（1）防伪税控专用发票。一般纳税人取得的防伪税控系统开具的的专用发票，必须自该专用发票开具之日起90天内到税务机关认证，并在认证通过的当月作为进项税额申报抵扣，否则不予抵扣进项税额。

自2010年1月1日起，增值税一般纳税人取得2010年1月1日以后开具的增值税专用发票和机动车销售统一发票，应在开具之日起180日内到税务机关办理认证，并在认证通过的次月申报期内，向主管税务机关申报抵扣进项税额。

（2）海关进口增值税专用缴款书。一般纳税人进口货物取得的海关进口增值税专用缴款书，应当在专用发票开具之日起90天后的第一个纳税申报期结束之前向主管税务机关申报抵扣，逾期不得申报抵扣进项税额。

自2010年1月1日起，实行海关进口增值税专用缴款书（以下简称海关缴款书）“先比对后抵扣”管理办法的增值税一般纳税人取得2010年1月1日以后开具的海关缴款书，应在开具之日起180日内向主管税务机关报送《海关完税凭证抵扣清单》（包括纸质资料和电子数据）申请稽核比对。未实行海关缴款书“先比对后抵扣”管理办法的增值税一般纳税人取得2010年1月1日以后开具的海关缴款书，应在开具之日起180日后的第一个纳税申报期结束以前，向主管税务机关申报抵扣进项税额。

（3）运输发票。一般纳税人取得的运输发票，应当自开票之日起90天内向主管国家税务局申报抵扣，超过90天的不得予以抵扣。

自2010年1月1日起，增值税一般纳税人取得2010年1月1日以后开具的公路内河货物运输业统一发票，应在开具之日起180日内到税务机关办理认证，并在认证通过的次月申报期内，向主管税务机关申报抵扣进项税额。

（4）其他规定。

①增值税一般纳税人取得2010年1月1日以后开具的增值税专用发票、公路内河货物运输业统一发票、机动车销售统一发票以及海关缴款书，未在规定期限内到税务机关办理认证、申报抵扣或者申请稽核比对的，不得作为合法的增值税扣税凭证，不得计算进项税额抵扣。

②增值税一般纳税人丢失已开具的增值税专用发票，应在规定期限内，按照以下规定办理：一般纳税人丢失已开具专用发票的发票联和抵扣联，如果丢失前已认证相符的，购买方凭销售方提供的相应专用发票记账联复印件及销售方所在地主管税务机关出具的《丢失增值税专用发票已报税证明单》，经购买方主管税务机关审核同意后，可作为增值税进项税额的抵扣凭证；如果丢失前未认证的，购买方凭销售方提供的相应专用发票记账联复印件到主管税务机关进行认证，认证相符的凭该专用发票记账联复印件及销售方所在地主管税务机关出具的《丢失增值税专用发票已报税证明单》，经购买方主管税务机关审核同意后，可作为增值税进项税额的抵扣凭证。

一般纳税人丢失已开具专用发票的抵扣联，如果丢失前已认证相符的，可使用专用发票发票联复印件留存备查；如果丢失前未认证的，可使用专用发票发票联到主管税务机关认证，专用发票发票联复印件留存备查。

一般纳税人丢失已开具专用发票的发票联，可将专用发票抵扣联作为记账凭证，专用发票抵扣联复印件留存备查。

③增值税一般纳税人丢失海关缴款书，应在规定期限内，凭报关地海关出具的相关已完税证明，向主管税务机关提出抵扣申请。主管税务机关受理申请后，应当进行审核，并将纳税人提供的海关缴款书电子数据纳入稽核系统进行比对。稽核比对无误后，方可允许计算进项税额抵扣。

纳税人取得2009年12月31日以前开具的增值税扣税凭证，仍按原规定执行。

政策解析

一般纳税人购进货物或应税劳务，同时具备以下三个条件的，可将其承担的税额作为进项税额申报抵扣：

第一，购进货物或应税劳务在用途上必须符合税法规定，即必须用于应税项目的生产经营。如果将购进的货物用于非增值税项目、免税项目、集体福利、个人消费，或者购进货物和在产品、产成品发生非正常损失，则不得计算抵扣进项税额。

第二，购进货物或应税劳务，必须取得法定的扣税凭证。比如，在境内购进货物或应税劳务，须取得增值税专用发票；进口货物，须取得海关进口增值税专用缴款书；收购免税农产品，须填具经税务机关批准使用的收购凭证；在购进或销售货物，或者经营中支付运输费用，须取得正规的运输发票。

第三，在申报抵扣时间上必须符合税法规定，如 2009 年 12 月 31 日以前开具的增值税扣税凭证，为 90 天；2009 年 12 月 31 日以后开具的增值税扣税凭证，为 180 天。

二、小规模纳税人应纳税额的计算

（一）销售额的确认

1. 销售额的内涵。小规模纳税人的销售额是指销售货物或提供应税劳务向购买方收取的全部价款和价外费用。销售额的确定办法与一般纳税人基本相同。

小规模纳税人如果有价外费用发生，应一并计入销售额。

2. 合并定价的销售额。根据税法规定，小规模纳税人发生的销售货物或应税劳务的行为，因其不享受增值税专用发票的使用权，只能向购货方开具普通发票，取得销售收入均为含税销售额，为了符合增值税作为价外税的要求，小规模纳税人在计算应纳税额时，销售额必须是不含增值税的价格。

小规模纳税人销售货物或者应税劳务采用销售额和应纳税额合并定价方法的，必须将含税销售额换算成不含税销售额后再计算应纳税额。按下列公式计算销售额：

销售额 = 含税销售额 ÷ （1 + 征收率）

　　　= 含税销售额 ÷ （1 + 3%）

3. 销货退回或折让的销售额。小规模纳税人因销售货物退回或者折让退还给购买方的销售额，应从发生销售货物退回或者折让当期的销售额中扣减。

（二）应纳税额的计算

小规模纳税人销售货物或者应税劳务，实行按照销售额和 3% 的征收率计算应纳税额的简易办法，并不得抵扣进项税额。应纳税额计算公式为：

应纳税额 = 销售额 × 征收率

　　　　= 销售额 × 3%

第七节　销项税额的计算

一、销项税额的计算

纳税人销售货物或者应税劳务，按照销售额和规定的税率计算并向购买方收取的增值税额，为销项税额。这个概念包括两层含义：第一，销项税额是销货方计算出来的，由购买方支付的税额；第二，销项税额不是销货方应纳的增值税，要减进项税额。销项税额的计算公式为：

销项税额 = 销售额 × 税率（17% 或 13%）

二、销售额的计算

无论是一般纳税人还是小规模纳税人，要正确计算应纳税额，首先必须准确核算作为增值税计税依据的销售额。

（一）一般情况销售额

1. 销售额的构成。销售额为纳税人销售货物或者应税劳务向购买方收取的全部价款和价外费用。其中，价外费用包括价外向购买方收取的手续费、补贴、基金、集资费、返还利润、奖励费、违约金、滞纳金、延期付款利息、赔偿金、代收款项、代垫款项、包装费、包装物租金、储备费、优质费、运输装卸费以及其他各种性质的价外收费。

销售额中不包括向购买方收取的销项税额。

价外收费中不包括以下项目：

（1）受托加工应征消费税的消费品所代收代缴的消费税。

（2）同时符合以下条件的代垫运输费用：第一，承运部门的运输费用发票开具给购买方的；第二，纳税人将该项发票转交给购买方的。

（3）同时符合以下条件代为收取的政府性基金或者行政事业性收费：第一，由国务院或者财政部批准设立的政府性基金，由国务院或者省级人民政府及其财政、价格主管部门批准设立的行政事业性收费；第二，收取时开具省级以上财政部门印制的财政票据；第三，所收款项全额上缴财政。

（4）销售货物的同时代办保险等而向购买方收取的保险费，以及向购买方收取的代购买方缴纳的车辆购置税、车辆牌照费。

凡是价外费用，除税法另有规定外，无论其会计制度如何核算，均应并入销售额计算应纳税额。

2. 含税销售额的换算。

（1）价税合并收取的销售额。现行增值税为价外税，纳税人向购买方收取的货物价款中不包含增值税。增值税纳税人在某些特定情况下只能开具普通发票，小规模纳税人在销售货物或者提供应税劳务时也只能开具普通发票，而普通发票上价款和税款不能分别注明。在此情况下，应将纳税人价税合并收取的销售额换算为不含税销售额。

一般纳税人销售货物或者应税劳务，采用销售额和销项税额合并定价方法的，按下列公式计算销售额：

销售额 = 含税销售额 ÷（1 + 税率）

（2）其他情况的含税销售额。一般纳税人（包括纳税人自己或代其他部门）向购买方收取的价外费用和逾期包装物押金，应视为含税收入，在征税时换算成不含税收入并入销售额计征增值税。

对一般纳税人（包括纳税人自己或代其他部门）混合销售行为、兼营行为中确定为应征收增值税的非应税劳务，也应视为价税合并收取的销售额，在征税时换算为不含税销售额计征增值税。

3. 外币销售额的折算。销售额以人民币计算。纳税人以人民币以外的货币结算销售额的，其销售额的人民币折合率可以选择销售额发生的当天或者当月1日的人民币汇率中间价。纳税人应在事先确定采用何种折合率，确定后1年内不得变更。

（二）核定销售额

1. 核定销售额的适用范围。纳税人销售货物或者应税劳务的价格明显偏低并无正当理由的，由主管税务机关核定其销售额。

2. 核定销售额的方法。

（1）核定销售额方法的适用情况：第一，纳税人有价格明显偏低并无正当理由者，核定销售额；第二，或者有视同销售货物行为而无销售额者，核定销售额。

（2）核定销售额的方法：第一，按纳税人最近时期同类货物的平均销售价格确定；第二，按其他纳税人最近时期同类货物的平均销售价格确定；第三，按组成计税价格确定。组成计税价格的公式为：

组成计税价格 = 成本 + 利润

　　　　　　= 成本 ×（1 + 成本利润率）

属于应征消费税的货物，其组成计税价格中应加计消费税额。其计算公式为：

组成计税价格 = 成本 ×（1 + 成本利润率）+ 消费税

　　　　　　= 成本 ×（1 + 成本利润率）÷（1 − 消费税税率）

公式中，成本，是指销售自产货物的为实际生产成本，销售外购货物的为实际采购成本。

公式中，利润，是指以成本乘以成本利润率求得。根据国家税务总局规定，成本利润率统一确定为10%。但属于应征消费税的货物，成本利润率为《消费税若干具体问题的规定》中规定的成本利润率。自2006年4月1日起，全国平均成本利润率暂定如表3－1所示。

表3－1　　消费税组成计税价格适用平均成本利润率

级别	成本利润率（%）	适用范围
1	20	高档手表
2	10,	甲类卷烟、粮食白酒、高尔夫球及球具、游艇
3	8	小轿车、乘用车
4	6	贵重首饰及珠宝玉石、摩托车、越野车
5	5	乙类卷烟、雪茄烟、烟丝、薯类白酒、其他酒、酒精、化妆品、护肤护发品、鞭炮焰火、汽车轮胎、小客车、木制一次性筷子、实木地板、中轻型商用客车

政策解析

第一，视同销售计税依据的规定。视同销售行为没有货款结算，没有销售额，在计算增值税时应按规定的方法确定计税依据，而不能使用移送货物的账面成本。

第二，视同销售行为涉及的货物对应的进项税额，符合规定的，可以在计算应纳税额时抵扣。

第三，应税消费品的视同销售收入，应计算缴纳消费税。

第四，内资企业的视同销售收入，应计算城市维护建设税和教育费附加。

第五，视同销售收入应计入企业所得税应税收入，计算缴纳企业所得税；并调整企业所得税广告费、业务宣传费、业务招待费等计提基数。

第六，上述核定销售额的三种方法，应当按照顺序依次使用。

案例分析

【例1】2008年1月，某食品厂将特制食品200件以成本价出售给本单位职工，售价30元/件，无同类产品售价。已知该食品成本40元/件，适用增值税税率17%。

则其售价6 000元（30×200）明显是以成本价直接结转，其中并未包含视同销售的利润。因此应对上述业务核定销售额。因无同类产品售价可以比照，因此，应采用组成计税价格方法。

组价计税价格=40×（1+10%）×200=8 800（元）

销项税额=8 800×17%=1 496（元）

第七，上述平均价格，是指加权平均价格而非算术平均价格。

【例2】Y企业为增值税一般纳税人，2008年1月发生以下业务：

（1）以1 500元/件的价格，销售货物1 000件给A单位；

（2）以1 400元/件的价格，销售货物2 000件给B单位；

（3）以500元/件的价格，销售货物100件C单位；

（4）发出同型号货物100件与D单位换取生活资料；

（5）生产新产品500件，生产成本为每件2 000元，全部赠送E单位使用。

则上述业务，Y企业本月销售额确定如下：

应税销售额=1 000×1 500+2 000×1 400+（100+100）×（1 000×1 500+2 000×1 400）÷（1 000+2 000）+500×2 000×（1+10%）

=5 686 666.67（元）

（三）混合销售行为销售额

混合销售行为依照《中华人民共和国增值税暂行条例实施细则》第五条规定应当缴纳增值税的，其销售额为货物的销售额与非增值税应税劳务营业额的合计。

计算时，应将非应税劳务的营业额换算为不含增值税的收入，然后并入货物销售额。

案例分析

【例】某锅炉厂为增值税一般纳税人，销售锅炉的同时提供送货上门服务，本期收取货款20万元（不含税），同时收取运费2万元。则该项行为应确定为锅炉厂的混合销售行为，应将2万元运费收入视为含税收入，按照锅炉适用的17%税率换算为不含税收入后，并入锅炉销售额20万元，一并计算增值税销项税额。

（四）兼营非应税劳务销售额

纳税人发生的兼营非应税劳务行为被确定为应一并征收增值税的，其销售额为货物销售额与非应税劳务营业额的合计。计算时，应将非应税劳务的营业额换算为不含增值税的收入，然后并入货物销售额。

案例分析

【例】某建材商店销售建材，本期取得销售额30万元；另设有装潢公司提供装饰装修业务，本期取得营业额20万元。则上述业务为纳税人的兼营行为，建材商店应就其销售额30万元计算缴纳增值税，装潢公司应就其营业额20万元，按照3%的税率计算缴纳建筑业营业税。但若建材商店与装潢公司不能够分开核算收入，则其全部收入应计算缴纳增值税；计税时，还应该将装潢公司的营业额20万元按照建材适用的17%的税率换算为不含税收入后，并入建材销售额。

（五）进货退出或折让销售额

小规模纳税人以外的纳税人（以下简称“一般纳税人”）因销售货物退回或者折让而退还给购买方的增值税额，应从发生销售货物退回或者折让当期的销项税额中扣减；因购进货物退出或者折让而收回的增值税额，应从发生购进货物退出或者折让当期的进项税额中扣减。

一般纳税人销售货物或者应税劳务，开具增值税专用发票后，发生销售货物退回或者折让、开票有误等情形，应按国家税务总局的规定开具红字增值税专用发票。未按规定开具红字增值税专用发票的，增值税额不得从销项税额中扣减。

（六）折扣销售方式销售额

折扣销售是指纳税人在销售货物或提供应税劳务时，因购买方购货数量较大等原因，而给予购买方的价格优惠。由于折扣是在实现销售时同时发生的，因此，税法规定，纳税人采取折扣方式销售货物，如果销售额和折扣额在同一张发票上分别注明的，可按折扣后的销售额征收增值税；如果将折扣额另开发票，不论其在财务上如何处理，均不得从销售额中减除折扣额。

政策解析

折扣销售仅限于货物价格的折扣。

如果销售者将自产、委托加工和购买的货物用于实物折扣的，则该实物款额不能从货物销售额中减除，而应按“视同销售货物”中的“无偿赠送他人”计算征收增值税。

案例分析

【例】某商场为增值税一般纳税人，2008年2月采取买一赠一的新春促销活动，销售货物取得零售额5 850万元，同时赠送货物的零售价格为117万元。假定上述货物均适用17%增值税税率，则上述业务的销项税额计算如下：

销项税额 = [（5 850 + 117）÷（1 + 17%）] ×17% = 867（万元）

（七）现金折扣方式销售额

现金折扣是指纳税人在销售货物或应税劳务后，为鼓励购买方在规定的期限内付款而发生的融资性质的理财费用。因此，在计算增值税时，折扣额不得从销售额中减除。

案例分析

【例1】某生产企业（一般纳税人）销售货物1批，不含税销售额200 000元。结算时，该厂按含税销售额给予购买方5%的现金折扣，另开发票入账。假定该货物增值税税率为17%。

由于现金折扣是纳税人发生的理财费用，与货物的销售并无直接关系，因此，税法规定，现金折扣不得从销售额中减除，则上述业务的销项税额计算如下：

销项税额 =200 000 ×17% =34 000（元）

【例2】某品牌电视机专卖店（增值税一般纳税人）从商场（增值税一般纳税人）购进液晶电视机100台，不含税销售价格10 000元/台。由于购货数量较大的原因，商场予以专卖店八折优惠；双方同时约定，若专卖店五天内支付全部货款，商场将以七折优惠价格收取货款。第四天，专卖店支付全部货款，商场以七折优惠700 000元的价格收取货款，并开具增值税专用发票。

则该笔交易，应确认为商场同时发生了折扣销售和销售折扣两种行为，其中，若属于价格折扣并且商场在同一张增值税专用发票上列明了销售额和折扣额，则应以八折优惠价格800 000元确定销售额，而商场发生的督促专卖店及时偿还货款的销售折扣，不能从销售额中扣减。

（八）销售折让方式销售额

销售折让是在货物发出后，由于品种、规格、质量等方面与合同规定不符，为避免退货而与购买方磋商后在价格上作出的让步。纳税人发生的销售折让，这种销售折让其实质是原货物销售额的减少，因此销售折让可以从销售额中减除，但发票手续必须符合增值税专用发票使用规定。

（九）以旧换新方式销售额

1. 一般货物。以旧换新是指纳税人在销售自己的货物时，有偿回收旧货物的行为。税法规定，纳税人采取以旧换新方式销售货物，应按新货物的同期销售价格确定销售额，不扣减旧货物的回收价格。之所以这样规定，是因为销售货物与收购货物是两个不同的业务活动，销售额与收购额不能相互抵减，也是为了严格增值税的计算征收，防止出现销售额不实，减少纳税的现象。

案例分析

【例】某商场为增值税一般纳税人，本期采取以旧换新方式销售手机，新手机零售价格为3 000元/部（含税），旧手机作价300元回收。本月销售新手机20部，实际收取含税销售额540 000元，同时回收旧手机20部。则该笔业务，商场应以新手机的实际销售额60 000元换算为不含税价格计算增值税销项税额。

2. 金银首饰。考虑到金银首饰以旧换新业务的特殊情况，对金银首饰以旧换新业务，可以按销售方实际收取的不含增值税的全部价款征收增值税。

案例分析

【例】某商场（中国人民银行批准的金银首饰经销单位）为增值税一般纳税人，本期采取以旧换新方式销售金项链10条，新项链零售价格为8 000元/条（含税），回收10条旧项链作价共计30 000元，实际收取含税销售额50 000元。则该笔业务，商场应以实际收取的销售额50 000元换算为不含税价格计算增值税销项税额。

（十）还本销售方式销售额

还本销售方式销售货物是指纳税人销售货物后，到一定期限由销售方一次或分次退还给购货方全部或部分价款。这种方式实际上是以货物换取资金的使用价值，到期还本不付息，是一种筹集资金的方法。采取还本销售方式销售货物，以销售额作为货物的销售价格，不得从销售额中减除还本支出。

（十一）以物易物方式销售额

以物易物是指购销双方不以货币结算，而以同等价款的货物相互结算，实现货物购销的一种方式。纳税人用于抵顶货款的货物，也属于“以物易物”的范围。税法规定，纳税人发生以货物换取货物行为的，双方都应作货物购销处理，以各自发出的货物核算销售额并计算销项税额；以各自收到的货物核算购货额并计算进项税额。

政策解析

在以物易物活动中，应分别开具合法的票据，如收到的货物不能取得相应的增值税专用发票或其他合法票据的，不能抵扣进项税额。

案例分析

【例】2009 年 6 月，某煤矿生产企业（增值税一般纳税人）发出煤炭一批，与钢铁厂（增值税一般纳税人）换回一批钢材。煤炭产品不含税销售额 600 000 元，钢材不含税销售额 800 000 元，煤矿生产企业支付现金补价 200 000 元。则煤矿生产企业应以煤炭实际销售额 600 000 元乘以 13% 的税率计算增值税销项税额，钢铁厂应以 800 000 元乘以 17% 的税率计算增值税销项税额。若双方同时对开增值税专用发票，且发票已经过主管税务机关认证，则双方应在认证的当月抵扣进项税额。

在上述业务中，若煤矿生产企业发出煤炭换回机械设备并用作固定资产管理，则其于 2009 年以后换回资产，在消费型增值税条件下，进项税额仍可以抵扣。

（十二）包装物押金计税问题

1. 一般货物的包装物押金。包装物是指纳税人包装本单位货物的各种物品。纳税人销售货物时另收取包装物押金，目的是促使购货方及时退还包装物以便循环使用，因此，对销货单位收取的包装物押金不应看做是一种收入，而只能作为一项短期负债。纳税人为销售货物而出租出借包装物收取的押金，单独设账核算的，不并入销售额征税。但对因逾期未收回包装物不再退还的押金，应按所包装货物的适用税率征收增值税。其中，“逾期”以 1 年为期限，对收取 1 年以上的押金，无论是否退还均并入销售额征税。

案例分析

【例】某食品厂为增值税一般纳税人，2009 年 2 月向某商场销售儿童食品 100 件，出厂不含税价格为 70 元/件；同时收取包装物押金 4 680 元，单独设账核算。假定该货物增值税税率为 17%。则上述业务，食品厂销售食品收取的包装物押金，因单独设账核算且又未逾期，无须计算缴纳增值税，食品厂仅需就其食品销售收入计算增值税销项税额 1 190元（70 × 100 × 17%）。

承上例，若上述包装物押金不是本期销售货物收取的，而是 2008 年 1 月销售货物时收取的，则尽管食品厂仍将押金收入单独设账核算，但仍需要计算缴纳增值税。计税时，包装物押金适用所包装的货物的税率。

增值税销项税额 = ［70×100+4 680÷（1+17%）］×17% =1 870（元）

政策解析

包装物押金是否纳税关键在于两点：

第一，收取的包装物押金是否单独设账核算。未单独设账核算的，并入销售额征税。

第二，收取的包装物押金是否逾期。逾期的，并入销售额征税。

2. 除啤酒、黄酒外的其他酒类产品的包装物押金。从1995年6月1日起，对销售除啤酒、黄酒外的其他酒类产品而收取的包装物押金，无论是否返还以及会计上如何核算，均应并入当期销售额征税。

案例分析

【例】某白酒厂为增值税一般纳税人，2009年2月向某商场销售白酒，取得不含税销售额270万元，同时收取包装物押金4 680元，单独设账核算。尽管白酒厂将包装物押金单独设账核算，且包装物押金又没有逾期，仍需要计算增值税销项税额680元［4 680÷（1+17%）×17%］。

政策解析

包装物押金的税务处理中，需要注意两点：

第一，包装物押金适用所包装的货物的税率。

第二，包装物押金视同含税收入，需要换算为不含税收入后计税。

（十三）油气田企业增值税的计算和管理

根据国务院批准的石油天然气企业增值税政策和增值税转型改革方案，财政部和国家税务总局对现行油气田企业增值税管理办法作了修改和完善，制订了《油气田企业增值税管理办法》，自2009年1月1日起施行。

1. 征税范围。本办法适用于在中华人民共和国境内从事原油、天然气生产的企业。包括中国石油天然气集团公司（以下简称中石油集团）和中国石油化工集团公司（以下简称中石化集团）重组改制后设立的油气田分（子）公司、存续公司和其他石油天然气生产企业（以下简称油气田企业），不包括经国务院批准适用5%征收率缴纳增值税的油气田企业。

存续公司是指中石油集团和中石化集团重组改制后留存的企业。其他石油天然气生产企业是指中石油集团和中石化集团以外的石油天然气生产企业。

油气田企业持续重组改制继续提供生产性劳务的企业，以及2009年1月1日以后新成立的油气田企业参股、控股的企业，按照本办法缴纳增值税。

2. 征税对象。油气田企业为生产原油、天然气提供的生产性劳务应缴纳增值税。生产性劳务是指油气田企业为生产原油、天然气，从地质普查、勘探开发到原油天然气销售的一系列生产过程所发生的劳务。缴纳增值税的生产性劳务仅限于油气田企业间相互提供属于《增值税生产性劳务征税范围注释》内的劳务。油气田企业与非油气田企业之间相互提供的生产性劳务不缴纳增值税。

3. 税率。油气田企业提供的生产性劳务，增值税税率为17%。

4. 应纳税额的计算。油气田企业提供的应税劳务和非应税劳务应当分别核算销售额，未分别核算的，由主管税务机关核定应税劳务的销售额。

5. 油气田企业下列项目的进项税额不得从销项税额中抵扣：

（1）用于非增值税应税项目、免征增值税项目、集体福利或者个人消费的购进货物或者应税劳务。

本办法规定的非增值税应税项目，是指提供非应税劳务、转让无形资产、销售不动产、建造非生产性建筑物及构筑物。本办法规定的非应税劳务，是指属于应缴营业税的交通运输业、建筑业、金融保险业、邮电通信业、文化体育业、娱乐业、服务业税目征收范围的劳务，但不包括本办法规定的生产性劳务。用于集体福利或个人消费的购进货物或者应税劳务，包括所属的学校、医院、宾馆、饭店、招待所、托儿所（幼儿园）、疗养院、文化娱乐单位等部门购进的货物或应税劳务。

（2）非正常损失的购进货物及相关的应税劳务；

（3）非正常损失的在产品、产成品所耗用的购进货物或者应税劳务。

（4）国务院财政、税务主管部门规定的纳税人自用消费品。

（5）本条第（一）项至第（四）项规定的货物的运输费用和销售免税货物的运输费用。

6. 纳税义务发生时间。油气田企业为生产原油、天然气提供的生产性劳务的纳税义务发生时间为油气田企业收讫劳务收入款或者取得劳务收入款项凭据的当天；先开具发票的，为开具发票的当天。

收讫劳务收入款的当天，是指油气田企业应税行为发生过程中或者完成后收取款项的当天；采取预收款方式的，为收到预收款的当天。取得劳务收入款项凭据的当天，是指书面合同确定的付款日期的当天；未签订书面合同或者书面合同未确定付款日期的，为应税行为完成的当天。

7. 纳税地点和预征。跨省、自治区、直辖市开采石油、天然气的油气田企业，由总机构汇总计算应纳增值税税额，并按照各油气田（井口）石油、天然气产量比例进行分配，各油气田按所分配的应纳增值税额向所在地税务机关缴纳。石油、天然气应纳增值税额的计算办法由总机构所在地省级税务部门商各油气田所在地同级税务部门确定。

在省、自治区、直辖市内的油气田企业，其增值税的计算缴纳方法由各省、自治区、直辖市财政和税务部门确定。

油气田企业跨省、自治区、直辖市提供生产性劳务，应当在劳务发生地按3%预征率计算缴纳增值税。在劳务发生地预缴的税款可从其应纳增值税中抵减。

第八节 进项税额的确定

一、准予抵扣的进项税额

纳税人购进货物或者接受应税劳务（以下简称“购进货物或者应税劳务”）支付或者

负担的增值税额，为进项税额。

对于一般纳税人而言，由于其在经营活动中，既会发生销售货物或提供应税劳务，又会发生购进货物或接受应税劳务，因此，一般纳税人都会有收取的销项税额和支付的进项税额。增值税的核心就是用纳税人收取的销项税额抵扣其支付的进项税额，其余额为纳税人实际缴纳的增值税额。

准予抵扣的项目和扣除率的调整，由国务院决定。

政策解析

这个概念包含两层含义：

第一，进项税额实际上是购货方支付给销售方的税额；

第二，进项税额一般是发票上注明的。

（一）国内采购进项税额

购进货物从销售方取得的增值税专用发票上注明的增值税额，准予从销项税额中抵扣。

被确定为混合销售行为和兼营行为的非应税劳务，按规定应当征收增值税的，该混合销售行为和兼营行为的非应税劳务所用购进货物的进项税额，凡取得增值税扣税凭证的，准予抵扣。

自2009年1月1日起，纳税人购进固定资产可以抵扣进项税额。

（二）国外采购进项税额

国外采购货物即进口货物，从海关取得的海关进口增值税专用缴款书上注明的增值税额，准予从销项税额中抵扣。

对纳税人丢失的海关进口增值税专用缴款书，纳税人应当凭海关出具的相关证明，向主管税务机关提出抵扣申请。主管税务机关受理申请后，应当进行审核，并将纳税人提供的海关进口增值税专用缴款书电子数据纳入稽核系统比对，稽核比对无误后，可予以抵扣进项税额。

（三）采购农产品进项税额

购进农产品，按照农产品收购发票或者销售发票上注明的农产品买价和13%的扣除率计算进项税额。进项税额的计算公式为：

进项税额 = 买价 × 扣除率

= 买价 × 13%

属于一般纳税人的生产、经营单位从国有粮食购销企业购进的免税粮食，可依据购销企业开具的销售发票注明的销售额按13%的扣除率计算抵扣进项税额；购进的免税食用植物油，不得计算抵扣进项税额。

案例分析

【例】某收购单位为增值税一般纳税人，2009年2月发生如下经济业务：

（1）向农民收购葡萄一批用于销售，收购凭证上注明支付买价10 000元；

（2）购进某国有农场自产玉米，收购凭证注明支付买价20 000元；

（3）从某供销社一般纳税人购进玉米，取得增值税专用发票上注明支付价款300 000

元、税款 39 000 元。则其可以抵扣的进项税额为：

向农民收购葡萄：10 000×13%＝1 300（元）

其采购成本为 10 000×（1－13%）＝8 700（元）

从农场购进玉米：20 000×13%＝2 600（元）

其采购成本为 20 000×（1－13%）＝17 400（元）

从供销社购进玉米：300 000×13%＝39 000（元）

其采购成本为 300 000×（1－13%）＝261 000（元）

政策解析

在计算农业产品进项税额时，应注意下列问题：

第一，免税农业产品范围。免税农业产品，是指直接从事植物的种植、收割和动物的饲养、捕捞的单位和个人销售的自产农业产品，其范围按《农业产品征税范围注释》执行。

第二，收购凭证。使用的收购凭证，必须是经主管税务机关批准使用的收购凭证。

第三，买价。买价包括纳税人购进农产品在农产品收购发票或者销售发票上注明的价款和按规定缴纳的烟叶税。

第四，烟叶税。取消农业特产税后，国家于 2006 年开征了烟叶税。对纳税人按规定缴纳的烟叶税，准予并入烟叶产品的买价计算增值税的进项税额，并在计算缴纳增值税时予以抵扣。即购进烟叶准予抵扣的增值税进项税额，按照烟叶收购金额和烟叶税及法定扣除率计算。烟叶收购金额包括纳税人支付给烟叶销售者的烟叶收购价款和价外补贴，价外补贴统一暂按烟叶收购价款的 10% 计算。

烟叶收购金额＝烟叶收购价款×（1＋10%）

计算抵扣的进项税额＝（收购金额＋烟叶税）×13%

＝收购金额×（1＋20%）×13%

案例分析

【例】J 卷烟生产企业为增值税一般纳税人，2009 年 3 月向农民收购烟叶一批用于加工烟丝，烟叶收购价款 100 000 元，收购凭证上注明支付烟叶收购金额 110 000 元。则上述业务可抵扣的进项税额计算如下：

烟叶税＝110 000×20%＝22 000（元）

可抵扣的进项税额＝（110 000＋22 000）×13%＝17 160（元）

（四）运输费用进项税额

购进或者销售货物以及在生产经营过程中支付运输费用的，按照运输费用结算单据上注明的运输费用金额和 7% 的扣除率计算的进项税额。

进项税额的计算公式为：

进项税额＝运输费用金额×扣除率

案例分析

承上例：J 卷烟生产企业向农民收购烟叶时，同时支付运费 5 000 元给 Y 运输企业，委托其将烟叶运回企业入库。则本次采购，J 企业支付运费可以抵扣的进项税额为：

可抵扣进项税额 =5 000×7% =350（元）

运费的采购成本 =5 000×（1 -7%） =4 650（元）

政策解析

有关运输发票抵扣的问题，需要注意四点：

第一，外购固定资产的运费。自2009年1月1日起，纳税人外购固定资产支付的运费可以抵扣进项税额。

第二，不得抵扣的情形。外购用于非应税项目、免税项目、集体福利和个人消费的货物或应税劳务，因外购项目的进项税额不得抵扣，所以，所支付的运输费用也不得计算进项税额抵扣。

第三，抵扣的凭据。准予作为抵扣凭证的运费结算单据（普通发票），是指国有铁路、民用航空、公路和水上运输单位开具的货票，以及从事货物运输的非国有运输单位开具的套印全国统一发票监制章的货票。

第四，抵扣的基数。准予计算进项税额抵扣的货物运费金额，是指在运输单位开具的货票上注明的运费和建设基金，随同运费支付的装卸费、保险费等其他杂费不得计算扣除进项税额。

案例分析

【例1】某生产企业外购原材料取得增值税发票上注明价款100 000元，支付运输企业的运输费共计800元，取得运输企业开具的运输发票上注明运费600元、保险费60元、装卸费120元、建设基金20元。则该企业可以计算抵扣的进项税额为：

进项税额 =100 000×17% +（600 +20）×7% =17 043.4（元）

【例2】某食品加工厂从农民手中收购花生，收购凭证上注明收购价格为50 000元，支付运输企业运输费用400元，取得运输企业开具的普通发票。则该食品加工厂可以计算抵扣的进项税额为：

进项税额 =50 000×13% +400×7% =6 528（元）

食品加工厂本期实际采购成本为：

采购成本 =50 000×（1 -13%） +400×（1 -7%） =43 872（元）

（五）混合销售进项税额

混合销售行为依照规定应当缴纳增值税的，该混合销售行为所涉及的非增值税应税劳务所用购进货物的进项税额，符合规定的，准予从销项税额中抵扣。

案例分析

【例】某锅炉生产企业为增值税一般纳税人，2009年4月发生如下经济业务：

（1）外购原材料一批，取得增值税发票上注明价款1 000 000元、增值税170 000元。

（2）销售锅炉，收取不含税销售额13 200 000元。

（3）将锅炉送货上门后提供安装劳务，收取货款的同时收取运输及安装费用100 000元。

（4）送货上门所用车辆发生维修费用，取得增值税专用发票上注明维修费用3 000

元、增值税510元。

该企业取得的增值税专用发票认证合格，准予在当月抵扣进项税额。则上述销售业务，应判定为锅炉生产企业的混合销售行为，企业送货上门并提供安装劳务的收入应并入销售额一并计算增值税销项税额；其所用车辆的维修费用，取得增值税专用发票，符合税法规定的，准予抵扣进项税额。

其应纳税额计算如下：

销项税额 = [13 200 000 + 100 000 ÷ (1 + 17%)] × 17% = 2 258 529.92（元）

进项税额 = 170 000 + 510 = 170 510（元）

应纳增值税 = 2 258 529.92 − 170 510 = 2 088 019.92（元）

政策解析

自2009年1月1日起，取消“废旧物资回收经营单位销售其收购的废旧物资免征增值税”和“生产企业增值税一般纳税人购入废旧物资回收经营单位销售的废旧物资，可按废旧物资回收经营单位开具的由税务机关监制的普通发票上注明的金额，按10%计算抵扣进项税额”的政策。

二、不得抵扣的进项税额

（一）不得抵扣进项税额的一般情形

自2009年1月1日起，下列项目的进项税额不得从销项税额中抵扣：

1. 用于非增值税应税项目的购进货物或者应税劳务。其中，非增值税应税项目，是指提供非增值税应税劳务、转让无形资产、销售不动产和不动产在建工程；不动产是指不能移动或者移动后会引起性质、形状改变的财产，包括建筑物、构筑物和其他土地附着物；纳税人新建、改建、扩建、修缮、装饰不动产，均属于不动产在建工程。

政策解析

在购进货物或者应税劳务用于非应税项目不得抵扣进项税额中，有两种特殊情况应排除在外，当纳税人做出应确定为征收增值税的混合销售行为或兼营非应税劳务行为时，其混合销售行为或兼营行为中用于非应税劳务的购进货物或者应税劳务的进项税额，就可以在计算增值税时从销项税额中抵扣。

2. 用于免征增值税项目的购进货物或者应税劳务。

3. 用于集体福利或者个人消费的购进货物或者应税劳务。其中，集体福利或者个人消费，是指企业内部设置的供职工使用的食堂、浴室、理发室、宿舍、幼儿园等福利设施及其设备、物品等或者以福利、奖励、津贴等形式发放给职工个人的物品。个人消费包括纳税人的交际应酬消费。

政策解析

上述购进货物，不包括既用于增值税应税项目（不含免征增值税项目）也用于非增值税应税项目、免征增值税（以下简称“免税”）项目、集体福利或者个人消费的固定资产。即在消费型增值税制度下，购进固定资产用于上述情形的，其进项税额依然不得抵扣。固定资产，是指使用期限超过12个月的机器、机械、运输工具以及其他与生产经营有关的设备、工具、器具等。

4. 非正常损失的购进货物及相关的应税劳务。自2009年1月1日起，上述非正常损失，是指因管理不善造成被盗、丢失、霉烂变质的损失。

案例分析

【例】某企业购进材料，取得增值税专用发票上注明价款200万元，增值税34万元，并支付给运输单位运费20万元，待货物验收入库时发现短缺物品金额为10万元（占货物总价的5%），经查实，应由运输单位负责。则该企业不得抵扣的进项税额计算如下：

不得抵扣的进项税额 =（34 + 20 × 7%）× 5% = 1.77（万元）

5. 非正常损失的在产品、产成品所耗用的购进货物或者应税劳务。

6. 国务院财政、税务主管部门规定的纳税人自用消费品。纳税人自用的应征消费税的摩托车、汽车、游艇，其进项税额不得从销项税额中抵扣。

政策解析

2009年1月1日起，纳税人外购固定资产的进项税额可以从销项税额中抵扣，但纳税人自用的应征消费税的摩托车、汽车、游艇，不得从销项税额中抵扣进项税额。

7. 第1—6项规定的货物的运输费用和销售免税货物的运输费用。

8. 纳税人购进货物或者应税劳务，取得的增值税扣税凭证不符合法律、行政法规或者国务院税务主管部门有关规定的，其进项税额不得从销项税额中抵扣。其中，增值税扣税凭证，是指增值税专用发票、海关进口增值税专用缴款书、农产品收购发票和农产品销售发票以及运输费用结算单据。

（二）不得抵扣进项税额的特殊情形

有下列情形之一者，应按销售额依照增值税税率计算应纳税额，不得抵扣进项税额，也不得使用增值税专用发票：（1）一般纳税人会计核算不健全，或者不能够提供准确税务资料的。（2）除特殊规定外，纳税人销售额超过小规模纳税人标准，未申请办理一般纳税人认定手续的。

以建筑物或者构筑物为载体的附属设备和配套设施，无论在会计处理上是否单独记账与核算，均应作为建筑物或者构筑物的组成部分，其进项税额不得在销项税额中抵扣。附属设备和配套设施是指：给排水、采暖、卫生、通风、照明、通讯、煤气、消防、中央空调、电梯、电气、智能化楼宇设备和配套设施。所谓建筑物，是指供人们在其内生产、生活和其他活动的房屋或者场所；所谓构筑物，是指人们不在其内生产、生活的人工建造物。

三、进项税额的转出

（一）需作进项税额转出处理的情形

由于增值税一般纳税人应纳税额的计算采用“购进扣税法”，当期购进的货物或应税劳务如果事先未确定将用于非生产经营项目，其进项税额会在当期销项税额中予以抵扣。但如已抵扣进项税额的购进货物或者应税劳务发生《增值税暂行条例》规定的不得抵扣的情况，应将该项购进货物或应税劳务的进项税额从当期发生的进项税额中扣减。

纳税人发生下列情形，需将其进项税额从当期发生的进项税额中扣减：（1）已作进项税额抵扣的购进货物或应税劳务用于非应税项目；（2）已作进项税额抵扣的购进货物或应税劳务用于免税项目；（3）已作进项税额抵扣的购进货物或应税劳务用于集体福利或者个人消费；（4）已作进项税额抵扣的购进货物发生非正常损失；（5）已作进项税额抵扣的购进货物生产的在产品或产成品发生非正常损失；（6）对出口货物不予退税且不得从内销货物销项税额中抵扣的增值税额、税务机关查出的违反增值税专用发票使用规定抵扣的增值税额，均应作进项税额转出处理。

（二）进项税额转出的方法

1. 已抵扣进项税额的购进货物或者应税劳务，发生上述不得抵扣进项税额情形的（免税项目、非增值税应税劳务除外），应当将该项购进货物或者应税劳务的进项税额从当期的进项税额中扣减。

政策解析

所谓“从当期发生的进项税额中扣减”，是指已抵扣进项税额的购进货物或劳务是在哪一个时期发生上述情况的，就从这个发生期内纳税人的进项税额中抵减，而无须追溯到这些购进货物或者应税劳务抵扣进项税额的那个时期。

案例分析

【例1】某生产企业为增值税一般纳税人，本期将库存的一批生产用材料用于本企业在建工程，实际成本200 000元；该材料适用的增值税率为17%，其进项税额转出额＝200 000×17%＝34 000（元）

【例2】某生产企业增值税一般纳税人4月购进工业橡胶一批，实际采购成本200 000元，已申报抵扣进项税额34 000元。5月，由于保管不善，该批橡胶全部被盗丢失。则该企业应在5月作进项税额转出处理，转出进项税额34 000元（200 000×17%）。

2. 如果纳税人无法确定该项进项税额的，按当期实际成本计算应扣减的进项税额。

政策解析

对无法准确确定该项进项税额的，“按当期实际成本计算应扣减的进项税额”，是指其扣减进项税额的计算依据不是按该货物或应税劳务的购进原价，而是发生上述情况的当期该货物或者应税劳务的实际成本，即：

实际成本＝进价＋运费＋保险费＋其他有关费用

应扣减的进项税额＝实际成本×征税时该货物或应税劳务适用的税率

案例分析

【例1】某酒厂为增值税一般纳税人，2008年11月，因企业管理不善，致使库存的从农业生产者购进的葡萄发生非正常损失，账面实际成本87 000元。则酒厂应先将发生非正常损失的葡萄的账面实际成本还原为原购进时所支付的金额，再依照10%的扣除率计算进项税额转出额，从当期的进项税额中减除。

进项税额转出额＝87 000÷（1－13%）×10%＝10 000（元）

【例2】某罐头厂为增值税一般纳税人，2008年8月向农民收购苹果一批，实际采购成本96 300元（其中包含运费9 300元），已经申报抵扣了进项税额。当年10月，该批苹果发生霉烂，无法用于制造水果罐头，则罐头厂应在10月作进项税额转出处理。

转出进项税额 = (96 300 - 9 300) ÷ (1 - 13%) ×13% + 9 300 ÷ (1 - 7%) ×7%
= 13 700 (元)

3. 一般纳税人兼营免税项目或者非增值税应税劳务而无法划分不得抵扣的进项税额的，按下列公式计算不得抵扣的进项税额：

不得抵扣的进项税额 = 当月无法划分的全部进项税额 × (当月免税项目销售额、非增值税应税劳务营业额合计 ÷ 当月全部销售额、营业额合计)

案例分析

【例】某生产企业为增值税一般纳税人，本期购进原材料一批用于生产豪华办公椅和残疾人专用轮椅，取得增值税专用发票上注明进项税额 60 万元。本期销售豪华办公椅取得销售收入 70 万元，销售残疾人专用轮椅取得收入 30 万元。则本期不得抵扣的进项税额 = 60 × (30 ÷ 100) = 18 万元。

4. 从 2004 年 7 月 1 日起，对商业企业向供货方收取的与商品销售量、销售额挂钩(如以一定比例、金额、数量计算)的各种返还收入，均应按照平销返利行为的有关规定冲减当期增值税进项税金，不征收营业税。

商业企业向供货方收取的各种收入，一律不得开具增值税专用发票。

应冲减进项税金的计算公式调整为：

当期应冲减进项税金 = 当期取得的返还资金 ÷ (1 + 所购货物适用增值税税率) × 所购货物适用增值税税率

案例分析

【例】某大型工业企业为增值税一般纳税人，采用实际成本核算，2009 年 4 月该企业发生如下经济业务：

(1) 从 C 工厂购入原材料 100 吨，单价 5 000 元/吨，取得增值税专用发票上注明价款 500 000 元、增值税 85 000 元；支付该材料的运输费 2 500 元，取得运输部门开具的运费发票，发票上注明运输费及建设基金 2 000 元、装卸费及保险费 500 元。

(2) 因材料质量问题，将原材料 8 吨退还给 C 工厂，收回价款 40 000 元、增值税 6 800元。

(3) 购入低值易耗品一批，取得增值税专用发票上注明价款 100 000 元、增值税 17 000元。

(4) 收到其投资者作为投资转入的货物一批，其中：机器一台，投资者提供的普通发票上注明双方确认的含税价值 200 000 元；原材料一批，投资者提供的专用发票上注明双方确认的不含税价值 100 000 元、增值税 17 000 元。

(5) 企业生产用汽车损坏，委托某修理厂进行修理，取得增值税专用发票上注明支付修理费 8 000 元、增值税 1 360 元。

(6) 购入建筑材料一批，取得增值税专用发票上注明价款 80 000 元、增值税 13 600 元；入库后当月领用，用于企业在建工程。

(7) 销售 A 产品一批给 D 购货单位，开具增值税专用发票，取得不含税销售额 900 000元。

(8) 将B产品一批用于企业在建工程，该批产品生产成本为35 000元。按照同类产品不含税价格计算，该批产品的价款为60 000元。

(9) 因产品质量问题，D单位将一部分A产品退还给该企业，总价款100 000元，已按税务机关的规定开具了红字专用发票。

(10) 2008年3月收取A产品包装物押金4 000元，本月将押金转作其他业务收入。

(11) 企业仓库倒塌，损毁A产品、B产品各一批，总计成本80 000元，所耗用的材料和有关货物的进项税额为5 600元，已在上期抵扣完毕。

(12) 企业进行技术而更新机器设备，购入时取得增值税专用发票上注明价款120 000元、增值税20 400元。

(13) 3月留抵进项税额2 100元。

已知：

(1) 企业取得的合法凭证已经经过主管税务机关认证，并在当月抵扣进项税额。

(2) 上述所有材料及产品均适用17%增值税税率。

要求：

(1) 计算该企业2009年4月销项税额。

(2) 计算该企业2009年4月进项税额。

(3) 计算该企业2009年4月应纳增值税。

分析：

(1) 企业外购原材料取得增值税专用发票，认证合格后准予在当期销项税额中抵扣进项税额；委托运输企业运输原材料，取得运输企业开具的运费发票，准予依7%的抵扣率计算抵扣进项税额；计算抵扣时，准予抵扣的是运费发票上注明的运费及建设基金，装卸费及保险费不得计算抵扣。

(2) 因材料质量问题企业发生了进货退出行为，退回原材料对应的增值税应作进项税额转出的税务处理。

(3) 购入低值易耗品取得增值税专用发票，认证合格后准予在当期销项税额中抵扣进项税额。

(4) 收到其投资者作为投资转入的货物时，投入机器对应的是普通发票，其进项税额不得在销项税额中抵扣；投入原材料对应的是增值税专用发票，其进项税额可以在销项税额中抵扣。

(5) 企业生产用汽车发生的修理费，取得增值税专用发票，认证合格后准予在当期销项税额中抵扣进项税额。

(6) 购入建筑材料用于企业在建工程，属于将购进货物用于非增值税项目，不得在销项税额中抵扣进项税额。

(7) 销售A产品应计算销项税额，计税依据为增值税专用发票上的不含税销售额。

(8) 将B产品一批用于企业在建工程，属于自产自用，视同销售，应计算销项税额；计算时，应按照同类产品的比照价格确认为销售额。

(9) 因产品质量问题接受产品退回，并按规定开具了红字专用发票，应冲减销售额，并同时冲减销项税额。

(10) 逾期包装物押金转作其他业务收入，应计算销项税额；计算时，应按照A产品适用税率，并将押金收入换算为不含税收入。

(11) 企业仓库倒塌而损毁产品，属于企业产品发生非正常损失，其购进材料及货物的进项税额不得抵扣；已经抵扣的，应作进项税额转出处理。

(12) 企业购入机器设备，取得增值税专用发票，认证合格后准予在当期销项税额中抵扣进项税额。

(13) 上期留抵税额，本期继续抵扣。

参考答案：该企业当期应纳增值税额计算如下：

(1) 计算该企业2009年4月销项税额：

当期销项税额 = 900 000 × 17% + 60 000 × 17% − 100 000 × 17% + 4 000 ÷ (1 + 17%) × 17%

= 146 781.2 (元)

(2) 计算该企业2009年4月进项税额：

当期进项税额 = 85 000 + 2 000 × 7% − 6 800 + 17 000 + 17 000 + 1 360 − 5 600 + 20 400

= 128 500 (元)

(3) 计算该企业2009年4月应纳增值税：

当期应纳增值税额 = 146 781.2 − 128 500 − 2 100 = 16 181.2 (元)

第九节 进口货物应纳税额的计算

根据增值税暂行条例的规定，进入我国境内的货物，都必须向我国海关申报进口，并办理有关报关手续。只要是报关进口的应税货物，不论其是国外生产，还是我国已出口而转销国内的货物；是进口者自行采购，还是国外捐赠的货物；是进口者自用，还是作为贸易或其他用途等等，均应按照规定缴纳进口环节增值税。

一、进口货物适用税率

进口货物适用的增值税税率有两种：13%和17%，与内销货物相同。

二、应纳税额的计算

纳税人进口货物，按照组成计税价格和规定的税率计算应纳税额，不得抵扣任何税额。组成计税价格和应纳税额计算公式：

组成计税价格 = 关税完税价格 + 关税 + 消费税

= (关税完税价 + 关税) ÷ (1 − 消费税税率)

应纳税额 = 组成计税价格 × 税率

政策解析

第一，进口货物增值税的组成计税价格中包括已纳关税税额。

第二，如果进口货物属于消费税应税消费品，其组成计税价格中还要包括已纳消费税税额。

第三，进口环节缴纳的增值税作为增值税链条的一部分，符合规定条件的，准予作为进项税额在下一环节抵扣。

第四，在计算进口环节应纳增值税时，式中的增值税税率只能是13%或17%。这是因为，进口环节适用税率是按照货物区分，不是按照纳税人身份（一般纳税人或小规模纳税人）区分。

第五，货物在进口环节应计算缴纳增值税，且本环节不得抵扣任何税额，也不得抵扣货物在国外的已纳税额。

从纳税义务来看，凡申报进入中华人民共和国海关境内的货物均应征收增值税。但国家在规定对进口货物征税的同时，对某些进口货物制定了减免税的特殊规定。如属于来料加工、进料加工贸易方式进口国外的原材料、零部件等在国内加工后复出口的，对进口的原材料、零部件按规定给予免税或减税；但这些进口免、减税的原材料、零部件若不能加工复出口而销往国内的，就要予以补税。对出口货物是否减免税由国务院统一规定，任何地方、部门都无权规定减免税项目。

案例分析

【例1】某外贸企业2009年1月进口童装一批，关税完税价格150万元，关税税率20%；委托国内运输企业将货物运抵企业，支付运输费用0.20万元，取得运输企业开具的普通运输发票；本月将40%购入童装售出，取得含税销售额270万元。则该外贸企业本期应计算缴纳的增值税计算如下：

进口关税＝150×20%＝30（万元）

进口环节增值税＝（150＋30）×17%＝30.60（万元）

内销环节增值税＝270÷（1＋17%）×17%－（30.60＋0.20×7%）＝8.62（万元）

【例2】某进出口公司为增值税一般纳税人，2009年2月当月进口办公设备500台，关税完税价格1万元/台，货物报关后，按规定缴纳了进口环节的关税和增值税并取得了海关进口增值税专用缴款书。入库后，当月以每台1.80万元的含税价格售出400台，通过本市公益性社团捐赠给冬季运动会2台。

已知：

(1) 办公设备进口关税税率15%。

(2) 公司取得的合法凭证已经在当月认证合格。

要求：

(1) 计算该公司2009年2月应缴纳的进口增值税。

(2) 计算该公司2009年2月应缴纳的内销增值税。

分析：

(1) 进口增值税的计算是以进口关税为基础的，而进口关税的计算是以关税完税价格为基础的。

(2) 进口办公设备应纳关税的计算公式为：

应纳关税＝关税完税价格×关税税率

(3) 对外捐赠视同销售，应计算增值税销项税额。

(4) 视同销售行为计算销项税额时，按照当月同类货物的比照价格确定销售额。

参考答案：

(1) 计算该公司2009年2月应缴纳的进口增值税：

关税完税价格 $=500\times 1=500$（万元）

进口关税 $=500\times 15\%=75$（万元）

进口增值税 $=(500+75)\times 17\%=97.75$（万元）

(2) 计算该公司2009年2月应缴纳的内销增值税：

销项税额 $=(400+2)\times 1.80\div(1+17\%)\times 17\%=105.14$（万元）

应纳增值税 $=105.14-97.75=7.39$（万元）

第十节 出口货物退(免)税制度

企业出口货物以不含税价格参与国际市场竞争是国际上的通行做法。我国的出口货物退（免）税是指在国际贸易业务中，对我国报关出口的货物退还或免征其在国内各生产和流通环节按税法规定缴纳的增值税和消费税，即对增值税出口货物实行零税率，对消费税出口货物免税。出口货物适用零税率，不但出口环节不必纳税，而且还可以退还以前纳税环节已纳税款，这就是我国通常所说的“出口退税”。当然，由于各种货物出口前涉及征免税情况有所不同，而且国家对少数货物有限制出口政策，因此，国家在遵循“征多少、退多少”、“未征不退”基本原则的基础上，规定了不同的税务处理办法。

对出口的增值税和消费税应税货物，除国家明确规定不予退（免）税的货物外，都属于出口退（免）税的货物范围。除经国家特准退（免）税的外，“出口货物”一般应具备以下四个条件：第一，必须是属于增值税、消费税征税范围的货物。第二，必须是报关离境的出口货物；凡是报关不离境的货物，不论出口企业以外汇结算还是以人民币结算，也不论企业在财务上和其他管理上作何处理，均不能视为出口货物予以退（免）税。第三，必须是在财务上作对外销售处理的货物。第四，必须是出口收汇并已核销的货物。

一、出口货物退（免）税基本政策

通过退（免）税，使出口货物不受税收因素影响，有利于鼓励各国出口货物公平竞争。我国对出口货物，在遵循“征多少、退多少”、“未征不退和彻底退税”基本原则的基础上，实行免税和退税相结合的政策。我国的出口货物税收政策分为以下三种形式：

(一) 出口免税并退税

出口免税，是指对出口货物，在出口环节免征增值税、消费税；出口退税，是指对出口货物在出口前实际承担的税款，按规定的退税率计算后予以退还。

(二) 出口免税但不退税

出口不退税，是指出口货物在前一道生产、销售环节或进口环节是免税的，故出口时本身并不含税，也无须退税。

(三) 出口不免税也不退税

出口不免税，是指对国家限制或禁止出口的某些货物的出口环节视同内销环节，照常征税；出口不退税，是指对这些货物出口不退还出口前其所承担的税款。

二、出口货物退（免）税的适用范围

（一）出口免税并退税

1. 有进出口经营权的生产企业自营出口的自产货物，生产企业委托外贸企业代理出口的自产货物，除另有规定者外，给予退（免）税。对生产企业出口的下列四类外购产品视同自产产品，给予退（免）税：

（1）生产企业出口外购的产品，凡同时符合以下条件的，可视同自产货物办理退税：第一，与本企业生产的产品名称、性能相同；第二，使用本企业注册商标或外商提供给本企业使用的商标；第三，出口给进口本企业自产产品的外商。

（2）生产企业外购的与本企业所生产的产品配套出口的产品，若出口给进口本企业自产产品的外商，符合下列条件之一的，可视同自产产品办理退税：第一，用于维修本企业出口的自产产品的工具、零部件、配件；第二，不经过本企业加工或组装，出口后能直接与本企业自产产品组合成成套产品的。

（3）凡同时符合下列条件的，主管出口退税的税务机关可认定为集团成员，集团公司（或总厂）收购成员企业（或分厂）生产的产品，可视同自产产品办理退（免）税：第一，经县级以上政府主管部门批准为集团公司成员的企业，或由集团公司控股的生产企业；第二，集团公司及其成员企业均实行生产企业财务会计制度；第三，集团公司必须将有关成员企业的证明材料报送给主管出口退税的税务机关。

（4）生产企业委托加工收回的产品，同时符合下列条件的，可视同自产产品办理退税：第一，必须与本企业生产的产品名称、性能相同，或者是用本企业生产的产品再委托加工收回的产品；第二，出口给进口本企业自产产品的外商；第三，委托方执行的是生产企业财务会计制度；第四，委托方与受托方必须签订委托加工协议。主要原材料必须由委托方提供。受托方不垫付资金，只收取加工费，开具加工费（含代垫的辅助材料）的增值税专用发票。

2. 外贸企业自营出口和委托其他外贸企业代理出口的货物，除另有规定者外，给予退（免）税。自2005年4月1日起，凡出口企业从小规模纳税人购进的货物出口，一律凭增值税专用发票（必须是增值税防伪税控开票系统或防伪税控代开票系统开具的增值税专用发票）及有关凭证办理退税。小规模纳税人向出口企业销售这些产品，可到税务机关代开增值税专用发票。从属于增值税小规模纳税人的商贸公司购进的货物出口，按增值税专用发票上注明的征收率计算办理退税。

3. 下列企业的货物特准退还或免征增值税：

（1）对外承包工程公司运出境外用于对外承包项目的货物。

（2）对外承接修理修配业务的企业用于对外修理修配的货物。

（3）外轮供应公司、远洋运输供应公司销售给外轮、远洋国轮而收取外汇的货物。

（4）利用国际金融组织或外国政府贷款采取国际招标方式由国内企业中标销售的机电产品、建筑材料。利用上述方式，由外国企业中标再分包给国内企业供应的机电产品，视同国内企业中标予以办理退税。

（5）企业在国内采购并运往境外作为在国外投资的货物。

（二）出口免税但不退税

1. 小规模纳税人自营和委托出口的货物，一律免征增值税、消费税，不予退税。

2. 下列出口货物免征增值税：

（1）来料加工复出口的货物。

（2）避孕药品和用具、古旧图书。

（3）卷烟。有出口卷烟经营权的企业出口国家出口卷烟计划内的卷烟，免征增值税、消费税。出口卷烟增值税的进项税额不得抵扣内销货物的应纳增值税，应计入产品成本处理。其他非计划内出口的卷烟照章征收增值税和消费税，出口后一律不退税。

（4）军品以及军队系统企业出口军需工厂生产或军需部门调拨的货物。

（三）出口不免税也不退税

1. 除生产企业、外贸企业委托外贸企业出口的货物外，其他企业委托出口的货物不予退（免）税。

2. 对某些出口货物不予退（免）税。比如，国家禁止出口的货物，包括天然牛黄、麝香、铜及铜基合金、白金等。

近几年，国家对出口货物退（免）税范围作了必要的调整。

从2004年1月1日起，取消了原油、木材、纸浆、山羊绒、鳗鱼苗、稀土金属矿、磷矿石、天然石墨等货物的出口退税政策。

从2005年1月1日起，取消了电解铝、铁合金等17种商品的出口退税政策。

从2005年5月1日起，取消稀土金属、稀土氧化物、稀土盐类、金属硅、钼矿砂及其精矿、轻重烧镁、氟石、滑石、碳化硅、木粒、木粉、木片的出口退税政策。

从2006年1月1日起，取消煤焦油、生皮、生毛皮、蓝湿皮、湿革、干革的出口退税政策。

从2006年9月15日起，取消下列商品的出口退税：第一，进出口税则第25章除盐、水泥以外的所有非金属类矿产品：煤炭、天然气、石蜡、沥青、硅、砷、石料材、有色金属及废料等。第二，金属陶瓷，25种农药及中间体，部分成品革，铅酸蓄电池，氧化汞电池等。第三，细山羊毛、木炭、枕木、软木制品、部分木材初级制品等。

从2008年6月13日起，取消部分植物油的出口退税。

**政策解析**

增值税出口货物退（免）税的基本政策的适用范围汇总如表3－2所示。

表3－2　　增值税出口货物退（免）税的基本政策的适用范围

基本政策	适用的企业	适用的货物
出口免税并退税	（1）生产企业 （2）有出口经营权的外贸企业 （3）特定企业	（1）生产企业自营出口或委托外贸企业代理出口的自产货物 （2）有进出口经营权的外贸企业收购后直接出口或委托其他外贸企业代理出口的货物 （3）某些专门从事对外承包工程、对外修理修配、对外投资等项目的特定企业的货物出口

续表

基本政策	适用的企业	适用的货物
出口免税不退税	(1) 属于生产企业的小规模纳税人自营出口和委托出口的自产货物 (2) 外贸企业直接购进国家的免税货物出口 (3) 外贸企业从小规模纳税人购进并持有普通发票的货物出口，只免税不退税，但对占出口比重较大的12类货物特准退税	(1) 来料加工复出口的货物 (2) 列入免税项目的避孕药品和工具、古旧图书、免税农产品 (3) 有出口经营权的企业出口国家计划内出口的卷烟 (4) 军品以及军队系统出口军需工厂生产或军需部门调拨货物
出口不免税也不退税	委托外贸企业出口货物的非生产企业、商贸企业	(1) 国家计划外出口的原油 (2) 援外出口货物 (3) 国家禁止出口货物（如天然牛黄、麝香、铜及铜基合金、白银等）

三、出口退税的计算

（一）出口货物的退税率

1. 退税率的一般规定。出口货物退税率是出口货物的实际退税额与退税计税依据的比例。现行的出口货物增值税退税率有17%、13%、11%、8%、6%、5%等。根据经济运行中的实际情况，国家将相应调整一些产品的出口退税率。

2. 退税率的特殊规定。

(1) 自2008年11月1日起，经国务院批准，提高部分商品的出口退税率：第一，将部分纺织品、服装、玩具出口退税率提高到14%；第二，将日用及艺术陶瓷出口退税率提高到11%；第三，将部分塑料制品出口退税率提高到9%；第四，将部分家具出口退税率提高到11%、13%；第五，将艾滋病药物、基因重组人胰岛素冻干粉、黄胶原、钢化安全玻璃、电容器用钽丝、船用锚链、缝纫机、风扇、数控机床硬质合金刀、部分书籍、笔记本等商品的出口退税率分别提高到9%、11%、13%。

(2) 自2008年12月1日起，经国务院批准，提高部分商品的出口退税率：第一，将部分橡胶制品、林产品的退税率由5%提高到9%；第二，将部分模具、玻璃器皿的退税率由5%提高到11%；第三，将部分水产品的退税率由5%提高到13%；第四，将箱包、鞋、帽、伞、家具、寝具、灯具、钟表等商品的退税率由11%提高到13%；第五，将部分化工产品、石材、有色金属加工材等商品的退税率分别由5%、9%提高到11%、13%；第六，将部分机电产品的退税率分别由9%提高到11%、11%提高到13%、13%提高到14%。

(3) 从2009年2月1日起，经国务院批准，将纺织品、服装出口退税率提高到15%。

(4) 从2009年1月1日起，提高部分技术含量和附加值高的机电产品出口退税率：第一，将航空惯性导航仪、陀螺仪、离子射线检测仪、核反应堆、工业机器人等产品的出口退税率由13%、14%提高到17%。第二，将摩托车、缝纫机、电导体等产品的出口退税率由11%、13%提高到14%。

（二）生产企业出口退税的计算

1. “免、抵、退”税的基本规定。

从2002年1月1日起，生产企业自营或委托外贸企业代理出口自产货物，除另有规定外，增值税一律实行免、抵、退税管理办法。小规模纳税人出口自产货物继续实行免征增值税办法。

从2008年8月1日起，批准天津三星光电子有限公司等62家生产企业为外购产品出口试行免抵退试点企业。

生产企业（一般纳税人）出口实行简易办法征税的货物免征增值税，出口的其他货物实行免、抵、退税办法。

“免”税，是指对出口的自产货物，免征增值税；“抵”税，是指出口自产货物所耗用的原材料、零部件、燃料、动力等所含应予退还的进项税额，抵顶内销货物的应纳税额；“退”税，是指出口的自产货物在当月内应抵顶的进项税额大于应纳税额时，对未抵顶完的部分予以退税。

2. “免、抵、退”税的计算程序和方法。

（1）计算当期免抵退税不得免征和抵扣税额。在出口货物征税率与退税率不一致的情况下，计算不予退税和不予抵扣的税额。

免抵退税不得免征和抵扣税额 = 当期出口货物离岸价 × 外汇人民币牌价 ×（出口货物征税率 - 出口货物退税率）- 免抵退税不得免征和抵扣税额抵减额

其中：免抵退税不得免征和抵扣税额抵减额 = 免税购进原材料价格 ×（出口货物征税率 - 出口货物退税率）

免税购进原材料，包括从国内购进免税原材料和进料加工免税进口料件，其中进料加工免税进口料件的价格为组成计税价格。

进料加工免税进口料件的组成计税价格 = 货物到岸价 + 海关实征关税 + 海关实征消费税

（2）计算当期应纳税额。

当期应纳税额 = 当期内销货物的销项税额 -（上期留抵税额 + 当期进项税额 - 当期免抵退税不得免征和抵扣税额）

如果计算结果为正数，则为内销货物销项税额与所有进项税额相抵后的应纳税额，也就是说，是内销货物应纳税额与出口货物退税额相抵后的应纳税额。

如果计算结果为负数，则为内销货物销项税额与所有进项税额相抵后，尚未抵扣完的进项税额。也就是说，是内销货物应纳税额与出口货物退税额相抵后，尚未抵扣完的进项税额。

（3）计算免抵退税额。免抵退税额，是指按出口货物离岸价计算的应退税额。其计算公式为：

免抵退税额 = 出口货物离岸价 × 外汇人民币牌价 × 出口货物退税率 - 免抵退税额抵减额

其中：免抵退税额抵减额 = 免税购进原材料价格 × 出口货物退税率

出口货物离岸价（FOB）以出口发票计算的离岸价为准。

（4）计算当期应退税额和当期免抵税额。第一，当第（2）项“当期应纳税额”为正数，则为当期应纳税额；当期退税额为0；免抵税额等于当期免抵退税额。第二，当第（2）项“当期应纳税额”为负数，则为内销货物销项税额尚未抵扣完的进项税额，即退税前的期末留抵税额。此时，分以下两种情况确定退税额和免抵税额：

第一种：退税前的期末留抵税额≤当期免抵退税额，则：

当期退税额=退税前的期末留抵税额

当期免抵税额=当期免抵退税额-当期退税额

案例分析

【例】某生产企业拥有进出口经营权，2009年4月有关经济业务资料如下：

（1）报关离境出口货物，离岸价折合人民币840万元。

（2）国内销售货物取得销售额（不含税）250万元人民币。

（3）购进生产经营用货物和应税劳务，按扣税凭证确定的进项税额为136万元。

（4）在建工程领用生产用材料，实际成本50万元，该材料在购进时已取得增值税专用发票。

已知：

（1）各类货物适用的增值税税率均为17%；

（2）无免税购进货物；

（3）出口退税率为13%；

（4）采用“免、抵、退”办法办理出口货物退（免）税。

要求：计算该企业出口退税额和免抵税额。

参考答案：该企业出口退税额和免抵税额计算如下：

（1）不得免征或不得抵扣税额=840×（17%-13%）=33.60（万元）

（2）当期应纳税额=250×17%-（136-50×17%-33.60）=-51.40（万元）

（3）当期免抵退税额=840×13%=109.20（万元）

（4）因退税前的期末留抵税额51.40万元小于当期免抵退税额109.20万元，故当期实际应退税额为51.40万元

当期免抵税额=109.20-51.40=57.80（万元）

第二种：退税前的期末留抵税额>当期免抵退税额，则：

当期退税额=当期免抵退税额

当期免抵税额=0

留待下期抵扣税额=退税前的期末留抵税额-当期退税额

案例分析

【例】某生产企业拥有进出口经营权，2009年5月有关经济业务资料如下：

（1）报关离境出口货物，离岸价折合人民币420万元。

（2）国内销售货物取得销售额（不含税）250万元人民币。

（3）购进生产经营用货物和应税劳务，按扣税凭证确定的进项税额为136万元。

（4）4 月留抵税额 10 万元。

已知：

（1）各类货物适用的增值税税率均为 17%；

（2）无免税购进货物；

（3）出口退税率为 13%；

（4）该企业采用“免、抵、退”办法办理出口货物退（免）税。

要求：计算该企业出口退税额和免抵税额。

参考答案：该企业出口退税额和免抵税额计算如下：

（1）不得免征或不得抵扣税额 =420 ×（17% −13%）=16.80（万元）

（2）当期应纳税额 =250 ×17% −（10 +136 −16.8）= −86.70（万元）

（3）当期免抵退税额 =420 ×13% =54.60（万元）

（4）因退税前的期末留抵税额 86.70 万元大于当期免抵退税额 54.60 万元，故当期实际应退税额为 54.60 万元

当期免抵税额 =0（万元）

留待下期抵扣税额 =86.70 −54.60 =32.10（万元）

自 2006 年 7 月 1 日起，新发生出口业务的企业和小型出口企业，在审核期（自发生首笔出口业务之日起 12 个月内）期间出口的货物，应按统一的按月计算免、抵、退税的办法，分别计算免抵税额和应退税额。税务机关对审核无误的免抵税额可按现行规定办理调库手续，对审核无误的应退税额暂不办理退库。对小型出口企业的各月累计的应退税款，可在次年一月一次性办理退税；对新发生出口业务的企业的应退税款，可在退税审核期期满后的当月对上述各月的审核无误的应退税额一次性退给企业。原审核期期间只免抵不退税的税收处理办法停止执行。

（三）外贸企业出口退税的计算

1. 出口从一般纳税人购进的货物。出口企业将出口货物单独设立库存账和销售账记载的，应依据购进出口货物增值税专用发票所列明的进项金额和税额计算。

应退税额 = 购进货物时所取得的增值税专用发票上列明的买价金额 × 退税率

对出口货物库存账和销售账均采用加权平均价核算的企业，也可以按适用不同退税率的货物，依下列公式计算应退税额：

应退税额 = 出口货物数量 × 加权平均进价 × 退税率

外贸企业出口货物必须单独设账核算购进金额和进项税额，如购进的货物当时不能确定是用于出口或内销的，一律计入出口库存账，内销时必须从出口库存账转入内销库存账。

2. 出口从小规模纳税人购进的货物。出口从小规模纳税人购进由税务机关代开增值税专用发票的货物，按下列公式计算退税：

应退税额 = 增值税专用发票注明的买价金额 × 退税率

退税率按增值税专用发票上注明的征收率或者国家有关规定执行。

3. 外贸企业委托生产企业加工收回后报关出口的货物。

外贸企业委托生产企业加工收回后报关出口的货物，按购进国内原辅料取得的增值税

专用发票上注明的买价金额，依原辅料的退税率计算原辅料应退税额；支付的加工费，按受托方开具的专用发票所列计税金额和退税率计算加工费的应退税额。

（四）出口退税的相关规定

1. 视同内销货物的相关规定。

（1）出口企业出口的下列货物，除另有规定者外，视同内销货物计提销项税额或征收增值税：第一，国家明确规定不予退（免）增值税的货物；第二，出口企业未在规定期限内申报退（免）税的货物；第三，出口企业虽已申报退（免）税但未在规定期限内向税务机关补齐有关凭证的货物；第四，出口企业未在规定期限内申报开具《代理出口货物证明》的货物；第五，生产企业出口的除四类视同自产产品以外的其他外购货物。

（2）从2008年1月3日起，生产企业正式投产前，委托加工的产品与正式投产后自产产品属于同类产品，收回后出口，并且是首次出口的，不受“出口给进口本企业自产产品的外商”的限制。出口的上述产品，若同时满足条件，主管税务机关在严格审核的前提下，准予视同自产产品办理出口退（免）税。

（3）一般纳税人以一般贸易方式出口上述货物，其销项税额的计算公式为：

销项税额 = 出口货物离岸价 × 外汇人民币牌价 ÷（1 + 增值税税率）× 增值税税率

一般纳税人以进料加工复出口贸易方式出口上述货物，以及小规模纳税人出口上述货物，其应纳税额的计算公式为：

应纳税额 =（出口货物离岸价 × 外汇人民币牌价）÷（1 + 征收率）× 征收率

对上述应计提销项税额的出口货物，生产企业如已按规定计算免抵退税不得免征和抵扣税额并已转入成本科目的，可从成本科目转入进项税额科目；外贸企业如已按规定计算征税率与退税率之差并已转入成本科目的，可将征税率与退税率之差及转入应收出口退税的金额转入进项税额科目。

出口企业出口的上述货物若为应税消费品，除另有规定者外，出口企业为生产企业的，须按现行有关税收政策规定计算缴纳消费税；出口企业为外贸企业的，不退还消费税。

对出口企业按上述规定计算缴纳增值税、消费税的出口货物，不再办理退税；对已计算免抵退税的，生产企业应在申报纳税当月冲减调整免抵退税额；对已办理出口退税的，外贸企业应在申报纳税当月向税务机关补缴已退税款。

2. 代理出口的相关规定。出口企业代理其他企业出口后，除另有规定者外，须在自货物报关出口之日起60天内凭出口货物报关单（出口退税专用）、代理出口协议，向主管税务机关申请开具《代理出口货物证明》，并及时转给委托出口企业。如因资料不齐等特殊原因，代理出口企业无法在60天内申请开具代理出口证明的，代理出口企业应在60天内提出书面合理理由，经地市及以上税务机关核准后，可延期30天申请开具代理出口证明。

因代理出口证明推迟开具，导致委托出口企业不能在规定的申报期限内正常申报出口退税而提出延期申报，有合理理由的，可经地市以上（含地市）税务机关核准后，在核准的期限内申报办理退（免）税。

代理出口企业须在货物报关之日（以出口货物报关单〈出口退税专用〉上注明的出

口日期为准）起180天内，向签发代理出口证明的税务机关提供出口收汇核销单（远期收汇除外）。签发代理出口证明的税务机关，对代理出口企业未按期提供出口收汇核销单及出口收汇核销单审核有误的，一经发现，应及时函告委托企业所在地税务机关。委托企业所在地税务机关对该批货物按内销征税。

3. 生产企业从事进料加工业务的相关规定。从事进料加工业务的生产企业，应于取得海关核发的《进料加工登记手册》后的下一个增值税纳税申报期内向主管税务机关办理《生产企业进料加工登记申报表》；于发生进口料件的当月向主管税务机关申报办理《生产企业进料加工进口料件申报明细表》；并于取得主管海关核销证明后的下一个增值税纳税申报期内向主管税务机关申报办理核销手续。逾期未申报办理的，税务机关在比照《税收征管法》规定（由税务机关责令限期改正，可以处2 000元以下的罚款；情节严重的，可以处2 000元以上10 000元以下的罚款）进行处罚后，再办理相关手续。

4. 以实物投资出境的相关规定。企业以实物投资出境的设备及零部件，实行出口退（免）税政策。实行扩大增值税抵扣范围政策的企业，以实物投资出境的在实行扩大增值税抵扣范围政策以后购进的设备及零部件，不实行单项退税政策，实行免、抵、退税的政策。

企业以实物投资出境的外购设备及零部件按购进设备及零部件的增值税专用发票计算退（免）税。

企业以实物投资出境的自用旧设备，按照下列公式计算退（免）税：

应退税额 = 增值税专用发票所列明的金额（不含税额）× 设备折余价值 ÷ 设备原值 × 适用退税率

设备折余价值 = 设备原值 − 已提折旧

企业以实物投资出境的自用旧设备，须按照企业所得税暂行条例规定的向主管税务机关备案的折旧年限计算提取折旧，并计算设备折余价值。税务机关接到企业出口自用旧设备的退税申报后，须填写《旧设备折旧情况核实表》，交由负责企业所得税管理的税务机关核实无误后办理退税。

（五）违章处理

1. 出口商有下列行为之一的，税务机关应按照《税收征管法》第60条规定（由税务机关责令限期改正，可以处2 000元以下的罚款；情节严重的，处2 000元以上10 000元以下的罚款）予以处罚：

（1）未按规定办理出口货物退（免）税认定、变更或注销认定手续的；

（2）未按规定设置、使用和保管有关出口货物退（免）税账簿、凭证、资料的。

2. 出口商拒绝税务机关检查或拒绝提供有关出口货物退（免）税账簿、凭证、资料的，税务机关应按照《税收征管法》第70条规定（由税务机关责令改正，可以处10 000元以下的罚款；情节严重的，处10 000元以上50 000元以下的罚款）予以处罚。

3. 出口商以假报出口或其他欺骗手段骗取国家出口退税款的，税务机关应当按照《税收征管法》第66条规定（由税务机关追缴其骗取的退税款，并处骗取税款1倍以上5倍以下的罚款；构成犯罪的，依法追究刑事责任）处理。

对骗取国家出口退税款的出口商，经省级以上（含本级）国家税务局批准，可以停止其6个月以上的出口退税权。在出口退税权停止期间自营、委托和代理出口的货物，一律不予办理退（免）税。

4. 出口商违反规定需采取税收保全措施和税收强制执行措施的，税务机关应按照《税收征管法》及其实施细则的有关规定执行。

5. 关于停止为骗取出口退税企业办理出口退税的规定。

（1）自2008年4月1日起，出口企业骗取国家出口退税款的，税务机关按以下规定处理：第一，骗取国家出口退税款不满5万元的，可以停止为其办理出口退税半年以上一年以下。第二，骗取国家出口退税款5万元以上不满50万元的，可以停止为其办理出口退税一年以上一年半以下。第三，骗取国家出口退税款50万元以上不满250万元，或因骗取出口退税行为受过行政处罚、两年内又骗取国家出口退税款数额在30万元以上不满150万元的，停止为其办理出口退税一年半以上两年以下。第四，骗取国家出口退税款250万元以上，或因骗取出口退税行为受过行政处罚、两年内又骗取国家出口退税款数额在150万元以上的，停止为其办理出口退税两年以上三年以下。

（2）对拟停止为其办理出口退税的骗税企业，由其主管税务机关或稽查局逐级上报省、自治区、直辖市和计划单列市国家税务局批准后按规定程序作出《税务行政处罚决定书》。停止办理出口退税的时间以作出《税务行政处罚决定书》的决定之日为起点。

（3）出口企业在税务机关停止为其办理出口退税期间发生的自营或委托出口货物以及代理出口货物等，一律不得申报办理出口退税。

在税务机关停止为其办理出口退税期间，出口企业代理其他单位出口的货物，不得向税务机关申请开具《代理出口货物证明》。

（4）出口企业自税务机关停止为其办理出口退税期限届满之日起，可以按现行规定到税务机关办理出口退税业务。

（5）出口企业违反国家有关进出口经营的规定，以自营名义出口货物，但实质是靠非法出售或购买权益牟利，情节严重的，税务机关可以比照上述规定在一定期限内停止为其办理出口退税。

第十一节　增值税申报缴纳

一、纳税义务发生时间

纳税人销售货物或者应税劳务，其纳税义务发生时间为收取销售款或者取得销售款凭据的当天。按销售结算方式的不同，具体规定为：

（一）销售货物或者应税劳务的纳税义务发生时间

销售货物或者应税劳务，为收讫销售款项或者取得销售款项凭据的当天；先开具发票的，为开具发票的当天。

1. 收讫销售款项或者取得销售款项凭据的当天，按销售结算方式的不同，具体为：

（1）采取直接收款方式销售货物，不论货物是否发出，均为收到销售款或者取得销售款凭据的当天。

（2）采取托收承付和委托银行收款方式销售货物，为发出货物并办妥托收手续的当天。

（3）采取赊销和分期收款方式销售货物，为书面合同约定的收款日期的当天，无书面合同的或者书面合同没有约定收款日期的，为货物发出的当天。

（4）采取预收货款方式销售货物，为货物发出的当天，但生产销售生产工期超过12个月的大型机械设备、船舶、飞机等货物，为收到预收款或者书面合同约定的收款日期的当天。

案例分析

【例】某生产企业为一般纳税人，2009年2月采取预收货款方式销售货物一批，适用增值税率为17%。2月25日，预收购买方交来的定金20 000元，并开具了收款收据；3月10日，向该购买方发货，开具的增值税专用发票中列明的销售额30 000元。

该项业务的纳税义务发生时间为3月10日，税款所属时期是3月。

销项税额 = 30 000 × 17% = 5 100（元）

委托其他纳税人代销货物，为收到代销单位开具的代销清单的当天。在收到代销清单前已收到全部或部分货款的，其纳税义务发生时间为收到全部或部分货款的当天；对于发出代销商品超过180天仍未收到代销清单及货款的，视同销售实现，一律征收增值税，其纳税义务发生时间为发出代销商品满180天的当天。

案例分析

【例】某摩托车厂于3月3日发出某型号摩托车50辆，委托本市某商场代销。双方协议规定，商场按12 870元/辆的零售价格（含增值税）对外出售，摩托车厂按零售金额的10%向商场支付代销手续费。月末，该厂收到商场送来代销清单，清单中列明：本月代销摩托车30辆，零售金额386 100元；该厂按协议规定向商场支付代销手续费38 610元。

该项业务，摩托车厂向商场发出50辆摩托车时，不开具发票，也不确认纳税义务。在月末收到商场送来的代销清单时，按实现销售的30辆开具发票，确认收入和纳税义务。该厂支付给商场的代销手续费不得冲减应税销售额，而应作销售费用处理。

销项税额 = 386 100 ÷（1 + 17%）× 17% = 56 100（元）

2. 销售应税劳务，为提供劳务同时收讫销售款或者取得销售款凭据的当天。

3. 纳税人发生视同销售货物行为，为货物移送的当天。

（二）进口货物的纳税义务发生时间

进口货物，为报关进口的当天。

（三）扣缴义务发生时间

增值税扣缴义务发生时间为纳税人增值税纳税义务发生的当天。

二、征收机关

增值税由税务机关征收，进口货物的增值税由海关代征。

个人携带或者邮寄进境自用物品的增值税，连同关税一并计征。具体办法由国务院关税税则委员会会同有关部门制定。

增值税的征收管理，依照《中华人民共和国税收征收管理法》及本条例有关规定执行。

三、纳税期限

增值税的纳税期限分别为1日、3日、5日、10日、15日、1个月或者1个季度。纳税人的具体纳税期限，由主管税务机关根据纳税人应纳税额的大小分别核定；不能按照固定期限纳税的，可以按次纳税。

纳税人以1个月或者1个季度为1个纳税期的，自期满之日起15日内申报纳税；以1日、3日、5日、10日或者15日为1个纳税期的，自期满之日起5日内预缴税款，于次月1日起15日内申报纳税并结清上月应纳税款。

自2009年1月1日起，以1个季度为纳税期限的规定仅适用于小规模纳税人。小规模纳税人的具体纳税期限，由主管税务机关根据其应纳税额的大小分别核定。

扣缴义务人解缴税款的期限，依照前两款规定执行。

纳税人进口货物，应当自海关填发海关进口增值税专用缴款书之日起15日内缴纳税款。

自2009年4月1日起，纳税期限为一个季度的增值税小规模纳税人，应在办理纳税申报后的下个季度的纳税申报期内，向主管税务机关申请办理出口货物免税核销手续。

四、纳税地点

（一）固定业户的纳税地点

1. 固定业户应当向其机构所在地的主管税务机关申报纳税。总机构和分支机构不在同一县（市）的，应当分别向各自所在地的主管税务机关申报纳税；经国务院财政、税务主管部门或者其授权的财政、税务机关批准，可以由总机构汇总向总机构所在地的主管税务机关申报纳税。

2. 固定业户到外县（市）销售货物或者应税劳务，应当向其机构所在地的主管税务机关申请开具外出经营活动税收管理证明，并向其机构所在地的主管税务机关申报纳税；未开具证明的，应当向销售地或者劳务发生地的主管税务机关申报纳税；未向销售地或者劳务发生地的主管税务机关申报纳税的，由其机构所在地的主管税务机关补征税款。

（二）非固定业户的纳税地点

非固定业户销售货物或者应税劳务，应当向销售地或者劳务发生地的主管税务机关申报纳税。

非固定业户未向销售地或者劳务发生地的主管税务机关申报纳税的，由其机构所在地或者居住地的主管税务机关补征税款。

（三）进口货物的纳税地点

进口货物，应当向报关地海关申报纳税。

（四）扣缴义务人的纳税地点

扣缴义务人应当向其机构所在地或者居住地的主管税务机关申报缴纳其扣缴的税款。

第十二节　增值税专用发票管理

为加强增值税征收管理，规范增值税专用发票（以下简称“专用发票”）使用行为，国家税务总局重新修订了《增值税专用发票使用规定》，自2007年1月1日试行。

一、专用发票的基本规定

专用发票，是增值税一般纳税人（以下简称“一般纳税人”）销售货物或者提供应税劳务开具的发票，是购买方支付增值税额并可按照增值税有关规定据以抵扣增值税进项税额的凭证。

（一）防伪税控系统

一般纳税人应通过增值税防伪税控系统（简称“防伪税控系统”）使用专用发票。使用，包括领购、开具、缴销、认证纸质专用发票及其相应的数据电文。

防伪税控系统，是指经国务院同意推行的，使用专用设备和通用设备、运用数字密码和电子存储技术管理专用发票的计算机管理系统。

专用设备，是指金税卡、IC卡、读卡器和其他设备。

通用设备，是指计算机、打印机、扫描器具和其他设备。

（二）专用发票联次

专用发票由基本联次或者基本联次附加其他联次构成。基本联次为三联：发票联、抵扣联和记账联。发票联，作为购买方核算采购成本和增值税进项税额的记账凭证；抵扣联，作为购买方报送主管税务机关认证和留存备查的凭证；记账联，作为销售方核算销售收入和增值税销项税额的记账凭证。其他联次用途，由一般纳税人自行确定。

（三）最高开票限额管理

专用发票实行最高开票限额管理。最高开票限额，是指单份专用发票开具的销售额合计数不得达到的上限额度。

最高开票限额由一般纳税人申请，税务机关依法审批。最高开票限额为10万元及以下的，由区县级税务机关审批；最高开票限额为100万元的，由地市级税务机关审批；最高开票限额为1 000万元及以上的，由省级税务机关审批。防伪税控系统的具体发行工作由区县级税务机关负责。

自2007年9月1日起，原省、地市税务机关的增值税一般纳税人专用发票最高开票限额审批权限下放至区县税务机关。

税务机关审批最高开票限额应进行实地核查。批准使用最高开票限额为10万元及以下的，由区县级税务机关派人实地核查；批准使用最高开票限额为100万元的，由地市级税务机关派人实地核查；批准使用最高开票限额为1 000万元及以上的，由地市级税务机关派人实地核查后将核查资料报省级税务机关审核。

一般纳税人申请最高开票限额时，需填报《最高开票限额申请表》。

（四）初始发行

一般纳税人领购专用设备后，凭《最高开票限额申请表》、《发票领购簿》到主管税务机关办理初始发行。

初始发行，是指主管税务机关将一般纳税人的下列信息载入空白金税卡和IC卡的行为：企业名称；税务登记代码；开票限额；购票限量；购票人员姓名、密码；开票机数量；国家税务总局规定的其他信息。

一般纳税人的税务登记代码发生变化，应向主管税务机关申请注销发行；其他各项信息发生变化，应向主管税务机关申请变更发行。

二、专用发票的领购与开具

（一）专用发票的领购

一般纳税人凭《发票领购簿》、IC 卡和经办人身份证明领购专用发票。

一般纳税人有下列情形之一的，不得领购开具专用发票：

1. 会计核算不健全，不能向税务机关准确提供增值税销项税额、进项税额、应纳税额数据及其他有关增值税税务资料的。其他有关增值税税务资料的内容，由省、自治区、直辖市和计划单列市国家税务局确定。

2. 有《税收征管法》规定的税收违法行为，拒不接受税务机关处理的。

3. 有下列行为之一，经税务机关责令限期改正而仍未改正的：

（1）虚开增值税专用发票。

（2）私自印制专用发票。

（3）向税务机关以外的单位和个人买取专用发票。

（4）借用他人专用发票。

（5）未按本规定、开具专用发票。

（6）未按规定保管专用发票和专用设备，即有下列情形之一的：未设专人保管专用发票和专用设备；未按税务机关要求存放专用发票和专用设备；未将认证相符的专用发票抵扣联、《认证结果通知书》和《认证结果清单》装订成册；未经税务机关查验，擅自销毁专用发票基本联次。

（7）未按规定申请办理防伪税控系统变更发行。

（8）未按规定接受税务机关检查。有上列情形的，如已领购专用发票，主管税务机关应暂扣其结存的专用发票和 IC 卡。

（二）专用发票的开具

1. 专用发票的开具范围。一般纳税人销售货物或者提供应税劳务，应向购买方开具专用发票。

商业企业一般纳税人零售的烟、酒、食品、服装、鞋帽（不包括劳保专用部分）、化妆品等消费品不得开具专用发票。

增值税小规模纳税人需要开具专用发票的，可向主管税务机关申请代开。

销售免税货物不得开具专用发票（法律、法规及国家税务总局另有规定的除外）。

2. 专用发票的开具要求。专用发票应按下列要求开具：

（1）项目齐全，与实际交易相符；

（2）字迹清楚，不得压线、错格；

（3）发票联和抵扣联加盖财务专用章或者发票专用章；

（4）按照增值税纳税义务的发生时间开具。

对不符合上列要求的专用发票，购买方有权拒收。

一般纳税人销售货物或者提供应税劳务可汇总开具专用发票。汇总开具专用发票的，同时使用防伪税控系统开具《销售货物或者提供应税劳务清单》，并加盖财务专用章或者发票专用章。

（三）发生销货退回或开票有误等情形的处理

1. 一般纳税人在开具专用发票当月，发生销货退回、开票有误等情形，收到退回的发票联、抵扣联符合作废条件的，按作废处理；开具时发现有误的，可即时作废。

同时具有下列情形的，即为所谓的作废条件：

（1）收到退回的发票联、抵扣联时间未超过销售方开票当月；

（2）销售方未抄税（抄税，即报税前用 IC 卡或者 IC 卡和软盘抄取开票数据电文）并且未记账；

（3）购买方未认证或者认证结果为“纳税人识别号认证不符”、“专用发票代码、号码认证不符”。

作废专用发票须在防伪税控系统中将相应的数据电文按“作废”处理，在纸质专用发票（含未打印的专用发票）各联次上注明“作废”字样，全联次留存。

2. 一般纳税人取得专用发票后，发生销货退回、开票有误等情形但不符合作废条件的，或者因销货部分退回及发生销售折让的，购买方应向主管税务机关填报《开具红字增值税专用发票申请单》（简称《申请单》）。

《申请单》所对应的蓝字专用发票应经税务机关认证。

经认证结果为“认证相符”并且已经抵扣增值税进项税额的，一般纳税人在填报《申请单》时不填写相对应的蓝字专用发票信息。

经认证结果为“纳税人识别号认证不符”、“专用发票代码、号码认证不符”的，一般纳税人在填报《申请单》时应填写相对应的蓝字专用发票信息。

《申请单》一式两联：第一联由购买方留存；第二联由购买方主管税务机关留存。

《申请单》应加盖一般纳税人财务专用章。

3. 主管税务机关对一般纳税人填报的《申请单》进行审核后，出具《开具红字增值税专用发票通知单》（简称《通知单》）。《通知单》应与《申请单》一一对应。

《通知单》一式三联：第一联由购买方主管税务机关留存；第二联由购买方送交销售方留存；第三联由购买方留存。

《通知单》应加盖主管税务机关印章。

《通知单》应按月依次装订成册，并比照专用发票保管规定管理。

4. 购买方必须暂依《通知单》所列增值税税额从当期进项税额中转出，未抵扣增值税进项税额的可列入当期进项税额，待取得销售方开具的红字专用发票后，与留存的《通知单》一并作为记账凭证。属于经认证结果为“纳税人识别号认证不符”、“专用发票代码、号码认证不符”的，不作进项税额转出。

5. 销售方凭购买方提供的《通知单》开具红字专用发票，在防伪税控系统中以销项负数开具。

红字专用发票应与《通知单》一一对应。

三、报税与缴销

（一）报税

报税，是纳税人持 IC 卡或者 IC 卡和软盘向税务机关报送开票数据电文。

一般纳税人开具专用发票，应在增值税纳税申报期内向主管税务机关报税，在申报所属月份内可分次向主管税务机关报税。

因IC卡、软盘质量等问题无法报税的，应更换IC卡、软盘。

因硬盘损坏、更换金税卡等原因不能正常报税的，应提供已开具未向税务机关报税的专用发票记账联原件或者复印件，由主管税务机关补发开票数据。

（二）专用发票的缴销

专用发票的缴销，是指主管税务机关在纸质专用发票监制章处按“V”字剪角作废，同时作废相应的专用发票数据电文。

一般纳税人注销税务登记或者转为小规模纳税人，应将专用设备和结存未用的纸质专用发票送交主管税务机关。主管税务机关应缴销其专用发票，并按有关安全管理的要求处理专用设备。被缴销的纸质专用发票应退还纳税人。

四、认证与税额抵扣

（一）专用发票的认证

用于抵扣增值税进项税额的专用发票，应经税务机关认证相符（国家税务总局另有规定的除外）。认证相符的专用发票应作为购买方的记账凭证，不得退还销售方。

认证，是指税务机关通过防伪税控系统对专用发票所列数据的识别、确认。

认证相符，是指纳税人识别号无误，专用发票所列密文解译后与明文一致。

（二）专用发票的抵扣

1. 经认证，有下列情形之一的，不得作为增值税进项税额的抵扣凭证，税务机关退还原件，购买方可要求销售方重新开具专用发票：

（1）无法认证是指专用发票所列密文或者明文不能辨认，无法产生认证结果。

（2）纳税人识别号认证不符是指专用发票所列购买方纳税人识别号有误。

（3）专用发票代码、号码认证不符是指专用发票所列密文解译后与明文的代码或者号码不一致。

2. 经认证，有下列情形之一的，暂不得作为增值税进项税额的抵扣凭证，税务机关扣留原件，查明原因，分别情况进行处理：

（1）重复认证是指已经认证相符的同一张专用发票再次认证。

（2）密文有误是指专用发票所列密文无法解译。

（3）认证不符是指纳税人识别号有误，或者专用发票所列密文解译后与明文不一致。

（4）列为失控专用发票是指认证时的专用发票已被登记为失控专用发票。

3. 纳税人善意取得虚开的增值税专用发票，如能重新取得合法、有效的专用发票，准许其抵扣进项税款；如不能重新取得合法、有效的专用发票，不准其抵扣进项税款或追缴其已抵扣的进项税款。所谓纳税人善意取得虚开的增值税专用发票，是指购货方与销售方存在真实交易，且购货方不知取得的增值税专用发票是以非法手段获得的。

纳税人善意取得虚开的增值税专用发票被依法追缴已抵扣税款的，不属于《税收征收管理法》第三十二条“纳税人未按照规定期限缴纳税款”的情形，不适用该条“税务机关除责令限期缴纳外，从滞纳税款之日起，按日加收滞纳税款万分之五的滞纳金”的规定。

五、已开具专用发票丢失的处理

一般纳税人丢失已开具专用发票的发票联和抵扣联，如果丢失前已认证相符的，购买方凭销售方提供的相应专用发票记账联复印件及销售方所在地主管税务机关出具的《丢失增值税专用发票已报税证明单》，经购买方主管税务机关审核同意后，可作为增值税进项税额的抵扣凭证；如果丢失前未认证的，购买方凭销售方提供的相应专用发票记账联复印件到主管税务机关进行认证，认证相符的凭该专用发票记账联复印件及销售方所在地主管税务机关出具的《丢失增值税专用发票已报税证明单》，经购买方主管税务机关审核同意后，可作为增值税进项税额的抵扣凭证。

一般纳税人丢失已开具专用发票的抵扣联，如果丢失前已认证相符的，可使用专用发票联复印件留存备查；如果丢失前未认证的，可使用专用发票联到主管税务机关认证，专用发票联复印件留存备查。

一般纳税人丢失已开具专用发票的发票联，可将专用发票抵扣联作为记账凭证，专用发票抵扣联复印件留存备查。

专用发票抵扣联无法认证的，可使用专用发票联到主管税务机关认证。专用发票联复印件留存备查。

六、失控增值税专用发票的处理

在税务机关按非正常户登记失控增值税专用发票（以下简称“失控发票”）后，增值税一般纳税人又向税务机关申请防伪税控报税的，其主管税务机关可以通过防伪税控报税子系统的逾期报税功能受理报税。

购买方主管税务机关对认证发现的失控发票，应按照规定移交稽查部门组织协查。属于销售方已申报并缴纳税款的，可由销售方主管税务机关出具书面证明，并通过协查系统回复购买方主管税务机关，该失控发票可作为购买方抵扣增值税进项税额的凭证。

练习与思考

一、概念题

1. 增值税
2. 有形动产（货物）
3. 增值税一般纳税人
4. 增值税小规模纳税人
5. 增值税应税销售
6. 增值税销项税额
7. 增值税进项税额
8. 增值税混合销售行为
9. 增值税起征点
10. 增值税专用发票
11. 增值税免抵退税

二、思考题

1. 增值税的征收范围是什么？
2. 增值税一般纳税人与小规模纳税人的认定标准是什么？
3. 适用13%低税率的货物有哪些？
4. 如何区分增值税混合销售与兼营行为？
5. 如何判定增值税混合销售行为的纳税义务？
6. 增值税的法定扣税凭证有哪些？

7. 增值税进项税额申报抵扣的条件有哪些？

8. 增值税应税销售与进项税额转出业务的差异在哪里？

9. 增值税优惠形式有哪些？

10. 小规模纳税人与一般纳税人在计税管理上有哪些差异？

11. 出口货物退（免）增值税的基本政策形式是什么？

12. 实施消费型增值税的重要意义是什么？对企业有哪些积极影响？

三、案例题

案例 1：销售旧货应纳税额的计算

2009 年 1 月，某生产企业增值税一般纳税人购进黄海卡车 3 辆，支付货款的同时取得增值税专用发票。购进当月，将 3 辆卡车用于企业在建工程，企业未抵扣进项税额。2009 年 10 月，将卡车销售，取得含税销售额 24.96 万元。

要求：计算上述业务该企业应纳增值税。

参考答案：企业发生的上述业务属于生产企业将购进固定资产用于非增值税应税项目，不得抵扣进项税额，在取得销售额时应按照简易办法依 4% 征收率减半征收增值税。其应纳增值税计算如下：

应纳增值税 = 24.96 ÷（1 + 4%）× 4% × 50% = 0.48（万元）

案例 2：生产企业应纳税额计算

某农业机械生产企业为增值税一般纳税人，2009 年 3 月发生如下经济业务：

（1）销售播种施肥机 20 台，开具增值税专用发票，取得不含税销售额 1 200 000 元，同时收取包装物租金 45 200 元。

（2）购入固定资产设备修理用备件一批，取得增值税专用发票，支付价款 12 000 元、增值税 2 040 元；购入拖拉机离合器 100 件，取得普通发票上注明价款 20 000 元。

（3）将购入的拖拉机离合器部分对外销售，取得不含税销售额 8 000 元；其余部分投入生产用于生产农用收割机 30 台，当月采取直接收款方式销售 20 台，每台不含税价款 35 000 元，开具增值税专用发票，货款已收取，货物尚未发出。

（4）购入电脑两台，取得增值税专用发票，支付价款 18 000 元、增值税 3 060 元；为一线工人购进劳保用品一批，取得增值税专用发票，支付价款 6 000 元，增值税款1 020 元。

（5）销售手扶拖拉机 8 台，开具普通发票，应收含税销售额 122 000 元，由于购货方 10 天之内付款，给予其八折价格优惠，实际收到 97 600 元；以八折优惠销售农业锄草机 3 台，开具普通发票，应收含税销售额 31 125 元，实际收到 24 900 元。

（6）为农村技术人员提供农业技术培训，取得收入 2 万元；派出技术人员到协作单位提供农业机械维修劳务，取得含税收入 4 680 元。

已知：当月购销环节所涉及的合法票据符合税法规定，并经主管税务机关认证。

要求：

（1）计算该企业 2009 年 3 月增值税销项税额。

（2）计算该企业 2009 年 3 月增值税进项税额。

（3）计算该企业 2009 年 3 月应缴纳的增值税。

参考答案：

（1）计算该企业2009年3月增值销项税额：

销项税额 =［1 200 000 +45 200 ÷（1 +13%）］×13% +8 000 ×17% +35 000 ×20 ×13% +（122 000 +31 125 ×80%）÷（1 +13%）×13% +4 680 ÷（1 +17%）×17%

=161 200 +1 360 +91 000 +16 900 +680

=271 140（元）

（2）计算该企业2009年3月增值税进项税额：

进项税额 =2 040 +1 020 +3 060 =6 120（元）

（3）计算该企业2009年3月应缴纳的增值税：

应纳税额 =271 140 -6 120 =265 020（元）

解析：

（1）销售播种施肥机的同时收取的包装物租金，应换算为不含税收入并入到销售额之中，以所包装货物适用的税率计算销项税额。

（2）购入的固定资产设备修理用备件不属于固定资产，取得增值税专用发票，准予抵扣进项税额。

（3）购入拖拉机离合器，未取得增值税专用发票，不得抵扣进项税额。

（4）销售农机零部件，应以取得的不含税销售额按17%的税率计算销项税额。

（5）采取直接收款方式销售收割机，不论货物是否发出，均以收取销售额的当天为纳税义务发生时间确定销售额，依13%的税率计算缴纳增值税。

（6）纳税人购入电脑，符合固定资产条件，自2009年1月1日起，准予在销项税额中抵扣其进项税额。

（7）购进劳保用品取得增值税专用发票，准予抵扣进项税额。

（8）销售给手扶拖拉机给予某单位的价格优惠，属于销售折扣，是一种理财费用，不得以折扣后的销售额计算销项税额。

（9）销售锄草机给予农业生产者的价格优惠，属于折扣销售且将销售额与折扣额开具在同一张专用发票上，准予按照折扣后的销售额计算销项税额。

（10）纳税人为农村技术人员提供技术培训业务，免征营业税。

（11）提供农业机械维修劳务，应换算为不含税销售额按照17%的税率计算销项税额。

（12）销售的播种施肥机、收割机、手扶拖拉机、农用锄草机均为农机整机，适用13%的低税率。销售拖拉机等农机零部件，适用17%的基本税率。

案例3：生产企业应纳税额计算

某食品厂为增值税一般纳税人，主营各类食品批发零售，同时下设餐厅经营饮食服务业，分别核算收入。2009年9月发生如下经济业务：

（1）向农业生产者收购花生10吨、玉米20吨，取得的收购凭证上分别注明收购价格90 000元、60 000元，分别支付运输费用1 400元、3 000元，均取得运输企业开具的普通发票，入库后将20%的花生直接发放给企业职工。

（2）将部分玉米运往某酒厂加工药酒，取得增值税专用发票，支付加工费及辅助材料30 000元、增值税5 100元。本月收回全部药酒，将50%批发售出，取得不含税销售额70 000元，另外50%本厂餐厅领用；食品厂收回药酒时酒厂未代收代缴消费税。

（3）购进空调2台，取得增值税普通发票，支付价款和增值税共计18 720元，空调运抵企业后分别投入管理部门和生产车间使用。

（4）向某粮油经营部购进面粉，取得增值税专用发票，支付价款15 000元、增值税1 950元；支付装卸费800元；本月餐厅领用购入面粉的20%。

（5）由于保管不善，月末盘存发现上月向农业生产者收购且已抵扣进项税额的部分库存面粉霉烂，金额3 372元（含分摊运输费用372元）；部分副食品被盗，损失20 000元，上月已抵扣面粉的外购项目金额占生产成本的比例为80%。

（6）销售花生，取得不含税销售额22 000元；收取包装物租金2 373元。

已知：

（1）各项收入分别核算。

（2）花生、玉米、面粉均属于《农业产品征税范围注释》中所列货物。

（3）取得的合法凭证已在当月经过主管税务机关认证。

要求：

（1）计算该食品厂2009年9月增值税销项税额。

（2）计算该食品厂2009年9月增值税进项税额。

（3）计算该食品厂2009年9月应缴纳的增值税。

参考答案：

（1）计算该食品厂2009年9月销项税额：

销项税额＝70 000×2×17%＋［22 000＋2 373÷（1＋13%）］×13%

＝23 800＋3 133＝26 933（元）

（2）计算该食品厂2009年9月进项税额：

进项税额＝（90 000×13%＋1 400×7%）×80%＋（60 000×13%＋3 000×7%）＋5 100＋1 950×80%－［（3 372－372）÷（1－13%）×13%＋372÷（1－7%）×7%＋20 000×80%×13%］

＝9 438.40＋7 800＋210＋5 100＋1 560－（448.28＋28＋2 080）

＝21 552.12（元）

（3）计算该食品厂2009年9月应缴纳的增值税：

应纳增值税＝26 933－21 552.12＝5 380.88（元）

解析：

（1）纳税人向农业生产者购进免税农业产品，准予按照支付价款和13%的扣除率计算抵扣进项税额，所支付的运费，准予按照运输费用和7%的扣除率计算抵扣进项税额。但纳税人购进花生直接发放给本企业职工的部分，属于将购进货物用于集体福利和个人消费，不得抵扣进项税额。

（2）纳税人委托酒厂加工药酒支付加工费，取得增值税专用发票，准予抵扣进项税额。

（3）纳税人销售药酒，以取得的不含税销售额按照17%的税率计算销项税额。本厂餐厅领用的部分药酒，属于纳税人将委托加工收回的货物用于非应税项目，应计算缴纳增值税。

（4）纳税人购进空调取得增值税普通发票，不得抵扣进项税额。

（5）纳税人购进面粉，取得增值税专用发票，准予抵扣进项税额。但餐厅使用的部分，属于将购进项目用于非应税项目，不得抵扣进项税额。

（6）纳税人购入面粉由于保管不善发生损失，属于非正常损失，其已经抵扣的进项税额应从发生损失的当期进项税额中转出。纳税人产成品被盗，属于非正常损失，应转出产成品制造成本中外购项目已抵扣的进项税额。

（7）纳税人销售花生收取的包装物租金，应换算为不含税收入，并入销售额中，按照花生的适用税率计算销项税额。

案例4：生产企业应纳税额计算

某纺织厂为增值税一般纳税人，地处县城，2009年2月发生如下经济业务：

（1）进口喷气织机600台，共支付价款5 000万元、设备包装费800万元，另支付该设备的特许权使用费200万元，取得海关进口增值税专用缴款书。

（2）进口喷气织机入库后，企业自用10台；国内销售450台，开具普通发票，共取得含税销售额8 100万元；支付销售货物运输费用10万元，取得运输单位开具的货票；赠送40台；投资100台；货物已全部发出。

（3）进口棉花一批用于生产，支付给国外的货价200万元、境外至海关起卸前的运输费用20万元、保险费20万元，支付卖方佣金10万元，取得海关进口增值税专用缴款书。

（4）向棉农收购棉花，开具收购凭证上注明收购价款200万元。入库后直接外销40%棉花，取得不含税销售额100万元，同时收取包装物押金3.39万元（未单独核算）。

（5）购进布匹一批，取得增值税专用发票，支付价款20万元、增值税3.40万元。委托某服装厂将布匹加工成服装，取得增值税专用发票，支付加工费5万元、增值税0.85万元，当月收回并全部捐赠给聋哑学校。该批服装总成本30万元，当地无同类产品售价。

（6）购入生产用辅料一批，取得增值税专用发票，支付价款25万元、增值税4.25万元。

（7）转让一项自主研发的最新专利技术，取得技术转让收入500万元；根据合同规定，为购买方提供技术咨询服务业务，取得收入20万元。

（8）上期漏记一笔纺织品销售业务，不含税销售额100万元。上期留抵税额3万元。

已知：

（1）除有标明外，其他各项收入分别核算。

（2）喷气织机进口关税税率30%，棉花进口关税税率15%，棉花为《农业产品征税范围注释》所列项目。

（3）取得的合法凭证已经过主管税务机关认证。

要求：

（1）计算该纺织厂 2009 年 2 月进口织机应缴纳的关税和增值税。

（2）计算该纺织厂 2009 年 2 月进口棉花应缴纳的关税和增值税。

（3）计算该纺织厂 2009 年 2 月应补缴的增值税。

（4）计算该纺织厂 2009 年 2 月内销环节应缴纳的增值税。

参考答案：

（1）计算进口织机应纳税额：

应纳关税 =（5 000 + 800 + 200）×30% = 1 800（万元）

应纳增值税 =（5 000 + 800 + 200 + 1 800）×17% = 1 326（万元）

（2）计算进口棉花应纳税额：

应纳关税 =（200 + 20 + 10 + 20）×15% = 37.50（万元）

应纳增值税 =（250 + 37.50）×13% = 37.38（万元）

（3）应补增值税 = 100 × 17% − 3 = 14（万元）

（4）计算内销环节应纳增值税税额：

销项税额 = [8 100 +（40 + 100）× 8 100 ÷ 450] ÷（1 + 17%）×17% + [100 + 3.39 ÷（1 + 13%）] ×13% + 30 ×（1 + 10%）×17%

= 1 543.08 + 13.39 + 5.61

= 1 562.08（万元）

进项税额 = 1 326 + 37.38 + 10 × 7% + 200 × 13% + 3.40 + 0.85 + 4.25

= 1 398.58（万元）

应纳税额 = 1 562.08 − 1 398.58 − 3 = 163.50（万元）

解析：

（1）纺织厂进口机器设备，应以设备价款、设备包装费以及为该设备支付的特许权使用费确定完税价格，计算进口环节关税。进口棉花，应以支付给国外的货价、境外至海关起卸前的运输费用、卖方佣金以及运抵海关口岸卸货前的运输费用和保险费，确定完税价格，计算进口环节关税。同时，纺织厂应以关税完税价格和进口关税为基础，计算缴纳进口环节增值税。在计算进口环节棉花应纳的增值税时，适用 13% 税率。

（2）纺织厂本月销售的机器设备，取得含税收入，应换算为不含税收入，计算缴纳增值税。

（3）纺织厂赠送和投资的设备，视同销售，计算缴纳增值税，其购进设备的进项税额也准予在当期销项税额中抵扣。

（4）纺织厂销售货物支付的运费，取得运输单位开具的货票，准予抵扣进项税额。

（5）纺织厂自用的设备虽然用作固定资产管理，但在 2009 年 1 月 1 日以后，可以在销项税额中抵扣其进项税额。

（6）纺织厂收购棉花，准予按照收购凭证上注明的价款按照 13% 的抵扣率计算抵扣进项税额。

（7）纺织厂销售棉花，取得不含税销售额，直接乘以 13% 的适用税率计算缴纳增值税。收取的包装物押金未单独核算，应换算为不含税收入，并入棉花的销售额中，适用棉花 13% 的税率计算缴纳增值税。

（8）纺织厂购进布匹，取得增值税专用发票且取得的合法凭证已经过主管税务机关认证，准予抵扣进项税额。

（9）委托服装厂加工读者服装，支付加工费，取得服装厂开具的增值税专用发票，准予抵扣进项税额。

（10）纺织厂将服装捐赠给聋哑学校，视同销售。因无同类产品售价，应组成计税价格。组成计税价格的公式是：

组成计税价格 = 成本 ×（1 + 成本利润率）

（11）纺织厂有偿转让拥有的专利技术所有权取得的技术转让收入，免征营业税。纳税人发生的与技术转让相关的技术咨询业务取得的收入，也免征营业税。

（12）纺织厂上期漏计收入应在本期补缴增值税，首先抵扣上期留抵税额。

案例5：商业企业应纳增值税的计算

某市百货商场为增值税一般纳税人，拥有进出口经营权。2009年1月发生如下经济业务：

（1）采取以旧换新方式销售家用电脑30台，零售价格9 750元/台，旧电脑收购价格750元/台，实际收到零售收入270 000元。

（2）销售新鲜蔬菜和水果，取得零售收入361 600元；该批蔬菜和水果为商场本月向市郊农民收购，收购凭证上注明收购价格200 000元；支付运费，取得运输公司开具的货票上注明运费和建设基金共计30 000元。销售大米和玉米，取得零售收入63 280元；该批大米和玉米为商场本月向粮食收购站购入，取得增值税专用发票上注明价款47 000元、税款6 110元；款项已全部支付。

（3）代销某品牌服装，根据合同约定，商场按照零售收入的10%提取代销手续费共53 820元。本月提交给服装厂代销清单，取得服装厂开具的增值税专用发票上注明的增值税78 200元。

（4）销售图书杂志，取得零售收入23 730元。

（5）支付经营用水、电费用，分别取得增值税专用发票上注明增值税3 000元、2 000元；支付销售货物包装费用5 000元，取得普通发票。

（6）两次向某工业企业小规模纳税人购买手工艺品，取得的普通发票、税务机关代开的专用发票上注明的销售额分别为30 000元、60 000元，货款均已结清。

（7）本月销售国产彩电20台，取得零售收入93 600元；月末，3台本月售出的彩电因质量问题顾客要求退货，商场将彩电退回厂家并提供了税务机关开具的证明单，已取得厂家开出的红字专用发票上注明退货款及税金共8 775元。已知该批彩电为上期购进，取得增值税专用发票并于上期抵扣进项税额。

（8）进口化妆品和葡萄酒各一批用于销售，分别支付货价140 000元、150 000元，分别支付境内输入地点起卸后的运输费用3 000元、4 000元，均已取得海关进口增值税专用缴款书和运输公司开具的货票，结清全部款项。本月销售部分进口化妆品，取得零售收入18 720元；销售进口葡萄酒的10%，取得零售收入36 270元，其余的90%月末用于本商场春节庆祝活动。

已知：

（1）商场将各项收入分别核算。

（2）化妆品进口关税税率50%，消费税税率30%；葡萄酒进口关税税率80%，消费税税率10%。

（3）蔬菜、水果、大米、玉米均属《农业产品征税范围注释》所列货物。

（4）题中零售收入均为含税收入。

（5）取得的合法凭证已在当月经过主管税务机关认证。

要求：

（1）计算该商场2009年1月进口化妆品应缴纳的关税、消费税和增值税。

（2）计算该商场2009年1月进口葡萄酒应缴纳的关税、消费税和增值税。

（3）计算该商场2009年1月内销环节应缴纳的增值税。

参考答案：

（1）计算进口化妆品应纳税额：

应纳关税＝140 000×50%＝70 000（元）

应纳消费税＝（140 000＋70 000）÷（1－30%）×30%＝90 000（元）

应纳增值税＝（140 000＋70 000＋90 000）×17%＝51 000（元）

（2）计算进口葡萄酒应纳税额：

应纳关税＝150 000×80%＝120 000（元）

应纳消费税＝（150 000＋120 000）÷（1－10%）×10%＝30 000（元）

应纳增值税＝（150 000＋120 000＋30 000）×17%＝51 000（元）

（3）计算内销环节应纳增值税：

销项税额＝30×9 750÷（1＋17%）×17%＋（361 600＋63 280）÷（1＋13%）×13%＋53 820÷10%÷（1＋17%）×17%＋23 730÷（1＋13%）×13%＋93 600÷20×（20－3）÷（1＋17%）×17%＋（18 720＋36 270）÷（1＋17%）×17%

＝42 500＋48 880＋78 200＋2 730＋11 560＋7 990

＝191 860（元）

进项税额＝200 000×13%＋30 000×7%＋6 110＋78 200＋3 000＋2 000＋60 000×3%－8 775÷（1＋17%）×17%＋51 000＋3 000×7%＋（51 000＋4 000×7%）×10%

＝26 000＋2 100＋6 110＋78 200＋3 000＋2 000＋1 800－1 275＋51 000＋210＋5128

＝174 273（元）

应纳税额＝191 860－174 273＝17 587（元）

解析：

（1）商场采取以旧换新方式销售家用电脑，应以新电脑的价格计算销项税额，不得从销售额中扣减旧电脑的价款。

（2）销售蔬菜和水果，应以不含税收入按照13%的税率计算销项税额。

（3）向农民收购蔬菜和水果，属于向农业生产者收购免税农产品，准予按照收购凭证上注明的买价按照13%的扣除率计算进项税额；所支付的运输费用，取得运输公司开具货票，准予根据货票上所列运费金额按照7%的扣除率计算进项税额。

(4) 销售大米和玉米，属《农业产品征税范围注释》所列货物，应以不含税收入按照13%的税率计算销项税额。

(5) 向粮食收购站购入大米和玉米，取得增值税专用发票且货物，款项已全部支付，准予抵扣进项税额。

(6) 代销服装取得的销售收入应换算为不含税收入计算缴纳增值税；取得服装厂开具的增值税专用发票上注明的增值税，准予在销项税额中抵扣。

(7) 销售图书、杂志，应以不含税收入按照13%的税率计算销项税额。

(8) 支付水电费，取得增值税专用发票，准予抵扣进项税额。

(9) 支付货物包装费，取得普通发票，不准予抵扣进项税额。

(10) 向小规模纳税人购买商品，取得税务机关代开的专用发票，准予抵扣进项税额。取得的普通发票，不准予抵扣进项税额。

(11) 因质量原因发生彩电销货退回而退回给购买方的增值税额，应从发生销货退回当期的销项税额中扣减。

(12) 商场将彩电退回厂家发生的进货退出，已取得厂家开出的红字专用发票，应扣减本期进项税额。

(13) 进口化妆品、葡萄酒属于应税消费品，应在进口环节向海关缴纳关税、消费税、增值税。

(14) 进口化妆品、葡萄酒结清全部款项，取得海关进口增值税专用缴款书，准予抵扣进项税额；支付的境内输入地点起卸后的运输费用取得运输公司开具的货票，准予按照运费金额依7%扣除率计算进项税额。

(15) 进口葡萄酒用于商场春节庆祝活动的部分及进运费，不得抵扣进项税额。

案例6：生产企业出口货物“免、抵、退”税

某自营出口的国有生产企业为增值税的一般纳税人，2009年4月和5月发生如下经济业务：

(1) 4月经济业务：

a. 国内销售货物，取得不含税销售额180万元人民币。

b. 报关离境出口货物一批，离岸价100万美元。

c. 购进生产用原材料，取得增值税专用发票，支付价款2 000万元、增值税340万元；支付运费及建设基金100万元、装卸费和保险费25万元，取得运输部门开具的普通发票。月末将外购原材料的40%用于本企业基建工程。

d. 购进职工宿舍维修用建筑材料一批，取得增值税专用发票，支付价款16万元、增值税2.72万元；支付运费2万元，取得运输部门开具的普通发票。

e. 委托其他单位加工货物，取得增值税专用发票，支付加工费20万元、增值税3.40万元；支付加工货物的运输费用2万元，取得运输部门开具的普通发票。

该企业3月末无留抵税额。

(2) 5月经济业务：

a. 报关离境出口货物，离岸价 150 万美元。

b. 国内销售货物 1 000 件，取得不含税销售额 200 万元人民币；本月将相同型号自产货物 100 件用于本企业基建工程，货物已移送。

c. 进料加工免税进口料件的组成计税价格 400 万元。

d. 国内采购生产用原材料，取得增值税专用发票，支付价款 1 000 万元、增值税 170 万元。

已知：

（1）4 月、5 月美元与人民币的比价均为 1: 8.20。

（2）该企业经批准采用"免、抵、退"办法办理出口货物退（免）税；各类货物增值税税率 17%；出口退税率 13%；取得的合法凭证已在当月经过主管税务机关认证。

要求：

（1）根据税法规定，计算该企业 4 月的出口退税额和免抵税额。

（2）根据税法规定，计算该企业 5 月的出口退税额和免抵税额。

参考答案：

（1）计算 4 月出口退税额和免抵税额：

a. 出口货物免税。

b. 当期免抵退税不得免征和抵扣税额 = 100 × 8.20 ×（17% － 13%）= 32.80（万元）。

c. 当期应纳税额 = 180 × 17% －［（340 + 100 × 7%）× 60% + 3.40 + 2 × 7% － 32.80］

= 30.60 － 178.94 = － 148.34（万元）。

d. 当期免抵退税额 = 100 × 8.20 × 13% = 106.60（万元）。

e. 因当期期末留抵税额 148.34 万元大于当期免抵退税额 106.60 万元，所以，当期实际应退税额为 106.60 万元。

f. 当期免抵税额 = 106.60 － 106.60 = 0（万元）。

g. 4 月末留抵税额 = 148.34 － 106.60 = 41.74（万元）。

（2）计算 5 月出口退税额和免抵税额：

a. 出口货物免税。

b. 免抵退税不得免征和抵扣税额抵减额 = 400 ×（17% － 13%）= 16（万元）。

c. 免抵退税不得免征和抵扣税额 = 150 × 8.20 ×（17% － 13%）－ 16 = 33.20（万元）。

当期应纳税额 =［200 + 100 ×（200 ÷ 1 000）］× 17% －（170 － 33.20）－ 41.74

= － 141.14（万元）。

a. 免抵退税额抵减额 = 400 × 13% = 52（万元）。

b. 当期免抵退税额 = 150 × 8.20 × 13% － 52 = 107.90（万元）。

c. 因当期期末留抵税额 141.14 万元大于当期免抵退税额 107.90 万元，所以，当期实际应退税额为 107.90 万元。

d. 当期免抵税额 = 141.14 － 141.14 = 0（万元）。

e. 下期留抵税额 = 141.14 － 107.90 = 33.24（万元）。

解析：

（1）生产企业自营出口的自产货物适用增值税出口免税并退税政策，适用于免、抵、退办法计算出口货物应退税额。

计算免抵退税不得免征和抵扣税额：

免抵退税不得免征和抵扣税额 = 出口货物离岸价 × 外汇人民币牌价 × （出口货物征税率 − 出口货物退税率） − 免抵退税不得免征和抵扣税额抵减额

免抵退税不得免征和抵扣税额抵减额 = 免税购进原材料价格 × （出口货物征税率 − 出口货物退税率）

（2）内销货物，应以不含税销售额计算销项税额。

（3）购进原材料取得增值税专用发票，准予抵扣进项税额。购进货物支付的运输费用取得运输部门开具的运输发票，准予按照7%的抵扣率抵扣进项税额。但纳税人用于本单位基建工程的外购原材料及运输费用，不得申报抵扣进项税额。

（4）用于职工宿舍维修的购进建筑材料，不得抵扣进项税额，发生的运输费用也不得计算抵扣进项税额。

（5）委托加工货物支付的加工费，取得增值税专用发票，准予抵扣进项税额。支付加工货物的运输费用取得运输部门开具的普通发票，也准予按照7%的抵扣率计算抵扣进项税额。

（6）将自产货物用于本企业基建工程，视同销售，按照纳税人当月销售同类货物的平均售价确定销售额计算销项税额。

（7）国内采购原材料用于生产，取得增值税专用发票且取得的合法凭证已经过主管税务机关认证，准予抵扣进项税额。

案例7：生产企业出口货物“免、抵、退”税

某生产企业为增值税一般纳税人，兼营出口业务与内销业务。2009年9月、10月发生以下业务：

9月经济业务如下：

（1）国内购原材料，取得防伪税控系统开具的增值税专用发票注明增值税14.45万元；支付购货运费10万元，取得运输公司开具的普通发票。

（2）外购原材料，取得防伪税控系统增值税专用发票上注明增值税25.5万元，其中20%用于本企业基建工程，20%用于职工食堂。

（3）发出原材料80万元委托某公司加工半成品，取得防伪税控系统开具的增值税专用发票上注明加工费30万元、税款5.1万元。

（4）内销产成品，开具增值税专用发票上注明不含税收入150万元。

（5）外销产成品，出口货物离岸价格90万元；支付销货运费2万元，取得运输企业开具的普通发票。

（6）8月留抵税额16万元。

10月经济业务如下：

（1）国内采购原料，取得防伪税控系统增值税专用发票上注明价款100万元。

（2）提供进料加工劳务，免税进口料件到岸价格40万元，海关实征关税10万元。

（3）内销产成品，开具增值税专用发票上注明不含税收入80万元。

（4）外销产成品，出口货物离岸价格 140 万元。

已知：

（1）原材料增值税税率 17%；出口货物原征税率为 17%，退税率为 11%。

（2）企业取得的合法凭证已经经过主管税务机关认证合格。

要求：根据以上资料，计算并回答下列问题：

（1）9 月的进项税额为（　　）。

A. 45.26 万元　　B. 40.79 万元

C. 35.69 万元　　D. 45.12 万元

（2）9 月的出口退税额为（　　）。

A. 23.69 万元　　B. 25.8 万元

C. 7.7 万元　　D. 9.9 万元

（3）9 月的留抵税额为（　　）。

A. 10.89 万元　　B. 11.05 万元

C. 0 万元　　D. 12.02 万元

（4）10 月的出口产品应纳税额（　　）。

A. −8.89 万元　　B. 13.99 万元

C. −19.39 万元　　D. 2 万元

（5）10 月的免抵税额（　　）。

A. 15.4 万元　　B. 0 万元

C. 1.01 万元　　D. 9.9 万元

（6）10 月的留抵税额（　　）。

A. 15.4 万元　　B. 0 万元

C. 1.01 万元　　D. 9.9 万元

参考答案：

（1）C　　（2）D　　（3）A　　（4）A　　（5）C　　（6）B

解析：9 月经济业务如下：

（1）进项税额合计 = 14.45 + 10 × 7% + 25.50 ×（1 − 40%）+ 5.10 + 2 × 7% = 35.69（万元）

（2）当月免抵退税不得免抵额 = 90 ×（17% − 11%）= 5.40（万元）

（3）当月应纳税额 = 150 × 17% −（35.69 − 5.40）− 16 = −20.79（万元）

（4）当月免抵退税额 = 90 × 11% = 9.90（万元）

（5）当月应退税额 = 9.90（万元）

（6）当期免抵税额 = 当期免抵退税额 − 当期应退税 = 0（万元）

（7）留抵下月继续抵扣的税额 = 20.79 − 9.90 = 10.89（万元）

10 月经济业务如下：

（1）免抵退税不得免抵税额的抵减额 =（40 + 10）×（17% − 11%）= 3（万元）

（2）当月免抵退税不得免征和抵扣税额 = 140 ×（17% − 11%）− 3 = 5.40（万元）

（3）当月应纳税额 = 80 × 17% −（17 − 5.40）− 10.89 = −8.89（万元）

（4）免抵退税额抵减额 =（40 + 10）×11% = 5.50（万元）

（5）出口货物“免、抵、退”税额 = 140 × 11% − 5.50 = 9.90（万元）

（6）该企业当月应退税额 = 8.89（万元）

（7）留抵下期继续抵扣的税额 = 0（万元）

（8）免抵税额 = 9.90 − 8.89 = 1.01（万元）

第四章　消费税

本章在介绍消费税的基本概念及其特点的基础上，重点介绍了我国现行消费税制度的基本内容，包括纳税义务人、征税范围、税率、应纳税额的计算及缴纳、我国现行的消费税出口退税政策等，最后介绍了消费税的征收与缴纳。

第一节　消费税概述

一、消费税的概念

消费税是对我国境内生产、委托加工和进口应税消费品的单位和个人，就其销售额或销售数量，在特定环节征收的一种税。

《中华人民共和国消费税暂行条例》于1993年12月13日中华人民共和国国务院令第135号发布，2008年11月5日国务院第34次常务会议修订通过，自2009年1月1日起施行。

二、消费税的特点

（一）征税项目选择性

消费税的课税对象采取一一列举税目的方法，出于环保节能、利于民生等目标，选择特殊消费品、奢侈品、高能耗消费品、不可再生资源消费品以及满足环保要求的消费品等进行课税，征税项目仅限于14个税目。

（二）征税环节单一性

消费税是加征在增值税基础之上的课税，因此，其税收制度设计为一次课征制，在生产销售、自产自用、委托加工、进口、批发或零售环节征收，只征收一次。

（三）征税方法多样性

消费税税率规定有比例税率和定额税率两种形式，其征收方法有从价定率和从量定额，对于卷烟、白酒两大类品，实行既从价定率又从量定额的复合计税方法，征税方法具有多样性。

（四）税收调节特殊性

消费税对于应税消费品实行不同的税率，体现不同消费品的税收负担，可以较好地实现调整产业结构、抵制超前消费、稳定财政收入、调节支付能力、缓解分配不公等政策调整目标；同时，消费税与增值税相互配合，可以实现对于特殊消费品的双层次调节。

（五）税收负担转嫁性

消费税是价内税，因此，消费税最终会通过道道环节的流通而最终转嫁给消费者，由消费者负担消费税款。

（六）征税目的明确性

消费税具有非常明确的目的性，如为了保证流转税格局调整后产品税收负担不会下降，选择卷烟进行课税；为了限制对于高档、奢侈消费品的消费行为，选择贵重首饰及珠宝玉石、化妆品、高档手表、高尔夫球及球具进行课税；由于过度消费会对身体健康和生态环境造成危害，消费税选择对于酒及酒精、鞭炮焰火课税；由于资源性消费品的稀缺性，消费税选择对于成品油、实木地板、一次性筷子课税。

三、消费税与增值税的关系

由于消费税是在增值税对于货物普遍征收的基础上加征的税，因此，消费税的制度设计与增值税密切相关。

（一）从征税范围分析

从征税范围看，消费税的征税对象全部为货物，而且是部分货物；而增值税的征税对象不仅包括货物（全部货物），而且包括货物的受托加工、修理修配劳务。

（二）从征税环节分析

从征税环节看，增值税是道道征收，而消费税只征收一次，属于一次课征制。

第二节 消费税征税范围

一、烟

（一）一般规定

凡是以烟叶为原料加工生产的产品，不论使用何种辅料，均属于本税目的征收范围。该税目征税范围包括卷烟、雪茄烟和烟丝三个子目。

（二）具体范围

1. 卷烟，是指将各种烟叶切成烟丝，按照配方要求均匀混合，加入糖、酒、香料等辅料，用白色盘纸、棕色盘纸、涂布纸或烟草薄片经机器或手工卷制的普通卷烟和雪茄型卷烟。卷烟分为甲类卷烟和乙类卷烟。甲类卷烟是指每标准条（200 支）销售价格在 70 元（含 70 元）以上的卷烟。乙类卷烟是指每标准条（200 支）销售价格在 70 元以下的卷烟。不同包装规格卷烟的销售价格均按每标准条（200 支）折算。

2. 雪茄烟，是指以晾晒烟为原料或者以晾晒烟和烤烟为原料，用烟叶或卷烟纸、烟草薄片作为烟支内包皮，再用烟叶作为烟支外包皮，经机器或手工卷制而成的烟草制品。按内包皮所用材料的不同可分为全叶卷雪茄烟和半叶卷雪茄烟。雪茄烟的征收范围包括各种规格、型号的雪茄烟。

3. 烟丝，是指将烟叶切成丝状、粒状、片状、末状或其他形状，再加入辅料，经过发酵、储存，不经卷制即可供销售吸用的烟草制品。烟丝的征收范围包括以烟叶为原料加工生产的不经卷制的散装烟，如斗烟、莫合烟、烟末、水烟、黄红烟丝等等。

二、酒及酒精

（一）一般规定

该税目征税范围包括粮食白酒、薯类白酒、黄酒、啤酒、其他酒和酒精六个子目。

（二）具体范围

1. 粮食白酒，是指以高粱、玉米、大米、糯米、大麦、小麦、小米、青稞等各种粮食为原料，经过糖化、发酵后，采用方法酿制的白酒。

2. 薯类白酒是指以白薯（红薯、地瓜）、木薯、马铃薯（土豆）、芋头、山药等各种干鲜薯类为原料，经过糖化、发酵后，采用方法酿制的白酒。用甜菜酿制的白酒，比照薯类白酒征税。

3. 黄酒，是指以糯米、粳米、籼米、大米、黄米、玉米、小麦、薯类等为原料，经加温、糖化、发酵、压榨酿制的酒。由于工艺、配料和含糖量的不同，黄酒分为干黄酒、半干黄酒、半甜黄酒、甜黄酒四类。黄酒的征收范围包括各种原料酿制的黄酒和酒度超过12度（含12度）的土甜酒。

4. 啤酒，是指以大麦或其他粮食为原料，加入啤酒花，经糖化、发酵、过滤酿制的含有二氧化碳的酒。啤酒按照杀菌方法的不同，可分为熟啤酒和生啤酒或鲜啤酒。啤酒的征收范围包括各种包装和散装的啤酒。无醇啤酒比照啤酒征税。

5. 其他酒，是指除粮食白酒、薯类白酒、黄酒、啤酒以外，酒度在1度以上的各种酒，其征收范围包括糠麸白酒、其他原料白酒、土甜酒、复制酒、果木酒、汽酒、药酒等等。其中，糠麸白酒是指用各种粮食的糠麸酿制的白酒。用稗子酿制的白酒，比照糠麸白酒征税。其他原料白酒是指用醋糟、糖渣、糖漏水、甜菜渣、粉渣、薯皮等各种下脚料，葡萄、桑葚、橡子仁等各种果实、野生植物等代用品，以及甘蔗、糖等酿制的白酒。土甜酒是指用糯米、大米、黄米等为原料，经加温、糖化、发酵（通过酒曲发酵），采用压榨酿制的酒度不超过12度的酒；酒度超过12度的应按黄酒征税。复制酒是指以白酒、黄酒、酒精为酒基，加入果汁、香料、色素、药材、补品、糖、调料等配制或泡制的酒，如各种配制酒、泡制酒、滋补酒等等。果木酒是指以各种果品为主要原料，经发酵过滤酿制的酒。汽酒是指以果汁、香精、色素、酸料、酒（或酒精）、糖（或糖精）等调配，冲加二氧化碳制成的酒度在1度以上的酒。药酒是指按照医药卫生部门的标准，以白酒、黄酒为酒基，加入各种药材泡制或配制的酒。

6. 酒精又名乙醇，是指以含有淀粉或糖分的原料，经糖化和发酵后，用蒸馏生产的酒精度数在95度以上的无色透明液体；也可以石油裂解气中的乙烯为原料，用合成方法制成。酒精的征收范围包括用蒸馏和合成方法生产的各种工业酒精、医药酒精、食用酒精。

政策解析

第一，果啤属于啤酒，应征收消费税。

第二，按照调味品分类国家标准，调味料酒属于调味品，不属于配置酒和泡制酒，对调味料酒不再征收消费税。调味料酒是指以白酒、黄酒或食用酒精为主要原料，添加食盐、植物香辛料等配制加工而成的、产品名称标注（在食品标签上标注）为调味料酒的液体调味品。

三、化妆品

（一）一般规定

该税目征税范围包括美容修饰类化妆品、高档护肤类化妆品和成套化妆品。

（二）具体范围

1. 化妆品，是指日常生活中用于修饰美化人体表面的用品。化妆品品种较多，所用原料各异，按其类别划分，可分为美容和芳香两类。美容类有香粉、口红、指甲油、胭脂、眉笔、兰眼油、眼睫毛及成套化妆品等；芳香类有香水、香水精等。

2. 成套化妆品，是指由各种用途的化妆品配套盒装而成的系列产品，一般采用精制的金属或塑料盒包装，具有多功能性和使用方便的特点。

政策解析

第一，舞台、戏剧、影视演员化妆用的上妆油、卸妆油和油彩，不征收消费税。

第二，2001 年 1 月 1 日起，香皂停征消费税。

第三，2006 年 4 月 1 日起，取消护肤护发品税目，将部分高档护肤类化妆品列入化妆品税目，新设高档护肤类化妆品项目。

四、贵重首饰及珠宝玉石

（一）一般规定

该税目征税范围包括金银珠宝首饰和经采掘、打磨、加工的珠宝玉石。

（二）具体范围

1. 金银珠石首饰，包括凡以金、银、白金、宝石、珍珠、钻石、翡翠、珊瑚、玛瑙等高贵稀有物质以及其他金属、人造宝石等制作的各种纯金银首饰及镶嵌首饰（含人造金银、合成金银首饰等）。

2. 珠宝玉石，包括钻石、珍珠、松石、青金石、欧油石、橄榄石、长石、玉、石英、玉髓、石榴石、钻石、尖晶石、黄玉、碧玺、金绿玉、绿柱石、刚玉琥珀、珊瑚、煤玉、龟甲、合成刚玉、合成宝石、双合石、玻璃仿制品。

五、鞭炮焰火

（一）一般规定

该税目征税范围包括鞭炮、焰火产品的具体品目。

（二）具体范围

（1）鞭炮，又称爆竹，是指用多层纸密裹火药，接以药引线，制成的一种爆炸品。

（2）焰火，是指烟火剂，一般系包扎品，内装药剂，点燃后烟火喷射，呈各种颜色，有的还变幻成各种景象，分平地小焰火和空中大焰火两类。

（3）该税目的征收范围通常分为十三类，即喷花类、旋转类、旋转升空类、火箭类、吐珠类、线香类、小礼花类、烟雾类、造型玩具类、爆竹类、摩擦炮类、组合烟花类、礼花弹类。

政策解析

体育用的发令纸、鞭炮药引线，不征收消费税。

六、成品油

（一）一般规定

该税目征税范围包括汽油、柴油、石脑油、溶剂油、航空煤油、润滑油、燃料油七个子目。

（二）具体范围

（1）汽油，是指用原油或其他原料加工生产的辛烷值不小于66的可用作汽油发动机燃料的各种轻质油。含铅汽油是指铅含量每升超过0.013克的汽油。汽油分为车用汽油和航空汽油。以汽油、汽油组分调和生产的甲醇汽油、乙醇汽油也属于本税目征收范围。

（2）柴油，是指用原油或其他原料加工生产的凝点在-50度至30度的可用作柴油发动机燃料的各种轻质油和以柴油组分为主、经调和精制可用作柴油发动机燃料的非标油。以柴油、柴油组分调和生产的生物柴油也属于本税目征收范围。

（3）石脑油，又叫化工轻油，是指以原油或其他原料加工生产的用于化工原料的轻质油。石脑油的征收范围包括除汽油、柴油、航空煤油、溶剂油以外的各种轻质油。非标汽油、重整生成油、拔头油、戊烷原料油、轻裂解料减压柴油VGO和常压柴油（AGO）、重裂解料、加氢裂化尾油、芳烃抽余油均属轻质油，属于石脑油征收范围。

（4）溶剂油，是指用原油或其他原料加工生产的用于涂料、油漆、食用油、印刷油墨、皮革、农药、橡胶、化妆品生产和机械清洗、胶粘行业的轻质油。橡胶填充油、溶剂油原料，属于溶剂油征收范围。

（5）航空煤油，也叫喷气燃料，是指用原油或其他原料加工生产的用作喷气发动机和喷气推进系统燃料的各种轻质油。

（6）润滑油，是指用原油或其他原料加工生产的用于内燃机、机械加工过程的润滑产品。润滑油的征收范围包括矿物性润滑油、矿物性润滑油基础油、植物性润滑油、动物性润滑油和化工原料合成润滑油。以植物性、动物性和矿物性基础油（或矿物性润滑油）混合掺配而成的“混合性”润滑油，不论矿物性基础油（或矿物性润滑油）所占比例高低，均属润滑油的征收范围。

（7）燃料油，也称重油、渣油，是指用原油或其他原料加工生产，主要用作电厂发电、锅炉用燃料、加热炉燃料、冶金和其他工业炉燃料。蜡油、船用重油、常压重油、减压重油、180CTS燃料油、7号燃料油、糠醛油、工业燃料、4—6号燃料油等油品的主要用途是作为燃料燃烧，属于燃料油征收范围。

政策解析

第一，该税目为2006年调整后新设税目。原消费税征税范围中单设汽油、柴油税目，对于石脑油、溶剂油免税，调整后取消汽油、柴油税目，新设成品油税目，保留汽油、柴油、石脑油、溶剂油项目，新增航空煤油、润滑油、燃料油项目。

第二，航空煤油暂缓征收消费税。

第三，自2009年1月1日起，对进口石脑油恢复征收消费税。

第四，2010年12月31日前，对国产的用作乙烯、芳烃类产品原料的石脑油免征消费税；对进口的用作乙烯、芳烃类产品原料的石脑油已缴纳的消费税予以返还。

第五，甲醇汽油属于消费税征税范围，应按规定征收消费税。

第六，自2009年1月1日起，对用外购或委托加工收回的已税汽油生产的乙醇汽油免征消费税。用自产汽油生产的乙醇汽油，按照生产乙醇汽油所耗用的汽油数量申报纳税。

七、汽车轮胎

（一）一般规定

该税目征税范围包括各种汽车、挂车、专用车和其他机动车的内、外胎。

（二）具体范围

1. 轻型乘用汽车轮胎。

2. 载重及公共汽车、无轨电车轮胎。

3. 矿山、建筑等车辆用轮胎。

4. 特种车辆用轮胎指行驶于无路面或雪地、沙漠等高越野轮胎。

5. 摩托车轮胎。

6. 各种挂车用轮胎。

7. 工程车轮胎。

8. 其他机动车轮胎。

9. 汽车与农用拖拉机、收割机、手扶拖拉机通用轮胎。

政策解析

第一，农用拖拉机、收割机、手扶拖拉机的专用轮胎，不征收消费税。

第二，自 2001 年 1 月 1 日起，子午线轮胎免征消费税，翻新轮胎停征消费税。

第三，滑板车、沙滩车、卡丁车等小全地形车虽然不同于行驶于一般道路的汽车，但仍属于机动车；用于这类车辆的轮胎虽具有断面较宽、速度较低等特点，但没有改变其作为机动车轮胎的本质，属于消费税征税范围。

八、摩托车

（一）一般规定

该税目征税范围包括轻便摩托车和摩托车。

（二）具体范围

1. 轻便摩托车，是指最大设计车速不超过 50 公里/小时、发动机气缸总工作容积不超过 50 毫升的两轮机动车。

2. 摩托车，是指最大设计车速超过 50 公里/小时、发动机气缸总工作容积超过 50 毫升、空车质量不超过 400 公斤（带驾驶室的正三轮车及特种车的空车质量不受此限）的两轮和三轮机动车。两轮车包括普通车、微型车、越野车、普通赛车、微型赛车、越野赛车、特种车。边三轮车包括普通边三轮车和特种边三轮车。正三轮车包括普通正三轮车和特种正三轮车，如容罐车、自卸车、冷藏车。

政策解析

最大设计车速不超过 50 公里/小时、发动机气缸总工作容量不超过 50 毫升的三轮摩托车，不征收消费税。

九、小汽车

（一）一般规定

该税目征税范围包括符合规定标准的各类乘用车和中轻型商用客车。

（二）具体范围

（1）汽车，是指由动力驱动，具有四个或四个以上车轮的非轨道承载的车辆。本税目征收范围包括含驾驶员座位在内最多不超过 9 个座位（含）的，在设计和技术特性上用于载运乘客和货物的各类乘用车和含驾驶员座位在内的座位数在 10—23 座（含 23 座）的在设计和技术特性上用于载运乘客和货物的各类中轻型商用客车。

（2）用排气量小于 1.5 升（含）的乘用车底盘（车架）改装、改制的车辆属于乘用车征收范围。用排气量大于 1.5 升的乘用车底盘（车架）或用中轻型商用客车底盘（车架）改装、改制的车辆属于中轻型商用客车征收范围。

（3）含驾驶员人数（额定载客）为区间值的（如 8—10 人；17—26 人）小汽车，按其区间值下限人数确定征收范围。

政策解析

第一，电动汽车，不征收消费税。

第二，车身长度大于 7 米（含），并且座位在 10—23 座（含）以下的商用客车，不属于中型商用客车征税范围，不征收消费税。

第三，企业购进货车或厢式货车改装生产的商务车、卫星通信车等专用汽车，不属于消费税征税范围，不征收消费税。

第四，沙滩车、雪地车、卡丁车、高尔夫车不属于消费税征收范围，不征收消费税。

十、高尔夫球及球具

（一）一般规定

该税目征税范围包括高尔夫球、球杆、球包（袋），以及高尔夫球杆的杆头、杆身和握把。

（二）具体范围

1. 高尔夫球及球具，是指从事高尔夫球运动所需的各种专用装备，包括高尔夫球、高尔夫球杆和高尔夫球包（袋）等。

2. 高尔夫球，是指重量不超过 45.93 克、直径不超过 42.67 毫米的高尔夫球运动比赛、练习用球；高尔夫球杆是指被设计用来打高尔夫球的工具，由杆头、杆身和握把三部分组成；高尔夫球包（袋）是指专用于盛装高尔夫球及球杆的包（袋）。

十一、高档手表

该税目征税范围包括不含增值税销售价格 1 万元/只以上的各类手表。本税目征收范围包括符合以上标准的各类手表。

十二、游艇

该税目征税范围包括艇身长度 8 米以上、不超过 90 米，内置发动机，可以在水上移动，一般为私人或团体购置，主要用于水上运动和休闲娱乐等非牟利活动的各类机动艇。

游艇，是指长度 8 米以上、不超过 90 米，船体由玻璃钢、钢、铝合金、塑料等多种材料制作，可以在水上移动的水上浮载体。按照动力划分，游艇分为无动力艇、帆艇和机动艇。

十三、木制一次性筷子

本税目征收范围包括各种规格的木制一次性筷子。未经打磨、倒角的木制一次性筷子属于本税目征税范围。

木制一次性筷子，又称卫生筷子，是指以木材为原料经过锯段、浸泡、旋切、刨切、烘干、筛选、打磨、倒角、包装等环节加工而成的各类一次性使用的筷子。

十四、实木地板

本税目征收范围包括各类规格的实木地板、实木指接地板、实木复合地板和用于装饰墙壁、天棚的侧端面为榫、槽的实木装饰板。未经涂饰的素板属于本税目征税范围。

实木地板，是指以木材为原料，经锯割、干燥、刨光、截断、开榫、涂漆等工序加工而成的块状或条状的地面装饰材料。实木地板按生产工艺不同，可分为独板（块）实木地板、实木指接地板、实木复合地板三类；按表面处理状态不同，可分为未涂饰地板（白坯板、素板）和漆饰地板两类。

消费税征税范围的一般规定和特殊规定如表 4－1 所示。

表 4－1　　消费税征税范围的一般规定和特殊规定

税　　目	征税范围的一般规定	征税范围的特殊规定
烟	卷烟、雪茄烟、烟丝	—
酒及酒精	粮食白酒、薯类白酒、黄酒、啤酒、其他酒和酒精	果啤应征消费税 调味料酒不征消费税
化妆品	美容修饰类化妆品、高档护扶类化妆品和成套化妆品	舞台、戏剧、影视演员化妆用的上妆油、卸妆油和油彩不征消费税
贵重首饰及珠宝玉石	金银珠宝首饰和经采掘、打磨、加工的珠宝玉石	—
鞭炮焰火	鞭炮、焰火	体育用的发令纸、鞭炮药引线不征消费税
成品油	汽油、柴油、石脑油、溶剂油、航空煤油、润滑油、燃料油	航空煤油暂缓征消费税 甲醇汽油征收消费税
汽车轮胎	汽车、挂车、专用车和其他机动车的内、外胎	农用拖拉机、收割机、手扶拖拉机的专用轮胎不征消费税 子午线轮胎免征消费税 翻新轮胎停征消费税 小全地形车轮胎征收消费税
摩托车	轻便摩托车和摩托车	最大设计车速不超过 50 公里/小时、发动机气缸总工作容量不超过 50 毫升的三轮摩托车不征消费税
小汽车	符合规定标准的各类乘用车和中轻型商用客车	电动汽车不征消费税 特定标准商用客车不征消费税 沙滩车、雪地车、卡丁车、高尔夫车不征消费税
高尔夫球及球具	高尔夫球、球杆、球包（袋）	—
高档手表	不含税销售价格 1 万元/只以上的各类手表	—
游艇	无动力艇、帆艇和机动艇	—
木制一次性筷子	各种规格的木制一次性筷子和未经打磨、倒角的木制一次性筷子	—
实木地板	独板实木地板、实木指接地板、实木复合地板，及未涂饰地板和漆饰地板	—

案例分析

【例1】下列项目中，不属于消费税税目的是（　　）。

A. 无动力艇　B. 收割机专用轮胎　C. 轻便摩托车　D. 高档护肤类化妆品

参考答案：B。

解析：无动力艇、轻便摩托车、高档护扶类化妆品均属于消费税税目；收割机通用胎征收消费税，收割机专用轮胎不征收消费税。

【例2】下列应税消费品中，征收增值税但暂缓征收消费税的是（　　）。

A. 食用酒精　B. 高档手表　C. 航空煤油　D. 电动汽车

参考答案：C。

解析：食用酒精、高档手表应征收消费税；电动汽车，不征收消费税；航空煤油属于消费税征收范围，但暂缓征收。

【例3】下列项目中，属于消费税征收范围的有（　　）。

A. 果啤　B. 药酒　C. 成套化妆品　D. 演员专用油彩

参考答案：A、B、C。

解析：舞台、戏剧、影视演员化妆用的上妆油、卸妆油和油彩，不征收消费税。

【例4】下列应征收消费税的项目中，无须计算缴纳消费税的有（　　）。

A. 航空煤油　B. 高尔夫球杆　C. 电动汽车　D. 体育专用发令纸

参考答案：A、C、D。

解析：高尔夫球杆应征收消费税；航空煤油暂缓征收消费税；电动汽车和体育专用发令纸不属于消费税征税范围，均无须计算缴纳消费税。

【例5】L轮胎生产厂（小规模纳税人）2009年4月销售给N农机厂农用拖拉机专用轮胎100条，由税务机关代开防伪税控增值税专用发票，取得不含税销售额8 000元。已知汽车轮胎消费税税率为3%。则此项业务，L轮胎厂税务处理正确的有（　　）。

A. 缴纳消费税0元　B. 缴纳消费税400元

C. 缴纳增值税240元　D. 缴纳增值税680元

参考答案：A、C。

解析：农用拖拉机的专用轮胎不征收消费税，因此L轮胎厂销售农用拖拉机专用轮胎只需计算缴纳增值税，不缴纳消费税；轮胎生产厂为小规模纳税人，应以3%征收率计算应纳增值税。

应纳增值税 $=8\ 000\times 3\% =240$（元）

第三节　消费税纳税人

一、纳税义务人

在中华人民共和国境内生产、委托加工和进口本条例规定的消费品的单位和个人，以及国务院确定的销售本条例规定的消费品的其他单位和个人，为消费税的纳税人，应当缴纳消费税。

自2009年5月1日起，在中华人民共和国境内从事卷烟批发业务的单位和个人，为消费税的纳税义务人，征收范围包括纳税人批发销售的所有牌号规格的卷烟。

单位，是指企业、行政单位、事业单位、军事单位、社会团体及其他单位。个人，是指个体工商户及其他个人。境内，是指生产、委托加工和进口属于应当缴纳消费税的消费品的起运地或者所在地在境内。

案例分析

【例】下列项目中，属于消费税纳税义务人的是（　　）。

A. 外商投资企业提供咨询服务　　B. 个体经营者销售图书

C. 大型商业企业经销化妆品　　D. 大型工业企业生产销售化妆品

参考答案：D。

解析：外商投资企业提供咨询服务，是营业税纳税人，计算缴纳营业税；个体经营者销售图书、大型商业企业经销化妆品，是增值税纳税人，计算缴纳增值税；只有大型工业企业生产销售化妆品，是消费税纳税人，既缴纳增值税，又缴纳消费税。

二、代收代缴义务人

委托加工的应税消费品，除受托方为个人外，由受托方在向委托方交货时代收代缴税款。

三、课税环节

消费税是对特定商品征收的一种税，有生产销售、自产自用、委托加工、进口和零售五个课税环节。自2009年5月1日起，在卷烟批发环节加征一道从价税。

案例分析

【例】下列项目中，不属于化妆品消费税纳税环节的是（　　）。

A. 生产销售环节　　B. 委托加工环节

C. 批发环节　　D. 零售环节

参考答案：C。

解析：消费税的课税环节包括生产销售、自产自用、委托加工、进口和零售，目前仅对于卷烟在批发环节征收消费税。

第四节 税率

一、税率形式

（一）税率形式及适用

消费税税率有比例税率和定额税率（单位税额）两种。在应税消费品适用税率的选择上，消费税遵循以下原则：

1. 对供求基本平衡、价格差异不大、计量单位规范的黄酒、啤酒、汽油、柴油，选择定额税率。

2. 对供求矛盾突出、价格差异较大、计量单位不规范的小汽车、化妆品、高档手表等，选择比例税率。

3. 为更有效保全税基，对卷烟、白酒，选择定额税率和比例税率双重征收。

（二）税率的设计原则

消费税税率的设计遵循以下原则：

1. 体现国家产业政策和消费政策。

2. 正确引导消费方向，有效抑制超前消费。

3. 适用消费者货币支付能力和心理承受能力。

4. 适当考虑消费品的原有负担水平。

（三）税率的调整

消费税税目和税率的调整，由国务院决定。

二、消费税税率

（一）税率的一般规定

消费税共设十四档税率（税额），其中定额税率设置八档税额，比例税率设置十档，最高为卷烟，适用税率 56%，最低为气缸容量≤1.0 升的乘用车，适用税率 1%。

消费税税率及适用对象如表 4－2 所示。

表 4－2　　消费税税率及适用对象

<table>
<tr><th>税率形式</th><th colspan="3">税　目</th><th>税　率</th></tr>
<tr><td rowspan="12">定额税率</td><td rowspan="8">成品油</td><td rowspan="2">汽油</td><td>无铅汽油</td><td>1.0 元/升</td></tr>
<tr><td>含铅汽油</td><td>1.4 元/升</td></tr>
<tr><td colspan="2">柴油</td><td>0.8 元/升</td></tr>
<tr><td colspan="2">石脑油</td><td rowspan="3">1.0 元/升</td></tr>
<tr><td colspan="2">溶剂油</td></tr>
<tr><td colspan="2">润滑油</td></tr>
<tr><td colspan="2">燃料油</td><td>0.8 元/升</td></tr>
<tr><td colspan="2">航空煤油</td><td>0.8 元/升</td></tr>
<tr><td rowspan="4">酒及酒精</td><td colspan="2">黄酒</td><td>240 元/吨</td></tr>
<tr><td rowspan="3">啤酒</td><td>不含税出厂价 <3000 元/吨（含包装物及包装物押金）</td><td>220 元/吨</td></tr>
<tr><td>不含税出厂价≥3000 元/吨（含包装物及包装物押金）</td><td rowspan="2">250 元/吨</td></tr>
<tr><td>娱乐业、饮食业自制啤酒</td></tr>
<tr><td rowspan="4">比例税率</td><td rowspan="4"></td><td colspan="2">粮食白酒</td><td rowspan="2">20%
0.5 元/斤</td></tr>
<tr><td colspan="2">薯类白酒</td></tr>
<tr><td colspan="2">其他酒</td><td>10%</td></tr>
<tr><td colspan="2">酒精</td><td>5%</td></tr>
</table>

续表

税率形式	税目			税率
比例税率	烟	卷烟	不含税调拨价格≥70 元/条	56% 150 元/箱
			不含税调拨价格<70 元/条	36% 150 元/箱
			商业批发	5%
		雪茄烟		36%
		烟丝		30%
	化妆品			30%
	贵重首饰珠宝玉石	生产环节征税的贵重首饰及珠宝玉石		10%
		零售环节征税的金、银和金基、银基合金首饰及金、银和金基、银基合金的镶嵌首饰		5%
	鞭炮焰火			15%
	摩托车	气缸容量≤250ml		3%
		气缸容量>250ml		10%
	汽车轮胎			3%
	小汽车	乘用车	气缸容量≤1.0 升	1%
			1.0 升<气缸容量≤1.5 升	3%
			1.5 升<气缸容量≤2.0 升	5%
			2.0 升<气缸容量≤2.5 升	9%
			2.5 升<气缸容量≤3.0 升	12%
			3.0 升<气缸容量≤4.0 升	25%
			气缸容量>4.0 升	40%
		中轻型商用客车		5%
	高尔夫球及球具			10%
	高档手表			20%
	游艇			10%
	木制一次性筷子			5%
	实木地板			5%

政策解析

所有应税消费品在计算增值税时的适用税率，一律为 17%。

案例分析

【例】下列项目中，适用定额税率征收消费税的有（　　）。

A. 黄酒　　B. 雪茄烟　　C. 汽油　　D. 摩托车

参考答案：A、C。

解析：黄酒、汽油适用定额税率征收消费税；雪茄烟、摩托车适用比例税率征收消费税。

（二）税率的特殊规定

1. 兼营不同税率应税消费品的税务处理。纳税人兼营不同税率的应当缴纳消费税的消费品，是指纳税人生产销售两种以上不同税率的应税消费品。

纳税人兼营不同税率的应税消费品，应分别核算应税消费品的销售额（销售数量）；未分别核算的，按最高税率征税。

案例分析

【例】某外贸公司进口化妆品的同时又进口护发品，如果其不分别核算销售额和销售数量，则海关在征收进口环节消费税时，会一律按照化妆品30%的税率征收。若外贸公司分开进口化妆品和护发品，应仅就化妆品计算缴纳进口环节消费税，而护发品无须计算缴纳消费税。

2. 组成成套消费品销售的税务处理。纳税人将应税消费品与非应税消费品以及不同税率应税消费品组成成套消费品销售的，按最高税率征税。

案例分析

【例】某日化生产企业将生产的化妆品和精美包装袋在一起组成成套化妆品销售，本月销售化妆品6 000套，不含税售价400元/套。每套包括化妆品单价350元；精美包装袋单价50元。本月支付包装袋加工费100 000元、增值税17 000元，取得防伪税税控增值税专用发票。日化生产企业对销售的化妆品和精美包装袋分别核算销售额。对于上述业务，该企业本月应计算缴纳消费税和增值税是多少？

参考答案：

应纳消费税 =6 000 ×400 ×30% =720 000（元）

应纳增值税 =6 000 ×400 ×17% －17 000 =391 000（元）

解析：尽管日化生产企业对销售的化妆品和精美包装袋分别核算销售额，但组成成套化妆品销售时，仍应就其全部销售额按化妆品的适用税率计征消费税。

三、适用税率的特殊规定

（一）卷烟及雪茄烟的适用税率

自2009年5月1日起，卷烟及雪茄烟适用税率执行以下规定：

1. 调整卷烟生产环节（含进口）消费税的从价税税率：

（1）甲类卷烟，即每标准条（200支，下同）调拨价格在70元（不含增值税）以上（含70元）的卷烟，税率调整为56%。

（2）乙类卷烟，即每标准条调拨价格在70元（不含增值税）以下的卷烟，税率调整为36%。

2. 调整雪茄烟生产环节（含进口）消费税的从价税税率，将雪茄烟生产环节的税率调整为36%。

3. 卷烟批发环节从价计征消费税，税率为5%。

4. 卷烟的从量定额税率不变，即0.003元/支。

（二）白酒的适用税率

1. 外购酒精生产白酒如何确定税率。外购酒精生产的白酒，应按酒精所用原料确定白酒的适用税率。凡酒精所用原料无法确定的，一律按照粮食白酒的税率征税。外购两种以上酒精生产的白酒，一律从高确定税率征税。

政策解析

粮食白酒和薯类白酒的比例税率已统一为20%，不再区分粮食和薯类白酒。

2. 外购白酒生产白酒如何确定税率。外购白酒加浆降度，或外购散酒装瓶出售，以及外购白酒以曲香、香精进行调香、调味生产的白酒，按照外购白酒所用原料确定适用税率。凡白酒所用原料无法确定的，一律按照粮食白酒的税率征税。以外购的不同品种白酒勾兑的白酒，一律按照粮食白酒的税率征税。

（三）其他相关规定

1. 从1995年1月1日起，金银首饰、钻石及钻石饰品执行5%的税率。减按5%的税率征收消费税的范围仅限于金、银和金基、银基合金首饰，以及金、银和金基、银基合金的镶嵌首饰。

案例分析

【例】某单位为增值税小规模纳税人，经批准经营金银首饰零售业务。2009年1月销售金项链10条，取得零售收入20 600元。则该销售收入应计算缴纳的增值税和消费税如下：

应纳增值税 = 20 600 ÷（1 + 3%）× 3% = 600（元）

应纳消费税 = 20 600 ÷（1 + 3%）× 5% = 1 000（元）

2. 纳税人既生产销售汽油又生产销售乙醇汽油的，应分别核算，未分别核算的，生产销售的乙醇汽油不得按照生产乙醇汽油所耗用的汽油数量申报纳税，一律按照乙醇汽油的销售数量征收消费税。

案例分析

【例1】下列项目中，适用最高税率征收消费税的有（　　）。

A. 纳税人自产自用无同牌号规格的卷烟

B. 委托加工受托方无同牌号规格的卷烟

C. 兼营不同税率的应税消费品而未分别核算

D. 将不同税率应税消费品组成成套消费品销售

参考答案：A、B、C、D。

解析：纳税人兼营不同税率的应税消费品而未分别核算的，按最高税率征税；纳税人将不同税率应税消费品组成成套消费品销售的，按最高税率征税；纳税人自产自用无同牌号规格的卷烟，按最高税率征税；纳税人委托加工受托方无同牌号规格卷烟的，按最高税率征税。

【例2】某商业企业为增值税小规模纳税人。2009年2月，该企业销售鞭炮焰火，取得含税销售额12.48万元；销售某品牌化妆品，取得含税销售额33.28万元；销售各类香皂，取得含税销售额9.36万元。已知鞭炮、焰火消费税税率为15%，化妆品消费税税率为30%。则以上业务，该商业企业应缴纳的税收有（　　）。

A. 应纳增值税2.12万元　　B. 应纳增值税9.01万元

C. 应纳消费税0万元　　D. 应纳消费税11.40万元

参考答案：A、C。

解析：商业企业为增值税小规模纳税人，用简易方法计算缴纳增值税；2009年1月1日起，适用征收率为3%；计税时应将含税销售额换算为不含税销售额。

应纳增值税 = （12.48 + 33.28 + 9.36）÷（1 + 3%）×3% = 1.61（万元）

依据现行消费税法规规定，香皂为非应税消费品；鞭炮焰火、化妆品为应税消费品，但其应纳消费税应在生产销售环节由生产企业计算缴纳，消费税实行一次课征制，商业企业销售应税消费品时，不再缴纳消费税。

第五节 生产销售环节应纳税额的计算

消费税有三种计征办法：从量定额、从价定率和复合计税。

纳税人生产的应税消费品，于纳税人销售时纳税。所谓销售，是指有偿转让应税消费品的所有权。有偿，是指从购买方取得货币、货物或者其他经济利益。

一、从价计征消费税的计算办法

实行从价定率办法计算应纳税额的计算公式为：

应纳税额 = 销售额 × 适用税率

（一）计税依据的一般规定

采用从价定率计税办法的应税消费品，消费税的计税依据是销售额。

1. 销售额的确定。在生产销售环节，销售额是纳税人销售应税消费品向购买方收取的全部价款和价外费用。

2. 价外费用的税务处理。

（1）价外费用是指价外向购买方收取的手续费、补贴、基金、集资费、返还利润、奖励费、违约金、滞纳金、延期付款利息、赔偿金、代收款项、代垫款项、包装费、包装物租金、储备费、优质费、运输装卸费以及其他各种性质的价外收费。价外费用，无论是否属于纳税人的收入，均应并入销售额计算征税。

政策解析

白酒生产企业向商业销售单位收取的品牌使用费，不论以何种方式或何种名义收取，均应并入销售额计算征税。

（2）同时符合以下两个条件的代垫运费不包括在价外费用之中：第一，承运部门的运输费用发票开具给购买方的；第二，纳税人将该项发票转交给购买方的。

（3）同时符合以下条件代为收取的政府性基金或者行政事业性收费，不包括在价外费用之中：第一，由国务院或者财政部批准设立的政府性基金，由国务院或者省级人民政府及其财政、价格主管部门批准设立的行政事业性收费；第二，收取时开具省级以上财政部门印制的财政票据；第三，所收款项全额上缴财政。

3. 含税收入的税务处理。销售额不包括应向购货方收取的增值税税款。如果纳税人应税消费品的销售额中未扣除增值税税款或者因不得开具防伪税控增值税专用发票而发生价款和增值税税款合并收取的，在计算消费税时，应当换算为不含增值税税款的销售额。其换算公式为：

应税消费品的销售额 = 含增值税的销售额 ÷ （1 + 增值税税率或者征收率）

如果纳税人是增值税一般纳税人，则按 17% 的税率换算；如果纳税人是增值税小规模纳税人，自 2009 年 1 月 1 日起，按 3% 的征收率换算。

政策解析

实际上，在生产销售环节，计算消费税所依据的销售额与计算增值税销项税额（或应纳税额）所依据的销售额基本相同。消费税是价内税，增值税是价外税，在计算消费税、增值税销项税额（或应纳税额）所依据的销售额，都是含消费税但不包括增值税的销售额。

4. 包装物及包装物押金的税务处理。

（1）应税消费品连同包装物销售的，无论包装物是否单独计价以及在会计上如何核算，均应并入应税消费品的销售额中缴纳消费税。

（2）如果包装物不作价随同产品销售，而是收取押金，此项押金则不应并入应税消费品的销售额中征税。但对因逾期未收回的包装物不再退还的或者已收取的时间超过 12 个月的押金，应并入应税消费品的销售额，按照应税消费品的适用税率缴纳消费税。

（3）对既作价随同应税消费品销售，又另外收取押金的包装物的押金，凡纳税人在规定的期限内没有退还的，均应并入应税消费品的销售额，按照应税消费品的适用税率缴纳消费税。

（4）自 1995 年 6 月 1 日起，酒类产品生产企业销售酒类产品收取的包装物押金，无论押金是否返还与会计上如何核算，均需并入酒类产品销售额中，依酒类产品的适用税率征收消费税。

政策解析

需要注意啤酒、黄酒包装物的押金问题：

第一，当生产企业随着啤酒、黄酒的销售收取的包装物押金需要计算纳税时，因啤酒、黄酒从价计征增值税但从量计征消费税，因此，只需将包装物押金换算为不含税收入并入销售额计算增值税，无须计算消费税。啤酒、黄酒以外的其他酒的包装物押金，则应既计算增值税，同时计算消费税。

第二，增值税一般纳税人生产销售啤酒、黄酒所收取的包装物押金，单独核算而未逾期的，既不缴纳增值税也不缴纳消费税。

第三，黄酒的包装物押金的确与其消费税的计算无直接关系，但啤酒的包装物押金虽然不直接计算消费税，但由于其不含税出厂价中包含包装物及包装物押金，因此，包装物押金的大小与多少会间接影响出厂价格的确定，从而间接影响啤酒的消费税适用税率。

案例分析

【例】某酒厂为增值税一般纳税人，2009 年 2 月向某单位批发销售啤酒 2 吨（出厂价3 000 元以下），开具普通发票上注明销售额 4 200 元，同时收取包装物押金 500 元但未单独核算，货款已全部收取。假设本月无进项税额。则此项业务，下列税务处理正确的是（　　）。

A. 酒厂应纳增值税 610.26 元、消费税 440 元

B. 酒厂应纳增值税 682.90 元、消费税 440 元

C. 酒厂应纳增值税 714.00 元、消费税 500 元

D. 酒厂应纳增值税 799.00 元、消费税 500 元

参考答案：A。

解析：啤酒生产企业销售啤酒应计算缴纳增值税、消费税，增值税从价定率征收，消费税从量定额征收。销售啤酒的同时收取的包装物押金未单独核算，应视同含增值税收入，换算为不含税收入后并入销售额计算缴纳增值税。

应纳增值税 =（4 200 + 500）÷（1 + 17%）× 17% = 610.26（元）

应纳消费税 = 2 × 220 = 440（元）

5. 外币折算的税务处理。纳税人销售的应税消费品，以人民币以外的货币结算销售额的，其销售额的人民币折合率可以选择销售额发生的当天或者当月 1 日的人民币汇率中间价。纳税人应在事先确定采用何种折合率，确定后一年内不得变更。

（二）计税依据的特殊规定

1. 门市部销售自产应税消费品的情形。纳税人通过自设非独立核算门市部销售的自产应税消费品，应当按照门市部对外销售额或者销售数量征收消费税。

政策解析

需要注意的是，该门市部若与纳税人是非独立核算关系，则门市部销售应税消费品即视同纳税人销售，必然按照门市部对外销售额或者销售数量征收消费税。但该门市部若与纳税人是独立核算关系，则纳税人销售应税消费品给门市部时，已经发生了消费税应税行为，应计算缴纳消费税，因此，独立核算的门市部再销售应税消费品时，无须计算缴纳消费税。

案例分析

【例】某摩托车制造厂为增值税一般纳税人，2009 年 1 月将生产的某品牌轻便摩托车 1 200 辆，以每辆 5 640 元的出厂价（不含税）销售给自设非独立核算门市部，门市部当月以每辆 7 020 元的含税价格销售。已知摩托车消费税税率为 10%，成本利润率为 6%。则该笔业务摩托车制造厂应缴纳的税收有（　　）。

A. 增值税 1 224 000 元　　B. 增值税 1 236 240 元

C. 消费税 720 000 元　　D. 消费税 727 200 元

参考答案：A、C。

解析：摩托车制造厂将轻便摩托车销售给自设非独立核算门市部，应当按照门市部对外销售额或者销售数量征收消费税。

应纳增值税 = 1 200 × 7 020 ÷ （1 + 17%） × 17% = 1 224 000（元）

应纳消费税 = 1 200 × 7 020 ÷ （1 + 17%） × 10% = 720 000（元）

2. 从高确定计税依据的情形。纳税人用于换取生产资料和消费资料、投资入股和抵偿债务等方面的应税消费品，应当以纳税人同类应税消费品的最高销售价格作为计税依据计算消费税。

政策解析

需要注意的是，纳税人以自产的应税消费品用于换取生产资料和消费资料、投资入股和抵偿债务，在增值税的税务处理上，为纳税人视同销售应税消费品，应当计算缴纳增值税和消费税。在计算增值税时，一律以平均价格为计税依据；而计算消费税时，一律以最高价格为计税依据。同时，纳税人的视同销售行为不只包括上述四个方面，其他情形的视同销售行为，在计算缴纳增值税和消费税时，一律以平均价格为计税依据。

案例分析

【例 1】纳税人以自产应税消费品用于（　　），应按同类应税消费品的最高销售价格作为计税依据计算消费税。

A. 用于换取生产资料的应税消费品　　B. 用于向股东分配的应税消费品

C. 用于抵偿债务的应税消费品　　D. 对外投资入股的应税消费品

参考答案：A、C、D。

解析：纳税人用于换取生产资料和消费资料、投资入股和抵偿债务等方面的应税消费品，应当以纳税人同类应税消费品的最高销售价格作为计税依据计算消费税。

【例 2】某摩托车生产企业某月销售同型号摩托车，以 4 000 元单价销售 50 辆，以 4 500元单价销售 10 辆，以 4 800 元单价销售 5 辆。当月，企业以 20 辆同型号摩托车与 A 企业交换原材料。双方按当月加权平均价确定摩托车的交换价格。已知摩托车适用消费税税率为 3%，以上价格均不含增值税。则在计算消费税时，应以最高价格为计税依据，而计算增值税时，以平均价格为计税依据。

应纳消费税 = 20 × 4 800 × 3% = 2 880（元）

应纳增值税 = 20 × （4 000 × 50 + 4 500 × 10 + 4 800 × 5） ÷ （50 + 10 + 5） × 17%
　　　　　= 14 070（元）

如果摩托车厂先按平均价销售摩托车，再购买原材料，则应按照平均价格计算缴纳消费税，增值税计算方法同上。

应纳消费税 = （4 000 × 50 + 4 500 × 10 + 4 800 × 5） ÷ （50 + 10 + 5） × 20 × 3%
　　　　　= 2 483. 1（元）

3. 核定计税依据的情形。纳税人应税消费品的计税价格明显偏低并无正当理由的，由主管税务机关核定其计税价格。核定权限如下：

（1）卷烟和粮食白酒的计税价格：国家税务总局核定。卷烟消费税计税价格按照卷烟零售价格扣除卷烟流通环节的平均费用和利润核定。卷烟流通环节的平均费用率和平均利润率暂定为 45%。消费税计税价格的核定公式为：

某牌号、规格卷烟消费税计税价格 = 零售价格 ÷ （1 + 45%）

不进入中国烟草交易会、没有调拨价格的卷烟：计税价格由省国家税务局核定。核定公式为：

某牌号规格卷烟计税价格 = 该牌号规格卷烟市场零售价格 ÷ （1 + 35%）

纳税人销售卷烟和粮食白酒的计税价格明显低于零售价格的，主管税务机关应逐级上报国家税务总局核定计税价格并依此征税。

政策解析

白酒生产企业销售给销售单位的白酒，生产企业消费税计税价格低于销售单位对外销售价格（不含增值税）70%以下的，税务机关应核定消费税最低计税价格。具体执行规定如下：

白酒生产企业销售给销售单位的白酒，生产企业消费税计税价格高于销售单位对外销售价格70%（含70%）以上的，税务机关暂不核定消费税最低计税价格。白酒生产企业销售给销售单位的白酒，生产企业消费税计税价格低于销售单位对外销售价格70%以下的，消费税最低计税价格由税务机关根据生产规模、白酒品牌、利润水平等情况在销售单位对外销售价格50%—70%范围内自行核定。其中生产规模较大，利润水平较高的企业生产的需要核定消费税最低计税价格的白酒，税务机关核价幅度原则上应选择在销售单位对外销售价格60%—70%范围内。

已核定最低计税价格的白酒，生产企业实际销售价格高于消费税最低计税价格的，按实际销售价格申报纳税；实际销售价格低于消费税最低计税价格的，按最低计税价格申报纳税。

已核定最低计税价格的白酒，销售单位对外销售价格持续上涨或下降时间达到3个月以上、累计上涨或下降幅度在20%（含）以上的白酒，税务机关重新核定最低计税价格。

（2）其他应税消费品的计税依据：省、自治区、直辖市税务机关核定。

（3）进口应税消费品的计税依据：海关核定。已由各级国家税务局公示消费税计税价格的卷烟，生产企业实际销售价格高于消费税计税价格的，按实际销售价格征税；实际销售价格低于消费税计税价格的，按消费税计税价格征税。

4. 卷烟计税依据。自2009年5月1日起，卷烟消费税计税依据执行如下规定：

（1）卷烟工业环节纳税人销售的卷烟，应按实际销售价格申报纳税，实际销售价格低于最低计税价格的，按照最低计税价格申报纳税。

（2）卷烟工业企业向卷烟批发企业销售卷烟已开具增值税专用发票（以下简称“专用发票”），因价格调整的，应按照《国家税务总局关于修订〈增值税专用发票使用规定〉的通知》和《国家税务总局关于修订增值税专用发票使用规定的补充通知》的有关规定进行处理：

第一，卷烟工业企业符合下列情形的，可作废已开具的专用发票，以调整后的价格重新开具专用发票：尚未将当月开具的专用发票交付卷烟批发企业、未抄税并且未记账；专用发票交付卷烟批发企业，同时具有下列情形的：收到退回的发票联、抵扣联时间未超过开票当月；卷烟工业企业未抄税并且未记账；卷烟批发企业未认证或者认证结果为“纳税人识别号认证不符”、“专用发票代码、号码认证不符”。

第二，卷烟工业企业开具的专用发票不符合作废条件，卷烟调拨价格调高的，可按差额另行开具专用发票；卷烟调拨价格调低，已将专用发票交付卷烟批发企业的，由卷烟批发企业填报《开具红字增值税专用发票申请单》（以下简称“申请单”），取得主管税务机关出具的《开具红字增值税专用发票通知单》（以下简称“通知单”）后交卷烟工业企业开具红字增值税专用发票；卷烟调拨价格调低，尚未将专用发票交付卷烟批发企业的，由卷烟工业企业填报申请单，取得主管税务机关出具的通知单后开具红字增值税专用发票。

（3）卷烟工业环节纳税人销售卷烟，因调拨价格调整重新开具增值税专用发票的，不再重新申报卷烟定额消费税。

（4）新牌号、新规格卷烟和价格变动卷烟仍按《卷烟消费税计税价格信息采集和核定管理办法》（国家税务总局令第5号）规定上报，新牌号、新规格卷烟未满1年且未经税务总局核定计税价格的，应按实际调拨价格申报纳税。

5. 税额扣除的情形。

（1）扣除范围。为平衡以自产应税消费品生产的应税消费品与以外购应税消费品生产的应税消费品的税收负担，对下列连续生产的应税消费品，在计税时准予按当期生产领用数量计算扣除外购应税消费品已纳的消费税税款：

第一，以外购已税烟丝生产的卷烟。

第二，以外购已税化妆品生产的化妆品。

第三，以外购已税珠宝玉石生产的贵重首饰及珠宝玉石。

第四，以外购已税鞭炮焰火生产的鞭炮焰火。

第五，以外购已税汽车轮胎（内胎和外胎）生产的汽车轮胎。

第六，以外购已税摩托车生产的摩托车（如用外购两轮摩托车改装三轮摩托车）。

第七，以外购的已税杆头、杆身和握把为原料生产的高尔夫球杆。

第八，以外购的已税木制一次性筷子为原料生产的木制一次性筷。

第九，以外购的已税实木地板为原料生产的实木地板。

第十，以外购的已税石脑油为原料生产的应税消费品。

第十一，以外购的已税润滑油为原料生产的润滑油。

第十二，以外购的汽油、柴油用于连续生产的甲醇汽油、生物柴油。

应纳税额的计算公式为：

应纳税额 = 最终应税消费品应纳的整体税额 − 当期准予扣除的外购已税消费品已纳消费税额

政策解析

第一，外购应税消费品已纳税额的扣除范围为12项，不允许扣除外购应税消费品已纳税额的是酒及酒精、小汽车、高档手表、游艇、上述第十至十二项以外的成品油、用外购已税珠宝玉石生产金银首饰及钻石和钻石饰品。

第二，允许扣除外购应税消费品已纳税额的12项中，除石脑油外，全部都是一一对应扣除。如外购汽车轮胎支付的消费税只能在生产的汽车轮胎的应纳消费税中扣除，而摩托车生产企业不得扣除外购汽车轮胎支付的消费税。

案例分析

【例】根据现行消费税法规规定，下列关于消费税政策的表述中，正确的有（　　）。

A. 纳税人用外购已税烟丝生产卷烟，在计算卷烟应纳消费税时，准予按照当期生产领用数量计算扣除外购烟丝已纳的消费税税款

B. 纳税人用外购已税两轮摩托车改装三轮摩托车，在计算应纳消费税时，准予按照当期购进数量计算扣除外购摩托车已纳的消费税税款

C. 纳税人将自产应税消费品用于投资、抵债、无偿赠送、集体福利和个人消费时，应当以纳税人同类应税消费品的平均销售价格作为计税依据计算增值税，以同类应税消费品的最高销售价格作为计税依据计算消费税

D. 增值税一般纳税人生产销售啤酒所收取的包装物押金，单独核算而未逾期的，既不缴纳增值税也不缴纳消费税

参考答案：A、D。

解析：纳税人用外购已税两轮摩托车改装三轮摩托车，在计算应纳消费税时，准予按照实耗扣税法而不是购进扣税法，计算扣除外购摩托车已纳的消费税税款；纳税人将自产应税消费品用于投资、抵债时，应当以纳税人同类应税消费品的平均销售价格作为计税依据计算增值税，以同类应税消费品的最高销售价格作为计税依据计算消费税；但用于无偿赠送、集体福利和个人消费时，应当以纳税人同类应税消费品的平均销售价格作为计税依据计算增值税和消费税。

（2）抵扣税款的方法。当期准予扣除外购已税消费品已纳消费税款，采取实耗扣税法计算。

第一，实行从价定率办法计算应纳税额的，其计算公式为：

当期准予扣除外购应税消费品已纳税款 = 当期准予扣除外购应税消费品买价 × 外购应税消费品适用税率

当期准予扣除外购应税消费品买价 = 期初库存外购应税消费品买价 + 当期购进的外购应税消费品买价 − 期末库存的外购应税消费品买价

外购应税消费品买价，是指纳税人取得的防伪税控增值税专用发票（含销货清单）注明的应税消费品的销售额。

政策解析

在扣除已纳税额时，应注意增值税和消费税的异同。增值税采用的是购进扣税法，而消费税采用的是实耗扣税法。

案例分析

【例1】某轮胎生产企业用外购汽车轮胎生产汽车轮胎，在计算增值税时，可以考虑将购进轮胎时支付的增值税全部作为进项税额在销项税额中抵扣，但计算消费税时，只能用会计平衡关系中期初买价加上当期购进减去期末库存倒挤出本期减少的那部分应税消费品买价，计算扣除已纳消费税。

【例 2】某烟厂为增值税一般纳税人，2009 年 4 月外购烟丝一批，取得防伪税控增值税专用发票上注明税款为 8.5 万元，本月生产领用了 80%，期初尚有库存的外购烟丝价值 2 万元，期末库存烟丝价值 12 万元，该企业本月应纳消费税中可扣除的消费税是（　　）。

A. 6.8 万元　　B. 9.6 万元　　C. 12 万元　　D. 40 万元

参考答案：C。

解析：可扣除的已纳消费税 =（2 + 8.5 ÷ 17% − 12）×30% = 12（万元）。

【例 3】某鞭炮厂为增值税一般纳税人，2007 年 11 月外购散装鞭炮，取得防伪税控增值税专用发票上注明价款 12 万元、税款 2.04 万元，本月生产领用了 60%，期初尚有库存的外购鞭炮价值 5 万元，期末库存鞭炮价值 13 万元。已知鞭炮消费税税率为 15%。则该鞭炮厂在计算本月应纳消费税税额时可以扣除的外购鞭炮已纳消费税为（　　）。

A. 0.12 万元　　B. 0.36 万元　　C. 0.60 万元　　D. 0.72 万元

参考答案：C。

解析：可扣除的已纳消费税 =（5 + 12 − 13）×15% × = 0.6（万元）。

第二，实行从量定额办法（石脑油和润滑油）计算应纳税额的，其计算公式为：

当期准予扣除的外购应税消费品已纳税款 = 当期准予扣除外购应税消费品数量 × 外购应税消费品单位税额

当期准予扣除外购应税消费品数量 = 期初库存外购应税消费品数量 + 当期购进外购应税消费品数量 − 期末库存外购应税消费品数量

外购应税消费品数量，是指防伪税控增值税专用发票（含销货清单）注明的应税消费品的销售数量。

纳税人以外购石脑油为原料生产乙烯或其他化工产品，在同一生产过程中既可以生产出乙烯或其他化工产品等非应税消费品同时又生产出裂解汽油等应税消费品的，允许抵扣的外购石脑油的已纳税款按下列公式计算：

当期准予扣除外购石脑油已纳税款 = 当期准予扣除外购石脑油数量 × 收率 × 单位税额

收率 = 当期应税消费品产出量 ÷ 生产当期应税消费品所有原料投入数量 ×100%

第三，进口应税消费品，按下列公式计算抵扣税款：

当期准予扣除的进口应税消费品已纳税款 = 期初库存的进口应税消费品已纳税款 + 当期进口应税消费品已纳税款 − 期末库存的进口应税消费品已纳税款

进口应税消费品已纳税款，是指《海关进口消费税专用缴款书》注明的进口环节消费税。

第四，以外购已税珠宝玉石生产的金银首饰（镶嵌首饰）、钻石首饰，因已改在零售环节征收，计税时一律不得扣除外购已税珠宝玉石的已纳消费税款。

第五，当期投入生产的原材料可抵扣的已纳消费税大于当期应纳消费税的，采用按当期应纳消费税的数额申报抵扣，不足抵扣部分可以结转下一期申报抵扣的方式处理。

二、从量计征消费税的计算办法

实行从量定额办法计算应纳税额的计算公式为：

应纳税额 = 销售数量 × 单位税额

实行从量定额办法计算应纳税额的应税消费品，计量单位的换算标准如表 4 − 3 所示。

表 4－3 应税消费品计量单位的换算标准表

应税消费品	计量单位换算	应税消费品	计量单位换算
黄酒	1 吨＝962 升	石脑油	1 吨＝1 385 升
啤酒	1 吨＝988 升	溶剂油	1 吨＝1 282 升
汽油	1 吨＝1 388 升	润滑油	1 吨＝1 126 升
柴油	1 吨＝1 176 升	燃料油	1 吨＝1 015 升
航空煤油	1 吨＝1 246 升		

三、复合计征消费税的计算办法

实行复合计税办法计算应纳税额的计算公式为：

应纳税额＝销售数量×单位税额＋销售额×适用税率

第六节 自产自用环节应纳税额的计算

一、自产自用应税消费品的税务处理

纳税人将自产的应税消费品用于连续生产应税消费品的，不纳税。用于连续生产应税消费品，是指纳税人将自产自用的应税消费品作为直接材料生产最终应税消费品，自产自用应税消费品构成最终应税消费品的实体。

纳税人将自产的应税消费品用于其他方面的，应于移送使用时缴纳消费税。用于其他方面，是指纳税人将自产自用应税消费品用于生产非应税消费品、在建工程、管理部门、非生产机构、提供劳务、馈赠、赞助、集资、广告、样品、职工福利、奖励等方面。

案例分析

【例】生产企业将自产石脑油用于连续生产汽油等应税消费品，不征收消费税；用于连续生产乙烯等非应税消费品或其他方面，于移送使用时征收消费税。酒厂用自产的酒精生产白酒，对自产自用的酒精不纳消费税，仅就生产销售的白酒缴纳消费税。卷烟厂用自产的烟丝生产卷烟，对自产自用的烟丝不缴纳消费税，仅就生产销售的卷烟缴纳消费税。

二、自产自用环节应纳税额的计算

纳税人将自产的应税消费品用于其他方面的，应按照纳税人生产的同类消费品的销售价格计算纳税；没有同类消费品销售价格的，按照组成计税价格计算纳税。

（一）从价计征消费税的计算办法

1. 有同类消费品的销售价格的。有同类消费品的销售价格的，按照同类消费品的销售价格计算纳税。同类消费品的销售价格，是指纳税人当月销售的同类消费品的销售价格，如果当月同类消费品各期销售价格高低不同，应按销售数量加权平均计算。但销售的应税消费品有下列情况之一的，不得列入加权平均计算：（1）销售价格明显偏低又无正当理由的；（2）无销售价格的。如果当月无销售或者当月未完结，应按照同类消费品上

月或最近月份的销售价格计算。

2. 没有同类消费品的销售价格的。没有同类消费品的销售价格的，按照组成计税价格计算纳税。组成计税价格的计算公式为：

组成计税价格 =（成本 + 利润）÷（1 - 比例税率）

应纳税额 = 组成计税价格 × 消费税税率

公式中的成本，是指应税消费品的产品生产成本。公式中的利润，是指根据应税消费品的全国平均成本利润率计算的利润。应税消费品全国平均成本利润率由国家税务总局确定。

应税消费品全国平均成本利润率规定如下：甲类卷烟 10%，乙类卷烟 5%，雪茄烟 5%，烟丝 5%；粮食白酒 10%，薯类白酒 5%，其他酒 5%，酒精 5%；化妆品 5%；鞭炮、焰火 5%；贵重首饰及珠宝玉石 6%；汽车轮胎 5%；摩托车 6%。2006 年新增和调整税目全国平均成本利润率暂定如下：高尔夫球及球具 10%；高档手表 20%；游艇 10%；木制一次性筷子 5%；实木地板 5%；乘用车 8%；中轻型商用客车 5%。

应税消费品全国平均成本利润率如表 4 - 4 所示。

表 4 - 4　　应税消费品全国平均成本利润率

成本利润率（%）	适用对象	
	类别	具体应税消费品
20	1	高档手表
10	4	甲类卷烟、粮食白酒、高尔夫球及球具、游艇
8	1	乘用车
6	2	贵重首饰及珠宝玉石、摩托车
5	12	乙类卷烟、雪茄烟、烟丝、薯类白酒、其他酒、酒精、化妆品、鞭炮焰火、汽车轮胎、木制一次性筷子、实木地板、中轻型商用客车

案例分析

【例 1】某汽车轮胎制造厂为增值税一般纳税人，2009 年 3 月购进工业用橡胶，取得防伪税控增值税专用发票上注明价款 25 万元、增值税 4.25 万元。货物入库后，当月用于连续生产加工回力轮胎 1 000 条、子午线轮胎 800 条、农用收割机专用轮胎 500 条并全部对外销售，分别取得不含税销售额 12 万元、16 万元、5 万元。下设非独立核算修理部提供轮胎修理劳务，取得含税收入 15.21 万元。那么，用于计算该厂本月增值税销项税额和消费税税额的销售额分别为（　　）。

A. 48.21 万元、12 万元　　　　B. 46 万元、12 万元

C. 46 万元、33 万元　　　　D. 48.21 万元、33 万元

参考答案：B。

解析：根据消费税法规规定，子午线轮胎，免征消费税；农用收割机专用轮胎，不征消费税；回力轮胎、子午线轮胎、农用收割机轮胎的销售，一律应计算缴纳增值税；非独立核算修理部提供轮胎修理劳务应按纳税人正常的销售额计算缴纳增值税，该劳务不计算消费税。

计算增值税销项税额的销售额 =12 +16 +5 +15.21 ÷（1 +17%）=46（万元）

应纳消费税的销售额 =12（万元）

【例 2】某原油加工厂为增值税一般纳税人，2009 年 6 月生产无铅汽油 300 000 升，对外销售 200 000 升，取得不含税销售额 38 万元，其余汽油 50% 用于连续加工国家计划内生产的石脑油并于当月销售 80 000 升，取得不含税销售额 16 万元，另外 50% 作为本企业管理部门小汽车用油。已知无铅汽油、石脑油消费税税额均为每升 1.0 元。那么，该原油加工厂本月应计算缴纳的增值税、消费税税额分别为（　　）。

A. 9.18 万元、25 万元　　B. 9.18 万元、33 万元

C. 10.80 万元、25 万元　　D. 10.80 万元、33 万元

参考答案：B。

解析：纳税人自产汽油用于本企业管理部门，视同销售，应计算缴纳增值税和消费税，计税时应按照同类产品近期比价确定计税价格；纳税人以应税消费品汽油连续生产应税消费品石脑油的，中间产品不征消费税，但石脑油应计算缴纳消费税。

应纳增值税 =（38 +16）×17% +38 ÷200 000 ×50 000 ×17% =9.18（万元）

应纳消费税 =（200 000 +50 000 +80 000）×1.0 =33（万元）

【例 3】某化妆品生产厂购入 150 万元原材料，由甲车间自行加工成初级化妆品，共计加工费 120 万元；然后由乙车间加工厂精品，共计加工费 100 万元。化妆品最终售价为 1000 万元（不含税）。化妆品成本利润率为 5%。则上述业务应纳增值税和消费税为(　　)。

A. 应纳增值税 170 万元　　B. 应纳增值税 300 万元

C. 应纳消费税 170 万元　　D. 应纳消费税 300 万元

参考答案：A、D。

解析：化妆品生产厂将初级化妆品连续加工成应税消费品，中间环节不计算消费税和增值税。最后销售应税消费品时，一并计算缴纳增值税和消费税。

应纳增值税 =1 000 ×17% =170（万元）

应纳消费税 =1 000 ×30% =300（万元）

（二）从量计征消费税的计算办法

应纳税额的计算公式为：

应纳税额 = 移送使用数量 × 单位税额

（三）复合计征消费税的计算办法

实行复合计税办法计算纳税的组成计税价格计算公式为：

组成计税价格 =（成本 + 利润 + 自产自用数量 × 定额税率）÷（1 – 比例税率）

应纳税额的计算公式为：

应纳税额 = 销售数量 × 单位税额 + 销售额 × 适用税率

案例分析

【例】某酒厂系增值税一般纳税人，地处市区，主要业务为生产销售各种粮食白酒，2009 年 6 月 18 日企业厂庆，将自制粮食白酒 3 吨发放职工，总成本 3.60 万元，无同类产品售价。已知粮食白酒成本利润率为 10%。上述业务应纳消费税是多少？当期应计提的增值税销项税额是多少？

参考答案：

（1）计算应纳消费税：

组成计税价格 = [3.60 × 10 000 × （1 + 10%） + 3 × 2 000 × 0.5] ÷ （1 − 20%） = 53 250（元）

应纳消费税额 = 3 × 2 000 × 0.5 + 53 250 × 20% = 13 650（元）

（2）计算增值税销项税额：

增值税销项税额 = [3.60 × 10 000 × （1 + 10%） + 13 650] × 17% = 9 052.5（元）

或 = 53 250 × 17% = 9 052.5（元）

解析：粮食白酒在计算消费税时，应该采用复合计税办法。因无同类产品售价，应采取组成计税价格的方法计算应缴纳的消费税。

第七节 委托加工环节应纳税额的计算

一、委托加工应税消费品的税务处理

委托加工的应税消费品，除受托方为个人外，由受托方在向委托方交货时代收代缴税款。委托加工的应税消费品，委托方用于连续生产应税消费品的，所纳税款准予按规定抵扣。委托加工的应税消费品，是指由委托方提供原料和主要材料，受托方只收取加工费和代垫部分辅助材料加工的应税消费品。

对于由受托方提供原材料生产的应税消费品，或者受托方先将原材料卖给委托方，然后再接受加工的应税消费品，以及由受托方以委托方名义购进原材料生产的应税消费品，不论在财务上是否作销售处理，都不得作为委托加工应税消费品，而应当按照销售自制应税消费品缴纳消费税。

委托加工的应税消费品直接出售的，不再缴纳消费税。委托个人加工的应税消费品，由委托方收回后缴纳消费税。

政策解析

第一，委托加工的应税消费品，是指由委托方提供原料和主要材料，受托方只收取加工费和代垫部分辅助材料加工的应税消费品。这是委托加工应税消费品必须具备的条件。

对于由受托方提供原材料生产的应税消费品，或者受托方先将原材料卖给委托方，然后再接受加工的应税消费品，不论纳税人在财务上是否作销售处理，都不得作为委托加工应税消费品，而应当按照销售自制应税消费品缴纳消费税。

第二，需要注意的是，纳税人委托加工的应税消费品，由受托方在向委托方交货时代

收代缴消费税的，受托方在向委托方交货时应收取三笔款项：一是加工费（含辅助材料价款）；二是加工费的增值税；三是代收代缴委托方的消费税。

第三，受托方收取加工费后应开具防伪税控增值税专用发票（或普通发票），并以不含税加工费确定劳务销售额，计算受托方应纳增值税的销项税额。委托方取得防伪税控增值税专用发票后，在认证合格后，作为当期进项税额抵扣。

案例分析

【例】某酒厂（增值税一般纳税人）受托加工生产啤酒，则该酒厂在向委托方移送啤酒时，应向委托方收取的项目有（　　）。

A. 加工费　　B. 增值税税款

C. 代垫辅助材料成本　　D. 代收代缴消费税税款

参考答案：A、B、C、D。

解析：某酒厂受托加工生啤酒，则该酒厂在向委托方移送啤酒时，应向委托方收取的加工费、代垫辅助材料成本、加工费和代垫辅助材料成本应负担的增值税税款、应代收代缴的消费税税款。

二、委托加工环节应纳税额的计算

委托加工的应税消费品，按照受托方的同类消费品的销售价格计算纳税；没有同类消费品销售价格的，按照组成计税价格计算纳税。

（一）从价计征消费税的计算办法

1. 有同类消费品的销售价格的。有同类消费品的销售价格的，按照同类消费品的销售价格计算纳税。同类消费品的销售价格，是指代收代缴义务人当月销售的同类消费品的销售价格，如果当月同类消费品各期销售价格高低不同，应按销售数量加权平均计算。但销售的应税消费品有下列情况之一的，不得列入加权平均计算：（1）销售价格明显偏低又无正当理由的；（2）无销售价格的。如果当月无销售或者当月未完结，应按照同类消费品上月或最近月份的销售价格计算。

2. 没有同类消费品的销售价格的。没有同类消费品的销售价格的，按照组成计税价格计算纳税。组成计税价格计算公式为：

组成计税价格＝（材料成本＋加工费）÷（1－比例税率）

应纳税额＝组成计税价格×消费税税率

公式中的材料成本，是指委托方所提供加工材料的实际成本。委托加工应税消费品的纳税人，必须在委托加工合同上如实注明（或以其他方式提供）材料成本，凡未提供材料成本的，受托方所在地主管税务机关有权核定其材料成本。

公式中的加工费，是指受托方加工应税消费品向委托方所收取的全部费用（包括代垫辅助材料的实际成本），但不包括收取的增值税额。

政策解析

在委托加工环节，受托方即加工劳务提供方，在计算增值税销项税额或应纳税额时所依据的销售额，与计算代收消费税时所依据的销售额是不同的。计算增值税时所依据的销售额是不含增值税的加工费收入（包括代垫的辅助材料费），而计算代收消费税时所依据的销售额，是受托方的同类应税消费品的销售价格或者组成计税价格。

案例分析

【例】某玉器厂（增值税一般纳税人）2009 年 2 月委托某加工厂（增值税一般纳税人）加工一批玛瑙，无同类产品售价。委托方提供材料实际成本 300 000 元，取得防伪税控增值税专用发票上注明辅助材料成本 5 000 元、加工费 75 000 元。加工厂代收代缴消费税。本月收回玛瑙后，全部批发销售，取得不含税销售额 450 000 元。已知贵重首饰和珠宝玉石消费税税率为 10%。对于此项业务，下列税务处理正确的是（　　）。

A. 委托加工环节加工厂应代收代缴消费税 20 000 元

B. 委托加工环节加工厂应代收代缴消费税 42 222. 22 元

C. 销售环节玉器厂应缴纳增值税 76 500 元

D. 销售环节玉器厂应缴纳消费税 45 000 元

参考答案：B。

解析：玉器厂委托加工厂加工玛瑙，加工厂作为增值税一般纳税人应代收代缴消费税。玉器厂收回玛瑙后销售，无需计算缴纳消费税，但应计算缴纳增值税。计税时，以不含税销售额和适用税率确定销项税额，以加工厂开具的防伪税控增值税专用发票上注明的增值税确定进项税额。

加工厂应代收代缴消费税 =（300 000 + 5 000 + 75 000）÷（1 − 10%）× 10%
= 42 222. 22（元）

玉器厂应缴纳增值税 = 450 000 × 17% −（5 000 + 75 000）× 17% = 62 900（元）

3. 未按规定代收代缴税款的税务处理。在税务检查中，委托方所在地国家税务局发现纳税人委托加工的应税消费品受托方未按规定代收代缴税款的，则应由委托方所在地国家税务局对委托方补征税款，受托方所在地国家税务局不得重复征税。

对委托方补征税款的计税依据：如果在检查时，收回的应税消费品已经直接销售的，按销售额计税；收回的应税消费品尚未销售或不能直接销售的（如收回后用于连续生产等），按组成计税价格计税。组成计税价格的计算公式与委托加工应税消费品相同。

政策解析

委托加工应税消费品计税依据的确定中，涉及的全部税务处理汇总如图 4 − 1 所示。

4. 税额扣除的情形。

（1）扣除范围。对下列连续生产的应税消费品，在计税时准予按当期生产领用数量计算扣除委托加工收回的应税消费品已纳的消费税款：

第一，以委托加工收回的已税烟丝为原料生产的卷烟。

第二，以委托加工收回的已税化妆品为原料生产的化妆品。

第三，以委托加工收回已税珠宝玉石为原料生产的贵重首饰及珠宝玉石。

第四，以委托加工收回已税鞭炮、焰火为原料生产的鞭炮、焰火。

第五，以委托加工收回的已税汽车轮胎生产的汽车轮胎。

第六，以委托加工收回的已税摩托车生产的摩托车。

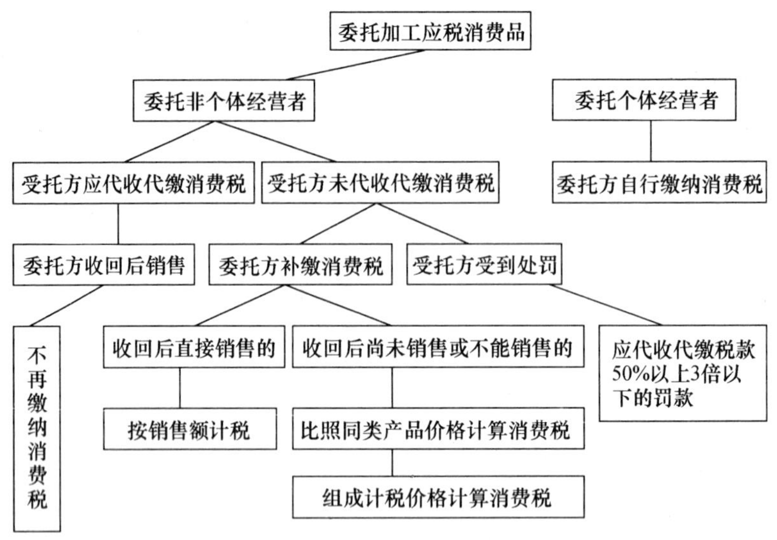

图 4－1　委托加工应税消费品的税务处理

第七，以委托加工收回的已税杆头、杆身和握把为原料生产的高尔夫球杆。

第八，以委托加工收回的已税木制一次性筷子为原料生产的木制一次性筷子。

第九，以委托加工收回的已税实木地板为原料生产的实木地板。

第十，以委托加工收回的已税石脑油为原料生产的应税消费品。

第十一，以委托加工收回的已税润滑油为原料生产的润滑油。

第十二，以委托加工收回的汽油、柴油用于连续生产的甲醇汽油、生物柴油。

应纳税额的计算公式为：

应纳税额＝最终应税消费品应纳的整体税额－当期准予扣除的委托加工收回已税消费品已纳消费税款

（2）抵扣税款的方法。当期准予扣除委托加工收回已税消费品已纳消费税款，采取实耗扣税法计算。

第一，实行从价定率办法计算应纳税额的，其计算公式为：

当期准予扣除的委托加工应税消费品已纳税款＝期初库存的委托加工应税消费品已纳税款＋当期收回的委托加工应税消费品已纳税款－期末库存的委托加工应税消费品已纳税款

委托加工应税消费品已纳税款，是指代扣代收税款凭证上注明的受托方代收代缴的消费税。具体运算时，可以按数量或成本分摊计算准予扣除的已纳消费税税款。

第二，实行从量定额办法（石脑油和润滑油）计算应纳税额的。纳税人以委托加工石脑油为原料生产乙烯或其他化工产品，在同一生产过程中既可以生产出乙烯或其他化工产品等非应税消费品，同时又生产出裂解汽油等应税消费品的，允许抵扣的委托加工石脑油的已纳税款按下列公式计算：

当期准予扣除的委托加工成品油已纳税款＝当期准予扣除的委托加工石脑油已纳税款×收率

收率 = 当期应税消费品产出量 ÷ 生产当期应税消费品所有原料投入数量 × 100%

第三，以委托加工收回的已税珠宝玉石生产的金银首饰（镶嵌首饰），因已改在零售环节征收，故计税时一律不得扣除委托加工收回的已税珠宝玉石的已纳消费税款。

案例分析

【例 1】某日用化学品厂为增值税一般纳税人。该厂于 2009 年 8 月发出原材料一批，实际成本为 47 500 元，委托某加工厂加工化妆品。该厂 9 月有关经济业务如下：

（1）收回委托加工的化妆品 1 000 件，取得防伪税控增值税专用发票，发票上注明支付加工费 22 500 元、增值税 3 825 元，按规定向加工厂足额支付了消费税（加工厂没有同类化妆品的销售价格），取得对方开具的代收代缴税款凭证。

（2）生产车间领用委托加工收回的化妆品 500 件，与自制化妆品组成成套化妆品销售。

（3）销售委托加工收回的化妆品 400 件，开具普通发票，发票上注明销售额 32 760元。

（4）销售自制化妆品 450 件，开具防伪税控增值税专用发票，发票上注明销售额 180 000元；发生运杂费 2 340 元，其中运费 2 100 元、装卸费 240 元，取得由运输部门开具的运输发票。

（5）该厂 8 月末抵扣完的进项税额 14 828 元。

其他资料：本例涉及的合法防伪税控增值税专用发票已纳入防伪税控系统，在本申报期均通过主管税务机关认证；化妆品消费税税率为 30%。

要求：

（1）计算该厂 9 月应纳的增值税。

（2）计算该厂 9 月委托加工环节应纳的消费税。

（3）计算该厂 9 月生产销售环节应纳的消费税。

参考答案：

（1）计算应纳的增值税额：

销项税额 = 32 760 ÷ （1 + 17%） × 17% + 180 000 × 17% = 35 360（元）

进项税额 = 3 825 + 2 100 × 7% + 14 828 = 18 800（元）

应纳税额 = 35 360 − 18 800 = 16 560（元）

（2）计算委托加工环节应纳的消费税额：

应支付的消费税 = （47 500 + 22 500） ÷ （1 − 30%） × 30% = 30 000（元）

（3）计算生产销售环节应纳的消费税额：

当期准予扣除的委托加工化妆品的已纳税额 = 30 000 × 500 ÷ 1 000 = 15 000（元）

或：因销售委托加工化妆品应转出的已纳消费税额 = 30 000 × 400 ÷ 1 000 = 12 000（元）

期末结存委托加工化妆品的已纳税额 = 30 000 × （1 000 − 500 − 400） ÷ 1 000 = 3 000（元）

当期准予扣除的委托加工化妆品的已纳税额 = 30 000 − 12 000 − 3 000 = 15 000（元）

应纳税额 = 180 000 × 30% − 15 000 = 39 000（元）

【例 2】A 化妆品厂选择为增值税一般纳税人，2009 年 8 月接到一笔高级化妆品销售业务，合同议定销售价格为1 000万元，消费税税率为30%。则化妆品厂可以选择以下三种运作方式：

第一种：委托其他企业将原材料加工成散装化妆品，收回后加工成精装化妆品销售。A化妆品厂购进价值200万元的原材料委托某企业加工散装化妆品，取得防伪税控增值税专用发票；委托加工协议规定加工费为100万元，收回后在本企业将散装化妆品继续加工成精装化妆品的过程中发生的成本以及应分摊的相关费用合计为110万元。

第二种：委托方严格把关，由受托方直接加工成精装化妆品收回后直接出售。化妆品厂支付加工费200万元。

第三种：由化妆品厂自己完成化妆品的全部生产过程。假设其发生的生产成本恰好等于全部委托时的加工费200万元（以上价格均不含税）。

要求：

（1）计算各种运作方式下化妆品厂应计算缴纳的增值税。

（2）计算各种运作方式下化妆品厂应计算缴纳的消费税。

参考答案：

第一种：委托其他企业将原材料加工成散装化妆品，收回后加工成精装化妆品销售。

受托方代收代缴消费税＝（200＋100）÷（1－30%）×30%＝128.57（万元）

应缴消费税＝1 000×30%－128.57＝171.43（万元）

应纳增值税＝1 000×17%－（200×17%＋100×17%）＝170－54＝116（万元）

第二种：委托方严格把关，由受托方直接加工成精装化妆品收回后直接出售。化妆品厂支付加工费200万元。

受托方代收代缴消费税＝（200＋200）÷（1－30%）×30%＝171.43（万元）

应纳增值税＝1 000×17%－（200×13%＋200×17%）＝110（万元）

第三种：由化妆品厂自己完成化妆品的全部生产过程。假设其发生的生产成本恰好等于全部委托时的加工费200万元。

应缴消费税＝1 000×30%＝300（万元）

应纳增值税＝1 000×17%－200×13%＝144（万元）

（二）从量计征消费税的计算方法

应纳税额的计算公式为：

应纳税额＝收回的应税消费品数量×单位税额

（三）复合计征消费税的计算方法

实行复合计税办法计算纳税的组成计税价格计算公式为：

组成计税价格＝（材料成本＋加工费＋委托加工数量×定额税率）÷(1－比例税率)

应纳税额的计算公式为：

应纳税额＝销售数量×单位税额＋销售额×适用税率

案例分析

【例】某卷烟厂为增值税一般纳税人，2009年2月委托某加工厂加工100标准箱乙类卷烟，卷烟厂提供烟丝的实际生产成本为200 000元，取得防伪税控增值税专用发票，支付加工费和辅助材料成本共计24 000元。该加工厂加工乙类卷烟当地无同类产品售价。已知甲乙类卷烟消费税比例税率为30%，单位税额为每标准箱150元。对于以上业务，下列税务处理中正确的是（　　）。

A. 加工厂应缴纳增值税2 000元　　B. 加工厂应缴纳增值税4 080元

C. 加工厂应代收代缴消费税96 000元　　D. 加工厂应代收代缴消费税117 428.57元

参考答案：B、D。

解析：

（1）加工厂应就其收取的加工费和辅助材料的价款，计算缴纳增值税。

应纳增值税 = 24 000 × 17% = 4 080（元）

（2）加工厂应在收取加工费的同时，代收代缴卷烟厂消费税。因无同类产品售价，故代收代缴消费税应按照组成计税价格计算。计算加工厂应代收代缴消费税：

组成计税价格 =（材料成本 + 加工费 + 委托加工数量 × 定额税率）÷（1 − 比例税率）

= (200 000 + 24 000 + 100 × 150) ÷ (1 − 30%) = 341 428.57（元）

应纳消费税 = 100 × 150 + 341 428.57 × 30% = 117 428.57（元）

第八节　进口环节应纳税额的计算

一、进口应税消费品的税务处理

（一）纳税人

进口或代理进口应税消费品的单位和个人，为进口应税消费品消费税的纳税人。

（二）课税对象

进口应税消费品以进口商品总值为课税对象。进口商品总值包括到岸价格、关税、消费税三个部分。

（三）税率

1. 征税税率。进口应税消费品消费税适用税率执行2006年4月1日调整后的政策。

2. 退税税率。出口企业在2006年3月31日前收购的出口应税消费品并取得消费税税收缴款书、在2006年4月1日以后出口的，可按原税目税率办理退税。

（四）税收征管

1. 纳税义务发生时间。进口的应税消费品，于报送进口时缴纳消费税。个人携带或者邮寄进境的应税消费品的消费税，连同关税一并计征。具体办法由国务院关税税则委员会会同有关部门制定。

2. 征收机关。进口的应税消费品，由海关代征消费税。

3. 申报缴纳。进口的应税消费品，由进口人或者其代理人申报缴纳消费税。

4. 纳税地点。进口的应税消费品，向报关地海关申报缴纳消费税。

5. 纳税期限。进口的应税消费品，应当自海关填发进口消费税专用缴款书之日起15日内缴纳税款。

二、进口环节应纳税额的计算

进口的应税消费品，按照组成计税价格计算纳税。

（一）从价计征消费税的计算办法

纳税人进口应税消费品，适用从价定率计税方法的，其计税依据是组成计税价格。应纳消费税额按照组成计税价格和规定的税率计算。应纳税额的计算公式为：

组成计税价格 =（关税完税价格 + 关税）÷（1 - 消费税比例税率）

应纳税额 = 组成计税价格 × 消费税税率

政策解析

第一，应税消费品在进口环节尚未实现销售，并无销售额据以计税；而国外进口应税消费品也无国内可参考的比照价格，因此，进口环节应税消费品直接运用组成计税价格计算应纳消费税。

第二，进口环节各项税金计算公式汇总如下：

应纳关税 = 关税完税价格 × 关税税率

应纳消费税 =（关税完税价格 + 关税）÷（1 - 消费税税率）×消费税税率

应纳增值税 =（关税完税价格 + 关税）÷（1 - 消费税税率）×增值税税率

或 =（关税完税价格 + 关税 + 消费税）×增值税税率

案例分析

【例 1】对纳税人进口的应税消费品（已取得海关开具的完税凭证），在国内直接销售时适用的税收政策是（　　）。

A. 征收消费税　　　　B. 不征消费税

C. 免征消费税　　　　D. 征收消费税并准予抵扣进口环节已纳消费税

参考答案：B。

解析：消费税是在对于货物普遍征收增值税的基础上课征的一种税，实行一次课征制，因此，对纳税人进口的应税消费品（已取得海关开具的完税凭证）在国内直接销售时，不再征收消费税。

【例 2】某摩托车厂（增值税一般纳税人）2009 年 8 月进口一批摩托车，取得海关开具的完税凭证上注明关税 33 万元，支付运输费用 20 万元将摩托车从海关运送抵企业，取得运输企业开具的普通发票。本月将进口摩托车的 70% 对外销售，取得不含税销售额 220 万元。已知摩托车进口关税税率为 30%，消费税税率为 10%。对于以上业务的表述中，错误的是（　　）。

A. 进口消费税 15.89 万元　　　　B. 进口增值税 27.01 万元

C. 内销消费税 22 万元　　　　D. 内销增值税 8.99 万元

参考答案：C。

解析：摩托车厂进口摩托车应计算缴纳关税、消费税和增值税。摩托车厂将进口的摩托车直接对外销售，无需再缴纳消费税，但应计算缴纳增值税。计算内销环节增值税时，向海关缴纳的增值税与向运输企业支付的运输费用，可以依照税法规定作为进项税额在内销环节的销项税额中抵扣。

进口摩托车关税完税价格 =33÷30% =110（万元）

进口环节应纳消费税 =（110 +33）÷（1 -10%）×10% =15.89（万元）

进口环节应纳增值税 =（110 +33）÷（1 -10%）×17% =27.01（万元）

内销环节应纳增值税 =220×17% -（27.01 +20×7%）=8.99（万元）

【例3】某进出口公司于2009年2月进口液体应税消费品一批，关税完税价格1 200万元。该应税消费品关税税率为20%，消费税税率为30%，增值税税率为17%。那么，其进口环节应缴纳税金为（　　）。

A. 应纳关税240万元　　　　B. 应纳消费税617.14万元

C. 应纳增值税349.71万元　　C. 应纳增值税617.14万元

参考答案：A、B、C。

解析：

应纳关税 =1 200×20% =240（万元）

应纳消费税 =（1 200 +240）÷（1 -30%）×30% =617.14（万元）

应纳增值税 =（1 200 +240）÷（1 -30%）×17% =349.71（万元）

或 =（1 200 +240 +617.14）×17% =349.71（万元）

（二）从量计征消费税的计算方法

应纳税额的计算公式为：

应纳税额 = 海关核定的应税消费品进口征税数量×单位税额

案例分析

【例】下列各项中，符合应税消费品销售数量规定的有（　　）。

A. 生产销售应税消费品的，为应税消费品的销售数量

B. 自产自用应税消费品的，为应税消费品的生产数量

C. 委托加工应税消费品的，为纳税人收回的应税消费品数量

D. 进口应税消费品的，为海关核定的应税消费品进口征税数量

参考答案：A、C、D。

解析：自产自用应税消费品的，为应税消费品的移送使用数量。

（三）复合计征消费税的计算方法

实行复合计税办法计算纳税的组成计税价格计算公式为：

组成计税价格 =（关税完税价格 + 关税 + 进口数量×消费税定额税率）÷（1 - 消费税比例税率）

应纳税额的计算公式为：

应纳税额 = 销售数量×单位税额 + 组成计税价格×适用税率

案例分析

【例】某酒厂为增值税一般纳税人，2009年6月发生如下经济业务：

（1）从某工业企业购进酒精1吨，取得防伪税控增值税专用发票，支付价款5 000元，增值税850元。

（2）外购生产用材料一批，取得防伪税控增值税专用发票，支付价款1 000元，增值

税 170 元。

（3）向农业生产者收购玉米一批，取得收购凭证，支付收购款 800 元；支付运输费用 160 元，将玉米运抵仓库，取得运输部门开具的运输发票。

（4）从国外进口薯类白酒 20 箱，关税完税价格 9 000 元，取得海关开具的专用缴款书。

（5）本月将进口薯类白酒对外销售，取得不含税销售额 100 000 元，开具防伪税控增值税专用发票。

已知：瓶装薯类白酒每箱 10 瓶，每瓶 1 市斤；消费税比例税率为 20%，定额税率为 0.5 元/斤，关税税率为 10%；玉米在《农业产品征税范围注释》所列范围；取得的合法扣税凭证已在当月通过税务机关的认证。

要求：按下列顺序计算该酒厂应纳税额：

（1）进口环节应纳关税。

（2）进口环节应纳消费税。

（3）进口环节应纳增值税。

（4）内销环节应纳增值税。

（5）内销环节应纳消费税。

参考答案：

（1）计算进口环节应纳关税：

纳税关税 = 9 000 × 10% = 900（元）

（2）计算进口环节应纳消费税：

组成计税价格 = ［9 000 + 900 + 20 × 10 × 0.5］÷（1 − 20%）= 12 500（元）

应纳消费税 = 12 500 × 20% + 20 × 10 × 0.5 = 2 600（元）

（3）计算进口环节应纳增值税：

应纳增值税 =（9 000 + 900 + 2 600）× 17% = 2 125（元）

或 = 12 500 × 17% = 2 125（元）

（4）计算内销环节应纳增值税：

销项税额 = 100 000 × 17 = 17 000（元）

进项税额 = 850 + 170 + 800 × 13% + 160 × 7% + 2 125 = 3 260.2（元）

应纳增值税额 = 17 000 − 3260.2 = 13 739.8（元）

（5）内销环节应纳消费税 = 0

解析：

（1）购进酒精和生产用材料，取得防伪税控增值税专用发票且在当月通过税务机关的认证，其进项税额可在本月抵扣。

（2）向农业生产者收购玉米，准予按照收购凭证上注明的收购价款，按照 13% 的扣除率计算抵扣进项税额；所支付的运输费用，也准予按照运输发票上注明的运输金额，按照 7% 的扣除率计算抵扣进项税额。

（3）在计算消费税时，薯类白酒适用从价定率和从量定额相结合的复合计税办法。

（4）进口薯类白酒向海关缴纳的增值税，允许作为进项税额在销项税额中抵扣，但无须继续缴纳消费税。

（四）卷烟计征消费税的计算方法

自2004年3月1日起，进口卷烟消费税的计算办法如下：

1. 确定进口卷烟消费税适用的比例税率。

（1）计算进口卷烟适用比例税率所依据的价格：

每标准条进口卷烟（200支）适用比例税率所依据的价格 =（关税完税价格 + 关税 + 消费税定额税）÷（1 - 消费税税率）

其中：关税完税价格和关税为每标准条的关税完税价格及关税税额；消费税定额税率为每标准条（200支）0.6元（依据现行消费税定额税率折算而成）；消费税税率为36%。上述公式可简化为：

每标准条进口卷烟（200支）适用比例税率所依据的价格 =（关税完税价格 + 关税 + 0.6）÷（1 - 36%）

（2）依据上述计算的每标准条进口卷烟的价格，确定适用的比例税率：

每标准条进口卷烟（200支）价格≥70元人民币的，适用比例税率56%；

每标准条进口卷烟（200支）价格<70元人民币的，适用比例税率36%。

2. 计算进口卷烟消费税组成计税价格和应纳消费税额。

（1）进口卷烟消费税组成计税价格 =（关税完税价格 + 关税 + 消费税定额税）÷（1 - 进口卷烟消费税适用比例税率）

其中：

消费税定额税 = 海关核定的进口卷烟数量 × 消费税定额税率（每标准箱150元）

进口卷烟消费税适用比例税率有两种：56%和36%

（2）应纳消费税税额 = 进口卷烟消费税组成计税价格 × 进口卷烟消费税适用比例税率 + 消费税定额税

第九节 批发环节应纳税额的计算

自2009年5月1日起，纳税人批发卷烟适用以下税收政策：

一、批发卷烟的税务处理

（一）纳税人

在中华人民共和国境内从事卷烟批发业务的单位和个人，为批发环节消费税纳税人。

（二）征收范围

征收范围包括纳税人批发销售的所有牌号规格的卷烟。

（三）税率

批发销售卷烟适用5%消费税税率。

二、批发环节应纳税额的计算

（一）应纳税额的计算

应纳税额的计算公式为：

应纳税额＝批发卷烟的销售额（不含增值税）×5%

（二）计税依据的确定

1. 纳税人批发卷烟，批发卷烟的销售额（不含增值税）为计税依据。

2. 纳税人应将卷烟销售额与其他商品销售额分开核算，未分开核算的，一并征收消费税。

3. 纳税人销售给纳税人以外的单位和个人的卷烟于销售时纳税。纳税人之间销售的卷烟不缴纳消费税。

4. 卷烟消费税在生产和批发两个环节征收后，批发企业在计算纳税时不得扣除已含的生产环节的消费税税款。

第十节　零售环节应纳税额的计算

一、零售应税消费品的税务处理

（一）纳税人

1. 中华人民共和国境内从事金银首饰零售业务的单位和个人，为金银首饰消费税的纳税义务人。

2. 委托加工（另有规定者除外）、委托代销金银首饰的，委托方也是纳税人。

金银首饰零售业务的范围，是指企业将金银首饰销售给经营单位以外的单位和个人的业务（另有规定者除外）。

案例分析

【例】在中华人民共和国境内从事金银首饰（　　）的单位和个人，为金银首饰、钻石及钻石饰品消费税的纳税义务人。

A. 生产业务　　B. 销售业务　　C. 零售业务　　D. 批发业务

参考答案：C。

解析：在中华人民共和国境内从事金银首饰（含铂金首饰）、钻石及钻石饰品零售业务的单位和个人，为金银首饰、钻石及钻石饰品消费税的纳税义务人。

（二）课税对象

1. 征税范围的一般规定。

（1）金银首饰。自1995年1月1日起，金银首饰消费税由生产环节改为零售环节征收。改为零售环节征收消费税的金银首饰范围仅限于：金、银和金基、银基合金首饰，以及金、银和金基、银基合金的镶嵌首饰（简称“金银首饰”）。

政策解析

需要注意两点：

第一，不属于上述范围的应征消费税的首饰（简称“非金银首饰”），仍在生产销售环节征收消费税。

第二，对既销售金银首饰，又销售非金银首饰的生产、经营单位，应将两类商品划分清楚，分别核算销售额。凡划分不清楚或不能分别核算的，在生产环节销售的，一律从高适用税率征收消费税；在零售环节销售的，一律按金银首饰征收消费税。

（2）铂金首饰。自 2003 年 5 月 1 日起，铂金首饰消费税改在零售环节征税。

案例分析

【例】改为零售环节征收消费税的金银首饰有（　　）。

A. 纯金首饰　　B. 金基合金首饰

C. 金基合金镶嵌首饰　　D. 铂金首饰

参考答案：A、B、C、D。

解析：自 1995 年 1 月 1 日起，金银首饰消费税由生产环节改为零售环节征收，改为零售环节征收消费税的金银首饰范围仅限于：金、银和金基、银基合金首饰，以及金、银和金基、银基合金的镶嵌首饰。自 2003 年 5 月 1 日起，铂金首饰消费税改在零售环节征税。

2. 视同零售业务的行为。

（1）为经营单位以外的单位和个人加工金银首饰。加工包括带料加工、翻新改制、以旧换新等业务，不包括修理、清洗业务。

（2）经营单位将金银首饰用于馈赠、赞助、集资、广告样品、职工福利、奖励等方面。

（3）未经中国人民银行总行批准，经营金银首饰批发业务的单位将金银首饰销售给经营单位。

案例分析

【例 1】根据现行消费税法规规定，下列金银首饰经营单位发生的业务中，不属于视同零售业务的是（　　）。

A. 将金银首饰用于馈赠赞助　　B. 将金银首饰用于职工福利

C. 金银首饰的翻新改制业务　　D. 金银首饰的修理清洗业务

参考答案：D。

解析：为经营单位以外的单位和个人加工金银首饰视同零售业务。其中，加工包括带料加工、翻新改制、以旧换新等业务，不包括修理、清洗业务。

【例 2】根据现行消费税法规规定，下列关于金银首饰经营单位视同零售业务的规定中，表述正确的有（　　）。

A. 为消费者个人加工金银首饰

B. 将金银首饰用于广告样品

C. 经营批发业务的单位未经批准将金银首饰销售给经营单位

D. 带料加工金银首饰

参考答案：A、B、C、D。

解析：根据现行消费税法规规定，下列行为视同零售业务：（1）为经营单位以外的单位和个人加工金银首饰。加工包括带料加工、翻新改制、以旧换新等业务。（2）经营单位将金银首饰用于馈赠、赞助、集资、广告样品、职工福利、奖励等方面。（3）未经中国人民银行总行批准，经营金银首饰批发业务的单位将金银首饰销售给经营单位。

3. 应税与非应税的划分。

（1）经中国人民银行总行批准经营金银首饰批发单位将金银首饰销售给同时持有《经营金银制品业务许可证》（以下简称《许可证》）影印件及《金银首饰购货（加工）管理证明》（以下简称《证明单》）的，经中国人民银行批准的金银首饰生产、加工、批发、零售单位（以上简称“经营单位”），不征收消费税，但其必须保留购货方的上述条件，否则一律视同零售征收消费税。

（2）经中国人民银行总行批准从事金银首饰加工业务的单位为同时持有《许可证》影印件及《证明单》的经营单位，加工金银首饰不征收消费税，但其必须保留委托方的上述证件，否则一律视同零售征收消费税。

（3）经营单位兼营生产、加工、批发、零售业务的，应分别核算销售额，未分别核算销售额或者划分不清的，一律视同零售征收消费税。

（三）税率

零售环节征税的应税消费品，适用5%消费税税率。

（四）税收征管

1. 纳税环节。

（1）纳税人销售（指零售，下同）的金银首饰（含以旧换新），于销售时纳税。

（2）用于馈赠、赞助、集资、广告、样品、职工福利、奖励等方面的金银首饰，于移送时纳税。

（3）带料加工、翻新改制的金银首饰，于受托方交货时纳税。

（4）金银首饰消费税改变征税环节后，经营单位进口金银首饰的消费税，由进口环节征收改为在零售环节征收；出口金银首饰由出口退税改为出口不退消费税。

2. 纳税义务发生时间。

（1）纳税人销售金银首饰，其纳税义务发生时间为收讫销货款或取得索取销货凭据的当天。

（2）用于馈赠、赞助、集资、广告、样品、职工福利、奖励等方面的金银首饰，其纳税义务发生时间为移送的当天。

（3）带料加工，翻新改制的金银首饰，其纳税义务发生时间为受托方交货的当天。

3. 纳税地点。

（1）纳税地点的一般规定。纳税人应向其核算地主管国家税务局申报纳税。

（2）总机构与分支机构不在同一县（市）的纳税地点。纳税人总机构与分支机构不在同一县（市）的，分支机构应纳税款应在所在地缴纳。但经国家税务总局及省级国家税务局批准，纳税人分支机构应纳消费税税款也可由总机构汇总向总机构所在地主管国家税务局缴纳。

（3）固定业户到外县（市）临时销售的纳税地点。固定业户到外县（市）临时销售金银首饰，应当向其机构所在地主管国税局申请开具外出经营活动税收管理证明，回其机构所在地向主管国税局申报纳税。未持有其机构所在地主管国税局核发的外出经营活动税收管理证明，销售地主管国税局一律按规定征收消费税。其在销售地发生的销售额，回机构所在地后仍应按规定申报纳税，在销售地缴纳的消费税款不得从应纳税额中扣减。

二、零售环节应纳税额的计算

（一）计税依据的一般规定

改在零售环节征收消费税的应税消费品，消费税计税依据是不含增值税的销售额。

如果纳税人销售金银首饰的销售额中包含增值税款的，在计算消费税时，应将含增值税的销售额换算为不含增值税税款的销售额。其计算公式为：

销售额 = 含增值税的销售额 ÷（1 + 增值税税率或征收率）

（二）计税依据的特殊规定

1. 金银首饰连同包装物销售的，无论包装是否单独计价，也无论会计上如何核算，均应并入金银首饰的销售额，计征消费税。

2. 带料加工的金银首饰，应按受托方销售同类金银首饰的销售价格确定计税依据征收消费税。没有同类金银首饰销售价格的，按照组成计税价格计算纳税。组成计税价格的计算公式为：

组成计税价格 =（材料成本 + 加工费）÷（1 – 金银首饰消费税税率）

= （材料成本 + 加工费）÷（1 – 5%）

3. 采用以旧换新（含翻新改制）方式销售的金银首饰，应按实际收取的不含增值税的全部价款确定计税依据征收消费税。

4. 生产、批发、零售单位用于馈赠、赞助、集资、广告、样品、职工福利、奖励等方面的金银首饰，应按纳税人销售同类金银首饰的销售价格确定计税依据征收消费税；没有同类金银首饰销售价格的，按照组成计税价格计算纳税。组成计税价格的计算公式为：

组成计税价格 =（购进原价 + 利润）÷（1 – 金银首饰消费税税率）

纳税人为生产企业时，公式中的“购进原价”为生产成本。公式中的“利润”一律按 6% 的利润率计算。上述公式简化为：

组成计税价格 = 购进原价 ×（1 + 6%）÷（1 – 5%）

5. 金银首饰消费税改变纳税环节以后，用已税珠宝玉石生产的本通知范围内的镶嵌首饰，在计税时一律不得扣除买价或已纳的消费税税款。

6. 对改变征税环节后，商业零售企业销售以前年度库存的金银首饰，按调整后的税率照章征收消费税。

案例分析

【例】根据现行税法法规，下列关于金银首饰的规定中，正确的是（　　）。

A. 生产企业生产金银首饰，应在出厂销售环节计算缴纳增值税、消费税

B. 商业企业销售金银首饰，应按照取得的不含增值税销售额依 5% 的税率计算缴纳消费税

C. 商业企业采取以旧换新方式销售金银首饰，应按照新金银首饰的售价计算缴纳增值税

D. 生产企业用外购已税珠宝玉石生产金银首饰，准予扣除外购珠宝玉石已纳税款计算缴纳消费税

参考答案：B。

解析：生产企业生产金银首饰，应在出厂销售环节计算缴纳增值税，在零售环节计算缴纳增值税和消费税；商业企业采取以旧换新方式销售金银首饰，应按照商场实际收取的不含税价款计算缴纳增值税；因金银首饰已经改在零售环节计算缴纳消费税，因此，生产企业用外购已税珠宝玉石生产金银首饰，不准扣除外购珠宝玉石已纳税款计算缴纳消费税。

第十一节 出口退(免)税

一、出口货物退（免）税基本政策

对纳税人出口应税消费品，免征消费税；国务院另有规定的除外。出口应税消费品的免税办法，由国务院财政、税务主管部门规定。

（一）出口免税并退税

出口免税，是指对出口应税消费品，在出口环节免征消费税。出口退税，是指对出口应税消费品在出口前实际承担的税款，按规定的退税率计算后予以退还。

（二）出口免税但不退税

出口不退税是指出口应税消费品在前一道生产、销售环节或进口环节未曾缴纳或负担过消费税，故出口时本身并不含税，也无须退税。

（三）出口不免税也不退税

出口不免税是指对国家限制或禁止出口的某些应税消费品的出口环节视同内销环节，照常征税；出口不退税是指对这些货物出口不退还出口前其所承担的税款。

二、出口货物退（免）税的适用范围

（一）出口免税并退税

有出口经营权的外贸企业购进应税消费品直接出口，以及外贸企业受其他外贸企业委托代理出口应税消费品，适用出口免税并退税政策。

（二）出口免税但不退税

有出口经营权的生产性企业自营出口或生产企业委托外贸企业代理出口自产的应税消费品，适用出口免税但不退税政策，依据其实际出口数量免征消费税，不予办理退还消费税。

（三）出口不免税也不退税

除生产企业、外贸企业以外的一般商贸企业，委托外贸企业代理出口应税消费品适用出口不免税也不退税政策。

三、出口货物退税率

出口应税消费品应退消费税的税率或单位税额，依据《消费税暂行条例》规定的税目税率表执行。

政策解析

出口货物退还增值税，应按照规定的退税率计算退还的增值税。但出口货物退还消费

税时，货物适用的退税率即其征收率。

四、出口退税管理

出口的应税消费品办理退税后，发生退关或者国外退货进口时予以免税的，报关出口者必须及时向其机构所在地或者居住地主管税务机关申报补缴已退的消费税税款。

纳税人直接出口的应税消费品办理免税后，发生退关或者国外退货，进口时已予以免税的，经机构所在地或者居住地主管税务机关批准，可暂不办理补税，待其转为国内销售时，再申报补缴消费税。

第十二节 消费税申报缴纳

一、纳税义务发生时间

（一）销售应税消费品的纳税义务发生时间

纳税人销售应税消费品，按不同的销售结算方式，其纳税义务的发生时间为：

1. 采取赊销和分期收款结算方式的，为书面合同约定的收款日期的当天，书面合同没有约定收款日期或者无书面合同的，为发出应税消费品的当天。

2. 采取预收货款结算方式的，为发出应税消费品的当天。

3. 采取托收承付和委托银行收款方式的，为发出应税消费品并办妥托收手续的当天。

4. 采取其他结算方式的，为收讫销售款或者取得销售款凭据的当天。

（二）自产自用应税消费品的纳税义务发生时间

纳税人自产自用的应税消费品，其纳税义务的发生时间，为移送使用的当天。

（三）委托加工应税消费品的纳税义务发生时间

纳税人委托加工的应税消费品，其纳税义务的发生时间，为纳税人提货的当天。

（四）进口应税消费品的纳税义务发生时间

纳税人进口的应税消费品，其纳税义务的发生时间，为报关进口的当天。

（五）批发卷烟的纳税义务发生时间

自 2009 年 5 月 1 日起，纳税人批发卷烟的纳税义务的发生时间，为收讫销售款或者取得销售款凭据的当天。

二、纳税地点

（一）销售应税消费品的纳税地点

1. 纳税人销售的应税消费品，以及自产自用的应税消费品，除国务院财政、税务主管部门另有规定外，应当向纳税人机构所在地或者居住地的主管税务机关申报纳税。

2. 纳税人到外县（市）销售或者委托外县（市）代销自产应税消费品的，于应税消费品销售后，向机构所在地或者居住地主管税务机关申报纳税。

3. 纳税人的总机构与分支机构不在同一县（市）的，应当分别向各自机构所在地的主管税务机关申报纳税；经财政部、国家税务总局或者其授权的财政、税务机关批准，可以由总机构汇总向总机构所在地的主管税务机关申报纳税。

（二）委托加工应税消费品的纳税地点

委托加工的应税消费品，除受托方为个人外，由受托方向机构所在地或者居住地的主管税务机关解缴消费税税款。

（三）进口应税消费品的纳税地点

进口的应税消费品，由进口人或者其代理人向报关地海关申报纳税。

（四）批发卷烟的纳税地点

自2009年5月1日起，卷烟批发企业向其机构所在地主管税务机关申报纳税，总机构与分支机构不在同一地区的，由总机构向其主管税务机关申报纳税。

三、纳税期限

消费税的纳税期限分别为1日、3日、5日、10日、15日、1个月或者1个季度。纳税人的具体纳税期限，由主管税务机关根据纳税人应纳税额的大小分别核定。纳税人不能按照固定期限纳税的，可以按次纳税。

纳税人以1个月或者1个季度为1个纳税期的，自期满之日起15日内申报纳税；以1日、3日、5日、10日或者15日为1个纳税期的，自期满之日起5日内预缴税款，于次月1日起15日内申报纳税并结清上月应纳税款。

纳税人进口应税消费品，应当自海关填发海关进口消费税专用缴款书之日起15日内缴纳税款。

四、报税缴税的方法

消费税由税务机关征收，进口的应税消费品的消费税由海关代征。纳税人按期向税务机关填报纳税申报表，并填开纳税缴款书，按期向其所在地代理金库的银行缴纳税款。

对会计核算不健全的小型业户，税务机关可根据其产销情况，按季或按年核定其应纳税额，分月缴纳。纳税人销售的应税消费品，如因质量等原因由购买者退回时，经机构所在地或者居住地主管税务机关审核批准后，可退还已缴纳的消费税税款。

案例分析

【例1】某联合企业以自产原油加工成汽油对外销售，则下列关于其消费税纳税地点的规定中，不正确的是（　　）。

A. 向核算地主管税务机关缴纳消费税　　B. 向开采地主管税务机关缴纳资源税

C. 向机构所在地主管税务机关缴纳增值税　　D. 由纳税人自行选择地点缴纳消费税

参考答案：D。

解析：现行消费税法规规定，纳税人销售的应税消费品，除国家另有规定的外，应当向纳税人核算地主管税务机关申报纳税。现行增值税法规规定，纳税人销售货物，应向机构所在地主管税务机关缴纳增值税。现行资源税法规规定，纳税人销售应税资源品，应向开采地主管税务机关缴纳资源税。

【例2】根据现行消费税法规规定，下列业务采取预收货款方式结算时，以发出商品当天为纳税义务发生时间的有（　　）。

A. 冶金联合企业销售铁矿石　　B. 房地产开发公司销售商品房

C. 摩托车制造厂销售两轮摩托车　　D. 机器设备制造厂受托加工机床

参考答案：A、C、D。

解析：现行增值税和消费税法规规定，纳税人采取预收货款结算方式的，其纳税义务的发生时间，为发出商品的当天。现行营业税法规规定，纳税人采取预收货款方式销售不动产的，收到预收款的当天为纳税义务发生时间。

练习与思考

一、概念题

1. 消费税
2. 应税消费品
3. 代收代缴消费税
4. 从价定率征收消费税
5. 从量定额征收消费税
6. 复合计征消费税
7. 一次课征制
8. 消费税课税环节
9. 实耗扣税方法
10. 价内税

二、思考题

1. 消费税的税目有哪些？
2. 增值税与消费税的联系与区别？
3. 兼营不同税率应税消费品的税务处理？
4. 消费税的课税环节有哪些？
5. 消费税复合计税的计税方法有哪些特点？原理是什么？
6. 消费税的税收征管与增值税有哪些共性和差异？
7. 卷烟消费税政策导向及政策实施效果评价？

三、案例题

案例1：生产销售应税消费品应纳税额的计算

1. 某摩托车厂为增值税一般纳税人，2009 年 5 月发生如下经济业务：

（1）购进生产用原材料一批，取得防伪税控增值税专用发票，支付价款 300 000 元、增值税 51 000 元；发生运费及建设基金 2 000 元，取得运输部门开具的运输发票。

（2）将在某轮胎厂定做的轮胎运回企业，取得防伪税控增值税专用发票，支付加工费 100 000 元、增值税 17 000 元。

（3）接受捐赠生产用设备 1 台，价值 10 000 元，取得防伪税控增值税专用发票。

（4）向某商场销售 A 型号摩托车 25 辆，货已发出，开具防伪税控增值税专用发票，应收不含税销售额 250 000 元；在结算时，由于对方一次性付款，给予购买方 5% 的现金折扣。

（5）发出同型号摩托车 50 辆委托本市某商场代销。双方协议规定，商场按 12 870 元/辆的零售价格（含增值税）对外出售，摩托车厂按零售金额的 10% 向商场支付代销手续费。月末，该厂收到商场送来代销清单，清单中列明本月代销摩托车 30 辆，零售金额 386 100 元。

（6）由于管理不善，致使上月购进的原材料发生损失，实际成本 3 000 元；该批原材料已经于上月抵扣进项税额。

已知：原材料增值税税率为 17%；摩托车消费税税率为 10%；取得的合法凭证已在

当月经过主管税务机关认证。

要求：

（1）计算该摩托车厂2009年5月应缴纳的增值税。

（2）计算该摩托车厂2009年5月应缴纳的消费税。

参考答案：

（1）计算摩托车厂应纳增值税：

销项税额＝［250 000＋386 100÷（1＋17%）］×17%＝98 600（元）

进项税额＝51 000＋2 000×7%＋17 000＋10 000×17%－3 000×17%＝69 330（元）

应纳税额＝98 600－69 330＝29 270（元）

（2）计算摩托车厂应纳消费税：

应纳消费税＝［250 000＋386 100÷（1＋17%）］×10%＝58 000（元）

（3）计算商场应纳营业税：

应纳税额＝386 100×10%×5%＝1 930.50（元）

解析：

（1）销售摩托车给予对方的现金折扣，不得冲减应税销售额。

（2）销售摩托车支付给商场的代销手续费，不得冲减应税销售额。

（3）已作进项税额抵扣的生产用低值易耗品发生非正常损失，应将其进项税额从当期的进项税额中减除。

（4）生产摩托车所领用的外购轮胎，其已纳税款不得从应纳消费税额中减除。

（5）接受捐赠生产用设备取得防伪税控增值税专用发票，2009年1月1日后准予抵扣进项税额。

案例2：自产自用应税消费品应纳税额的计算

某酒厂为增值税一般纳税人，2009年5月发生以下经济业务：

（1）销售薯类白酒200公斤，开具防伪税控专用发票，收取不含税销售额1 000元。

（2）购入机械化生产线一套，取得防伪税控专用发票，支付价款100 000元、增值税17 000元；支付运费6 000元，取得运输公司开具的普通发票。

（3）销售粮食白酒20吨，开具防伪税控专用发票，应收取不含税销售额30 000元；由于5天内将全部货款收回，根据合同规定，给予购买方5%的销售折扣，实际收取28 500元。

（4）销售给某超市500毫升果酒500瓶，开具普通发票，收取含税销售额12 500元；酒厂负责送货上门，向超市收取运费5 000元。

（5）收购免税农产品两批，两张收购凭证上注明的收购价款分别为30 000元、31 000元，当月将第一批农产品投入生产，第二批用于本厂职工食堂。

（6）向小规模纳税人购买大豆一批，取得普通发票上注明支付买价7 200元；支付运输费用10 000元，其中包含保险费、装卸费2 000元，取得运输单位开具的普通发票。

（7）将特制粮食白酒50斤用于厂庆活动，实际生产成本6 600元，该粮食白酒当地无同类产品市场价格。

（8）购进粮食酒精一批，取得防伪税控专用发票，支付价款100 000元、增值税

17 000元；本月以购进粮食酒精为主要原料生产白酒一批并于本月销售5吨，开具防伪税控专用发票，收取不含税销售额200 000元。

（9）发出原材料一批，委托某加工企业（增值税一般纳税人）加工高端薯类白酒，原材料成本12 000元，支付加工费2 000元，尚未取得加工企业开具的防伪税控专用发票，加工企业无同类消费品的销售价格；已代收代缴消费税；本月将收回的白酒100公斤白酒直接对外销售，开具防伪税控专用发票，收取不含税销售额18 000元。

（10）销售自己使用过的设备取得销售收入1.04万元，该设备原值3万元。已提折旧1万元；该酒厂未纳入扩大增值税抵扣范围试点。

已知：白酒消费税比例税率为20%，固定税额为每斤0.5元，成本利润率为10%；酒精消费税税率为5%；大豆为《农产品征税范围注释》中所列货物；取得的合法凭证已在当月经过主管税务机关认证。

要求根据上述资料计算下列问题：

（1）该酒厂当月应纳消费税。

（2）受托加工企业当月代收代缴消费税。

（3）该酒厂当月应纳增值税。

（4）该酒厂销售使用过的设备应纳增值税。

参考答案：

（1）计算酒厂本月应纳消费税：

应纳税额 $=1\ 000\times20\%+200\times2\times0.50+30\ 000\times20\%+20\times2\times1\ 000\times0.50+(12\ 500+5\ 000)\div(1+17\%)\times10\%+[6\ 600\times(1+10\%)+50\times0.50]\div(1-20\%)\times20\%+50\times0.50+200\ 000\times20\%+5\times2\times1\ 000\times0.50$

$=74\ 741.98$（元）

（2）计算受托加工企业当月代收代缴消费税：

代收代缴消费税 $=(12\ 000+2\ 000+100\times2\times0.50)\div(1-20\%)\times20\%+100\times2\times0.50$

$=3\ 625$（元）

（3）计算酒厂本月应纳增值税：

销项税额 $=1\ 000\times17\%+30\ 000\times17\%+[(12\ 500+5\ 000)\div(1+17\%)\times17\%]+[6\ 600\times(1+10\%)+1\ 846.25]\times17\%+200\ 000\times17\%+18\ 000\times17\%$

$=46\ 420.80$（元）

进项税额 $=17\ 000+6\ 000\times7\%+30\ 000\times13\%+7\ 200\times13\%+(10\ 000-2\ 000)\times7\%+17\ 000$

$=39\ 816$（元）

应纳税额 $=46\ 420.80-39\ 816=6\ 604.80$（元）

（4）计算销售使用过的设备应纳增值税：

应纳税额 $=1.04\div(1+4\%)\times4\%\times50\%=0.02$（万元）$=200$（元）

解析：

（1）酒厂购入的机械化生产线虽属于固定资产，但2009年之后进项税额可以从销项税额中抵扣，其购入固定资产所支付的运输费用，也准予计算扣除进项税额。

（2）酒厂给予购买方的价格折扣，是因为对及早偿还货款而给予的折扣优待，发生在销货之后，是一种融资性质的理财费用，其折扣额不得从销售额中减除。

（3）酒厂向农业生产者收购两批粮食，第一批可以按照买价和13%的扣除率计算进项税额。第二批粮食用于职工食堂，其进项税额不得作为当期进项税额予以抵扣。

（4）酒厂向小规模纳税人购买大豆准予按照买价和13%的扣除率，计算进项税额；所支付的运费可以依7%的扣除率计算进项税额，但随同运费支付的保险费和装卸费等其他杂费不得计算扣除。

（5）酒厂将特制的白酒用于厂庆活动，视同销售，应确定销售额计算缴纳增值税和消费税。纳税人自产自用的应税消费品，按照纳税人生产的同类消费品的销售价格计算纳税；没有同类消费品销售价格的，按照组成计税价格计算纳税。2009年1月1日起，实行复合计税办法计算纳税的组成计税价格计算公式：

组成计税价格＝（成本＋利润＋自产自用数量×定额税率）÷（1－比例税率）

（6）酒厂以外购酒精为主要原料生产销售白酒，应按照酒精所用原料确定白酒的适用税率，按照粮食白酒的税率征收消费税。计税时，不得从应纳的消费税税额中扣除外购酒精已纳的消费税税额。

（7）2009年1月1日起，实行复合计税办法计算的应纳税额＝销售额×比例税率＋销售数量×定额税率。

（8）委托加工的应税消费品，按照受托方的同类消费品的销售价格计算纳税；没有同类消费品销售价格的，按照组成计税价格计算纳税。2009年1月1日起，实行复合计税办法计算纳税的组成计税价格计算公式：

组成计税价格＝（材料成本＋加工费＋委托加工数量×定额税率）÷（1－比例税率）

委托加工的应税消费品，加工企业已代收代缴消费税，收回以后直接销售的，不再缴纳消费税。

（9）自2009年1月1日起，增值税一般纳税人销售自己使用过的固定资产，2008年12月31日以前未纳入扩大增值税抵扣范围试点的纳税人，销售自己使用过的2008年12月31日以前购进或者自制的固定资产，按照4%的征收率减半征收增值税。

案例3：委托加工应税消费品应纳税额的计算

甲、乙卷烟厂均为增值税一般纳税人，2009年2月甲卷烟厂有关生产经营情况如下：

（1）向农业生产者收购烟叶40吨，取得收购凭证，支付收购价款48万元（含烟叶税）。

（2）从乙卷烟厂购进已税烟丝300吨，取得增值税专用发票，支付货款600万元、增值税102万元。入库后本月生产领用150吨，生产卷烟20 000标准箱（每箱50 000支，每条200支，每条调拨价在50元以上），销售15 000箱，开具增值税专用发票，取得不含税销售额30 000万元。

（3）接受乙卷烟厂委托加工特制卷烟50箱，开具增值税专用发票，收取加工费25万元、代垫辅助材料5万元、增值税5.10万元，乙厂提供原材料50万元；当地无同类产品售价。本月乙厂收回卷烟后全部直接销售，开具增值税专用发票，收取不含税销售额145.46万元。

（4）进口烟丝一批，取得海关开具的专用缴款书，注明关税600万元、增值税437.14万元、消费税771.43万元。本月将进口烟丝的50%直接销售，开具增值税专用发票，取得不含税销售额1 700万元；领用50%用于生产A种卷烟1 500箱，本月销售1 000箱，不含税销售价格为60元/条；收取包装物押金5万元、运输费用8.04万元、优质费6万元，各项收入单独核算；发出500箱用于展览会广告样品及礼品，支付运输费用4万元，取得运输单位开具的普通发票。

（5）委托乙卷烟厂将烟叶加工成精制烟丝，烟叶材料实际成本60万元，取得增值税专用发票，支付加工费10万元、增值税1.70万元，当地无同类产品售价。

（6）生产B种卷烟5 000箱（每箱50 000支，每条200支，每条调拨价在50元以下），本月销售3 000箱给M烟草批发公司，开具增值税专用发票，取得不含税销售额2 700万元，收取运输装卸费26.91万元；销售1 000箱给N烟草批发公司，开具增值税专用发票，取得不含税销售额1 000万元，支付运输费20万元，取得运输部门开具的普通发票。

（7）用同品质B种卷烟6箱与某商场换取生活资料，取得增值税专用发票上注明价款6万元、增值税1.02万元；开具增值税专用发票上注明价款5.82万元、增值税0.99万元；生活资料入库后已作为福利分配给职工。

已知：烟丝进口关税税率为50%，消费税税率为30%；A种卷烟、特制卷烟消费税比例税率为45%，定额税率为每标准箱150元；B种卷烟消费税比例税率为30%，定额税率为每标准箱150元；各类货物增值税税率为17%；卷烟平均成本利润率为10%；烟叶属于《农业产品征税范围注释》所列范围；甲、乙卷烟厂在提供加工劳务收取加工费时，均未代收代缴消费税；取得的合法凭证已在当月经过主管税务机关认证。

要求根据上述资料回答下列问题：

（1）甲卷烟厂2009年2月内销环节缴纳增值税。

（2）甲卷烟厂2009年2月内销环节缴纳消费税。

（3）乙卷烟厂2009年2月缴纳增值税。

（4）乙卷烟厂2009年2月缴纳消费税。

（5）甲、乙卷烟厂未代收代缴消费税应受到的处罚。

【计算】

（1）甲卷烟厂内销环节缴纳增值税：

销项税额 $=30\ 000\times17\%+(25+5)\times17\%+[1\ 700+(1\ 000+500)\times250\times60\div10\ 000+(8.04+6)\div(1+17\%)]\times17\%+[2\ 700+26.91\div(1+17\%)+1\ 000]\times17\%+6\times(2\ 700+1\ 000)\div(3\ 000+1\ 000)\times17\%$

$=5\ 100+5.10+673.54+632.91+0.94$

$=6\ 412.49$（万元）

进项税额 $=48\times13\%+102+437.14+4\times7\%+1.70+20\times7\%$

$=6.24+102+437.14+0.28+1.70+1.40$

=548.76（万元）

应纳税额=6 412.49-548.76=5 863.73（万元）

（2）甲卷烟厂内销环节缴纳消费税：

应纳税额=30 000×45%+15 000×150÷10 000-600×30%×50%+[（1 000+500）×60×250÷10 000+（8.04+6）÷（1+17%）]×45%+（1 000+500）×150÷10 000-771.43×50%+（60+10）÷（1-30%）×30%+[2 700+26.91÷（1+17%）+1 000]×30%+（3 000+1 000）×150÷10 000+6×（1 000÷1 000）×30%+6×150÷10 000

=13 500+225-90+1 017.90+22.50-385.72+30+1 116.90+60+1.80+0.09

=15 498.47（万元）

（3）乙卷烟厂缴纳增值税：

销项税额=600×17%+145.46×17%+10×17%

=102+24.73+1.70

=128.43（万元）

进项税额=5.10（万元）

应纳税额=128.43-5.10=123.33（万元）

（4）乙卷烟厂缴纳消费税：

应纳税额=600×30%+145.46×45%+50×150÷10 000=180+65.46+0.75=246.21（万元）

（5）未代收代缴消费税应受到的处罚：根据现行消费税法规规定，委托加工应税消费税，应由受托方作为法定代收代缴义务人，在向委托方交货时代收代缴消费税。受托方未代收代缴消费税，应按照《税收征管法》的规定，处以应代收代缴税款50%以上3倍以下的罚款。

a. 甲卷烟厂作为受托方未代收代缴消费税，应处以33.11万元以上198.63万元以下的罚款。

应代收代缴消费税=145.46×45%+50×150÷10 000=66.21（万元）

应代收代缴税款50%的罚款=66.21×50%=33.11（万元）

应代收代缴税款3倍的罚款=66.21×3=198.63（万元）

b. 乙卷烟厂作为受托方未代收代缴消费税，应处以15万元以上90万元以下的罚款。

应代收代缴消费税=（60+10）÷（1-30%）×30%=30（万元）

应代收代缴税款50%的罚款=30×50%=15（万元）

应代收代缴税款3倍的罚款=30×3=90（万元）

【解析】

（1）甲卷烟厂向农业生产者收购烟叶，准予按照收购凭证上注明的收购款按照13%的扣除率计算抵扣进项税额。

（2）甲卷烟厂从乙卷烟厂购进已税烟丝，取得增值税专用发票且取得的合法凭证已经过主管税务机关认证，准予抵扣进项税额。

甲卷烟厂用外购已税烟丝为原料连续生产卷烟并销售，应以取得的不含税销售额计算销项税额和消费税额。在计算消费税时，准予按照生产领用数量计算扣除外购已税烟丝已纳的消费税税款。乙卷烟厂销售卷烟，应以不含税销售额计算缴纳增值税和消费税。

（3）甲卷烟厂接受乙卷烟厂委托加工特制卷烟，收取加工费及代垫辅助材料，应计算缴纳增值税。甲卷烟厂未代收代缴乙卷烟厂应纳的消费税税款，乙卷烟厂应在收回后缴纳消费税。乙卷烟厂收回的卷烟直接销售，应以销售额计算缴纳消费税。对甲卷烟厂应按照《征管法》有关规定，处以应代收代缴税款50%以上3倍以下的罚款。

（4）甲卷烟厂进口烟丝，应在进口环节向海关缴纳关税、增值税和消费税。

计算进口关税税额公式为：关税 = 关税完税价格 × 关税税率

计算进口消费税税额公式为：消费税 = （关税完税价格 + 税税） ÷ （1 - 消费税税率） × 消费税税率

计算进口增值税税额公式为：增值税 = （关税完税价格 + 税税 + 消费税） × 增值税税率

甲卷烟厂将部分进口烟丝直接销售，应以不含税销售额计算缴纳增值税，同时取得海关开具的完税凭证，准予抵扣向海关缴纳的增值税税额。该部分烟丝不再缴纳消费税。甲卷烟厂将部分进口烟丝连续加工成卷烟外销，应以不含税销售额计算缴纳增值税和消费税，收取的包装物押金单位核算且未逾期，本月不计税。收取的运输费用和优质费属于价外收费，应换算为不含税收入并入销售额中计算缴纳增值税和消费税。在计算消费税时，准予扣除生产领用进口烟丝的已纳消费税。甲卷烟厂将自产货物用于展览会广告样品及礼品，视同销售，应以同类产品售价确定销售额计算缴纳增值税和消费税，为此支付的运输费用也准予在当期销项税额中抵扣。

（5）甲卷烟厂将向农业生产者收购的烟叶委托乙卷烟厂加工成烟丝，取得增值税专用发票，准予抵扣增值税进项税额。甲卷烟厂收回烟丝时乙卷烟厂未代收代缴的消费税，应由甲卷烟厂收回时缴纳消费税。因无同类产品售价且未直接销售，故应组成按照组成计税价格计算应纳消费税。组成计税价格如下：

组成计税价格 = （材料成本 + 加工费） ÷ （1 - 消费税税率）

对乙卷烟厂未履行代收代缴消费税义务，应按照《征管法》有规定，处以应代收代缴税款50%以上3倍以下的罚款。

（6）甲卷烟厂销售B种卷烟，应以增值税专用发票上注明的不含税销售额计算缴纳增值税和消费税，收取的运输装卸费属于价外费用，也应换算为不含税收入后并入销售额中计算缴纳税款。为销售货物支付的运输装卸费取得运输部门开具的普通发票，准予抵扣增值税进项税额。

（7）甲卷烟厂以B种卷烟换取生活资料，应以B种卷烟平均售价确定销售额计算缴纳增值税。同时，甲卷烟厂应以B种卷烟最高售价确定销售额计算缴纳消费税。甲卷烟厂换取的生活资料作为福利分配给职工，虽然已取得增值税专用发票，不得抵扣进项税额。商场销售卷烟，应将取得的收入换算为不含税销售额计算缴纳增值税，无需缴纳消费税。商场换回的卷烟取得增值税专用发票，准予抵扣进项税额。

案例4：进口应税消费品应纳税额的计算

某县汽车制造厂为增值税一般纳税人，2009年3月发生如下经济业务：

（1）销售30辆小轿车，单价100 000元/辆，开具防伪税控增值税专用发票，收取不含税销售额3 000 000元；委托某运输公司负责运输，同时请其向购货方开具8 000元的运费发票并将运费发票转交给购货方，其中运费6 500元、建设基金500元、保险费1 000元。

（2）赠送协作单位8辆同型号小轿车，汽车已移送。

（3）提供汽车修理服务，价税合并收取58 500元。

（4）国内购进零配件一批，取得防伪税控增值税专用发票，支付价款100 000元，增值税17 000元；零配件入库后用于本厂独立核算的运输车队。

（5）进口汽车轮胎一批，到岸价格折合人民币200 000元；取得海关开具的完税凭证。

（6）本月发现上月漏记销售业务：销售汽车音响，取得不含税销售额90 000元。

（7）销售30%进口轮胎，开具防伪税控增值税专用发票，收取不含税销售额80 000元；其余部分用于连续生产小轿车。

（8）从废旧物资回收经营单位购进废旧钢铁，取得增值税专用发票上注明价款100 000元；支付运费20 000元，取得运输部门开具的货票。

（9）委托本市某加工厂加工轮胎，发出材料成本300 000元，支付加工费60 000，取得防伪税控增值税专用发票；支付运费30 000元，取得运输部门开具的货票；轮胎收回后用于本厂基建工程。加工厂已经代收代缴消费税。

已知：小轿车消费税税率为5%；汽车轮胎消费税税率为3%，关税税率为28%，各类货物增值税税率为17%；取得的合法凭证已在当月经过主管税务机关认证。

要求：

（1）计算汽车制造厂2009年3月进口环节应缴纳的关税。

（2）计算汽车制造厂2009年3月进口环节应缴纳的消费税。

（3）计算汽车制造厂2009年3月进口环节应缴纳的增值税。

（4）计算汽车制造厂2009年3月内销环节应缴纳的增值税。

（5）计算汽车制造厂2009年3月内销环节应缴纳的消费税。

（6）计算汽车制造厂2009年3月应补缴的增值税。

（7）计算该加工厂2009年3月应代收代缴的消费税。

参考答案：

第一，计算进口环节应纳税额。

（1）进口环节应纳关税 = 200 000 × 28% = 56 000（元）

（2）进口环节应纳消费税 = （200 000 + 56 000） ÷ （1 − 3%） × 3% = 7 917.53（元）

（3）进口环节应纳增值税 = （200 000 + 56 000 + 7 917.53） × 17% = 44 865.98（元）

第二，计算内销环节应纳税额。

（4）计算内销环节应缴纳的增值税：

销项税额 $=100\ 000\times30\times17\%+100\ 000\times8\times17\%+58\ 500\div(1+17\%)\times17\%+80\ 000\times17\%$

$=510\ 000+136\ 000+8\ 500+13\ 600$

$=668\ 100$（元）

进项税额 $=44\ 865.98+100\ 000\times17\%+20\ 000\times7\%=63\ 265.98$（元）

应纳税额 $=668\ 100-63\ 265.98=607\ 834.02$（元）

（5）计算内销环节应缴纳的消费税：

应纳税额 $=3\ 000\ 000\times5\%+100\ 000\times8\times5\%=190\ 000$（元）

第三，计算内销环节应补税额。

（6）计算应补缴的增值税税额：

应补税额 $=90\ 000\times17\%=15\ 300$（元）

（7）计算委托加工环节应缴纳的消费税：

应纳税额 $=(300\ 000+60\ 000)\div(1-3\%)\times3\%=11\ 134.02$（元）

解析：

（1）纳税人销售轿车，应以向购买方收取的全部价款和价外费用确定销售额，计算缴纳增值税和消费税。但价外费用中不包括同时符合以下条件的代垫运费：第一，承运者的运费发票开具给购货方的。第二，纳税人将该项发票转交给购货方的。

纳税人收取的价外费用应换算为不含税收入，并入销售额中。纳税人销售的小轿车达到低污染排放值，按应纳税额减征30%消费税。

（2）纳税人将自制小轿车无偿赠送他人，视同销售行为，应计算缴纳增值税和消费税。纳税人视同销售行为，应按照纳税人当月销售同类货物的平均售价确定销售额。

（3）提供修理修配劳务，属于增值税征税范围，应计算缴纳增值税，不征收消费税。

（4）国内购进零配件用于非应税项目，不得抵扣进项税额。

（5）进口汽车轮胎，应依据完税价格以及适用关税税率向海关计算缴纳关税。

（6）进口汽车轮胎应计算消费税税额。其计算公式是：

组成计税价格 =（关税完税价格 + 关税）÷（1 − 消费税税率）

应纳税额 = 组成计税价格 × 税率

（7）进口汽车轮胎应按照组成计税价格和适用税率计算增值税税额，不得抵扣进项税额。计算公式是：

组成计税价格 = 关税完税价格 + 关税 + 消费税

应纳税额 = 组成计税价格 × 税率

在计算内销售货物增值税时，准予抵扣向海关缴纳的增值税税额。

（8）上月漏记收入，本月应补缴增值税，因汽车音响不属于应税消费品，故不补缴消费税。补缴同时要补缴城市维护建设税及教育费附加。

（9）2009年1月1日起，生产企业增值税一般纳税人从废旧物资回收经营单位收购免税废旧物资，取得增值税专用发票，按照17%的税率抵扣其进项税额，同时支付的运费也可以抵扣。

（10）纳税人销售进口汽车轮胎，应按照不含税销售额计算增值税；因消费税实行一次课征制，故内销环节不再缴纳消费税。

（11）委托加工收回轮胎用于基建项目，不得抵扣进项税额；所支付的运费也不得计算抵扣进项税额。

案例5：零售应税消费品应纳税额的计算

某商业零售企业经批准经营金银首饰。2009年2月采取新年促销活动，部分促销业务如下：

（1）采取以旧换新方式销售某品牌同一型号金项链，销售金项链100条，每条正常市场零售价格8 000元；收回旧金项链100条，价款共计580 000元。

（2）销售上述金项链时，每条项链免费赠送一个精美包装盒。包装盒实际成本总计3 000元。

（3）年终总结工作中对10位年度销售能手进行表彰，每人奖励金项链一条，一条金项链实际成本2 500元//条，零售价格3 200元/条。

金项链的进项税额与其他货物的购销情况忽略不计。

要求：

（1）假定该商业零售企业为增值税一般纳税人，计算上述业务应计提的增值税销项税额和应缴纳的消费税。

（2）假定该商业零售企业为增值税小规模纳税人，计算上述业务应缴纳的增值税和消费税。

参考答案：

（1）假定该商业零售企业为增值税一般纳税人：

增值税销项税额 = [（100×8 000－580 000）÷（1+17%）+3 000×（1+10%）÷（1－5%）]×17%+3 200×10÷（1+17%）×17%

=（220 000÷1.17+3 473.68）×17%+4 649.57

=37 205.91（元）

应纳消费税 = [（100×8 000－580 000）÷（1+17%）+3 000×（1+10%）÷（1－5%）]×5%+3 200×10÷（1+17%）×5%

=（220 000÷1.17+3 473.68）×5%+1 367.52=10 942.91（元）

（2）假定该商业零售企业为增值税小规模纳税人：

应纳增值税 = [（100×8 000－580 000）÷（1+3%）+3 000×（1+10%）÷（1－5%）]×3%+3 200×10÷（1+3%）×3%

=（220 000÷1.03+3 473.68）×3%+932.04

=7 444.01（元）

应纳消费税 = [（100×8 000－580 000）÷（1+3%）+3 000×（1+10%）÷（1－5%）]×5%+3 200×10÷（1+3%）×5%

=（220 000÷1.03+3 473.68）×5%+1 553.40

=12 406.70（元）

解析：

（1）现行增值税法规规定，纳税人采取以旧换新方式销售货物，应按新货物的同期销售价格确定销售额，即不得减去旧货物的收购价格。但考虑到金银首饰以旧换新业务的特殊情况，对金银首饰以旧换新业务，可以按销售方实际收取的不含增值税的全部价款征收增值税。

现行消费税法规规定，采用以旧换新（含翻新改制）方式销售的金银首饰，应按实际收取的不含增值税的全部价款确定计税依据征收消费税。

（2）现行增值税法规规定，实行从价定率计税方法的应税消费品连同包装物销售的，无论包装物是否单独计价，也不论在会计上如何核算，均应并入应税消费品的销售额中征收增值税。现行消费税法规规定，金银首饰连同包装物销售的，无论包装是否单独计价，也无论会计上如何核算，均应并入金银首饰的销售额，计征消费税。

（3）生产、批发、零售单位用于馈赠、赞助、集资、广告、样品、职工福利、奖励等方面的金银首饰，应按纳税人销售同类金银首饰的销售价格确定计税依据征收增值税和消费税。

第五章　营业税

本章在介绍营业税的基本概念及其由来的基础上，重点介绍了我国现行营业税制度的基本内容，包括纳税义务人、征税范围、各行业税率、各行业计税依据的规定和应纳税额的计算等。

第一节　营业税概述

一、营业税概念

。营业税是以在我国境内提供应税劳务、转让无形资产或销售不动产所取得的营业额为课税对象而征收的一种商品劳务税。

一般说的营业，是指劳力与资本相结合以牟取盈利的活动。凡以劳力与资本相结合为手段并以营利为目的的活动，如工农业生产、商品经营、建筑安装、交通运输、邮电通信、金融保险、文化娱乐等，均属于营业的范围。而不以劳力与资本相结合为手段和不以营利为目的的活动，如单以资金为手段以牟取盈利的储蓄行为，或单以劳动力为手段以牟取盈利的讲学活动，或者虽有劳力和资本相结合而不以营利为目的的公益事业，均不属于营业的范围。我国现行的营业税，是对工农业生产和商品批发与零售以外的营利经营事业，即增值税征税范围之外的所有营利经营业务，征收的一种税。

二、营业税的特点

（一）征税范围广泛

营业税的征税范围包括在我国境内提供应税劳务、转让无形资产和销售不动产的经营行为，涉及国民经济中第三产业这一广泛的领域。第三产业直接关系着城乡人民群众的日常生活，因而营业税的征税范围具有广泛性和普遍性。随着第三产业的不断发展，营业税的收入也将逐步增长。

（二）计税依据为营业额

营业税的计税依据为各种应税劳务收入的营业额、转让无形资产的转让额、销售不动产的销售额（三者统称为营业额），税收收入不受成本、费用高低影响，收入比较稳定。营业税实行比例税率，计征方法简便。

（三）税目税率按行业设置

营业税与其他流转税税种不同，它不按商品或征税项目的种类、品种设置税目、税率，而是从应税劳务的综合性经营特点出发，按照不同经营行业设计不同的税目、税率，即行业相同，税目、税率相同；行业不同，税目、税率不同。营业税税率设计的总体水平较低。

三、营业税的发展历程

营业税是一个十分古老的税种，它诞生于法国。中世纪欧洲对营业商户每年征收具有营业税性质的一定金额才准许营业，称为许可金。法国于 1791 年开始将许可金改为营业税，按商户营业额的大小征收。后来，西方国家纷纷效仿，营业税开始在西方国家税制中占有重要地位。

在我国，营业税起源很早，周代的“关市之赋”，汉代的“算钱”，明代的“市肆门摊税”，清代的“牙税”、“当税”，从性质上说，都属于营业税性质的税种。1928 年，南京国民政府颁布了《营业税办法大纲》，正式开征营业税。1931 年修改制定了《营业税法》，并明确营业税为地方收入。新中国成立后，政务院于 1950 年颁布了《工商业税暂行条例》，将固定工商业户缴纳的营业税和所得税合称为工商业税，规定凡在我国境内的工商业营利事业，无论本国人或外国人经营，一律依法缴纳工商业税。1958 年税制改革时，将当时实行的货物税、商业流通税、印花税以及工商业税中的营业税部分，合并为工商统一税，不再征收营业税。1973 年全国试行工商税，将工商统一税并入其中。1984 年第二步利改税时，将工商税中的商业和服务业等行业划分出来单独征收营业税，改变了我国税制过于简单的状况，充分发挥了不同税种的特定作用。1993 年年底，我国以建立规范的税制为目标，进行了大规模的税制改革，重新修改、颁布了《中华人民共和国营业税暂行条例》，将营业税的征税范围限定为提供应税劳务、转让无形资产和销售不动产，而且对内外资企业同样适用，建立了统一、规范的营业税制。

四、营业税的作用

在我国，随着增值税的兴起，营业税在财政、经济中的地位略有下降。但由于目前增值税的征税范围有限，因此，营业税仍是我国商品劳务税体系中的主体税种之一，也是地方税体系中的主体税种。征收营业税仍然具有重要的财政、经济意义。

（一）取得财政收入

营业税的征税范围广泛，一切营利事业单位和个人只要取得收入就必须纳税。营业税按行业设置类别税目，实行比例税率，以营业额全额为计税依据，计算简便。纳税人只要发生了营业税的应税行为，就必须缴纳营业税，从而保证了国家及时、稳定地取得财政收入。随着我国第三产业的不断发展，营业税的收入呈逐步增长的趋势。1994 年税制改革时，将营业税划为地方税，作为地方税的主体税种，营业税在广泛筹集财政资金，促进地方经济发展等方面发挥着越来越重要的作用。

（二）发挥税收调控

营业税按不同行业、经营业务及利润水平，分别设计税率和征免界限，体现了国家的宏观调控政策。对于一些有利于社会稳定发展的福利单位和教育、卫生部门，予以免税；对于一些关系国计民生的行业采用低税率，如交通运输、邮电通信、文化体育等适用 3% 的税率；而对一些营业收入较高的行业采用较高的税率，如舞厅、高尔夫球等适用 20% 的税率。这充分体现了营业税既保证财政收入，又照顾到与人民生活密切相关行业发展的立法精神，可以较好地发挥税收的调控作用，促进社会和经济各行业的健康、协调发展。

（三）监督管理经济

营业税的监督管理作用，是指通过营业税的征收管理，可以广泛地监管社会经济活动。由于营业税具有征收范围广泛的特点，除了销售货物以外的服务领域里的各行各业，基本上都属于营业税的征税范围。因此，营业税的监督管理作用，相对而言，就更为突出和重要。

通过营业税的日常征收管理工作，可以了解到相关行业的发展变化情况，为适时调整经济政策和税收政策提供依据，引导其按照国民经济的要求健康发展。

通过营业税的日常的征收管理工作，可以为贯彻税收政策法令和实现税收计划任务提供保证。税收征管人员依法办事、依率计征，对纳税人经营收入进行检查，可以掌握经营者的基本经营情况，制裁违法行为，保护合法经营，创造平等的外部环境，使经营者在平等的条件下竞争。

税收征管人员为了有效征管，从税收工作的角度主动协助指导纳税人健全财务制度，遵守财经纪律，保证其生产经营活动沿着正常轨道进行，也是对纳税人经济活动的监督。

案例分析

【例1】与其他商品劳务税相比，营业税具有（　　）特点。

A. 以营业额为计税依据　　B. 按行业设计税目税率

C. 不同行业、同一税率　　D. 计算简便，便于征管

参考答案：A、B、D。

第二节　营业税征税范围的一般规定

一、征税范围的一般规定

（一）境内提供应税劳务

应税劳务，是指属于交通运输业、建筑业、金融保险业、邮电通信业、文化体育业、娱乐业、服务业税目征收范围内的劳务。具体是指提供或者接受应税劳务的单位或者个人在境内。

政策解析

下列劳务不属于营业税应税劳务：

（1）单位或个体工商户聘用员工为本单位或雇主提供的劳务。

（2）加工、修理修配货物，属于增值税征收范围，不属于营业税应税劳务。

（二）境内转让无形资产

转让无形资产，是指所转让的无形资产（不包含土地使用权）的接受单位或者个人在境内；所转让或者出租的土地使用权的土地在境内。

（三）境内销售不动产

销售不动产，是指所销售或者出租的不动产在境内。

政策解析

营业税的应税行为是指有偿提供应税劳务、有偿转让无形资产所有权或使用权、有偿转让不动产所有权的行为。所谓“有偿”，是指从受让方（购买方）取得货币、货物或其他经济利益。

案例分析

【例1】下列项目中，属于营业税征收范围的有（　　）。

A. 加工修理、修配　　B. 转让无形资产

C. 商业零售　　D. 法院根据国家规定直接收取的诉讼费

参考答案：B。

【例2】下列项目中，属于营业税征收范围的有（　　）。

A. 销售电力　　B. 销售不动产　　C. 缝纫　　D. 装卸搬运

参考答案：B、D。

【例3】以下项目中，（　　）不属于营业税征收范围的一般规定。

A. 提供的劳务生在境内　　B. 从境外载运旅客或货物入境

C. 组织游客出境旅游　　D. 销售的动产在境内

参考答案：D。

二、征税范围的特殊规定

（一）混合销售行为的征税问题

一项销售行为，如果既涉及应税劳务又涉及货物的，为混合销售行为。

除另有规定外，从事货物的生产、批发或零售的企业、企业性单位及个体经营者，包括以从事货物的生产、批发或零售为主，并兼营非应税劳务的企业、企业性单位及个体经营者发生的混合销售行为，应当征收增值税，不征收营业税；其他单位和个人的混合销售行为，应当征收营业税，不征收增值税。以上所谓的货物是指有形动产，包括电力、热力、气体在内。

纳税人的销售行为是否属于混合销售行为，由国家税务总局所属征收机关确定。

政策解析

纳税人的下列混合销售行为，应当分别核算应税劳务的营业额和货物的销售额，其应税劳务的营业额缴纳营业税，货物销售额不缴纳营业税；未分别核算的，由主管税务机关核定其应税劳务的营业额：

第一，提供建筑业劳务的同时销售自产货物的行为；

第二，财政部、国家税务总局规定的其他情形。

案例分析

【例1】下列混合销售行为中，应纳营业税的是（　　）。

A. 钢窗厂生产钢窗并负责安装

B. 从事运输业务的单位发生销售货物并负责运输所售货物的

C. 电信局销售手机并提供网络服务

D. 商场销售卤制品

参考答案：C。

【例2】下列有关混合销售行为的划分中正确的是（　　）。

A. 无论从事何种商品买卖、货物销售，既要征收营业税，也要征收增值税

B. 从事货物生产、批发或零售的企业、企业性单位及个体经营者的混合销售行为，一律视为销售货物，不征收营业税

C. 从事运输业的单位与个人，发生销售货物并负责运输所销售货物的混合销售行为，征收增值税，不征营业税

D. 纳税人的销售行为是否属于混合销售行为，由国家税务总局所属征收机关确定

参考答案：B、C、D。

（二）兼营货物销售的征税问题

纳税人在经营营业税应税劳务的同时，兼经营货物销售或增值税应税劳务的，应当分别核算应税行为的营业额和货物或者非应税劳务的销售额，其应税行为营业额缴纳营业税，货物或者非应税劳务销售额不缴纳营业税；未分别核算的，由主管税务机关核定其应税行为营业额。

政策解析

纳税人兼营免税、减税项目的，应当单独核算免税、减税项目的营业额；未单独核算营业额的，不得免税、减税。

第三节 营业税纳税人的一般规定

一、纳税人

在我国境内提供应税劳务、转让无形资产和销售不动产的单位和个人，为营业税的纳税义务人。所谓提供应税劳务、转让无形资产或者销售不动产，是指有偿提供应税劳务、有偿转让无形资产或者有偿转让不动产所有权的行为。所谓有偿，是指取得货币、货物或者其他经济利益。所谓单位，是指企业、行政单位、事业单位、军事单位、社会团体及其他单位。所谓个人，是指个体工商户和其他个人。

政策解析

营业税纳税人不包括单位依法不需要办理税务登记的内设机构。

二、扣缴义务人

为了加强税收的源泉控制、简化征收手续、减少税款流失，营业税法规定了扣缴义务人，这些单位和个人直接负有代扣代缴税款的义务。境外单位和个人在境内发生应税行为而在境内未设有经营机构的，其应纳税款以代理者为扣缴义务人；没有代理者的，以受让者或者购买者为扣缴义务人。

第四节 营业税税率

一、基本规定

营业税按照行业不同分别采用不同的比例税率，具体规定如表 5-1 所示。

表 5-1 营业税税目税率表

税目	税率（%）
交通运输业	3
建筑业	3
文化体育业	3
邮电通信业	3
金融保险业	5
服务业	5
娱乐业	5—20
转让无形资产	5
销售不动产	5

二、税率的调整

从 2001 年 5 月 1 日起，对夜总会、歌厅、舞厅、射击、狩猎、跑马、游戏、高尔夫球、游艺、电子游戏厅等娱乐行为一律按 20% 的税率征收营业税。

从 2003 年 1 月 1 日起，对改革试点地区（吉林、江苏、浙江、江西、山东、重庆、贵州、陕西省）所有农村信用社的营业税按 3% 的税率征收；文到之日前多征收的税款可退库处理或在以后应交的营业税中抵减。

自 2004 年 7 月 1 日起，保龄球、台球减按 5% 的税率征收营业税，税目仍属于“娱乐业”。

自 2005 年 6 月 1 日起，对公路经营企业收取的高速公路车辆通行费收入统一减按 3% 的税率征收营业税。

案例分析

【例】现行营业税，区分不同行业和经营业务，设计了（　　）税率。

A. 对交通运输业、建筑业、邮电通信业和文化体育业等基础产业和鼓励发展的行业适用较低的 3% 的税率

B. 对服务业、转让无形资产和销售不动产适用较高的 5% 的税率

C. 对金融保险业适用 5% 的税率

D. 娱乐业适用 20% 的税率

参考答案：A、B、C。

第五节　营业税税收优惠

一、起征点优惠

纳税人营业额未达到国务院财政、税务主管部门规定的营业税起征点的，免征营业税；达到起征点的，应按营业额全额计算应纳税额。营业税起征点的适用范围限于个人。营业税起征点为：

（1）按期纳税的起征点（除另有规定外）为月销售额1000—5 000元。

（2）按次纳税的起征点（除另有规定外）为每次（日）营业额100元。

各省、自治区、直辖市人民政府所属税务机关应在规定的幅度内，根据实际情况确定本地区适用的起征点，并报财政部、国家税务总局备案。

案例分析

【例】营业税起征点的规定适用于（　　）。

A. 内资企业　　B. 外资企业　　C. 事业单位　　D. 个人

参考答案：D。

二、先征后返

为支持民航事业发展，经国务院批准，对民航机场管理建设费照章征收营业税，所征税款由财政部门予以返还，用于机场建设。

三、减免税优惠

（一）医疗、福利机构及人员的优惠

1. 对医疗机构的税收优惠。

（1）对非营利性医疗机构按照国家规定的价格取得的医疗服务收入，免征营业税。不按照国家规定价格取得的医疗服务收入不得享受这项政策。

医疗服务是指医疗服务机构对患者进行检查、诊断、治疗、康复和提供预防保健、接生、计划生育方面的服务，以及与这些服务有关的提供药品、医用材料器具、救护车、病房住宿和伙食的业务。

（2）对营利性医疗机构取得的收入，按规定征收各项税收。但为了支持营利性医疗机构的发展，对营利性医疗机构取得的医疗服务收入，直接用于改善医疗卫生条件的，自其取得执业登记之日起，3年内免征营业税。

（3）对疾病控制机构和妇幼保健机构等卫生机构按照国家规定的价格取得的卫生服务收入（含疫苗接种和调拨、销售收入），免征营业税。不按照国家规定的价格取得的卫生服务收入不得享受这项政策。

政策解析

第一，上述医疗机构包括各级各类医院、门诊部（所）、社区卫生服务中心（站）、急救中心（站）、城乡卫生院、护理院（所）、疗养院、临床检验中心等。

第二，上述疾病控制、妇幼保健等卫生机构包括各级政府及有关部门举办的卫生防疫站（疾病控制中心）、各种专科疾病防治站（所），各级政府举办的妇幼保健所（站）、母婴保健机构、儿童保健机构等，各级政府举办的血站（血液中心）。

第三，工会疗养院（所）可视为“其他医疗机构”，免征营业税。

2. 对福利机构及人员的税收优惠。

（1）托儿所、幼儿园、养老院、残疾人福利机构提供的育养服务，婚姻介绍，殡葬服务，免征营业税。

（2）残疾人员个人为社会提供的劳务，免征营业税。

3. 促进残疾人就业税收优惠政策。对安置残疾人的单位，实行由税务机关按单位实际安置残疾人的人数，减征营业税的办法：

（1）减征营业税的具体限额，由县级以上税务机关根据省级人民政府批准发布的最低工资标准的6倍确定，但最高不得超过每人每年3.5万元。

（2）享受营业税优惠政策的纳税人为提供“服务业”税目（广告业除外）取得的收入占增值税和营业税业务收入之和达到50%的单位，但不适用于这些单位提供广告业劳务以及不属于服务业税目的营业税应税劳务取得的收入。

政策解析

第一，主管地方税务机关应按月减征营业税，本月应缴营业税不足减征的，可结转本年度内以后月份减征，但不得从以前月份已交营业税中退还。

第二，单位应当分别核算上述享受税收优惠政策和不得享受税收优惠政策业务的销售收入或营业收入，不能分别核算的，不得享受本通知规定的增值税或营业税优惠政策。

（3）如果单位既适用促进残疾人就业税收优惠政策，又适用下岗职工再就业、军转干部、随军家属等其他支持就业的税收优惠政策的，可选择适用最优惠的政策，但不能累加执行。

（4）享受优惠政策单位的条件。安置残疾人就业的单位（包括福利企业、盲人按摩机构、工疗机构和其他单位），同时符合以下条件并经过有关部门的认定后，均可申请享受规定的税收优惠政策：

第一，依法与安置的每位残疾人签订了1年（含）以上的劳动合同或服务协议，并且安置的每位残疾人在单位实际上岗工作。

第二，月平均实际安置的残疾人占单位在职职工总数的比例应高于25%（含），并且实际安置的残疾人人数多于10人（含）。

第三，为安置的每位残疾人按月足额缴纳了单位所在区县人民政府根据国家政策规定的基本养老保险、基本医疗保险、失业保险和工伤保险等社会保险。

第四，通过银行等金融机构向安置的每位残疾人实际支付了不低于单位所在区县适用的经省级人民政府批准的最低工资标准的工资。

第五，具备安置残疾人上岗工作的基本设施。

政策解析

第一，经认定的符合上述税收优惠政策条件的单位，应按月计算实际安置残疾人占单位在职职工总数的平均比例，本月平均比例未达到要求的，暂停其本月相应的税收优惠。在一个年度内累计三个月平均比例未达到要求的，取消其次年度享受相应税收优惠政策的资格。

第二，所谓“工疗机构”，是指集就业和康复为一体的福利性生产安置单位，通过组织精神残疾人员参加适当生产劳动和实施康复治疗与训练，达到安定情绪、缓解症状、提高技能和改善生活状况的目的，包括精神病院附设的康复车间、企业附设的工疗车间、基层政府和组织兴办的工疗站等。

第三，单位和个人采用签订虚假劳动合同或服务协议、伪造或重复使用残疾人证或残疾军人证、残疾人挂名而不实际上岗工作、虚报残疾人安置比例、为残疾人不缴或少缴规定的社会保险、变相向残疾人收回支付的工资等方法骗取本通知规定的税收优惠政策的，除依照法律、法规和其他有关规定追究有关单位和人员的责任外，其实际发生上述违法违规行为年度内实际享受到的减（退）税款应全额追缴入库，并自其发生上述违法违规行为年度起三年内取消其享受本通知规定的各项税收优惠政策的资格。

（二）教育劳务的优惠

1. 对从事学历教育的学校提供教育劳务取得的收入，免征营业税。提供教育劳务取得的收入是指对列入规定招生计划的在籍读者提供学历教育劳务取得的收入，具体包括：经有关部门审核批准，按规定标准收取的学费、住宿费、课本费、作业本费、伙食费、考试报名费收入。

政策解析

超过规定收费标准的收费以及学校以各种名义收取的赞助费、择校费等超过规定范围的收入，不属于免征营业税的教育劳务收入，一律按规定征税。

自2006年1月1日起，所谓学历教育是指受教育者经过国家教育考试或者国家规定的其他入学方式，进入国家有关部门批准的学校或者其他教育机构学习，获得国家承认的学历证书的教育形式。具体包括：

（1）初等教育：普通小学、成人小学；

（2）初级中等教育：普通初中、职业初中、成人初中；

（3）高级中等教育：普通高中、成人高中和中等职业学校（包括普通中专、成人中专、职业高中、技工学校）；

（4）高等教育：普通本专科、成人本专科、网络本专科、研究生（博士、硕士）、高等教育自学考试、高等教育学历文凭考试。

所谓从事学历教育的学校是指普通学校以及经地、市级以上人民政府或者同级政府的教育行政部门批准成立、国家承认其学员学历的各类学校。上述学校均包括符合规定的从事学历教育的民办学校，但不包括职业培训机构等国家不承认学历的教育机构。

2. 对学生勤工俭学提供劳务取得的收入，免征营业税。

3. 对学校从事技术开发、技术转让业务和与之相关的技术咨询、技术服务业务取得的收入，免征营业税。

4. 对托儿所、幼儿园提供养育服务取得的收入，免征营业税。自2006年1月1日起，所谓托儿所、幼儿园，是指经县级以上教育部门审批成立、取得办园许可证的实施0—6岁学前教育的机构，包括公办和民办的托儿所、幼儿园、学前班、幼儿班、保育院。

提供养育服务，是指上述托儿所、幼儿园对其学员提供的保育和教育服务。对公办托儿所、幼儿园予以免征营业税的养育服务收入，是指在经省级财政部门和价格主管部门审核报省级人民政府批准的收费标准以内收取的教育费、保育费。对民办托儿所、幼儿园予以免征营业税的养育服务收入，是指在报经当地有关部门备案并公示的收费标准范围内收取的教育费、保育费。

政策解析

超过规定收费标准的收费，以开办实验班、特色班和兴趣班等为由另外收取的费用以及与幼儿入园挂钩的赞助费、支教费等超过规定范围的收入，不属于免征营业税的养育服务收入。

5. 对政府举办的高等、中等和初等学校（不含下属单位）举办进修班、培训班取得的收入，收入全部归学校所有的，免征营业税。自2006年1月1日起，所谓学校是指从事学历教育的学校（不含下属单位）。所谓收入全部归学校所有，是指举办进修班、培训班取得的收入进入学校统一账户，并作为预算外资金全额上缴财政专户管理，同时由学校对有关票据进行统一管理、开具。

政策解析

进入学校下属部门自行开设账户的进修班、培训班收入，不属于收入全部归学校所有的收入，不予免征营业税。

6. 对政府举办的职业学校设立的主要为在校学生提供实习场所、并由学校出资自办、由学校负责经营管理、经营收入归学校所有的企业，对其从事营业税暂行条例“服务业”税目规定的服务项目（广告业、桑拿、按摩、氧吧等除外）取得的收入，免征营业税。

7. 对高校后勤实体的税收优惠：

（1）对高校后勤实体经营学生公寓和教师公寓及为高校教学提供后勤服务取得的租金和服务性收入，免征营业税；但对利用学生公寓或教师公寓等高校后勤服务设施向社会人员提供服务取得的租金和其他各种服务性收入，按现行规定计征营业税。

（2）对社会性投资建立的为高校学生提供住宿服务并按高教系统统一收费标准收取租金的学生公寓取得的租金收入，免征营业税；但对利用学生公寓向社会人员提供住宿服务取得的租金收入，按现行规定计征营业税。

（3）对设置在校园内的实行社会化管理和独立核算的食堂，向师生提供餐饮服务取得的\ 收入，免征营业税；向社会提供餐饮服务取得的收入，按现行规定计征营业税。

政策解析

第一，享受上述优惠政策的纳税人，应对享受优惠政策的经营活动进行单独核算，分别进行纳税申报。不进行单独核算和纳税申报的，不得享受上述政策。

第二，利用学生公寓向社会人员提供住宿服务或将学生公寓挪作他用的，应按规定缴纳相关税款，已享受免税优惠免征的税款应予以补缴。

（三）宣传文化、公益事业、科技的优惠

1. 纪念馆、博物馆、文化馆、美术馆、展览馆、书画院、图书馆、文物保护单位举办文化活动的门票收入（第一道门票的收入），宗教场所举办文化、宗教活动的门票收入，免征营业税。

案例分析

【例】下列项目中，属于免征营业税的有（　　）。

A. 残疾人本人为社会提供的劳务　　B. 医院为患者提供的医疗服务

C. 公园的第一道门票收入　　D. 博物馆第一道门票收入

参考答案：A、B、D。

2. 从2009年1月1日至2013年12月31日，文化企业的税收优惠政策如下：

（1）广播电影电视行政主管部门（包括中央、省、地市及县级）按照各自职能权限批准从事电影制片、发行、放映的电影集团公司（含成员企业）、电影制片厂及其他电影企业取得的出租电影拷贝收入、转让电影版权收入、电影发行收入以及在农村取得的电影放映收入免征营业税。

政策解析

对电影放映单位放映电影取得的票价收入按收入全额征收营业税后，对电影发行单位向放映单位收取的发行收入不再征收营业税，但对电影发行单位取得的片租收入仍应按全额征收营业税。

（2）2010年年底前，广播电视运营服务企业按规定收取的有线数字电视基本收视维护费，经省级人民政府同意并报财政部、国家税务总局批准，免征营业税，期限不超过3年。

（3）文化企业在境外演出从境外取得的收入免征营业税。

（4）对经营性文化事业单位转制中资产划转或转让涉及的营业税给予适当的优惠政策，具体优惠政策由财政部、国家税务总局根据转制方案确定。

所谓文化企业是指从事新闻出版、广播影视和文化艺术的企业；转制包括文化事业单位整体转为企业和文化事业单位中经营部分剥离转为企业。

3. 自2003年6月1日起，对科技馆、自然博物馆、对公众开放的天文馆（站、台）和气象台（站）、地震台（站）、高校和科研机构对公众开放的科普基地的门票收入，以及县及县以上（包括县级市、区、旗等）党政部门和科协开展的科普活动的门票收入免征营业税。

科技馆、自然博物馆、对公众开放的天文馆（站、台）和气象台（站）、地震台（站）、高校和科研机构对公众开放的科普基地的认定标准和办法，以县及县以上党政部门和科协开展的科普活动的认定标准和办法另行制定。

4. 香港商报和经济导报社在各省、自治区、直辖市、计划单列市的办事处承揽广告业务后，凡属广告的设计、制作、印刷和发布均在香港完成的，对其在各省、自治区、直辖市、计划单列市的办事处承揽广告业务取得的广告收入，不征收营业税。

5. 对国家大学科技园的优惠政策。自2008年1月1日至2010年12月31日，对符合条件的科技园向孵化企业出租场地、房屋以及提供孵化服务的收入，免征营业税。

国家大学科技园（以下简称“科技园”）是以具有较强科研实力的大学为依托，将大学的综合智力资源优势与其他社会优势资源相组合，为高等学校科技成果转化、高新技术企业孵化、创新创业人才培养，产学研结合提供支撑的平台和服务的机构。享受优惠政策的科技园，应同时符合下列条件：

（1）科技园的成立和运行符合国务院科技和教育行政主管部门公布的认定和管理办法，经国务院科技和教育行政管理部门认定，并取得国家大学科技园资格。

（2）科技园应将面向孵化企业出租场地、房屋以及提供孵化服务的业务收入在财务上单独核算。

（3）科技园内提供给孵化企业使用的场地面积应占科技园可自主支配场地面积的60%（含60%）以上，孵化企业数量应占科技园内企业总数量的90%（含90%）以上。

6. 关于科技企业孵化器的优惠政策。自2008年1月1日至2010年12月31日，对符合条件的孵化器向孵化企业出租场地、房屋以及提供孵化服务的收入，免征营业税。科技企业孵化器（也称高新技术创业服务中心，以下简称“孵化器”）是以促进科技成果转化、培养高新技术企业和企业家为宗旨的科技创业服务机构。

享受优惠政策的孵化器，应同时符合下列条件：

（1）孵化器的成立和运行符合国务院科技行政主管部门发布的认定和管理办法，经国务院科技行政管理部门认定，并取得国家高新技术创业服务中心资格。

（2）孵化器应将面向孵化企业出租场地、房屋以及提供孵化服务的业务收入在财务上单独核算。

（3）孵化器内提供给孵化企业使用的场地面积应占孵化器可自主支配场地面积的75%（含75%）以上，孵化企业数量应占孵化器内企业总数量的90%（含90%）以上。

政策解析

第一，所谓“孵化企业”应当同时符合以下条件：（1）企业注册地及工作场所必须在科技园的工作场地内；（2）属新注册企业或申请进入科技园前企业成立时间不超过3年；（3）企业在科技园内孵化的时间不超过3年；（4）企业注册资金不超过500万元；（5）属迁入企业的，上年营业收入不超过200万元；（6）企业租用科技园内孵化场地面积不高于1 000平方米；（7）企业从事研究、开发、生产的项目或产品应属于科学技术部等部门印发的《中国高新技术产品目录》范围，且《中国高新技术产品目录》范围内项目或产品的研究、开发、生产业务取得的收入应占企业年收入的50%以上。

第二，所谓“孵化服务”是指为孵化企业提供的属于营业税“服务业”税目中“代理业”、“租赁业”和“其他服务业”中的咨询和技术服务范围内的服务。

第三，国务院科技和教育行政主管部门负责对科技园和孵化器是否符合本通知规定的各项条件进行事前审核确认，并出具相应的证明材料。

第四，各主管税务机关要严格执行税收政策，按照税收减免管理办法的有关规定为符合条件的科技园和孵化器办理税收减免，加强对科技园和孵化器的日常税收管理和服务。主管税务机关要定期对享受税收优惠政策的科技园和孵化器进行监督检查，发现问题的，及时向上级机关报告，并按照税收征管法以及税收减免管理办法的有关规定处理。

7. 关于有线数字电视整体转换试点的优惠政策。为支持有线数字电视整体转换试点工作，推动有线数字电视的发展，按照国务院的有关精神，对有关单位根据省级物价部门有关文件规定标准收取的有线数字电视基本收视维护费，自 2009 年 1 月 1 日起，3 年内免征营业税。

（四）邮电通信业的优惠

1. 自 2006 年 1 月 1 日起，对国家邮政局及其所属邮政单位提供邮政普遍服务和特殊服务业务（具体为函件、包裹、汇票、通信、党报党刊发行）取得的收入免征营业税。享受免税的党报党刊发行收入按邮政企业报刊发行收入的 70% 计算。

2. 自 2007 年 1 月 1 日至 2009 年 12 月 31 日止，对经营有线电视网络的单位从农村居民用户取得的有线电视收视费收入和安装费收入，3 年内免征营业税。

3. 中国电信集团公司和中国电信股份有限公司所属子公司业务销售附带赠送行为的征税问题：

（1）中国电信子公司开展以业务销售附带赠送电信服务业务（包括赠送用户一定的业务使用时长、流量或业务使用费额度，赠送有价卡预存款或者有价卡）的过程中，其附带赠送的电信服务是无偿提供电信业劳务的行为，不属于营业税征收范围，不征收营业税。

（2）中国电信子公司开展的以业务销售附带赠送实物业务［包括赠送用户小灵通（手机）、电话机、SIM 卡、网络终端或有价物品等实物］，属于电信单位提供电信业劳务的同时赠送实物的行为，按照现行流转税政策规定，不征收增值税，其进项税额不得予以抵扣；其附带赠送实物的行为是电信单位无偿赠与他人实物的行为，不属于营业税征收范围，不征收营业税。

4. 对中国邮政集团公司及其所属邮政企业为中国邮政储蓄银行及其所属分行、支行代办金融业务取得的代理金融业务收入，自 2008 年 1 月 1 日至 2010 年 12 月 31 日免征营业税。对于法规到达之日前已缴纳的应予免征的营业税，允许从纳税人以后应缴的营业税税款中抵减或予以退税。

（五）运输行业的优惠

1. 自 2006 年 7 月 1 日起，对青藏铁路公司取得的运输收入、其他业务收入免征营业税，对青藏铁路公司取得的付费收入不征收营业税。

所谓运输收入，是指国税发［2002］44 号第一条明确的各项运营业务收入。所谓其他业务收入，是指为了减少运输主业亏损，青藏铁路公司运营单位承办的与运营业务相关的其他业务，主要包括路内装卸作业、代办工作、专用线和自备车维检费等纳入运输业报表体系与运输业统一核算收支的其他收入项目。所谓付费收入，是指铁路财务体制改革过程中，青藏铁路公司因财务模拟核算产生的内部及其与其他铁路局之间虚增清算收入，具体包括国税发［2002］44 号第二条明确的不征收营业税的各项费用。

2. 为推动海峡两岸直航进程，自 2007 年 5 月 1 日起，对海峡两岸船运公司从事福建沿海与金门、马祖、澎湖海上直航业务在大陆取得的运输收入，免征营业税。享受营业税免税政策的纳税人应按照现行营业税政策的有关规定，单独核算其免税业务收入，未单独核算的，不得享受免征营业税政策。

对上述船运公司在2007年5月1日至文到之日已缴纳应予免征的营业税，可以从以后应缴的营业税税款中抵减，年度内抵减不完的可以予以退税。

3. 对改革后铁路房建生活单位的税收优惠：

（1）对铁路房建生活单位改制后的企业为铁道部所属铁路局（含广州铁路（集团）公司、青藏铁路公司，下同）及国有铁路运输控股公司提供的维修、修理、物业管理、工程施工等营业税应税劳务取得的应税收入，自2007年1月1日起至2010年12月31日免征营业税。对上述单位自2007年1月1日至发文之日已缴纳的应予免征的营业税，可以从以后应缴的营业税税款中抵扣。

（2）目前尚未改制的铁路房建生活单位，经铁道部或各铁路局批准进行改制后，对其为铁道部所属铁路局及国有铁路运输控股公司提供上述服务取得的营业税应税收入，自其改制之日起至2010年12月31日免征营业税。免税企业名单另行公布。

（3）享受免税政策的纳税人应按照现行营业税的有关规定，单独核算其免税收入，未单独核算免税收入或核算不准确的，不得享受免征营业税政策。

4. 对于从事国际航空运输业务的外国企业或中国香港、澳门、台湾地区的企业从我国内地运载旅客、货物、邮件的运输收入，在国家另有规定之前，应按4.65%的综合计征率计算征税。

5. 自2008年12月15日起，对中国台湾航运公司从事海峡两岸海上直航业务在内地取得的运输收入，免征营业税。对中国台湾航运公司在2008年12月15日至文到之日已缴纳应予免征的营业税，从以后应缴的营业税税款中抵减，年度内抵减不完的予以退税。

中国台湾航运公司，是指取得交通运输部颁发的“台湾海峡两岸间水路运输许可证”且上述许可证上注明的公司登记地址在中国台湾的航运公司。

（六）金融、证券和资产重组业务的优惠

1. 人民银行对金融机构的贷款业务，不征收营业税。人民银行对企业贷款或委托金融机构贷款的业务应当征收营业税。

2. 对地方商业银行转贷用于清偿农村合作基金会债务的专项贷款利息收入，免征营业税。上述专项贷款，是指由人民银行向地方商业银行提供，并由商业银行转贷给地方政府，专项用于清偿农村合作基金会债务的贷款。

3. 对金融机构往来业务暂不征收营业税。暂不征收营业税的金融机构往来业务，是指金融机构之间相互占用、拆借资金的业务，不包括相互之间提供的服务（如代结算、代发行金融债券等）。对金融机构相互之间提供服务取得的收入，应按规定征收营业税。

政策解析

金融机构从事再贴现、转贴现业务取得的收入，属于金融机构往来，暂不征收营业税。

4. 对金融机构的出纳长款收入，不征收营业税。

5. 根据《中华人民共和国外资银行管理条例》及其实施细则规定，外国银行在符合条件的情况下可以在我国设立外商独资银行，外国银行已经在我国设立的分行可以改制为外商独资银行（或其分行）。改制过程中，原外国银行分行的债权、债务将由外商独资银行（或其分行）继承。对外国银行分行改制过程中发生的向其改制后的外商独资银行（或其分行）转让企业产权和股权的行为，不征收营业税。

6. 银行代发行国债取得的手续费收入，由各银行总行按向财政部收取的手续费全额缴纳营业税，对各分支机构来自于上级行的手续费收入不再征收营业税。

7. 对邮政部门将邮政汇兑资金存入人民银行（或其他金融机构）取得的利息收入，不征收营业税。

8. 自《金融机构撤销条例》生效之日起，对被撤销金融机构财产用来清偿债务时，免征被撤销金融机构转让不动产、无形资产、有价证券、票据等应缴纳的营业税。

享受税收优惠政策的主体是指经中国人民银行依法决定撤销的金融机构及其分设于各地的分支机构，包括被依法撤销的商业银行、信托投资公司、财务公司、金融租赁公司、城市信用社和农村信用社。除另有规定者外，被撤销的金融机构所属、附属企业，不享受本通知规定的被撤销金融机构的税收优惠政策。

9. 港澳国际（集团）有限公司资产清理、处理的免税规定：

（1）对东方资产管理公司在接收港澳国际（集团）有限公司的资产包括不动产、有价证券等，免征东方资产管理公司销售转让该不动产、有价证券等资产以及利用该不动产从事融资租赁业务应缴纳的营业税。

（2）对港澳国际（集团）内地公司的资产，包括不动产、有价证券、股权、债权等，在清理和被处置时，免征港澳国际（集团）内地公司销售转让该不动产、有价证券、股权、债权等资产应缴纳的营业税。

（3）对港澳国际（集团）香港公司在中国境内的资产，包括不动产、有价证券、股权、债权等，在清理和被处置时，免征港澳国际（集团）香港公司销售转让该不动产、有价证券、股权、债权等资产应缴纳的营业税。

10. 我国银行业开展信贷资产证券化业务试点中的有关税收政策：自信贷资产证券化业务试点之日起，对金融机构（包括银行和非银行金融机构）投资者买卖信贷资产支持证券取得的差价收入，征收营业税；对非金融机构投资者买卖信贷资产支持证券取得的差价收入，不征收营业税。

11. 对金融资产管理公司有关的免税规定：

（1）国有商业银行按财政部核定的数额，划转给中国信达资产管理公司、中国华融资产管理公司、中国长城资产管理公司和中国东方资产管理公司的资产，在办理过户手续时，免征营业税。

（2）自资产公司成立之日起，对资产公司接受相关国有银行的不良债权，借款方以不动产、无形资产、有价证券和票据等抵充贷款本息的，免征资产公司销售转让该不动产、无形资产、有价证券、票据以及利用该不动产从事融资租赁业务应缴纳的营业税。以自有或第三方不动产抵充贷款本息的借款方在办理不动产过户手续时，应依法纳税。

（3）对资产公司接受相关国有银行的不良债权取得的利息收入，免征营业税。

（4）资产公司所属的投资咨询类公司，为本公司承接、收购、处置不良资产而提供资产、项目评估和审计服务取得的收入，免征营业税。

案例分析

【例】信达、华融、长城和东方资产管理公司接受相关国有银行的不良债权，可享受的免税政策有免征销售不动产营业税、免征转让无形资产营业税、免征融资租赁业务营业税，对接受国有银行的不良债权取得的利息收入，免征营业税。

12. 对合格境外机构投资者（简称“QFII”）委托境内公司在我国从事证券买卖业务取得的差价收入，免征营业税。

13. 对社保基金理事会、社保基金投资管理人运用社保基金买卖证券投资基金、股票、债券的差价收入，暂免征收营业税。

14. 企业集团或集团内的核心企业（简称“企业集团”）委托企业集团所属财务公司代理统借统还贷款业务，从财务公司取得的用于归还金融机构的利息不征收营业税；财务公司承担此项统借统还委托贷款业务，从贷款企业收取贷款利息不代扣代缴营业税。

所谓企业集团委托企业集团所属财务公司代理统借统还业务，是指企业集团从金融机构取得统借统还贷款后，由集团所属财务公司与企业集团或集团内下属企业签订统借统还贷款合同并分拨借款，按支付给金融机构的借款利率向企业集团或集团内下属企业收取用于归还金融机构借款的利息，再转付企业集团，由企业集团统一归还金融机构的业务。

15. 对中国证监会批准设立的封闭式证券投资基金（简称“基金”）的税收政策：

（1）以发行基金方式募集资金不属于营业税的征税范围，不征收营业税。

（2）金融机构（包括银行和非银行金融机构）买卖基金的差价收入征收营业税；个人和非金融机构买卖基金单位的差价收入不征收营业税。

16. 对中国证监会批准设立的开放式证券投资基金（以下简称“基金”）的税收政策：

（1）以发行开放式证券投资基金方式募集资金，不征收营业税。

（2）个人和非金融机构申购和赎回开放式证券投资基金单位的差价收入，不征收营业税。

政策解析

自2004年1月1日起，对证券投资基金（封闭式证券投资基金和开放式证券投资基金）管理人运用基金买卖股票、债券的差价收入，继续免征营业税。

17. 对1998年及以后年度专项国债转贷取得的利息收入，免征营业税。

18. 对个人（包括个体工商户及其他个人）从事外汇、有价证券、非货物期货和其他金融商品买卖业务取得的收入，暂免征收营业税。

（七）保险业务的优惠

1. 农牧保险业务，免征营业税。农牧保险，是指为种植业、养殖业、牧业种植和饲养的动植物提供保险的业务。

2. 自2000年8月1日起，经济特区内的外资保险公司直接为特区内的单位和个人提供保险劳务所取得的营业收入，自该外资保险公司登记之日起，5年内免征营业税。

3. 保险公司的摊回分保费用，不征营业税。

4. 保险企业取得的追偿款，不征营业税。追偿款，是指发生保险事故后，保险公司按照保险合同的约定向被保险人支付赔款，并从被保险人处取得对保险标的价款进行追偿的权利而追回的价款。

5. 中国人民保险公司和中国进出口银行办理的出口信用保险业务，不作为境内提供保险，为非应税劳务，不征营业税。中国出口信用保险公司办理的出口信用保险业务不征收营业税。

政策解析

出口信用保险业务，包括出口信用保险业务和出口信用担保业务。

6. 对保险公司开办的个人投资分红保险业务取得的保费收入免征营业税。

个人投资分红保险，是指保险人向投保人提供的具有死亡、伤残等高度保障的长期人寿保险业务，保险期满后，保险人还应向被保人提供投资收益分红。

7. 保险公司开展的1年期以上返还性人身保险业务的保费收入免征营业税。返还性人身保险业务是指保期1年以上（包括1年期），到期返还本利的普通人寿保险、养老金保险、健康保险。

中国人寿保险公司实行重组改制，变更为中国人寿保险（集团）公司（以下简称“集团公司”）并由集团公司独家发起设立了在境外上市的中国人寿保险股份有限公司（以下简称“股份公司”）。对原中国人寿保险公司经营的已经财政部、国家税务总局批准免征营业税的1年期以上（含1年，下同）返还本利的普通人寿险、养老年金保险以及1年期以上健康保险转由集团公司或股份公司经营的，继续免征营业税，不必再重新报批。

政策解析

对保险公司开办的普通人寿保险、养老金保险、健康保险的具体险种，凡经财政部、国家税务总局审核并列入免税名单的可免征营业税，未列入免税名单的一律征收营业税。

8. 根据《财政部、国家税务总局关于对若干项目免征营业税的通知》[（94）财税字第002号] 和《财政部、国家税务总局关于人寿保险业务免征营业税若干问题的通知》（财税 [2001] 118号）的有关规定，经审核，决定对有关保险公司开办的符合免税条件的保险产品取得的保费收入，免征营业税，具体免税保险产品清单略。

9. 对非营利性中小企业信用担保机构从事中小企业信用担保或再担保业务取得的收入（不含信用评级、咨询、培训等收入）三年内免征营业税。

信用担保机构免税基本条件：

（1）经政府授权部门（中小企业管理部门）同意，依法登记注册为企（事）业法人，且主要从事为中小企业提供担保服务的机构。实收资本超过2 000万元。

（2）不以营利为主要目的，担保业务收费不高于同期贷款利率的50%。

（3）有两年以上的可持续发展经历，资金主要用于担保业务，具备健全的内部管理制度和为中小企业提供担保的能力，经营业绩突出，对受保项目具有完善的事前评估、事中监控、事后追偿与处置机制。

（4）为工业、农业、商贸中小企业提供的累计担保贷款额占其两年累计担保业务总额的80%以上，单笔800万元以下的累计担保贷款额占其累计担保业务总额的50%以上。

（5）对单个受保企业提供的担保余额不超过担保机构实收资本总额的10%，且平均单笔担保责任金额最多不超过 3 000 万元人民币。

（6）担保资金与担保贷款放大比例不低于 3 倍，且代偿额占担保资金比例不超过 2%。

（7）接受所在地政府中小企业管理部门的监管，按要求向中小企业管理部门报送担保业务情况和财务会计报表。

政策解析

第一，享受 3 年营业税减免政策期限已满的担保机构，仍符合上述条件的，可以继续申请减免税。

第二，免税期限：营业税免税期限为 3 年，免税时间自担保机构主管税务机关办理免税手续之日起计算。

第三，符合条件的中小企业信用担保机构可自愿申请，经省级中小企业管理部门和省级地方税务部门审核推荐后，由工业和信息化部和国家税务总局审核批准并下发免税名单，名单内的担保机构持有关文件到主管税务机关申请办理免税手续，各地税务机关按照工业和信息化部和国家税务总局下发的名单审核批准并办理免税手续后，担保机构可享受营业税免税政策。

第四，各省、自治区、直辖市和计划单列市中小企业管理部门、地方税务局要根据实际情况，对前期信用担保机构营业税减免工作落实情况及实施效果开展监督检查，对享受营业税减免政策的中小企业信用担保机构实行动态监管。对违反规定，不符合减免条件的担保机构，一经发现要如实上报工业和信息化部和国家税务总局，取消其继续享受免税的资格。

10. 为进一步落实《中华人民共和国保险法》有关综合性保险公司财、寿险业务分业经营的规定和国务院关于保险公司分业改革的指示精神，综合性保险公司及其子公司需将其所拥有的不动产划转到新设立的财产保险公司和人寿保险公司。由于上述不动产所有权转移过户过程中，并未发生有偿销售不动产行为，也不具备其他形式的交易性质，因此，对保险分业经营改革过程中，综合性保险公司及其子公司将其所拥有的不动产所有权划转过户到因分业而新设立的财产保险公司和人寿保险公司的行为，不征收营业税。

案例分析

【例】某保险公司 2009 年 4 月收取保费收入 3 000 万元，其中包括 1 年期以上返还性人身保险业务的保费收入 150 万元、农牧保险的保费收入 20 万元；无赔款奖励支出 100 万元，保险赔款支出 1 000 万元，取得追偿款收入 70 万元；以境内建筑为保险标的提供保险劳务，取得保费收入 600 万元；再向境外保险公司办理分保，分保保费 400 万元；因中止保险合同，向投保人退还保费 30 万元，经主管税务机关批准红字冲减本期营业额，该保费上月已计算缴纳营业税；办理储金业务，月初储金余额 6 000 万元，月末储金余额 8 000 万元（中国人民银行公布的 1 年期存款利率为 4%）；转让闲置房产一栋，取得转让收入 8 000 万元，该房产购置原价 6 000 元；应收未收保费 40 万元（上期已征收过营业税），本期尚未收回。

要求：计算该保险公司当月应缴纳和代扣代缴的营业税。

参考答案：

应纳营业税 = (3 000 - 150 - 20 - 30 - 40) × 5% + (600 - 400) × 5% + (6 000 + 8 000) × 50% × (4% ÷ 12) × 5% + (8 000 - 6 000) × 5% = 138 + 10 + 1.17 + 100 = 249.17 (万元)

应代扣代缴营业税 = 400 × 5% = 20 (万元)

解析：

(1) 保险公司开展的1年期以上返还性人身保险业务取得的保费收入，免征营业税。

(2) 农牧保险，免征营业税。

(3) 保险企业开展无赔偿奖励业务的，以向投保人实际收取的保费为营业额，即不得从营业额中扣除无赔偿奖励支出。

(4) 保险公司的保险赔款支出，不得从营业额中扣除。

(5) 保险公司取得的追偿款，不征收营业税。

(6) 境内保险公司将其承保的以境内标的物为保险标的的保险业务向境外再保险公司办理分保的，以全部保费收入减去分保保费后的余额为营业额，计算缴纳营业税。境外再保险公司应就其分保收入，承担营业税纳税义务，其应纳税款由境内保险公司代扣代缴。

(7) 纳税人提供营业税应税劳务发生退款，凡该项退款已征收过营业税的，允许退还已征税款，也可以从纳税人以后的营业额中减除。因此，保险公司此笔退款准予冲减本期营业额。

(8) 保险公司采用收取储金方式取得经济利益的，其储金业务的营业额，为纳税人在纳税期内的储金平均余额乘以人民银行公布的1年期存款的月利率。

(9) 纳税人转让房产应该就其取得的收转让入，按照销售不动产税目计算缴纳营业税。因该房产为其购置的不动产，因此应以全部转让收入减去房产购置原价后的余额为营业额。

(10) 保险企业已征收营业税的应收未收保费，凡在财务会计制度规定的核算期限内未收回的，允许从营业额中减除。

(八) 转让无形资产的优惠

1. 对单位和个人（包括外商投资企业、外商投资设立的研究开发中心、外国企业和外籍个人）从事技术转让、技术开发业务和与之相关的技术咨询、技术服务业务取得的收入，免征营业税。免税的技术开发、技术转让业务，是指自然科学领域的技术开发和技术转让业务。

技术转让，是指转让者将其拥有的专利和非专利技术的所有权或使用权有偿转让他人的行为。技术开发，是指开发者接受他人委托，就新技术、新产品、新工艺或者新材料及其系统进行研究开发的行为。技术咨询，是指就特定技术项目提供可行性论证、技术预测、专题技术调查、分析评价报告等。与技术转让、技术开发相关的技术咨询、技术服务业务，是指转让方（或受托方）根据技术转让或开发合同的规定，为帮助受让方（或委托方）掌握所转让（或委托开发）的技术，而提供的技术咨询、技术服务业务，且这部分技术咨询、服务的价款与技术转让（或开发）的价款是开在同一张发票上的。

免征营业税的技术转让、技术开发业务的营业额为：

（1）以图纸、资料等为载体提供已有技术或开发成果的，其免税营业额为向对方收取的全部价款和价外费用。

（2）以样品、样机、设备等货物为载体提供已有技术或开发成果的，其免税营业额不包括货物的价值。对样品、样机、设备等货物，应当按有关规定征收增值税。转让方（或受托方）应分别反映货物的价值与技术转让、开发的价值，如果货物部分价格明显偏低，应按增值税暂行条例规定由主管税务机关核定计税价格。

（3）提供生物技术时附带提供的微生物菌种母本和动、植物新品种，应包括在免征营业税的营业额内。但批量销售的微生物菌种，应当征收增值税。

政策解析

第一，纳税人如果将设备价款与技术转让、技术服务收入分开核算，设备价款应缴纳增值税，技术转让、技术服务收入应免纳营业税。如果不分开核算，无论纳税人的主业是什么，都应该缴纳增值税，因为技术转让、技术服务收入作为免税项目只能从属于应税项目纳税。

第二，勘察设计企业技术转让、技术开发收入的营业税政策，按照上述规定执行。

2. 个人转让著作权，免征营业税。

3. 将土地使用权转让给农业生产者用于农业生产，免征营业税。

4. 科研单位取得的技术转让收入免征营业税。技术转让，是指有偿转让专利和专利技术的所有权或使用权的行为。科研单位转让技术，应持各级科委技术市场管理机构出具的技术合同认定登记证明，向主管税务机关提出申请。由主管税务机关审核批准后，方可享受免征营业税优惠。

5. 纳税人将土地使用权归还给土地所有者时，只要出具县级（含）以上地方人民政府收回土地使用权的正式文件，无论支付征地补偿费的资金来源是否为政府财政资金，该行为均属于土地使用者将土地使用权归还给土地所有者的行为，不征收营业税。

（九）房地产及物业的优惠

1. 企事业单位按房改成本价、标准价出售住房的收入，暂免征收营业税。

2. 对住房公积金管理中心用住房公积金在指定的委托银行发放个人住房贷款取得的收入，免征营业税。

3. 对按政府规定价格出租的公有住房和廉租住房，包括企业和自收自支事业单位向职工出租的单位自有住房；房管部门向居民出租的公有住房；落实私房政策中带户发还产权并以政府规定租金标准向居民出租的私有住房等，暂免征收营业税。个人按市场价格出租的居民住房，暂按3%的税率减半征收营业税。

4. 对物业管理企业代有关部门收取的水费、电费、燃（煤）气费、维修基金、房租不计征营业税。维修基金，是指物业管理企业根据财政部《物业管理企业财务管理规定》（财基字［1998］7号）的规定，接受业主管理委员会或物业产权人、使用人委托代管的房屋共用部位维修基金和共用设施设备维修基金。

5. 鉴于住房专项维修基金资金所有权及使用的特殊性，对房地产主管部门或其指定机构、公积金管理中心、开发企业以及物业管理单位代收的住房专项维修基金，不计征营业税。住房专项维修基金是属全体业主共同所有的一项代管基金，专项用于物业保修期满后物业共用部位、共用设施设备的维修和更新、改造。

6. 自 2007 年 8 月 1 日起，对廉租住房经营管理单位按照政府规定价格、向规定保障对象出租廉租住房的租金收入，免征营业税。

7. 个人向他人无偿赠与不动产、土地使用权。包括继承、遗产处分及其他无偿赠与不动产等三种情况可以免征营业税。其他无偿赠与包括离婚财产分割、无偿赠与直系亲属、无偿赠与对其承担直接抚养或者赡养义务的抚养人或者赡养人。但在办理营业税免税申请手续时，纳税人应区分不同情况向税务机关提交相关证明材料：

（1）属于继承不动产的，继承人应当提交公证机关出具的"继承权公证书"、房产所有权证和《个人无偿赠与不动产登记表》；

（2）属于遗嘱人处分不动产的，遗嘱继承人或者受遗赠人须提交公证机关出具的"遗嘱公证书"和"遗嘱继承权公证书"或"接受遗赠公证书"、房产所有权证以及《个人无偿赠与不动产登记表》；

（3）属于其他情况无偿赠与不动产的，受赠人应当提交房产所有人"赠与公证书"和受赠人"接受赠与公证书"，或持双方共同办理的"赠与合同公证书"，以及房产所有权证和《个人无偿赠与不动产登记表》。

上述证明材料必须提交原件，税务机关应当认真审核，资料齐全并且填写正确规范的，在提交的《个人无偿赠与不动产登记表》上签字盖章后退提交人，将有关公证证书复印件留存，同时办理营业税免税手续。

（十）军队方面的优惠

1. 从 2004 年 8 月 1 日起，对军队空余房产租赁收入暂免征收营业税；此前已征税款不予退还，未征税款不再补征。暂免征收营业税的军队空余房产，在出租时必须悬挂《军队房地产租赁许可证》，以备查验。

2. 自 2000 年 1 月 1 日起，对安置随军家属就业的税收优惠如下：

（1）对为安置随军家属就业而新开办的企业，自领取税务登记证之日起，3 年内免征营业税和企业所得税。享受税收优惠政策的企业，随军家属必须占企业总人数的 60%（含）以上，并有军（含）以上政治和后勤机关出具的证明；随军家属必须有师以上政治机关出具的可以表明其身份的证明，但税务部门应进行相应的审查认定。

（2）对从事个体经营的随军家属，自领取税务登记证之日起，3 年内免征营业税和个人所得税。

3. 自 2003 年 5 月 1 日起，对军队转业干部自主择业的税收优惠如下：

（1）从事个体经营的军队转业干部，经主管税务机关批准，自领取税务登记证之日起，3 年内免征营业税和个人所得税。

（2）为安置自主择业的军队转业干部就业而新开办的企业，凡安置自主择业的军队转业干部占企业总人数 60%（含 60%）以上的，经主管税务机关批准，自领取税务登记证之日起，3 年内免征营业税和企业所得税。自主择业的军队转业干部必须持有师以上部队颁发的转业证件。

4. 对扶持城镇退役士兵自谋职业的税收优惠：

（1）自2004年1月1日，对为安置自谋职业的城镇退役士兵就业而新办的服务型企业（广告业、桑拿、按摩、网吧、氧吧除外）当年新安置自谋职业的城镇退役士兵达到职工总数30%以上，并与其签订1年以上期限劳动合同的，经县级以上民政部门认定，税务机关审核，3年内免征营业税。

（2）自2004年1月1日，对自谋职业的城镇退役士兵从事下列从事个体经营（除建筑业、娱乐业以及广告业、桑拿、按摩、网吧、氧吧外）的，自领取税务登记证之日起，3年内免征营业税。

（3）自2004年1月1日，对自谋职业的城镇退役士兵从事农业机耕、排灌、病虫害防治、植保、农牧保险以及相关技术培训业务，家禽、牲畜、水生动物的配种和疾病防治业务的，按现行营业税规定免征营业税。

（4）自2005年3月1日起，对从事个体经营的军队转业干部、城镇退役士兵和随军家属，自领取税务登记证之日起，3年内免征营业税。

个体经营是指雇工7人（含7人）以下的个体经营行为，军队转业干部、城镇退役士兵、随军家属从事个体经营凡雇工8人（含8人）以上的，无论其领取的营业执照是否注明为个体工商业户，军队转业干部和随军家属均按照新开办的企业、城镇退役士兵按照新办的服务型企业的规定享受有关营业税优惠政策。

5. 军队、军工系统所属单位的税收优惠：

（1）军队系统各单位（不包括军办企业）附设的服务性单位，为军队内部服务所取得的收入，免征营业税；对外经营取得的收入，应按规定征收营业税。单位和个人承包国防工程和承包军队系统的建筑安装工程取得的收入，免征营业税。

（2）军队后勤保障社会化改革后，对为军队提供生活保障服务的食堂、物业管理和军人服务社为军队服务取得的收入，自2001年1月1日起，恢复征收营业税。军队系统其他服务性单位为军队内部服务取得的收入，继续执行（94）财税字第011号的免税政策。

6. 单位和个人承包国防工程和军队系统的建筑安装工程取得的收入，凡属2001年1月1日以前开工的项目，继续执行原免征营业税的政策，2001年1月1日（含）以后新开工的项目，恢复征收营业税。

（十一）下岗失业人员再就业的优惠

1. 对商贸企业、服务型企业（除广告业、房屋中介、典当、桑拿、按摩、氧吧外）、劳动就业服务企业中的加工型企业和街道社区具有加工性质的小型企业实体，在新增加的岗位中，当年新招用持《再就业优惠证》人员，与其签订1年以上期限劳动合同并依法缴纳社会保险费的，按实际招用人数予以定额依次扣减营业税、城市维护建设税、教育费附加和企业所得税优惠。定额标准为每人每年4 000元，可上下浮动20%，由各省、自治区、直辖市人民政府根据本地区实际情况在此幅度内确定具体定额标准，并报财政部和国家税务总局备案。

按上述标准计算的税收扣减额应在企业当年实际应缴纳的营业税、城市维护建设税、教育费附加和企业所得税税额中扣减，当年扣减不足的，不得结转下年使用。企业减免税总额，其计算公式为：

企业年度减免税总额 = ∑每名下岗失业人员本年度在本企业实际工作月份 ÷ 12 × 定额

企业自吸纳下岗失业人员的次月起享受税收优惠政策。每名下岗失业人员享受税收政策的期限最长不得超过 3 年。

2. 对持《再就业优惠证》人员从事个体经营的（建筑业、娱乐业以及销售不动产、转让土地使用权、广告业、房屋中介、桑拿、按摩、网吧、氧吧除外），按每户每年8 000元为限额依次扣减其当年实际应缴纳的营业税、城市维护建设税、教育费附加和个人所得税。纳税人年度应缴纳税款小于上述扣减限额的以其实际缴纳的税款为限；大于上述扣减限额的应以上述扣减限额为限。

3. 自 2005 年 1 月 1 日起，对下岗失业人员从事个体经营（建筑业、娱乐业以及广告业、桑拿、按摩、网吧、氧吧除外）的，自领取税务登记证之日起，3 年内免征营业税。下岗失业人员从事个体经营活动，是指其雇工 7 人（含 7 人）以下的个体经营行为。下岗失业人员从事经营活动雇工 8 人（含 8 人）以上，无论其领取的营业执照是否注明为个体工商业户，均按照服务型企业有关营业税优惠政策执行。

4. 自 2009 年 1 月 1 日至 2009 年 12 月 31 日止，对持《再就业优惠证》人员从事个体经营的，3 年内按每户每年 8000 元为限额依次扣减其当年实际应缴纳的营业税、城市维护建设税、教育费附加和个人所得税。

5. 自 2009 年 1 月 1 日至 2009 年 12 月 31 日止，对符合条件的企业在新增加的岗位中，当年新招用持《再就业优惠证》人员，与其签订 1 年以上期限劳动合同并缴纳社会保险费的，3 年内按实际招用人数予以定额依次扣减营业税、城市维护建设税、教育费附加和企业所得税。定额标准为每人每年 4000 元，可上下浮动 20%。由各省、自治区、直辖市人民政府根据本地区实际情况在此幅度内确定具体定额标准，并报财政部和国家税务总局备案。

（十二）涉外方面的优惠

1. 外商接受境内企业的委托，进行建筑、工程等项目的设计，除设计开始前派员来我国进行现场勘察、搜集资料、了解情况外，设计方案、计算、绘图等业务全部在中国境外进行，设计完成后，将图纸交给中国境内企业，视为劳务在境外提供，对外商从我国取得的全部设计业务收入，不征收营业税。

2. 外国企业向我国境内企业单独销售软件或随同销售邮电、通信设备和计算机等货物一并转让与这些货物使用相关的软件，国内受让企业进口上述软件，无论是否缴纳了关税和进口环节增值税，其所支付的软件使用费，均不再扣缴外国企业的营业税。外国企业向我国境内企业出租邮电、通信设备和计算机等货物，同时包含与这些货物使用相关的软件，如果软件单独收费，应视为出租上述货物的租金收入，不征收营业税。

3. 对在京外国商会按财政部门或民政部门规定标准收取的会费，不征收营业税。对其会费以外各种名目的收入，凡属于营业税应税范围的，一律照章征收营业税。

（十三）特定收费的优惠

1. 2000 年 10 月 22 日起，凡交通、建设部门贷款或按照国家规定有偿集资修建路桥、隧道、渡口、船闸收取的车辆通行费、船舶过闸费，收费项目由省、自治区、直辖市财政部门会同物价、交通和建设部门审核，收费标准由省、自治区、直辖市物价部门会同财政、交通或建设部门审核后，报同级人民政府审批，收费时要按照有关规定到制定的价格主管部门申领收费许可证，使用省、自治区、直辖市财政部门统一印（监）制的收费票据，所收资金全额纳入财政专户，实行“收支两条线”管理，不缴纳营业税。

2. 自2003年8月1日起，对民航总局及地区民航管理机构在开展相关业务时收取并纳入预算管理，实行“收支两条线”的以下8项费用不征收营业税：

（1）民用航空器国籍登记费；

（2）民用航空器权利登记费；

（3）民航经营活动主体和销售代理企业经营许可证工本费；

（4）民航安全检查许可证工本费；

（5）安全检查仪器使用合格证工本费；

（6）民航从业人员考试费、执照工本费；

（7）航空业务权补偿费；

（8）适航审查费。

以上收费项目，今后凡经财政部、国家发展和改革委员会发文明确调整为服务性收费的，从调整之日起，征收营业税。

政策解析

自2008年1月1日起至2010年12月31日，对航空公司经批准收取的燃油附加费免征营业税。对于本通知到达之日前已缴纳的应予免征的营业税，从以后应缴的营业税税款中抵减，一个年度内抵减不完的营业税由税务机关按照现行有关规定退还给航空公司。

3. 立法机关、司法机关、行政机关的收费，同时具备下列条件的，不征收营业税：

（1）国务院、省级人民政府或其所属财政、物价部门以正式文件允许收费、而且收费标准符合文件规定的；

（2）所收费用由立法机关、司法机关、行政机关自己直接收取的。

4. 商检系统收取的商品检验鉴定费，凡是由商检系统的行政单位直接收取，且收费标准符合国家计委、财政部文件规定的收费标准，不征营业税。

5. 凡经中央及省级财政部门批准纳入预算管理或财政专户管理的行政事业性收费、基金，收取时开具省级以上（含省级）财政部门统一印制或监制的财政票据，无论是行政单位收取的，还是由事业单位收取的，均不征收营业税；未纳入预算管理或财政专户管理的，一律照章征收营业税。

6. 社会团体按财政部门或民政部门规定标准收取的会费，是非应税收入，不属于营业税的征收范围，不征收营业税。

社会团体会费，是指社会团体在国家法规、政策许可的范围内，依照社团章程的规定，收取的个人会员和团体会员的款额。所谓的社会团体是指在中华人民共和国境内经国家社团主管部门批准成立的非营利性的协会、学会、联合会、研究会、基金会、联谊会、促进会、商会等民间群众社会组织。各党派、共青团、工会、妇联、中科协、青联、台联、侨联收取的党费、会费，比照上述规定执行。

（十四）第29届奥运会的优惠

1. 对第29届奥运会组委会的税收优惠政策：

（1）对第29届奥运会组委会取得的电视转播权销售分成收入、国际奥委会全球赞助计划分成收入（实物和资金），免征应缴纳的营业税。

（2）对组委会市场开发计划取得的国内外赞助收入、转让无形资产（如标志）特许收入和销售门票收入，免征应缴纳的营业税。

（3）对组委会取得的与国家邮政局合作发行纪念邮票收入、与中国人民银行合作发行纪念币收入，免征应缴纳的营业税。

（4）对组委会取得的来源于广播、互联网、电视等媒体收入，免征应缴纳的营业税。

（5）对组委会再销售所获捐赠商品和赛后出让资产取得收入，免征应缴纳的营业税。

（6）对国际奥委会取得的来源于中国境内的、与第29届奥运会有关的收入免征相关税收。对中国奥委会取得按《联合市场开发协议》规定由组委会分期支付的补偿收入、按《举办城市合同》规定由组委会按比例支付的盈余分成收入免征相关税收。

2. 对赞助第29届奥运会的税收优惠政策：

（1）对国航向北京奥组委提供航空服务（现金等价物）形式的赞助，不征收营业税。

（2）对网通向北京奥组委提供现金等价物赞助过程中发生的各项通信及相关劳务，不征收营业税。

（3）对资讯（北京）公司和欧米茄（瑞士）公司根据赞助协议向北京奥组委无偿提供的赞助服务，不征收营业税。

（4）对普华永道公司及其关联机构向北京奥组委无偿提供审计、咨询等相关赞助服务，不征收营业税。

（十五）2010年上海世博会的优惠

1. 对上海世博局取得的与国家邮政局合作发行世博会纪念邮票收入，免征应缴纳的营业税。

2. 对上海世博局取得的境内外转让无形资产特许权收入，免征上海世博局应缴纳的营业税。

3. 对上海世博局委托上海世博（集团）公司取得的世博会门票销售收入、场馆出租收入，免征上海世博（集团）公司应缴纳的营业税。

4. 对上海世博局在2010年上海世博会结束后出让资产和委托上海世博（集团）公司出让归属于上海世博局的资产所取得的收入，免征上海世博局和上海世博（集团）公司应缴纳的营业税，其国内流通环节应缴纳的增值税实行先征后退。

（十六）2009年哈尔滨第24届大冬会、2010年广州第16届亚运会、2011年深圳第26届大运会的优惠

1. 对组委会取得的电视转播权销售分成收入、赞助计划分成收入（包括实物和资金），免征应缴纳的营业税。

2. 对组委会取得的国内外赞助收入、转让无形资产（如标志）特许收入、宣传推广费收入、销售门票收入及所发收费卡收入，免征应缴纳的营业税。

3. 对组委会取得的与国家邮政局合作发行纪念邮票收入、与中国人民银行合作发行纪念币收入，免征应缴纳的营业税。

4. 对组委会取得的来源于广播、因特网、电视等媒体收入，免征应缴纳的营业税。

5. 对组委会按亚奥理事会、国际大体联核定价格收取的运动员食宿费及提供有关服务取得的收入，免征应缴纳的营业税。

6. 对组委会赛后出让资产取得的收入，免征应缴纳的营业税。

（十七）农业劳务及收入的优惠

1. 农业机耕、排灌、病虫害防治、植保以及相关技术培训业务，家禽、牧畜、水生动物的配种和疫病防治，免征营业税。

2. 航空公司用飞机开展飞洒农药业务属于从事农业病虫害防治业务，免征营业税。

3. 纳税人单独提供林木管护劳务行为属于营业税征收范围，其取得的收入中，属于提供农业机耕、排灌、病虫害防治、植保劳务取得的收入，免征营业税；属于其他收入的，应照章征收营业税。

（十八）其他优惠

1. 营业税纳税人购置税控收款机，经主管税务机关审核批准后，可凭购进税控收款机取得的增值税专用发票，按照发票上注明的增值税税额，抵免当期应纳营业税税额，或者按照购进税控收款机取得普通发票上注明的价款，依下列公式计算可抵免税额：

可抵免税额 = 价款 ÷ （1 + 17%） × 17%

当期应纳税额不足抵免的，未抵免部分可在下期继续抵免。

2. 单位和个人提供的垃圾处置劳务不属于营业税应税劳务，对其处置垃圾取得的垃圾处置费，不征收营业税。

3. 对设计单位参与国家大剧院工程设计取得的收入，免征营业税。对承建单位参与国家大剧院工程施工取得的收入，免征营业税。

4. 自 2003 年 1 月 1 日起，对人民大会堂管理局取得的与会议活动相关的收入即场租、宴会收入和参观门票收入免征营业税。

5. 按照现行营业税的有关规定，公司从事金融资产处置业务时，出售、转让股权不征收营业税；出售、转让债权或将其持有的债权转为股权不征收营业税；销售、转让不动产或土地使用权，按照《财政部、国家税务总局关于营业税若干政策问题的通知》（财税［2003］16 号）第三条第二十款及第四条的有关规定，征收营业税。

6. 供电工程贴费不属于增值税销售货物和收取价外费用的范围，不应当征收增值税，也不属于营业税的应税劳务收入，不应当征收营业税。

供电工程贴费，是指在用户申请用电或增加用电容量时，供电企业向用户收取的用于建设 110 千伏及以下各级电压外部供电工程建设和改造等费用的总称，包括供电和配电贴费两部分。用贴费建设的工程项目由电力用户交由电力部门统一管理使用。

7. 电力公司利用自身电网为发电企业输送电力过程中，需要利用输变电设备进行调压，属于提供加工劳务。电力公司向发电企业收取的过网费，应当征收增值税，不征收营业税。

8. 转让企业产权是整体转让企业资产、债权、债务及劳动力的行为，其转让价格不仅仅是由资产价值决定的，与企业销售不动产、转让无形资产的行为完全不同。因此，转让企业产权的行为不属于营业税征收范围，不应征收营业税。

9. 对动漫企业为开发动漫产品提供的动漫脚本编撰、形象设计、背景设计、动画设计、分镜、动画制作、摄制、描线、上色、画面合成、配音、配乐、音效合成、剪辑、字幕制作、压缩转码（面向网络动漫、手机动漫格式适配）劳务，在 2010 年 12 月 31 日前暂减按 3% 税率征收营业税。

第六节 营业税应纳税额计算的一般规定

一、计税依据

营业税的计税依据是营业额。营业额是指纳税人提供应税劳务、转让无形资产或者销售不动产向对方收取的全部价款和价外费用。

所谓价外费用，包括收取的手续费、补贴、基金、集资费、返还利润、奖励费、违约金、滞纳金、延期付款利息、赔偿金、代收款项、代垫款项、罚息及其他各种性质的价外收费。但不包括同时符合以下条件代为收取的政府性基金或者行政事业性收费：

（1）由国务院或者财政部批准设立的政府性基金，由国务院或者省级人民政府及其财政、价格主管部门批准设立的行政事业性收费；

（2）收取时开具省级以上财政部门印制的财政票据；

（3）所收款项全额上缴财政。

政策解析

第一，单位和个人提供营业税应税劳务、转让无形资产和销售不动产发生退款，凡该项退款已征收过营业税的，允许退还已征税款，也可以从纳税人以后的营业额中减除。

第二，单位和个人在提供营业税应税劳务、转让无形资产和销售不动产时，如果将价款与折扣额在同一张发票上注明的，以折扣后的价款为营业额；如果将折扣额另开发票的，不论其在财务上如何处理，均不得从营业额中减除。

第三，单位和个人提供应税劳务、转让无形资产和销售不动产时，因受让方违约而从受让方取得的赔偿金收入，应并入营业额中征收营业税。

第四，单位和个人因财务会计核算办法改变将已缴纳过营业税的预收性质的价款逐期转为营业收入时，允许从营业额中减除。

第五，对纳税人提供应税劳务，转让无形资产或销售不动产的价格明显偏低且无正当理由的，主管税务机关有权依据以下原则确定营业额：

（1）按纳税人当月提供的同类应税劳务或者销售的同类不动产的平均价格核定；

（2）按纳税人最近时期提供的同类应税劳务或者销售的同类不动产的平均价格核定；

（3）按下列公式核定计税价格：计税价格 = 营业成本或工程成本 ×（1 + 成本利润率）÷（1 − 营业税税率）。这个公式中的成本利润率，由省、自治区、直辖市地方税务局确定。

第六，以余额作为营业额的，其可扣除的相关项目必须取得符合国务院税务主管部门有关规定的凭证（以下统称合法有效凭证），具体是指：

（1）支付给境内单位或者个人的款项，且该单位或者个人发生的行为属于营业税或者增值税征收范围的，以该单位或者个人开具的发票为合法有效凭证。

（2）支付的行政事业性收费或者政府性基金，以开具的财政票据为合法有效凭证。

（3）支付给境外单位或者个人的款项，以该单位或者个人的签收单据为合法有效凭证，税务机关对签收单据有疑义的，可以要求其提供境外公证机构的确认证明。

（4）国家税务总局规定的其他合法有效凭证。取得的凭证不符合法律、行政法规或者国务院税务主管部门有关规定的，该项目金额不得扣除。

第七，纳税人以人民币以外的货币结算营业额的，其营业额的人民币折合率可以选择营业额发生的当天或者当月1日的人民币汇率中间价。纳税人应当在事先确定采用何种折合率，确定后1年内不得变更。

案例分析

【例1】纳税人提供应税劳务、转让无形资产或销售不动产价格明显偏低而无正当理由的，主管税务机关核定组成计税价格＝（　　）。

A. 营业成本或工程成本×（1＋成本利润率）÷（1－营业税税率）

B. 营业成本或工程成本×（1＋成本利润率）÷（1＋营业税税率）

C. 营业成本或工程成本÷（1－营业税税率）

D. 营业成本或工程成本÷（1＋营业税税率）

参考答案：A。

【例2】下列价外费用中，应并入营业额缴纳营业税的有（　　）。

A. 手续费 B. 基金 C. 集资费 D. 代垫款项

参考答案：A、B、C、D。

二、应纳税额的计算

营业税按照营业额和规定的适用税率计算应纳税额。其计算公式为：

应纳税额＝营业额×税率

第七节　交通运输业营业税的特殊规定

一、征税范围

交通运输业，是指使用运输工具或人力、畜力将货物或旅客送达目的地，使其空间位置得到转移的业务活动。交通运输业包括陆路运输、水路运输、航空运输、管道运输和装卸搬运五类。

（一）陆路运输

陆路运输，是指通过陆路（地上或地下）运送货物或旅客的运输业务，包括铁路运输、公路运输、缆车运输、索道运输及其他陆路运输。

政策解析

第一，铁路运输业可分为中央铁路的运营业务、中央地方合资铁路的运营业务、地方铁路的运营业务和中央新建铁路的临时运营业务。铁路运输业不包括城市地下铁路的运营，也不包括铁道部门所属的工业、建筑、商业、教育、科研、卫生等业务活动。

第二，公路运输业，包括汽车、兽力车、人力车等运输工具进行的公路客货运输活动，不包括城市内公共交通。

（二）水路运输

水路运输，是指通过江、河、湖、川等天然、人工水道或海洋航道运送货物或旅客的运输业务。尽管打捞不是运输业务，但与水路运输有着密切的关系，所以打捞也可以比照水路运输的办法征税。

（三）航空运输

航空运输，是指通过空中航线运送货物或旅客的运输业务。与航空直接有关的通用航空业务、航空地面服务业务也按照航空运输业务征税。

政策解析

第一，通用航空业务、航空地面服务业务，比照航空运输征税。通用航空业务，是指为专业工作提供飞行服务的业务，如航空摄影、航空测量、航空勘探、航空护林、航空吊挂飞播、航空降雨等。

第二，航空地面服务业务，是指航空公司、飞机场、民航管理局、航站向在我国境内航行或在我国境内机场停留的境内外飞机或其他飞行器提供的导航等劳务性地面服务的业务。

（四）管道运输

管道运输，是指通过管道设施输送气体、液体、固体物资的运输业务，也包括泵站的运行，但不包括管道的维护。

（五）装卸搬运

装卸搬运，是指使用装卸搬运工具或人力、畜力将货物在运输工具之间、装卸现场之间或运输工具与装卸现场之间进行装卸和搬运的业务。

（六）特殊规定

对远洋运输企业从事程租、期租业务和航空运输企业从事湿租业务取得的收入，按“交通运输业”税目征收营业税。

所谓程租业务，是指远洋运输企业为租船人完成某一特定航次的运输任务并收取租赁费的业务。

所谓期租业务，是指远洋运输企业将配备有操作人员的船舶承租给他人使用一定期限，承租期内听候承租方调遣，不论是否经营，均按天向承租方收取租赁费，发生的固定费用（如人员工资、维修费用等）均由船东负担的业务。

所谓湿租业务，是指航空运输企业将配备有机组人员的飞机承租给他人使用一定期限，承租期内听候承租方调遣，不论是否经营，均按一定标准向承租方收取租赁费，发生的固定费用（如人员工资、维修费用等）均由承租方负担的业务。

政策解析

第一，在境内载运旅客或货物出境和在境内组织旅客出境旅游属于在境内提供应税劳务。

第二，运输企业在境外载运旅客或货物入境，不属于在我国境内提供应税劳务，不征收营业税。

第三，凡与运营业务有关的各项劳务活动，均属交通运输业的税目征收范围。包括：通用航空业务，航空地面服务，打捞，理货，港务局提供的引航、系解缆、搬家、停泊、移泊等劳务及引水员交通费、过闸费、货物港务费等。

案例分析

【例1】（　　）属于交通运输业的征收范围。

A. 铁路运输业　　B. 公路运输业

C. 水下运输业　　D. 航空运输业

参考答案：A、B、D。

【例2】某远洋运输企业从事运输业务的同时提供船舶租赁业务。2009年2月通过海洋航道运送货物，取得收入20 000元；出租船舶一艘，租期28天（2月1—28日），每天收取租赁费1 000元，配备8名操作人员听候调遣，支付承租期内船员工资和船舶维修费用共16 000元。对于此项业务，该企业不应按照租赁业服务纳税，而应当按照期租业务计算缴纳交通运输业营业税。

应纳营业税 =（20 000 + 1 000 × 28）× 3% = 1 440（元）

二、纳税人

（一）铁路运输纳税人

1. 中央铁路运营业务的纳税人，为铁道部。铁道部所属各铁路局、铁路分局、站（段）不是中央铁路运营业务营业税纳税人。

2. 中央地方合资铁路运营业务的纳税人，为合资铁路公司。站、段不是中央地方合资铁路运营业务营业税纳税人。

3. 地方铁路运营业务的纳税人，为地方铁路总管理机构，即地方铁路局、公司或其他管理机构等。站段不是地方铁路运营业务营业税纳税人。

4. 铁路专用线运营业务纳税人，为企业或其指定的管理机构。

政策解析

铁路专用线，是指由企业或者企业单位管理的与国家铁路或者其他铁路接轨的岔线。

5. 中央基建临管线铁路运营业务纳税人，是基建临管线管理机构。

政策解析

中央新建铁路临时运营，是指铁道部修建的，在尚未正式验收交付所属铁路局运营之前，进行试运营或临时性运营的业务。试运营，是指铁路建成后，先由施工单位试运行一段时间，称为基建临管线。

案例分析

【例】中央铁路运营业务的纳税人是（　　）。

A. 铁道部　　B. 铁道部直属各铁路局

C. 铁道部直属铁路分局　　D. 各车务段

参考答案：A。

（二）水路运输纳税人

1. 海运的纳税人，是海运企业。海运包括远洋运输和沿海运输。

沿海运输的营业税纳税人包括交通部直属海运企业，地方交通部门所属航运企业以及地方国有海运企业和集体、个体海运企业等。远洋运输的营业税纳税人包括中国远洋运输总公司系统下辖的大连、天津、广州、青岛、上海等独立核算、自主经营、自负盈亏的远洋海运企业。

2. 内河运输的纳税人，是内河运输的企业或个体运输户。

案例分析

【例】长江轮船总公司是直属交通部的长江航运骨干企业，它下辖重庆、武汉、芜湖、南京、上海五个独立核算、自负盈亏的航运企业，均为内河运输营业税纳税人。

（三）航空运输纳税人

1. 航空运输企业。目前，在我国经营航空运输业务的有，国家民航总局直属的各大航空公司和各地开办的地方性航空公司等。

2. 航空地面服务单位。主要有机场、民航管理局等单位（企业）。

（四）其他纳税人

从事管道运输、装卸搬运或其他陆路运输业务的纳税人，为从事运输业务并计算盈亏的单位。从事运输业务并计算盈亏的单位必须具备以下条件：

1. 利用运输工具，从事运输业务，取得运输收入。

2. 在银行开设有结算账户。

3. 在财务上计算营业收入、营业支出、经营利润。

案例分析

【例】所谓“从事运输业务并计算盈亏的单位”，是指同时具备（　　）条件的单位。

A. 利用运输工具，从事运输业务

B. 在银行开设结算账户

C. 在财务上计算营业收入、营业支出、经营利润

D. 利用运输工具，从事运输业务，取得运输收入

参考答案：B、C、D。

三、计税依据

交通运输业的计税依据是营业额。营业额，是指从事交通运输的纳税人提供交通劳务所取得的全部运营收入，包括全部价款和价外费用。具体规定有：

1. 中央铁路运输的计税依据为旅客票价收入、行李运费收入、货物运费收入、客货运服务收入、旅游车上浮票价收入、铁路运营临管线收入、保价收入和铁路建设基金收入的总和。

政策解析

对地方铁路、合资铁路、铁路专用线和临管线铁路的运营业务，在确定其营业额时，比照中央铁路办理。

2. 航空运输的客运、货运、通用航空等空中运输业务和地面服务业务，以收入全额为计税依据，不得扣除任何费用。

中国国际航空股份有限公司（简称“国航”）与中国国际货运航空有限公司（简称“货航”）开展客运飞机腹舱联运业务时，国航以收到的腹舱收入为营业额；货航以其收到的货运收入扣除支付给国航的腹舱收入的余额为营业额，营业额扣除凭证为国航开具的“航空货运单”。

3. 水路运输的客运、货运、邮运业务和服务性业务，以收入全额为营业额，不得从中扣除任何费用。

政策解析

第一，纳税人将承揽的运输业务分给其他单位或者个人，以其取得的全部价款和价外费用扣除其支付非其他单位或者个人的运输费用后的余额为营业额。

第二，运输企业自中华人民共和国境内运输旅客或者货物出境，在境外改由其他运输企业承运旅客或者货物，以全程运费减去付给该承运企业的运费后的余额为营业额。

第三，运输企业从事联运业务，以实际取得的营业额为计税依据。联运业务是指两个以上运输企业完成旅客或货物从发送地点至到达地点所进行的运输业务，联运的特点是一次购买、一次收费、一票到底。

第八节 建筑业营业税的特殊规定

一、征税范围

建筑业，是指建筑安装工程作业等，包括建筑、安装、修缮、装饰和其他工程作业等项内容。

（一）建筑

建筑，是指新建、改建、扩建。各种建筑物、构筑物的工程作业，包括与建筑物相连的各种设备或支柱、操作平台的安装或装设的工程作业，以及各种窑炉和金属结构工程作业在内。

政策解析

第一，自建自用房屋，不征收营业税。将自建的房屋对外销售，涉及建筑与销售不动产两个应税行为，所以应先按建筑业缴纳营业税，再按销售不动产征收营业税。

第二，出租或投资入股的自建建筑物，也不是建筑业的征税范围。

（二）安装

安装，是指生产设备、动力设备、起重设备、运输设备、传动设备、医疗实验设备及其他各种设备的装配、安置工程作业，包括与设备相连的工作台、梯子、栏杆的装设工程作业和被安装设备的绝缘、防腐、保温、油漆等工程作业。

（三）修缮

修缮，是指对建筑物、构筑物进行修补、加固、养护、改善，使之恢复原来的使用价值或延长其使用期限的工程作业。

（四）装饰

装饰，是指对建筑物、构筑物进行修饰，使之美观或具有特定用途的工程作业。车、船、飞机等的装饰、装潢活动也包括在内。

（五）其他工程作业

其他工程作业，是指除建筑、安装、修缮、装饰工程作业以外的各种工程作业，如代办电信工程、水利工程、道路修建、疏浚、钻井（打井）、拆除建筑物、平整土地、搭脚手架、爆破等工程作业。

（六）管道煤气集资费（初装费）业务

管道煤气集资费（初装费），是指用于管道煤气工程建设和技术改造，在报装环节一次性向用户收取的费用。

政策解析

第一，基本建设单位和从事建筑安装业务的企业附设的工厂、车间生产的水泥预制构件、其他构件或建筑材料，用于本单位或本企业的建筑工程的，应在移送使用时征收增值税。

第二，基本建设单位和从事建筑安装业务在建筑现成制造的预制构件，凡直接用于本单位或本企业建筑工程的，征收营业税，不征收增值税。

第三，纳税人按照客户要求，为钻井作业提供泥浆和工程技术服务的行为，应按提供泥浆工程劳务项目，照章征收营业税，不征收增值税。

第四，燃气公司和生产、销售货物或提供增值税应税劳务的单位，在销售货物或提供增值税应税劳务时，代有关部门向购买方收取的集资费［包括管道煤气集资款（初装费）］、手续费、代收款等，属于增值税价外收费，应征收增值税，不征收营业税。

第五，纳税人受托进行建筑物拆除、平整土地并代委托方向原土地使用权人支付拆迁补偿费的过程中，其提供建筑物拆除、平整土地劳务取得的收入应按照“建筑业”税目缴纳营业税；其代委托方向原土地使用权人支付拆迁补偿费的行为属于“服务业——代理业”行为，应以提供代理劳务取得的全部收入减去其代委托方支付的拆迁补偿费后的余额为营业额计算缴纳营业税。

案例分析

【例1】对自建自售建筑物，新的营业税政策规定（　　）。

A. 不征税　　　　B. 按建筑业征税

C. 按销售不动产征税 D. 除按销售不动产征收营业税外，还应征收一道建筑业营业税

参考答案：D。

【例 2】下列行为按建筑业征收营业税的是（ ）。

A. 建筑、安装 B. 修缮、装饰

C. 平整土地 D. 道路修建

参考答案：A、B、C、D。

二、纳税人

在中华人民共和国境内从事建筑、安装、修缮、装饰和其他工程作业的单位和个人，都是建筑业营业税的纳税人。

三、计税依据

1. 建筑业的营业额，为承包建筑、修缮、安装、装饰和其他工程作业取得的营业收入额，即建筑安装企业向建设单位收取的工程价款及工程价款之外收取的各种费用。

政策解析

第一，建筑安装企业向建设单位收取的临时设施费、劳动保护费和施工机构迁移费，不得从营业额中扣除。

第二，施工企业向建设单位收取的材料差价款、抢工费、全优工程奖和提前竣工奖，应并入计税营业额中征收营业税。

2. 纳税人提供建筑业劳务（不包括装饰劳务）的，其营业额应当包括工程所用原材料、设备及其他物资和动力价款在内，但不包括建设方提供的设备的价款。

政策解析

从事安装工程作业，安装设备价值作为安装工程产值的，营业额应包括设备的价款。

3. 自建行为和单位将不动产无偿赠与他人，由主管税务机关按照相关规定核定营业额。

4. 用清包工形式提供的装饰劳务，按照其向客户实际收取的人工费、管理费和辅助材料费等收入（不含客户自行采购的材料价款和设备价款）确认计税营业额。

政策解析

清包工形式提供的装饰劳务，是指工程所需的主要原材料和设备由客户自行采购，纳税人只向客户收取人工费、管理费及辅助材料费等费用的装饰劳务。

5. 产货物提供增值税应税劳务并同时提供建筑业劳务的征税问题。从 2002 年 9 月 1 日起，从事货物生产的单位和个人销售自产货物、提供增值税应税劳务并同时提供建筑业劳务的，其税务处理办法如下：

（1）纳税人以签订建设工程施工总包或分包合同（包括建筑、安装、装饰、修缮等工程总包和分包合同）方式开展经营活动时，销售自产货物、提供增值税应税劳务并同时提供建筑业劳务（包括建筑、安装、修缮、装饰、其他工程作业），同时符合以下条件的，对销售自产货物和提供增值税应税劳务取得的收入征收增值税，提供建筑业劳务收入（不包括按规定应征收增值税的自产货物和增值税应税劳务收入）征收营业税：第一，须

具备建设行政部门批准的建筑业施工（安装）资质；第二，签订建设工程施工总包或分包合同中单独注明建筑业劳务价款。凡不同时符合以上条件的，对纳税人取得的全部收入征收增值税，不征收营业税。

以上所谓建筑业劳务收入，以签订的建设工程施工总包或分包合同上注明的建筑业劳务价款为准。

政策解析

（1）纳税人通过签订建设工程施工合同，销售自产货物、提供增值税应税劳务的同时，将建筑业劳务分包或转包给其他单位和个人的，对其销售的货物和提供的增值税应税劳务征收增值税。

（2）自产货物是指：第一，金属结构件，包括活动板房、钢结构房、钢结构产品、金属网架等产品。第二，铝合金门窗。第三，玻璃幕墙。第四，机器设备、电子通信设备。第五，国家税务总局规定的其他自产货物。

政策解析

自2006年5月1日起，纳税人销售自产建筑防水材料的同时提供建筑业劳务的，也按照上述办法征收增值税和营业税。

（3）纳税人是指从事货物生产的单位或个人。纳税人销售自产货物、提供增值税应税劳务并同时提供建筑业劳务，应向营业税应税劳务发生地地方税务局提供其机构所在地主管国家税务局出具的纳税人属于从事货物生产的单位或个人的证明，营业税应税劳务发生地地方税务局根据纳税人持有的证明按规定征收营业税。

6. 合作建房行为的征税问题。合作建房，是指由一方（简称“甲方”）提供土地使用权，另一方（简称“乙方”）提供资金，合作建房。合作建房的方式一般有两种：

（1）纯粹的“以物易物”，即双方以各自拥有的土地使用权和房屋所有权相互交换。具体的交换方式也有以下两种：

第一，土地使用权与房屋所有权相互交换，双方都取得了拥有部分房屋的所有权。在这一合作过程中，甲方以转让部分土地使用权为代价，换取部分房屋的所有权，发生了转让土地使用权的行为；乙方则以转让部分房屋的所有权为代价，换取部分土地的使用权，发生了销售不动产的行为。因而合作建房的双方都发生了营业税的应税行为。对甲方应按“转让无形资产”税目中的“转让土地使用权”子目征税；对乙方应按“销售不动产”税目征税。由于双方没有进行货币结算，因此，应当分别核定双方各自的营业额。如果合作建房的双方（或任何一方）将分得的房屋销售出去，则又发生了销售不动产行为，应对其销售收入再按“销售不动产”税目征收营业税。

第二，以出租土地使用权为代价换取房屋所有权。例如，甲方将土地使用权出租给乙方若干年，乙方在该土地上建造建筑物并使用，租赁期满后，乙方将土地使用权连同所建的建筑物归还甲方。在这一经营过程中，乙方是以建筑物为代价换得若干年的土地使用权，甲方是以出租土地使用权为代价换取建筑物。甲方发生了出租土地使用权的行为，对其按“服务业”税目中的“租赁业”征收营业税；乙方发生了销售不动产的行为，对其按“销售不动产”税目征营业税。对双方分别征税时，其营业额也应按规定核定。

(2) 甲方以土地使用权、乙方以货币资金合股，成立合营企业，合作建房。对此种形式的合作建房如何征税，则要视具体情况确定：

第一，房屋建成后，如果双方采取风险共担、利润共享的分配方式，按照营业税“以无形资产投资入股，参与接受投资方的利润分配、共同承担投资风险的行为，不征营业税”的规定，对甲方向合营企业提供的土地使用权，视为投资入股，对其不征营业税；只对合营企业销售房屋取得的收入按销售不动产征税；对双方分得的利润不征营业税。

第二，房屋建成后，甲方如果采取按销售收入的一定比例提成的方式参与分配，或提取固定利润，则不属营业税所谓的投资入股不征营业税的行为，而属于甲方将土地使用权转让给合营企业的行为，那么，对甲方取得的固定利润或从销售收入按比例提取的收入按“转让无形资产”征税；对合营企业则按全部房屋的销售收入依“销售不动产”税目征收营业税。

第三，如果房屋建成后双方按一定比例分配房屋，则此种经营行为，也未构成营业税所谓的以无形资产投资入股，共同承担风险的不征营业税的行为。首先对甲方向合营企业转让的土地，按“转让无形资产”征税，其营业额按规定核定。对合营企业的房屋，在分配给甲乙方后，如果各自销售，则再按“销售不动产”征税。

案例分析

【例】甲乙两企业合作建房，甲提供土地使用权，乙提供资金，有两种方式可供选择：(1) 甲乙两企业约定，直接请建筑公司承建房屋，建好后双方均分。该房屋价值1 000万元，双方各分得500万元的房屋。(2) 甲乙各以土地使用权和资金共同投资成立合营企业，再请建筑公司承建。房屋建好后归新成立的合营企业。

第一种方案：房屋建好后，甲以转让部分土地使用权为代价，换取部分房屋的所有权，发生了转让土地使用权的行为，应缴纳营业税；乙方则以转让部分房屋的所有权为代价，换取部分土地的使用权，发生销售不动产的行为，应按照销售不动产计算缴纳营业税。

甲应纳营业税 $=500\times5\%=25$ (万元)

乙应纳营业税 $=500\times5\%=25$ (万元)

第二种方案：房屋初建时，双方进行的是一种投资行为，房屋建成后双方采取风险共担、利润共享的分配方式共同经营。甲企业提供土地使用权时，发生的是投资行为，不是转让无形资产的行为，不缴营业税；乙方以资金投资时也不缴纳营业税，双方合计节约50万元税款。当然，成立合营企业，双方面临着如何合作经营这样的长期问题，还要办理必要的手续和经有关部门审批，需要支付一定的费用，但两者相抵后，仍然有一定的税收利益。当然，如果甲乙建房后是为了自用，不是为了经营，就不能采取这种合作方式。

第九节 文化体育业营业税的特殊规定

一、征税范围

文化体育业，是指经营文化、体育活动的业务，包括文化业和体育业。

（一）文化业

文化业，是指从事文化活动的业务，包括表演、播映、其他文化业。

1. 表演，是指进行戏剧、歌舞、时装、健美、杂技、民间艺术、武术、体育等表演活动的业务。

2. 播映，是指通过电台、电视台、音响系统、闭路电视、卫星通信等无线或有线装置传播作品以及在电影院、影剧院、录像厅及其他场所放映各种节目的业务。

政策解析

第一，有线电视台收取的“初装费”，属于“建筑业”征税范围。

第二，广告的播映属于“服务业——广告业”征税范围。

第三，广播电视有线数字付费频道业务按“文化体育业”税目中的“播映”子目征收营业税。

3. 其他文化业，是指从事上列活动以外的文化活动的业务，如经营浏览场所和各种展览、培训活动，举办文学、艺术、科技讲座、演讲、报告会，图书、杂志、报纸及其他资料的借阅业务等。

（二）体育业

体育业，是指举办各种体育比赛和为体育比赛或体育活动提供场所的业务。

政策解析

第一，以租赁方式为体育比赛和文化活动提供场所的业务，属于“服务业—租赁业”征税范围。

第二，文化体育业营业税仅经营者、举办者缴纳，参与者不缴纳。

案例分析

【例1】下列（　　）属于文化业的征收范围。

A. 歌厅　　B. 音乐茶座

C. 高尔夫球　　D. 时装表演

参考答案：D。

【例2】下列项目中，按文化体育业征收营业税的有（　　）。

A. 戏曲、歌舞　　B. 民间艺术

C. 电视台播映业务　　D. 电视台播映广告

参考答案：A、B、C。

二、纳税人

文化体育业的纳税人，是指在我国境内提供文化体育业劳务并取得货币、货物或者其他经济利益的单位和个人。具体如下：

演出业务的纳税人，是指进行演出的单位和个人，包括组织演出的经纪人和以非租赁方式提供演出场所的单位和个人。

播映业务的纳税人，是指电台、电视台、影院等从事播映各种作品、节目的单位和个人。

其他文化业的纳税人，是指经营除演出、播映业务以外文化活动业务，如展览、培训、举办文学、艺术、科技讲座、演讲、报告会，图书馆借阅等业务的单位和个人。

经营游览场所的纳税人，是指经营公园、动物园、植物园及其他各种游览场所的单位和个人。

体育业的纳税人，是指举办体育比赛的单位和个人以及为体育比赛或体育活动提供场所的单位和个人。

三、计税依据

文化体育业的营业额，是指纳税人经营文化业、体育业取得的全部收入，其中包括演出收入、播映收入、其他文化收入，经营游览场所收入和体育收入。具体规定有：

单位或个人进行演出，以全部票价收入或者包场收入减去付给提供演出场所的单位、演出公司或经纪人的费用后的余额为营业额。

广播电视有线数字付费频道业务应由直接向用户收取数字付费频道收视费的单位按其向用户收取的收视费全额，向所在地主管税务机关缴纳营业税。对各合作单位分得的收视费收入，不再征收营业税。

案例分析

【例 1】有关文化体育业的计税依据税法中，不正确的是（　　）。

A. 文化体育业的营业额就是指纳税人经营文化业、体育业取得的全部收入

B. 全部收入中包括演出收入、播映收入、其他文化收入

C. 单位或个人进行演出时，以全部收入加上付给提供演出场所的单位的费用后的余额为营业额

D. 全部收入中包括经营游览场所收入和体育收入

参考答案：C。

【例 2】某公园 2008 年 3 月取得门票收入 200 000 元，经营游艺项目取得收入 80 000 元，同时为某模特艺术团表演提供场地，取得租金收入 5 000 元。各项收入分别核算，则该公园 2008 年 3 月应就各项收入分别计算缴纳营业税。

应纳营业税 = 200 000 × 3% + 80 000 × 20% + 5 000 × 5% = 22 250（元）

第十节 邮电通信业营业税的特殊规定

一、征税范围

邮电通信业，是指专门办理信息传递的业务，包括邮政、电信及其相关的业务。

（一）邮政业

邮政业，是指传递实物信息的业务，包括经营各种信函、包裹、邮汇、邮票发行、集邮和邮件运输、报刊发行等邮政业务活动。

传递函件或包件，是指传递函件或包件的业务以及与传递函件或包件相关的业务。所谓传递函件，是指收寄信函、明信片、印刷品的业务。所谓传递包件，是指收寄包裹的业

务。所谓传递函件或包件相关的业务，是指出租信箱、对进口函件或包件进行处理、保管逾期包裹、附带货载及其他与传递函件或包件相关的业务。

邮汇，是指为汇款人传递汇款凭证并兑取的业务。

报刊发行，是指邮政部门代出版单位收订、投递和销售各种报纸、杂志的业务。

（二）电信业

电信业，是指用各种电传设备传输电信号而传递信息的业务，包括经营电报、电传、电话、电话安装、移动通信、无线寻呼、数据传输、图文传真、卫星通信及其他电信业务。

电报，是指用电信号传递文字的通信业务及相关的业务，包括传递电报、出租电报电路设备、代维修电报电路设备以及电报分送、译报、查阅去报报底或来报回单、抄录去报报底等。

电传（即传真），是指通过电传设备传递原件的通信业务，包括传递资料、图表、相片、真迹等。

电话，是指用电传设备传递语言的业务及相关的业务，包括有线电话、无线电话、寻呼电话、出租电话电路设备、代维修或出租广播电路、电视信道等业务。

电话机安装，是指为用户安装或移动电话机的业务。

（三）邮政电信业

邮政电信业，包括邮政和电信合营的邮电单位及省（区、市）邮电管理局的活动。但不包括邮电部门所属的工业、建筑业等活动。

（四）邮务、电信物品销售

邮务物品销售，是指邮政部门在提供劳务同时附带销售与邮政业务相关的各种物品（如信封、信纸、汇款单、邮件包装用品等）的业务。

电信物品销售，是指在提供电信业务的同时附带销售专用和通用的电信物品（如电报纸、电话号码簿、电报签收簿、电信器材、电话机等）的业务。

（五）邮政储蓄

邮政储蓄，是指邮电部门办理储蓄的业务。

政策解析

邮电业务征税问题：

第一，集邮商品的生产征收增值税。邮政部门（含集邮公司）销售集邮商品，应当征收营业税；邮政部门以外的其他单位与个人销售集邮商品，征收增值税。集邮是指收集和保存各种邮票以及与邮政相联系的其他邮品的活动。集邮商品指邮票、小型张、小本票、明信片、首日封、邮折、集邮簿、邮盘、邮票目录、护邮袋、贴片等。

第二，邮政部门发行报刊，征收营业税；其他单位和个人发行报刊，征收增值税。报刊发行是指邮政部门代出版单位收订、投递和销售各种报纸、杂志的业务。

第三，电信单位自己销售电信物品，并为客户提供有关的电信劳务服务的，征收营业税；对单纯销售无线寻呼机、移动电话等不提供有关的电信劳务服务的，征收增值税。电信物品是指电信业务专用或通用的物品，如无线寻呼机、移动电话、电话机及其他电信器材等。

第四，自2008年10月1日起，电信网络分公司从电信股份分公司分得的CDMA业务收入按照“邮电通信业”税目缴纳营业税。

第五，自2009年1月1日起，移动集团及所属分公司从移动有限公司及所属子公司分得的TD－SCDMA业务收入按照“邮电通信业”税目缴纳营业税。

第六，自2009年1月1日起，联通新时空及所属分公司从联通有限公司及所属分公司取得的电信业务收入按照“邮电通信业”税目缴纳营业税。

案例分析

【例1】邮政储蓄按（　　）税目征收营业税。

A. 金融业　　　　B. 邮政业

C. 服务业中的代理业　　　　D. 服务业中的其他服务业

参考答案：B。

【例2】根据有关政策规定（　　）属于缴纳营业税的项目。

A. 邮电部门发行报刊

B. 其他单位和个人发行报刊

C. 从事运输业务的单位发生销售货物并负责运输所售货物的

D. 商场销售电话机

参考答案：A。

二、纳税人

邮电通信业的纳税人，是指在我国境内提供邮电通信业务并取得货币、货物或者其他经济利益的单位和个人。具体包括：中国邮政系统、中国电信、中国移动通信公司、中国联合通信公司和中国铁通以及其他提供邮电通信业业务，并取得利益的单位和个人。

案例分析

【例】以下（　　）属于邮电通信业的纳税人。

A. 国际联合通信公司　　　　B. 中国邮政系统

C. 中国联合通信公司　　　　D. 中国铁通

参考答案：B、C、D。

三、计税依据

确定邮电通信业的营业额有两种方法：一是以取得收入的全额确定的营业额，如传递函件或包件、邮汇等业务的营业额；二是以取得的收入额扣除某些项目的差额确定的营业额，如报刊发行、邮政储蓄等业务的营业额。具体规定有：

1. 电信部门以集中受理方式为集团客户提供跨省的出租电路业务，由受理地区的电信部门按取得的全部价款减除分割给参与提供跨省电信业务电信部门的价款后的差额为营业税计税依据；对参与提供跨省电信业务的电信部门，按各自取得的全部价款为营业税计税营业额。

政策解析

集中受理是指电信部门应一些集团客户的要求，为该集团所属的众多客户提供跨地区的出租电信线路业务，以便该集团所属众多客户在全国范围内保持特定通信联络。

2. 邮政电信单位与其他单位合作，共同为用户提供邮政电信业务及其他服务并由邮政电信单位统一收取价款的，以全部收入减去支付给合作方价款后的余额为营业额。

3. 中国移动通信集团公司通过手机短信公益特服号“8858”为中国儿童少年基金会接受捐款业务，以全部收入减去支付给中国儿童少年基金会的价款后的余额为营业额。

4. 对中国移动通信集团公司、中国联合通信股份有限公司通过手机特服号“10699999”为中国扶贫基金会接受捐款业务，以全部收入减去支付给中国扶贫基金会的价款后的余额为营业额，计算征收营业税。

政策解析

第一，自2008年10月1日起，电信股份分公司应就其向CDMA用户收取的全部收入减去支付给电信网络分公司价款后的余额为营业额缴纳营业税。

第二，自2009年1月1日起，移动有限公司及所属子公司应就其向TD－SCDMA用户收取的全部收入减去支付给移动集团及所属分公司价款后的余额为营业额缴纳营业税。

第三，自2009年1月1日起，联通有限公司及所属分公司应就其向电信用户收取的全部收入减去支付给联通新时空及所属分公司价款后的余额为营业额缴纳营业税。

第十一节　金融保险业营业税的特殊规定

一、征税范围

金融保险业，是指经营金融、保险的业务。

（一）金融业

金融业，是指经营货币资金和信用融通的行业，金融是以银行为中心的货币和信用的授受及与之相联系的经济活动的总称。金融业的征税范围包括贷款、融资租赁、金融商品转让、金融经纪业和其他金融业务。

1. 贷款，是指以有偿使用和到期归还为前提，将资金借与他人使用的行为，包括转贷外汇业务和一般贷款业务。

（1）转贷外汇业务，是指金融企业将直接从境外借来的外汇资金借与境内单位或个人使用，包括：金融企业直接向境外借入外汇资金，然后再贷给国内企业或其他单位和个人使用；各银行总行向境外借入外汇资金后，通过下属分支机构贷给境内单位或个人使用。

（2）一般贷款业务，是指除转贷外汇外的其他贷款，如自有资金贷款、信托贷款、典当、票据贴现等。

政策解析

以货币资金投资但收取固定利润或保底利润的行为，也属于这里所谓的贷款业务。

2. 融资租赁，也称金融租赁，是指经中国人民银行或对外贸易经济合作部（现商务部）批准可从事融资租赁业务的单位所从事的具有融资性质和所有权转移特点的设备租赁业务。具体来说，是指出租人根据承租人所要求的规格、型号、性能等条件购入设备租赁给承租人，合同期内设备所有权属于出租人，承租人只拥有使用权，合同期满付清租金后，承租人有权按残值购入设备，以拥有设备的所有权。

3. 金融商品转让，是指转让外汇、有价证券或非货物期货所有权的行为。包括股票转让、债券转让、外汇转让、其他金融商品转让。

4. 金融经纪业，是指受托代他人经营金融活动的中间业务，包括委托业务、代理业务、咨询业务等，但不包括信托贷款。

5. 其他金融业务，是指上列业务以外的各项金融业务，如银行结算、买入返售证券等。

政策解析

第一，非金融机构和个人的金融商品转让不征营业税。

第二，存款或购入金融商品行为，以及金银买卖业务，不征收营业税。

第三，货物期货不征收营业税。

（二）保险业

保险业的征税范围，包括各种保险业务。保险，是指将通过契约形式集中起来的资金，用以补偿被保险人的经济利益的业务。

政策解析

有下列情形之一者，为在境内提供保险劳务：一是境内保险机构为境内标的物提供的保险劳务，但境内保险机构为出口货物提供保险除外；二是境外保险机构以在境内的物品为标的提供的保险劳务。

案例分析

【例】以下属于金融业征收范围的是（　　）。

A. 存款或购入金融商品　　B. 贷款

C. 融资租赁　　D. 信托业务

参考答案：B、C、D。

二、纳税人

金融保险业的纳税人，是指在我国境内提供金融保险业务并取得货币、货物或其他经济利益的单位和个人，包括金融机构和非金融机构及个人。

金融机构纳税人包括：银行，指中央银行（我国为中国人民银行）、商业银行、政策性银行；信用合作社；证券公司；金融租赁公司、证券基金管理公司、财务公司、信托投资公司、证券投资基金；保险公司；其他经中国人民银行、中国证监会、中国保监会批准成立且经营金融保险业务的机构等。

案例分析

【例】我国金融保险业的纳税义务人可分为（　　）。

A. 证券公司　　B. 信用合作社

C. 保险公司　　D. 银行

参考答案：A、B、C、D。

三、计税依据

金融业计征营业税的营业额有两种方法：一是对一般贷款、转贷外汇、典当、金融经纪业等中介服务，以取得的利息收入全额或手续费收入全额确定为营业额；二是对外汇、证券、期货等金融商品转让，按卖出价减去买入价后的差额为营业额。具体规定有：

1. 一般贷款业务的营业额为贷款利息收入（包括各种加息、罚息等）。

2. 2009 年 1 月 1 日前，外汇转贷业务以差额作为营业额，造成外汇转贷与人民币转贷之间的税收不公，在目前我国外汇储备充足的情况下，其不合理性日益明显。为了促进税收政策的公平，自 2009 年 1 月 1 日，外汇转贷业务以贷款利息收入为营业额。

3. 融资租赁以其向承租者收取的全部价款和价外费用（包括残值）减去出租方承担的出租货物的实际成本后的余额，以直线法折算出本期的营业额。其计算公式为：

本期营业额 =（应收取的全部价款和价外费用 - 实际成本）×（本期天数 ÷ 总天数）

实际成本 = 货物购入原价 + 关税 + 增值税 + 消费税 + 运杂费 + 安装费 + 保险费 + 支付给境外的外汇借款利息支出和人民币价款利息

4. 外汇、有价证券、非货物期或其他金融商品的买卖业务，以卖出价减去买入价后的余额为营业额。

政策解析

第一，卖出价是指卖出原价，不得扣除卖出过程中支付的各种费用和税金。

第二，买入价是指购进原价，不包括购进过程中支付的各种费用和税金，但买入价应依照财务会计制度规定，以股票、债券的购入价减去股票、债券持有期间取得的股票、债券红利收入。

第三，买卖金融商品可在同一会计年度末，将不同纳税期出现的正差和负差按同一会计年度汇总的方式计算并缴纳营业税。如果汇总计算应缴的营业税税额小于本年已缴纳的营业税税额，可以向税务机关申请办理退税，但不得将一个会计年度内汇总后仍为负差的部分结转下一会计年度。

5. 根据国发［2004］3 号文件，对资本市场有关营业税的计税营业额按以下规定执行：

（1）准许上海、深圳证券交易所的证券交易监管费从其营业税计税营业额中扣除。

（2）准许上海、郑州、大连期货交易所代收的期货市场监管费从其营业税计税营业额中扣除。

（3）准许证券公司代收的以下费用从其计税营业额中扣除：为证券交易所代收的证券交易监管费；代理他人买卖证券代收的证券交易所经手费；为中国证券登记结算公司代收的股东账户开户费（包括 A 股和 B 股）、特别转让股票开户费、过户费、B 股结算费、转托管费。

（4）准许上海、深圳证券交易所上缴的证券投资者保护基金从其营业税计税营业额中扣除。

（5）准许证券公司上缴的证券投资者保护基金从其营业税计税营业额中扣除。

（6）准许中国证券登记结算公司和主承销商代扣代缴的证券投资者保护基金从其营业税计税营业额中扣除。

6. 金融经纪业务和其他金融业务（中间业务）营业额为手续费（佣金）类的全部收入。金融企业从事受托收款业务，如代收电话费、水电煤气费、信息费、学杂费、寻呼费、社保统筹费、交通违章罚款、税款等，以全部收入减去支付给委托方价款后的余额为营业额。

政策解析

证券公司可以将在证券交易时向客户收取的佣金作为计征营业税的营业额。如果证券公司给客户的折扣额与向客户收取的佣金额在同一张证券交易交割凭证上注明的，可按折扣后的佣金额征收营业税；如果将折扣额另开凭证或发票的，不论其在财务上如何处理，均不得从佣金计税营业额中将折扣额扣除。

7. 金融企业贷款利息征收营业税的具体规定。自 2003 年 1 月 1 日起，对金融企业按以下规定征收营业税：

（1）金融企业发放贷款（包括自营贷款和委托贷款，下同）后，凡在规定的应收未收利息核算期内发生的应收利息，均应按规定申报缴纳营业税；贷款应收利息自结息之日起，超过应收未收利息核算期限（从 2001 年 1 月 1 日起由 180 天调整为 90 天）或贷款本金到期（含展期）超过 90 天后尚未收回的，按照实际收到的利息申报缴纳营业税。

（2）对金融企业 2001 年 1 月 1 日以后发生的已缴纳过营业税的应收未收利息（包括自营贷款和委托贷款利息，下同）。若超过应收未收利息核算期限后仍未收回或其贷款本金到期（含展期）后尚未收回的，可从以后的营业额中减除。

（3）金融企业在 2000 年 12 月 31 日以前已缴纳过营业税的应收未收利息，原则上应在 2005 年 I2 月 31 日前从营业额中减除完毕。但已移交给中国华融、长城、东方和信达资产管理公司的应收未收利息不得从营业额中减除。

（4）税务机关对金融企业营业税征收管理时，负责核对从营业额中减除的应收未收利息是否已征收过营业税，该项从营业额中减除的应收未收利息是否符合财政部或国家税务总局制定的财务会计制度以及税法规定。

政策解析

金融企业从营业额中减除的应收未收利息的额度和年限以该金融企业确定的额度和年限为准，各级地方政府及其财政、税务机关不得规定金融企业应收未收利息从营业额中减除的年限和比例。

8. 对于保险业，原则上也是以收入的全额为营业额。具体规定有：

（1）办理初保业务。营业额为纳税人经营保险业务向对方收取的全部价款即向被保险人收取的全部保险费。

（2）储金业务。保险公司如采用收取储金方式取得经济利益的，其“储金业务”的营业额，为纳税人在纳税期内的储金平均余额乘以人民银行公布的 1 年期存款的月利率。储金平均余额为纳税期期初储金余额与期末余额之和乘以 50%。

政策解析

储金业务指保险公司以被保险人所交保险资金的利息收入作为保费收入，保险期满后将保险资金本金返还被保险人的业务。

（3）保险企业开展无赔偿奖励业务的，以向投保人实际收取的保费为营业额。

（4）中华人民共和国境内的保险人将其承保的以境内标的物为保险标的的保险业务向境外再保险人办理分保的，以全部保费收入减去分保保费后的余额为营业额。

政策解析

境外再保险人应就其分保收入承担营业税纳税义务，并由境内保险人扣缴境外再保险人应缴纳的营业税税款。

（5）保险企业已征收过营业税的应收未收保费，凡在财务会计制度规定的核算期限内未收回的，允许从营业额中减除。在会计核算期限以后收回的已冲减的应收未收保费，再并入当期营业额中。

案例分析

【例】某金融机构2009年1月从事一般贷款业务，取得利息收入30万元、罚息2万元；从事外汇转让业务，卖出价497万元，另外支付费用及税金3万元，买入价460万元，其中包含费用及税金2万元；受S企业委托发放贷款，取得贷款利息10万元；受T企业委托发放贷款并将此业务转给其经办机构，收取贷款利息5万元。计算该金融企业应缴纳和扣缴的营业税。

分析：该金融机构的一般贷款业务应以贷款利息收入（包括各种加息、罚息等）为营业额；从事股票、债券买卖业务，以股票、债券的卖出价减去买入价后的余额为营业额；委托金融机构发放贷款，应作为扣缴义务人代扣代缴S企业应纳营业税；金融机构将委托方的资金转给经办机构，由经办机构将资金贷给使用单位或个人，在征收营业税时，由最终将贷款发放给使用单位或个人并取得贷款利息的经办机构代扣委托方应纳的营业税，并向经办机构所在地主管税务机关解缴。

应纳营业税 = (30 + 2) × 5% + [(497 + 3) − (460 − 2)] × 5% = 3.7（万元）

应代扣代缴营业税 = 10 × 5% = 0.5（万元）

第十二节　服务业营业税的特殊规定

一、征税范围

服务业，是指利用设备、工具、场所、信息或技能为社会提供服务的业务。

服务业的征税范围，包括代理业、旅店业、饮食业、旅游业、仓储业、租赁业、广告业和其他服务业。

（一）代理业

代理业，是指代委托人办理受托范围内的业务，包括代销货物、代办进出口、介绍服务、其他代理服务。

代销货物，是指受托办理货物销售，按实销额进行结算并收取手续费的业务。

代办进出口，是指受托办理商品或劳务进出口的业务。

介绍业务，是指中介人介绍双方商谈交易或其他事项的业务。

其他代理服务，是指受托办理上列事项以外的其他事项的业务。

政策解析

第一，代理报关业务应按照"服务业——代理业"税目征收营业税。"代理报关业务"是指接受进出口货物收、发货人的委托，代为办理报关相关手续的业务。

第二，服务性单位将委托方预付的餐费转付给餐饮企业，并向委托方和餐饮企业收取服务费的，属于餐饮中介服务，应按"服务业——代理业"税目征收营业税。

第三，无船承运业务应按照"服务业——代理业"税目征收营业税。无船承运业务是指无船承运业务经营者以承运人身份接受托运人的货载，签发自己的提单或其他运输单证，向托运人收取运费，通过国际船舶运输经营者完成国际海上货物运输，承担承运人责任的国际海上运输经营活动。

第四，对拍卖行向委托方收取的手续费应征收营业税。

（二）旅店业

旅店业，是指提供住宿服务的业务。

（三）饮食业

饮食业，是指经营饮食服务的业务。

案例分析

【例】某饮食企业在提供饮食的同时，附带也提供香烟等货物，就应按饮食业征收营业税。又如某饭店在大门口设一独立核算的柜台，既对店内的顾客提供自制食品（如月饼、生日蛋糕、快餐等），又对外销售，这种情况属于兼营行为。在划分混合销售或是兼营行为时，都要严格区分两者的概念，才能正确划分营业税与增值税的征税范围。

（四）旅游业

旅游业，是指为旅游者安排食宿、交通工具和提供导游等旅游服务的业务。

政策解析

第一，单位和个人在旅游景点经营索道取得的收入按"服务业——旅游业"项目征收营业税。

第二，单位和个人在旅游景区经营旅游游船、观光电梯、观光电车、景区环保客运车所取得的收入应按"服务业——旅游业"征收营业税。

（五）仓储业

仓储业，是指利用仓库、货场或其他场所代客贮放、保管货物的业务。

（六）租赁业

租赁业，是指出租人将场地、房屋、物品、设备或设施等租给承租人使用的业务。对远洋运输企业从事光租业务和航空运输企业从事干租业务取得的收入，按"服务业"税目中的“租赁业”项目征收营业税。

所谓光租业务，是指远洋运输企业将船舶在约定的时间内出租给他人使用，不配备操作人员，不承担运输过程中发生的各种费用，只收取固定租赁费的业务。

所谓干租业务，是指航空运输企业将飞机在约定的时间内出租给他人使用，不配备机组人员，不承担运输过程中发生的各种费用，只收取固定租赁费的业务。

政策解析

第一，交通部门有偿转让高速公路收费权行为，属于营业税征收范围，应按“服务业——租赁业”项目征收营业税。

第二，酒店产权式经营业主（以下简称业主）在约定的时间内提供房产使用权与酒店进行合作经营，如房产产权并未归属新的经济实体，业主按照约定取得的固定收入和分红收入均应视为租金收入，根据有关税收法律、行政法规的规定，应按照“服务业——租赁业”征收营业税。

（七）广告业

广告业，是指利用图书、报纸、杂志、广播、电视、电影、幻灯、路牌、招贴、橱窗、霓虹灯、灯箱等形式为介绍商品、经营服务项目、文体节目或通告、声明等事项进行宣传和提供相关服务的业务。

政策解析

第一，广告代理业务按“服务业——广告业”征税。

第二，对报社、出版社根据文章篇幅、作者名气等向作者收取的“版面费”收入，按照“服务业——广告业”税目征收营业税。

（八）其他服务业

其他服务业，是指上列业务以外的服务业务，如沐浴、理发、洗染、照相、美术、裱画、誊写、打字、镌刻、计算、测试、试验、化验、录音、录像、复印、晒图、设计、制图、测绘、勘探、打包、咨询等。

政策解析

第一，自 2002 年 1 月 1 日起。福利彩票机构发行销售福利彩票取得的收入不征收营业税。对福利彩票机构以外的代销单位销售福利彩票取得的手续费收入应按“服务业”税目征收营业税。“福利彩票机构”包括福利彩票销售管理机构和与销售管理机构签有电脑福利彩票投注站代理销售协议书、并直接接受福利彩票销售管理机构的监督管理的电脑福利彩票投注站。

第二，对社保基金投资管理人、社保基金托管人从事社保基金管理活动取得的收入，按照“服务业”税目征收营业税。

第三，对港口设施经营人收取的港口设施保安费，应按照“服务业”税目全额征收营业税，同时并入其应纳税所得额中计征企业所得税；缴纳港口设施保安费的外贸进出货物（含集装箱）的托运人（或其代理人）或收货人（或其代理人）等单位不得在其计算缴纳企业所得税时作税前扣除。

第四，单位和个人受托种植植物、饲养动物的行为，应按照营业税“服务业”税目征收营业税，不征收增值税。上述单位和个人受托种植植物、饲养动物的行为是指，委托方向受托方提供其拥有的植物或动物，受托方提供种植或饲养服务最终将植物或动物归还给委托方的行为。

第五，双方签订承包、租赁合同（协议，下同）将企业或企业部分资产出包、租赁，出包出租者向承包、承租方收取的承包费、租赁费（承租费，下同）按“服务业”税目征收营业税。出包方收取的承包费凡同时符合以下三个条件的，属于企业内部分配行为不征收营业税：(1) 承包方以出包方名义对外经营，由出包方承担相关的法律责任；(2) 承包方的经营收支全部纳入出包方的财务会计核算；(3) 出包方与承包方的利益分配是以出包方的利润为基础。

第六，随汽车销售提供的汽车按揭服务和代办服务业务征收增值税，单独提供按揭、代办服务业务并不销售汽车的，应征收营业税。

第七，在其他服务业中如何划分营业税和增值税：如某照相馆在照结婚纪念照的同时，附带也提供镜框、相册等货物，此种混合销售行为，就应按其他服务业征收营业税。这是因为这项销售业务是以提供劳务为主，同时附带销售货物，这种情况下的混合销售行为，应当征收营业税。

二、纳税人

服务业的纳税人，为在我国境内提供服务业劳务的单位和个人。

**政策解析**

单位以承包、承租、挂靠方式经营的，承包人、承租人、挂靠人（以下统称承包人）发生应税行为，承包人以发包人、出租人、被挂靠人（以下统称发包人）名义对外经营并由发包人承担相关法律责任的，以发包人为纳税人；否则以承包人为纳税人。

三、计税依据

服务业的营业额，是指纳税人提供服务业劳务向对方收取的全部价款和价外费用。

1. 代理业营业额，是指经营代购代销货物、代办进出口、介绍服务和其他代理服务取得的手续费、介绍费、代办费等收入，即实际收取的报酬。

(1) 服务性单位从事餐饮中介服务的营业额为向委托方和餐饮企业实际收取的中介服务费，不包括其代委托方转付的就餐费用。

(2) 外事服务单位为外国常驻机构、“三资”企业和其他企业提供人力资源服务的，按“代理业”子目征收营业税，其营业额为从委托方取得的全部收入减除代委托方支付给聘用人员的工资及福利费和缴纳的社会统筹、住房公积金后的余额。

(3) 纳税人从事代理报关业务，以其向委托人收取的全部价款和价外费用扣除以下项目金额后的余额为计税营业额申报缴纳营业税：

第一，支付给海关的税金、签证费、滞报费、滞纳金、查验费、打单费、电子报关平台费、仓储费；

第二，支付给检验检疫单位的三检费、熏蒸费、消毒费、电子保险平台费；

第三，支付给预录入单位的预录费；

第四，国家税务总局规定的其他费用。

（4）纳税人从事无船承运业务，以其向委托人收取的全部价款和价外费用扣除其支付的海运费以及报关、港杂、装卸费用后的余额为计税营业额申报缴纳营业税；纳税人从事无船承运业务，应按照其从事无船承运业务取得的全部价款和价外费用向委托人开具发票，同时应凭其取得的开具给本纳税人的发票或其他合法有效凭证作为差额缴纳营业税的扣除凭证。

（5）代购代销的征税问题。代购代销货物本身的经营活动属于购销货物，在其经营过程中，货物实现了有偿转让，应属增值税的征收范围。营业税对代购代销货物征税，不是针对货物有偿转让这个过程的经营业务，而是对代理者为委托方提供的代购或代销货物的劳务行为征税。这是由代购或代销本身内涵所确定的。

第一，所谓代购货物，是指受托方按照协议或委托方的要求，从事商品的购买，并按发票购进价格与委托方结算（原票转交）。受托方在这个过程中提供了劳务，就需要取得经济利益。因此，受托方要按购进额收取一定的手续费，这就是受托方为委托方提供劳务而取得的报酬，也就是营业税规定要征税的范围。

政策解析

代购货物行为，凡同时具备以下条件的，不论企业的财务和会计账务如何处理，均应征收营业税：

第一，受托方不垫付资金；

第二，销货方将增值税专用发票开具给委托方，并由受托方将该项发票转交给委托方；

第三，受托方按代购实际发生的销售额和增值税税额与委托方结算货款，并另收取手续费。

案例分析

【例】某机械厂委托金属材料公司代购钢材，事先预付一笔周转金100万元，该金属材料公司代购钢材后按实际购进价格向工厂结算，并将销货方开具给委托方的增值税专用发票原票转交，共计支付价税合计金额92万元，另扣5%的手续费4.6万元，并单独开具发票收取，收取的4.6万元手续费即为营业税征收范围。

如果该公司将增值税专用发票不转交工厂，先购进钢材，增值税专用发票自留，并照原购进发票的原价，另外用本公司的增值税专用发票填开给机械厂，同时再按原协议收取手续费。这种情况下，金属材料公司的所谓代购钢材行为，变成了自营钢材行为，所收取的手续费属于销售货物时所收取的价外费用，应当并入货物的销售额征收增值税。

第二，所谓代销，是指受托方按委托方的要求销售委托方的货物，并收取手续费的经营活动。仅就销售货物环节而言，它与代购一样也属增值税的征收范围。但受托方提供了劳务，就要取得一定的报酬，因而要收取一定的手续费。营业税是对受托方提供代销货物业务的劳务所取得的手续费征税。掌握代销货物的关键，是受托方以委托方的名义，从事销售委托方的货物的活动，对代销货物发生的质量问题以及法律责任，都由委托方负责。

2. 旅店业营业额为提供住宿服务的各项收入。

3. 饮食业营业额为向顾客提供饮食消费服务而收取的餐饮收入。

4. 旅游业营业额的具体规定。

(1) 旅游企业组织旅游团到中华人民共和国境外旅游，在境外改由其他旅游企业接团的，以全程旅游费减去付给该接团企业的旅游费后的余额为营业额。

(2) 旅游企业组织旅游团在中国境内旅游的，以收取的全部旅游费减去替旅游者支付给其他单位或者个人的住宿费、餐费、交通费、旅游景点门票或支付给其他接团旅游企业的旅游费用后的余额为营业额。

政策解析

单位和个人在旅游景区兼有不同税目应税行为并采取“一票制”收费方式的，应当分别核算不同税目的营业额；未分别核算或核算不清的，从高适用税率。

案例分析

【例】境内某旅行社于2008年12月组团到新、马、泰旅游，共组织游客100人，每人收费10 000元。在境内期间，旅行社支付交通费和餐费2 000元/人；出境后，分别由三国旅行社接团，按2 200元/人、2 400元/人、2 600元/人分别付给三国旅行社。对于此项业务，该旅行社2008年12月应以全程旅游费减去付给该接团企业旅游费以及替旅游者支付给其他单位的餐费和交通费的余额为营业额计算缴纳营业税。

应纳营业税 = (10 000 − 2 000 − 2 200 − 2 400 − 2 600) ×100 ×5% =4 000 (元)

5. 广告业营业额为广告的设计、制作、刊登、广告性赞助收入等广告业务收入，对其应按全额征收营业税。

政策解析

从事广告代理业务的，以其全部收入减去支付给其他广告公司或广告发布者（包括媒体、载体）的广告发布费后的余额为营业额。

6. 租赁业营业额为经营租赁业务所取得租金的全额收入，不得扣除任何费用。

案例分析

【例】企业承租经营某乙级饭店（有独立经营权，在财务上独立核算），2007年10月取得经营收入100万元，交付年租金240万元。对于此项业务，本月各方的纳税义务为：

租赁方应纳营业税 =240 ÷12 ×5% =1 (万元)

承租方应纳营业税 =100 ×5% =5 (万元)

7. 仓储业营业额为经营仓储业务向顾客收取的全部费用。

8. 其他服务业务营业额的确定。其他服务业的营业额为发生其他服务业劳务时，向对方收取的全部费用，包括价外费用。具体规定为：

(1) 对于财政部、国家税务总局或者省级财政、地税局确定的不征税名单中的收费项目，不征营业税。其余的收费项目都应该征收营业税，且营业额为收费的全额。

(2) 自2004年7月1日起，对商业企业向供货方收取的与商品销售量、销售额无必然联系，且商业企业向供货方提供一定劳务的收入，例如进场费、广告促销费、上架费、展示费、管理费等，不属于平销返利，不冲减当期增值税进项税额，应按营业税的适用税目税率（5%）征收营业税。

政策解析

商业企业向供货方收取的各种收入，一律不得开具增值税专用发票。

（3）劳务公司接受用工单位的委托，为其安排劳动力，凡用工单位将其应支付给劳动力的工资和为劳动力上交的社会保险（包括养老保险、医疗保险、失业保险、工伤保险等，下同）以及住房公积金统一交给劳务公司代为发放或办理的，以劳务公司从用工单位收取的全部价款减去代转付给劳动力的工资和为劳动力办理社会保险及住房公积金后的余额为营业额。

案例分析

【例】某市劳务公司接受用工单位的委托，为其安排劳动力。双方协议规定，用工单位将其应支付给劳动力的工资、为劳动力上交的社会保险和住房公积金，按月支付给该劳务公司，由该劳务公司代为发放或办理。该劳务公司本月向用工单位共收取470 000元，其中应支付给劳动力的工资400 000元、上交的各类保险42 000元、住房公积金18 000元。对于此项业务，劳务公司应以从用工单位收取的全部价款减去代收转付给劳动力的工资和为劳动力办理社会保险及住房公积金后的余额为营业额，计算缴纳营业税。

应纳营业税 =（470 000 - 400 000 - 42 000 - 18 000）×5% =500（元）

（4）从事物业管理的单位，以与物业管理有关的全部收入减去代业主支付的水、电、燃气以及代承租者支付的水、电、燃气、房屋租金的价款后的余额为营业额。

第十三节 娱乐业营业税的特殊规定

一、征税范围

娱乐业，是指为娱乐活动提供场所和服务的业务。娱乐场所为顾客提供的饮食及其他服务也按照娱乐业征税。娱乐业的征税范围包括歌厅、舞厅、卡拉OK歌舞厅、音乐茶座、台（桌）球、高尔夫球、保龄球、网吧、游艺场等娱乐场所以及娱乐场所为顾客进行娱乐活动提供服务的业务。

（一）歌厅

歌厅，是指在乐队的伴奏下，顾客进行自娱自乐形式的演唱活动的场所。

（二）舞厅

舞厅，是指供顾客进行跳舞活动的场所。

（三）卡拉OK歌舞厅

卡拉OK歌舞厅，是指在唱片、磁带、录像带、视盘等播放的音乐伴奏下，顾客自娱自乐进行的歌唱、跳舞活动的场所。

（四）音乐茶座

音乐茶座，是指为顾客同时提供音乐欣赏和茶水、咖啡、酒及其他饮料消费的场所。

（五）台（桌）球、高尔夫球、保龄球

台（桌）球、高尔夫球、保龄球，是指为顾客进行台（桌）球、高尔夫球、保龄球活动提供场所的业务。

（六）网吧

单位和个人开办“网吧”取得的收入，按“娱乐业”税目征税。

（七）游艺场

游艺，是指举办各种游艺、游乐（如射击、狩猎、跑马、玩游戏机等）活动的场所。

案例分析

【例】在音乐茶座销售的饮料（　　）。

A. 按销售货物缴纳增值税　　B. 按服务业中饮食业缴纳营业税

C. 按娱乐业缴纳营业税　　D. 按文化体育业缴纳营业税

参考答案：C。

二、纳税人

娱乐业的纳税人，为在我国境内提供娱乐业劳务的单位和个人。

三、计税依据

娱乐业的营业额，为经营娱乐业向顾客收取的全部价款和价外费用，包括门票收费、台位费、点歌费、烟酒、饮料、茶水、鲜花、小吃等收费及经营娱乐业的其他各项收费。

案例分析

【例1】娱乐业的计税营业额包括向顾客收取的下列费用（　　）。

A. 门票收费　　B. 台位费

C. 点歌费　　D. 烟酒、饮料收费

参考答案：A、B、C、D。

【例2】某舞厅本月取得舞厅门票收入3万元，饮料收入5万元，点歌收入2万元，请计算该宾馆本月应纳营业税。

应纳营业税＝（3＋5＋2）×20%＝2（万元）

第十四节　销售不动产营业税的特殊规定

一、征税范围

销售不动产，是指有偿转让不动产所有权的行为。不动产，是指不能移动，移动后会引起性质、形状改变的财产。销售不动产的征税范围包括销售建筑物或构筑物、销售其他土地附着物。

（一）销售建筑物或构筑物

销售建筑物或构筑物，是指有偿转让建筑物或构筑物的所有权的行为。以转让有限产权或永久使用权方式销售建筑物或构筑物，视同销售建筑物或构筑物。

（二）销售其他土地附着物

销售其他土地附着物，是指有偿转让其他土地附着物的所有权的行为。其他土地附着物，是指除建筑物、构筑物以外的其他附着于土地的不动产，如树木、庄稼、花草等。

政策解析

第一，在销售不动产时连同不动产所占土地使用权一并转让的行为，比照销售不动产征税。

第二，自 2003 年 1 月 1 日起，以不动产投资入股，参与接受投资方利润分配、共同承担投资风险的行为，不征营业税。在投资后转让股权的，也不征营业税。

第三，单位或者个人将不动产或者土地使用权无偿赠与其他单位或者个人，视同发生应税行为按规定征收营业税。

第四，纳税人自建住房销售给本单位职工，属于销售不动产行为，应照章征收营业税。

第五，外商投资企业和外国企业：（1）处置债权重置资产，不征收营业税。（2）处置股权重置资产（包括债转股方式处置）所取得的收入，不征营业税。（3）处置其所拥有的实物重置资产，该项资产属于不动产的，征收营业税。

案例分析

【例 1】（　　）属于销售不动产的征收范围。

A. 销售建筑物或构筑物　　B. 销售土地

C. 销售土地附着物　　D. 无偿转让建筑物或构筑物的所有权

参考答案：A、C。

【例 2】某中外合资企业投资总额为 6 000 万元，注册资本 3 000 万元，中方占股权的 40%，需投入资本 1 200 万元。该企业可以有两种方案可以选择：方案一：中方以机器设备（本企业固定资产管理并计提了折旧）作价 1 200 万元作为注册资本投资，以房屋建筑物作价 1 200 万元作为其他投入，收取固定利润、不承担投资风险。方案二：中方以房屋建筑物作价 1 200 万元作为注册资本投入，以机器设备作价 1 200 万元作为其他投入。

方案一的税务处理方法：企业以 1 200 万元机器设备对外投资，视同销售，应计算缴纳增值税。

应纳增值税 = 1 200 ÷（1 + 4%）× 4% × 50% = 23.08（万元）

企业以房屋建筑物作价 1 200 万元作为其他投入，收取固定利润、不承担投资风险，属于将场地房屋转让给他人使用的行为，应按服务业税目中的租赁业子目缴纳营业税。

应纳营业税 = 1 200 × 5% = 60（万元）

方案二的税务处理方法：纳税人以房屋建筑物作价投资入股，参与接受投资方的利润分配，共同承担投资风险的行为不缴营业税，纳税人只就以其他方式投入的机器设备缴纳 23.08 万元的增值税。

二、纳税人

销售位于境内的不动产的单位或个人为营业税的纳税人，它既包括专门从事销售不动产的单位和个人，如房地产开发公司、住宅开发公司等，也包括一次性销售不动产，如行政事业单位销售自有房产的单位和个人。

三、计税依据

纳税人销售不动产的营业额，为纳税人销售不动产时从购买方取得的全部价款和价外费用（含货币、货物或其他经济利益）。具体规定有：

1. 单位和个人销售其购置的不动产，以全部收入减去不动产的购置原价后的余额为营业额。

2. 单位和个人销售抵债所得的不动产，以全部收入减去抵债时该项不动产作价后的余额为营业额。

3. 自2009年1月1日至12月31日，个人将购买不足2年的非普通住房对外销售的，全额征收营业税；个人将购买超过2年（含2年）的非普通住房或者不足2年的普通住房对外销售的，按照其销售收入减去购买房屋的价款后的差额征收营业税；个人将购买超过2年（含2年）的普通住房对外销售的，免征营业税。

上述普通住房和非普通住房的标准、办理免税的具体程序、购买房屋的时间、开具发票、差额征税扣除凭证、非购买形式取得住房行为及其他相关税收管理规定，按照《国务院办公厅转发建设部等部门关于做好稳定住房价格工作意见的通知》（国办发［2005］26号）、《国家税务总局财政部建设部关于加强房地产税收管理的通知》（国税发［2005］89号）和《国家税务总局关于房地产税收政策执行中几个具体问题的通知》（国税发［2005］172号）的有关规定执行。

政策解析

第一，房地产开发公司销售商品房时，要代当地政府及有关部门收取一些资金或费用，如代市政府收取的市政费，代邮政部门收取邮政通信配套费等。对此类代收资金及费用，房地产开发公司不是作为自己的营业收入，而是作为代收费用处理的，将全额转给有关部门。根据《营业税暂行条例》中关于营业税营业额为纳税人从对方所取得全部价款和价外费用的规定，对此类费用，不论其财务上如何核算，均应当全部作为销售不动产的营业额计征营业税。

第二，单位将不动产赠与他人的营业额问题。对单位将不动产无偿赠与他人，税务机关有权核定其计税营业额，其方法如下：(1) 按纳税人当月销售的同类不动产的平均价格核定；(2) 按纳税人最近时期销售的同类不动产的平均价格核定；(3) 按下列公式核定计税价格：计税价格 = 营业成本或工程成本 ×（1 + 成本利润率）÷（1 – 营业税税率）。

案例分析

【例】某房地产开发公司2007年销售新商品房取得收入2 000万元，接受某建筑公司抵债商品房10套，抵顶债务800万元。年内房地产开发公司将10套商品房全部售出，取得收入1 000万元。本期该房地产开发公司应以全部收入减去抵债时该项不动产作价后的余额为营业额计算缴纳营业税。

应纳营业税 = ［2 000 +（1 000 – 800）］×5% = 110（万元）

第十五节 转让无形资产营业税的特殊规定

一、征税范围

转让无形资产，是指纳税人以取得货币、货物或其他经济利益为前提，转让无形资产的所有权或使用权的行为。无形资产是指不具备实物形态，能长期使用并能带来经济利益的权利、技术。转让无形资产的征税范围包括：转让土地使用权、转让商标权、转让专利权、转让非专利技术、出租电影拷贝、转让著作权、转让商誉。

（一）转让土地使用权

转让土地使用权，是指土地使用者转让土地使用权的行为。土地所有者出让土地使用权和土地使用者将土地使用权还给土地所有者的行为，不征收营业税。

政策解析

土地租赁，不按转让无形资产税目征税，属于“服务业——赁业”征税范围。

（二）转让商标权

转让商标权，是指转让商标的所有权或使用权的行为。

（三）转让专利权

转让专利权，是指转让专利技术的所有权或使用权的行为。

（四）转让非专利技术

转让非专利技术，是指转让非专利技术的所有权或使用权的行为。

非专利技术是相对于专利技术而言，非专利技术的所有者，不受国家法律的保护，靠自身保密来保护自己的利益。非专利技术的所有权和使用权，只能建立在社会和他人还没有掌握其技术诀窍的基础上。在这种情况下，当他人需要该项技术时，只有向该项技术的所有者购买。这时，该项技术的所有者才有转让的市场，方能体现出拥有的权利。

政策解析

对提供无所有权技术的行为，不按转让无形资产税目征税，而应视为一般性的技术服务。

（五）出租电影拷贝

出租电影拷贝，是指电影发行单位以出租电影拷贝形式，将电影拷贝播映权在一定限期内转让给电影放映单位的行为。

（六）转让著作权

转让著作权，是指转让著作所有权或使用权的行为。著作，是指各种文学、艺术和自然科学、社会科学、工程技术等方面的作品。它体现的形式为文字著作、图形著作（如画册、影集）、音像著作（如电影母片、录像带母带）等。著作权，是指作者依法对其创作的文学、艺术和科学作品享有的某些专有权。著作权包括：

1. 发表权，即决定作品是否公之于众的权利。

2. 署名权，即表明作者身份，在作品上署名的权利。

3. 修改权，即修改或授权他人修改作品的权利。

4. 保护作品完整权，即保护作品不受歪曲、篡改的权利。

5. 使用权和获得报酬的权利，即以复制（指印刷、复印、拓印、录音、录像、翻录、翻拍等方式将其制作一份备份的行为）、表演、播放、展览、发行、摄制电影（电视、录像）、改编、注释、编辑等方式使用作品的权利。

因此，准确表述应该是作者有偿转让上述5种具体形式的著作权，均属转让无形资产税目征税范围。

（七）转让商誉

转让商誉，是指转让商誉的使用权的行为。

商誉，是指企业或其他单位由于种种原因，如地理条件优越、知名度高、信誉好、管理水平高、技术先进等，而形成的无形价值。这种无形价值具体表现在一个单位的获利能力超过了一般的获利水平。

政策解析

第一，自2003年1月1日起，以无形资产投资入股，参与接受投资方的利润分配、共同承担投资风险的行为，不征税营业税。在投资后转让其股权的也不征税营业税。

第二，单位和个人转让在建项目时，不管是否办理立项人和土地使用人的更名手续，其实质是发生了转让不动产所有权或土地使用权的行为。对于转让在建项目行为应按以下办法征收营业税：

（1）转让已完成土地前期开发或正在进行土地前期开发，但尚未进入施工阶段的在建项目，按“转让无形资产——转让土地使用权”项目征收营业税。

（2）转让已进入建筑物施工阶段的在建项目，按“销售不动产”税目征收营业税。

第三，土地整理储备供应中心（包括土地交易中心）转让土地使用权取得的收入按“转让无形资产——转让土地使用权”项目征收营业税。

第四，对经过国家版权局注册登记，在销售时一并转让著作权、所有权的计算机软件征收营业税。计算机软件产品是指记载有计算机程序及其有关文档的存储介质（包括软盘、硬盘、光盘等）。

第五，土地使用者转让、抵押或置换土地，无论其是否取得了该土地的使用权属证书，只要土地使用者享有占有、使用、收益或处分该土地的权利，且有合同等证据表明其实质转让、抵押或置换了土地并取得了相应的经济利益，土地使用者及其对方当事人应当依照税法规定缴纳营业税。

案例分析

【例1】下列（　　）不属于转让无形资产征收范围。

A. 转让土地使用权　　B. 转让商标权

C. 转让专利权　　D. 转让土地所有权

参考答案：D。

【例2】电影发行单位以出租电影拷贝形式，将电影拷贝播映权在一定限期内转让给电影放映单位的行为按（　　）税目征收营业税。

A. 销售不动产　　B. 转让无形资产

C. 娱乐业　　D. 文化体育业

参考答案：B。

二、纳税人

转让无形资产的纳税人，为在我国境内转让无形资产的单位和个人。

三、计税依据

纳税人转让无形资产的营业额为纳税人转让无形资产从受让方取得的货币、货物和其他经济利益。具体规定有：

1. 单位和个人转让其受让的土地使用权，以全部收入减去土地使用权的受让原价后的余额为计税营业额。

2. 单位和个人转让抵债所得的土地使用权，以全部收入减去抵债时该项土地使用权作价后的余额为计税营业额。

第十六节　营业税申报缴纳

一、纳税义务发生时间

营业税的纳税义务发生时间，为纳税人收讫营业收入款项或者取得索取营业收入款项凭据的当天。国务院财政、税务主管部门另有规定的，从其规定。

政策解析

第一，所谓取得索取营业收入款项凭据的当天，为书面合同确定的付款日期的当天；未签订书面合同或者书面合同未确定付款日期的，为应税行为完成的当天。

第二，收讫营业收入款项，是指纳税人应税行为发生过程中或者完成后收取的款项。

营业税扣缴义务发生时间为纳税人营业税纳税义务发生的当天，即扣缴义务人代纳税人收讫营业收入款项或者取得营业收入款项凭据的当天。具体规定如下：

1. 纳税人转让土地使用权或者销售不动产，采用预收款方式的，其纳税义务发生时间为收到预收款的当天。纳税人提供建筑业或者租赁业劳务，采用预收款方式的，其纳税义务发生时间为收到预收款的当天。

2. 纳税人自建建筑物后销售，其自建行为的纳税义务发生时间，为销售自建建筑物并收讫营业额或者取得营业额凭据的当天。

3. 纳税人将不动产或者土地使用权无偿赠与他人，其纳税义务发生时间为不动产所有权、土地使用权转移的当天。

4. 对俱乐部、交易所或类似的会员制经济、文化、体育组织（简称会员组织），在会员入会时收取的会员费、席位费、资格保证金和其他类似费用，其营业税纳税义务发生时间为会员组织收讫会员费、席位费、资格保证金和其他类似费用款项或者取得这些费用款项凭据的当天。

5. 单位和个人提供应税劳务、转让专利权、非专利技术、商标权、著作权和商誉时，向对方收取的预收性质的价款（包括预收款、预付款、预存费用、预收定金等），其营业税纳税义务发生时间，以按照财务会计制度的规定该项预收性质的价款被确认为收入的时间为准。

6. 建筑业纳税人应按照下列规定确定建筑业营业税的纳税义务发生的时间：

（1）纳税人提供建筑业应税劳务，施工单位与发包单位签订书面合同，如合同明确规定付款（包括提供原材料、动力及其他物资，不含预收工程价款）日期的，按合同规定的付款日期为纳税义务发生时间；合同未明确付款（同上）日期的，其纳税义务发生时间为纳税人收讫营业收入款项或者取得营业收入款项凭据的当天。

上述预收工程价款是指工程项目尚未开工时收到的款项。对预收工程价款，其纳税义务发生时间为工程开工后，主管税务机关根据工程进度按月确定。

（2）纳税人提供建筑业应税劳务，施工单位与发包单位未签订书面合同的，其纳税义务发生时间为纳税人收讫营业收入款项或者取得营业收入款项凭据的当天。

（3）纳税人自建建筑物，其建筑业应税劳务的纳税义务发生时间为纳税人销售自建建筑物并收讫营业收入款项或取得营业收入款项凭据的当天。

（4）纳税人将自建建筑物对外赠与，其建筑业应税劳务的纳税发生时间为该建筑物产权转移的当天。

7. 金融保险业营业税纳税义务发生时间如下：

（1）贷款业务。自 2003 年 1 月 1 日起，金融企业发放的贷款逾期（含展期）90 天（含 90 天）尚未收回的，纳税义务发生时间为纳税人取得利息收入权利的当天。原有的应收未收贷款利息逾期 90 天以上的，该笔贷款新发生的应收未收利息，其纳税义务发生时间均为实际收到利息的当天。

（2）融资租赁业务的纳税义务发生时间为取得租金收入或取得租金收入价款凭据的当天。

（3）金融商品转让业务的纳税义务发生时间为金融商品所有权转移之日。

（4）金融经纪业和其他金融业务的纳税义务发生时间为取得营业收入或取得营业收入价款凭据的当天。

（5）保险业务的纳税义务发生时间为取得保费收入或取得保费收入价款凭据的当天。

8. 电信部门销售有价电话卡的纳税义务发生时间，为售出电话卡并取得售卡收入或取得索取售卡收入凭据的当天。

案例分析

【例】纳税人转让土地使用权或销售不动产，采取预收款方式的，其纳税义务的时间为（　　）。

A. 所有权转移的当天　　B. 收到预收款的当天

C. 收到全部价款的当天　　D. 所有权转移并收到全部款项的当天

参考答案：B。

二、纳税期限

1. 营业税的纳税期限，分别为 5 日、10 日、15 日、1 个月或者一个季度。纳税人的具体纳税期限，由主管税务机关根据纳税人应纳税额的大小分别核定；不能按照固定期限纳税的，可以按次纳税。

2. 纳税人以1个月或一个季度为一期纳税的，自期满之日起15日内申报纳税；以5日、10日或者15日为一期纳税的，自期满之日起5日内预缴税款，于次月1日起15日内申报纳税并结清上月应纳税款。

3. 扣缴义务人的解缴税款期限，比照上述规定执行。

4. 金融业纳税期限的具体规定：银行、财务公司、信托投资公司、信用社以1个季度为纳税期限（每季度末最后一旬应得的贷款利息收入，可以在本季度缴纳营业税，也可以在下季度缴纳营业税，但确定后一年内不得变更）。其他的金融机构（如典当行）以1个月为纳税期限。

5. 保险业的纳税期限为1个月。

三、纳税地点

营业税的纳税地点按机构所在地或者居住地确定。具体规定如下：

1. 纳税人提供应税劳务应当向其机构所在地或者居住地的主管税务机关申报纳税。但是，纳税人提供的建筑业劳务以及国务院财政、税务主管部门规定的其他应税劳务，应当向应税劳务发生地的主管税务机关申报纳税。

2. 纳税人转让土地使用权，应当向土地所在地主管税务机关申报纳税。纳税人转让其他无形资产，应当向其机构所在地的主管税务机关申报纳税。

政策解析

转让其他无形资产的纳税人是境内个人时，由于税法规定，境内个人转让除土地使用权以外的其他无形资产行为，其应纳税款以受让者为扣缴义务人。因此纳税地点为受让者的机构所在地。

3. 单位和个人出租土地使用权、不动产的营业税纳税地点为土地、不动产所在地；单位和个人出租物品、设备等动产的营业税纳税地点为出租单位机构所在地或个人居住地。

4. 纳税人销售不动产，应当向不动产所在地主管税务机关申报纳税。

5. 纳税人提供的应税劳务发生在外县（市），应向应税劳务发生地的主管税务机关申报纳税；如未向应税劳务发生地申报纳税的，由其机构所在地或者居住地主管税务机关补征税款。

6. 纳税人承包的工程跨省、自治区、直辖市的，向其机构所在地主管税务机关申报纳税。

7. 各航空公司所属分公司，无论是否单独计算盈亏，均应作为纳税人向分公司所在地主管税务机关缴纳营业税。

8. 纳税人在本省、自治区、直辖市范围内发生应税行为，其纳税地点需要调整的，由省、自治区、直辖市人民政府所属税务机关确定。

9. 纳税人从事运输业务的，应当向其机构所在地主管税务机关申报纳税。具体规定如下：

（1）中央铁道运营业务，由铁道部汇总在北京申报缴纳。合资铁路运营业务，由合资铁路公司在其所在地申报缴纳；地方铁路运营业务，由地方铁路管理机构在其所在地申报缴纳；基建临管线运营业务，由基建临管线管理机构在其所在地申报缴纳。

（2）航空公司的运营业务，在核算盈亏的机构所在地申报缴纳。

（3）中国石油天然气总公司管道局管道运输业务，在核算盈亏的机构所在地申报缴纳。

（4）长江轮船总公司所属单位运营业务，由各分公司向所在地申报缴纳。

10. 建筑业纳税人应按照下列规定确定建筑业营业税的纳税地点：

（1）纳税人提供建筑业应税劳务，其营业税纳税地点为建筑业应税劳务的发生地。

（2）纳税人从事跨省工程的，应向其机构所在地主管地方税务机关申报纳税。

（3）纳税人在本省、自治区、直辖市和计划单列市范围内提供建筑业应税劳务的，其营业税纳税地点需要调整的，由省、自治区、直辖市和计划单列市税务机关确定。

11. 金融业的纳税地点规定如下：

（1）各银行总行业务的纳税地点为总行机构所在地。其中，交通银行总行业务的纳税地点在上海，向上海市国家税务局申报缴纳；其他银行总行在北京，向北京市国家税务局申报缴纳。各银行总行是指：中国人民银行总行、中国工商银行总行、中国建设银行总行、中国农业银行总行、国家开发银行总行、中国农业发展银行总行、中国进出口银行总行、中国民生银行总行、华夏银行总行、中信实业银行总行、交通银行总行。

（2）银行总行以下机构及其他银行和非银行金融机构，向核算单位的机构所在地主管税务机关申报缴纳。

（3）金融机构和非金融机构委托贷款业务，由受托方代扣后，向受托方机构所在地主管税务机关申报缴纳。

（4）国家开发银行委托贷款业务，不由受托方代扣代缴，由总行汇总后申报缴纳。

（5）中国农业发展银行的委托贷款业务，在其省级以下机构成立前，由受托方中国农业银行的省级分行集中代扣，向其主管税务机关申报缴纳。

（6）中国银联股份发展有限公司使用新系统提供银行卡跨行信息转接服务取得的应税收入，自 2005 年 4 月 1 日起，向上海市主管税务机关申报缴纳营业税。

12. 在中华人民共和国境内的电信单位提供电信业务的营业税纳税地点为电信单位机构所在地。

13. 在中华人民共和国境内的单位提供的设计（包括在开展设计时进行的勘探、测量等业务，下同）、工程监理、调试和咨询等应税劳务的，其营业税纳税地点为单位机构所在地。

14. 在中华人民共和国境内的单位通过网络为其他单位和个人提供培训、信息和远程调试、检测等服务的，其营业税纳税地点为单位机构所在地。

案例分析

【例 1】纳税人从事运输业务，向（　　）主管税务机关申报纳税。

A. 起运地　　B. 目的地　　C. 机构所在地　　D. 转运地

参考答案：C。

【例2】下列营业项目，其营业税的纳税地点是（　　）。

A. 销售不动产，向其机构所在地主管税务机关申报纳税

B. 从事运输业务，向其机构所在地主管税务机关申报纳税

C. 承包的工程跨省、自治区、直辖市的，向其机构所在地主管税务机关申报纳税

D. 提供应税劳务，向应税劳务发生地主管税务机关申报纳税

参考答案：B、C。

四、纳税申报

自2007年1月1日起，纳税人提供建筑业劳务，应按月就其本地和异地提供建筑业应税劳务取得的全部收入向其机构所在地主管税务机关进行纳税申报，就其本地提供建筑业应税劳务取得的收入缴纳营业税；同时，自应申报之月（含当月）起6个月内向机构所在地主管税务机关提供其异地建筑业应税劳务收入的完税凭证，否则，应就其异地提供建筑业应税劳务取得的收入向其机构所在地主管税务机关缴纳营业税。

上述本地提供的建筑业应税劳务是指独立核算纳税人在其机构所在地主管税务机关税收管辖范围内提供的建筑业应税劳务；上述异地提供的建筑业应税劳务是指独立核算纳税人在其机构所在地主管税务机关税收管辖范围以外提供的建筑业应税劳务。

练习与思考

一、概念题

1. 营业税　2. 营业税应税劳务　3. 程租业务　4. 期租业务　5. 湿租业务　6. 干租业务　7. 储金业务

二、思考题

1. 营业税的特点有哪些？

2. 营业税的作用有哪些？

3. 营业税的征税范围是什么？

4. 营业税的纳税人与扣缴义务人有哪些？

5. 营业税各行业的具体税目是什么？

6. 营业税起征点是如何规定的？

7. 营业税的优惠政策有哪些？

8. 营业税的纳税义务发生时间是什么？

9. 营业税的纳税期限和纳税地点是如何规定的？

三、案例题

案例1：交通运输业应纳税额的计算

鸿运公司主营业务为汽车货物运输，经主管税务机关批准使用运输企业发票，是按“交通运输业”税目征收营业税的单位。该公司2008年取得运输货物收入1 200万元，其中运输货物出境取得收入100万元，运输货物入境取得收入100万元，支付给其他运输企业的运费（由鸿运公司统一收取价款）200万元；销售货物并负责运输所售货物共取得收入300万元；派本单位卡车司机赴S国为该国某公司提供劳务，鸿运公司取得收入50万

元：附设非独立核算的搬家公司取得收入20万元。

要求：请计算鸿运公司2008年应纳营业税。

参考答案：

应纳营业税 =（1 200 - 100 - 200）×3% +20×3% =27.6（万元）

解析：该公司入境货运收入不属于营业税范围，支付给其他企业运费应扣除。运输企业销货并负责运输应征收增值税。派员工赴国外为境外公司提供劳务取得的收入，不属于在境内提供劳务，不征营业税。搬家公司收入应按运输业征收营业税。

案例2：建筑业应纳税额的计算

A建筑公司具备主管部门批准的建筑企业资质，2008年承包一项工程，签订的建筑工程施工承包合同注明的建筑业劳务价款为9 000万元（其中包括建设方提供的设备价款3 000万元）。A公司将1 500万元的安装工程分包给B建筑公司。工程竣工后，建设单位支付给A公司材料差价款600万元，提前竣工奖150万元。A公司又将其的材料差价款200万元和提前竣工奖50万元支付给B企业。

要求：请计算A、B企业应纳营业税额。

参考答案：

A企业应纳营业税 =（9 000 - 3 000 - 1 500 + 600 + 150 - 200 - 50）×3% =5 000×3% =150（万元）

B企业应纳营业税 =（1 500 + 200 + 50）×3% =52.50（万元）

解析：A公司符合有建筑施工企业资质，在签订的建筑工程施工承包合同中单独注明建筑业劳务价款两个条件，故建设方提供的设备的价款按规定不计入营业额。材料差价款和提前竣工奖应包含在营业额内，但A公司将工程分包给B公司的价款及支付的材料差价款和提前竣工奖应准予扣除。

案例3：文化体育业应纳税额的计算

某有线电视台2008年8月发生如下业务：有线电视节目收费50万元，有线电视初装费3万元。“点歌台”栏目收费1万元。广告播映收费6万元，向其他电视台出售某专题片播映权收入5万元。

要求：请计算该电视台当月应纳营业税额。

参考答案：

应纳营业税 =（50 +1）×3% +3×3% +6×5% +5×5% =2.17（万元）

解析：有线电视节目收费、点歌费应按“文化体育业——文化业”中的“播映”征收营业税。有线电视初装费应按“建筑业”税目征收营业税。广告播映费收入应按“服务业——广告业”税目征收营业税。出售专题征播映权收入应按“转让无形资产——转让著作权”征收营业税。

案例4：邮电通信业应纳税额的计算

某电信局2009年2月发生如下经济业务：

（1）话费收入200万元。

（2）为某客户提供跨省的出租电路服务共收费60万元，支付给相关电信部门价款25万元。

（3）出售移动电话收入30万元，1月销售的某一型号移动电话因存在质量问题本月发生退款5万元，已缴纳的营业税为0.15万元，该税款没有退还。

（4）销售有价电话卡面值共60万元，财务上体现的销售折扣额为6万元。

（5）电话机安装收入3万元。

要求：请计算该电信局当月应纳营业税。

参考答案：

应纳营业税 =（200 + 60 − 25 + 30 − 5 − 0.15 + 60 − 6 + 3）× 3% = 9.5055（万元）

解析：其话费收入、电话机安装收入应按"邮电通信——电信"税目，以收入全额为营业额计征营业税。跨省出租电路服务，应按"邮电通信业——电信"税目，以出租电路收入额扣除支付给相关电信部门的价款为计税营业额。电信局出售移动电话属于混合销售，因其"主业"为电信业，所以应按"邮电通信业——电信业"税目征收营业税，按规定凡提供营业税应税劳务发生的退款已征过营业税的，允许退还已征税款，也可以从纳税人以后的营业额中减除，本题未退还已征税款，故应允许将应退税款从营业额减除。销售有价电话卡，按规定应以电话卡面值减去销售折扣后的余额为营业额。

案例5：金融保险业应纳税额的计算

某商业银行2008年三季度吸收存款800万元，取得自有资金贷款利息收入60万元，办理结算业务取得手续费收入20万元，销售账单凭证、支票取得收入10万元，办理贴现取得收入20万元，转贴现业务取得收入15万元，转让某种债券的收入为120万元，其买入价为100万元，代收水、电、煤气费300万元，支付给委托方价款290万元，出纳长款收入1万元。

要求：请计算该银行应纳营业税额。

参考答案：

应纳营业税 =（60 + 20 + 10 + 20 + 120 − 100 + 300 − 290）× 5% = 7（万元）

解析：该银行吸收的存款不是其收入额，按税法规定不征营业税。贷款利息、办理结算业务取得的手续费收入、销售账单凭证收入、支票收入、办理贴现收入应纳营业税。转贴现收入，属于金融机构往来收入，不征营业税。债券买卖收入，以卖出价减去买入价后的余额为营业额。出纳长款收入不征营业税。

案例6：服务业应纳税额的计算

某旅行社本月组织团体旅游，境内组团旅游收入20万元，替旅游者支付给其他单位餐费、住宿费、交通费、门票共计12万元，后为应对其他旅行社的竞争，该旅行社同意给予旅游者5%的折扣，并将价款与折扣额在同一张发票上注明；组团境外旅游收入30万元，付给境外接团企业费用18万元；另外为散客代购火车票、机票、船票取得手续费收入1万元，为游客提供打字、复印、洗相服务收入2万元。

要求：请计算该旅行社当月应纳营业税额。

参考答案：

应纳营业税 =（20 × 95% − 12）× 5% +（30 − 18）× 5% +（1 + 2）× 5% = 1.1（万元）

解析：按规定，旅游企业组团境内旅游，以收取的全部旅游费减去替旅游者支付给其他单位的餐费、住宿费、交通费、门票或支付给其他接团旅游企业的旅游费后的余额为营业额。旅游企业组团境外旅游，在境外由其他旅游企业接团的，以全程旅游费减去付给接团企业的旅游费的余额为营业额。将价款与折扣额在同一发票上注明的，以折扣后的价款为营业额。其他业务按“服务业——代理业”和“服务业——其他代理业”征收营业税。

案例 7：娱乐业应纳税额的计算

某综合娱乐服务公司 2009 年 1 月发生如下业务：

（1）歌舞厅门票收入 5 万元，点歌费收入 0.3 万元，烟酒饮料销售收入 1 万元。

（2）保龄球馆收入 4 万元。

（3）开办的网吧收入 7 万元。

（4）餐厅收入 30 万元。

要求：请计算该公司当月应纳营业税额。

参考答案：

应纳营业税 =（5 + 0.3 + 1）× 20% + 4 × 5% + 7 × 20% + 30 × 5% = 4.36（万元）

解析：按相关税法规定，点歌费不得从营业额中扣除，歌舞厅发生的烟酒等销售收入属于混合销售，按照“娱乐业”征收营业税。保龄球馆收入自 2004 年 7 月 1 日起营业税税率下调为 5%。网吧应按“娱乐业”税目征税。餐厅收入应按“服务业”税目征税。

案例 8：销售不动产应纳税额的计算

某房地产开发公司 2008 年自建统一规格和标准的楼房 4 栋，每栋的建筑安装总成本为 1 500 万元（核定的成本利润率为 15%）。该公司将其中一栋留作自用；一栋对外销售，取得销售收入 2 500 万元；另一栋投资入股某企业，现将其股权的 60% 出让，取得收入 1 500 万元；最后一栋抵押给某银行以取得贷款，抵减应付银行利息 100 万元。该公司还转让一处正在进行土地开发，但尚未进入施工阶段的在建项目，取得收入 2 000 万元。

要求：计算该房地产开发企业当年应纳营业税额。

参考答案：

应纳营业税 = 1 500 ×（1 + 15%）÷（1 − 3%）× 3% + 2 500 × 5% + 100 × 5% + 2 000 × 5%

= 53.35 + 125 + 5 + 100

= 283.35（万元）

解析：按照税法规定，自建自用行为不征营业税。自建自售则要按“建筑业”和“销售不动产”各征一道营业税，其中，自建部分须组成计税价格计税。按照规定，自 2003 年 1 月 1 日起，以不动产投资入股不征营业税，投资后转让其股权的也不征营业税。将不动产抵押给银行使用，是以不动产租金抵充贷款利息，故应按“服务业”税目对借款人征税。转让正在进行土地开发，但尚未进入施工阶段的在建项目，按照“转让无形资产——转让土地使用权”征收营业税。

案例 9：转让无形资产应纳税额的计算

某广告公司 2009 年 4 月账面记载的广告业务收入为 80 万元，营业成本为 90 万元，支付给某电视台的广告发布费为 25 万元，支付给某报社的广告发布费为 17 万元。经主管税务机关审核，认为其广告收费明显偏低，且无正当理由，又无同类广告可比价格，于是决定重新审核其计税价格（核定的成本利润率为15%）。该广告公司当月以价值400万元的不动产，100万元的无形资产投资入股某企业。另外参与主办服装表演取得收入10万元，转让广告案例的编辑、制作权取得收入10万元。

要求：计算该广告公司当月应纳营业税额。

参考答案：

广告业务的计税营业额＝90×（1＋15%）÷（1－5%）＝108.95（万元）

应纳营业税额＝（108.95－25－17）×5%＋10×3%＋10×5%＝4.15（万元）

解析：纳税人提供应税劳务、转让无形资产或销售不动产的价格明显偏低且无正当理由的，主管税务机关有权重新核定其营业额，广告公司支付给媒体的广告发布费可以从营业额中扣除。对以不动产、无形资产投资入股的行为不在营业税的征税范围内，不征营业税。主办服装表演应按“文化业”税目征收营业税。转让广告案例的编辑、制作权应按“转让无形资产——转让著作权”税目征收营业税。

第六章　城市维护建设税

本章主要介绍了城市维护建设税和教育费附加两个附加税的计税依据和计算方法，以及各自的优惠政策。在记忆上应对比两者的异同点。

第一节　城市维护建设税概述

城市维护建设税法，是指国家制定的用以调整城市维护建设税征收与缴纳权利及义务关系的法律规范。城市维护建设税（以下简称“城建税”）是国家对缴纳增值税、消费税、营业税（以下简称“三税”）的单位和个人就其实际缴纳的“三税”税额为计税依据而征收的一种税。

一、城市维护建设税的发展

新中国成立以来，我国的城市建设和维护在不同时期都曾取得了一定的成就，但是国家的城建资金一直不足。1979 年以前，我国用于城市维护建设的资金由当时的工商税附加、城市公用事业附加和划拨城市维护费组成。1979 年国家开始在部分大中城市试行从上年工商利润中提取 5% 用于城市维护和建设的办法，但未能从根本上解决问题。1981 年国务院在转批财政部关于改革工商税制的设想中提出“根据城市建设需要，开征城市维护建设税，作为县以上城市和工矿区市政建设的专项资金”。现行城市维护建设税的基本规范是 1985 年 2 月 8 日国务院发布并于同年 1 月 1 日实施的《中华人民共和国城市维护建设税暂行条例》。该条例规定，省、自治区、直辖市人民政府可以根据本条例，制定实施细则，并送财政部备案。

二、城市维护建设税的特点

城建税作为一个主要地方税种，属于特定目的税，是国家为加强城市的维护建设，扩大和稳定城市维护建设资金的来源而采取的一项税收措施。城建税具有以下四个特点：

（一）附加税

城建税本身并没有特定的、独立的征税对象，而是以纳税人实际缴纳的“三税”税额为计税依据，附加于“三税”税额。

（二）税款专用

城建税税款专门用于城市的公用事业和公共设施的维护建设。

（三）税率的确定

城建税的税率是依据纳税人享受所在地城镇设施的状况来确定的。收益多的多纳税，收益少的少纳税。城市市区税率高于县城、镇，而县城、镇又高于农村。

（四）征收范围广

增值税、消费税、营业税这“三税”的征税范围基本上包括了我国境内所有具有经营行为的单位和个人，在我国现行的税制体系中居主体税种的地位，占全部税收收入总额的70%左右。城建税以“三税”为税基，从而涵盖了“三税”的征收范围，因此说城建税是征税范围最广的一个税种。

三、城市维护建设税的作用

（一）提供城建资金

随着我国经济体制改革的深入和市场经济的迅速发展，我国城市化进程也在不断加快。但是过去由于城市维护建设欠账较多，远远跟不上工农业生产和各项事业发展的需要。而且之前筹集的城建维护资金不仅面窄、量少，而且极不稳定。1985年开征城市维护建设税之后，由于其以“三税”的税额为计税依据，与“三税”同时征收，因此不但扩大了征收范围，而且还可以保证城建税收入随“三税”的增长而增长，从而使城市维护建设有了一个比较稳定可靠的资金来源。

（二）限制对企业乱摊派

在开征城建税以前，有些地区和部门借口城建资金不足，随意向企业摊派物资和资金，加重了企业负担，影响了企业的正常生产经营和发展。城建税开征后，国家把地方政府用于城市维护建设的资金来源用法律形式固定下来。《城市维护建设税暂行条例》第八条明确规定：开征城市维护建设税后，任何地区和部门，都不得再向纳税人摊派资金或物资。遇到摊派情况，纳税人有权拒绝执行。

（三）调动地方政府积极性

城建税是具有专款专用性质的地方税。一方面，将城建税收入和当地城市建设直接挂钩，税收收入越多，城镇建设资金就越充裕，城镇建设发展就越快。这样就把地方政府的积极性充分地调动了起来，使其关心城建税收入，加强城建税的征收管理。另一方面，城建税充实和完善了地方税体系，为开发建设新兴城市，扩展、改造旧城市，发展城市公用事业，以及维护公共设施等提供了稳定的资金来源，使城市的维护建设随着经济的发展而不断发展。

四、城市维护建设税的现状及要求

从近年来的实践看，小规模纳税人代开发票的城市维护建设税和教育费附加，由于税源零星分散、流动性强、征管困难、流失严重，由地税局委托国税局代征是切实有效的办法，对于强化依法治税，加强税收征管，降低征纳成本，优化纳税服务，增强国税局、地税局协作，都具有十分重要的意义。

目前，国家税务总局已解决委托国税局代征城市维护建设税和教育费附加的票据使用和综合征管软件的代征功能模块等问题，为国税局、地税局协作创造了良好的条件。各级国税局和地税局应积极协作，切实推进城市维护建设税和教育费附加的委托代征工作，保证地方税费的应收尽收。

各地应将小规模纳税人代开发票的城市维护建设税和教育费附加的代征工作落实到位。各级地税局应积极主动联系国税局，建立委托代征的协调和联系工作机制。国、地税应明确指定各自的一个职能部门负责承办各项协作事务，责任到人。

第二节 城市维护建设税征税范围

城建税的征收范围具体包括城市、县城和建制镇，以及税法规定征收“三税”的其他地区。城市、县城和建制镇的范围，应以行政区划作为划分标准，不能随意扩大或缩小各自行政区域的管辖范围。

第三节 城市维护建设税纳税人

城建税的纳税义务人，是指负有缴纳“三税”义务的单位和个人，包括国有企业、集体企业、私营企业、股份制企业、其他企业和行政单位、事业单位、军事单位、社会团体、其他单位，以及个体工商户及其他个人。

增值税、消费税、营业税的代扣代缴、代收代缴义务人同时也是城市维护建设税的代扣代缴、代收代缴义务人。对外商投资企业和外国企业不征收城建税。

第四节 城市维护建设税税率

城建税的税率，是指纳税人应缴纳的城建税税额与纳税人实际缴纳的“三税”税额之间的比率。该税率是国家根据纳税人受益与负担相一致的原则设计的，实行的是地区差别税率。具体税率如下：纳税人所在地为市区的，税率为7%；纳税人所在地为县城、镇的，税率为5%；纳税人所在地不在市区、县城或者镇的，税率为1%。

城建税的适用税率，应当按纳税人所在地的规定税率执行。但是，对下列两种情况，可按缴纳“三税”所在地的规定税率就地缴纳城建税：

第一，由受托方代扣代缴、代收代缴“三税”的单位和个人，其代扣代缴、代收代缴的城建税按受托方所在地适用税率执行。

第二，流动经营等无固定纳税地点的单位和个人，在经营地缴纳“三税”的，其城建税的缴纳按经营地适用税率执行。

案例分析

【例1】设在县城的私营制食品厂生产销售食品、设在市区的国有日化厂委托地处县城的加工企业加工化妆品、设在县城的国有建筑公司于其他市区内提供建筑劳务且未向当地主管税务机关申报纳税，均应按照5%的税率计算城市维护建设税。

【例2】甲私营企业位于县城外的工矿区，2009年5月委托设在县城的乙日化厂加工一批化妆品。月末提货时，乙日化厂代收代缴消费税2 400元（不考虑增值税）。则此项业务，乙日化厂应在代收代缴消费税的同时，代收代缴城市维护建设税。在代收代缴城市维护建设税时，不应按照甲企业所在地区的适用税率，而应该按照乙日化厂所在地的适用税率，以5%计算纳税。

第五节 城市维护建设税税收优惠

城建税具附加税性质，以“三税”税额为计税依据并同时征收，当主税发生减免时，城建税相应发生税收减免。城建税的税收减免具体有以下几种情况：

第一，城建税按减免后实际缴纳的“三税”税额计征，即随“三税”的减免而减免。

第二，对于因减免税而需进行“三税”退库的，城建税也可同时退库。

第三，海关对进口产品代征的增值税、消费税，不征收城建税。

政策解析

对出口产品退还增值税、消费税的，不退还已缴纳的城建税。可记忆为：出口不退，进口不征。

第四，为支持三峡工程建设，对三峡工程建设基金，自2004年1月1日至2009年12月31日期间，免征城市维护建设税和教育费附加。

第五，对“三税”实行先征后返、先征后退、即征即退办法的，除另有规定外，对随“三税”附征的城市维护建设税和教育费附加，一律不予退（返）还。

第六，为进一步促进下岗失业人员再就业，《国务院关于做好当前经济形势下就业工作的通知》（国发［2009］4号）精神就延长下岗失业人员再就业有关税收政策问题通知如下：

（1）对持《再就业优惠证》人员从事个体经营的，3年内按每户每年8 000元为限额依次扣减其当年实际应缴纳的营业税、城市维护建设税、教育费附加和个人所得税。

（2）对符合条件的企业在新增加的岗位中，当年新招用持《再就业优惠证》人员，与其签订1年以上期限劳动合同并缴纳社会保险费的，3年内按实际招用人数予以定额依次扣减营业税、城市维护建设税、教育费附加和企业所得税。定额标准为每人每年4 000元，可上下浮动20%。由各省、自治区、直辖市人民政府根据本地区实际情况在此幅度内确定具体定额标准，并报财政部和国家税务总局备案。

（3）上述税收优惠政策的审批期限为2009年1月1日至2009年12月31日。具体操作办法继续按照《财政部国家税务总局关于下岗失业人员再就业有关税收政策问题的通知》和《国家税务总局劳动和社会保障部关于下岗失业人员再就业有关税收政策具体实施意见的通知》的相关规定执行。

第七，自2009年1月1日至2009年12月31日止，对持《再就业优惠证》人员从事个体经营的，3年内按每户每年8000元为限额依次扣减其当年实际应缴纳的营业税、城市维护建设税、教育费附加和个人所得税。

第八，自2009年1月1日至2009年12月31日止，对符合条件的企业在新增加的岗位中，当年新招用持《再就业优惠证》人员，与其签订1年以上期限劳动合同并缴纳社

会保险费的，3 年内按实际招用人数予以定额依次扣减营业税、城市维护建设税、教育费附加和企业所得税。定额标准为每人每年 4 000 元，可上下浮动 20%。由各省、自治区、直辖市人民政府根据本地区实际情况在此幅度内确定具体定额标准，并报财政部和国家税务总局备案。

第六节 城市维护建设税应纳税额的计算

一、计税依据

城建税的计税依据，是指纳税人实际缴纳的“三税”税额。

纳税人在被查补“三税”和被处以罚款时，应同时对其偷漏的城建税进行补税、征收滞纳金和罚款。城建税以“三税”税额为计税依据并同时征收，如果要免征或者减征“三税”，也就要同时免征或者减征城建税。

政策解析

纳税人违反“三税”有关税法而加收的滞纳金和罚款，是税务机关对纳税人违法行为的经济制裁，不作为城建税的计税依据。

自 1997 年 1 月 1 日起，供货企业向出口企业和市县外贸企业销售出口产品时，以增值税当期销项税额抵扣进项税额后的余额，计算缴纳城建税。

自 2005 年 1 月 1 日起经国家税务总局正式审核批准的当期免抵的增值税税额应纳入城市维护建设税和教育费附加的计征范围，分别按规定的税（费）率征收城市维护建设税和教育费附加。2005 年 1 月 1 日前，已按免抵的增值税税额征收的城市维护建设税和教育费附加不再退还，未征的不再补征。

案例分析

【例】以下项目中，符合城市维护建设税计税依据规定的有（　　）。

A. 偷逃营业税而被查补的税款　　B. 偷逃增值税而加收的滞纳金

C. 出口产品征收的消费税税额　　D. 出口货物免抵的增值税税额

参考答案：A、C、D。

二、应纳税额的计算

城建税纳税人的应纳税额大小是由纳税人实际缴纳的“三税”税额决定的，其计算公式为：

应纳税额 = 纳税人实际缴纳的增值税、消费税、营业税税额 × 适用税率

案例分析

【例】某企业地处市区，2009 年 5 月转让土地使用权用于农业生产，获得收入 100 万，该月经营建筑业务获得营业收入 200 万，补缴上月漏报的营业税 5 万元和滞纳金及罚款 0.5 万元。计算该企业当月应纳的城市维护建设税。

应纳税额 = （200 × 3% + 5） × 7% = 0.77（万元）

解析：转让土地使用权用于农业生产免征营业税，因此城建税也随之免征。补缴漏缴的营业税的同时缴纳对应的城建税。滞纳金及罚款不是城建税的计税依据。由于城建税法实行纳税人所在地差别比例税率，所以在计算应纳税额时，应注意根据纳税人所在地来确定适用税率。

第七节 城市维护建设税申报缴纳

一、纳税环节

城建税的纳税环节，实际就是纳税人应当缴纳增值税、消费税、营业税的环节。“三税”每发生一笔，城建税也随之征收一笔。

二、纳税地点

城建税的纳税地点，就是纳税人缴纳增值税、消费税、营业税的地点。但是，属于下列情况的，纳税地点为：

1. 代扣代缴、代收代缴“三税”的单位和个人，同时也是城市维护建设税的代扣代缴、代收代缴义务人，其城建税的纳税地点在代扣代收地。

2. 对流动经营等无固定纳税地点的单位和个人，应随同“三税”在经营地按适用税率缴纳。

3. 跨省开采的油田，下属生产单位与核算单位不在一个省内的，其生产的原油，在油井所在地缴纳增值税，其应纳税款由核算单位按照各油井的产量和规定税率，计算汇拨各油井缴纳。所以，各油井应纳的城建税，应由核算单位计算，随同增值税一并汇拨油井所在地，由油井在缴纳增值税的同时，一并缴纳城建税。

4. 对管道局输油部分的收入，由取得收入的各管道局于所在地缴纳营业税。所以，其应纳城建税，也应由取得收入的各管道局于所在地缴纳营业税时一并缴纳。

三、纳税期限

由于城建税是由纳税人在缴纳“三税”时同时缴纳的，所以其纳税期限分别与“三税”的纳税期限一致。

1. 根据增值税法和消费税法规定，增值税、消费税的纳税期限均分别为 1 日、3 日、5 日、10 日、15 日、1 个月或者 1 个季度。

2. 根据营业税法规定，营业税的纳税期限分别为 5 日、10 日、15 日、1 个月或者一个季度。

政策解析

增值税、消费税和营业税的纳税期限中新增加了 1 个季度的期限，故附加税也增加了 1 个季度的纳税期限。

3. 增值税、消费税、营业税的纳税人的具体纳税期限，由主管税务机关根据纳税人应纳税额大小分别核定；不能按照固定期限纳税的，可以按次纳税。

4. 为便于管理，保证税款及时入库，现决定自 2007 年 1 月 1 日起，将国家开发银行城市维护建设税和教育费附加由“集中划转，返还各地，各地入库”的缴纳方式改为由国家开发银行各省（区、市）分行直接向各地地方税务局申报缴纳。

（1）国家开发银行各分行应纳的城市维护建设税和教育费附加由国家开发银行总行于季度终了后的10日内统一计算，通知各分行，各分行向当地地方税务局申报缴纳。

（2）具体缴纳事宜，由各省、自治区、直辖市和计划单列市地方税务局同国家开发银行各分行联系确定。2007年第一季度国家开发银行应纳的城市维护建设税和教育费附加于本通知发文之日起15日内申报缴纳。

（3）《国家税务总局关于国家开发银行城市维护建设税和教育费附加缴纳办法的通知》、《国家税务总局关于国家开发银行继续集中缴纳城市维护建设税和教育费附加的通知》、《国家税务总局关于国家开发银行城市维护建设税和教育费附加款项划转办法的补充通知》停止执行。

四、纳税申报

纳税者需要填写《城市维护建设税纳税申报表》。

国税局受地税局委托，为地税局代征城市维护建设税和教育费附加时，应当使用地税局的征收票据；如经当地国、地税局协商一致，也可以使用国税局的征收票据。使用地税局征收票据的，由主管地税局负责有关收入对账、会计核算和汇总上报工作，主管国税局应当建立代征税款备查账，逐笔、序时、分项目登记代地税局征收的城市维护建设税和教育费附加；使用国税局征收票据的，由主管国税局负责有关收入对账、会计核算和汇总上报工作。

自2008年4月起，国税局受地税局委托代征小规模纳税人代开发票的城市维护建设税和教育费附加时，启用代征城市维护建设税和教育费附加的功能模块（以下简称“代征功能模块”）。

附：

教育费附加的有关规定

一、教育费附加概述

教育费附加是对缴纳增值税、消费税、营业税的单位和个人，就其实际缴纳的“三税”税额为计算依据征收的一种附加费。

教育费附加是为了加快地方教育事业，扩大地方教育经费的资金而征收的一项专用基金。1984年，国务院颁布了《关于筹措农村学校办学经费的通知》，开征了农村教育事业经费附加。1985年，中共中央做出了《关于教育体制改革的决定》，指出必须在国家增拨教育基本建设投资和教育经费的同时，充分调动企、事业单位和其他各种社会力量办学的积极性，开辟多种渠道筹措经费。为此，国务院于1986年4月28日颁布了《征收教育费附加的暂行规定》，决定从同年7月1日开始在全国范围内征收教育费附加。

二、教育费附加的计税依据、纳税人

（一）计税依据

教育费附加以“三税”税额为计税依据，并分别和“三税”同时缴纳。如果要减征或免征“三税”，也应同时减征或免征教育费附加。纳税人因偷漏税在被查补“三税”和被处以罚款时，应同时对其偷漏的教育费附加进行补税、征收滞纳金和罚款。但纳税人违反“三税”有关税法而加收的滞纳金和罚款，是税务机关对纳税人违法行为的经济制裁，不作为教育费附加的计税依据。

（二）纳税人

凡缴纳增值税、消费税、营业税的单位和个人，除另有规定外，都应当缴纳教育费附加。

上述的单位和个人包括国有企业、集体企业、私营企业、股份制企业、其他企业和行政单位、事业单位、军事单位、社团企业、其他单位，以及个体工商户和其他个人。外商投资企业和外国企业暂不征收教育费附加。

政策解析

城建税和教育费附加对外商投资企业和外国企业都暂不征收。

三、教育费附加计征比率

教育费附加计征比率曾几经变化。1986 年开征时，规定为 1%；1990 年 5 月《国务院关于修改〈征收教育费附加的暂行规定〉的决定》中规定为 2%；按照 1994 年 2 月 7 日《国务院关于教育费附加征收问题的紧急通知》的规定，现行教育费附加征收比率为 3%。

四、教育费附加的减免规定

教育费附加原则上不予减免，但对一些特殊行业和项目，国务院的规定如下：

（1）对海关进口的产品征收的增值税、消费税，不征收教育费附加。

（2）对由于减免增值税、消费税和营业税而发生退税的，可同时退还已征收的教育费附加。但对出口产品退还增值税、消费税的，不退还已征的教育费附加。

政策解析

将教育费附加和城建税的减免知识点对比记忆。

五、教育费附加的计算

教育费附加的计税依据是纳税人实际缴纳的“三税”税额。其计算公式为：

应纳教育费附加 = 实际缴纳增值税、消费税、营业税 × 征收比率（3%）

案例分析

【例】某公司地处市区，2008 年 6 月缴纳增值税、消费税、营业税共 270 万元，因违反有关税法规定被处以罚款 5 万元。因产品出口退还增值税、消费税 10 万元，计算该企业应纳城市建设维护税和教育费附加。

城建税和教育费附加 = 270 ×（7% + 3%）= 27（万元）

解析：违反有关税法的规定被处以的罚款，不作为计算城建税和教育费附加的计税依据，出口产品返还的增值税、消费税，不退还已经缴纳的城建税和教育费附加。

练习与思考

一、概念题

1. 城市维护建设税　2. 教育费附加　3. 附加税　4. 地区差别税率

二、思考题

1. 城市维护建设税的特点和作用分别是什么？

2. 城市维护建设税的税率如何确定？

3. 城市维护建设税的计税依据是什么？

4. 教育费附加的纳税人如何确定？

5. 城建税和教育费附加的异同点有哪些？

三、案例题

案例1：某企业位于市区，2008年5月被查补增值税20 000元，营业税50 000元，所得税40 000元，被加收滞纳金5 000元，被处罚款6 000元。

要求：计算该企业应补缴的城市维护建设税和教育费附加。

参考答案：企业应补缴的城市维护建设税和教育费附加 =（50 000 + 20 000）×（7% +3%）=7 000（元）

案例2：某生产企业位于县城，是增值税一般纳税人。本期进口原材料一批，向海关缴纳进口环节增值税10万元。本期在国内销售A产品缴纳增值税30万元、消费税40万元，由于缴纳消费税时超过纳税期限被罚滞纳金1万元。本期出口B产品一批，按规定免抵增值税10万元，退回增值税5万元。

要求：计算该企业本期税应缴纳城市维护建设税。

参考答案：

应纳城建税 =（30 +40 +10）×5% =4（万元）

解析：海关对进口产品代征的增值税不征收城建税。对出口退还的增值税不退还城建税，免抵的增值税应计算城建税（进口不征，出口不退）。因拖欠消费税而收取的滞纳金不征收城建税。

案例3：A卷烟厂位于县城，2009年4月主要缴纳税金情况如下：

（1）进口一批烟丝被海关征收关税50 000元，增值税90 000元，消费税100 000元。

（2）向国税机关缴纳消费税30 000元，增值税40 000元。

（3）受位于市区的B卷烟厂的委托，加工一批烟丝，B卷烟厂提供烟叶成本为70 000元，A卷烟厂代垫辅料成本8 000元（不含增值税），收取加工费10 000元（含增值税）。

（4）被查补增值税10 000元，消费税15 000元，同时被处以罚款5 000元，加收滞纳金800元。

要求：

（1）计算A卷烟厂自身业务应缴纳的城建税和教育费附加。

（2）计算A卷烟厂应代收代缴B卷烟厂的城建税和教育费附加。

参考答案：

（1）海关对进口产品代征的增值税、消费税不征收城建税和教育费附加。因查补增值税、消费税也要同时补征收城建税和教育费附加，但收取的罚款和滞纳金不征收城建税和教育费附加。因此，A卷烟厂自身业务应缴纳的城建税和教育费附加计算如下：

（30 000 +40 000 +10 000 +15 000）×（5% +3%）=7 600（元）

（2）委托加工业务中，A 卷烟厂要代收代缴 B 卷烟厂的消费税，消费税的税率固定为 30%，A 卷烟厂应代收代缴 B 卷烟厂的城建税和教育费附加计算如下：

[70 000 + 8 000 + 10 000 ÷ （1 + 17%）] ÷ （1 − 30%） × 30% × （5% + 3%） = 2 967.33（元）

第七章　关税

第一节　关税概述

一、关税的概念

关税，是指海关依据关税税法，对进出关境的货物和物品所征收的一种税。

所谓“关境”，是指一个国家海关法令全面实施的境域，一般应包括该国的领陆、领海和领空在内的全部国家领土。因此，通常情况下一个国家的关境与国境是一致的，但关税同盟和自由贸易港（区）、出口加工区的出现，使两者发生了分离。当几个国家结成关税同盟，组成一个共同关境时，彼此之间的货物进出国境时不征收关税，只对来自和运往非同盟成员国的货物进出共同关境征收关税，此时关境就大于各成员国的国境；当一国在国境内设立自由贸易港（区）、出口加工区时，对进出自由贸易港（区）、出口加工区的货物不征收关税，此时关境就小于该国的国境。

与增值税、消费税一样，关税属于对商品的征税。区别在于，增值税和消费税是对国内生产或消费的商品征税，关税则是对进出关境的商品征税。从这个意义上说，增值税和消费税被称作国内商品税，关税被称作进出口商品税。

二、关税的发展历程

关税是一个历史悠久的税种。它是伴随国家之间经济联系的需要而产生和发展起来的。在当今国际社会，它不仅是各国政府取得财政收入的一种形式，而且是在国际经济交往中维护国家权益的重要手段。

在西方，公元前5世纪，雅典以使用港口的报酬为名，对输出入的货物征收2%—5%的使用费。公元前3世纪至公元5世纪，古罗马的关税制度已相当完善，并开始实行分类税率。16—18世纪中叶，欧洲进入资本原始积累和工场手工业时期，国际贸易不断发展，关税成为国家财政收入的主要来源。18世纪产业革命以后，资本主义生产方式得以确立，社会生产力迅速提高，国际分工开始形成，有力地推动了国际贸易的发展。这时，各国不再将关税作为单纯取得财政收入的手段，其社会和政治效用不断强化。20世纪以来，国际经济交往迅速扩大，国际市场竞争更加激烈，各国除实施关税保护外，还运用一些非关税贸易保护措施，如配额制、许可证制、外汇管制等，进一步加深了国际间的贸易矛盾。

在中国，公元前11世纪至公元前771年的西周曾对通过关卡和上市交易的商品征收“关市之赋”，它具有内地关税的性质。国境关税的征收始于唐朝，唐玄宗时期，为了适应对外贸易发展的需要，在广州设置了市舶使，负责海关征税及其他事务。宋元以后国境关税进一步发展。清初时期，在江、浙、闽、粤四处设立了海关，鸦片战争后在不平等条约下增设对外通商口岸海关，征收关税。此时国内各地关卡林立，常关税、厘金税、子口税等国内关税与国境关税同时并存，至 1931 年以后才逐步撤销了内地关税，只在国境征收进出口关税。新中国成立后，中央人民政府在 1949 年 10 月设立了海关总署，统一领导全国海关机构。1950 年 1 月政务院颁布了《关于关税政策和海关工作的决定》，同年 5 月颁布了《中华人民共和国暂行海关法》和《中华人民共和国海关进出口税则》，建立了完全独立自主的保护关税制度和海关管理制度。

三、关税的作用

（一）维护国家主权和经济利益

对进出口货物征收关税，表面上看似乎只是一个与对外贸易相联系的税收问题，其实一国采取什么样的关税政策直接关系到国与国之间的主权和经济利益。历史发展到今天，关税已成为各国政府维护本国政治、经济权益，乃至进行国际经济斗争的一个重要武器。我国根据平等互利和对等原则，通过关税复式税则的运用等方式，争取国际间的关税互惠并反对他国对我国进行关税歧视，促进对外经济技术交往，扩大对外经济合作。

（二）保护和促进本国工农业生产的发展

一个国家采取什么样的关税政策，是实行自由贸易，还是采用保护关税政策，是由该国的经济发展水平、产业结构状况、国际贸易收支状况以及参与国际经济竞争的能力等多种因素决定的。国际上许多发展经济学家认为，自由贸易政策不适合发展中国家的情况。相反，这些国家为了顺利地发展民族经济，实现工业化，必须实行保护关税政策。我国作为发展中国家，一直十分重视利用关税保护本国的“幼稚工业”，促进进口替代工业发展，关税在保护和促进本国工农业生产的发展方面发挥了重要作用。

（三）调节国民经济和对外贸易

关税是国家的重要经济杠杆，通过税率的高低和关税的减免，可以影响进出口规模，调节国民经济活动。如调节出口产品和出口产品生产企业的利润水平，有意识地引导各类产品的生产，调节进出口商品数量和结构，可促进国内市场商品的供需平衡，保护国内市场的物价稳定等等。

（四）筹集国家财政收入

从世界大多数国家尤其是发达国家的税制结构分析，关税收入在整个财政收入中的比重不大，并呈下降趋势。但是，一些发展中国家，其中主要是那些国内工业不发达、工商税源有限、国民经济主要依赖于某种或某几种初级资源产品出口，以及国内许多消费品主要依赖于进口的国家，征收进出口关税仍然是他们取得财政收入的重要渠道之一。我国关税收入是财政收入的重要组成部分，新中国成立以来，关税为经济建设提供了可观的财政资金。目前，发挥关税在筹集建设资金方面的作用，仍然是我国关税政策的一项重要内容。

案例分析

【例】如果一个国家的国境内设有免征关税的自由港或自由贸易区，这时（　　）。

A. 关境与国境一致　　B. 关境与国境不一致

C. 关境大于国境　　D. 关境小于国境

参考答案：D。

第二节 关税征税范围

关税的征税范围是准许进出口的货物和进境物品。货物是指贸易性商品。物品是指入境旅客随身携带的行李物品、个人邮递物品、各种运输工具上的服务人员携带进口的自用物品、馈赠物品以及其他方式进境的个人物品。

案例分析

【例】下列项目中，属于应纳关税的项目有（　　）。

A. 运往境外加工或修理，复运进境的货物　　B. 租借方式进境的货物

C. 出口劳务　　D. 进口的个人邮递物品

参考答案：A、B、D。

第三节 关税纳税人

进口货物的收货人、出口货物的发货人、进境物品的所有人，是关税的纳税义务人。进出口货物的收、发货人是指依法取得对外贸易经营权，并进口或者出口货物的法人或者其他社会团体。进出境物品的所有人包括该物品的所有人和推定为所有人的人。

案例分析

【例】进出口关税的纳税人包括（　　）。

A. 外贸进出口公司　　B. 工贸进出口公司

C. 农贸进出口公司　　D. 其他经批准经营进出口商品的企业

参考答案：A、B、C、D。

第四节 进出口税则

一、税率设置原则

第一，对进口国家建设和人民生活所必需的，而且国内不能生产或者供应不足的动植物良种、肥料、饲料、药剂、精密仪器、仪表、关键机械设备和粮食等，予以免税或低税。

第二，原材料的进口税率一般比半成品、成品要低，特别是受自然条件制约、国内生产短期内不能迅速发展的原材料，其税率应更低。

第三，对于国内不能生产的机械设备和仪器、仪表的零件、部件，其税率应比整机低。

第四，对国内已能生产的非国计民生所必需的物品，应制定较高的税率。

第五，对国内需要进行保护的产品和国内外价差大的产品，应制定更高的税率。

第六，为了鼓励出口，对绝大多数出口商品不征出口关税，但对在国际市场上容量有限而又竞争性强的商品，以及需要限制出口的极少数原料、材料和半制成品，必要时可征收适当的出口关税。

二、进口关税税率

进口关税设置最惠国税率、协定税率、特惠税率、普通税率、关税配额税率等税率。对进口货物在一定期限内可以实行暂定税率。

（一）最惠国税率

最惠国税率适用原产于与我国共同适用最惠国待遇条款的世界贸易组织成员国或地区的进口货物，或原产于与我国签订有相互给予最惠国待遇条款的双边贸易协定的国家或地区的进口货物，以及原产于我国境内的进口货物。

（二）协定税率

协定税率适用原产于我国参加的含有关税优惠条款的区域性贸易协定的有关缔约方的进口货物。目前对原产于韩国、斯里兰卡和孟加拉国3个曼谷协定成员的739个税目进口商品实行协定税率（即曼谷协定税率）。

（三）特惠税率

特惠税率适用原产于与我国签订有特殊优惠关税协定的国家或地区的进口货物。目前对原产于孟加拉国的18个税目进口商品实行特惠税率（即曼谷协定特惠税率）。

（四）普通税率

普通税率适用原产于上述国家或地区以外的国家或地区的进口货物。

（五）暂定税率

根据经济发展需要，国家对部分进口原材料、零部件、农药原药和中间体、乐器及生产设备实行暂定税率。暂定税率优先适用于优惠税率或最惠国税率，按普通税率征税的进口货物不适用暂定税率。

（六）关税配额税率

我国对部分进口农产品和化肥产品实行关税配额，即一定数量内的上述进口商品适用税率较低的配额内税率，超出该数量的进口商品适用税率较高的配额外税率。

三、特别关税

特别关税包括报复性关税、反倾销税、反补贴税和保障性关税。

（一）报复性关税

报复性关税是指为报复他国对本国出口货物的关税歧视，而对相关国家的进口货物征收的一种进口附加税。任何国家或者地区对其进口的原产于我国的货物征收歧视性关税或者给予其他歧视性待遇的，我国对原产于该国家或者地区的进口货物征收报复性关税。

（二）反倾销税与反补贴税

反倾销税与反补贴税是指进口国海关对外国的倾销商品，在征收关税的同时附加征收的一种特别关税，其目的在于抵消他国补贴。在激烈的市场竞争中，倾销和补贴行为在国际贸易中时常发生，且有愈演愈烈之势，其危害是使用不公平手段抢占市场份额，抑制我国相关产业的发展。

（三）保障性关税

当某类商品进口量剧增，对我国相关产业带来巨大威胁或损害时，按照世界贸易组织有关规则，可以启动一般保障措施，即在与有实质利益的国家或地区进行磋商后，在一定时期内提高该项商品的进口关税或采取数量限制措施，以保护国内相关产业不受损害。

四、出口关税税率

出口关税设置出口税率。适用出口税率的出口货物有暂定税率的，应当适用暂定税率。

我国征收出口关税的商品较少，税率较低。2007 年 1 月 1 日起实施的出口关税税则中，共设有 20%、25%、30%、40%、50% 五档差别税率。

五、税率的运用

我国《进出口关税条例》规定，进出口货物，应当依照税则规定的归类原则归入合适的税号，并按照适用的税率征税。其中：

1. 进出口货物，应当按照纳税义务人申报进口或者出口之日实施的税率征税。

2. 进口货物到达前，经海关核准先行申报的，应当按照装载此货物的运输工具申报进境之日实施的税率征税。

3. 进出口货物的补税和退税，适用该进出口货物原申报进口或者出口之日所实施的税率，但下列情况除外：

（1）按照特定减免税办法批准予以减免税的进口货物，后因情况改变经海关批准转让或出售或移作他用需予补税的，适用海关接受纳税人再次填写报关单申报办理纳税及有关手续之日实施的税率征税。

（2）加工贸易进口料、件等属于保税性质的进口货物，如经批准转为内销，应按向海关申报转为内销之日实施的税率征税；如未经批准擅自转为内销的，则按海关查获日期所施行的税率征税。

（3）暂时进口货物转为正式进口需予补税时，应按其申报正式进口之日实施的税率征税。

（4）分期支付租金的租赁进口货物，分期付税时，适用海关接受纳税人再次填写报关单申报办理纳税及有关手续之日实施的税率征税。

（5）溢卸、误卸货物事后确定需征税时，应按其原运输工具申报进口日期所实施的税率征税。如原进口日期无法查明的，可按确定补税当天实施的税率征税。

（6）对由于税则归类的改变、完税价格的审定或其他工作差错而需补税的，应按原征税日期实施的税率征税。

（7）对经批准缓税进口的货物以后交税时，不论是分期或一次交清税款，都应按货物原进口之日实施的税率征税。

（8）查获的走私进口货物需补税时，应按查获日期实施的税率征税。

第五节 原产地原则

我国原产地规定基本上采用了“全部产地生产标准”、“实质性加工标准”两种国际上通用的原产地标准。

（一）全部产地生产标准

全部产地生产标准是指进口货物“完全在一个国家内生产或制造”，生产或制造国即为该货物的原产国。

本标准适用于从原料到制成品的全生产过程都在一个国家内进行的货物，这些货物完全不使用外国料、件，也没有在外国进行加工、生产。凡是含有外国的或产地不明的料、件的进口货物，不适用本标准。完全在一国生产的货物共有以下十类：

（1）从一国的土地、领域内或从其海底所采集的矿物。

（2）在一国收获或采用的植物产品。

（3）在一国出生或饲养的活动物。

（4）从一国的活动物所取得的产品。

（5）在一国狩猎或捕捞所得的产品。

（6）从事海洋渔业所得的产品以及由某国船只在海上取得的其他产品。

（7）由一国的加工船利用上款所列各产品加工所得的产品。

（8）一国对海底及其底土拥有单独开采的权力，该国从领海以外的海底或其底土中采得的产品。

（9）在一国收集并只适于回收其原料用的废旧物品和在加工制造过程中所产生的废碎料。

（10）由一国仅利用上述第（1）—（9）款所列的各种本国产物所生产的产品。

（二）实质性加工标准

实质性加工标准是适用于确定有两个或两个以上国家参与生产的产品的原产国的标准，其基本含义是：经过几个国家加工、制造的进口货物，以最后一个对货物进行经济上可以视为实质性加工的国家作为有关货物的原产国。“实质性加工”是指产品加工后，在进出口税则中四位数税号一级的税则归类已经有了改变；或者加工增值部分所占新产品总值的比例已超过30%及以上的。实质性加工标准主要通过以下三种方法来确定货物的原产地：

1. 改变税号的方法。本办法规定甲国的货物在乙国加工生产后，如果其税则归类发生了变化，即改变了税号，货物的原产地也应随之改变，应以乙国而不是甲国作为货物原产地；如果未改变税号，则仍以甲国作为货物原产地。改变税号即改变原产地的理由是，同一系统的货物分类目录中，有关产品与生产该产品的每一种材料被归入不同的税号，产品要经过充分的制造或加工才会改变税号。目前，世界上大部分的国家均采用《协调制度》作为其税则目录的基础。它们一般都规定，产品经他国生产加工后，其在上述目录的四位数级税号发生了变化，才能视为改变了原产地。多于四位数的子目号发生变化不视为原产地的改变。

2. 列出加工程度表的方法。本方法通过对有关产品的加工程序列表规定，产品在原产地生产时必须达到列表要求，才能视为该产地产品。发达国家在普惠制中较为普遍采用这种方法来弥补改变税号方法的不足。它们对某些敏感商品的加工程序加以列表规定，发展中国家的这些产品必须达到表列的加工程度才能视为合格加工，享受普惠制优惠。最常见的加工程度表是发达国家在普惠制中列出的 A 表和 B 表。A 表所列的某些产品由于加工程序变化不是很大，即使改变了税号也不能视为改变原产地。如《协调制度》号列 51.09 的供零售用羊毛线，必须从号列 51.01—51.04 所列的羊毛原料加工起，才能算本国原产的货物；用号列 51.05 已梳羊毛和号列 51.06—51.08 的非供零售用羊毛纱线制成零售用的羊毛纱线，即使改变了税号，也不视为改变原产地。B 表所列的是某一税号的产品，经过表列加工，即使未改变税号，也可视为改变原产地。

3. 从价百分比的方法。本方法重点放在甲国产品在乙国进行加工生产时所增加的价值，当其中乙国增值量等于或超过规定的百分比率时，即将乙国视为产品的原产地。从价百分比方法的计算方法：一种是以外国料、件在产品中所占的比值来计算的；另一种是以本国成本（含料、件及生产费用）占产品的比值来计算的。

（三）其他

对机器、仪器、器材或车辆所用零件、部件、配件、备件及工具，如与主件同时进口且数量合理的，其原产地按主件的原产地确定；分别进口的，则按各自的原产地确定。

第六节 关税税收优惠

一、进口关税优惠

（一）低税率优惠

1. 纳税人进口下列货物，适用 13% 的增值税低税率。

（1）农业产品。

（2）食用植物油、粮食、鲜奶。

（3）自来水、暖气、冷气、热水、煤气、石油液化气、天然气、沼气、居民用煤炭制品。

（4）图书、报纸、杂志。

（5）饲料。

（6）化肥、农药、农膜。

（7）农机。

（8）音像制品、电子出版物。

（9）二甲醚。

2. 根据进出口关税条例，原产于共同适用最惠国待遇条款的世界贸易组织成员的进口货物，原产于与中华人民共和国签订含有相互给予最惠国待遇条款的双边贸易协定的国家或者地区的进口货物，以及原产于中华人民共和国境内的进口货物，适用最惠国税率。

3. 自2006年1月1日起，对进口关税进行如下调整：

（1）根据我国加入世界贸易组织承诺的关税减让义务，对进口关税作如下调整：

第一，降低“进口税则”中对苯二甲酸等143个税目的最惠国税率，其余税目的最惠国税率维持不变。调整后，2006年关税总水平为9.9%。

第一，对13个非全税目信息技术产品继续实行海关核查管理。

第三，取消豆油、棕榈油、菜籽油关税配额，实行9%的单一进口税率。对小麦等8类45个税目的商品继续实行关税配额管理，关税配额税率维持不变。对配额外进口一定数量的棉花（税号52010000），实行5%—40%的滑准税，其中，加工贸易正在执行的手册在2006年办理内销手续的，适用上述税率。

第四，调整红外或氦氖激光胶片等35个税目的从量税或复合税税率，对其余20个非从价税税目仍按原税率执行。

（2）对格陵兰庸鲽鱼等264项进口商品实行暂定税率。

（3）根据我国与有关国家或地区签订的贸易或关税优惠协定，对下述国家或地区实施协定税率：

第一，对原产于韩国、印度、斯里兰卡、孟加拉和老挝五国的部分商品实行“亚太贸易协定”协定税率。

第二，对原产于巴基斯坦的部分商品实施中国—巴基斯坦自由贸易区“早期收获”协定税率。

第三，对原产于文莱、柬埔寨、印度尼西亚、老挝、马来西亚、缅甸、菲律宾、新加坡、泰国和越南的部分商品实施中国—东盟自由贸易区“早期收获”协定税率。

第四，继续对原产于文莱、印度尼西亚、马来西亚、缅甸、新加坡和泰国的部分商品执行自2005年7月20日起实施的中国—东盟自由贸易区协定税率，但协定税率高于最惠国税率的，按最惠国税率执行。

第五，对原产于中国香港，并已完成原产地标准核准的部分商品实施零关税。

第六，对原产于中国澳门，并已完成原产地标准核准的部分商品实施零关税。

（4）根据我国与有关国家或地区签订的贸易或关税优惠协定以及国务院有关决定精神，对下述国家或地区实施特惠税率：

第一，对原产于柬埔寨、缅甸、老挝、孟加拉的部分商品实施特惠税率。

第二，对原产于苏丹共和国、贝宁共和国、布隆迪共和国、佛得角共和国、中非共和国、科摩罗联盟、刚果民主共和国、吉布提共和国、厄立特里亚国、埃塞俄比亚联邦民主共和国、几内亚共和国、几内亚比绍共和国、莱索托王国、利比里亚共和国、马达加斯加共和国、马里共和国、毛里塔尼亚伊斯兰共和国、莫桑比克共和国、尼日尔共和国、卢旺达共和国、塞拉利昂共和国、坦桑尼亚联合共和国、多哥共和国、乌干达共和国、赞比亚共和国和赤道几内亚共和国26个非洲最不发达国家的部分商品实施特惠税率。

（二）*减免税优惠*

1. 进出口关税条例规定的法定税收优惠。

（1）免征关税的进口货物：

第一，关税税额在人民币50元以下的一票货物；

第二，无商业价值的广告品和货样；

第三，外国政府、国际组织无偿赠送的物资；

第四，进出境运输工具装载的途中必需的燃料、物料和饮食用品。

在海关放行前遭受损坏的货物，可以根据海关认定的受损程度减征关税。法律规定的其他免征或者减征关税的货物，海关根据规定予以免征或者减征。

（2）加工贸易的进口料件进境时按照国家规定征收进口关税的，其制成品或者进口料件在规定的期限内出口的，海关按照有关规定退还进境时已征收的关税税款。

（3）海关部署规定数额以内的个人自用进境物品，免征进口税。

2. 经批准暂时进出境特定货物的税收优惠。自2004年1月1日起，经海关批准暂时进境或者暂时出境的下列货物，在进境或者出境时纳税义务人向海关缴纳相当于应纳税款的保证金或者提供其他担保的，可以暂不缴纳关税，并应当自进境或者出境之日起6个月内复运出境或者复运进境；经纳税义务人申请，海关可以根据海关总署的规定延长复运出境或者复运进境的期限：

（1）在展览会、交易会、会议及类似活动中展示或者使用的货物。

（2）文化、体育交流活动中使用的表演、比赛用品。

（3）进行新闻报道或者摄制电影、电视节目使用的仪器、设备及用品。

（4）开展科研、教学、医疗活动使用的仪器、设备及用品。

（5）在第（1）—（4）项所列活动中使用的交通工具及特种车辆。

（6）货样。

（7）供安装、调试、检测设备时使用的仪器、工具。

（8）盛装货物的容器。

（9）其他用于非商业目的的货物。

上述所列暂准进境货物在规定的期限内未复运出境的，或者暂准出境货物在规定的期限内未复运进境的，海关应当依法征收关税。上述可以暂时免征关税范围以外的其他暂准进境货物，应当按照该货物的完税价格和其在境内滞留时间与折旧时间的比例计算征收进口关税。具体办法由海关总署规定。

政策解析

第一，因品质或者规格原因，出口货物自出口之日起1年内原状复运进境的，不征收进口关税。

第二，因品质或者规格原因，进口货物自进口之日起1年内原状复运出境的，不征收出口关税。

第三，因残损、短少、品质不良或者规格不符原因，由进出口货物的发货人、承运人或者保险公司免费补偿或者更换的相同货物，进出口时不征收关税。被免费更换的原进口货物不退运出境或者原出口货物不退运进境的，海关应当对该补偿货物按照规定征收关税。

3. 对边境贸易进口物资的税收优惠。自1996年4月1日起，边民通过互市贸易进口的商品，每人每日价值在3 000元以下的，免征进口关税。边境小额贸易企业通过指定边境口岸进口原产于毗邻国家的商品，除烟、酒、化妆品以及国家规定必须照章征税的其他商品外，进口环节增值税减半征收。

4. 对常住人员的税收优惠。自1999年4月1日起，经中华人民共和国主管部门批准的境外企业、新闻、经贸机构、文化团体及境外法人在我国境内设立的常驻机构（以下简称“常驻机构”），其获准进境并在我国境内居留一年以上的外国公民、华侨和中国港、澳、台居民（包括与其共同生活的配偶及未成年子女）等常住人员（以下简称“常住人员”），进口的自用物品，免征进口关税。外籍专家（含中国港、澳、台地区专家）或华侨专家携运进境的图书资料、科研仪器、工具、样品、试剂等教学、科研物品，在自用合理数量范围内，免征进口税。

政策解析

常住人员是指：

（1）外国企业和其他经济贸易及文化等组织在华常驻机构的常住人员。

（2）外国民间经济贸易和文化团体在华常驻机构的常住人员。

（3）外国在华常驻新闻机构的常住记者。

（4）在华的中外合资、合作企业及外方独资企业的外方常住人员。

（5）长期来华工作的外籍专家（含中国港、澳、台地区专家）和华侨专家。

（6）长期来华学习的外国留读者和华侨留读者。

上述六类常住人员在华居住1年以上者（即工作或留学签证有效期超过1年的），在签证有效期内初次来华携带进境的个人自用的家用摄像机、照相机、便携式收录机、便携式激光唱机、便携式计算机，报经所在地主管海关审核，在每个品种1台的数量限制内，予以免征进口税。

5. 国有文物收藏单位接受中国文物进口的税收优惠。符合规定并由国务院文物行政管理部门和国有文物收藏单位以接受境外机构、个人捐赠、归还的和从境外追索等方式获得的中国文物进口，免征关税。所谓中国文物，包括：

（1）1949年以前中国制作、生产或出版的陶瓷器、金银器、铜器及其他金属器、玉石器、漆器、玻璃器皿、各种质料的雕刻品、雕塑品、家具、书画、碑帖、拓片、图书、文献资料、织绣、文化用品、邮票、货币、器具、工艺美术品及其他具有文物价值的制品等。

（2）1949年以后，我国已故近、现代著名书画家、工艺美术家的作品。

（3）原产于中国的古脊椎动物化石、古人类化石等。

所谓捐赠，是指境外机构、个人将合法所有的中国文物无偿捐献给国务院文物行政管理部门或国有文物收藏单位的行为。所谓归还，是指境外机构、个人将持有的原系从中国劫掠、盗窃、走私或其他非法出境的中国文物无偿交还给国务院文物行政管理部门或国有文物收藏单位的行为。所谓追索，是指国务院文物行政管理部门依据有关国际公约从境外索回原系从中国劫掠、盗窃、走私或其他非法出境的中国文物的行为。

6. 对进口野生动植物种源的税收优惠。经国务院批准，对外国政府（地区）和中国香港、澳门特别行政区政府返还的，并由国家濒危物种进出口办公室（简称国家濒管办）

接收的在《濒危野生动植物种国际贸易公约》附录中列名的濒危野生动植物及其产品，自2002年1月1日起凭国家濒管办出具的《外国和港澳特区政府返还濒危野生动植物及其产品证明表》免征进口关税。

7. 接受捐赠的税收优惠。

（1）对救灾捐赠物资的税收优惠。对外国民间团体、企业、友好人士和华侨、香港居民澳门居民与台湾同胞无偿向我国境内受灾地区捐赠的直接用于救灾的物资，在合理数量范围内，免征进口关税。享受救灾捐赠物资进口免税的区域限于新华社对外发布和民政部《中国灾情信息》公布的受灾地区。

免税进口的救灾捐赠物资限于：食品类（不包括调味品、水产品、水果、饮料、酒等）；新的服装、被褥、鞋帽、帐篷、手套、睡袋、毛毯及其他维持基本生活的必需用品等；药品类（包括治疗、消毒、抗菌等）、疫苗、白蛋白、急救用医疗器械等；抢救工具（包括担架、橡皮艇、救生衣等）；经国务院批准的其他直接用于灾区救援的物资。

救灾捐赠物资进口免税的审批管理：救灾捐赠进口物资一般应由民政部（中国国际减灾委员会）提出免税申请，对于来自国际和友好国家及中国香港特别行政区、台湾、澳门红十字会和妇女组织捐赠的物资分别由中国红十字会、中华全国妇女联合会提出免税申请，海关总署依照本规定进行审核并办理免税手续。

政策解析

外国政府、国际组织无偿捐赠的救灾物资不适用此办法。

（2）对扶贫、慈善事业捐赠物资的税收优惠。对境外捐赠人无偿向受赠人捐赠的直接用于扶贫、慈善事业的物资，免征进口关税。

所谓扶贫、慈善事业是指非营利的扶贫济困、慈善救助等社会慈善和福利事业。所谓境外捐赠人是指中华人民共和国关境外的自然人、法人或者其他组织。所谓受赠人是指：

第一，经国务院主管部门依法批准成立的，以人道救助和发展扶贫、慈善事业为宗旨的社会团体；

第二，国务院有关部门和各省、自治区、直辖市人民政府。

所谓用于扶贫、慈善公益性事业的物资是指：

第一，新的衣服、被褥、鞋帽、帐篷、手套、睡袋、毛毯及其他维护基本生活的必需用品等；

第二，食品类及饮用水（调味品、水产品、水果、饮料、烟酒等除外）；

第三，医疗类包括直接用于治疗特困患者疾病或贫困地区治疗地区病及基本医疗卫生、公共环境卫生所需的基本医疗药品、基本医疗器械、医疗书籍和资料；

第四，直接用于公共图书馆、公共博物馆、中等专科学校、高中（包括职业高中）、初中、小学、幼儿园教育的教学仪器、教材、图书、资料和一般学习用品；

第五，直接用于环境保护的专用仪器；

第六，经国务院批准的其他直接用于扶贫、慈善事业的物资。

政策解析

第一，捐赠物资不包括国家明令停止减免进口税收的20种商品、汽车、生产性设备、生产性原材料及半成品等。

第二，捐赠物资应为新品，在捐赠物资内不得夹带有害环境、公共卫生和社会道德及政治渗透等违禁物品。

第三，免税进口的扶贫、慈善性捐赠进口物资，不得以任何形式转让、出售、出租或移作他用。如有违反，按国家有关法律、法规处理。

第四，外国政府、国际组织无偿捐赠的扶贫、慈善物资不适用本办法。经国家特别批准的免征进口税的捐赠物资，不适用本办法。

(3) 扶贫、慈善捐赠物资免税的实施办法。所谓受赠人是指国务院有关部门和各省、自治区、直辖市人民政府，以及从事人道救助和发展扶贫、慈善事业为宗旨的全国性的社会团体，包括中国红十字会总会、全国妇女联合会、中国残疾人联合会、中华慈善总会、中国初级卫生保健基金会和宋庆龄基金会。所谓的使用人（使用单位），是指捐赠物资的直接使用者或负责分配该捐赠物资的单位或个人。

所谓基本医疗药品，是指用于急救、治疗、防疫、消毒、抗菌等用途的药品和人体移植用的器官，但不包括保健药和营养药。所谓基本医疗器械，是指诊疗器械、手术器械、卫生检测器械、伤残修复器械、防疫防护器械、消毒灭菌器械。所谓教学仪器，是指暂行办法规定的学校、幼儿园专用于教学的检验、观察、计量、演示用的仪器和器具。所谓一般学习用品，是指暂行办法规定的学校、幼儿园教学和学生专用的文具、教具、婴幼儿玩具、标本、模型、切片、各类学习软件、实验室用器皿和试剂、学生服装（含鞋帽）和书包等。所谓直接用于环境保护的专用仪器，是指环保系统专用的空气质量与污染源废气监测仪器及治理设备、环境水质与污水监测仪器及治理设备、环境污染事故应急监测仪器、固体废物监测仪器及处置设备、辐射防护与电磁辐射监测仪器及设备、生态保护监测仪器及设备、噪声及振动监测仪器和实验室通用分析仪器及设备。所谓公共图书馆和公共博物馆是指：

第一，经省级以上文化行政管理部门认定、向社会开放的县（市）级以上单位管理的公益性图书馆。

第二，经省级以上文物行政管理部门认定、向公众开放的县（市）级以上单位管理的各类公益性博物馆。

自 2002 年 1 月 1 日起，国际和外国医疗机构在我国从事慈善和人道医疗救助活动，供免费使用的医疗药品和器械及在治疗过程中使用的消耗性的医用卫生材料，比照本规定办理。

8. 对进口科学研究和教学用品的税收优惠。

(1) 自 2007 年 2 月 1 日起，科学研究机构和学校，不以营利为目的，在合理数量范围内进口国内不能生产的科学研究和教学用品，直接用于科学研究或者教学的，免征进口关税和进口环节增值税、消费税。

所谓科学研究机构和学校，是国务院部、委、直属机构和省、自治区、直辖市、计划单列市所属专门从事科研开发的机构；国家教委承认学历的大专以上全日制高等院校；财政部会同国务院有关部门批准的其他科研开发机构和学校。

所谓科学研究和教学用品是指科学研究、科学试验和教学用的分析、测量、检查、计量、观测、发生信号的仪器、仪表及其附件；为科学研究和教学提供必要条件的实验室设备；计算机工作站，小型、中型、大型计算机和可编程序控制器；在海关监管期内用于维修依照本规定已免税进口的仪器、仪表和设备或者用于改进、扩充该仪器、仪表和设备的功能而单独进口的，金额不超过整机价值10%的专用零部件及配件；各种载体形式的图书、报刊、讲稿、计算机软件；标本、模型；教学用幻灯片；化学、生化和医疗实验用材料；实验用动物；科学研究、科学试验和教学用的医疗仪器及其附件（限于医药类院校、专业和医药类科学研究机构）；优良品种植物及种子（限于农林类院校、专业和农林类科学研究机构）；专业级乐器和音像资料（限于艺术类院校、专业和艺术类科学研究机构）；特殊需要的体育器材（限于体育类院校、专业和体育类科学研究机构）；教练飞机（限于飞行类院校）；教学实验船舶所用关键设备（限于航运类院校）；科学研究用的非汽油、柴油动力样车（限于院校为汽车专业）。

（2）自2004年1月1日起，对境外捐赠人无偿捐赠的直接用于各类职业学校、高中、初中、小学、幼儿园教育的教学仪器、图书、资料和一般学习用品，免征进口关税。上述捐赠用品不包括国家明令不予减免进口税的20种商品。

9. 对进口物资和设备的税收优惠。

（1）自1999年9月15日起，外国政府、国际组织无偿赠送及我国履行国际条约规定进口物资，减免关税。上述免税物资的范围不受国家停止减免税的20种商品和汽车的限制。

（2）自1998年1月1日起，对国家鼓励发展的国内投资项目和外商投资项目进口设备，在规定的范围内，免征关税。

（3）对企业（包括外商投资企业、外国企业）为生产《国家高新技术产品目录》的产品而进口所需的自用设备及按照合同随设备进口的技术及配套件、备件，除《国内投资项目不予免税的进口商品目录》所列商品外，免征关税。

对企业（包括外商投资企业、外国企业）引进属于《国家高新技术产品目录》所列的先进技术，按合同规定向境外支付的软件费，免征关税。

（4）对软件产业的税收优惠。对软件企业进口所需的自用设备，以及按照合同随设备进口的技术（含软件）及配套件、备件，除列入《外商投资项目不予免税的进口商品目录》和《国内投资项目不予免税的进口商品目录》的商品外，免征关税。

（5）对集成电路产业的税收优惠。集成电路生产企业引进集成电路技术和成套生产设备，单项进口的集成电路专用设备与仪器，按《外商投资产业指导目录》和《当前国家重点鼓励发展的产业、产品和技术目录》的有关规定办理，免征进口关税。

自2001年1月1日起，对在中国境内设立的投资额超过80亿元或集成电路线宽小于0.25微米的集成电路生产企业进口净化室专用建筑材料、配套系统和集成电路生产设备零、配件，免征进口关税。

自2000年7月1日起，对在中国境内设立的投资额超过80亿元或集成电路线宽小于0.25微米的集成电路生产企业进口自用生产性原材料、消耗品，免征关税。

（6）对于符合国家高新技术目录和国家有关部门批准引进项目的农产品加工设备，除按照国发［1997］37号文件《国内投资项目不予免税的进口商品目录》所列商品外，免征进口关税。

（7）对西部地区的税收优惠。西部地区内资鼓励类产业、外商投资鼓励类产业的项目在投资总额内进口自用设备，除《国内投资项目不予免税的进口商品目录（2000年修订）》和《外商投资项目不予免税的进口商品目录》所列商品外，免征关税和进口环节增值税。

符合《中西部地区外商投资优势产业目录》的外商投资项目，在投资总额内进口自用设备，免征关税。

（8）自2009年7月1日至2010年12月31日止，对外资研发中心进口科技开发用品，免征进口关税。外资研发中心，应分别满足下列条件：

对2009年9月30日及其之前设立的外资研发中心，应同时满足下列条件：研发费用标准：对新设立不足两年的外资研发中心，作为独立法人的，其投资总额不低于500万美元；作为公司内设部门或分公司的，其研发总投入不低于500万美元；对设立两年及以上的外资研发中心，企业研发经费年支出额不低于1 000万元。专职研究与试验发展人员不低于90人。设立以来累计购置的设备原值不低于1 000万元。

对2009年10月1日及其之后设立的外资研发中心，应同时满足下列条件：研发费用标准：作为独立法人的，其投资总额不低于800万美元；作为公司内设部门或分公司的，其研发总投入不低于800万美元。专职研究与试验发展人员不低于150人。设立以来累计购置的设备原值不低于2 000万元。

具体审核办法由商务部会同财政部、海关总署、国家税务总局另行制定。

（9）自2009年1月1日起，经国务院有关部门认定的动漫企业自主开发、生产动漫直接产品，确需进口的商品可享受免征进口关税和进口环节增值税的优惠政策。具体免税商品范围及管理办法由财政部会同有关部门另行制定。

（10）自2009年7月1日起，对国内企业为生产国家支持发展的重大技术装备和产品而确有必要进口的关键零部件及原材料，免征进口关税和进口环节增值税。同时，取消相应整机和成套设备的进口免税政策。

对相应国产装备尚不能完全满足需求，确需进口的部分整机和设备，根据上下游产业的供应情况，经财政部会同发展改革委等有关部门严格审核，采取降低优惠幅度、缩小免税范围的过渡措施，在一定期限内继续给予进口优惠政策，过渡期结束后完全停止执行整机的进口免税政策。

自2009年7月1日起，对国内企业为开发、制造重大技术装备而进口部分关键零部件及原材料所缴纳关税和进口环节增值税实行先征后退的政策停止执行。

10. 对第29届奥运会的税收优惠。

（1）对外国政府和国际组织无偿捐赠用于第29届奥运会的进口物资，免征进口关税和进口环节增值税。境外企业赞助、捐赠用于第29届奥运会的进口物资，应按规定照章征收进口关税。

（2）对以一般贸易方式进口，用于第29届奥运会的体育场馆建设所需设备中与体育场馆设施固定不可分离的设备以及直接用于奥运会比赛用的消耗品（如比赛用球等），免征应缴纳的关税。

(3) 自发文之日起，对国际奥委会、国际单项体育组织和其他社会团体等从国外邮寄进口且不流入国内市场的、与第29届奥运会有关的非贸易性文件、书籍、音像、光盘，在合理数量范围内免征进口关税。合理数量的具体标准由海关总署确定。

(4) 对奥运会场馆建设所需进口的模型、图纸、图板、电子文件光盘、设计说明及缩印本等非贸易性规划设计方案，免征进口关税。

(5) 对组委会进口的其他特需物资，包括：国际奥委会或国际单项体育组织指定的，国内不能生产或性能不能满足需要的体育器材、医疗检测设备、安全保障设备、交通通信设备、技术设备，在运动会期间按暂准进口货物规定办理。运动会结束后留用或作变卖处理的，按有关规定办理正式进口手续，并照章缴纳进口税收，其中进口汽车以不低于新车90%的价格估价征税。上述暂准进口的商品范围、数量清单由组委会汇总后报财政部有关部门审核确定。

11. 对亚运会、大运会的税收优惠

(1) 对亚运会、大运会组委会为举办亚运会、大运会进口的亚奥理事会、国际大体联或国际单项体育组织指定的，国内不能生产或性能不能满足需要的直接用于亚运会、大运会比赛的消耗品，免征关税、进口环节增值税和消费税。享受免税政策的进口比赛用消耗品的范围、数量清单，由亚运会、大运会组委会汇总后报财政部商有关部门审核确定。

(2) 对亚运会、大运会组委会进口的其他特需物资，包括：亚奥理事会、国际大体联或国际单项体育组织指定的，我国国内不能生产或性能不能满足需要的体育竞赛器材、医疗检测设备、安全保障设备、交通通信设备、技术设备，在亚运会、大运会期间按暂准进口货物规定办理，亚运会、大运会结束后复运出境的予以核销；留在境内或做变卖处理的，按有关规定办理正式进口手续，并照章缴纳关税、进口环节增值税和消费税。

12. 自2008年7月1日起，对受灾地区企业、单位或支援受灾地区重建的企业、单位进口国内不能满足供应并直接用于灾后重建的大宗物资、设备等，在三年内给予免征进口税收优惠。

13. 其他进口货物的税收优惠。自2005年2月1日起，我驻外使领馆工作人员离任回国入境携带的进口自用车辆，免征关税。

二、出口关税优惠

(一) 低税率优惠

自2006年1月1日起，对鳗鱼苗等部分出口商品实行暂定税率。对以一般贸易、加工贸易和边境小额贸易方式出口的按重量计含铝量在99.95%以下的非合金铝，按5%税率征税。

(二) 减免税优惠

下列进出口货物，免征关税：

1. 关税税额在人民币50元以下的一票货物。
2. 无商业价值的广告品和货样。
3. 外国政府、国际组织无偿赠送的物资。
4. 进出境运输工具装载的途中必需的燃料、物料和饮食用品。

5. 在海关放行前遭受损坏的货物，可以根据海关认定的受损程度减征关税。

6. 自2008年12月1日起，对黑大豆（税则号为1201009200）出口免征增值税。具体执行时间，以“出口货物报关单（出口退税专用）”海关注明的出口日期为准。

7. 自2009年4月30日起，中国印钞造币总公司以商品代码为71189000报关出口的猪年生肖彩色金币和猪年生肖金币，纳入含金产品免税范围，实行出口免税办法。

8. 属于增值税一般纳税人的生产企业开展对外承包工程业务而出口的货物，凡属于现有税收政策规定的特准退税范围，且按规定在财务上作销售账务处理的，无论是自产货物还是非自产货物，均统一实行免、抵、退税办法；凡属于国家明确规定不予退（免）税的货物，按现行规定予以征税；不属于上述两类货物范围的，如生活用品等，实行免税办法。

三、延期缴纳税款优惠

纳税义务人因不可抗力或者在国家税收政策调整的情形下，不能按期缴纳税款的，经海关总署批准，可以延期缴纳税款，但是最长不得超过6个月。

第七节 进口关税应纳税额的计算

一、一般进口货物完税价格的确定

（一）成交价格为基础的完税价格

进口货物的完税价格，由海关以符合《进出口关税条例》所列条件的成交价格，以及该货物运抵我国境内输入地点起卸前的运输及其相关费用、保险费为基础审查确定。

进口货物的成交价格，是指卖方向我国境内销售该货物时，买方为进口该货物向卖方实付、应付的，并按照本条例规定调整后的价款总额，包括直接支付的价款和间接支付的价款。

案例分析

【例1】进口货物完税价格是指货物的（　　）。

A. 成交价格为基础的完税价格　　B. 到岸价格为基础的成交价格

C. 组成计税价格　　D. 实际支付金额

参考答案：A。

【例2】某钢铁企业进口100万吨铁矿石，可供选择的进货渠道包括澳大利亚和加拿大。澳大利亚的铁矿石品位较高，价格为20美元/吨，运费60万美元；加拿大的铁矿石品位较低，价格为19美元/吨，但运杂项费用高达240万美元，暂不考虑其他条件。则从两个国家进口铁矿石的完税价格分别如下：

澳大利亚铁矿石完税价格 = 20 × 100 + 60 = 2 060（万美元）

加拿大铁矿石完税价格 = 19 × 100 + 240 = 2 140（万美元）

假设铁矿石关税税率为20%，则钢铁企业从澳大利亚进口铁矿石至少可以减轻16万美元关税［(2 140 − 2 060) × 20%］，进而会减轻增值税等相关税收负担。可见，钢铁企业应选择从澳大利亚进口铁矿石。

1. 进口货物成交价格应当符合的条件。

（1）对买方处置或者使用该货物不予限制，但法律、行政法规规定实施的限制、对货物转售地域的限制和对货物价格无实质性影响的限制除外。

（2）该货物的成交价格没有因搭售或者其他因素的影响而无法确定。

（3）卖方不得从买方直接或者间接获得因该货物进口后转售、处置或者使用而产生的任何收益，或者虽有收益但能够按照本条例的规定进行调整。

（4）买卖双方没有特殊关系，或者虽有特殊关系但未对成交价格产生影响。

2. 完税价格的调整。

（1）进口货物的下列费用应当计入完税价格：

第一，由买方负担的购货佣金以外的佣金和经纪费。

政策解析

第一，购货佣金是指买方为购买进口货物向自己的采购代理人支付的劳务费用。

第二，经纪费是指买方为购买进口货物向代表买卖双方利益的经纪人支付的劳务费用。

第二，由买方负担的在审查确定完税价格时与该货物视为一体的容器的费用。

第三，由买方负担的包装材料费用和包装劳务费用。

第四，与该货物的生产和向我国境内销售有关的，由买方以免费或者以低于成本的方式提供并可以按适当比例分摊的料件、工具、模具、消耗材料及类似货物的价款，以及在境外开发、设计等相关服务的费用。

第五，作为该货物向我国境内销售的条件，买方必须支付的、与该货物有关的特许权使用费。

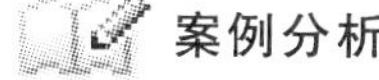
政策解析

特许权使用费是指买方为获得与进口货物相关的、受著作权保护的作品、专利、商标、专有技术和其他权利的使用许可而支付的费用。但是在估定完税价格时，进口货物在境内的复制权费不得计入该货物的完税价格之中。

第六，卖方直接或者间接从买方获得的该货物进口后转售、处置或者使用的收益。

案例分析

【例】进口货物完税价格中不予扣除的费用有（　　）。

A. 进口人在货物成交过程中，向卖方支付的佣金

B. 进口人在货物成交过程中向境外采购代理支付的卖方佣金

C. 进口人支付的与进口货物有关的专利、专有技术、计算机软件等费用

D. 进口前发生由买方支付的包装、运输、保险和其他劳务费用

参考答案：A、C、D。

（2）进口时在货物的价款中列明的下列税收、费用，不计入该货物的完税价格：

第一，厂房、机械、设备等货物进口后进行建设、安装、装配、维修和技术服务的

费用；

第二，进口货物运抵境内输入地点起卸后的运输及其相关费用、保险费；

第三，进口关税及国内税收。

案例分析

【例1】列各项目中，不计入进口完税价格的有（　　）。

A. 进口关税及其他国内税

B. 进口设备进口后的维修服务费用

C. 货物运抵我国境内输入地起卸后的运输装卸费

D. 进口货物在境内的复制权费

参考答案：A、B、C、D。

【例2】某进出口公司为增值税一般纳税人，地处县城。2008年9月进口应税消费品一批，成交价折合2 000万元人民币（含该货物运抵我国境内输入地点起卸前、后发生的运费分别为20万元、10万元），另支付包装材料费30万元、与货物有关的境外开发设计费用180万元，货物进口后的技术服务费用50万元。该货物进口关税税率为50%，消费税税率为30%，增值税税率为17%。进口货物的完税价格由海关以符合《进出口关税条例》所列条件的成交价格，以及该货物运抵我国境内输入地点起卸前的运输及其相关费用、保险费为基础确定，在成交价格中包含的货物运抵我国境内输入地点起卸后发生的运费，应从成交价格中扣除。由买方负担的包装材料费用、与货物有关的境外开发设计费用，应当计入进口货物的完税价格。货物进口后的技术服务费用，不得计入进口货物的完税价格。海关对进口产品代征的增值税、消费税，不征收城市维护建设税，该公司进口环节应缴纳关税、消费税和增值税。

关税完税价格 = 2 000 - 10 + 30 + 180 = 2 200（万元）

应纳关税 = 2 200 × 50% = 1 100（万元）

应纳消费税 =（2 200 + 1 100）÷（1 - 30%）× 30% = 1 414.29（万元）

应纳增值税 =（2 200 + 1 100）÷（1 - 30%）× 17% = 801.43（万元）

或 =（2 200 + 1 100 + 1 414.29）× 17% = 801.43（万元）

3. 对买卖双方之间有特殊关系的规定。买卖双方之间有特殊关系的，经海关审定其特殊关系未对成交价格产生影响，或进口货物的收货人能证明其成交价格与同时或大约同时发生的下列任一价格相近，该成交价格海关应当接受：

（1）向境内无特殊关系的买方出售的相同或类似货物的成交价格；

（2）按照使用倒扣价格有关规定所确定的相同或类似货物的完税价格；

（3）按照使用计算价格有关规定所确定的相同或类似货物的完税价格。

政策解析

海关在使用上述价格作比较时，应当考虑商业水平和进口数量的不同，以及实付或者应付价格的调整规定所列各项目和交易中买卖双方有无特殊关系造成的费用差异。

有下列情形之一的，应当认定买卖双方有特殊关系：

（1）买卖双方为同一家族成员；

（2）买卖双方互为商业上的高级职员或董事；

（3）一方直接或间接地受另一方控制；

（4）买卖双方都直接或间接地受第三方控制；

（5）买卖双方共同直接或间接地控制第三方；

（6）一方直接或间接地拥有、控制或持有对方5%或以上公开发行的有表决权的股票或股份，或者一方是另一方的雇员、高级职员或董事；

（7）买卖双方是同一合伙的成员；

（8）买卖双方在经营上相互有联系，一方是另一方的独家代理、经销或受让人。如果有上述关系的，也应当视为有特殊关系。

（二）海关估定完税价格

进口货物的成交价格不符合本条例规定条件的，或者成交价格不能确定的，海关经了解有关情况，并与纳税义务人进行价格磋商后，依次以下列方法或价格估定该货物的完税价格：

1. 与该货物同时或者大约同时（在海关接受申报进口之日的前后各45天以内，下同），向我国境内销售的相同货物的成交价格。

2. 与该货物同时或者大约同时，向我国境内销售的类似货物的成交价格。

3. 与该货物进口的同时或者大约同时，将该进口货物、相同或者类似进口货物，在第一级销售环节销售给无特殊关系买方最大销售总量的单位价格，但应当扣除下列项目：

（1）同等级或者同种类货物，在我国境内第一级销售环节销售时，通常的利润和一般费用以及通常支付的佣金；

（2）进口货物运抵境内输入地点起卸后的运输及其相关费用、保险费；

（3）进口关税及国内税收。

政策解析

第一，相同货物是指与进口货物在同一国家或地区生产的，在物理性质、质量和信誉等所有方面都相同的货物，但表面的微小差异允许存在。

第二，类似货物指与进口货物在同一国家或地区生产的。虽然不是在所有方面都相同，但却具有相似的特征、相似的组成材料、同样的功能，并且在商业中可以互换的货物。

4. 按照下列各项总和计算的价格：生产该货物所使用的料件成本和加工费用；向我国境内销售同等级或者同种类货物通常的利润和一般费用；该货物运抵境内输入地点起卸前的运输及其相关费用、保险费。

5. 以合理方法估定的价格。使用其他合理方法时，应当根据《完税价格办法》规定的估价原则，以在境内获得的数据资料为基础估定完税价格。但不得使用以下价格：

（1）境内生产的货物在境内的销售价；

（2）可供选择的价格中较高的价格；

（3）货物在出口地市场的销售价格；

（4）以计算价格方法规定的有关各项之外的价值或费用计算的价格；

（5）出口到第三国或地区的货物的销售价格；

（6）最低限价或武断虚构的价格。

案例分析

【例】某生产企业进口国外最新的高科技产品，进口该产品支付300万美元，类似产品的市场价格仅为120万美元。因产品的创新性，海关无法依据审定成交价格法确定完税价格，只能以该产品的同一出口国或地区购进的类似货物的成交价格作为确定被估进口货物完税价格的依据，即按类似货物成交价格法予以确认，确定该项进口商品的海关估价为120万美元。

二、特殊进口货物完税价格的确定

（一）加工贸易进口料件及其制成品

加工贸易进口料件及其制成品需征税或内销补税的，海关按照一般进口货物的完税价格规定，审定完税价格。

（二）保税区、出口加工区货物

从保税区或出口加工区销往区外、从保税仓库出库内销的进口货物（加工贸易进口料件及其制成品除外），以海关审定的价格估定完税价格。对经审核销售价格不能确定的，海关应当按照一般进口货物估价办法的规定，估定完税价格。

（三）租赁方式进口货物

以租赁方式进口的货物，以海关审查确定的该货物的租金作为完税价格。纳税义务人要求一次性缴纳税款的，纳税义务人可以选择按照本条例的规定估定完税价格，或者按照海关审查确定的租金总额作为完税价格。

（四）复运进境的境外加工货物

运往境外加工的货物，出境时已向海关报明并在海关规定的期限内复运进境的，应当以境外加工费和料件费以及复运进境的运输及其相关费用和保险费审查确定完税价格。

（五）复运进境的境外修理货物

运往境外修理的机械器具、运输工具或者其他货物，出境时已向海关报明并在海关规定的期限内复运进境的，应当以境外修理费和料件费审查确定完税价格。

案例分析

【例】某公司于2008年8月将发生故障的进口仪器运往德国修理，出境时已向海关报明，10月按照海关规定的期限复运进境，此时，该仪器的国际市场价格为240万元。海关审定其修理费30万元、料件费20万元。进口关税税率为20%。则此项业务，该公司应以境外修理费和料件费审查确定完税价格，计算缴纳关税。

应纳关税＝（30＋20）×20%＝10（万元）

（六）暂时进境货物

对于经海关批准的暂时进境的货物，应当按照一般进口货物估价办法的规定，估定完税价格。

（七）需补税的监管货物

需由海关监管使用的减免税进口货物，在监管年限内转让或者移作他用需要补税的，海关应当根据该货物进口时间折旧估价，补征进口关税。特定减免税进口货物的监管年限由海关总署规定。完税价格的计算公式为：

完税价格 = 海关审定的该货物原进口时的价格 × ［1 − 申请补税时实际已使用的月数 ÷ （监管年限 ×12）］

（八）留购进口货样

对于境内留购的进口货样、展览品和广告陈列品，以海关审定的留购价格作为完税价格。

三、进境物品进口税

（一）进口税的纳税义务人

进境物品的关税以及进口环节海关代征的增值税、消费税合并为进口税，由海关依法征收。进口税的课税对象包括入境旅客、运输工具、服务人员携带的应税行李物品、个人邮递物品、馈赠物品以及以其他方式入境的个人物品等进口物品。

进境物品的纳税义务人，是指携带物品进境的入境人员、进境邮递物品的收件人以及以其他方式进口物品的收件人。

案例分析

【例】中国公民王先生出国，在国外购物作为礼物馈赠亲朋，其价格分别为葡萄酒300美元、摄像机500美元、手表400美元。关税对于烟、酒、化妆品、金银及其制品、包金饰品、纺织品和制成品、电器用具、手表、照相机、录像机、汽车等规定了差异很大的关税税率，假设各类货物关税税率分别为：葡萄酒为100%、摄像机为80%、手表为30%、金银及其制品的税率为10%。则W先生所负担的进口关税为：

应纳关税 = 300 ×100% + 500 ×80% + 400 ×30% = 820（美元）

由于金银制品及包金饰品税率较低，若W先生可以选择全部以金银制品作为礼物馈赠亲朋，则其可以少缴纳700美元关税：

应纳关税 = （300 + 500 + 400） ×10% = 120（美元）

（二）进口税的计算与缴纳

进口税采用从价计征，适用海关填发税款缴款书之日实施的税率和完税价格。完税价格由海关参照该项物品的境外正常零售平均价格确定。进口税的计算公式为：

进口税税额 = 完税价格 × 进口税税率

进口税应在进境物品放行前按照规定缴纳。纳税义务人可以自行办理纳税手续，也可以委托他人办理纳税手续。

（三）征免税规定

海关总署规定数额以内的个人自用进境物品，免征进口税。超过海关总署规定数额但仍在合理数量以内的个人自用进境物品，由进境物品的纳税义务人在进境物品放行前按照规定缴纳进口税。超过合理、自用数量的进境物品应当按照进口货物依法办理相关手续。

进口税的减征、免征、补征、追征、退还以及对暂准进境物品征收进口税，参照《进出口关税条例》对货物征收进口关税的有关规定执行。

第八节 出口关税应纳税额的计算

一、出口货物完税价格的确定

（一）出口货物完税价格的确定

出口货物的完税价格，由海关以该货物的成交价格以及该货物运至中华人民共和国境内输出地点装载前的运输及其相关费用、保险费为基础审查确定。

出口货物的成交价格，是指该货物出口时卖方为出口该货物应当向买方直接收取和间接收取的价款总额。

政策解析

出口关税不计入完税价格。

案例分析

【例】某进出口公司出口一批货物，按境外到岸价格成交，折合人民币500万元，其中境内口岸至境外口岸的运费40万元、保险费10万元。已知该批货物出口关税税率为20%，则此项业务，该公司应以该货物的成交价格以及该货物运至中华人民共和国境内输出地点装载前的运输及其相关费用、保险费为基础审查确定完税价格，境内口岸至境外口岸的运费、保险费不应计入关税完税价格，出口关税也不计入完税价格。

应纳出口关税 =（500 - 40 - 10）÷（1 + 20%）×20% = 75（万元）

（二）出口货物完税价格的估定

出口货物的成交价格不能确定的，海关经了解有关情况，并与纳税义务人进行价格磋商后，依次以下列价格估定该货物的完税价格：

1. 与该货物同时或者大约同时，向同一国家或者地区出口的相同货物的成交价格；
2. 与该货物同时或者大约同时，向同一国家或者地区出口的类似货物的成交价格；
3. 按照下列各项总和计算的价格：境内生产相同或者类似货物的料件成本、加工费用，通常的利润和一般费用，境内发生的运输及其相关费用、保险费；
4. 以合理方法估定的价格。

二、进出口货物完税价格中的运输及相关费用、保险费的计算

（一）一般陆运、空运、海运进口的货物

陆运、空运和海运进口货物的运费和保险费，应当按照实际支付的费用计算。如果进口货物的运费无法确定或未实际发生，海关应当按照该货物进口同期运输行业公布的运费率（额）计算运费；按照“货价加运费”两者总额的3‰计算保险费。

（二）其他方式进口的货物

邮运的进口货物，应当以邮费作为运输及其相关费用、保险费；以境外边境口岸价格条件成交的铁路或公路运输进口货物，海关应当按照货价的1%计算运输及其相关费用、保险费；作为进口货物的自驾进口的运输工具，海关在审定完税价格时，可以不另行计入运费。

（三）出口货物

出口货物的销售价格如果包括离境口岸至境外口岸之间的运输、保险费的，该运费、保险费应当扣除。

第九节 关税征收管理

一、关税保全和强制执行

进出口货物的纳税人在规定的纳税期限内有明显的转移、藏匿其应税货物以及其他财产迹象的，海关可以责令纳税义务人提供担保；纳税义务人不能提供担保的，海关可以按照海关法的规定采取税收保全措施。

纳税人、担保人自缴纳税款期限届满之日起超过 3 个月仍未缴纳税款的，海关可以按照《海关法》的规定采取强制措施。

二、关税的退还

1. 海关发现多征税款的，应当立即通知纳税义务人办理退还手续。纳税义务人发现多缴税款的，自缴纳税款之日起 1 年内，可以书面形式要求海关退还多缴的税款并加算银行同期活期存款利息；海关应当自受理退税申请之日起 30 日内查实并通知纳税人办理退还手续。

纳税义务人应当自收到通知之日起 3 个月内办理有关退税手续。退还税款、利息涉及从国库中退库的，按照法律、行政法规有关国库管理的规定执行。

2. 有下列情形之一的，纳税义务人自缴纳税款之日起 1 年内，可以申请退还关税，并应当以书面形式向海关说明理由，提供原缴款凭证及相关资料：

（1）已征进口关税的货物，因品质或者规格原因，原状退货复运出境的；

（2）已征出口关税的货物，因品质或者规格原因，原状退货复运进境，并已重新缴纳因出口而退还的国内环节有关税收的；

（3）已征出口关税的货物，因故未装运出口，申报退关的。

按照其他有关法律、行政法规规定应当退还关税的，海关应当按照有关法律、行政法规的规定退税。

三、关税的补征和追征

由于纳税义务人违反海关规定造成短征关税的，称为追征；非因纳税义务人违反海关规定造成短征关税的，称为补征。

进出口关税条例规定，进出口货物放行后，海关发现少征或者漏征税款的，应当自缴纳税款或者货物放行之日起 1 年内，向纳税义务人补征税款。但因纳税义务人违反规定造成少征或者漏征税款的，海关可以自缴纳税款或者货物放行之日起 3 年内追征税款，并从缴纳税款或者货物放行之日起按日加收少征或者漏征税款万分之五的滞纳金。

海关发现监管货物因纳税人违反规定造成少征或者漏征税款的，应当自纳税义务人应缴纳税款之日起 3 年内追征税款，并从应缴纳税款之日起，按日加收少征或者漏征税款万分之五的滞纳金。

四、报关企业和其他单位的法律责任

1. 报关企业接受纳税义务人的委托，以纳税人的名义办理报关纳税手续，因报关企业违反规定而造成海关少征、漏征税款的，报关企业对少征或者漏征的税款、滞纳金与纳税义务人承担纳税的连带责任。

2. 除不可抗力外，在保管海关监管货物期间，海关监管货物损毁或者灭失的，对海关监管货物负有保管义务的人应当承担相应的纳税责任。

3. 欠税的纳税义务人，有合并、分立情形的，在合并、分立前，应当向海关报告，依法缴清税款。纳税人合并时未缴清税款的，由合并后的法人或者其他组织继续履行未履行的纳税义务；纳税义务人分立时未缴清税款的，分立后的法人或者其他组织对未履行的纳税义务承担连带责任。

纳税义务人在减免税货物、保税货物监管期间，有合并、分立或者其他资产重组情形的，应当向海关报告。按照规定需要缴税的，应当依法缴清税款；按照规定可以继续享受减免税、保税待遇的，应当到海关办理变更纳税义务人的手续。

纳税义务人欠税或者在减免税货物、保税货物监管期间，有撤销、解散、破产或者其他依法终止经营情形的，应当在清算前向海关报告。海关应当依法对纳税义务人的应缴税款予以清缴。

五、关税纳税争议

纳税义务人、担保人对海关确定纳税义务人、完税价格、商品归类、原产地、适用税率或者汇率、减征或者免征税款、补税、退税、征收滞纳金、计征方式以及纳税地点有异议的，应当缴纳税款，并可以依法向上一级海关申请复议。对复议决定不服的，可以依法向人民法院提起诉讼。

第十节 关税申报缴纳

一、关税的申报

进口货物的纳税义务人应当自运输工具申报进境之日起 14 日内，出口货物的纳税义务人除海关特准的外，在货物运抵海关监管区后、装货的 24 小时以前，向货物的进出境地海关申报。进出口货物转关运输的，按照海关总署的规定执行。

二、关税的缴纳

纳税义务人应当自海关填发税款缴款书之日起 15 日内向指定银行缴纳税款。纳税人未按期缴纳税款的，从滞纳税款之日起，按日加收滞纳税款万分之五的滞纳金。

滞纳金自关税缴纳期限届满之次日起，至纳税义务人缴纳关税之日止，按滞纳税款万分之五的比例按日征收，周末或法定节假日不予扣除。其具体计算公式为：

关税滞纳金金额 = 滞纳关税税额 × 滞纳金征收比率 × 滞纳天数

案例分析

【例】假设 C 进出口公司 2009 年 11 月取得海关填发的税款缴款书，应缴纳关税1 100

万元、消费税 1 414.29 万元、增值税 801.43 万元，但该公司次月才向指定银行缴纳进口环节各项税款。各项税款滞纳天数为 35 天。则根据关税征收管理的相关规定，纳税人应当自海关填发税款缴款书之日起 15 日内向指定银行缴纳关税、增值税和消费税。纳税人未按期缴纳税款的，从滞纳税款之日起，按日加收滞纳税款万分之五的滞纳金。滞纳金自关税缴纳期限届满之日起，至纳税义务人缴纳关税之日止，按滞纳税款万分之五的比例按日征收，周末或法定节假日不予扣除。该公司进口环节应缴纳各项滞纳金：

应交关税滞纳金 = 1 100 × 0.5‰ × 35 = 19.25（万元）

应交消费税滞纳金 = 1 414.29 × 0.5‰ × 35 = 24.75（万元）

应交增值税滞纳金 = 801.43 × 0.5‰ × 35 = 14.03（万元）

练习与思考

一、概念题

1. 关税 2. 最惠国税率 3. 暂定税率 4. 完税价格 5. 物品进口税 6. 关税保全和强制执行

二、思考题

1. 关税的征收范围是什么？
2. 关税的纳税人如何确定？
3. 关税的税率有哪些？
4. 特别关税有哪些？
5. 关税税率如何运用？
6. 关税的完税价格如何确定？
7. 进境物品进口税如何计算？

三、案例题

案例 1：进口货物应纳税额的计算

某进出口公司本月进口液体应税消费品 1 批，支付如下款项：

（1）应税消费品成交价折合人民币 1 085 万元。

（2）货物运抵我国关境内输入地点起卸前、后的运费分别为 35 万元、2 万元，保险费分别为 5 万元、0.4 万元。

（3）包装材料费用和包装劳务费 10 万元。

（4）与货物视为一体的容器的费用 15 万元。

（5）与该货物有关的特许权使用费 50 万元。

相关资料：应税消费品关税税率为 20%，消费税税率为 30%，增值税税率为 17%。

要求：

（1）计算该公司在进口环节应缴纳的关税。

（2）计算该公司在进口环节应缴纳的消费税。

（3）计算该公司在进口环节应缴纳的增值税。

参考答案：

（1）计算进口环节应缴纳的关税：

关税完税价格 = 1 085 + 35 + 5 + 10 + 15 + 50 = 1 200（万元）

应纳关税 = 1 200 × 20% = 240（万元）

说明：进口货物运抵境内输入地点起卸后的运输费、保险费不计入该货物的完税价格。

（2）计算进口环节应缴纳的消费税：

应纳消费税 =（1 200 + 240）÷（1 − 30%）× 30% = 617.14（万元）

（3）计算进口环节应缴纳的增值税：

应纳增值税 =（1 200 + 240）÷（1 − 30%）× 17% = 349.71（万元）

或 =（1 200 + 240 + 617.14）× 17% = 349.71（万元）

案例 2：进口设备应纳税额的计算

某进出口公司2008 年 11 月从国外进口一批施工设备共 20 台，每台价格 3 000 元人民币，该批设备运抵我国大连港起卸前的包装、运输、保险和其他劳务费用共计 5 000 元，海关于 3 月 15 日填发税款缴款书，由于该公司发生暂时经济困难，于 4 月 3 日才缴清税款，假设该类设备进口关税税率为 30%。

要求：

（1）计算该公司应缴纳的关税。

（2）计算该公司实际应纳的关税滞纳金。

参考答案：

（1）该公司关税完税价实际采用的是“CIF”价格条款，也即“成本加运费、保险费”。

进口设备到岸价格 = 20 × 3 000 + 5 000 = 65 000（元）

应纳进口关税 = 65 000 × 30% = 19 500（元）

（2）关税纳税期限为海关填发税款缴款书之日起 15 日内，到期日为 3 月 29 日，该纳税人 4 月 3 日缴纳税款，滞纳税款的时间为 5 天。

滞纳金 = 19 500 × 5 × 0.5‰ = 48.75（元）

该公司应纳的关税滞纳金为 48.75 元。

案例 3：特殊进口货物应纳税额的计算

某具有进出口经营权的企业发生以下进口业务：

（1）采取进料加工方式，进口免税原材料国外成交价 200 万元，发生运费 2 万元，保险费 0.8 万元，70% 加工出口，30% 加工内销，销售价 100 万元。

（2）把一项设备运往境外修理，设备价 120 万元，修理费 10 万元，材料费 12 万元，运输费 2 万元，保险费 0.8 万元。

（3）以租赁方式进口一项设备，设备价 200 万元，支付的租金 20 万元。

（4）免税进口一项设备，设备价 160 万元，海关监管期 4 年，企业使用 18 个月转售。

（5）进口一批材料，境外成交价 400 万元，无运输和保险费，按同期公布的同地运费率为价格的 1%。

（6）进口一批货物 200 万元，发现其中 10% 有严重质量问题退货，出口方同意更换，当期企业取得更换产品，原货物已经退关。

上述设备和货物的进口关税率均为15%。

要求：计算各笔业务应缴纳的关税。

参考答案：

第一笔业务应纳关税 =（200 +2 +0.8）×30% ×15% =9.126（万元）

第二笔业务应纳关税 =（10 +12）×15% =3.3（万元）

第三笔业务应纳关税 =20 ×15% =3（万元）

第四笔业务应纳关税 =160 ×（1 −18 ÷48）×15% =15（万元）

第五笔业务应纳关税 =400 ×（1 +1%）×（1 +0.3%）×15% =60.78（万元）

第六笔业务应纳关税 =200 ×15% =30（万元）

案例4：出口货物应纳税额的计算

某有进出口经营权的贸易公司2009年8月出口1批货物，按境外到岸价格成交，折合人民币685万元，其中：境内口岸至境外口岸的运费30万元、保险费5万元。该批货物出口关税税率为30%。

要求：计算该公司应纳的出口关税额。

参考答案：

应纳关税 =（685 −30 −5）÷（1 +30%）×30% =150（万元）

第三篇　费用税类

本篇是税收的实务篇，主要讲述费用税类的具体规定，其中主要包括印花税、房产税、城镇土地使用税、耕地占用税和车船税。通过学习，要求读者了解不同税种的税收规定，掌握最新最全的税收政策。

第八章 印花税

本章介绍了印花税的由来及发展，印花税的基本内容，包括征税范围、纳税人、税目、税率、纳税方法、计算方法和优惠项目。重点掌握印花税的税目及对应税率。

第一节 印花税概述

一、印花税的计税原理、特点及作用

（一）印花税的计税原理

印花税，是指以经济活动和经济交往中，书立、使用、领受应税凭证的行为为征税对象征收的一种税，具有行为税性质。凡发生书立、使用、领受应税凭证的行为，就必须依照印花税法的有关规定履行纳税义务。

（二）印花税的特点

1. 征收面广。凡税法列举的合同或具有合同性质的凭证、产权转移书据、营业账簿及权利、许可证照等，都必须依法纳税。印花税的应税凭证共有 5 类 13 个税目，涉及经济活动的各个方面。

2. 税率低，税负轻。印花税最高税率为 1‰，最低税率为 0.05‰；按定额税率征税的，每件 5 元。与其他税种相比，印花税税率很低。

3. 纳税人自行完税。印花税与其他税种不同，实行“三自”的纳税办法。即纳税人自行计算应纳税额、自行购买和粘贴印花税票、自行注销或划销印花税票。

（三）印花税的作用

1. 有利于增加地方财政收入，为经济建设积累资金。

2. 有利于加强经济合同的管理和监督，提高合同兑现率，提高经济效益。

3. 有利于在对外开放交往中贯彻税收政策的互惠原则，维护国家的经济权益，促进对外经济关系的发展。

4. 有利于加强法制建设，提高纳税人的法制观念和自觉性。

二、印花税的来源

1624 年印花税创始于欧洲的荷兰。当时的征收方法是由纳税人持政府规定的应税凭证到政府签验局盖印（滚花）缴税，由此得名“印花税”。此税种由于税源广泛、收入稳定、税负较轻，容易被纳税人接受，很快被世界很多国家采用。据不完全统计，目前世界上大约有 90 多个国家和地区征收印花税。但是在征收方法上有所改进，用国家统一印制印花税票并由纳税人自行购买然后粘贴在应税凭证上注销完税，从而替代了原有的盖印方法。

我国在1950年4月由财政部颁发了《印花税暂行条例草案》，开始在全国开征印花税，对30个税目的应税凭证，按其性质和特点的不同分别课征。1958年，工商税制进行改革，将印花税并入了工商统一税中，此后的一段时期未再单独征收印花税。1988年6月，国务院颁布了《中华人民共和国印花税暂行条例》（以下简称《印花税暂行条例》），从1988年10月1日起在全国恢复征收印花税。同年9月29日，由财政部、国家税务总局颁布了《中华人民共和国印花税暂行条例实施细则》。

第二节 印花税征税范围

印花税的征税范围是税法明确列举的各类经济凭证，税法未明确列举的经济凭证不是印花税的征税范围。印花税的税目具体划定了印花税的征税范围。印花税共有13个税目，可分为以下五类经济凭证征税：

一、经济合同

经济合同，包括购销合同、加工承揽合同、建设工程承包合同、财产租赁合同、货物运输合同、仓储保管合同、借款合同、财产保险合同、技术合同或者具有合同性质的凭证。

购销合同，是指供应、预购、采购、购销结合及协作、调剂、补偿、贸易等合同。此外，还包括出版单位与发行单位之间订立的图书、报纸、期刊和音像制品的应税凭证，例如订购单、订数单等。但不包括个人与发行商之间订立的合同。发电厂与电网之间、电网与电网之间（国家电网公司系统、南方电网公司系统内部各级电网互供电量除外）签订的购售电合同也属于此征税范围。但不包括电网与用户之间签订的供用电合同。

加工承揽合同，是指加工、定做、修缮、修理、印刷、广告、测绘、测试等合同。

政策解析

此处注意与增值税的加工修理修配劳务范围的联系和区分。

建设工程承包合同，是指建设工程勘察设计合同和建筑安装工程承包合同。建设工程勘察设计合同包括勘察、设计合同。建筑安装工程承包合同包括建筑、安装工程承包合同。承包合同，包括总承包合同、分包合同和转包合同。

财产租赁合同，是指租赁房屋、船舶、飞机、机动车辆、机械、器具、设备等签订的合同，还包括企业、个人出租门店、柜台等签订的合同。

货物运输合同，是指民用航空、铁路运输、海上运输、公路运输和联运合同，以及作为合同使用的单据。

仓储保管合同，是指仓储、保管合同，以及作为合同使用的仓单、栈单等。

借款合同，是指银行及其他金融组织和借款人（不包括银行同业拆借）所签订的借款合同，以及只填开借据并作为合同使用、取得银行借款的借据。借款方以财产作抵押，与贷款方签订的抵押借款合同，属于资金信贷业务，借贷双方应按借款合同计税贴花。银行及其他金融机构经营的融资租赁业务，是一种以融物方式达到融资目的的业务，实际上是分期偿还的固定资金借款，因此融资租赁合同也属于借款合同。

政策解析

企业间的价款合同以及银行与企业间的借款合同都属于征收印花税的范围。但不包括银行间的借款合同，即银行同业拆解不征收印花税。

财产保险合同，是指财产、责任、保证、信用保险合同，以及作为合同使用的单据。财产保险合同，分为企业财产保险、机动车辆保险、货物运输保险、家庭财产保险和农牧业保险五大类。“家庭财产两全保险”属于家庭财产保险性质，其合同在财产保险合同之列，应照章纳税。人身险，人寿险不征收印花税。

技术合同，是指技术开发、转让、咨询、服务等合同，以及作为合同使用的单据。技术转让合同，包括专利申请权转让、专利实施许可和非专利技术转让，但不包括专利权转让、专利实施许可所书立的合同，后者适用于“产权转移书据”合同。技术咨询合同，是当事人就有关项目的分析、论证、预测和调查订立的技术合同，但一般的法律、会计、审计等方面的咨询不属于技术咨询，其所立合同不贴印花。技术服务合同包括技术服务合同、技术培训合同和技术中介合同，但不包括以常规手段或者为生产经营目的进行一般加工、修理、修缮、广告、印刷、测绘、标准化测试，以及勘察、设计等所书立的合同。

二、产权转移书据

产权转移书据，是指单位和个人产权的买卖、继承、赠与、交换、分割等所立的书据。包括财产所有权和版权、商标专用权、专利权、专有技术使用权等转移书据和土地使用权出让合同、土地使用权转让合同、商品房销售合同等权力转移合同。

“财产所有权”转换书据的征税范围，是指经政府管理机关登记注册的动产、不动产的所有权转移所立的书据，以及企业股权转让所立的书据，并包括个人无偿赠送不动产所签订的“个人无偿赠与不动产登记表”。当纳税人完税后，税务机关（或其他征收机关）应在纳税人印花税完税凭证上加盖“个人无偿赠与”印章。

三、营业账簿

营业账簿，是指单位或者个人记载生产经营活动的财务会计核算账簿。营业账簿按其反映内容的不同，可分为记载资金的账簿和其他账簿，二者的税率不同。记载资金的账簿，是指反映生产经营单位资本金数额增减变化的账簿。其他账簿，是指除上述账簿以外的有关其他生产经营活动内容的账簿，包括日记账簿和各明细分类账簿。

对金融系统营业账簿，要根据实际情况进行具体分析。银行用以反映资金存贷经营活动、记载经营资金增减变化、核算经营成果的账簿，如各种日记账、明细账和总账都属于营业账簿，应按照规定缴纳印花税；银行根据业务管理需要设置的各种登记簿，如空白重要凭证登记簿、有价单证登记簿、现金收付登记簿等，其记载的内容与资金活动无关，仅用于内部备查，属于非营业账簿，均不征收印花税。

四、权利、许可证照

权利、许可证照，是指政府部门发给的房屋产权证、工商营业执照、商标注册证、专利证、土地使用证等。

五、财政部确定征税的其他凭证

对不论以何种形式或名称书立的凭证，只要其性质属于条例列举的征收范围的，均应

照章纳税。有些业务部门将货物运输、仓储保管、银行借款、财产保险等单据作为合同使用的，也应按照合同凭证纳税。对纳税人以电子形式签订的各类应税凭证也应按规定征收印花税。

第三节 印花税纳税人

印花税的纳税义务人，是指在中国境内书立、使用、领受印花税法所列举的凭证并应依法履行纳税义务的单位和个人。包括国内各类企业、事业、机关、团体、部队以及中外合资企业、合作企业、外资企业、外国公司和其他经济组织及其在华机构等单位和个人。

上述单位和个人，按照书立、使用、领受应税凭证的不同，可以分别确定为立合同人、立据人、立账簿人、领受人和使用人五种。

一、立合同人

各类合同，包括购销、加工承揽、建设工程承包、财产租赁、货物运输、仓储保管、借款、财产保险、技术合同或者具有合同性质的凭证。以上各类合同的纳税人是立合同人，即合同的当事人，也就是对凭证有直接权利义务关系的单位和个人，但不包括担保人、证人、鉴定人。如果合同有代理人，且代理人有代理纳税的义务的，其与纳税人负有同等的税收法律义务和责任。

案例分析

【例】两家中外合资企业发生设立营业账簿、签订借款合同或技术合同等行为，根据印花税法规规定，两者均为印花税纳税人；而借款合同的担保人、发放专利证书的国家专利机关等，不属于印花税纳税人。

二、立据人

产权转移书据的纳税人是立据人，即在权属转移过程中书立产权转移书据的单位和个人。产权转移书据由立据人贴花，如未贴或者少贴印花，书据的持有人应负责补贴印花。所立书据以合同方式签订的，应由持有书据的各方分别按全额贴花。

三、立账簿人

营业账簿的纳税人是立账簿人，即设立并使用营业账簿的单位和个人。

四、领受人

权利、许可证照的纳税人是领受人。领受人，是指领取或接受并持有该项凭证的单位和个人。

五、使用人

在国外书立、领受，但在国内使用的应税凭证，其纳税人是使用人。

政策解析

第一，以电子形式签订的各类应税凭证的当事人也是印花税的纳税义务人。

第二，对同一应税凭证，凡由两方或两方以上当事人共同书立的，其当事人各方都是印花税的纳税人，应各就其所持凭证的计税金额履行纳税义务。

第三，立合同人和立据人的双方都是印花税的纳税义务人，立账簿人、领受人和使用人则单方缴纳印花税。2008 年 9 月 19 日起，买卖、继承、赠与所书立的 A 股、B 股股权转让书据的，对受让方不再征税。

案例分析

【例】甲、乙签订一份商品购销合同，甲要求乙提供商品的鉴定，丙愿意为该种商品提供鉴定，丁为甲的业务代理人，并代表甲与乙签订了经济合同，这一事项中，属于印花税纳税人的是（ ）。

A. 甲、乙　　B. 甲、乙、丁

C. 乙、丁　　D. 甲、乙、丙、丁

参考答案：C。

第四节 印花税税率

一、印花税税目

印花税的税目实行正列举法，即列入税目的征税，未列入税目的不征税。印花税包括以下 13 个税目：

1. 购销合同。包括供应、预购、采购、购销、结合及协作、调剂、补偿、易货等合同。

2. 加工承揽合同。包括加工、定做、修缮、修理、印刷广告、测绘、测试等合同。

3. 建设工程勘察设计合同。包括勘察、设计合同。

4. 建筑安装工程承包合同。包括建筑、安装工程承包合同。

5. 财产租赁合同。包括租赁房屋、船舶、飞机、机动车辆、机械、器具、设备等合同。企业、个人出租门店、柜台等签订的合同，属于财产租赁合同，应按照规定贴花。

6. 货物运输合同。包括民用航空运输、铁路运输、海上运输、内河运输、公路运输和联运合同。

7. 仓储保管合同。包括仓储、保管合同。

8. 借款合同。银行及其他金融组织和借款人（不包括银行同业拆借）所签订的借款合同。

9. 财产保险合同。包括财产、责任、保证、信用等保险合同。

10. 技术合同。包括技术开发、转让、咨询、服务等合同。例如，技术培训合同、技术中介合同、技术转让合同等均属于印花税应税合同，而法律咨询合同则不属于印花税应税合同。

11. 产权转移书据。包括财产所有权和版权、商标专用权、专利权、专有技术使用权等转移书据。对土地使用权出让合同、土地使用权转让合同，按产权转移书据征收印花税。对商品房销售合同，按照产权转移书据征收印花税。

12. 营业账簿。生产、经营用账册、记载资金的账簿。

13. 权利、许可证照。包括政府部门发给的房屋产权证、工商营业执照、商标注册证、专利证、土地使用证。

纳税人以电子形式签订的各类应税凭证，按规定征收印花税。

二、印花税税率

印花税的税率设计，遵循税负从轻、共同负担的原则，所以税率比较低。凭证的当事人，即对凭证有直接权利与义务关系的单位和个人均应就其所持凭证依法纳税。印花税的税率有两种形式，即比例税率和定额税率。

（一）比例税率

在印花税的13个税目中，各类合同和具有合同性质的凭证、产权转移书据、营业账簿中记载资金的账簿，适应比例税率。共4个档次，分别是0.05‰、0.3‰、0.5‰、1‰。

1. 适用0.05‰税率的为“借款合同”。

2. 适用0.3‰税率的为“购销合同”、“建筑安装工程承包合同”、“技术合同”。

3. 适用0.5‰税率的是“加工承揽合同”、“建筑工程勘察设计合同”、“货物运输合同”、“产权转移书据”、“营业账簿”税目中记载资金的账簿。

4. 适用1‰税率的为“财产租赁合同”、“仓储保管合同”、“财产保险合同”。2008年9月19日起，对买卖、继承、赠与所书立的A股、B股股权转让书据的出让方按1‰的税率征收证券（股票）交易印花税。

（二）定额税率

在印花税的13个税目中，权利、许可证照和营业账簿税目中的其他账簿，适用定额税率，均为按件贴花，税额为5元。采用定额税率，便于纳税人缴纳，便于税务机关征管。印花税具体税率见表8－1。

表8－1　　印花税税目税率表

税目	范围	税率	纳税人	说明
1. 购销合同	包括供应、预购、采购、购销结合及协作、调剂、补偿、易货等合同	按购销金额0.3‰贴花	立合同人	
2. 加工承揽合同	包括加工、定做、修缮、修理、印刷、广告、测绘、测试等合同	按加工或承揽收入0.5‰贴花	立合同人	
3. 建设工程勘察设计合同	包括勘察、设计合同	按收取费用0.5‰贴花	立合同人	
4. 建筑安装工程承包合同	包括建筑、安装工程承包合同	按承包金额0.3‰贴花	立合同人	
5. 财产租赁合同	包括租赁房屋、船舶、飞机、机动车辆、机械、器具、设备等合同	按租赁金额1‰贴花。税额不足1元按1元贴花	立合同人	

续表

税目	范围	税率	纳税人	说明
6. 货物运输合同	包括民用航空运输、铁路运输、海上运输、内河运输、公路运输和联运合同	按运输收取的费用0.5‰贴花	立合同人	单据作为合同使用的，按合同贴花
7. 仓储保管合同	包括仓储、保管合同	按仓储收取的保管费用1‰贴花	立合同人	仓单或栈单作为合同使用的，按合同贴花
8. 借款合同	银行及其他金融组织和借款人（不包括银行同业拆借）所签订的借款合同	按借款金额0.05‰贴花	立合同人	单据作为合同使用的，按合同贴花
9. 财产保险合同	包括财产、责任、保证、信用等保险合同	按收取的保险费收入1‰贴花	立合同人	单据作为合同使用的，按合同贴花
10. 技术合同	包括技术开发、转让、咨询、服务等合同	按所记载金额0.3‰贴花	立合同人	
11. 产权转移书据	包括财产所有权和版权、商标专用权、专利权、专有技术使用权等转移书据、土地使用权出让合同、土地使用权转让合同、商品房销售合同	按所记载金额0.5‰贴花	立据人	
12. 营业账簿	生产、经营用账册	记载资金的账簿。按实收资本和资本公积的合计金额0.5‰贴花。其他账簿按件贴花5元	立账簿人	
13. 权利、许可证照	包括政府部门发给的房屋产权证、工商营业执照、商标注册证、专利证、土地使用证	按件贴花5元	领受人	

第五节 印花税税收优惠

一、先征后返

自2003年1月1日起，对全国社会保障基金理事会委托社保基金投资管理人运用社保基金买卖证券应缴纳的印花税实行先征后返。对社保理事会定期向财政部、上海市和深圳市财政局提出返还印花税的申请，即按照中央与地方印花税分享比例，属于中央收入部分，向财政部提出申请；属于地方收入部分，向上海市和深圳市财政局提出申请。

二、减免税

（一）金融、保险、基金、信托行业的优惠

1. 我国的各银行按照国家金融政策发放的无息、贴息贷款及由各商业银行按照规定由财政部门或中国人民银行给予贴息的贷款项目所签订的贷款合同，免征印花税。

2. 中国人民银行各级机构向专业银行发放的各种期限的贷款中的日拆性贷款（在此专指20天内的贷款），对此类贷款所签的合同或借据，暂免征收印花税。

3. 外国政府或者国际金融组织向我国政府及国家金融机构提供的优惠贷款所书立的合同，免征印花税。

4. 财政等部门的拨款改贷款签订的借款合同，凡直接与使用单位签订的，暂不贴花。

5. 对投资者（包括个人和机构）买卖封闭式证券投资基金，免征印花税。

6. 自金融机构撤销条例生效之日起，对被撤销金融机构接收债权、清偿债务过程中签订的产权转移书据，免征印花税。

7. 信贷资产证券化试点的税收优惠：

（1）信贷资产证券化的发起机构［指通过设立特定目的的信托项目（以下简称“信托项目”）转让信贷资产的金融机构，下同］将实施资产证券化的信贷资产信托于受托机构（指因承诺信托而负责管理信托项目财产并发售资产支持证券的机构，下同）时，双方签订的信托合同暂不征收印花税。

（2）受托机构委托贷款服务机构（指接受受托机构的委托，负责管理贷款的机构，下同）管理信贷资产时，双方签订的委托管理合同暂不征收印花税。

（3）发起机构、受托机构在信贷资产证券化过程中，与资金保管机构（指接受受托机构委托，负责保管信托项目财产账户资金的机构）、证券登记托管机构（指中央国债登记结算有限责任公司）以及其他为证券化交易提供服务的机构签订的其他应税合同，暂免征收发起机构、受托机构应缴纳的印花税。

（4）受托机构发售信贷资产支持证券以及投资者买卖信贷资产支持证券暂免征收印花税。

（5）发起机构、受托机构因开展信贷资产证券化业务而专门设立的资金账簿暂免征收印花税。

8. 对证券投资者保护基金有限责任公司（以下简称“保护基金公司”）及其管理的证券投资者保护基金（以下简称“保护基金”）的税收优惠：

（1）对保护基金公司新设立的资金账簿免征印花税。

（2）对保护基金公司与中国人民银行签订的再贷款合同、与证券公司行政清算机构签订的借款合同，免征印花税。

（3）对保护基金公司接收被处置证券公司财产签订的产权转移书据，免征印花税。

（4）对保护基金公司以保护基金自有财产和接收的受偿资产与保险公司签订的财产保险合同，免征印花税。

（5）对与保护基金公司签订上述应税合同或产权转移书据的其他当事人照章征收印花税。

9. 对全国社会保障基金的税收优惠。自2003年1月1日起，对全国社会保障基金理

事会（以下简称社保理事会）管理的全国社会保障基金（以下简称社保基金）的有关证券（股票）交易印花税（以下简称印花税）税收优惠：

（1）理事会委托社保基金投资管理人运用社保基金买卖证券应缴纳的印花税实行先征后返。社保理事会定期向财政部、上海市和深圳市财政局提出返还印花税的申请，即按照中央与地方印花税分享比例，属于中央收入部分，向财政部提出申请；属于地方收入部分，向上海市和深圳市财政局提出申请。

（2）基金持有的证券，在社保基金证券账户之间的划拨过户，不属于印花税的征税范围，不征收印花税。

10. 为了支持城乡储蓄事业的发展，对银行、城乡信用社开展储蓄业务设置的储蓄分户卡账，暂免贴印花。

11. 银行、非银行金融机构之间相互融通短期资金，按照规定的同业拆借期限和利率签订的同业拆借合同，不征收印花税。

12. 对办理借款展期业务使用借款展期合同或其他凭证，按规定仅载明延期还款事项的，可暂不贴花。

13. 农林作物、牧业畜类保险合同，免征印花税。

14. 对资产管理公司的税收优惠。对经国务院批准成立的中国信达、华融、长城和东方 4 家资产管理公司及其分支机构，自成立之日起，公司收购、承接、处置不良资产，可享受以下税收优惠政策：

（1）对资产公司成立时设立的资金账簿，免征印花税。

（2）对资产公司收购、承接和处置不良资产，免征购销合同和产权转移书据应缴纳的印花税。

对中国信达、华融、长城和东方金融资产管理公司按财政部核定的资本金数额，接收国有商业银行的资产，在办理过户手续时，免征印花税。

15. 对中国证监会批准设立的开放式证券投资基金投资者申购和赎回基金单位，暂不征收印花税。

16. 对中国农业发展银行办理的农副产品收购贷款、储备贷款及农业综合开发和扶贫贷款等财政贴息贷款合同免征印花税，其他贷款合同照章征收印花税。

17. 对于农村信用社在清理整顿过程中，接收农村合作基金会的房屋、土地使用权等财产所发生的权属转移免征契税，所办理的产权转移书据免征印花税。

18. 根据《中华人民共和国外资银行管理条例》及其实施细则规定，外国银行在符合条件的情况下可以在我国设立外商独资银行，外国银行已经在我国设立的分行可以改制为外商独资银行（或其分行）。改制过程中，原外国银行分行的债权、债务将由外商独资银行（或其分行）继承。外国银行分行改制为外商独资银行（或其分行）后，其在外国银行分行已经贴花的资金账簿、应税合同，在改制后的外商独资银行（或其分行）不再重新贴花。

（二）改组、改制的方面的优惠

1. 经县级以上人民政府及企业主管部门批准改制的企业在改制过程中涉及的税收优惠：

关于资金账簿的印花税：

（1）实行公司制改造的企业在改制过程中成立的新企业（重新办理法人登记的），其新启用的资金账簿记载的资金或因企业建立资本纽带关系而增加的资金，凡原已贴花的部分可不再贴花，未贴花的部分和以后新增加的资金按规定贴花。公司制改造包括国有企业依公司法整体改造成国有独资有限责任公司；企业通过增资扩股或者转让部分产权，实现他人对企业的参股，将企业改造成有限责任公司或股份有限公司；企业以其部分财产和相应债务与他人组建新公司；企业将债务留在原企业，而以其优质财产与他人组建的新公司。

（2）以合并或分立方式成立的新企业，其新启用的资金账簿记载的资金，凡原已贴花的部分可不再贴花，未贴花的部分和以后新增加的资金按规定贴花。合并包括吸收合并和新设合并。分立包括存续分立和新设分立。

（3）企业债权转股权新增加的资金按规定贴花。

（4）企业改制中经评估增加的资金按规定贴花。

（5）企业其他会计科目记载的资金转为实收资本或资本公积的资金按规定贴花。

关于各类应税合同的印花税。企业改制前签订但尚未履行完的各类应税合同，改制后需要变更执行主体的，对仅改变执行主体、其余条款未作变动且改制前已贴花的，不再贴花。

关于产权转移书据的印花税。企业因改制签订的产权转移书据免予贴花。

2. 自 2004 年 7 月 1 日起，对经国务院和省级人民政府决定或批准进行的国有（含国有控股）企业改组改制而发生的上市公司国有股权无偿转让行为，暂不征收债券（股票）交易印花税。对不属于上述情况的上市公司国有股权无偿转让行为，仍应征收债券（股票）交易印花税。

3. 企业改制前签订但尚未履行完的各类应税合同，改制后需要变更执行主体的，对仅改变执行主体，其余条款未作变动且改制前已贴花的，不再贴花。

4. 经企业主管部门批准的国营、集体企业兼并，对并入单位的资产，凡已按资金总额贴花的，接收单位对并入的资金不再补贴印花。

5. 自 2005 年 6 月 13 日起，股权分置改革过程中因非流通股股东向流通股股东支付对价而发生的股权转让，暂免征收印花税。

6. 对组建国家邮政局及所属各级邮政企业新设立的资金账簿，凡属在邮电管理局分营前已贴花资金，免征印花税。

（三）军队系统的优惠

1. 军队企业化管理工厂向军队系统内各单位（不包括军办企业）和武警部队调拨军用物资和提供加工、修理、装配、试验、租赁、仓储等签订的军队企业专用合同，暂免贴印花。

2. 关于军火武器合同税收优惠：

（1）国防科工委管辖的军工企业和科研单位，与军队、武警部队、公安、国家安全部门，为研制和供应军火武器（包括指挥、侦察、通信装备）所签订的合同，免征印花税。

（2）国防科工委管辖的军工系统内各单位之间，为研制军火武器所签订的合同，免征印花税。

（四）宣传文化、公益事业的优惠

1. 财产所有人将财产赠给政府、抚养孤老伤残人员的社会福利单位、学校所立的书据，免征印花税。

2. 自2004年1月1日起，对财产所有人将财产赠给学校所立的书据，免征印花税。

3. 对国家拨付事业经费和企业办的各类学校、托儿所、幼儿园对财产所有人将财产赠给学校所立的书据，免征印花税。

4. 鉴于代购国务院市场调节粮是国务院委托商业部中国粮食贸易公司承担的一项特殊任务，粮权统属国务院，各级粮食部门的此项收购业务属于非经营性的代购工作，代销业务目前尚未发生，因此，对“代购国务院市场调节粮协议书”一项免征印花税。与此相关的代购国务院市场调节粮专项贷款合同，因在借（还）本付息等借贷手续上与正常借款合同并无区别，应照章纳税。

5. 担负着为国家储备物资、商品的特殊任务的一些工业、商业、物资企业，由国家财政拨付的以保证国家储备的专项资金不计征印花税。

6. 各类发行单位之间，以及发行单位与订阅单位或个人之间书立的征订凭证，暂免征印花税。

（五）特殊货运凭证的优惠

1. 军事物资运输。凡附有军事运输命令或使用专用的军事物资运费结算凭证，免纳印花税。

2. 抢险救灾物资运输。凡附有县级以上（含县级）人民政府抢险救灾物资运输证明文件的运费结算凭证，免纳印花税。

3. 新建铁路的工程临管线运输。为新建铁路运输施工所需物料，使用工程临管线专用运费结算凭证，免纳印花税。

（六）2010年上海世博会的优惠

1. 自文到之日起，对上海世博局使用的营业账簿和签订的各类合同等应税凭证，免征上海世博局应缴纳的印花税。

2. 对上海世博（集团）公司签订的与世博会直接相关的各类合同等应税凭证，免征上海世博（集团）公司应缴纳的印花税。

3. 对财产所有人将财产捐赠给上海世博局所书立的产权转移书据，免征财产所有人和上海世博局应缴纳的印花税。

（七）第29届奥运会的优惠

1. 自发文之日起，对第29届奥运会组委会使用的营业账簿和签订的各类合同等应税凭证，免征组委会应缴纳的印花税。

2. 对国际奥委会、中国奥委会签订的与第29届奥运会有关的各类合同，免征国际奥委会和中国奥委会应缴纳的印花税。

3. 对财产所有人将财产（物品）捐赠给组委会所书立的产权转移书据免征应缴纳的印花税。

（八）中国网络通信集团公司的优惠

经国务院批准，原中国电信所属北京、天津、河北、山西、内蒙古、辽宁、吉林、黑龙江、山东、河南北方10省（自治区、直辖市）电信公司和中国网络通信（控股）有限公司（以下简称网通公司）、吉通通信有限责任公司（以下简称吉通公司）重组为中国网络通信集团公司（以下简称集团公司）。上述原中国电信所属的北方10省电信公司更名为通信公司；吉通公司及所属的120家分公司属地整体并入集团公司及所属子公司；集团公司和网通公司共同出资成立中国网通集团国际通信有限公司（以下简称“国际通信公司”）、中国网通集团北方通信有限公司（以下简称“北方通信公司”）、中国网通集团南方通信有限公司（以下简称“南方通信公司”）。对集团公司及其子公司在重组过程中涉及的资金账簿、改变执行主体的各类应税合同及产权转移书据的印花税，根据财税［2003］183号的有关规定办理征免税事宜。

由于集团公司及其子公司分布在不同地区，为便于各地征管，现将集团公司及其子公司资金账簿印花税优惠政策明确为：

（1）集团公司及原北方10省电信公司更名为通信公司后新设立的资金账簿记载的资金，免征印花税。

（2）集团公司及各子公司因吉通公司并入而增加的资金免征印花税。

（3）国际通信公司、北方通信公司、南方通信公司新设立的资金账簿记载的资金，免征印花税。

（九）铁道部所属单位的优惠

1. 铁道部层层下达的基建计划，不贴花。

2. 企业内部签订的有关铁路生产经营设施基建、更新改造、大修、维修的协议或责任书，不贴花。

3. 在铁路内部无偿调拨固定资产的调拨单据，不贴花。

4. 由铁道部全额拨付事业费的单位，其营业账簿，不贴花。

（十）廉租住房及出租房的优惠

1. 自2007年8月1日起，对廉租住房、经济适用住房经营管理单位与廉租住房、经济适用住房相关的印花税以及廉租住房承租人、经济适用住房购买人涉及的印花税，予以免征。

2. 开发商在经济适用住房、商品住房项目中配套建造廉租住房，在商品住房项目中配套建造经济适用住房，如能提供政府部门出具的相关材料，可按廉租住房、经济适用住房建筑面积占总建筑面积的比例免征开发商应缴纳的印花税。

3. 自2008年3月1日起，对个人出租、承租住房签订的租赁合同，免征印花税。

（十一）其他方面的优惠

1. 已经缴纳印花税的凭证的副本或者抄本，免征印花税。已缴纳印花税的凭证的副本或者抄本，免征印花税，是指凭证的正式签署本已按规定缴纳了印花税，其副本或者抄本对外不发生权利义务，仅备存查的免贴印花。纳税人的已缴纳印花税凭证的正本遗失或毁损，而以副本替代的，即为副本视同正本使用，应另贴印花。

2. 国家指定的收购部门与村民委员会、农民个人书立的农副产品收购合同，免征印花税。

3. 中国海洋石油总公司及其所属公司为勘探、开发和生产海洋石油和天然气资源，以及勘探、开发和生产海洋石油和天然气资源提供工程承包、劳务服务所书立、领受的凭证，暂免征印花税。

4. 对与受援国签订的经援项目合同，暂免征税。

5. 厂与电网之间、电网与电网之间（国家电网公司系统、南方电网公司系统内部各级电网互供电量除外）签订的购售电合同按购销合同征收印花税。电网与用户之间签订的供用电合同不属于印花税列举征税的凭证，不征收印花税。

6. 对商店、门市部的零星加工修理业务开具的修理单，不贴印花。

7. 对房地产管理部门与个人订立的租房合同，凡用于生活居住的，暂免贴印花；用于生产经营的，应按规定贴花。

8. 对铁路、公路、航运、水路承运快件行李、包裹开具的托运单据，暂免贴印花。

9. 企业与主管部门等签订的租赁承包经营合同，不属于财产租赁合同，不贴花。

10. 对日常用单页表式记载资金活动情况，以表代账的，在未形成账簿（册）前，暂不贴花，待装订成册时，按册贴花。

11. 对微利、亏损企业不能减免印花税。但是，对微利、亏损企业记载资金的账簿，第一次贴花数额较大，难以承担的，经当地税务机关批准，可允许在三年内分次贴足印花。

12. 土地使用权出让、转让书据（合同），出版合同，不属于印花税列举征税的凭证，免征印花税。

13. 对企业车间、门市部、仓库设置的不属于会计核算范围，或虽属会计核算范围，但不记载金额的登记簿、统计簿、台账等，不贴印花。

14. 实行差额预算管理的单位，不记载经营业务的账簿，不贴印花。

15. 由外国运输企业运输进口货物的，外国运输企业所持有的一份结算凭证，免征印花税。

16. 代理单位与委托单位之间签订的委托代理合同，不征收印花税。

17. 对组建的铁道通信信息有限责任公司新成立时设立的资金账簿，免征印花税。对铁道通信公司在组建过程中签订的产权转移书据，免征印花税。

18. 对在供需经济活动中使用电话、计算机联网订货，没有开具书面凭证的，暂不贴花。

19. 自2006年7月1日起，对青藏铁路公司及其所属单位营业账簿免征印花税；对青藏铁路公司签订的货物运输合同免征印花税，对合同其他各方当事人应缴纳的印花税照章征收。

20. 自2009年1月5日起对于企业集团内具有平等法律地位的主体之间自愿订立、明确双方购销关系、据以供货和结算、具有合同性质的凭证，应按规定征收印花税。对于企业集团内部执行计划使用的、不具有合同性质的凭证，不征收印花税。

21. 对广州第16届亚运会组织委员会、深圳第26届大运会执行局和哈尔滨第24届大冬会组织委员会使用的营业账簿和签订的各类合同等应税凭证，免征应缴纳的印花税。

案例分析

【例 1】下列合同和凭证应纳印花税的是（　　）。

A. 企业因改制签订的产权转移书据

B. 劳务输出合同

C. 国际金融组织向我国国家金融机构提供优惠贷款所书立的合同

D. 企业与银行之间的借款合同

参考答案：D。

解析：企业因改制签订的产权转移书据、国际金融组织向我国国家金融机构提供优惠贷款所书立的合同免予贴花；劳务输出合同不是印花税的征税范围。

【例 2】下列合同应征收印花税的有（　　）。

A. 银行与企业之间签订的贴息贷款合同

B. 作为正本使用的合同副本

C. 房地产管理部门与个人签订的经营用房的房屋租赁合同

D. 新建铁路临管线运输合同

参考答案：B、C。

解析：贴息贷款合同免纳印花税；房地产管理部门与个人签订的生活用房的房屋租赁合同，才免征印花税；新建铁路临管线运输合同免纳印花税。

第六节 印花税应纳税额的计算

一、计税依据的一般规定

印花税的计税依据为各种应税凭证上所记载的计税金额或凭证件数，具体规定如下：

（一）以凭证所载金额为计税依据

以凭证所载金额为计税依据的，一般适用于各种合同、产权转移书据和资金账簿等凭证。

1. 购销合同的计税依据为合同记载的购销金额。购销金额是指购销全额，不得做任何剪除，不包含增值税。

2. 加工承揽合同的计税依据是加工或承揽收入的金额。这里的加工或承揽收入额是指合同中规定的受托方的加工费收入和提供的辅助材料金额之和。

由受托方提供原材料的加工、定做合同，凡在合同中分别记载加工费金额与原材料金额的，应分别按“加工承揽合同”、“购销合同”计税，两项税额相加数，即为合同应贴印花；合同中不划分加工费金额与原材料金额的，应按全部金额，依照“加工承揽合同”计税贴花。

由委托方提供主要材料或原料，受托方只提供辅助材料的加工合同，无论加工费和辅助材料金额是否分别记载，均以辅助材料与加工费的合计数，依照加工承揽合同计税贴花。对委托方提供的主要材料或原料金额不计税贴花。

3. 建设工程勘察设计合同的计税依据为收取的费用。

4. 建筑安装工程承包合同的计税依据为承包金额。

5. 财产租赁合同的计税依据为租赁金额。对房地产管理部门与个人订立的租房合同，用于生产经营的，应按规定贴花。税额不足1元的，按1元贴花。

6. 货物运输合同的计税依据为运输费用，不包括所运货物的金额、装卸费和保险费等。

7. 仓储保管合同的计税依据为仓储保管费用。

8. 借款合同的计税依据为借款金额。

9. 财产保险合同的计税依据为合同所载保险费金额，不包括所保财产的金额。

10. 技术合同的计税依据合同所载的价款、报酬或使用费。

11. 产权转移书据的计税依据为所载金额。

12. 营业账簿税目中记载资金的账簿的计税依据为“实收资本”与“资本公积”两项的合计金额。

案例分析

【例】某借款人甲用财产做抵押与金融机构乙签订借款合同，借款金额250万元，因管理不善，甲无力偿还所欠借款，遂按合同规定，将自己的财产转移给了金融机构乙并履行了法律手续，则根据印花税法规规定，甲、乙双方应就借款合同、产权转移书据各计算缴纳印花税。

双方就借款合同各纳印花税税额 = 250 万元 × 0.05‰ = 125（元）

双方就产权转移书据各纳印花税税额 = 250 万元 × 0.5‰ = 1 250（元）

（二）以凭证件数为计税依据

1. 权利、许可证照的计税依据为应税凭证件数。

2. 营业账簿中的其他账簿的计税依据为应税凭证件数。

二、计税依据的特殊规定

1. 上述凭证以“金额”、“收入”、“费用”作为计税依据的，应当全额计税，不得作任何扣除。

2. 同一凭证，载有两个或两个以上经济事项而适用不同税目税率，如分别记载金额的，应分别计算应纳税额，相加后按合计税额贴花；如未分别记载金额的，按税率高的计税贴花。

3. 按金额比例贴花的应税凭证，未标明金额的，应按照凭证所载数量及国家牌价计算金额；没有国家牌价的，按市场价格计算金额，然后按规定税率计算应纳税额。

4. 应税凭证所载金额为外国货币的，应按照凭证书立当日国家外汇管理局公布的外汇牌价折合成人民币，然后计算应纳税额。

5. 应纳税额不足1角的，免纳印花税；1角以上的，其税额尾数不满5分的不计，满5分的按1角计算。

6. 1988年10月1日开征印花税，以前签订的合同，10月1日以后修改合同，凡修改合同增加金额的，应就增加部分补贴印花。

7. 有些合同，在签订时无法确定计税金额，如技术转让合同中的转让收入，是按销售收入的一定比例收取或是按实现利润分成的；财产租赁合同，只是规定了月（天）租金标准而无租赁期限的。对这类合同，可在签订时先按定额5元贴花，以后结算时再按实际金额计税，补贴印花。

8. 应税合同在签订时纳税义务即已产生，应计算应纳税额并贴花。所以，不论合同是否兑现或是否按期兑现，均应贴花。

对已履行并贴花的合同，所载金额与合同履行后实际结算金额不一致的，只要双方未修改合同金额一般不再办理完税手续。

9. 对有经营收入的事业单位，凡属由国家财政部门拨付事业经费、实行差额预算管理的单位，其记载经营业务的账簿，按其他账簿定额贴花，不记载经营业务的账簿不贴花；凡属经费来源实行自收自支的单位，其营业账簿，应对记载资金的账簿和其他账簿分别按规定贴花。

10. 跨地区经营的分支机构使用的营业账簿，应由各分支机构在其所在地缴纳印花税。对上级单位核拨资金的分支机构，其记载资金的账簿按核拨的账面资金数额计税贴花，其他账簿按定额贴花；对上级单位不核拨资金的分支机构，只就其他账簿按定额贴花。为避免对同一资金重复计税贴花，上级单位记载资金的账簿，应按扣除拨给下属机构资金数额后的其余部分计税贴花。

11. 商品购销活动中，采用以货换货方式进行商品交易签订的合同，是反映既购又销双重经济行为的合同。对此，应按合同所载的购、销合计金额计税贴花。合同未列明金额的，应按合同所载购、销数量依照国家牌价或者市场价格计算应纳税额。

12. 凡是记载资金的账簿，启用新账时，资金未增加的，不再按件定额贴花。

13. 施工单位将自己承包的建设项目，分包或者转包给其他施工单位所签订的分包合同或者转包合同，应按新的分包合同或转包合同所载金额计算应纳税额。这是因为印花税是一种具有行为税性质的凭证税，尽管总承包合同已依法计税贴花，但新的分包或转包合同是一种新的凭证，又发生了新的纳税义务。

案例分析

【例】S施工企业与J建设单位签订一份建筑安装工程承包合同，工程金额1 000万元；之后又与A安装公司签订一份设备安装工程承包合同，将部分设备安装工程分包给A安装公司，金额20万元。则该业务属于S施工企业将自己承包的建设项目分包或者转包给A安装公司所签订的分包或者转包合同，应按新的分包合同或转包合同所载金额计算应纳税额。

S企业应纳印花税税额＝1 000万元×0.3‰＋20×0.3‰＝3 060（元）

14. 对于设置在其他部门、车间的明细分类账，采用一级核算形式的，只就财会部门设置的账簿贴花；采用分级核算形式的，除财会部门的账簿应贴花外，财会部门设置在其他部门和车间的明细分类账，亦应按规定贴花。车间、门市部、仓库设置的不属于会计核算范围或虽属会计核算范围，但不记载金额的登记簿、统计簿、台账等，不贴印花。

15. 对股票交易征收印花税，始于深圳和上海两地证券交易的不断发展。现行印花税法规定，股份制试点企业向社会公开发行的股票，因购买、继承、赠与所书立的股权转让书据，均依书立时证券市场当日实际成交价格计算的金额，由立据双方当事人分别按 1‰ 的税率缴纳印花税。自 2008 年 9 月 19 日起，股权交易印花税改为单边向出让方征收，税率仍为 1‰。

16. 对国内各种形式的货物联运，凡在起运地统一结算全程运费的，应以全程运费作为计税依据，由起运地运费结算双方缴纳印花税；凡分程结算运费的，应以分程的运费作为计税依据，分别由办理运费结算的各方缴纳印花税。

17. 对国际货运，凡由我国运输企业运输的，不论在我国境内、境外起运或中转分程运输，我国运输企业所持的一份运费结算凭证，均按本程运费计算应纳税额；托运方所持的一份运输结算凭证，按全程运费计算应纳税额。由外国运输企业运输进出口货物的，外国运输企业所持的一份运费结算凭证免纳印花税。国际货运运费结算凭证在国外办理的，应在凭证转回我国境内时按规定缴纳印花税。

18. 对外商投资企业、外国企业和其他经济组织及其在华机构除执行现行印花税法外，还应注意以下问题：企业记载资金的账簿，1994 年 1 月 1 日以后实收资本和资本公积增加的，就其增加部分贴花；对启用的新账簿，实收资本和资本公积未增加的，免贴印花；对 1994 年 1 月 1 日以后启用的其他账簿，按规定贴花。企业记载资金的账簿一次贴花数额较大，经主管税务机关批准，可允许 3 年内分次贴足印花；经营期不足 3 年的企业，应在经营期内贴足印花。

19. 对货物运输、仓储保管、财产保险、银行借款等，办理一项业务既书立合同，又开立单据的，只就合同贴花；凡不书立合同，只开立单据，以单据作为合同使用的，应按照规定贴花。

三、应纳税额的计算

1. 适用比例税率的应税凭证，计税依据为凭证上所记载的金额，其计税公式为：

应纳税额 = 计税金额 × 比例税率

2. 适用定额税率的应税凭证，计税依据为凭证件数，其计税公式为：

应纳税额 = 凭证件数 × 固定税额（5 元）

案例分析

【例】A 公司与 B 公司签订了两份合同，一份为采购合同，A 公司购买了 B 公司价值 100 万元的货物，但因故该合同未能兑现；一份为以货换货合同，A 公司的货物价值 300 万元，B 公司的货物价值 250 万元。计算 A 公司应缴纳的印花税为（　　）。

A. 1 000 元　　B. 1 500 元

C. 1 950 元　　D. 1 850 元

参考答案：C。

解析：签订合同既发生了印花税的纳税义务，未兑现也要贴花且不能因采购取消而要求退税或抵交；以货换货的合同应以签订合同的双方的合计金额来计算贴花。

应纳印花税 =（100 + 300 + 250）× 0.3‰ × 10 000 = 650 × 0.3‰ × 10 000 = 1 950（元）

第七节 印花税税收征管

为加强印花税的征收管理，堵塞印花税征管漏洞，方便纳税人，保障印花税收入持续、稳定增长，加强印花税的征收管理非常重要。

一、征收管理

(一) 对印花税应税凭证的管理

各级地方税务机关应加强对印花税应税凭证的管理。要求纳税人统一设置印花税应税凭证登记簿，保证各类应税凭证及时、准确、完整地进行登记；应税凭证数量多或内部多个部门对外签订应税凭证的单位，要求其制定符合本单位实际的应税凭证登记管理办法。有条件的纳税人应指定专门部门、专人负责应税凭证的管理。印花税应税凭证应按照《中华人民共和国税收征收管理法》的规定保存10年。

(二) 完善按期汇总缴纳办法

各级地方税务机关应加强对按期汇总缴纳印花税单位的纳税管理，对核准实行汇总缴纳的单位，应发给汇缴许可证，核定汇总缴纳的限期；同时应要求纳税人定期报送汇总缴纳印花税情况报告，并定期对纳税人汇总缴纳印花税情况进行检查。

(三) 加强对印花税代售人的管理

各级税务机关应加强对印花税代售人代售税款的管理，根据本地代售情况进行一次清理检查，对代售人违反代售规定的，可视其情节轻重，取消代售资格，发现代售人各种影响印花税票销售的行为要及时纠正。

税务机关要根据本地情况，选择制度比较健全、管理比较规范、信誉比较可靠的单位或个人委托代售印花税票，并应对代售人经常进行业务指导、检查和监督。

(四) 核定征收印花税

根据《中华人民共和国税收征收管理法》第三十五条规定和印花税的税源特征。为加强印花税征收管理，纳税人有下列情形的，地方税务机关可以核定纳税人印花税计税依据：

(1) 未按规定建立印花税应税凭证登记簿，或未如实登记和完整保存应税凭证的；

(2) 拒不提供应税凭证，或不如实提供应税凭证致使计税依据明显偏低的；

(3) 采用按期汇总缴纳办法的，未按地方税务机关规定的期限报送汇总缴纳印花税情况报告，经地方税务机关责令限期报告，逾期仍不报告的或者地方税务机关在检查中发现纳税人有未按规定汇总缴纳印花税情况的。

地方税务机关核定征收印花税，应向纳税人发放核定征收印花税通知书，注明核定征收的计税依据和规定的税款缴纳期限。地方税务机关核定征收印花税，应根据纳税人的实际生产经营收入，参考纳税人各期印花税纳税情况及同行业合同签订情况，确定科学合理的数额或比例作为纳税人印花税计税依据。

各级地方税务机关应逐步建立印花税基础资料库，包括：分行业印花税纳税情况、分户纳税资料等，确定科学、合理的评估模型，保证核定征收的及时、准确、公平、合理。

二、违章处罚

自2004年1月29日起，印花税纳税人有下列行为之一的，由税务机关根据情节轻重予以处罚：

1. 在应纳税凭证上未贴或者少贴印花税票的或者已粘贴在应税凭证上的印花税票未注销或者未划销的，由税务机关追缴其不缴或者少缴的税款、滞纳金，并处不缴或者少缴的税款50%以上5倍以下的罚款。

2. 已贴用的印花税票揭下重用造成未缴或少缴印花税的，由税务机关追缴其不缴或者少缴的税款、滞纳金，并处不缴或者少缴的税款50%以上5倍以下的罚款；构成犯罪的，依法追究刑事责任。

3. 伪造印花税票的，由税务机关责令改正，处2 000元以上1元以下的罚款；情节严重的，处1万元以上5万元以下的罚款；构成犯罪的，依法追究刑事责任。

4. 按期汇总缴纳印花税的纳税人，超过税务机关核定的纳税期限，未缴或少缴印花税款的，视其违章性质，由税务机关追缴其不缴或者少缴的税款、滞纳金，并处不缴或者少缴的税款50%以上5倍以下的罚款；情节严重的，同时撤销其汇缴许可证；构成犯罪的，依法追究刑事责任。

5. 纳税人违反以下规定的，由税务机关责令限期改正，可以处2 000元以下的罚款；情节严重的，处2 000元以上1万元以下的罚款：

（1）凡汇总缴纳印花税的凭证，应加注税务机关指定的汇缴戳记、编号并装订成册，将已贴印花或者缴款书的一联粘附册后，盖章注销，保存备查。

（2）纳税人对纳税凭证应妥善保存。凭证的保存期限，凡国家已有明确规定的，按规定办；没有明确规定的其余凭证均应在履行完毕后保存1年。

6. 代售户对取得的税款逾期不缴或者挪作他用，或者违反合同将所领印花税票转托他人代售或者转至其他地区销售，或者未按规定详细提供领、售印花税票情况的，税务机关可视情节轻重，给予警告或者取消其代售资格。

第八节 印花税申报缴纳

一、纳税方法

印花税的纳税办法，根据税额大小、贴花次数以及税收征收管理的需要，分别采用以下三种纳税办法：

（一）“三自”纳税方法

这种办法一般适用于应税凭证较少或者贴花次数较少的纳税人。纳税人自行计算应纳税额，自行向税务机关购买印花税票，自行在应税凭证上一次贴足印花，自行注销或划销。注意就印花税而言，纳税人支付了税款并不等于已履行了纳税义务。纳税人必须自行贴花并注销或划销，这样才算完整地完成了纳税义务。

（二）汇贴或汇缴

这种办法一般适用于应纳税额较大或者贴花次数频繁的纳税人。

1. 汇贴纳税方法。一份凭证应纳税额超过500元的，应向当地税务机关申请填写缴款书或者完税证。将其中一联粘贴在凭证上或者由税务机关在凭证上加注完税标记代替贴花。

2. 汇缴纳税方法。同一种类应纳税凭证，需频繁贴花的。纳税人可以根据实际情况自行决定是否采用按期汇总缴纳印花税的方式，汇总缴纳的期限为1个月。采用按期汇总缴纳方式的纳税人应事先告知主管税务机关。缴纳方式一经选定，1年内不得改变。主管税务机关接到纳税人要求按期汇总缴纳印花税的告知后，应及时登记，制定相应的管理办法，防止出现管理漏洞。对采用按期汇总缴纳方式缴纳印花税的纳税人，应加强日常监督、检查。

（三）委托代征

这一办法主要是通过税务机关的委托，经由发放或者办理应纳税凭证的单位代为征收印花税税款。税务机关应与代征单位签订代征委托书。如按照印花税法规定，工商行政管理机关核发各类营业执照和商标注册证的同时，负责代售印花税票，征收印花税税款，并监督领受单位或个人负责贴花。税务机关委托工商行政管理机关代售印花税票，按代售金额5%的比例支付代售手续费。

印花税法规定，发放或者办理应纳税凭证的单位，负有监督纳税人依法纳税的义务，具体是指对以下纳税事项监督：

（1）应纳税凭证是否已粘贴印花。

（2）粘贴的印花是否足额。

（3）粘贴的印花是否按规定注销。

二、纳税环节

印花税应当在书立或领受时贴花。具体是指在合同签订时、账簿启用时和证照领受时贴花。如果合同是在国外签订，并且不便在国外贴花的，应在将合同带入境时办理贴花纳税手续。因为印花税具有行为税的性质，因此纳税人一旦书立、领受了应税凭证，就发生了应税行为，就要在书立或领受凭证时缴纳印花税，而不能延至凭证的生效日期。

案例分析

【例】甲企业和乙企业于2009年3月1日签订了一份房屋租赁合同，规定租赁日期从2009年4月1日至12月31日。该合同的纳税环节应为2009年3月1日签订合同时，而不能延至2009年4月1日和同生效之时。

三、纳税地点

印花税一般实行就地纳税。对于全国性商品物资订货会（包括展销会、交易会等）上所签订合同应纳的印花税，由纳税人回其所在地后及时办理贴花完税手续；对地方主办、不涉及省际关系的订货会、展销会上所签合同的印花税，其纳税地点由各省、自治区、直辖市人民政府自行确定。

四、纳税申报

印花税的纳税人应按照条例的有关规定及时办理纳税申报，并如实填写《印花税纳税申报表》。

五、关于发行2008年印花税票的通知

（一）税票图案内容

2008年版印花税票一套9枚，图案采用中国戏曲为题材，各票面值（图名）分别是：1角（京剧。空城计）、2角（豫剧。花木兰）、5角（秦腔。龙凤阁）、1元（评剧。花为媒）、2元（黄梅戏。女驸马）、5元（粤剧。昭君出塞）、10元（川剧。白蛇传）、50元（越剧。红楼梦）、100元（昆剧。十五贯）。

（二）税票规格

2008年版9枚印花税票规格均为40mm×30mm，图案左侧印有“中国印花税票CHINA”；下侧印有“2008（9－X）”，表明2008年版和按票面金额从小到大的顺序号。

2008年版印花税票印制有副联，规格均为20mm×30mm。图案各为9个纳税大户企业名称及企业图标。

（三）税票防伪措施

1. 采用6色影写印刷。

2. 采用防伪荧光油墨印刷。

3. 两条边的正中采用椭圆形异形齿孔。

4. 100元、50元、10元、1元4种面值的税票是采用防伪荧光纤维丝的邮票纸印制；

5. 1角、2角、5角、2元、5元5种面值的税票是采用防伪荧光点的邮票纸印制。

（四）税票包装

2008年版印花税票9个票面的包装均为每张20枚，每包100张，每箱5包，每箱计1万枚。

练习与思考

一、概念题

1. 印花税　　2. “三自”缴纳

3. 汇贴或汇缴　　4. 委托代征

二、思考题

1. 印花税的征税对象是什么？

2. 印花税各类应税凭证的纳税人怎样确定？

3. 印花税的税基如何确定？

4. 印花税有哪些缴纳办法？

5. 核定征收印花税的条件是什么？

三、案例题

案例1：某企业2008年度有关经济业务如下：

（1）与银行签订1年期借款合同，借款金额200万元，年利率5%。

（2）与甲公司签订受托加工合同，甲公司提供价值80万元的原材料，本企业提供价值15万元的辅助材料并收取加工费30万元。

（3）与乙公司签订以货换货合同，本企业的货物价值450万元，乙公司的货物价值350万元。

（4）与丙公司签订转让技术合同，转让收入由丙公司按2009—2010年实现利润的30%支付。

（5）与铁路部门签订运输合同，载明运输费及保管费共计40万元。

（6）与货运公司签订运输合同，载明运输费用10万元（其中含装卸费1万元）。

要求：计算该企业2008年应缴纳的印花税。

参考答案：

（1）借款合同按借款金额的0.05‰贴花：200万元×0.05‰=100（元）

（2）受托加工合同按收取的加工费和提供的辅料费合计金额的0.5‰贴花：（15万元+30万元）×0.5‰=225（元）

（3）以货换货属于既购又销业务，按购销合同中双方交换金额之和的0.3‰贴花：（450万元+350万元）×0.3‰=2 400（元）

（4）技术合同所载金额未定，暂按5元贴花。

（5）铁路运输合同运费和保管费未分别列明，从高使用税率，按仓储保管合同适用1‰贴花：40万元×1‰=400（元）

（6）货运合同扣减装卸费金额按0.5‰贴花：（10－1）×0.5‰=45（元）

（7）该企业2008年应缴纳的印花税合计为：

印花税合计=100+225+2 400+5+400+45=3 175（元）

案例2：某建设单位（甲方）与建筑公司（乙方）和建筑设计单位（丙方）签订了一份经济合同，将建筑安装工程承包给乙方，将建筑设计项目承包给丙方。建筑项目投资额5 000万元，勘察设计费用400万元。乙方又将部分安装工程分包给另一建筑公司（丁方），分包额为1 000万元。

要求：计算甲、乙、丙、丁四方各自应缴纳的印花税。

参考答案：

（1）甲方应纳印花税=5 000×0.3‰+400×0.5‰=1.7（万元）

（2）乙方应纳印花税=（5 000+1 000）×0.3‰=1.8（万元）

（3）丙方应纳印花税=400×0.5‰=0.2（万元）

（4）丁方应纳印花税=1 000×0.3‰=0.3（万元）

解析：

（1）甲方应纳印花税涉及5 000万元建筑安装工程承包合同和400万元建设工程勘察设计合同。

（2）乙方应纳印花税涉及5 000万元建筑安装工程承包合同和1 000万元分包合同。

（3）丙方应纳印花税涉及400万元建设工程勘察设计合同。

（4）乙方应纳印花税涉及1 000万元分包合同。

第九章 房产税

本章介绍了房产税的特点、作用、征税范围及纳税人的确定，然后重点介绍了从价计征和从租计征两种征税方法，根据具体情况要学会运用对应的计税方法来计算应纳房产税税额。

第一节 房产税概述

房产税，是指以房屋为征税对象，依据房屋的计税余值或租金收入，向产权所有人或经营人征收的一种税。

一、房产税的发展

房产税在我国是一个古老的税种，最早始于周代。1950年全国曾开征了城市房地产税，1951年8月8日政务院颁布了《城市房地产税暂行条例》，将房产税、地产税两种税合并成一种税。1973年税制改革中，为了简化税制，把试行工商税的企业缴纳的城市房地产税并入了工商税，但保留城市房地产税这一税种，只对居民个人和房产管理部门以及外侨的房屋继续征收。1984年第二步利改税时，国务院决定将城市房地产税分为房产税和城镇土地使用税两个独立的税种。但由于当时条件不成熟，直到1986年10月才正式开征。现行房产税的基本规范，是1986年9月15日国务院颁布的《中华人民共和国房产税暂行条例》（以下简称《房产税暂行条例》）。

二、房产税的特点

（一）个别财产税

财产税按征收方式分类，可分为一般财产税和个别财产税。一般财产税也称综合财产税，是指对纳税人拥有的财产综合课征的税收。个别财产税，也称特种财产税，是指对纳税人所有的土地、房屋、资本或其他财产分别课征的税收。我国现行的房产税属于个别财产税。

（二）征税范围

房产税的征税范围是在城市、县城、建制镇和工矿区，不涉及农村。农村的房屋，大部分是农民居住用房，为了不增加农民负担，对农村的房屋没有纳入征税范围。此外，对某些拥有房屋但自身没有纳税能力的单位，如国家拨付行政经费、事业经费和国防经费的单位自用的房产，税法也通过免税的方式将这类房屋排除在征税范围之外。因为对其征税，就要相应增加财政拨款，征税就没有意义了。

（三）区别规定征税办法

房产税根据纳税人的经营方式的不同，确定对房屋征税可以按房产余值征收，也可以按照租金收入征收，使其符合纳税人的经营特点，便于平衡税收负担和征收管理。

三、房产税的作用

（一）筹集地方财政收入

房产税属于地方税，征收房产税可以为地方政府筹集一部分市政建设资金，解决地方财力不足。而且房产税以房屋为征税对象，税源比较稳定，并且随着地方经济的发展，城市基础设施改善和工商业的兴旺，房产税收入将成为地方财政收入的一个主要来源。

（二）加强房产管理

对房屋拥有者征收房产税，可以调节纳税人的收入水平，有利于加强对房屋的管理，提高房屋的使用效益，控制固定资产的投资规模。同时，房产税规定对个人拥有的非营业用住房，不征收房产税，可以鼓励个人建房、购房和改善住房条件，配合和推动城市住房制度改革。

第二节　房产税征税范围

一、征税范围

（一）一般规定

房产税的征税范围为城市、县城、建制镇和工矿区：

1. 城市是指国务院批准设立的市。

2. 县城是指县人民政府所在地的地区。

3. 建制镇是指经省、自治区、直辖市人民政府批准设立的建制镇。

4. 工矿区是指工商业比较发达、人口比较集中、符合国务院规定的建制镇标准但尚未设立建制镇的大中型工矿企业所在地。开征房产税的工矿区须经省、自治区、直辖市人民政府批准。

不在开征地区范围之内的工厂、仓库，不应征收房产税。

（二）具体解释

1. 城市的征收范围为市区、郊区和市辖县县城，不包括农村。房产税的征税范围不包括农村，这主要是为了减轻农民的负担。因为农村的房屋，除农副业生产用房外，大部分是农民居住用房。对农村房屋不纳入房产税征税范围，有利于农业发展，繁荣农村经济，有利于社会稳定。

2. 建制镇的征收范围为镇人民政府所在地，不包括所辖的行政村。

3. 建制镇具体征收范围，由各省、自治区、直辖市地方税务局提出方案，经省、自治区、直辖市人民政府确定批准后执行，并报国家税务总局备案。

二、征税对象

房产税的征税对象是房产。所谓房产，是指有屋面和围护结构（有墙或两边有柱），能够遮风避雨，可供人们在其中生产、学习、工作、娱乐、居住或储藏物资的场所。独立于房屋之外的建筑物，如围墙、烟囱、水塔、变电塔、油池、油柜、酒窖、菜窖、酒精池、糖蜜池、室外游泳池、玻璃暖房、砖瓦石灰窑以及各种油气罐等，不属于房产。

房地产开发企业建造的商品房，在出售前，不征收房产税；但对出售前房地产开发企业已使用或出租、出借的商品房应按规定征收房产税。

政策解析

凡在房产征税范围内的具备房屋功能的底下建筑，包括与地上房屋相连的地下建筑以及完全建在地面以下的建筑、地下人防设施等，均应当依照有关规定征收房产税。

第三节 房产税纳税人

房产税以在征税范围内的房屋产权所有人为纳税人。其中具体有：

产权属国家所有的、由经营管理单位纳税；产权属集体和个人所有的，由集体单位和个人纳税。

产权出典的，由承典人纳税。所谓产权出典，是指产权所有人将房屋、生产资料等的产权，在一定期限内典当给他人使用，而取得资金的一种融资业务。这种业务大多发生于出典人急需要用款，但又想保留产权回赎权的情况。承典人向出典人交付一定的典价之后，在质典期内即获抵押物品的支配权，并可转典。产权的典价一般要低于卖价。出典人在规定期间内须归还典价的本金和利息，方可赎回出典房屋等的产权。由于在房屋出典期间，产权所有人已无权支配房屋，因此，税法规定由对房屋具有支配权的承典人为纳税人。

产权所有人、承典人不在房屋所在地的，由房产代管人或者使用人纳税。

产权未确定及租典纠纷未解决的，亦由房产代管人或者使用人纳税。所谓租典纠纷，是指产权所有人在房产出典和租赁关系上，与承典人、租赁人发生各种争议，特别是权利和义务的争议悬而未决的。此外还有一些产权归属不清的问题，也都属于租典纠纷。对租典纠纷尚未解决的房产，规定由代管人或使用人为纳税人，主要目的在于加强征收管理，保证房产税及时入库。

无租使用其他房产的问题。纳税单位和个人无租使用房产管理部门、免税单位及纳税单位的房产，应由使用人代为缴纳房产税。

政策解析

自2009年1月1日起，外商投资企业、外国企业和组织以及外籍个人，依照《中华人民共和国房产税暂行条例》缴纳房产税。

在我国境内拥有房产的外籍人员和在内地拥有房产的华侨及中国香港、澳门、台湾同胞，如果不在我国境内或内地居住，可由其代管人或使用人代为缴纳房产税；如果其房产所有权已转让给国内亲友或有关企、事业单位，则应按房产税暂行条例的规定缴纳房产税。

第四节　房产税税率

一、计税依据

房产税的计税依据是房产的计税价值或房产的租金收入。按照房产计税价值征税的，称为从价计征；按照房产租金收入计征的，称为从租计征。

（一）从价计征

《房产税暂行条例》规定，在从价计征中，房产税依照房产原值一次减除10%—30%后的余值计算缴纳。各地扣除比例由当地省、自治区、直辖市人民政府确定。

1. 房产原值，是指纳税人按照会计制度规定，在账簿“固定资产”科目中记载的房屋原价。因此，凡按会计制度规定在账簿中记载有房屋原价的，应以房屋原价按规定减除一定比例后作为房产余值计征房产税；没有记载房屋原价的，按照上述原则并参照同类房屋确定房产原值，按规定计征房产税。

自2009年1月1日起，对依照房产原值计税的房产，不论是否记载在会计账簿“固定资产”科目中，均应按照房屋原价计算缴纳房产税。房屋原价应根据国家有关会计制度规定进行核算。对纳税人未按照国家会计制度核算并记载的，应按规定予以调整或重新评估。

2. 房产原值应包括与房屋不可分割的各种附属设备或一般不单独计算价值的配套设施。主要有：暖气、卫生、通风、照明、煤气等设备；各种管线，如蒸汽、压缩空气、石油、给水排水等管道及电力、电信、电缆导线；电梯、升降机、过道、晒台等。属于房屋附属设备的水管、下水道、暖气管、煤气管等应从最近的探视井或三通管起，计算原值；电灯网、照明线从进线盒连接管起，计算原值。加油站罩棚不属于房产，不征收房产税。

3. 房屋附属设备和配套设施的计税规定。自2006年1月1日起，为了维持和增加房屋的使用功能或使房屋满足设计要求，凡以房屋为载体，不可随意移动的附属设备和配套设施，如给水排水、采暖、消防、中央空调、电气及智能化楼宇设备等，无论在会计核算中是否单独记账与核算，都应计入房产原值，计征房产税。

对于更换房屋附属设备和配套设施的，在将其价值计入房产原值时，可扣减原来相应设备和设施的价值；对附属设备和配套设施中易损坏、需要经常更换的零配件，更新后不再计入房产原值。

4. 纳税人对原有房屋进行改建、扩建的，要相应增加房屋的原值。

5. 房产余值，是指房产的原值减除规定比例后的剩余价值。

6. 居民住宅区内业主共有的经营性房产缴纳房产税。从2007年1月1日起，对居民住宅区内业主共有的经营性房产，由实际经营（包括自营和出租）的代管人或使用人缴纳房产税。其中自营的，依照房产原值减除10%—30%后的余值计征，没有房产原值或不能将业主共有房产与其他房产的原值准确划分开的，由房产所在地地方税务机关参照同类房产核定房产原值；将房产出租的，依照租金收入计征房产税。

（二）从租计征

《房产税暂行条例》规定，房产出租的，以房产租金收入为房产税的计税依据。

所谓房产的租金收入，是房屋产权所有人出租房产使用权所得的报酬，包括货币收入和实物收入。如果是以劳务或者其他形式为报酬抵付房租收入的，应根据当地同类房产的租金水平，确定一个标准租金额从租计征。

个人出租的房产，不分用途，均应征收房产税。个人出租房屋，应按房屋租金收入征税。对居民住宅区内业主共有的经营性房产用于出租的，依照租金收入计征。纳税人对个人出租房屋的租金收入申报不实或申报数与同一地段同类房屋的租金收入相比明显不合理的，税务部门可以按照《中华人民共和国税收征收管理法》的有关规定，采取科学合理的方法核定其应纳税款。具体办法由各省、自治区、直辖市地方税务机关结合当地实际情况制定。

二、税率

我国现行房产税采用的是比例税率。由于房产税的计税依据分为从价计征和从租计征两种形式，所以房产税的税率也有两种：

第一，从价计征的，按房产原值一次减除10%—30%后的余值计征，税率为1.2%。

第二，从租计征的，按房产出租的租金收入计征，税率为12%。

第五节　房产税税收优惠

一、低税率

从2001年1月1日起，对个人按市场价格出租的居民用房，房产税暂减按4%的税率征收。

自2008年3月1日起，对个人出租住房，不区分用途，按4%的税率征收房产税。

政策解析

个人出租自用住房的相关税种的税率：（1）营业税，税率为3%，减半征收；（2）房产税，税率为4%；（3）城镇土地使用税，减免；（4）印花税，减免；（5）个人所得税，税率暂减为10%；（6）城建税（依据所在地判断税率）和教育费附加，税率为3%。

自2008年3月1日起，对企事业单位、社会团体以及其他组织按市场价格向个人出租用于居住的住房，减按4%的税率征收房产税。

二、减免税

（一）机关团体、事业单位、军队自用房产的优惠

1. 国家机关、人民团体、军队自用的房产，免征房产税。人民团体，是指经国务院授权的政府部门批准设立或登记备案并由国家拨付行政事业费的各种社会团体。国家机关、人民团体、军队自用的房产，是指这些单位本身的办公用房和公务用房。

2. 由国家财政部门拨付事业经费的单位自用的房产，免征房产税。事业单位自用的房产，是指这些单位本身的业务用房。实行差额预算管理的事业单位也属于由国家财政部

门拨付事业经费的单位，对其本身自用的房产免征房产税。对于由国家财政部门拨付事业经费的单位，其经费来源实行自收自支后，从事业单位经费实行自收自支的年度起，免征房产税3年。

3. 宗教寺庙、公园、名胜古迹自用的房产，免征房产税。宗教寺庙自用的房产，是指举行宗教仪式等的房屋和宗教人员使用的生活用房屋。公园、名胜古迹自用的房产，是指供公共参观游览的房屋及其管理单位的办公用房屋。公园、名胜古迹中附设的营业单位，如影剧院、饮食部、茶社、照相馆等所使用的房产及出租的房产，应征收房产税。上述免税单位出租的房产以及非本身业务用的生产、营业用房产不属于免税范围，应征收房产税。

4. 自2004年1月1日起，对国家拨付事业经费和企业办的各类学校、托儿所、幼儿园自用的房产，免征房产税。

5. 对军队企业化管理工厂办的各类学校、医院、托儿所、幼儿园自用的房产，凡单独设置房产登记，能与企业其他房产原值划分开的，可免征房产税。

6. 对工会服务型的事业单位自用的房产，免征房产税；从事生产、经营活动等非自用的房产，则应按税法有关规定照章纳税。

7. 自1999年11月1日起，对血站自用的房产，免征房产税。

所谓血站，是指根据《中华人民共和国献血法》的规定，由国务院或省级人民政府卫生行政部门批准的，从事采集、提供临床用血，不以营利为目的的公益性组织。

8. 自2000年10月1日起，对政府部门和企事业单位、社会团体以及个人等社会力量投资兴办的福利性、非营利性的老年服务机构自用的房产，免征房产税。所谓老年服务机构，是指专门为老年人提供生活照料、文化、护理、健身等多方面服务的福利性、非营利性的机构，主要包括：老年社会福利院、敬老院（养老院）、老年服务中心、老年公寓（含老年护理院、康复中心、托老所）等。

9. 对由国家财政拨付事业经费的劳教单位，免征房产税。

10. 对经费实行自收自支的劳改劳教单位，在规定免税期满后，实行下列税收优惠：

（1）对少年犯管教所的房产，免征房产税。

（2）对劳改工厂、劳改农场和生产规模较大的监狱，凡作为管教或生活用房产，免征房产税；凡生产经营用房产，照章征税。

（3）对监狱的房产，若主要用于关押犯人，只有极少数用于生产经营的，可全部免征房产税。

11. 从2004年8月1日起，对军队空余房产租赁收入暂免征收房产税；此前已征税款不予退还，未征税款不再补征。暂免征收房产税的军队空余房产，在出租时必须悬挂《军队房地产租赁许可证》，以备查验。

12. 对高等学校校用房产，免征房产税。所谓“对高等学校校用房产免征房产税”，是指对高等学校用于教学及科研等本身业务用房产，免征房产税。对高等学校举办的校办工厂、商店、招待所等的房产以及出租的房产，均不属于自用房产的范围，应按规定征收房产税。

13. 自2001年1月1日起，非营利性科研机构自用的房产，免征房产税。非营利性科研机构以推进科技进步为宗旨，不以营利为目的，主要从事社会公益为主的科学研究、技术咨询与服务活动、应用基础研究或向社会提供公共服务，无法得到相应经济回报，国家财政给予经常性经费补助、确需国家支持的国务院部门（单位）所属社会公益类科研机构，经科技部、中编办、财政部、税务总局批准，可按照非营利性机构运行和管理。

14. 从2009年1月1日至2013年12月31日，由财政部门拨付事业经费的文化单位转制为企业，自转制注册之日起对其自用房产免征房产税。

15. 自2003年7月8日起，对于经国务院批准的原国家经贸委管理的10个国家局所属242个科研机构和建设部等11个部门（单位）所属134个科研机构中转为企业的科研机构和进入企业的科研机构，从转制注册之日起，5年内免征科研开发自用房产的房产税。自2005年3月8日起，上述政策执行到期后，再延长2年期限。转制科研机构要将上述免税收入主要用于研发条件建设和解决历史问题。

（二）其他房产的优惠

1. 个人所有非营业用的房产，免征房产税。对个人所有的居住用房，不区分面积多少，均免征房产税。

2. 为鼓励利用地下人防设施，自2000年1月1日起，对外商投资企业利用人防工程中的房屋进行经营活动的，暂不征收房产税。自2006年1月1日起，凡在房产税征收范围内的具备房屋功能的地下建筑，包括与地上房屋相连的地下建筑以及完全建在地面以下的建筑、地下人防设施等，均应当依照有关规定征收房产税。出租的地下建筑，按照出租地上房屋建筑的有关规定计算征收房产税。上述具备房屋功能的地下建筑是指有屋面和维护结构，能够遮风避雨，可供人们在其中生产、经营、工作、学习、娱乐、居住或储藏物资的场所。

3. 纳税单位与免税单位共同使用的房屋，按各自使用的部分划分，分别征收或免征房产税。

4. 经有关部门鉴定，对毁损不堪居住的房屋和危险房屋，在停止使用后，可免征房产税。

5. 凡是在基建工地为基建工地服务的各种工棚、材料棚、休息棚和办公室、食堂、茶炉房、汽车房等临时性房屋，不论是施工企业自行建造还是由基建单位出资建造交施工企业使用的，在施工期间，一律免征房产税。但是，如果在基建工程结束以后，施工企业将这种临时性房屋交还或者估价转让给基建单位的，应当从基建单位接收的次月起，依照规定征收房产税。

6. 自2004年7月1日起，纳税人因房屋大修导致连续停用半年以上的，在房屋大修期间免征房产税，免征税额由纳税人在申报缴纳房产税时自行计算扣除，并在申报表附表或备注栏中作相应说明。

7. 医疗卫生机构有关征免土地使用税的问题：

（1）自2000年7月10日起，对非营利性医疗机构自用的房产，免征房产税。

（2）为了支持营利性医疗机构的发展，对营利性医疗机构自用的房产，免征房产税。3年免税期满后恢复征税。

（3）对疾病控制机构和妇幼保健机构等卫生机构自用的房产，免征房产税。

8. 集贸市场用房，按规定应征收房产税。但为促进集贸市场的发展，省、自治区、直辖市可根据具体情况暂给予减税或免税照顾。

9. 对国有企业固定资产重估后的新增价值，应按照有关税收法规规定征收房产税。

10. 自2001年1月1日起，对按政府规定价格出租的公有住房和廉租住房，包括企业和自收自支事业单位向职工出租的单位自有住房；房管部门向居民出租的公有住房；落实私房政策中带户发还产权并以政府规定租金标准向居民出租的私有住房等，暂免征收房产税。

11. 在2010年上海世博会结束前，对世博园区内的房产，免征应缴纳的房产税。

12. 自中国信达、华融、长城和东方4家金融资产管理公司成立之日起，对资产公司回收的房地产在未处置前的闲置期间，免征房产税。享受税收优惠政策的主体为经国务院批准成立的中国信达资产管理公司、中国华融资产管理公司、中国长城资产管理公司和中国东方资产管理公司，及其经批准分设于各地的分支机构。

13. 对行使国家行政管理职能的中国人民银行总行（含国家外汇管理局）所属分支机构自用的房产，免征房产税。

14. 对中国华融资产管理公司、中国长城资产管理公司、中国东方资产管理公司、中国信达资产管理公司回收的房地产在未处置前的闲置期间，免征房产税。回收的房地产指已办理过户手续，资产公司取得产权证明的房地产。未办理过户手续的房地产，纳税确有困难的，依照《中华人民共和国房产税暂行条例》的有关规定办理减免。

15. 自金融机构撤销条例生效之日起，对被撤销金融机构清算期间自有的或从债务方接收的房产，免征房产税。

16. 国际（集团）有限公司资产清理、处理的免税规定：①对东方资产管理公司接收港澳国际（集团）有限公司的房地产，免征应缴纳的房产税。②对港澳国际（集团）内地公司在清算期间自有的和从债务方接收的房地产，免征应缴纳的房产税、城市房地产税。③对港澳国际（集团）香港公司在中国境内拥有的和从债务方接收的房地产，在清算期间免征应承担的城市房地产税。

17. 自2004年1月1日起至2010年12月31日，对长江上游、黄河中上游地区，东北、内蒙古等国有林区天然林资源保护工程实施企业和单位用于天然林保护工程的房产，免征房产税。对由于国家实行天然林资源保护工程造成森工企业的房产闲置1年以上不用的，暂免征收房产税；闲置房产用于出租或企业重新用于天然林资源保护工程之外的其他生产经营的，应依照规定征收房产税。

18. 对邮政部门坐落在城市、县城、建制镇、工矿区范围内的房产，应当依法征收房产税；对坐落在上述范围以外尚在县邮政局内核算的房产，必须在单位财务账中划分清楚，从2001年1月1日起，不再征收房产税。

19. 对供热企业用房的税收优惠。自2009年1月1日起至2011年6月30日，对向居民供热而收取采暖费的供热企业，为居民供热所使用的厂房及土地继续免征房产税。上述供热企业包括专业供热企业、兼营供热企业、单位自供热及为小区居民供热的物业公司等，不包括从事热力生产但不直接向居民供热的企业。对既向居民供热，又向非居民供热的企业，可按向居民供热收取的收入占其总供热收入的比例划分征免税界限；对于兼营供热的企业，可按向居民供热收取的收入占其生产经营总收入的比例划分征免税界限。

20. 自2006年7月1日起，对青藏铁路公司及其所属单位自用的房产免征房产税；对非自用的房产照章征收房产税。

21. 对国家大学科技园的优惠政策。自2008年1月1日起至2010年12月31日，对符合条件的科技园自用以及无偿或通过出租等方式提供给孵化企业使用的房产，免征房产税。

享受优惠政策的科技园，应同时符合下列条件：

（1）科技园的成立和运行符合国务院科技和教育行政主管部门公布的认定和管理办法，经国务院科技和教育行政管理部门认定，并取得国家大学科技园资格；

（2）科技园应将面向孵化企业出租场地、房屋以及提供孵化服务的业务收入在财务上单独核算；

（3）科技园内提供给孵化企业使用的场地面积应占科技园可自主支配场地面积的60%以上（含60%），孵化企业数量应占科技园内企业总数量的90%以上（含90%）。

所谓“孵化企业”应当同时符合以下条件：

（1）企业注册地及工作场所必须在科技园的工作场地内；

（2）属新注册企业或申请进入科技园前企业成立时间不超过3年；

（3）企业在科技园内孵化的时间不超过3年；

（4）企业注册资金不超过500万元；

（5）属迁入企业的，上年营业收入不超过200万元；

（6）企业租用科技园内孵化场地面积不高于1 000平方米；

（7）企业从事研究、开发、生产的项目或产品应属于科学技术部等部门印发的《中国高新技术产品目录》范围，且《中国高新技术产品目录》范围内项目或产品的研究、开发、生产业务取得的收入应占企业年收入的50%以上。

所谓“孵化服务”是指为孵化企业提供的属于营业税“服务业”税目中“代理业”、“租赁业”和“其他服务业”中的咨询和技术服务范围内的服务。

国务院科技和教育行政主管部门负责对科技园是否符合本通知规定的各项条件进行事前审核确认，并出具相应的证明材料。各主管税务机关要严格执行税收政策，按照税收减免管理办法的有关规定为符合条件的科技园办理税收减免，加强对科技园的日常税收管理和服务。主管税务机关要定期对享受税收优惠政策的科技园进行监督检查，发现问题的，及时向上级机关报告，并按照税收征管法以及税收减免管理办法的有关规定处理。

22. 自2007年8月1日起，对廉租住房经营管理单位按照政府规定价格、向规定保障对象出租廉租住房的租金收入，免征房产税。

23. 对高校后勤实体免征房产税。

案例分析

【例1】下列各项中，应当征收房产税的是（　　）。

A. 行政机关所属招待所使用的房产

B. 自收自支事业单位向职工出租的单位自有住房

C. 邮政部门坐落在城市、县城、建制镇、工矿区以外的房产

D. 施工期间施工企业在基建工地搭建的临时办公室

参考答案：A。

解析：行政机关所属招待所不属于办公用房而属于经营用房，应缴纳房产税。B、C、D 均属于免税项目。

【例 2】依据房产税的相关规定，下列说法正确的有（　　）。

A. 对高校后勤实体自用的房产免征房产税

B. 应税房产大修停用三个月以上的，在大修期间可免征房产税

C. 房管部门向居民出租的公有住房免征房产税

D. 老年服务机构的自用房产暂免征收房产税

参考答案：A、C、D。

解析：应税房产大修停用半年以上的，在大修期间可免征房产税。

第六节　房产税应纳税额的计算

房产税应纳税额的计算按照计税依据的不同分为两种：一是从价计征的计算；二是从租计征的计算。

一、从价计征的计算

从价计征是指按房产的原值减除一定的比例后的余值计征，其计算公式为：

应纳税额 = 应税房产原值 ×（1 - 扣除比例）×1.2%

房产原值是指“固定资产”科目中记载的房屋原价。减除一定比例是指省、自治区、直辖市人民政府规定的 10%—30% 的减除比例。计征的适用税率为 1.2%。自 2006 年 1 月 1 日起，凡在房产税征收范围内的具备房屋功能的地下建筑，包括与地上房屋相连的地下建筑以及完全建在地面以下的建筑、地下人防设施等，均应当依照有关规定征收房产税。

1. 自用的地下建筑，按以下方式计税：

（1）工业用途房产，以房屋原价的 50%—60% 作为应税房产原值，其计算公式为：

应纳房产税的税额 = 应税房产原值 ×（1 - 扣除比例）×1.2%

（2）商业和其他用途房产，以房屋原价的 70%—80% 作为应税房产原值，其计算公式为：

应纳房产税的税额 = 应税房产原值 ×（1 - 扣除比例）×1.2%

房屋原价折算为应税房产原值的具体比例，由各省、自治区、直辖市和计划单列市财政和地方税务部门在上述幅度内自行确定。

（3）对于与地上房屋相连的地下建筑，如房屋的地下室、地下停车场、商场的地下部分等，应将地下部分与地上房屋视为一个整体，按照地上房屋建筑的有关规定计算征收房产税。

2. 出租的地下建筑，按照出租地上房屋建筑的有关规定计算征收房产税。

案例分析

【例】某企业的经营用房原值为2 000万元，按照当地规定，允许按减除30%后的余值计税，适用税率为1.2%。计算其应纳房产税税额。

应纳税额 =2 000×（1－30%）×1.2% =16.8（万元）

二、从租计征的计算

从租计征是按房产的租金收入计征，其计算公式为：

应纳税额 = 租金收入×12%（或4%）

政策解析

对个人出租住房，不区分用途，按4%的税率征收房产税。

案例分析

【例1】某公司出租房屋2年，每年获得租金收入10 000元，适用税率为12%。计算其应纳房产税税额。

应纳税额 =10 000×2×12% =2 400（元）

【例2】某城市居民甲将拥有3间房屋，自己居住一间，另外两间按市场价向外出租一年，该年共获得租金收入10 000元。计算居民甲该年应纳的房产税税额。

应纳税额 =10 000×4% =400（元）

解析：个人按市场价格出租的居民住房，暂减按4%计征房产税。个人所有的非营业用的房产，免征房产税。

第七节 房产税申报缴纳

一、纳税义务发生时间

纳税人将原有房产用于生产经营，自生产经营之月起缴纳房产税。

纳税人自行新建房屋用于生产经营，自建成之次月起缴纳房产税。

纳税人委托施工企业建设的房屋，自办理验收手续之次月起缴纳房产税。

纳税人购置新建商品房，自房屋交付使用之次月起缴纳房产税。

纳税人购置存量房，自办理房屋权属转移、变更登记手续，房地产权属登记机关签发房屋权属证书之次月起缴纳房产税。

纳税人出租、出借房产，自交付出租、出借房产之次月起缴纳房产税。

房地产开发企业自用、出租、出借本企业建造的商品房，自房屋使用或交付之次月起缴纳房产税。

政策解析

自2009年1月1日起，纳税人因房产的实物或权利状态发生变化而依法终止房产税纳税义务的，其应纳税款的计算应截止到房产的实物或权利状态发生变化的当月末。

二、纳税期限

房产税实行按年计算、分期缴纳的征收方法，具体纳税期限由省、自治区、直辖市人民政府确定。

三、纳税地点

房产税在房产所在地缴纳。房产不在同一地方的纳税人，应按房产的坐落地点分别向房产所在地的税务机关纳税。

四、纳税申报

房产税的纳税人应按照条例的有关规定，及时办理纳税申报，并如实填写《房产税纳税申报表》。

练习与思考

一、概念题

1. 房产税　　2. 产权所有人

3. 承典人　　4. 从价计征和从租计征

二、思考题

1. 房产税的征税对象是什么？
2. 房产税的纳税人如何确定？
3. 从价计征和从租计征的区别是什么？
4. 房产税的特点是什么？

三、案例题

案例1：某公司是增值税一般纳税人。该公司2007年年末结转到本年度的固定资产原值共计5 200万元，其中，房产原值为3 200万元，机器设备原值2 000万元。签订租赁合同一份，7月1日将房产原值200万元的仓库出租给某商场，出租限期为2年，共计租金48万元。签订合同时预收半年租金12万元，其余的在租用期的当月收取。房产税计算余值的扣除比例为25%。

要求：计算该公司2008年应缴纳的房产税。

参考答案：

应纳房产税 = 12 × 12% +（3 200 − 200）×（1 − 25%）× 1.2% + 200 ×（1 − 25%）× 1.2% × 50%

= 29.34（万元）

解析：注意区分从价计征和从租计征的范围和税率的不同。

案例2：某企业拥有价值2 000万元的房产，2008年1月1日将其中的50%用于对外投资联营，投资期限10年，每年固定利润分红100万元，不承担投资风险。该企业所在地政府规定的房产税计算余值的扣除比例为20%。

要求：计算该企业2008年应缴纳的房产税。

参考答案：

未参与联营部分的房产原值 = 2 000 ×（1 − 50%）= 1 000（万元）

应纳房产税 = 1 000 ×（1 − 20%）× 1.2% + 100 × 12% = 21.6（万元）

解析：用房产投资联营不承担风险取得的固定收入，视为租金收入计征房产税。未参与联营部分的房产按照房产余值计征房产税。

案例3：某供热企业2008年拥有的生产用房原值4 000万元，全年取得供热总收入2 200万元，其中直接向居民供热的收入1 200万元。该企业所在省规定房产余值的扣除比例为30%。

要求：计算该企业2008年应缴纳的房产税。

参考答案：

应纳房产税 =4 000×（1－30%）×1.2%×［（2 200－1 200）÷2 200］=15.27（万元）

解析：对于兼营供热的企业，可按向居民供热收取的收入占其生产经营总收入的比例划分征免税界限。

第十章　城镇土地使用税

本章主要介绍了城镇土地使用税的基本内容，包括了征税范围，纳税人，税率，税收优惠以及具体计算方法。其中除了结合计税依据的计算外，还要重点关注税收优惠的一些新增的内容。

第一节　城镇土地使用税概述

城镇土地使用税法，是指国家为了合理利用城镇土地，调节土地级差收入，提高土地使用效益，加强土地管理，制定的用以调整城镇土地使用税征收与缴纳之间权利及义务关系的法律规范。

城镇土地使用税以城镇土地为征税对象，对拥有土地使用权的单位和个人征收的一种税。

一、城镇土地使用税的发展

我国 1950 年建立新税制时，曾对城市土地单独征收地产税。1950 年 7 月调整税制时，将地产税与当时的房产税合并为城市房地产税。1984 年税制改革时，决定将城市房地产税分为房产税和土地使用税两个税种。房产税于 1986 年 10 月 1 日开征，但由于当时条件不成熟，土地使用税未能同时开征。1988 年 9 月 27 日，国务院颁布了《中华人民共和国城镇土地使用税暂行条例》，从当年 11 月 1 日起在全国范围内施行。现行的城镇土地使用税的基本规范，是 2006 年 12 月 31 日《国务院关于修改〈中华人民共和国城镇土地使用税暂行条例〉的决定》（以下简称《城镇土地使用税暂行条例》），自 2007 年 1 月 1 日起生效。

二、城镇土地使用税的特点

（一）征税对象

征税对象是国有土地。我国《宪法》明确规定，城镇土地的所有权归国家，单位和个人对占用的土地只有使用权而无所有权。开征城镇土地使用税，实质上是运用国家政治权利，将纳税人获取的本应属于国家的土地收益集中到国家手中。农业土地因属于集体所有，所以未纳入征税范围。

（二）征税范围广

现行的城镇土地使用税对在我国境内使用土地的单位和个人征收，征税范围较广，有效地筹集了地方财政资金，调节了土地的使用和收益的分配。

（三）差别幅度税额

差别幅度税额可以有效地调节土地的级差收入，根据土地位置的优劣设置不同的税额，不仅有利于体现国家政策，也有利于实现企业的公平竞争。

三、城镇土地使用税的作用

（一）促进合理利用土地

过去，我国对非农业用地基本上都才采取行政划拨、无偿使用的方法，造成土地资源的严重浪费。而开征城镇土地使用税后，拥有国有土地使用权的单位和个人要向国家纳税，变为有偿使用土地。税负负担按照城市大小和所处地区经济繁荣程度确定，多占地，占好地的企业经济效益高，就要多纳税；反之亦然。此举可以促进企业合理配置土地，节约土地资源。

（二）调节土地级差收入

目前的企业竞争中，地理位置的优劣直接影响企业的运输成本、流通费用，相应的影响了生产经营规模和利润率。因此对土地级差收入征税，既有利于将该竞争因素引入企业经济核算，也可以更公平的对企业的主观经营成果进行比较，还有利于理顺国家和土地使用者的分配关系。

（三）筹集地方财政资金

城镇土地使用税是地方税种，是地方财政收入的一项主要来源。同时，由于城镇土地使用税在所有大、中、小城市和县城、建制镇、工矿区开征，因此该税涉及面广，收入额较大，为建立和完善地方税体系创造了条件。

第二节　城镇土地使用税征税范围

城镇土地使用税的征税范围，包括在城市、县城、建制镇和工矿区内的国家所有和集体所有的土地。上述城市、县城、建制镇和工矿区分别按以下标准确认：城市是指经国务院批准设立的市。县城是指县人民政府所在地。建制镇是指经省、自治区、直辖市人民政府批准设立的建制镇。工矿区是指工商业比较发达，人口比较集中，符合国务院规定的建制镇标准，但尚未设立建制镇的大中型工矿企业所在地，工矿区须经省、自治区、直辖市人民政府批准。

上述城镇土地使用税的征税范围中，城市的土地包括市区和郊区的土地，县城的土地是指县人民政府所在地的城镇的土地，建制镇的土地是指镇人民政府所在地的土地。

政策解析

建立在城市、县城、建制镇和工矿区以外的工矿企业不需要缴纳城镇土地使用税。

自 2009 年 1 月 1 日起，公园、名胜古迹内的索道公司经营用地，应按规定缴纳城镇土地使用税。

第三节 城镇土地使用税纳税人

在城市、县城、建制镇、工矿区范围内使用土地的单位和个人，为城镇土地使用税的纳税人。自2007年1月1日起，所谓单位包括国有企业、集体企业、私营企业、股份制企业、外商投资企业、外国企业以及其他企业和事业单位、社会团体、国家机关、军队以及其他单位。所谓个人，包括个体工商户以及其他个人。城镇土地使用税的纳税人通常包括以下几类：一是拥有土地使用权的单位和个人。二是拥有土地使用权的单位和个人不在土地所在地的，其土地的实际使用人和代管人为纳税人。三是土地使用权未确定或权属纠纷未解决的，其实际使用人为纳税人。四是土地使用权共有的，由共有各方分别纳税。

几个人或几个单位共同拥有一块土地的使用权，这块土地的城镇土地使用的纳税人应是对这块土地拥有使用权的每一个人或每一个单位。他们应以其实际使用的土地面积占总面积的比例，分别计算缴纳土地使用税。

土地使用者不论以何种方式取得土地使用权，是否缴纳土地使用金，只要在城镇土地使用税的征收范围内，都应依照规定缴纳城镇土地使用税。

案例分析

【例】甲企业和乙企业在一个城市中共同拥有一块土地的使用权，该土地总面积为1 000平方米。甲实际使用400平方米，乙实际使用600平方米，则甲应对400平方米的土地缴纳城镇土地使用税；乙应对600平方米的土地缴纳城镇土地使用税。

自2006年5月1日起，在征收范围内实际使用应税集体所有建设用地，但未办理土地使用权流转手续的，由实际使用集体土地的单位和个人按规定缴纳城镇土地使用税。

自2007年1月1日起，拥有土地使用权的外商投资企业，土地使用权未确定且用作经营用地的国有企业等均为城镇土地使用税的纳税人，而某租用写字楼办公的内资企业则无需计算缴纳土地使用税。

第四节 城镇土地使用税税率

城镇土地使用税采用差别幅度税额，按大、中、小城市和县城、建制镇、工矿区分别规定每平方米土地使用税年应纳税额。自2007年1月1日起，具体标准如下：大城市1.5—30元；中等城市1.2—24元；小城市0.9—18元；县城、建制镇、工矿区0.6—12元。

大、中、小城市以公安部门登记在册的非农业正式户口人数为依据，按照国务院颁布的《城市规划条例》中规定的标准划分。人口在50万人以上者为大城市；人口在20万—50万人之间者为中等城市；人口在20万以下者为小城市。城镇土地使用税税率表见表10－1。

表 10-1　　城镇土地使用税税率表

级　别	人口（人）	每平方米税额（元）
大城市	50 万以上	1.5—30
中等城市	20 万—50 万	1.2—24
小城市	20 万以下	0.9—18
县城、建制镇、工矿区		0.6—12

各省、自治区、直辖市人民政府，应当在暂行条例规定的税额幅度内，根据市政建设状况、经济繁荣程度等条件，确定所辖地区的适用税额幅度。市、县人民政府应当根据实际情况，将本地区土地划分为若干等级，在省、自治区、直辖市人民政府确定的税额幅度内，制定相应的适用税额标准，报省、自治区、直辖市人民政府批准执行。

经省、自治区、直辖市人民政府批准，经济落后地区土地使用税的适用税额标准可以适当降低，但降低额不得超过条例规定最低税额的 30%。经济发达地区土地使用税的适用税额标准可以适当提高，但须报经财政部批准。

土地使用税规定幅度税额主要考虑到我国各地区存在着悬殊的土地级差收益，同一地区内不同地段的市政建设情况和经济繁荣程度也有较大的差别。把土地使用税税额定为幅度税额，拉开档次，而且每个幅度税额的差距规定了 20 倍。这样，各地政府在划分本辖区不同地段的等级，确定适用税额时，有选择余地，便于具体划分和确定。幅度税额还可以调节不同地区、不同地段之间的土地级差收益，尽可能地平衡税负。

第五节　城镇土地使用税税收优惠

一、机关团体、事业单位自用土地的优惠

1. 国家机关、人民团体自用的土地，免征城镇土地使用税。人民团体是指经国务院授权的政府部门批准设立或登记备案并由国家拨付行政事业经费的各种社会团体。国家机关、人民团体自用的土地，是指这些单位本身的办公用地和公务用地。

案例分析

【例】某拥有土地使用权且用于办公用地的国家机关，其属于城镇土地使用税纳税人，但享受免税待遇，其办公用地免征城镇土地使用税。

2. 由国家财政部门拨付事业经费的单位自用的土地，免征城镇土地使用税。由国家财政部门拨付事业经费的单位，是指由国家财政部门拨付经费、实行全额预算管理或差额预算管理的事业单位。不包括实行自收自支、自负盈亏的事业单位。事业单位自用的土地，是指这些单位本身的业务用地。

3. 自 2004 年 1 月 1 日起，对国家拨付事业经费和企业办的各类学校、托儿所、幼儿园自用的土地，免征城镇土地使用税。

4. 对工会服务型的事业单位自用的土地，免征城镇土地使用税；从事生产、经营活动等非自用的土地，则应按税法有关规定照章纳税。

5. 鉴于血站是采集和提供临床用血，不以营利为目的的公益性组织，又属于财政拨付事业费的单位，自 1999 年 11 月 1 日起，对血站自用的土地，免征城镇土地使用税。所谓血站，是指根据《中华人民共和国献血法》的规定，由国务院或省级人民政府卫生行政部门批准的，从事采集、提供临床用血，不以营利为目的的公益性组织。

6. 自 2000 年 10 月 1 日起，对政府部门和企事业单位、社会团体以及个人等社会力量投资兴办的福利性、非营利性的老年服务机构自用的土地，免征土地使用税。所谓老年服务机构，是指专门为老年人提供生活照料、文化、护理、健身等多方面服务的福利性、非营利性的机构，主要包括：老年社会福利院、敬老院（养老院）、老年服务中心、老年公寓（含老年护理院、康复中心、托老所）等。

二、军队、武警、国防和劳教系统自用土地的优惠

1. 军队自用的土地，免征城镇土地使用税。军队自用的土地，是指军队本身的办公用地和公务用地。

2. 对军队系统其他用地的税收优惠：

（1）军需工厂用地，凡专门生产军品的，免征土地使用税；生产经营民品的，依照规定征收土地使用税；既生产军品又生产经营民品的，可按各自占的比例划分征免土地使用税。

（2）从事武器修理的军需工厂，其所需的靶场、试验场、危险品销毁场用地及周围的安全区用地，免予征收土地使用税。

（3）军人服务社用地，专为军人和军人家属服务的免征土地使用税，对外营业的应按规定征收土地使用税。

（4）军队实行企业经营的招待所（包括饭店、宾馆），专为军内服务的免征土地使用税；兼有对外营业的，按各自占的比例划分征免土地使用税。

案例分析

【例】在军队系统用地中，军队营房用地，可以享受免征城镇土地使用税待遇，但军队企业用地、军队出租房屋所占用的土地、对外营业的军人服务社用地等，均需要按税法规定计算缴纳城镇土地使用税。

3. 对部分军工企业用地的税收优惠。自 1995 年 1 月 1 日起，对中国航空、航天、船舶工业总公司所属军工企业用地的税收优惠政策如下：

（1）对军品的科研生产专用的厂房、车间、仓库等建筑物用地和周围专属用地，及其相应的供水、供电、供气、供暖、供煤、供油、专用公路、专用铁路等附属设施用地，免征土地使用税；对满足军工产品性能实验所需的靶场、试验场、调试场、危险品销毁场等用地，及因安全要求所需的安全距离用地，免征土地使用税。

（2）对科研生产中军品、民品共用无法分清的厂房、车间、仓库等建筑物用地和周围专属用地，及其相应的供水、供电、供气、供暖、供煤、供油、专用公路、专用铁路等附属设施用地，按比例减征土地使用税。具体办法，在应纳土地使用税额内按军品销售额占销售总额的比例，相应减征土地使用税，其计算公式为：

减征税额 = 应纳税额 × 军品销售额 ÷ 销售总额

上述科研生产企业的军品销售额及土地使用税的减免，由当地税务征收机关报同级财政部门核批。

4. 司法部所属的劳改劳教单位用地的税收优惠：

（1）对少年犯管教所的用地和由国家财政部门拨付事业经费的劳教单位自用的土地，免征土地使用税。

（2）对劳改单位及经费实行自收自支的劳教单位的工厂、农场等，凡属于管教或生活用地，如办公室、警卫室、职工宿舍、犯人宿舍、储藏室、食堂、礼堂、图书室、阅览室、浴室、理发室、医务室等房屋、建筑物用地及其周围土地，均免征土地使用税；凡是生产经营用地，如厂房、仓库、门市部等房屋、建筑物用地及其周围土地，应征收土地使用税。管教或生活用地与生产经营用地不能划分开的，应照章征收土地使用税。

（3）对监狱的用地，若主要用于关押犯人，只有极少部分用于生产经营的，可从宽掌握，免征土地使用税。但对设在监狱外部的门市部、营业部等生产经营用地，应征收土地使用税。

5. 对武警部队用地的税收优惠：

（1）武警部队的工厂，凡专门为武警部门内部生产武器、弹药、军训器材、部队装备（指人员装备、军械装具、马装具）的用地，免征土地使用税，生产其他产品的用地，应照章征收土地使用税。

（2）武警部队所办的服务社用地，专为武警内部人员及其家属服务的，免征土地使用税；对外营业的，应征收土地使用税。

（3）武警部队的招待所，专门接待武警内部人员的，免征土地使用税；对外营业的，应征收土地使用税；二者兼有的，按各自所占比例划分征免土地使用税。

三、公共用地的优惠

1. 宗教寺庙、公园、名胜古迹自用的土地，免征城镇土地使用税。

宗教寺庙自用的土地，是指举行宗教仪式等的用地和寺庙内的宗教人员生活用地。这里的“宗教寺庙”包括寺、庙、宫、观、教堂等各种宗教活动场所。公园、名胜古迹自用的土地，是指供公共参观游览的用地及其管理单位的办公用地。公园、名胜古迹中附设的营业单位，如影剧院、饮食部、茶社、照相馆等使用的土地，应征收土地使用税。以上单位的生产、营业用地和其他用地，不属于免税范围，应按规定缴纳土地使用税。

2. 市政街道、广场、绿化地带等公共用地，免征城镇土地使用税。

3. 对企业的铁路专用线、公路等用地，除另有规定者外，在企业厂区（包括生产、办公及生活区）以内的，应照章征收土地使用税；在厂区以外、与社会公用地段未加隔离的，暂免征收土地使用税。

4. 自 2006 年 3 月 8 日起，享受免征房产税、城镇土地使用税优惠政策的铁道部所属铁路运输企业是指铁路局及国有铁路运输控股公司［含广铁（集团）公司、青藏铁路公司、大秦铁路股份有限公司、广深铁路股份有限公司等，具体包括客货、编组站、车务、机务、工务、电务、水电、供电、列车、客运、车辆段］、铁路办事处、中铁集装箱运输有限责任公司、中铁特货运输有限责任公司、中铁快运股份有限公司。

5. 对企业厂区（包括生产、办公及生活区）以内的绿化用地，应照章征收土地使用税；厂区以外的公共绿化用地和向社会开放的公园用地，暂免征收土地使用税。

四、卫生、农业用地的优惠

1. 医疗卫生机构有关征免土地使用税问题：

（1）自 2000 年 7 月 10 日起，对非营利性医疗机构自用的土地，免征城镇土地使用税。

（2）为了支持营利性医疗机构的发展，对营利性医疗机构自用的土地，免征城镇土地使用税。3 年免税期满后恢复征税。

（3）对疾病控制机构和妇幼保健机构等卫生机构自用的土地，免征城镇土地使用税。

2. 农业用地有关征免土地使用税的问题：

（1）直接用于农、林、牧、渔业的生产用地，免征城镇土地使用税。直接用于农、林、牧、渔业的生产用地，是指直接从事于种植、养殖、饲养的专业用地，不包括农副产品加工场地和生活、办公用地。

（2）经批准开山填海整治的土地和改造的废弃土地，从使用的当月起免缴城镇土地使用税 5—10 年。开山填海整治的土地和改造的废弃土地，以土地管理机关出具的证明文件为依据确定；具体免税期限由各省、自治区、直辖市税务局在土地使用税暂行条例规定的期限内自行确定。

（3）享受免缴土地使用税 5—10 年的填海整治的土地，是指纳税人经有关部门批准后自行填海整治的土地，不包括纳税人通过出让、转让、划拨等方式取得的已填海整治的土地。

（4）对企业范围内的荒山、林地、湖泊等占地，尚未利用的，经各省、自治区、直辖市税务局审批，可暂免征收城镇土地使用税。自 2004 年 7 月 1 日起，取消经各省、自治区、直辖市税务局审批，免征税额由企业在申报缴纳城镇土地使用税时自行计算扣除，并在申报表附表或备注栏中作相应说明。

（5）自 2007 年 1 月 1 日起，在城镇土地使用税征收范围内经营采摘、观光农业的单位和个人，其直接用于采摘、观光的种植、养殖、饲养的土地，免征城镇土地使用税。

五、教育科研和宣传文化事业用地的优惠

1. 对高等学校校用土地，免征土地使用税。所谓“对高等学校校用房产和土地免征土地使用税”，是指对高等学校用于教学及科研等本身业务用土地，免征土地使用税。对高等学校举办的校办工厂、商店、招待所等的土地以及出租的房产用地，均不属于自用土地的范围，应按规定征收土地使用税。

2. 自 2001 年 1 月 1 日起，非营利性科研机构自用的土地，免征城镇土地使用税。非营利性科研机构要以推动科技进步为宗旨，不以营利为目的，主要从事应用基础研究或向社会提供公共服务。非营利性科研机构的认定标准，由科技部会同财政部、中编办、国家税务总局另行制定。非营利性科研机构需要书面向科技行政主管部门申明其性质，按规定进行设置审批和登记注册，并由接受其登记注册的科技行政部门核定，在执业登记中注明“非营利性科研机构”。

3. 自 2003 年 7 月 8 日起，对于经国务院批准的原国家经贸委管理的 10 个国家局所属 242 个科研机构和建设部等 11 个部门（单位）所属 134 个科研机构中转为企业的科研机构和进入企业的科研机构，从转制注册之日起，5 年内免征科研开发自用土地的城镇土地使用税。自 2005 年 3 月 8 日起，上述政策执行到期后，再延长 2 年期限。转制科研机构要将上述免税收入主要用于研发条件建设和解决历史问题。

4. 对国家大学科技园的优惠政策。自 2008 年 1 月 1 日起至 2010 年 12 月 31 日，对符合条件的科技园自用以及无偿或通过出租等方式提供给孵化企业使用的土地，免征城镇土地使用税。

享受优惠政策的科技园，应同时符合下列条件：

（1）科技园的成立和运行符合国务院科技和教育行政主管部门公布的认定和管理办法，经国务院科技和教育行政管理部门认定，并取得国家大学科技园资格；

（2）科技园应将面向孵化企业出租场地、房屋以及提供孵化服务的业务收入在财务上单独核算；

（3）科技园内提供给孵化企业使用的场地面积应占科技园可自主支配场地面积的 60% 以上（含 60%），孵化企业数量应占科技园内企业总数量的 90% 以上（含 90%）。

所谓“孵化企业”，应当同时符合以下条件：

（1）企业注册地及工作场所必须在科技园的工作场地内；

（2）属新注册企业或申请进入科技园前企业成立时间不超过 3 年；

（3）企业在科技园内孵化的时间不超过 3 年；

（4）企业注册资金不超过 500 万元；

（5）属迁入企业的，上年营业收入不超过 200 万元；

（6）企业租用科技园内孵化场地面积不高于 1 000 平方米；

（7）企业从事研究、开发、生产的项目或产品应属于科学技术部等部门印发的《中国高新技术产品目录》范围，且《中国高新技术产品目录》范围内项目或产品的研究、开发、生产业务取得的收入应占企业年收入的 50% 以上。

所谓“孵化服务”是指为孵化企业提供的属于营业税“服务业”税目中“代理业”、“租赁业”和“其他服务业”中的咨询和技术服务范围内的服务。

国务院科技和教育行政主管部门负责对科技园是否符合本通知规定的各项条件进行事前审核确认，并出具相应的证明材料。各主管税务机关要严格执行税收政策，按照税收减免管理办法的有关规定为符合条件的科技园办理税收减免，加强对科技园的日常税收管理和服务。主管税务机关要定期对享受税收优惠政策的科技园进行监督检查，发现问题的，及时向上级机关报告，并按照税收征管法以及税收减免管理办法的有关规定处理。

5. 关于科技企业孵化器的优惠政策。自 2008 年 1 月 1 日起至 2010 年 12 月 31 日，对符合条件的孵化器自用以及无偿或通过出租等方式提供给孵化企业使用的土地，免征城镇土地使用税。科技企业孵化器（也称高新技术创业服务中心，以下简称“孵化器”）是以促进科技成果转化、培养高新技术企业和企业家为宗旨的科技创业服务机构。

享受优惠政策的孵化器，应同时符合下列条件：

（1）孵化器的成立和运行符合国务院科技行政主管部门发布的认定和管理办法，经国务院科技行政管理部门认定，并取得国家高新技术创业服务中心资格；

（2）孵化器应将面向孵化企业出租场地、房屋以及提供孵化服务的业务收入在财务上单独核算；

（3）孵化器内提供给孵化企业使用的场地面积应占孵化器可自主支配场地面积的

75%以上（含75%），孵化企业数量应占孵化器内企业总数量的90%以上（含90%）。

所谓“孵化企业”应当同时符合以下条件：

（1）企业注册地及办公场所必须在孵化器的孵化场地内；

（2）属新注册企业或申请进入孵化器前企业成立时间不超过2年；

（3）企业在孵化器内孵化的时间不超过3年；

（4）企业注册资金不超过200万元；

（5）属迁入企业的，上年营业收入不超过200万元；

（6）企业租用孵化器内孵化场地面积低于1 000平方米；

（7）企业从事研究、开发、生产的项目或产品应属于科学技术部等部门颁布的《中国高新技术产品目录》范围，且《中国高新技术产品目录》范围内项目或产品的研究、开发、生产业务取得的收入应占企业年收入的50%以上。

国务院科技行政主管部门负责对孵化器是否符合本通知规定的各项条件进行事前审核确认，并出具相应的证明材料。各主管税务机关要严格执行税收政策，按照税收减免管理办法的有关规定为符合条件的孵化器办理税收减免，加强对孵化器的日常税收管理和服务，主管税务机关要定期对享受税收优惠政策的孵化器进行监督检查，发现问题的，及时向上级机关报告，并按照税收征管法以及税收减免管理办法的有关规定处理。

六、金融机构、资产重组土地的优惠

1. 自中国信达、华融、长城和东方4家金融资产管理公司成立之日起，对资产公司回收的房地产在未处置前的闲置期间，免征城镇土地使用税。回收的房地产指已办理过户手续，资产公司取得产权证明的房地产。未办理过户手续的房地产，纳税确有困难的，依照《中华人民共和国城镇土地使用税暂行条例》的有关规定办理减免。

享受税收优惠政策的主体为经国务院批准成立的中国信达资产管理公司、中国华融资产管理公司、中国长城资产管理公司和中国东方资产管理公司，及其经批准分设于各地的分支机构。除另有规定者外，资产公司所属、附属企业，不享受资产公司的税收优惠政策。

2. 对行使国家行政管理职能的中国人民银行总行（含国家外汇管理局）所属分支机构自用的土地，免征土地使用税。

3. 自《金融机构撤销条例》生效之日起，对被撤销金融机构清算期间自有的或从债务方接收的土地，免征城镇土地使用税。

七、能源、交通、水利用地的优惠

1. 对火电厂厂区围墙内的用地，均应照章征收土地使用税。对厂区围墙外的灰场、输灰管、输油（气）管道、铁路专用线用地，免征土地使用税；厂区围墙外的其他用地，应照章征税。对水电站的发电厂房用地（包括坝内、坝外式厂房），生产、办公、生活用地，照章征收土地使用税；对其他用地给予免税照顾。对供电部门的输电线路用地、变电站用地，免征土地使用税。

所谓“生产”用地，是指进行工业、副业等生产经营活动的用地；水库库区用地，属于“其他用地”的范围，免征土地使用税。火电厂厂区围墙外的煤场用地，不属于免税范围，应照章征税；厂区外的水源用地以及热电厂供热管道用地，免征土地使用税。

2. 为了支持水利事业发展，对水利设施及其管护用地（如水库库区、大坝、堤防、灌渠、泵站等用地），免征土地使用税；其他用地，如生产、办公、生活用地，应照章征收土地使用税。对兼有发电的水利设施用地征免土地使用税问题，比照电力行业征免土地使用税的有关规定办理。

3. 对矿山（包括黑色冶金矿和有色金属矿及除煤矿外的其他非金属矿）的采矿场、排土场、尾矿库、炸药库的安全区、采区运矿及运岩公路、尾矿输送管道及回水系统用地，免征土地使用税；对矿山企业采掘地下矿造成的塌陷地以及荒山占地，在未利用之前，暂免征收土地使用税。除上述规定外，对矿山企业的其他生产用地及办公、生活区用地，应照章征收土地使用税。

4. 对盐场、盐矿的生产厂房、办公、生活区用地，应照章征收土地使用税；对盐场的盐滩、盐矿的矿井用地，暂免征收土地使用税。对盐场、盐矿的其他用地，由省、自治区、直辖市税务局根据实际情况，确定征收土地使用税或给予定期减征、免征的照顾。

5. 对林区的有林地、运材道、防火道、防火设施用地，免征土地使用税。林业系统的森林公园、自然保护区，可比照公园免征土地使用税。

6. 对天然林保护工程实施企业和单位的税收优惠：自 2004 年 1 月 1 日至 2010 年 12 月 31 日期间，对长江上游、黄河中上游地区，东北、内蒙古等国有林区天然林资源保护工程实施企业和单位用于天然林保护工程的土地，免征城镇土地使用税。对上述企业和单位用于天然林资源保护工程以外其他生产经营活动的土地，仍按规定征收城镇土地使用税。

7. 对由于国家实行天然林资源保护工程造成森工企业的土地闲置 1 年以上不用的，暂免征收城镇土地使用税；闲置土地用于出租或企业重新用于天然林资源保护工程之外的其他生产经营的，应依照规定征收城镇土地使用税。用于国家天然林资源保护工程的免税土地应单独划分，与其他应税土地划分不清的，应按规定征税。

8. 对港口的码头（即泊位，包括岸边码头、伸入水中的浮码头、堤岸、堤坝、栈桥等）用地，免征土地使用税。对港口的露天堆货场用地，原则上应征收土地使用税，企业纳税确有困难的，可由省、自治区、直辖市税务局根据其实际情况，给予定期减征或免征土地使用税的照顾。除上述规定外，港口的其他用地，应按规定征收土地使用税。

9. 机场飞行区（包括跑道、滑行道、停机坪、安全带、夜航灯光区）用地，场内外通讯导航设施用地和飞行区四周排水防洪设施用地，免征土地使用税。机场道路，区分为场内、场外道路。场外道路用地免征土地使用税；场内道路用地依照规定征收土地使用税。机场工作区（包括办公、生产和维修用地及候机楼、停车场）用地、生活区用地、绿化用地，均须依照规定征收土地使用税。

10. 对石灰厂、水泥厂、大理石厂、沙石厂等企业的采石场、排土场用地、炸药库的安全区用地以及采区运岩公路，予以免征土地使用税。

11. 自 2007 年 9 月 10 日起，对核电站的核岛、常规岛、辅助厂房和通信设施用地（不包括地下线路用地），生活、办公用地按规定征收城镇土地使用税，其他用地免征城镇土地使用税。对核电站应税土地在基建期内减半征收城镇土地使用税。

八、廉租住房、经济适用住房建设用地等优惠

1. 自 2007 年 8 月 1 日起，对廉租住房、经济适用住房建设用地以及廉租住房经营管理单位按照政府规定价格、向规定保障对象出租的廉租住房用地，免征城镇土地使用税。

开发商在经济适用住房、商品住房项目中配套建造廉租住房，在商品住房项目中配套建造经济适用住房，如能提供政府部门出具的相关材料，可按廉租住房、经济适用住房建筑面积占总建筑面积的比例免征开发商应缴纳的城镇土地使用税。

2. 自2008年3月1日起，对个人出租住房，不区分用途，免征城镇土地使用税。

政策解析

新的规定对个人出租住房，不再限制用途，一律免征城镇土地使用税。

九、其他用地的优惠

1. 对免税单位无偿使用纳税单位的土地（如公安、海关等单位使用铁路、民航等单位的土地），免征土地使用税；对纳税单位无偿使用免税单位的土地，纳税单位应照章缴纳土地使用税。

2. 纳税单位与免税单位共同使用共有使用权土地上的多层建筑，对纳税单位可按其占用的建筑面积占建筑总面积的比例计征土地使用税。

3. 对基建项目在建期间使用的土地，原则上应照章征收土地使用税。但对有些基建项目，特别是国家产业政策扶持发展的大型基建项目占地面积大，建设周期长，在建期间又没有经营收入，为照顾其实际情况，对纳税人纳税确有困难的，可由各省、自治区、直辖市税务局根据具体情况予以免征或减征土地使用税；对已经完工或已经使用的建设项目，其用地应照章征收土地使用税。

4. 城镇内的集贸市场（农贸市场）用地，按规定应征收土地使用税。为了促进集贸市场的发展及照顾各地的不同情况，各省、自治区、直辖市税务局可根据具体情况自行确定对集贸市场用地征收或者免征土地使用税。

5. 房地产开发公司建造商品房的用地，原则上应按规定计征土地使用税。但在商品房出售之前纳税确有困难的，其用地是否给予缓征或减征、免征照顾，可由各省、自治区、直辖市税务局根据从严的原则结合具体情况确定。

6. 对于各类危险品仓库、厂房所需的防火、防爆、防毒等安全防范用地，可由各省、自治区、直辖市税务局确定，暂免征收土地使用税；对仓库库区、厂房本身用地，应照章征收土地使用税。

7. 企业关闭、撤销后，其占地未作他用的，经各省、自治区、直辖市税务局批准，可暂免征收土地使用税；如果土地转让给其他单位使用或企业重新用于生产经营的，应依照规定征收土地使用税。

8. 企业搬迁后，其原有场地和新场地都使用的，均应照章征收土地使用税；原有场地不使用的，经各省、自治区、直辖市税务局审批，可暂免征收土地使用税。自2004年7月1日起，取消对于“企业关闭、撤销后，其占地未作他用的，经各省、自治区、直辖市税务局批准，可暂免征收土地使用税”的规定。

9. 下列土地的征免税，由省、自治区、直辖市税务局确定：

（1）个人所有的居住房屋及院落用地。

（2）房产管理部门在房租调整改革前经租的居民住房用地。

（3）免税单位职工家属的宿舍用地。

（4）民政部门举办的安置残疾人占一定比例的福利工厂用地。

（5）集体和个人办的各类学校、医院、托儿所、幼儿园用地。

10. 考虑到目前物资储运企业的经营状况，对中国物资储运总公司所属的物资储运企业的露天货场、库区道路、铁路专用线等非建筑物用地征免土地使用税问题，可由省、自治区、直辖市税务局按照下述原则处理：对经营情况较好、有负税能力的企业，应恢复征收土地使用税；对经营情况差、纳税确有困难的企业，可在授权范围内给予适当减免土地使用税的照顾。

11. 对邮政部门坐落在城市、县城、建制镇、工矿区范围内的土地，应当依法征收土地使用税；对坐落在上述范围以外尚在县邮政局内核算的土地，必须在单位财务账中划分清楚，从 2001 年 1 月 1 日起，不再征收土地使用税。

12. 自 2006 年 7 月 1 日起，对青藏铁路公司及其所属单位自用的土地免征城镇土地使用税；对非自用的土地照章征收城镇土地使用税。

13. 在 2010 年上海世博会结束前，对世博园区内的土地，免征应缴纳的城镇土地使用税。

14. 对下放城镇土地使用税困难减免审批项目管理层级的有关规定：自 2004 年 7 月 1 日起，纳税人因缴纳城镇土地使用税确有困难（含遭受自然灾害）需要减税免税的，不再报国家税务总局审批。纳税人办理城镇土地使用税困难减免税须提出书面申请并提供相关情况材料，报主管地方税务机关审核后，由省、自治区、直辖市和计划单列市地方税务局审批。城镇土地使用税减免税审批权限应集中在省级（含计划单列市）地方税务机关，不得下放。

各省、自治区、直辖市和计划单列市地方税务部门在办理减免税审批时，应当按照国家的产业政策、土地管理的有关规定和企业的实际情况严格把关。对国家限制发展的行业、占地不合理的企业，一般不予减税免税；对国家不鼓励发展以及非客观原因发生纳税困难的，原则上也不给予减税免税；其他情况确实需要减税免税的，应当认真核实情况，从严掌握。

15. 对供热企业用地的税收优惠：自 2009 年 1 月 1 日至 2011 年 6 月 30 日，对向居民供热而收取采暖费的供热企业，为居民供热所使用的厂房及土地继续免征城镇土地使用税。上述供热企业包括专业供热企业、兼营供热企业、单位自供热及为小区居民供热的物业公司等，不包括从事热力生产但不直接向居民供热的企业。

对既向居民供热，又向非居民供热的企业，可按向居民供热收取的收入占其总供热收入的比例划分征免税界限；对于兼营供热的企业，可按向居民供热收取的收入占其生产经营总收入的比例划分征免税界限。

案例分析

【例】以下项目中，属于法定免征城镇土地使用税的有（　　）。

A. 机场场内道路用地　　B. 危险品仓库用地

C. 工业企业仓库用地　　D. 盐矿的矿井用地

参考答案：A、D。

解析：危险品仓库用地可由各省、自治区、直辖市地方税务局确定，暂免征收城镇土地使用税；工业企业仓库用地应当正常纳税。

第六节 城镇土地使用税应纳税额的计算

一、计税依据

城镇土地使用税以纳税人实际占用的土地面积为计税依据，土地面积计量标准为每平方米。即税务机关根据纳税人实际占用的土地面积，按照规定的税额计算应纳税额，向纳税人征收土地使用税。纳税人实际占用的土地面积按下列办法确定：

（1）由省、自治区、直辖市人民政府确定的单位组织测定土地面积的，以测定的面积为准。

（2）尚未组织测地，但纳税人持有政府部门核发的土地使用证书的，以证书确认的土地面积为准。

（3）尚未核发出土地使用证书的，应由纳税人申报土地面积，据以纳税，待核发土地使用证以后再作调整。

政策解析

三个确定土地面积的标准要按照顺序来进行，上一条标准无法进行时再使用下一条标准。

二、应纳税额的计算

城镇土地使用税的应纳税额可以通过纳税人实际占用的土地面积乘以该土地所在地段的适用税额求得，其计算公式为：

全年应纳税额＝实际占用应税土地面积（平方米）×适用税额

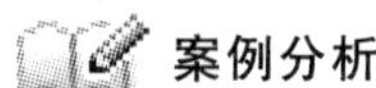

案例分析

【例】某城市一繁华地段围墙之内有土地面积6 000平方米，共有汽车修理厂和服装厂两个单位，其中汽车修理厂占用土地2/3，服装厂占用土地1/3；该地段土地使用税为5元/平方米。则汽车修理厂和服装厂各自应缴纳的土地使用税计算如下：

汽修厂应纳土地使用税税额＝（6 000×2/3）×5＝20 000（元）

服装厂应纳土地使用税税额＝（6 000×1/3）×5＝10 000（元）

第七节 城镇土地使用税申报缴纳

一、纳税期限

城镇土地使用税实行按年计算、分期缴纳的征收方法，具体纳税期限由省、自治区、直辖市人民政府确定。

二、纳税义务发生时间

纳税人购置新建商品房，自房屋交付使用之次月起，缴纳城镇土地使用税。

纳税人购置存量房，自办理房屋权属转移、变更登记手续，房地产权属登记机关签发房屋权属证书之次月起，缴纳城镇土地使用税。

纳税人出租、出借房产，自交付出租、出借房产之次月起，缴纳城镇土地使用税。

以出让或转让方式有偿取得土地使用权的，应由受让方从合同约定交付土地时间的次月起缴纳城镇土地使用税；合同未约定交付时间的，由受让方从合同签订的次月起缴纳城镇土地使用税。

纳税人新征用的耕地，自批准征用之日起满1年时开始缴纳土地使用税。

纳税人新征用的非耕地，自批准征用次月起缴纳土地使用税。

自2009年1月1日起，纳税人因土地的权利发生变化而依法终止城镇土地使用税的纳税义务的，其应纳税款的计算应截止到土地权利发生变化的当月末。

三、纳税地点和征收机构

城镇土地使用税在土地所在地缴纳。纳税人使用的土地不属于同一省、自治区、直辖市管辖的，由纳税人分别向土地所在地的税务机关缴纳土地使用税；在同一省、自治区、直辖市管辖范围内，纳税人跨地区使用的土地，其纳税地点由各省、自治区、直辖市地方税务局确定。

土地使用税由土地所在地的地方税务机关征收，其收入纳入地方财政预算管理。土地使用税征收工作涉及面广，政策性较强，在税务机关负责征收的同时，还必须注意加强同国土管理、测绘等有关部门的联系，及时取得土地的权属资料，沟通情况，共同协作把征收管理工作做好。国家税务总局2009年5月9日下发通知，要求各地要加大推广应用财产行为税税源监控管理平台力度，2009年6月底前全国基本安装到位，2009年年底前建立起统一的城镇土地使用税和车船税税源数据库。

四、纳税申报

城镇土地使用税的纳税人应按照条例的有关规定及时办理纳税申报，并如实填写《城镇土地使用税申报表》。

练习与思考

一、概念题

1. 城镇土地使用税　　2. 差别幅度税额

二、思考题

1. 城镇土地使用税的征税对象是什么？
2. 城镇土地使用税的纳税人有哪几种情况？
3. 城镇土地使用税的税基如何确定？
4. 城镇土地使用税的纳税义务发生时间是什么？

三、案例题

案例1：某国家机关拥有A、B两栋办公楼，其中A栋占地2 000平方米，B栋占地1 000平方米。2008年4月30日至12月31日该国家机关将B栋出租。当地城镇土地使用税的税率为12元/平方米。

要求：计算该国家机关2008年应缴纳的城镇土地使用税。

参考答案：

应纳税额 =1 000×8÷12×12 =8 000（元）

解析：国家机关自用的 A 楼免征城镇土地使用税。出租的 B 楼按照出租时间和对应税率缴纳城镇土地使用税。

案例 2：某企业位于市区，该企业实际占地情况如下：

（1）2009 年 2 月 28 日，企业将 2 000 平方米生产经营用地出租给另一企业使用。

（2）2009 年 3 月 31 日，企业无偿借出 2 000 平方米土地给部队做训练场地。

（3）2009 年 5 月 10 日，新征用厂区附近的两块土地共计 2 000 平方米，一块是征用的耕地，面积为 500 平方米；另一块是征用的非耕地，面积为 1 500 平方米。

（4）厂区内绿化用地 1 000 平方米。

（5）除上述土地外，企业自身生产经营占用土地面积 10 000 平方米。

该企业所在地的省人民政府规定，城镇土地使用税每半年征收一次，每平方米土地年税额为 3 元。

要求：计算该企业 2009 年上半年应缴纳的城镇土地使用税税额。

参考答案：

应纳税额 =（2 000 +1 000 +10 000）×（6÷12）×3 +2 000×（3÷12）×3 +
1 500×（1÷12）×3
=21 375（元）

解析：

（1）2 月 28 日，将土地出租给其他企业使用，与自用土地一样，按照规定缴纳城镇土地使用税。

（2）3 月 31 日，无偿出借给部队做训练场地的土地，自 4 月免征城镇土地使用税。

（3）企业厂区内的绿化用地，应按规定征收城镇土地使用税。

（4）5 月份新征用的耕地，当年不纳税，征用的非耕地，应从 6 月开始缴纳城镇土地使用税。

案例 3：某国有企业拥有 15 000 平方米生产经营用地，其中厂区绿化占地 2 000 平方米；幼儿园占地 1 000 平方米；还有 6 000 平方米的土地与另一企业共用，双方实际使用面积各半；另外该国有企业还有 4 000 平方米的土地一直在使用但土地使用权未确定。规定该国有企业适用的城镇土地使用税的单位税额为 5 元/平方米。

要求：计算该国有企业应纳的城镇土地使用税。

参考答案：

应纳税额 =（15 000 -1 000 -6 000÷2 +4 000）×5 =75 000（元）

解析：

（1）厂区内的绿化用地，应按规定征收城镇土地使用税。

（2）幼儿园占用土地免征城镇土地使用税。

（3）双方共同占用的耕地，按照各自实际使用的面积征收城镇土地使用税。

（4）土地使用权未确定的土地规定其使用人为纳税义务人，对其征收城镇土地使用税。

第十一章 耕地占用税

第一节 耕地占用税概述

我国人口众多，因而人均耕地资源较少，人多地少的矛盾很突出。过去长期以来施行非农业用地无偿使用制度，助长了乱占耕地的行为，浪费了大量的耕地，严重妨碍了农业生产的发展。为了遏制并逐步改变这种状况，政府决定开征耕地占用税，运用税收经济杠杆与法律、行政等手段相配合，以便有效的保护耕地。国务院于 1987 年 4 月 1 日颁布了《中华人民共和国耕地占用税暂行条例》，在全国范围内征收耕地占用税。现行耕地占用税法的基本规范，是 2007 年 12 月 1 日国务院重新颁布的《中华人民共和国耕地占用税暂行条例》。

一、耕地占用税的特点

（一）资源税和特定行为税

耕地占用税以占用农用耕地建房或从事其他非农用建设的行为为征税对象，以约束纳税人占用耕地的行为、促进土地资源的合理利用为课征目的，同时兼具资源税和特定行为税的特点。

（二）地区差别税率

耕地占用税根据不同地区的具体情况，分别制定差别税额，以应对我国地域辽阔、各地区之间耕地质量差别较大、人均占有耕地面积相差悬殊的具体情况，具有因地制宜的特点。

（三）一次性课征

耕地占用税在纳税人获准占用耕地的环节征收，除对获准占用耕地后超过两年未使用者须加征耕地占用税外，以后不再征收耕地占用税。因而，耕地占用税具有一次性征收的特点。

（四）税款专用

耕地占用税收入按规定应用于建立发展农业专项基金，主要用于开展宜耕土地开发和改良现有耕地之用，因此，具有“取之于地，用之于地”的特点。

二、耕地占用税的作用

第一，有利于保护和利用有限的土地资源，保证农业生产用地，促进农业生产发展。

第二，有利于地方政府适当筹集一部分财政资金，缓解财政资金不足的压力，增加对农业的投入。

第二节　耕地占用税征税范围

耕地占用税的征收范围，包括纳税人为建房或从事其他非农业建设而占用的国家所有和集体所有的耕地。

所谓建房，包括建设建筑物和构筑物。农田水利占用耕地的，不征收耕地占用税。所谓耕地，是指用于种植农业作物的土地，包括菜地、园地。其中园地又包括花圃、苗圃、茶园、果园、桑园和其他种植经济林木的土地。占用鱼塘及其他农用土地建房或从事其他非农业建设，也视同占用耕地，必须依法征收耕地占用税。占用已开发从事种植、养殖的滩涂、草场、水面和林地等从事非农业建设，由省、自治区、直辖市本着有利于保护土地资源和生态平衡的原则，结合具体情况确定是否征收耕地占用税。

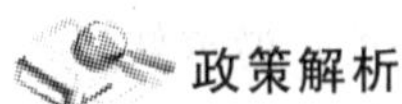
政策解析

在占用之前三年内属于上述范围的耕地或农用土地，也视为耕地。

案例分析

【例】耕地是指种植农作物的土地（　　）。

A. 花圃　　　　B. 弃荒的前三年内曾用于种植农作物的土地

C. 人工开掘的水产养殖水面　　　　D. 药材种植园

参考答案：A、B、C、D。

第三节　耕地占用税纳税人

占用耕地建房或从事非农业建设的单位或个人，为耕地占用税的纳税人，应当依照规定缴纳耕地占用税。

所谓单位，包括国有企业、集体企业、私营企业、股份制企业、外商投资企业、外国企业以及其他企业和事业单位、社会团体、国家机关、部队以及其他单位；所谓个人，包括个体工商户以及其他个人。

经申请批准占用耕地的，纳税人为农用地转用审批文件中标明的建设用地人。农用地转用审批文件中未标明建设用地人的，纳税人为用地申请人。未经批准占用耕地的，纳税人为实际用地人。

政策解析

自2008年1月1日起，外商投资企业、外国企业和组织以及外籍个人，也应当按规定缴纳耕地占用税。

第四节 耕地占用税税率

一、税率的基本规定

耕地资源在我国不同地区之间的分布极不均衡，有些地区人口密度大，人均耕地资源匮乏；有些地区人口密度小，人均耕地资源比较丰富。考虑到不同地区之间客观条件的差别以及与此相关的税收调节力度和纳税人负担能力方面的差别，耕地占用税采用了地区差别定额税率。具体规定如下：人均耕地不超过1亩的地区（以县级行政区域为单位，下同），每平方米为10—50元；人均耕地超过1亩但不超过2亩的地区，每平方米为8—40元；人均耕地超过2亩但不超过3亩的地区，每平方米为6—30元；人均耕地超过3亩的地区，每平方米为5—25元。

各地依据耕地占用税暂行条例和上款的规定，经省级人民政府批准，确定县级行政区占用耕地的适用税额，占用林地、牧草地、农田水利用地、养殖水面以及渔业水域滩涂等其他农用地的适用税额可适当低于占用耕地的适用税额。各地确定的县级行政区适用税额须报财政部、国家税务总局备案。

二、适用税额中应注意的问题

国务院财政、税务主管部门根据人均耕地面积和经济发展情况确定各省、自治区、直辖市的平均税额。各省、自治区、直辖市耕地占用税的平均税额，按照《各省、自治区、直辖市耕地占用税平均税额表》执行，具体情况如表11－1所示。

表11－1　　各省、自治区、直辖市耕地占用税平均税额表

地　　区	每平方米平均税额（元）
上海	45
北京	40
天津	35
江苏、浙江、福建、广东	30
辽宁、湖北、湖南	25
河北、安徽、江西、山东、河南、重庆、四川	22.5
广西、海南、贵州、云南、陕西	20
山西、吉林、黑龙江	17.5
内蒙古、西藏、甘肃、青海、宁夏、新疆	12.5

各地适用税额，由省、自治区、直辖市人民政府在规定的税额幅度内，根据本地区情况核定。各省、自治区、直辖市人民政府核定的适用税额的平均水平，不得低于规定的平均税额。

经济特区、经济技术开发区和经济发达且人均耕地特别少的地区，适用税额可以适当提高，但是提高的部分最高不得超过规定的当地适用税额的50%。

占用基本农田的，适用税额应当在规定的当地适用税额的基础上提高50%。所谓基本农田，是指依据《基本农田保护条例》划定的基本农田保护区范围内的耕地。

第五节 耕地占用税税收优惠

一、免征耕地占用税

（一）免税的军事设施占用的耕地

地上、地下的军事指挥、作战工程。

军用机场、港口、码头。

营区、训练场、试验场。

军用洞库、仓库。

军用通信、侦察、导航、观测台站和测量、导航、助航标志。

军用公路、铁路专用线，军用通信、输电线路，军用输油、输水管道。

其他直接用于军事用途的设施。

（二）学校、幼儿园、养老院、医院占用耕地

免税的学校，具体范围包括县级以上人民政府教育行政部门批准成立的大学、中学、小学、学历性职业教育学校以及特殊教育学校；学校内经营性场所和教职工住房占用耕地的，按照当地适用税额缴纳耕地占用税。免税的幼儿园，具体范围限于县级人民政府教育行政部门登记注册或者备案的幼儿园内专门用于幼儿保育、教育的场所。免税的养老院，具体范围限于经批准设立的养老院内专门为老年人提供生活照顾的场所。免税的医院，具体范围限于县级以上人民政府卫生行政部门批准设立的医院内专门用于提供医护服务的场所及其配套设施。医院内职工住房占用耕地的，按照当地适用税额缴纳耕地占用税。

二、减征耕地占用税

铁路线路、公路线路、飞机场跑道、停机坪、港口、航道占用耕地，减按每平方米2元的税额征收耕地占用税。根据实际需要，国务院财政、税务主管部门商国务院有关部门并报国务院批准后，可以对前款规定的情形免征或者减征耕地占用税。

减税的铁路线路，具体范围限于铁路路基、桥梁、涵洞、隧道及其按照规定两侧留地；专用铁路和铁路专用线占用耕地的，按照当地适用税额缴纳耕地占用税。减税的公路线路，具体范围限于经批准建设的国道、省道、县道、乡道和属于农村公路的村道的主体工程以及两侧边沟或者截水沟；专用公路和城区内机动车道占用耕地的，按照当地适用税额缴纳耕地占用税。减税的飞机场跑道、停机坪，具体范围限于经批准建设的民用机场专门用于民用航空器起降、滑行、停放的场所。减税的港口，具体范围限于经批准建设的港口内供船舶进出、停靠以及旅客上下、货物装卸的场所。减税的航道，具体范围限于在江、河、湖泊、港湾等水域内供船舶安全航行的通道。

农村居民占用耕地新建住宅，按照当地适用税额减半征收耕地占用税。农村烈士家属，残疾军人，鳏寡孤独以及革命老根据地、少数民族聚居区和边远贫困山区生活困难的

农村居民，在规定用地标准以内新建住宅缴纳耕地占用税确有困难的，经所在地乡（镇）人民政府审核，报经县级人民政府批准后，可以免征或者减征耕地占用税。

减税的农村居民占用耕地新建住宅，是指农村居民经批准在户口所在地按照规定标准占用耕地建设自用住宅；农村居民经批准搬迁，原宅基地恢复耕种，凡新建住宅占用耕地不超过原宅基地面积的，不征收耕地占用税；超过原宅基地面积的，对超过部分按照当地适用税额减半征收耕地占用税。

所谓农村烈士家属，包括农村烈士的父母、配偶和子女。所谓革命老根据地、少数民族聚居地区和边远贫困山区生活困难的农村居民，其标准按照各省、自治区、直辖市人民政府有关规定执行。

依照规定免征或者减征耕地占用税后，纳税人改变原占地用途，不再属于免征或者减征耕地占用税情形的，应当按照当地适用税额补缴耕地占用税。纳税人改变占地用途，不再属于免税或减税情形的，应自改变用途之日起30日内按改变用途的实际占用耕地面积和当地适用税额补缴税款。

建设直接为农业生产服务的生产设施占用前款规定的农用地的，不征收耕地占用税。所谓直接为农业生产服务的生产设施，是指直接为农业生产服务而建设的建筑物和构筑物。具体包括：储存农用机具和种子、苗木、木材等农业产品的仓储设施；培育、生产种子、种苗的设施；畜禽养殖设施；木材集材道、运材道；农业科研、试验、示范基地；野生动植物保护、护林、森林病虫害防治、森林防火、木材检疫的设施；专为农业生产服务的灌溉排水、供水、供电、供热、供气、通信基础设施；农业生产者从事农业生产必需的食宿和管理设施；其他直接为农业生产服务的生产设施。

第六节　耕地占用税应纳税额的计算

一、计税依据

耕地占用税以纳税人实际占用的耕地面积为计税依据，按照规定的适用税额一次性征收。所谓实际占用的耕地面积，包括经批准占用的耕地面积和未经批准占用的耕地面积。

对于未经批准占用耕地但已经完成缴纳耕地占用税税款的，在补办占地手续时，不再征收耕地占用税。

二、应纳税额的计算

耕地占用税的应纳税额可以通过纳税人实际占用的应税耕地面积乘以该耕地所在地区适用的具体税额来计算得出，其计算公式为：

耕地占用税年应纳税额 = 实际占用的应税耕地面积（每平方米） × 适用的单位税额

政策解析

所谓的“耕地面积”要以平方米为单位，如果是以亩为单位的占地面积，要首先将亩换算成平方米，1亩 = 666.67平方米。所谓“适用的单位税额”，是指占用耕地地区的具体适用税额，而不是平均税额。

案例分析

【例】某国家公路管理部门修建国有公路占用耕地300亩，苗圃50亩，养殖滩涂200亩，占用果园250亩，总计占用800亩。公路占地当地的耕地占用税税额标准为2元/平方米。计算此公路管理部门应缴纳的耕地占用税。

应纳税额 = （300 + 50 + 200 + 250） × 666.67 × 2 = 1 066 672（元）

该公路管理部门应缴纳耕地占用税税额为1 066 672元。

第七节 耕地占用税申报缴纳

一、纳税义务发生时间

经批准占用耕地的，耕地占用税纳税义务发生时间为纳税人收到土地管理部门办理占用农用地手续通知的当天。未经批准占用耕地的，耕地占用税纳税义务发生时间为纳税人实际占用耕地的当天。

二、纳税期限

土地管理部门在通知单位或者个人办理占用耕地手续时，应当同时通知耕地所在地同级地方税务机关。获准占用耕地的单位或者个人应当在收到土地管理部门的通知之日起30日内缴纳耕地占用税。土地管理部门凭耕地占用税完税凭证或者免税凭证和其他有关文件发放建设用地批准书。

纳税人临时占用耕地，应当依照规定缴纳耕地占用税。纳税人在批准临时占用耕地的期限内恢复所占用耕地原状的，全额退还已经缴纳的耕地占用税。所谓临时占用耕地，是指纳税人因建设项目施工、地质勘查等需要，在一般不超过2年内临时使用耕地并且没有修建永久性建筑物的行为。因污染、取土、采矿塌陷等损毁耕地的，比照临时占用耕地的情况，由造成损毁的单位或者个人缴纳耕地占用税。超过2年未恢复耕地原状的，已征税款不予退还。

三、纳税地点

纳税人占用耕地或其他农用地，应当在耕地或其他农用地所在地申报纳税。

四、征收机关

耕地占用税由地方税务机关负责征收。占用林地、牧草地、农田水利用地、养殖水面以及渔业水域滩涂等其他农用地建房或者从事非农业建设的，比照规定征收耕地占用税。耕地占用税的征收管理，依照《中华人民共和国税收征收管理法》和本条例有关规定执行。

所谓林地，包括有林地、灌木林地、疏林地、未成林地、迹地、苗圃等，不包括居民点内部的绿化林木用地，铁路、公路征地范围内的林木用地，以及河流、沟渠的护堤林用地。所谓牧草地，包括天然牧草地、人工牧草地。所谓农田水利用地，包括农田排灌沟渠及相应附属设施用地。所谓养殖水面，包括人工开挖或者天然形成的用于水产养殖的河流水面、湖泊水面、水库水面、坑塘水面及相应附属设施用地。所谓渔业水域滩涂，包括专门用于种植或者养殖水生动植物的海水潮浸地带和滩地。

练习与思考

一、概念题

1. 耕地占用税

2. 耕地

3. 地区差别定额税率

二、思考题

1. 耕地占用税的征税对象是什么？

2. 耕地占用税的税率如何确定？

3. 耕地占用税的纳税期限是什么？

三、案例题

案例：某市一家企业新占用耕地 20 000 平方米，用于工业建设；占用耕地 10 000 平方米修建铁路，所占耕地适用的定额税率为 25 元/平方米。

要求：计算该企业应纳的耕地占用税。

参考答案：

应纳税额 $=20\ 000\times25+10\ 000\times2=520\ 000$（元）

解析：占用耕地修建铁路减按每平方米 2 元的税额征收耕地占用税。

第十二章 车船税

第一节 车船税概述

一、车船税概念

车船税，是指对我国境内应依法到公安、交通、农业、渔业、军事等管理部门办理登记的车辆、船舶，根据其种类，按照规定的计税依据和年税额标准计算征收的一种财产税。

二、车船税的发展演变

我国征收车船税的历史悠久。明、清时期，曾对内河商船征收船钞。1945 年 6 月，南京国民政府公布了《使用牌照税法》，在全国统一开征车船使用牌照税。新中国成立后，中央人民政府政务院于 1951 年 9 月颁布了《车船使用牌照税暂行条例》，在全国部分地区开征。1973 年全面实行工商税后，把对国营企业和集体企业征收的车船使用牌照税并入工商税，只对不缴纳工商税的单位、个人及外侨征收车船使用牌照税，征收范围大大缩小。1984 年第二步利改税后，国务院决定恢复对车船征税，并将“车船使用牌照税”改为“车船使用税”。1986 年 9 月，国务院颁布了《中华人民共和国车船使用税暂行条例》，于同年 10 月 1 日起施行。这样，在很长的一段时间内，外资企业适用 1951 年原政务院颁布的《车船使用牌照税暂行条例》，内资企业适用 1986 年国务院颁布的《中华人民共和国车船使用税暂行条例》，内外税制不统一。因此，2006 年 12 月 29 日，国务院颁布了新的《中华人民共和国车船税暂行条例》（以下简称《车船税暂行条例》），自 2007 年 1 月 1 日起施行，以车船税取代了原车船使用税和车船使用牌照税。

新的车船税统一了各类企业的车船税制，并由原来的财产与行为税改为财产税。车船税的开征，对于统一税制、公平税负、扩宽税基、增加地方财政收入、加强地方税管理等方面，有着重要的意义。

三、车船税的作用

（一）筹集地方财政资金

车船说能够将分散在车船税纳税人手中的部分资金集中起来，扩大地方财源，增加地方政府的财政收入。

（二）车船的管理与合理配置

开征车船税后，购置、使用车船越多，应缴纳的车船税就越多，促使纳税人加强对自己拥有车辆的管理和核算，改善资源配置，合理使用车船。

（三）调节财富差异

车船税能够对个人拥有的财产或财富进行调节，缓解财富分配不公。随着我国经济增长，部分先富起来的个人拥有私人轿车、游艇及其他车船将会日益增加，我国车船税的财富再分配作用也会更加明显。

第二节　车船税征税范围

车船税的征税范围是车船。所谓车船，是指依法应当在我国车船管理部门登记的车船。车船税共设两个子目，即车辆和船舶。车辆包括机动车辆和非机动车辆。船舶包括机动船舶和非机动船舶。

在机场、港口以及其他企业内部场所行驶或者作业，并在车船管理部门登记的车船，应当缴纳车船税。

第三节　车船税纳税人

在中华人民共和国境内，车辆、船舶（以下简称车船）的所有人或者管理人为车船税的纳税人。

管理人，是指对车船具有管理使用权，不具有所有权的单位。车船的所有人或者管理人未缴纳车船税的，使用人应当代为缴纳车船税。

政策解析

扣缴义务人：从事机动车交通事故责任强制保险业务的保险机构为机动车车船税的扣缴义务人，应当依法代收代缴车船税。机动车车船税的扣缴义务人依法代收代缴车船税时，纳税人不得拒绝。

第四节　车船税税率

车船税采用定额税率。车船的适用税额，依照本条例所附的《车船税税目税额表》执行，如表 12－1 所示。

表 12－1　车船税税目税额表

税 目	计税单位	每年税额	备 注
载客汽车	每辆	60—660 元	包括电车
载货汽车专项作业车	按自重每吨	16—120 元	包括半挂牵引车、挂车
三轮汽车低速货车	按自重每吨	24—120 元	

续表

税 目	计税单位	每年税额	备 注
摩托车	每辆	36—180 元	
船舶	按净吨位每吨	3—6 元	拖船和非机动驳船分别按船舶税额的50%计算

案例分析

【例】车辆适用的车船税税率形式是（　　）。

A. 比例税率　　　　B. 超额累进税率

C. 超率累进税率　　　　D. 有幅度的定额税率

参考答案：D。

国务院财政部门、税务主管部门可以根据实际情况，在《车船税税目税额表》规定的税目范围和税额幅度内，划分子税目，并明确车辆的子税目税额幅度和船舶的具体适用税额。车辆的具体适用税额由省、自治区、直辖市人民政府在规定的子税目税额幅度内确定。

载客汽车各子税目的每年税额幅度为：大型客车，480—660 元；中型客车，420—660 元；小型客车，360—660 元；微型客车，60—480 元。其中，大型客车是指核定载客人数大于或者等于 20 人的载客汽车；中型客车是指核定载客人数大于 9 人且小于 20 人的载客汽车；小型客车是指核定载客人数小于或者等于 9 人的载客汽车；微型客车是指发动机气缸总排气量小于或者等于 1 升的载客汽车。

专项作业车是指装置有专用设备或者器皿，用于专项作业的机动车。轮式专用机械车是指具有装卸、挖掘、平整等设备的轮式自行机械。专项作业车和轮式专用机械车的计税单位为自重每吨，每年税额为 16—120 元。具体适用税额由省、自治区、直辖市人民政府参照载货汽车的税额标准在规定的幅度内确定。

三轮汽车是指在车辆管理部门登记为三轮汽车或者三轮农用运输车的机动车。

低速货车是指在车辆管理部门登记为低速货车或者三轮农用运输车的机动车。

船舶的具体适用税额为：净吨位小于或者等于 200 吨的，每吨 3 元；净吨位 201—2 000吨的，每吨 4 元；净吨位 2 001—10 000 吨的，每吨 5 元；净吨位 10 001 吨及其以上的，每吨 6 元。

政策解析

第一，客货两用汽车按照载货汽车的计税单位和税额标准计征车船税。

第二，拖船按照发动机功率每 2 马力折合净吨位 1 吨计算征收车船税。

第三，车辆自重尾数在 0.5 吨以下（含 0.5 吨）的，按照 0.5 吨计算；超过 0.5 吨的，按照 1 吨计算。

第四，船舶净吨位尾数在 0.5 吨以下（含 0.5 吨）的不予计算；超过 0.5 吨的，按照 1 吨计算。1 吨以下的小型车船，一律按照 1 吨计算。

第五，所涉及的核定载客人数、排气量、自重、净吨位、马力等计税标准，以车船管理部门核发的车船登记证书或者行驶证书相应项目所载数额为准。纳税人未按照规定到车船管理部门办理登记手续的，不能提供车船出厂合格证明或者进口凭证的，由主管地方税务机关根据车船自身状况并参照同类车船核定。

第五节　车船税税收优惠

一、法定减免

1. 非机动车船（不包括非机动驳船）。所谓非机动车，是指以人力或者畜力驱动的车辆，以及符合国家有关标准的残疾人机动轮椅车、电动自行车等车辆。非机动船是指自身没有动力装置，依靠外力驱动的船舶；非机动驳船是指在船舶管理部门登记为驳船的非机动船。

2. 拖拉机。所谓拖拉机，是指在农业（农业机械）部门登记为拖拉机的车辆。

3. 捕捞、养殖渔船。所谓捕捞、养殖渔船，是指在渔业船舶管理部门登记为捕捞船或者养殖船的渔业船舶，不包括在渔业船舶管理部门登记为捕捞船或者养殖船以外类型的渔业船舶。

4. 军队、武警专用的车船。所谓军队、武警专用的车船，是指按照规定在军队、武警车船管理部门登记，并领取军用牌照、武警牌照的车船。

5. 警用车船。所谓警用车船，是指公安机关、国家安全机关、监狱、劳动教养管理机关和人民法院、人民检察院领取警用牌照的车辆和执行警务的专用船舶。

6. 按照有关规定已经缴纳船舶吨税的船舶。

7. 依照我国有关法律和我国缔结或者参加的国际条约的规定应当予以免税的外国驻华使馆、领事馆和国际组织驻华机构及其有关人员的车船。所谓我国有关法律，是指《中华人民共和国外交特权与豁免条例》和《中华人民共和国领事特权与豁免条例》。

外国驻华使馆、领事馆和国际组织驻华机构及其有关人员在办理免税事项时，应当向主管地方税务机关出具本机构或个人身份的证明文件和车船所有权证明文件，并申明免税的依据和理由。

已完税的车船因地震灾害报废、灭失的，纳税人可申请退还自报废、灭失月份起至本年度终止期间的税款。

二、特定减免

1. 省、自治区、直辖市人民政府可以根据当地实际情况，对城市、农村公共交通车船给予定期减税、免税。

经省级人民政府批准，可以享受车船税减税、免税优惠政策的城市、农村公共交通车船，是指依法取得运营资格，执行物价部门规定的票价标准，按照规定时间、线路和站点运营，供公众乘用并承担部分社会公益性服务或执行政府指令性任务的车船。

2. 对尚未在车辆管理部门办理登记，属于应减免税的新购置车辆，车辆所有人或管理人可以提出减免税申请，并提供机构或个人身份证明文件和车辆权属证明文件以及地方税务局要求的其他相关资料。经税务机关审核符合减免税条件的，税务机关可以为纳税人出具该纳税年度的减免税证明，以方便纳税人购买机动车交通事故责任强制保险。

3. 对2010年广州亚运会、2011年深圳大运会和2009年哈尔滨大冬会组织委员会，免征应缴纳的车船税。

案例分析

【例】下列属于减免车船税的是（　　）。

A. 拖拉机　　B. 残疾人专用的车辆

C. 企业的学校自用车辆　　D. 部队出租的车辆

参考答案：A。

第六节　车船税应纳税额的计算

一、计税依据

（一）车辆的计税依据

（1）载客汽车、摩托车：以“辆”为计税依据。

（2）载货汽车、三轮汽车、低速货车：以“自重每吨”为计税依据。所谓自重，是指机动车的整备质量。

（二）船舶的计税依据

机动船、拖船和非机动驳船：以“净吨位每吨”为计税依据。

案例分析

【例】下列各项中，按净吨位作为车船税计税依据的有（　　）。

A. 乘人汽车　　B. 载货汽车

C. 机动船　　D. 畜力车

参考答案：B、C。

二、应纳税额的计算

车船税应纳税额的计算公式为：

年应纳税额 = 计税依据 × 适用单位税额

政策解析

纳税人购置的新车船，购置当年的应纳税额自纳税义务发生的当月起按月计算，其计算公式为：

应纳税额 = 年应纳税额 ÷ 12 × 应纳税月份数

案例分析

【例】某公司拥有一辆客货两用汽车，乘客座位4人，载货净吨位2吨。当年3月份新购置一辆小轿车，当月办好行驶执照并上路行驶。该公司所在的省规定，乘客座位4人的小型客车和小轿车年税额每辆360元；载货汽车年税额每吨45元。该公司新购置的轿车应当在购置当月发生纳税义务。其当年应纳车船税计算如下：

应纳车船税 $= 2 \times 45 + 360 \div 12 \times 10 = 390$（元）

第七节 车船税申报缴纳

一、纳税义务发生时间

车船税的纳税义务发生时间，为车船管理部门核发的车船登记证书或者行驶证书所记载日期的当月。

纳税人未按照规定到车船管理部门办理应税车船登记手续的，以车船购置发票所载开具时间的当月作为车船税的纳税义务发生时间。对未办理车船登记手续且无法提供车船购置发票的，由主管地方税务机关核定纳税义务发生时间。

购置的新车船，购置当年的应纳税额自纳税义务发生的当月起按月计算。

由扣缴义务人代收代缴机动车车船税的，纳税人应当在购买机动车交通事故责任强制保险的同时缴纳车船税。

案例分析

【例】2009 年年初，某商场有一辆客货两用汽车，专为商场运货之用。该辆汽车载人部分 4 个座位，载货部分净吨位为 4 吨。则此辆汽车全年应缴纳的车船税，应在 2009 年 7 月 1 日该商场向保险公司缴付机动车交通事故责任强制保险的同时缴纳，由保险公司履行代收代缴车船税义务。

二、纳税期限

车船税按年申报缴纳。具体申报纳税期限由省、自治区、直辖市人民政府确定。

在一个纳税年度内，已完税的车船被盗抢、报废、灭失的，纳税人可以凭有关管理机关出具的证明和完税证明，向纳税所在地的主管地方税务机关申请退还自被盗抢、报废、灭失月份起至该纳税年度终了期间的税款。已办理退税的被盗抢车船，失而复得的，纳税人应当从公安机关出具相关证明的当月起计算缴纳车船税。

三、纳税地点

车船税的纳税地点，由省、自治区、直辖市人民政府根据当地实际情况确定。跨省、自治区、直辖市使用的车船，纳税地点为车船的登记地。

四、征收管理

车船税由地方税务机关负责征收。

纳税人在购买机动车交通事故责任强制保险时缴纳车船税的，不再向地方税务机关申报纳税。

扣缴义务人应当及时解缴代收代缴的税款，并向地方税务机关申报。扣缴义务人解缴税款的具体期限，由各省、自治区、直辖市地方税务机关依照法律、行政法规的规定确定。扣缴义务人在代收车船税时，应当在机动车交通事故责任强制保险的保险单上注明已收税款的信息，作为纳税人完税的证明。除另有规定外，扣缴义务人不再给纳税人开具代扣代收税款凭证。纳税人如有需要，可以持注明已收税款信息的保险单，到主管地方税务机关开具完税凭证。地方税务机关应当按照规定支付扣缴义务人代收代缴车船税的手续费。

纳税人对扣缴义务人代收代缴税款有异议的，可以向纳税所在地的主管地方税务机关提出。

各级车船管理部门应当在提供车船管理信息等方面，协助地方税务机关加强对车船税的征收管理。所谓车船管理部门，是指公安、交通、农业、渔业、军事等依法具有车船管理职能的部门。

利用行政事业单位资产清查资料做好车船税税源管理问题。2006 年年底，财政部部署了全国行政事业单位资产清查工作，要求以 2006 年 12 月 31 日为基准日，对包括车船在内的国有资产进行摸底调查，并将清查结果逐级汇总上报。各地地方税务机关要做好行政事业单位车船税税源的摸底工作，要主动与当地财政部门联系，充分利用财政部门开展行政事业单位资产清查获得的车船信息资料。收集行政事业单位车船的基础信息，内容包括：单位名称、组织机构代码或税务登记号码、联系地址、车船的牌照号、车船类别、载客汽车排气量等。各地地方税务机关要根据这些信息，进一步摸清这些车船的其他涉税信息，如载客汽车的核定载客人数，载货汽车、三轮汽车和低速货车的自重、船舶的净吨位等，并将上述信息录入车船税税源数据库。各地财政部门要积极配合地方税务机关的工作，根据双方协商确定的时间和方式，及时、准确地提供行政事业单位的车船信息。

练习与思考

一、概念题

1. 车船税

二、思考题

1. 车船税的征收范围是什么？
2. 车船税的税目有哪些？
3. 车船税的计税依据如何确定？
4. 车船税的征收管理有哪些规定？

三、案例题

案例 1：某运输企业拥有大型客车 20 辆，中型客车 30 辆，微型客车 20 辆。该企业所在省人民政府规定大型客车、中型客车和微型客车的车船税税额分别为 550 元/辆、450 元/辆和 200 元/辆。

要求：计算该企业全年应缴纳的车船税税额。

参考答案：

该企业全年应缴纳的车船税税额 $= 550 \times 20 + 450 \times 30 + 200 \times 20 = 28\ 500$（元）

案例 2：某航运企业拥有机动船 50 艘，其中净吨位为 600 吨的 20 艘，净吨位为 2 500 吨的 30 艘。该企业所在省人民政府规定净吨位 600 吨的单位税额为 4 元/吨，净吨位 2 500吨的单位税额为 5 元/吨。

要求：计算该企业全年应缴纳的车船税税额。

参考答案：

该企业全年应缴纳的车船税税额 $=20\times600\times4+30\times2\ 500\times5=423\ 000$（元）

案例3：某远洋海运公司专门从事海上货运业务，注册资本1 000万元，2007年度取得运输收入6 423 761.58元。该公司固定资产账上有货船两艘，净吨位分别为2 000吨和3 500吨；另有捕捞、养殖渔船三艘，净吨位均为每艘1 500吨。已知该公司所在省政府规定的机动船净吨位的单位税额为每吨6元。

要求：

（1）计算该公司应缴纳的车船税。

（2）说明该公司适用的税收优惠政策有哪些。

参考答案：

（1）计算该公司应缴纳的车船税：

应纳车船税税额 $=2\ 000\times6+3\ 500\times6=33\ 000$（元）

（2）该公司适用的税收优惠政策有：公司拥有的捕捞、养殖渔船，免征车船税。

第四篇　资本税类

本篇是税收的实务篇，主要讲述资本税类税种的具体规定，其中主要包括车辆购置税和契税。通过学习，要求读者了解不同税种的税收规定，掌握最新最全的税收政策。

第十三章　车辆购置税

第一节　车辆购置税概述

一、车辆购置税概念

车辆购置税，是指以在中国境内购置规定的车辆为征税对象，向车辆购置者征收的一种税。就其性质而言，属于直接税的范畴。

我国自2001年1月1日开征车辆购置税，是在原交通部门收取的车辆购置附加费的基础上，通过“费改税”方式演变而来的。车辆购置附加费改为车辆购置税，是我国整个税费改革的重要组成部分，是进一步深化和完善财税体制改革的重要内容。

二、车辆购置税的特点

车辆购置税除具有税收的共同特点外，还具有自身的特点：

（一）征收范围单一

车辆购置税作为一种财产税，只是以购置的特定车辆为征税对象，而不是对所有的财产征税，范围窄。

（二）征收环节单一

车辆购置税实行一次课征制，只是在车辆退出流通进入消费领域的特定环节征收，而不是在生产、经营和消费的每一环节实行道道征收。

（三）税率单一

车辆购置税只有一个统一的比例税率，税率具有不随征税对象数额变动而变动的特点，计算征收简便、负担稳定、有利于依法治税。

（四）征收方法单一

车辆购置税根据应税车辆的计税价格实行从价计征，税额与价值有直接关系，价值高者多征，价值低者少征。

（五）价外征收

车辆购置税的计税依据中不包含车辆购置税税额，车辆购置税税额是附加在价格之外的，且纳税人即为负税人，税负不发生转嫁。

三、车辆购置税的发展演变

我国车辆购置税的前身是车辆购置附加费。车辆购置附加费是于1985年5月1日经国务院批准，在全国范围内开征的。车辆购置附加费是专项用于国家公路建设的政府性基金，是交通基础设施建设的重要资金来源，它的征收对于解决我国公路建设资金严重不足的问题和推动我国公路建设的高速发展发挥了重要作用。但是，车辆购置附加费在征收管理中仍然存在着许多问题。例如，一些地方政府越权和重复设立收费项目，收费过多过滥；收费养人，养人收费的现象普遍存在，征收成本不断增加；资金管理不规范，使用缺乏监督，坐支挪用等问题时有发生。

在这种情况下，国务院于2000年10月22日颁布了《中华人民共和国车辆购置税暂行条例》，并于2001年1月1日起施行。车辆购置附加费同时废止。

四、车辆购置税的作用

开征车辆购置税，有利于进一步规范政府行为，遏制各种乱收费，从根本上减轻企事业单位和人民群众的负担，合理筹集基础建设资金，促进国民经济持续、快速、健康发展。具体来说，开征车辆购置税有以下几方面的作用：

（一）规范征收管理

开征车辆购置税来代替车辆购置附加费，以费改税，有利于理顺税费关系，进一步完善税收制度，实现税制结构的不断优化，这样可以规范政府行为，遏制乱收费。同时《车辆购置税暂行条例》规定了统一的税率和计税方法，这样可以避免政出多门，防止各级地方政府层层加码，减轻各行各业购车者的负担。

（二）筹集交通事业建设资金

车辆购置税是在消费（使用）环节征收的，具有经常税的特点，只要纳税人发生了购置、使用应税车辆的行为就得纳税，税收收入具有相对的稳定性和可靠性。因此，车辆购置税有利于交通基础设施建设和维护资金的依法足额筹集，从而促进基础设施建设事业的健康发展。同时，车辆购置税属于中央级收入，有利于国家统筹发展交通事业。

（三）调节收入差距

车辆购置税在消费环节对消费应税车辆的使用者征收，很好地体现兼顾公平原则和纳税能力原则，具有较高消费能力的人比一般消费能力的人多负税，达到对过高的消费支出进行调节的目的。

（四）促进经济健康发展

首先，车辆购置税对同一征税对象的应税车辆不论来源渠道如何，都按同一比例税率征收，因此，它可以平衡进口车辆与国产车辆的税收负担，体现国民待遇原则。

其次，车辆购置税在车辆上牌使用时征收，具有源泉控制的特点，它可以在配合打击走私、惩治犯罪等方面发挥积极的作用。

最后，车辆购置税有利于车辆生产、流通和消费等各个领域在同一起跑线上开展竞争，促进经济健康发展。

案例分析

【例】根据我国现行车辆购置税的性质和规定，下列说法中，正确的是（　　）。

A. 车辆购置税就其性质而言，属于间接税
B. 车辆购置税的税负具有转嫁性
C. 车辆购置税的征收环节单一
D. 车辆购置税针对国产和进口车辆实行不同的税率

参考答案：C。

第二节　车辆购置税征税范围

车辆购置税的征税范围是列举的应税车辆，包括汽车、摩托车、电车、挂车、农用运输车五类。

第一类：汽车。是指各类汽车。

第二类：摩托车。包括：轻便摩托车：最高设计时速不大于50km/h，发动机汽缸总排量不大于50cm^3的两个或者三个车轮的机动车；二轮摩托车：最高设计车速大于50km/h，或者发动机汽缸总排量大于50cm^3的两个车轮的机动车；三轮摩托车：最高设计车速大于50km/h，或者发动机汽缸总排量大于50cm^3，空车重量不大于400kg的三个车轮的机动车。

第三类：电车。包括：无轨电车：以电能为动力，由专用输电电缆线供电的轮式公共车辆；有轨电车：以电能为动力，在轨道上行驶的公共车辆。

第四类：挂车。包括：全挂车：无动力设备，独立承载，由牵引车辆牵引行驶的车辆；半挂车：无动力设备，与牵引车辆共同承载，由牵引车辆牵引行驶的车辆。

第五类：农用运输车。包括：三轮农用运输车：柴油发动机，功率不大于7.4KW，载重量不大于500kg，最高车速不大于40km/h的三个车轮的机动车；四轮农用运输车：柴油发动机，功率不大于28KW，载重量不大于1500kg，最高车速不大于50km/h的四个车轮的机动车。

车辆购置税征税范围的调整，由国务院决定，其他任何部门、单位和个人只能认真执行政策规定，无权擅自扩大或缩小车辆购置税的征税范围。

第三节　车辆购置税纳税人

在中华人民共和国境内购置应税车辆的单位和个人，均为车辆购置税的纳税人。在中华人民共和国境内，是指应税车辆的购置地在中华人民共和国关境内。

所谓购置，包括购买使用行为、进口使用行为、受赠使用行为、自产自用行为、获奖使用行为或者以其他方式取得并自用应税车辆的行为。所谓单位，包括国有企业、集体企业、私营企业、股份制企业、外商投资企业、外国企业、其他企业和事业单位、社会团体、国家机关、部队以及其他单位。所谓个人，包括个体工商户以及其他个人，包括中华人民共和国公民和外国公民。

第四节　车辆购置税税率

车辆购置税实行统一比例税率，税率为10%。

政策解析

为扩大内需，促进汽车产业发展，经国务院批准，对2009年1月20日至12月31日期间购置的排气量在1.6升及以下的小排量乘用车，暂减按5%的税率征收车辆购置税。所谓乘用车，是指在设计和技术特性上主要用于载运乘客及其随身行李和（或）临时物品、含驾驶员座位在内最多不超过9个座位的汽车。具体包括：

（1）国产轿车："中华人民共和国机动车整车出厂合格证"（以下简称合格证）中"车辆型号"项的车辆类型代号为"7"，"排量和功率（ml/KW）"项中排量不超过1 600ml。

（2）国产客车：合格证中"车辆型号"项的车辆类型代号为"6"，"排量和功率（ml/kw）"项中排量不超过1 600ml，"额定载客（人）"项不超过9人。

（3）国产越野汽车：合格证中"车辆型号"项的车辆类型代号为"2"，"排量和功率（ml/kw）"项中排量不超过1 600ml，"额定载客（人）"项不超过9人，"额定载质量（kg）"项小于额定载客人数和65kg的乘积。

（4）国产专用车：合格证中"车辆型号"项的车辆类型代号为"5"，"排量和功率（ml/kw）"项中排量不超过1 600ml，"额定载客（人）"项不超过9人，"额定载质量（kg）"项小于额定载客人数和65kg的乘积。

（5）进口乘用车：参照国产同类车型技术参数认定。

第五节 车辆购置税税收优惠

外国驻华使馆、领事馆和国际组织驻华机构及其外交人员自用的车辆，免征车辆购置税。

中国人民解放军和中国人民武装警察部队列入军队武器装备订货计划的车辆，免征车辆购置税。

设有固定装置的非运输车辆，免征车辆购置税。

防汛部门和森林消防等部门购置的由指定厂家生产的指定型号的用于指挥、检查、调度、报汛（警）、联络的专用车辆，免征车辆购置税。

回国服务的留学人员用现汇购买1辆个人自用国产小汽车，免征车辆购置税。

长期来华定居专家进口1辆自用小汽车，免征车辆购置税。

对三轮农用运输车，免征车辆购置税。三轮农用运输车是指柴油发动机，功率不大于7.4KW，载重量不大于500kg，最高车速不大于40km/h的三个车轮的机动车。

对专项用于抗震救灾和灾后恢复重建、能够提供由县级以上（含县级）人民政府或其授权单位出具的抗震救灾证明的新购特种车辆，免征车辆购置税。符合免税条件但已经征税的特种车辆，退还已征税款。新购特种车辆是指2008年5月12日以后（含5月12日）购买的警车、消防车、救护车、工程救险车，且车辆的所有者是受灾地区单位或个人。

政策解析

免税车辆因转让、改变用途等原因不再属于免税范围的，应按照《中华人民共和国车辆购置税暂行条例》（国务院令第294号）第十五条的规定补缴车辆购置税。

第六节 车辆购置税应纳税额的计算

一、计税依据

车辆购置税以应税车辆为征税对象，实行从价定率、价外征收的方法来计算应纳税额。应税车辆的价格即计税价格就成为车辆购置税的计税依据。但是，由于应税车辆购置的来源不同，应税行为的发生不同，计税价格的组成也就不一样。因此，车辆购置税计税依据的构成也就不同。

（一）应税车辆全部价款

1. 纳税人购买自用应税车辆，以纳税人支付给销售者的全部价款和价外费用（不包括增值税税款）为计税依据。

购买自用的应税车辆，包括购买自用的国产应税车辆和购买自用的进口应税车辆，如从国内汽车市场、汽车贸易公司购买自用的进口应税车辆等。价外费用，是指销售方价外向购买方收取的基金、集资费、返还利润、补贴、违约金（延期付款利息）和手续费、包装费、储存费、优质费、运输装卸费、保管费、代收款项、代垫款项以及其他性质的价外费用。

案例分析

【例】张某从某汽车4S店（一般纳税人）购买一台国产私家车，支付车款150 000元，同时支付手续费10 000元，包装费6 000元。则张某在计算缴纳车辆购置税时，应以所支付的全部价款和价外费用［（150 000＋10 000＋6 000）÷（1＋17%）］为计税依据。

由于纳税人购买自用的应税车辆是按不含增值税的计税价格征收车辆购置税的，因此，纳税人购车发票的价格未扣除增值税税款，或者因不得开具机动车辆销售统一发票（或开具其他普通发票）而发生价款与增值税税款合并收取的，在确定车辆购置税计税依据时，应将其换算为不含增值税的销售价格，其换算公式为：

计税价格＝含增值税的销售价格÷（1＋17%或3%）

案例分析

【例】E工程公司2008年6月19日开出转账支票一张，从汽车市场某汽车销售企业（一般纳税人）购入小汽车一辆，价款175 500元（含增值税）。则按照税法规定，纳税人购买自用的应税车辆的计税价格，为纳税人购买车辆而支付给销售者的全部价款和价外费用，不包括增值税税款。E工程公司实际支付的含增值税的价款为175 500元，其车辆购置税计税价格及应纳税额计算如下：

车辆购置税计税价格＝175 500÷（1＋17%）＝150 000（元）

应纳车辆购置税 = 150 000 × 10% = 15 000（元）

政策解析

由于价外费用作为计税依据计算缴纳车辆购置税，纳税人应尽量不将价外费用并入计税价格。

案例分析

【例】准备买车的市民王某在某4S汽车经销店（增值税一般纳税人）相中了一辆本田2.4GLS自动豪华型轿车，价格为225 000元，同时，王某还相中了店内4 000元的专用工具和15 000元的汽车装饰。则王某有两种方案可以选择：

方案一：王某购车时，同时支付三项价款，合计金额244 000元，并由4S店开具《机动车销售统一发票》。则此时，购买者随车购买的工具件、零件、车辆装饰费等，应作为购车款的一部分或价外费用，并入计税价格征收车辆购置税。车辆购置税的计税价格为244 000元（225 000 + 4 000 + 15 000），缴纳车辆购置税20 854.70元［244 000 ÷ (1 + 17%) × 10%］。

方案二：王某购车时，单纯支付车款，在缴纳车辆购置税后再支付专用工具款4 000元、汽车装饰费15 000元。则此时，购买者随车购买的工具件、零件、车辆装饰费等与购车时间不同、销售方不同，不再作为购车款的一部分或价外费用，无须并入计税价格征收车辆购置税。车辆购置税的计税价格为225 000元，缴纳车辆购置税19 230.77元［225 000 ÷ (1 + 17%) × 10%］。

2. 纳税人进口自用的应税车辆，以组成计税价格为计税依据，其计算公式为：

计税价格 = 关税完税价格 + 关税 + 消费税

进口自用的应税车辆，是指纳税人直接从境外进口或委托代理进口自用的应税车辆，即非贸易方式进口自用的应税车辆。

关税完税价格，是指海关核定的关税计税价格。

关税，是指由海关课征的进口车辆的关税，其计算公式为：

应纳关税 = 关税完税价格 × 关税税率

消费税，是指进口车辆由海关代征的消费税，其计算公式为：

组成计税价格 = （关税完税价格 + 关税）÷（1 - 消费税税率）

应纳消费税 = 组成计税价格 × 消费税税率

进口自用应税车辆的计税价格，应根据纳税人提供的，经海关审查确认的有关完税证明资料确定。

案例分析

【例】2008年11月28日，李某进口一辆小轿车，到岸价格400 000元。进口轿车关税税率为50%，消费税税率为8%。那么，李某应缴纳的进口环节车辆购置税计算如下：

应纳关税 = 400 000 × 50% = 200 000（元）

应纳车辆购置税 = （400 000 + 200 000）÷（1 - 8%）× 10% = 65 217.39（元）

（二）核定计税价格

1. 纳税人自产、受赠、获奖或者以其他方式取得并自用的应税车辆的计税价格，按购置该型号车辆的价格确认；不能取得购置价格的，由主管税务机关参照国家税务总局规定的相同类型应税车辆的最低计税价格核定。

【例】2008 年 10 月 5 日，王某购买体彩中奖获得小汽车一辆，国家税务总局确定同类型应税车辆最低计税价格为 25 万元。则王某应以国家税务总局确定的同类型应税车辆最低计税价格为计算依据，计算缴纳车辆购置税。

应纳车辆购置税 = 250 000 × 10% = 25 000（元）

2. 购买自用或者进口自用车辆，纳税人申报的计税价格低于同类型应税车辆的最低计税价格，又无正当理由的，计税依据为最低计税价格。

申报的计税价格低于同类型应税车辆的最低计税价格，又无正当理由，是指纳税人申报的车辆计税价格低于出厂价格或进口自用车辆的计税价格。最低计税价格，是指国家税务总局依据车辆生产企业提供的车辆价格信息并参照市场平均交易价格，规定不同类型应税车辆的最低计税价格。

政策解析

车辆购置税最低计税价格不等于计税价格。如果实际购车价格高于最低计税价格，车辆购置税应按发票票面价格来计算；如果实际购车价格等于或低于最低计税价格，车辆购置税应按最低计税价格计算。

案例分析

【例 1】按照现行车辆购置税的有关规定，对下列车辆按照应税车辆最低计税价格征收车辆购置税的有（　　）。

A. 企业从国外进口自用的车辆

B. 减税、免税条件消失的车辆

C. 受赠、获奖方式下取得已确认购置价格的应税车辆

D. 非贸易渠道进口车辆

参考答案：B、D。

【例 2】某车型的最低计税价格是 19 万元，消费者分别以 22 万元、19 万元、17 万元购置车辆。如果消费者以 22 万元购买这款车，应以 22 万元为基数，在扣除 17% 或 3% 的增值税后，剩余部分再缴纳 10% 的车辆购置税；如果消费者以 19 万元或者 17 万元购买这款车，由于实际购车价格等于或低于最低计税价格，车辆购置税应按 19 万元最低计税价格来计算，也就是以 19 万元为基数，在扣除 17% 或 3% 的增值税后，再计算缴纳 10% 或 5% 的车辆购置税。

（三）特殊规定的计税依据

1. 已登记注册的应税车辆，其底盘和发动机同时发生更换，计税依据为最新核发的同类型车辆最低计税价格的 70%。

2. 免税、减税条件消失的车辆，其最低计税价格的确定方法为：

最低计税价格 = 同类型新车最低计税价格 × ［1 －（已使用年限 ÷ 规定使用年限）］ ×100%

政策解析

第一，规定使用年限：国产车辆按10年计算；进口车辆按15年计算。

第二，超过规定使用年限的车辆，不再征收车辆购置税。

3. 非贸易渠道进口车辆的最低计税价格，为同类型新车最低计税价格。

4. 对于国家税务总局未核定计税价格的车辆，计税依据为已核定的同类型车辆最低计税价格。同类型车辆是指同国别、同排量、同车长、同吨位、配置近似的车辆。

5. 进口旧车、因不可抗力因素导致受损的车辆、库存超过3年的车辆、行使8万公里以上的试验车辆、国家税务总局规定的其他车辆，计税依据为纳税人提供的《机动车销售统一发票》或有效凭证注明的计税价格和有效证明。

案例分析

【例】已登记注册的应税车辆，其底盘和发动机同时发生更换，其最低计税价格按同类型新车最低计税价格的（　　）计算。

A. 75%　　B. 70%

C. 80%　　D. 60%

参考答案：B。

二、应纳税额的计算

车辆购置税实行从价定率的办法计算应纳税额，应纳税额的计算公式为：

应纳税额＝计税价格×税率

由于应税车辆购置来源、应税行为发生以及计税价格的组成不同，因此，车辆购置税应纳税额的计算方法也有区别。

第七节　车辆购置税申报缴纳

一、纳税环节

车辆购置税对应税车辆的购置行为课征，征税环节选择在最终消费环节，即在应税车辆上牌登记注册前的使用环节征收。

车辆购置税选择单一环节，实行一次课征制度。购置已征车辆购置税的车辆，不再征收车辆购置税。减、免税条件消失的车辆，应按规定缴纳车辆购置税。

二、纳税期限

购买自用应税车辆的，应当自购买之日起60日内申报纳税。

进口自用应税车辆的，应当自进口之日起60日内申报纳税。

自产、受赠、获奖或者以其他方式取得并自用应税车辆的，应当自取得之日起60日内申报纳税。

所说的购买之日，是指纳税人购车发票上注明的销售日期。进口之日是指纳税人报关进口的当天。车辆购置税税款于纳税人办理纳税申报时一次缴清。

三、纳税地点

购置应税车辆，应当向车辆登记注册地（即车辆上牌落籍地）的主管税务机关申报纳税。

购置不需要办理车辆登记注册手续的应税车辆，应当向纳税人所在地的主管税务机关申报纳税。

军队、武警的车辆的登记注册地为军队、武警车辆管理部门所在地；部分农用运输车辆的登记注册地为地、市或县农机车管部门所在地；摩托车的登记注册地为县（市）公安车管部门所在地；上述车辆以外的各种应税车辆的登记注册地为市或地、市以上公安车管部门所在地。

四、纳税申报要求

车辆购置税实行一车一申报制度。纳税人办理纳税申报时应如实填写《车辆购置税纳税申报表》，同时提供车主身份证明、车辆价格证明、车辆合格证明和发动机、车架号码（车辆识别码）拓印件等资料的原件和复印件，原件经车购办审核后退还纳税人，复印件和《机动车销售统一发票》的报税联由车购办留存。

为了进一步加强机动车辆税收征收管理，适应使用税控器具开具发票的需要，从2006年8月1日起，统一使用新版《机动车销售统一发票》。其中，机动车发票的有关内容及含义是："价税合计"指含税（含增值税）车价；"增值税税率或征收率"指税收法律、法规规定的增值税税率或征收率；"增值税税额"指按照增值税税率或征收率计算出的税额，供按规定符合进项抵扣条件的增值税一般纳税人抵扣税款时使用；"不含税价"指不含增值税的车价，供税务机关计算进项抵扣税额和车辆购置税时使用，保留2位小数。增值税税额和不含税价计算公式为：

增值税税额 = 价税合计 - 不含税价

不含税价 = 价税合计 ÷ （1 + 增值税税率或征收率）

案例分析

【例】中国公民李某欲购买一辆农用车，市场价7.5万元。李某既可以到某小规模纳税人的车辆经销商处购买，也可以到某一般纳税人的车辆经销商处购买。李某应缴纳的车辆购置税计算如下：

方案一：从某小规模纳税人的车辆经销商处购买

应纳车辆购置税 = ［75 000 ÷ （1 + 4%）］ × 10% = 7 211.54（元）

方案二：从某一般纳税人的车辆经地销商处购买

应纳车辆购置税 = ［75 000 ÷ （1 + 17%）］ × 10% = 6 410.26（元）

五、缴税方法

车辆购置税的税款缴纳方法有以下几种：

1. 自行核缴。即由纳税人自行计算应纳税额，自行填报纳税申报表，向主管税务机关申报，经税务机关审核后开具完税证明，由纳税人持完税证明向当地金库或金库经收处缴纳税款。

2. 集中征收缴纳。包括两种情况：一是由纳税人集中向税务机关统一申报纳税。它适用于实行集中购置应税车辆的单位和经批准实行代理制的经销商。二是由税务机关集中报缴税款。它适用于税源分散、税额较少、税务部门实行集中征收管理的地区。

3. 代扣、代收、代征。即扣缴义务人按税法规定代扣代缴、代收代缴税款，税务机关委托征收单位代征税款。

六、退税管理

（一）退税条件

已缴纳车辆购置税的车辆，发生下列情形之一的，纳税人准予到车购办申请退税：

1. 因质量原因，车辆被退回生产企业或者经销商的；

2. 应当办理车辆登记注册的车辆，公安机关车辆管理机构不予办理车辆登记注册的。

（二）退税额的确定

因质量原因，车辆被退回生产企业或者经销商的车辆，按纳税人办理纳税申报之日起已纳税款每满一年扣减10%计算退税额；未满一年的，按已纳税款全额退税。

公安机关车辆管理机构不予办理车辆登记注册的车辆，按已纳税款全额退税。

（三）退税程序

纳税人在车购办申请办理退税手续时，应如实填写《车辆购置税退税申请表》，并提供生产企业或经销商开具的退车证明和退车发票以及完税证明的正本和副本、公安机关车辆管理机构出具的注销车辆号牌证明。

 **案例分析**

【例】根据车辆购置税的征管规定，下列说法正确的是（　　）。

A. 纳税人购置应税车辆，向购买车辆所在地的税务机关申报纳税

B. 纳税人购置应税车辆，向车辆登记注册地的税务机关申报纳税

C. 纳税人购置应税车辆，自购买之日起50日内申报纳税

D. 纳税人进口应税车辆，自进口之日起90日内申报纳税

参考答案：B。

练习与思考

一、概念题

1. 车辆购置税　　2. 应税车辆

3. 价外费用　　4. 最低计税价格

二、思考题

1. 车辆购置税的作用有哪些？

2. 车辆购置税的征收范围是什么？

3. 纳税人购买自用应税车辆的计税依据如何确定？

4. 纳税人进口自用应税车辆的计税依据如何确定？

5. 纳税人以自产、受赠、获奖等方式取得并自用应税车辆的计税依据如何确定？

6. 车辆购置税的纳税地点和纳税期限是什么？

三、案例题

案例1：购买自用应税车辆应纳税额的计算

张三2009年4月从某汽车公司（一般纳税人）购买了一辆排气量为1升的小排量轿车供自己使用，支付含增值税的车价款200 000元，另支付代收临时牌照费200元，代收保险费800元，支付购买零配件价款5 000元。支付的上述款项均开具了该汽车公司的有关票据。

要求：计算张三应缴纳的车辆购置税。

参考答案：

（1）计税价格 =（200 000 + 200 + 800 + 5 000）÷（1 + 17%）= 176 068.38（元）

（2）应缴纳的车辆购置税 = 176 068.38 × 5% = 8 803.42（元）

案例2：进口自用应税车辆应纳税额的计算

某外贸进口公司2009年3月进口5辆小轿车，这批小汽车经海关确定的关税完税价格为每辆250 000元，海关按规定对每辆小汽车征收了关税280 000元，并代征了每辆小汽车的进口消费税26 500元和增值税94 605元。由于业务需要，该公司将一辆小轿车留作自用。

要求：计算应缴纳的车辆购置税。

参考答案：

（1）计税价格 =（25 000 + 280 000 + 26 500）= 556 500（元）

（2）应缴纳的车辆购置税 = 556 500 × 10% = 55 650（元）

案例三：其他自用应税车辆应纳税额的计算

李四在某单位举办的有奖销售活动中，中奖获得一辆小轿车，举办单位开具的销售发票上注明的金额为98 000元。经审核，国家税务总局对该车同类型车辆核定的最低计税价格为100 000元。

要求：计算李四应缴纳的车辆购置税。

参考答案：

应纳车辆购置税 = 最低计税价格 × 税率 = 100 000 × 10% = 10 000（元）

第十四章　契税

第一节　契税概述

一、契税的概念和发展历程

契税，是指以在中华人民共和国境内转移土地、房屋所有权权属为征税对象，向产权承受人征收的一种财产税。

契税过去又称田房契税，起源于东晋的古税，至今已有1600多年的历史，以后历代均有征收。旧中国国民党统治时期不仅征收契税，而且征收苛重的附加和验税、注册等杂费。新中国成立后，中央人民政府政务院于1950年6月颁布了《契税暂行条例》，对旧的契税制度进行了根本的改革，取消了契税附加和验税、注册等杂费，降低了税率，明确了契税保障人民土地、房屋的宗旨。1954年6月，财政部对《契税暂行条例》进行了修改。修改的主要内容是：对公有制单位买卖、典当、承受赠与和交换土地、房屋的行为，免征契税。此后各地都是依据修改后的条例规定征收契税，条例沿用了40多年，已不能适应经济发展的要求。因此，1997年7月7日国务院重新制定并颁布了新的《中华人民共和国契税暂行条例》，并于1997年10月1日开始施行。

二、契税的特点

（一）财产转移税

契税以权属发生转移的土地和房屋作为征税对象，具有对财产转移课税的性质。

（二）财产承受人纳税

一般税种在税制中都是确定销售者为纳税人，即卖方纳税。契税对买方征税的主要目的，在于承认不动产转移生效，承受人纳税以后，便可以拥有转移过来的不动产的产权或使用权，体现了法律保护纳税人的合法权益。

三、契税的作用

（一）保护合法产权，避免产权纠纷

不动产所有权或使用权的转移，涉及转让者和承受者双方的利益。契税规定对承受人征税，一方面是对承受人财富的调节，另一方面有利于通过法律形式确定产权关系，维护公民的合法权利。

（二）增加地方财政收入

契税按财产转移价值征税，税源较为充足，可以为地方政府增加一部分财政收入。随着市场经济的发展和房地产交易的日趋活跃，契税的财政作用将日益明显。

第二节 契税征税范围

契税的征税范围，是在我国境内转移土地、房屋权属。所谓土地、房屋权属，是指土地使用权、房屋所有权。具体征税范围包括以下内容：

（一）国有土地使用权出让

所谓国有土地使用权出让，是指土地使用者向国家交付土地使用权出让费用，国家将国有土地使用权在一定年限内让与土地使用者的行为。

（二）土地使用权转让

所谓土地使用权转让，是指土地使用者以出售、赠与、交换或者其他方式将土地使用权转移给其他单位和个人的行为。土地使用权出售，是指土地使用者以土地使用权作为交易条件，取得货币、实物、无形资产或者其他经济利益的行为。土地使用权赠与，是指土地使用者将其土地使用权无偿转让给受赠者的行为。土地使用权交换，是指土地使用者之间相互交换土地使用权的行为。

土地使用权转让，不包括农村集体土地承包经营权的转移。

（三）房屋买卖

所谓房屋买卖，是指房屋所有者将其房屋所有权出售，由承受者交付货币、实物、无形资产或者其他经济利益的行为。以下几种特殊情况，视同买卖房屋：

1. 以房产抵债或实物交换房屋。经当地政府和有关部门批准，以房抵债和实物交换房屋，均视同房屋买卖，应由产权承受人，按房屋现值缴纳契税。

2. 以房产作投资或作股权转让。这种交易业务属房屋产权转移，应根据国家房地产管理的有关规定，办理房屋产权交易和产权变更登记手续，视同房屋买卖，由产权承受方按契税税率计算缴纳契税。

政策解析

以自有房产作股投入本人独资经营企业，免纳契税。因为以自有的房地产投入本人独资经营的企业，产权所有人和使用权使用人未发生变化，不需办理房产变更手续，也不办理契税手续。

3. 买房拆料或翻建新房，应照章征收契税

（四）房屋赠与

所谓房屋赠与，是指房屋所有者将其房屋所有权无偿转让给受赠者的行为。其中，将自己的房屋无偿转交给其他的法人和自然人，称作房屋赠与人；无偿接受他人房屋的法人和自然人，称为受赠人。房屋赠与的前提必须是产权无纠纷，赠与人和受赠人双方自愿。

（五）房屋交换

所谓房屋交换，是指房屋所有者之间相互交换房屋的行为。

（六）视同土地使用权转让、房屋买卖或者房屋赠与

土地、房屋权属以下列方式转移的，视同土地使用权转让、房屋买卖或者房屋赠与：

1. 以土地、房屋权属作价投资、入股。
2. 以土地、房屋权属抵债。
3. 以获奖方式承受土地、房屋权属。
4. 以预购方式或者预付集资建房款方式承受土地、房屋权属。

案例分析

【例 1】下列行为中不属于土地房屋权属转让的有（ ）。

A. 房屋赠与 B. 房屋出租

C. 土地使用权交换 D. 土地使用权赠与

参考答案：B。

【例 2】契税的征税对象包括（ ）。

A. 国有土地使用权出让　　B. 国有土地使用权转让

C. 房屋买卖　　D. 房屋交换

参考答案：A、B、C、D。

（七）承受国有土地使用权支付的土地出让金

对承受国有土地使用权所应支付的土地出让金，要计征契税，不得因减免土地出让金而减免契税。

政策解析

第一，纳税人通过与房屋开发商签订“双包代建”合同，由开发商承办规划许可证、准建证、土地使用证等手续，并由委托方按地价与房价之和向开发商付款的方式取得房屋所有权，实质上是一种以预付款方式购买商品房的行为，应照章征收契税。

第二，按照《中华人民共和国继承法》规定的法定继承人（包括配偶、子女、父母、兄弟姐妹、祖父母、外祖父母）继承土地、房屋权属，不征收契税；非法定继承人根据遗嘱承受死者生前的土地、房屋权属，属于赠与行为，应照章征收契税。

第三，对于承受与房屋相关的附属设施（包括停车位、汽车库、顶层楼阁以及储藏室）所有权或土地使用权的行为，按照契税法律、法规的规定征收契税；对于不涉及土地使用权和房屋所有权转移的，不征收契税。

第三节 契税纳税人

契税的纳税义务人，是指在我国境内转移土地、房屋权属承受的单位和个人。

所谓承受，是指以受让、购买、受赠、交换等方式取得土地、房屋权属的行为。所谓单位，是指企业单位、事业单位、国家机关、军事单位和社会团体以及其他组织。所谓个人，是指个体经营者及其他个人。

案例分析

【例】下列属于契税纳税人的有（ ）。

A. 出让土地使用权的国土局　　B. 承受土地房屋用于教学操场建设的学校
C. 将土地使用权转让的某房地产公司　　D. 购买花园别墅的用户
参考答案：D。

第四节　契税税率

契税实行3%—5%的幅度税率。

契税的适用税率，由省、自治区、直辖市人民政府根据其经济发展的实际情况，在规定的3%—5%的税率幅度内确定，并报财政部和国家税务总局备案。

第五节　契税税收优惠

一、机关团体、事业单位、军事单位的优惠

1. 国家机关、事业单位、社会团体、军事单位承受土地、房屋用于办公、教学、医疗、科研和军事设施的，免征契税。

所谓用于办公的，是指办公室（楼）以及其他直接用于办公的土地、房屋。用于教学的，是指教室（教学楼）以及其他直接用于教学的土地、房屋。用于医疗的，是指门诊部以及其他直接用于医疗的土地、房屋。用于科研的，是指科学试验的场所以及其他直接用于科研的土地、房屋。用于军事设施的，是指地上和地下的军事指挥作战工程；军用的机场、港口、码头；军用的库房、营区、训练场、试验场；军用的通信、导航、观测台站；其他直接用于军事设施的土地、房屋。其他直接用于办公、教学、医疗、科研以及军事设施的土地、房屋的具体范围，由省、自治区、直辖市人民政府确定。

案例分析

【例】2007年，某市国家机关承受一幢楼房用于办公，购入时享受免征契税优惠政策。2008年，该机关将楼房的部分房产出售给某外贸公司，则其应补缴出售部分房产的减免契税税额。

政策解析

事业单位承受土地、房屋免征契税应同时符合两个条件：一是纳税人必须是按《事业单位财务规则》进行财务核算的事业单位；二是所承受的土地、房屋必须用于办公、教学、医疗、科研项目。凡不符合上述两个条件的，一律照章征收契税。

2. 对县级以上人民政府教育行政主管部门或劳动行政主管部门审批并颁发办学许可证，由企业事业组织、社会团体及其他社会和公民个人利用非国家财政性教育经费面向社会举办的学校及教育机构，其承受的土地、房屋权属用于教学的，免征契税。

3. 对监狱管理部门承受土地、房屋直接用于监狱建设的，视同国家机关的办公用房建设，免征契税。

4. 为配合国务院、中央军委决策的顺利实施，免征军建离退休干部住房及附属用房移交地方政府管理所涉及的契税。

5. 对军队、武警部队和政法机关所办企业脱钩移交过程中涉及的契税，予以免征。

6. 依照我国有关法律以及我国缔结或参加的双边和多边条约或协定的规定应当予以免税的外国驻华使馆、领事馆，联合国驻华机构及其外交代表，领事官员和其他外交人员承受土地、房屋权属的，经外交部确认，可以免征契税。

7. 对社会保险费（基本养老保险、基本医疗保险、失业保险）征收机构承受用以抵缴社会保险费的土地、房屋权属免征契税。

二、购买住房的优惠

1. 城镇职工按规定第一次购买公有住房，免征契税。所谓城镇职工按规定第一次购买公有住房，是指经县以上人民政府批准，在国家规定标准面积以内购买的公有住房。城镇职工享受免征契税，仅限于第一次购买的公有住房。超过国家规定标准面积的部分，仍应按照规定缴纳契税。

2. 从 2000 年 11 月 29 日起，对各类公有制单位为解决职工住房而采取集资建房方式建成的普通住房或由单位购买的普通商品住房，经当地县以上人民政府房改部门批准，按照国家房改政策出售给本单位职工的，如属职工首次购买住房，均比照“城镇职工按规定第一次购买公有住房的，免征契税”的规定，免征契税。

政策解析

第一，自 2008 年 11 月 1 日起对个人首次购买 90 平方米以下普通住房的，契税税率暂统一下调到 1%。

第二，房屋使用权的转移行为不属于契税征收范围，不应征收契税。

3. 为了进一步明确与国有土地使用权出让相关的契税政策，推动公有住房上市的进程，对已购公有住房经补缴土地出让金和其他出让费用成为完全产权住房的，免征土地权属转移的契税。

4. 因不可抗力灭失住房而重新购买住房的，酌情减免契税。所谓不可抗力，是指自然灾害、战争等不能预见、不能避免，并不能克服的客观情况。

5. 土地、房屋被县级以上人民政府征用、占用后，重新承受土地、房屋权属的，是否减征或者免征契税，由省、自治区、直辖市人民政府确定。

6. 对拆迁居民因拆迁重新购置住房的，对购房成交价格中相当于拆迁补偿款的部分免征契税，成交价格超过拆迁补偿款的，对超过部分征收契税。

7. 自 2008 年 3 月 1 日起，对个人购买经济适用住房，在法定税率基础上减半征收契税。对廉租住房经营管理单位购买住房作为廉租住房、经济适用住房经营管理单位回购经济适用住房继续作为经济适用住房房源的，免征契税。

8. 根据我国婚姻法的规定，夫妻共有房屋属共同共有财产。因夫妻财产分割而将原共有房屋产权归属一方，是房产共有权的变动而不是现行契税政策规定征税的房屋产权转移行为。因此，对离婚后原共有房屋产权的归属人不征收契税。

9.《中华人民共和国继承法》规定的法定继承人继承土地、房屋权属，不征契税。

非法定继承人根据遗嘱承受死者生前的土地、房屋权属，属于赠与行为，征收契税。

10. 对三峡库区移民买房，是否减征或者免征应纳契税，由各省、自治区、直辖市人民政府确定。

11. 因地震灾害灭失住房而重新购买住房的，准予减征或者免征契税，具体的减免办法由受灾地区省级人民政府制定。

三、企业改制、重组的优惠

1. 2009 年 1 月 1 日至 2011 年 12 月 31 日，为了支持企业改革的逐步深化，加快建立现代企业制度，促进国民经济持续、健康发展，财政部、国家税务总局对企业改制重组中涉及的若干契税政策作了明确：

（1）企业公司制改造：首先，对于非公司制企业，按照《中华人民共和国公司法》的规定，整体改建为有限责任公司（含国有独资公司）或股份有限公司，或者有限责任公司整体改建为股份有限公司的，对改建后的公司承受原企业土地、房屋权属，免征契税。上述所谓整体改建是指不改变原企业的投资主体，并承继原企业权利、义务的行为。其次，非公司制国有独资企业或国有独资有限责任公司，以其部分资产与他人组建新公司，且该国有独资企业（公司）在新设公司中所占股份超过 50% 的，对新设公司承受该国有独资企业（公司）的土地、房屋权属，免征契税。最后，国有控股公司以部分资产投资组建新公司，且该国有控股公司占新公司股份 85% 以上的，对新公司承受该国有控股公司土地、房屋权属免征契税。上述所谓国有控股公司，是指国家出资额占有限责任公司资本总额 50% 以上，或国有股份占股份有限公司股本总额 50% 以上的国有控股公司。

（2）企业股权转让。在股权转让中，单位、个人承受企业股权，企业土地、房屋权属不发生转移，不征收契税。

（3）企业合并。两个或两个以上的企业，依据法律规定、合同约定，合并改建为一个企业，且原投资主体存续的，对其合并后的企业承受原合并各方的土地、房屋权属，免征契税。

（4）企业分立。所谓企业分立，仅指新设企业、派生企业与被分立企业投资主体完全相同的行为。企业依照法律规定、合同约定分设为两个或两个以上投资主体相同的企业，对派生方、新设方承受原企业土地、房屋权属，不征收契税。

（5）企业出售。国有、集体企业出售，被出售企业法人予以注销，并且买受人按照《劳动法》等国家有关法律法规政策妥善安置原企业全部职工，其中与原企业 30% 以上职工签订服务年限不少于三年的劳动用工合同的，对其承受所购企业的土地、房屋权属，减半征收契税；与原企业全部职工签订服务年限不少于三年的劳动用工合同的，免征契税。

（6）企业注销、破产。企业依照有关法律、法规的规定实施注销、破产后，债权人（包括注销、破产企业职工）承受注销、破产企业土地、房屋权属以抵偿债务的，免征契税；对非债权人承受注销、破产企业土地、房屋权属，凡按照《劳动法》等国家有关法律法规政策妥善安置原企业全部职工，其中与原企业 30% 以上职工签订服务年限不少于三年的劳动用工合同的，对其承受所购企业的土地、房屋权属，减半征收契税；与原企业全部职工签订服务年限不少于三年的劳动用工合同的，免征契税。

政策解析

妥善安置原企业职工，是指国有、集体企业买受人或关闭、破产企业的土地、房屋权属承受人，按照国家有关规定对原企业职工进行合理补偿，并与被安置职工签订服务年限不少于3年的劳动用工合同，以及按照劳动法落实相关政策。

（7）其他。经国务院批准实施债权转股权的企业，对债权转股权后新设立的公司承受原企业的土地、房屋权属，免征契税。政府主管部门对国有资产进行行政性调整和划转过程中发生的土地、房屋权属转移，不征收契税。企业改制重组过程中，同一投资主体内部所属企业之间土地、房屋权属的无偿划转，包括母公司与其全资子公司之间，同一公司所属全资子公司之间，同一自然人与其设立的个人独资企业、一人有限公司之间土地、房屋权属的无偿划转，不征收契税。

政策解析

所谓同一投资主体内部所属企业之间，是指母公司与其全资子公司之间、母公司所属的各个全资子公司之间的关系，以及同一自然人设立的个人独资企业之间、同一自然人设立的个人独资企业与一人有限责任公司之间的关系。

2. 为进一步落实《中华人民共和国保险法》有关综合性保险公司财、寿险业务分业经营的规定和国务院关于保险公司分业改革的指示精神，综合性保险公司及其子公司须将其所拥有的不动产划转到新设立的财产保险公司和人寿保险公司。由于上述这种不动产所有权转移过户过程中，并未发生有偿销售不动产行为，也不具备其他形式的交易性质，因此，对保险分业经营改革过程中，综合性保险公司及其子公司将其所拥有的不动产所有权划转过户到因分业而新设立的财产保险公司和人寿保险公司的行为，不征收契税。

3. 自《金融机构撤销条例》生效之日起，对被撤销的金融机构在清算过程中催收债权时，接收债务方土地使用权、房屋所有权所发生的权属转移，免征契税。享受税收优惠政策的主体是指经中国人民银行依法决定撤销的金融机构及其分设于各地的分支机构，包括被依法撤销的商业银行、信托投资公司、财务公司、金融租赁公司、城市信用社和农村信用社。除另有规定者外，被撤销的金融机构所属、附属企业，不享受被撤销金融机构的税收优惠政策。

4. 对于农村信用社在清理整顿过程中，接收农村合作基金会的房屋所有权、土地使用权等财产所发生的权属转移免征契税。

5. 为支持电信体制改革，推进电信行业健康协调发展，对中国电信集团公司收购CDMA网络资产和中国电信股份有限公司收购CDMA网络业务过程中涉及的土地、房屋权属转移的契税予以免征。

6. 2008年10月21日，国务院批准原中国农业银行整体改制为中国农业银行股份有限公司。在改制过程中，对中国农业银行股份有限公司承受原中国农业银行的土地、房屋权属，免征契税；对中国农业银行股份有限公司以国家作价出资方式承受原中国农业银行划拨用地，不征契税。

四、其他优惠

1. 以出让方式承受原改制企业划拨用地的，对承受人应征收契税。

2. 纳税人承受荒山、荒沟、荒丘、荒滩土地使用权，用于农、林、牧、渔业生产的，免征契税。

3. 对国家石油储备基地第一期项目建设过程中涉及的契税，予以免征。

4. 外国银行分行改制前拥有的房产产权，转让至改制后设立的外商独资银行（或其分行）时，免征契税。

5. 自 2006 年 7 月 1 日起，对青藏铁路公司及其所属单位承受土地、房屋权属用于办公及运输主业的，免征契税；对于因其他用途承受的土地、房屋权属，应照章征收契税。

6. 对经法院判决的无效产权转移行为不征收契税。法院判决撤销房屋所有权证后，已纳契税款应予退还。

第六节 契税应纳税额的计算

一、计税依据

国有土地使用权出让、土地使用权出售、房屋买卖，以成交价格为计税依据。

所谓成交价格，是指土地、房屋权属转移合同确定的价格，包括承受者应交付的货币、实物、无形资产或者其他经济利益。

土地、房屋权属转移合同确定的成交价格中包含的所有价款都属于计税依据范围。土地使用权出让、土地使用权转让、房屋买卖的成交价格中所包含的行政事业性收费，属于成交价格的组成部分，不应从中剔除，纳税人应按合同确定的成交价格全额计算缴纳契税。

政策解析

出让国有土地使用权的，其契税计税价格为承受人为取得该土地使用权而支付的全部经济利益。其中：(1) 以协议方式出让的，其契税计税价格为成交价格。成交价格包括土地出让金、土地补偿费、安置补助费、地上附着物和青苗补偿费、拆迁补偿费、市政建设配套费等承受者应支付的货币、实物、无形资产及其他经济利益。没有成交价格或者成交价格明显偏低的，征收机关可依次按下列两种方式确定计税价格：第一，评估价格。由政府批准设立的房地产评估机构根据相同地段、同类房地产进行综合评定，并经当地税务机关确认的价格；第二，土地基准地价。由县以上人民政府公示的土地基准地价。(2) 以竞价方式出让的，其契税计税价格，一般应确定为竞价的成交价格，土地出让金、市政建设配套费以及各种补偿费用应包括在内。

土地使用权赠与、房屋赠与，由征收机关参照土地使用权出售、房屋买卖的市场价格核定计税价格。

土地使用权交换、房屋交换，以所交换的土地使用权、房屋的价格差额为计税依据。交换价格不相等的，由多交付货币、实物、无形资产或者其他经济利益的一方缴纳税款；交换价格相等的，免征契税。土地使用权与房屋所有权之间相互交换，按照本条款征税。

案例分析

【例】2009年10月，某市公民甲购置二手房一套，房屋面积90平方米，价值80万元；公民乙购置二手房一套，房屋面积80平方米，价值70万元；当地契税税率为1.5%。则上述业务，甲、乙双方应各自计算缴纳契税。

甲应纳契税=80×1.5%=1.20（万元）

乙应纳契税=70×1.5%=1.05（万元）

若甲、乙两人互换住房，甲换到的房屋面积80平方米，价值70万元；乙换到的房屋面积90平方米，价值80万元，当地契税税率为1.5%。则上述业务，以所交换的土地使用权、房屋的价格差额为计税依据，由多交付货币、实物、无形资产或者其他经济利益的乙方缴纳税款，甲无须纳税。

乙应纳契税=（80-70）×1.5%=0.15（万元）

以划拨方式取得土地使用权的，经批准转让房地产时，应由房地产转让者补缴契税，其计税依据为补缴的土地使用权出让费用或者土地收益。

案例分析

【例】S厂将自有的房地产转让给H厂，成交价格1 000万元。随同房屋一并转让的土地使用权是政府无偿划拨给S厂使用的，因其房地产已转让，S厂补交了土地出让金120万元。该省规定契税税率为4%。则上述业务，两厂均应计算缴纳契税。

S厂应纳契税=120×4%=4.8（万元）

H厂应纳契税=1 000×4%=40（万元）

采取分期付款方式购买房屋附属设施土地使用权、房屋所有权的，应按合同规定的总价款计征契税。纳税人承受的房屋附属设施权属如为单独计价的，按照当地确定的适用税率征收契税；如与房屋统一计价的，适用与房屋相同的契税税率。

出让国有土地使用权，契税计税价格以承受人为取得该土地使用权而支付的全部经济利益。对通过“招、拍、挂”程序承受国有土地使用权的，应按照土地成交总价款计征契税，其中的土地前期开发成本不得扣除。

对于个人无偿赠与不动产的行为，应对受赠人全额征收契税。个人向他人无偿赠与不动产，包括继承、遗产处分及其他无偿赠与不动产等三种情况。

成交价格明显低于市场价格且无正当理由的，或者所交换土地使用权、房屋的价格的差额明显不合理且无正当理由的，征收机关可以参照市场价格核定计税依据。

根据国家土地管理相关法律法规和《中华人民共和国契税暂行条例》及其实施细则的规定，土地使用者将土地使用权及所附建筑物、构筑物等（包括在建的房屋、其他建筑物、构筑物和其他附着物）转让给他人的，应按照转让的总价款计征契税。

二、应纳税额的计算

契税应纳税额，依照适用税率和计税依据计算征收，其计算公式为：

应纳税额=计税依据×税率

应纳税额以人民币计算。转移土地、房屋权属以外币结算的，按照纳税义务发生之日中国人民银行公布的人民币市场汇率中间价，折合成人民币计算。

第七节 契税申报缴纳

一、纳税义务发生时间

契税的纳税义务发生时间是纳税人签订土地、房屋权属转移合同的当天，或者纳税人取得其他具有土地、房屋权属转移合同性质的凭证的当天。所谓其他具有土地、房屋权属转移合同性质的凭证，是指具有合同效力的契约、协议、合约、单据、确认书以及由省、自治区、直辖市人民政府确定的其他凭证。

纳税人符合减征或者免征契税规定的，应当在签订土地、房屋权属转移合同后10日内，向土地、房屋所在地的契税征收机关办理减征或者免征契税手续。

纳税人因改变土地、房屋用途应当补缴已经减征、免征的契税的，其纳税义务发生时间为改变有关土地、房屋用途的当天。

购房人以按揭、抵押贷款方式购买房屋，当其从银行取得抵押凭证时，购房人与原产权人之间的房屋产权转移已经完成，契税纳税义务已经发生，必须依法缴纳契税。

按照现行契税政策规定，购房者应在签订房屋买卖合同后、办理房屋所有权变更登记之前缴纳契税。对交易双方已签订房屋买卖合同，但由于各种原因最终未能完成交易的，如购房者已按规定缴纳契税，在办理期房退房手续后，对其已纳契税应予以退还。

二、纳税期限

纳税人应当自纳税义务发生之日起10日内，向土地、房屋所在地的契税征收机关办理纳税申报，并在契税征收机关核定的期限内缴纳税款。

纳税人办理纳税事宜后，契税征收机关应当向纳税人开具契税完税凭证。纳税人持契税完税凭证和其他规定的文件材料，依法向土地管理部门、房产管理部门办理变更登记手续。纳税人未出具契税完税凭证的，土地管理部门、房产管理部门不予办理有关土地、房屋的权属变更登记手续。

三、纳税地点

契税的纳税地点为土地、房屋所在地。

目前，中国人寿保险（集团）公司（以下简称集团公司）已顺利完成重组改制。集团公司在全国各地（公司总部所在地除外）的财产所涉及的房产税、城镇土地使用税、印花税、契税等地方税种，可由集团公司控股的中国人寿保险股份有限公司代理向财产所在地主管税务机关申报缴纳。建银投资公司在全国各地的财产所涉及的契税，由该公司的受托代理人向财产所在地主管税务机关申报缴纳。

四、征收机关

契税的征收机关为土地、房屋所在地的财政机关或者地方税务机关。具体征收机关由省、自治区、直辖市人民政府确定。

土地管理部门、房产管理部门应当向契税征收机关提供有关资料，并协助契税征收机关依法征收契税。所谓有关资料，是指土地管理部门、房产管理部门办理土地、房屋权属变更登记手续的有关土地、房屋权属，土地出让费用，成交价格以及其他权属变更方面的资料。

五、委托代征和直征制度

契税征收应当以征收机关自征为主。但为了加强契税的征收管理，国家税务总局于1997年下发《关于契税征收管理若干具体事项的通知》（国税发［1997］176号），规定对于自征确有困难的地区，经上一级征收机关批准，可以委托当地房屋管理部门、土地管理部门或者其他有关单位代征。对代征单位，征收机关应发给委托代征证书，进行政策和业务指导，确保将代征税款及时解缴入库。

自1997年《中华人民共和国契税暂行条例》实施以来，各级征收机关在国土部门、房管部门的协作配合下，积极探索契税征收方式，不断加强征收管理，促进了契税收入的持续快速增长。契税已经成为地方税收的重要税种。多年来的征管实践证明，征收机关直接征收契税，是掌握税源情况、制定税收政策的基础，也是保障契税收入持续快速增长的必要措施。征收机关直接征收契税比委托其他单位代征契税效率高。为此，国家税务总局决定，各级征收机关要在2004年12月31日前停止代征委托，直接征收契税。

六、契税减免管理办法

契税的减免，实行申报管理制度。

契税纳税人应在土地、房屋权属转移合同生效的10日内，向征收机关提出减免申报。计税金额在10 000万元（含10 000万元）以上的，由省级征收机关办理减免手续。

契税的减免管理，实行逐级备案制度。契税的计税金额在10 000万元（含10 000万元）以上的减免，征收机关应在办理减免手续完毕之日起30日内报国家税务总局备案。计税金额在10 000万元以下的契税减免，其备案办法由省级征收机关制定。

契税减免，应向国家税务总局备案减免申报表。

契税减免申报应由征收机关受理，其他任何机关、单位和个人都无权受理。地方各级人民政府、各级人民政府主管部门、单位和个人违反法律、行政法规规定，擅自作出的减税、免税规定无效，征收机关不得执行，并向上级征收机关报告。

各省、自治区、直辖市和计划单列市征收机关可以根据本规定制定具体的减免申报管理办法，并向社会公示。

练习与思考

一、概念题

1. 契税
2. 国有土地使用权出让
3. 土地使用权转让

二、思考题

1. 契税的征收范围是什么？
2. 契税的纳税人如何确定？
3. 契税的计税依据如何确定？
4. 契税的纳税义务发生时间是什么？

三、案例题

案例1：某生产企业2009年3月取得土地使用权，支付出让金300万元；接受某国有企业以房产投资入股，房产市场价值140万元；协作单位无力偿债，双方协商，协作单位以自有房产抵偿该企业债务60万元，房产原值50万元。企业所在地政府规定的契税税率为4%。

要求：计算该生产企业当月应缴纳的契税

参考答案：

该企业取得土地使用权，应以成交价格为计税依据计算缴纳契税。接受房屋权属作价投资入股，应以市场价格为计税依据计算缴纳契税。接受房屋权属抵债，应以土地使用权、房屋买卖的市场价格为计税依据计算缴纳契税。

故该企业应纳契税 = （300 + 140 + 60） ×4% =20（万元）

案例2：居民甲有四套住房，将第一套出售给居民乙，成交价格为100 000元；将第二套两室住房与居民丙交换成两处一室住房，并支付换房差价款40 000元；将第三套住房出租给居民丁居住，取得租金收入2 000元；第四套住房自用。另外，居民甲本月作为法定继承人继承一套住房，价值150 000元。已知当地政府确定的契税税率为5%。

要求：

（1）计算居民甲应缴纳的契税。

（2）计算居民乙应缴纳的契税。

（3）计算居民丙应缴纳的契税。

（4）计算居民丁应缴纳的契税。

（5）说明上述纳税人适用的税收优惠政策有哪些。

参考答案：

（1）居民甲应缴纳契税 =40 000 ×5% =2 000（元）

（2）居民乙应缴纳契税 =100 000 ×5% =5 000（元）

（3）居民丙不缴纳契税。

（4）居民丁不缴纳契税。

（5）上述纳税人适用的税收优惠政策有：房屋使用权的转移行为和自用房产不属于契税征收范围，不征收契税。《中华人民共和国继承法》规定的法定继承人（包括配偶、子女、父母、兄弟姐妹、祖父母、外祖父母）继承土地、房屋权属，不征契税。土地使用权交换、房屋交换，以所交换的土地使用权、房屋的价格差额为计税依据，交换价格不相等的，由多交付货币、实物、无形资产或者其他经济利益的一方缴纳税款。

第五篇　其他税类

本篇是税收的实务篇，主要讲述其他税类税种的具体规定，其中主要包括土地增值税、资源税和烟叶税。通过学习，要求读者了解不同税种的税收规定，掌握最新最全的税收政策。

第十五章　土地增值税

本章介绍了土地增值税的特点、征收意义、征税范围的界定和纳税人、法定扣除项目以及土地增值税的计算，然后我们还对土地增值税的申报缴纳、核定征收和清算进行了简单介绍。在学习本章时，注意和其他相关的税种进行联系，重点理解超率累进税率以及土地增值税的计算步骤。

第一节　土地增值税概述

土地增值税法，是指国家制定的用以调整土地增值税征收与缴纳之间权利及义务关系的法律规范。现行土地增值税的基本规范，是1993年12月13日国务院颁布的《中华人民共和国土地增值税暂行条例》（以下简称《土地增值税暂行条例》）。

一、土地增值税的发展

土地属于不动产，对土地课税是一种古老的税收形式，也是当代各国普遍征收的一种财产税。19世纪中期，英国资产阶级庸俗经济学家穆勒提出对不劳而获的土地增值额进行课税。20世纪初，英国，德国分别实施了土地增值税制度，但实施的时间短、征收面窄，最终收效甚微。由于各国土地制度及有关法律、政策存在差异，形成了不同的土地增值税征收制度。

对土地征税，不论是单列税种，还是未单列税种，也不论其冠以何种名称，依据征税的税基不同，大致可以分为两大类：一类是财产性质的土地税，以土地的数量或价值为税基，或实行从量计税，或采取从价计税，前者如我国封建社会时期的田赋、地亩税等，后者如地价税等。这种土地税的历史悠久，属于原始社会的直接税或财产税。另一类是收益性质的土地税，它实质上是对土地收益或地租的征税。

1949年新中国成立以来，我国对土地、房屋等不动产的征税比例比较薄弱，先后开征过的税种如契税、城市房地产税、房产税、城镇土地使用税等，但这些税种都不属于对土地增值额或土地收益额的征税。为了促进房地产产业的顺利发展，进一步规范其交易行为，使转让土地使用权及房地产的经营者获得的过高利润得到调节，完善房地产业的税收制度，国务院于1993年12月13日颁布了《中华人民共和国土地增值税暂行条例》，从1994年1月1日起开征土地增值税。1995年1月27日财政部又颁布了《土地增值税暂行条例实施细则》，进一步细化了土地增值税征收管理办法。

二、土地增值税的特点

（一）以增值额为计税依据

土地增值税的增值额与增值税的增值额有所不同。土地增值税的增值额以征税对象的全部销售收入额扣除与其相关的成本、费用、税金及其他项目金额后的余额，与会计核算中计算会计利润的方法基本相似。增值税的增值额只扣除与其销售额直接相关的进货成本价格。

（二）征税面比较广

凡在我国境内转让房地产并取得收入的单位和个人，除税法规定免税以外的，均应依照土地增值税条例规定缴纳土地增值税。也就是说，凡发生了应税行为的单位和个人，不论其经济性质，也不分内、外资企业或中、外籍人员，无论专营或兼营房地产业务，均有缴纳土地增值税的义务。

（三）实行超率累进税率

土地增值税的税率是以转让房地产增值率的高低为计税依据来确认，按照累进原则设计，实行分级计税。增值率是以收入总额扣除相关项目金额后的余额再除以扣除项目合计金额，增值率高的，税率高、多纳税；增值率低的，税率低、少纳税。

（四）实行按次征收

土地增值税在房地产发生转让的环节，实行按次征收，每发生一次转让行为，就应根据每次取得的增值额征一次税。

三、土地增值税的作用

（一）增强国家对房地产开发和房地产市场调控力度

改革开放前，我国土地管理制度一直采取行政划拨方式，不允许进行土地买卖，既没有地产交易行为，也不存在地产交易市场。但这种土地管理制度不利于提高土地资源的利用效率。改革开放后，土地使用管理制度逐步改革，打破了无偿使用，不准买卖的老规矩，确定了有偿使用，允许转让使用权的政策和制度，从而从根本上促进了我国房地产开发和房地产交易市场的发展。1993 年前后，我国房地产开发和房地产市场的发展非常迅速，新的政策和制度对于合理配置土地资源，提高土地使用效益，增加政府财政收入，改善城市基础设施和人民生活居住条件，以及带动国民经济相关产业的发展，都产生了积极的作用。

但是，由于新的制度还有待于进一步的完善，对房地产市场的管理也有待改进，我国在房地产业发展中也出现了一些问题，比如，房地产开发过热，一度炒买炒卖房地产的投机行为盛行，房地产价格上涨过猛，投入开发的资金规模过大，土地资源浪费严重，国家收回土地增值收益较少，不同程序上对国民经济发展造成了不良影响，也造成了社会分配不公。

在这种情况下，我国借鉴了一些国家和地区的有益做法，开征了土地增值税，利用税收的经济杠杆作用对房地产业的开发、经营和房地产市场进行调控，既保护了房地产业和房地产市场的健康发展，又控制了投资规模，促进土地资源的合理利用。

（二）抑制炒买炒卖土地的投机行为

土地收益主要来源于土地的增值。一是自然增值，即由于土地资源是有限的，而随着经济建设的发展，生产和生活建设用地扩大，土地资源相对发生紧缺，导致土地价格上升。这是土地增值的主要因素。二是投资增值，即投入资金开发建造，把“生地”变为

“熟地”，建成适用于各种生产、生活、商业用设施，形成土地增值。土地资源属国家所有，国家为土地的完整而不受侵犯投入了巨额资金，国家应参与土地增值收益分配，并取得较大份额。同时对房地产开发者投资、开发房地产所得的合理收益，应当予以保护，使其能够得到一定的回报，以促进房地产业的正常发展。然而，有些地区盲目开发并竞相压低国家土地批租价格，给炒买炒卖者留下了空间，致使国家土地增值收益流失严重，极大地损害了国家利益。统一对土地增值收益征税，有利于堵住这方面的漏洞，减少国家土地资源增值收益的流失，遏制投机者牟取暴利的行为，保护房地产正当开发者的合法利益，维护国家整体利益。

（三）增加国家财政收入

1994 年 1 月 1 日前，我国涉及房地产交易市场的税收，主要有营业税、企业所得税、个人所得税、契税等。这些税对转让房地产收益可以起到一般调节作用，但对土地增值所获得的过高收入起不到特殊调节作用。在土地增值税未开征前，有些地区已通过征收土地增值费的办法，对土地过高收益进行调控，既增加了财政收入，也抑制了炒买炒卖房地产的投机行为。但各地办法不统一，收取标准差别也比较大，开征土地增值税可以统一和规范国家参与土地增值收益分配的方式。

（四）完善房地产交易市场的税收体系

土地增值税对房地产交易因土地增值而获得的高收入起到了特殊的调节作用，开征该税有利于加强税收对房地产市场的调节，进而完善房地产交易市场的税收体系。

第二节 土地增值税征税范围

一、征税范围

根据《土地增值税暂行条例》及其实施细则的规定，土地增值税的征税范围包括：

（一）转让国有土地使用权

所谓“国有土地”，是指按国家法律规定属于国家所有的土地。

（二）地上的建筑物及其附着物连同国有土地使用权一并转让

所谓“地上的建筑物”，是指建于土地上的一切建筑物，包括地上地下的各种附属设施。所谓“附着物”，是指附着于土地上的不能移动或一经移动即遭损坏的物品。

二、征税范围的界定

准确界定土地增值税的征税范围十分重要。在实际工作中，我们可以通过以下几条标准来判定：

（一）转让国有土地使用权

转让的土地使用权是否为国家所有，是判定是否属于土地增值税征税范围的标准之一。

根据《中华人民共和国宪法》和《中华人民共和国土地管理法》（以下简称《土地管理法》）的规定，城市的土地属于国家所有。农村和城市郊区的土地除由法律规定属于国家所有的以外，属于集体所有。国家为了公共利益，可以依照法律规定对集体土地实行征用，依法被征用后的土地属于国家所有。对于上述法律规定属于国家所有的土地，其土地使用权在转让时，按照《土地增值税暂行条例》规定，属于土地增值税的征税范围。而农村集体所有的土地，根据《土地管理法》、《城市房地产管理法》及国家其他有关规定，是不得自行转让的，只有根据有关法律规定，由国家征用以后变为国家所有时，才能进行转让。对于目前违法将集体土地转让给其他单位和个人的情况，应在有关部门处理、补办土地征用或出让手续变为国家所有之后，再纳入土地增值税的征税范围。

政策解析

此标准包括：(1) 城市的土地；(2) 农村和城市郊区被国家征用的土地。

（二）发生权属转让

土地使用权、地上的建筑物及其附着物的产权是否发生转让是判定是否属于土地增值税征税范围的标准之二。这里有两层含义：

1. 土地增值税的征税范围不包括国有土地使用权出让所取得的收入。国有土地使用权出让，是指国家以土地所有者的身份将土地使用权在一定年限内让与土地使用者，并由土地使用者向国家支付土地使用权出让金的行为，属于土地买卖的一级市场。土地使用权出让的出让方是国家，国家凭借土地的所有权向土地使用者收取土地的租金。出让的目的是实行国有土地的有偿使用制度，合理开发、利用、经营土地，因此，土地使用权的出让不属于土地增值税的征税范围。而国有土地使用权的转让是指土地使用者通过出让等形式取得土地使用权后，将土地使用权再转让的行为，包括出售、交换和赠与，它属于土地买卖的二级市场。土地使用权转让，其地上的建筑物、其他附着物的所有权随之转让。土地使用权的转让，属于土地增值税的征税范围。

2. 土地增值税的征税范围不包括未转让土地使用权、房产产权的行为。是否发生房地产权属（指土地使用权和房产产权）的变更，是确定是否纳入征税范围的一个标准，凡土地使用权、房产产权未转让的（如房地产的出租），不征收土地增值税。

（三）是有偿转让

是否取得收入是判定是否属于土地增值税征税范围的标准之三。有偿是指转让房地产必须取得收入，包括转让房地产的全部价款及有关的经济利益。

土地增值税的征税范围不包括房地产的权属虽转让，但未取得收入的行为。如房地产的继承，尽管房地产的权属发生了变更，但权属人并没有取得收入，因此也不征收土地增值税。需要强调的是，无论是单独转让国有土地使用权，还是房屋产权与国有土地使用权一并转让的，只要取得收入，均属于土地增值税的征税范围，应对之征收土地增值税。

三、征税范围的若干具体情况的判定

根据以上三条判定标准我们就可对以下若干具体情况是否属于土地增值税的征税范围进行判定：

（一）房地产出售

这种情况因其同时符合上述三个标准，所以属于土地增值税的征税范围。这里又分为三种情况：

1. 出售国有土地使用权。这种情况是指土地使用者通过出让方式，向政府缴纳了土地出让金，有偿受让土地使用权后，仅对土地进行通水、通电、通路和平整地面等土地开发，不进行房产开发，即所谓“将生地变熟地”，然后直接将空地出售出去。这属于国有土地使用权的有偿转让，应纳入土地增值税的征税范围。

2. 取得国有土地使用权后进行房屋开发建造然后出售。这种情况即是一般所说的房地产开发。虽然这种行为通常被称作卖房，但按照国家有关房地产法律和法规的规定：卖房的同时，土地使用权也随之发生转让。由于这种情况既发生了产权的转让又取得了收入，所以应纳入土地增值税的征税范围。

3. 存量房地产的买卖。这种情况是指已经建成并投入使用的房地产，其房屋所有人将房屋产权和土地使用权一并转让给其他单位和个人。这种行为按照国家有关的房地产法律和法规，应当到有关部门办理房产产权和土地使用权的转移变更手续；原土地使用权属于无偿划拨的，还应到土地管理部门补交土地出让金。这种情况既发生了产权的转让又取得了收入，应纳入土地增值税的征税范围。

（二）以继承、赠与方式转让房地产的

这种情况因其只发生房地产产权的转让，没有取得相应的收入，属于无偿转让房地产的行为，所以不能将其纳入土地增值税的征税范围。这里又可分为两种情况：

1. 房地产的继承。房地产的继承是指房产的原产权所有人、依照法律规定取得土地使用权的土地使用人死亡以后，由其继承人依法承受死者房产产权和土地使用权的民事法律行为。这种行为虽然发生了房地产的权属变更，但作为房产产权、土地使用权的原所有人（即被继承人）并没有因为权属的转让而取得任何收入。因此，这种房地产的继承不属于土地增值税的征税范围。

2. 房地产的赠与。房地产的赠与是指房产所有人、土地使用权所有人将自己所拥有的房地产无偿地交给其他人的民事法律行为。但这里的“赠与”仅指以下情况：

（1）房产所有人、土地使用权所有人将房屋产权、土地使用权赠与直系亲属或承担直接赡养义务人的。

（2）房产所有人、土地使用权所有人通过中国境内非营利的社会团体、国家机关将房屋产权、土地使用权赠与教育、民政和其他社会福利、公益事业的。

上述社会团体是指中国青少年发展基金会、希望工程基金会、宋庆龄基金会、减灾委员会、中国红十字会、中国残疾人联合会、全国老年基金会、老区促进会以及经民政部门批准成立的其他非营利的公益性组织。

房地产的赠与虽然发生了房地产的权属变更，但作为房产所有人、土地使用权的所有人并没有因为权属的转让而取得任何收入。因此，房地产的赠与不属于土地增值税的征税范围。

案例分析

【例】如果房产所有人、土地使用权所有人将自己房地产捐赠时，最好采用以上两种方式，否则应该视同有偿转让房地产，应缴纳土地增值税。如某房地产所有人欲将其拥有的房地产捐赠给希望工程，一定要符合法定的程序，即通过在中国境内非营利的社会团体、国家机关，如希望工程基金会进行捐赠，而不要自行捐赠。如果当事人确实无法采用以上两种方式，则应充分考虑税收因素对自己及他人的影响。如某房地产所有人欲将拥有的房地产赠与他人，可以考虑让受赠人支付税款，也可以采用隐性赠与法，让他人实际占有使用该房地产而不办理房地产权转移登记手续。

（三）房地产出租

房地产的出租是指房产的产权所有人、依照法律规定取得土地使用权的土地使用人，将房产、土地使用权租赁给承租人使用，由承租人向出租人支付租金的行为。房地产的出租行为中，出租人虽取得了收入，但没有发生房产产权、土地使用权的转让。因此，房地产出租不属于土地增值税的征税范围。

（四）房地产抵押

房地产抵押是指房地产的产权所有人、依法取得土地使用权的土地使用人作为债务人或第三人向债权人提供不动产作为清偿债务的担保而不转移权属的法律行为。这种情况由于房产的产权、土地使用权在抵押期间产权并没有发生权属的变更，房产的产权所有人、土地使用权人仍能对房地产行使占有、使用、收益等权利，房产的产权所有人、土地使用权人虽然在抵押期间取得了一定的抵押贷款，但实际上这些贷款在抵押期满后是要连本带利偿还给债权人的。因此，对房地产的抵押，在抵押期间不征收土地增值税。待抵押期满后，视该房地产是否转移占有而确定是否征收土地增值税。对于以房地产抵债而发生房地产权属转让的，应列入土地增值税的征税范围。

（五）房地产交换

房地产交换是指一方以房地产与另一方的房地产进行交换的行为。由于这种行为既发生了房产产权、土地使用权的转移，交换双方又取得了实物形态的收入，按《土地增值税暂行条例》规定，它属于土地增值税的征税范围。但对个人之间互换自有居住用房地产的，经当地税务机关核实，可以免征土地增值税。

（六）以房地产进行投资、联营

对于以房地产进行投资、联营的，投资、联营的一方以土地（房地产）作价入股进行投资或作为联营条件，将房地产转让到所投资、联营的企业中时，暂免征收土地增值税。对投资、联营企业将上述房地产再转让的，应征收土地增值税。

（七）合作建房

对于一方出地，一方出资金，双方合作建房，建成后按比例分房自用的，暂免征收土地增值税；建成后转让的，应征收土地增值税。

（八）企业兼并转让房地产

在企业兼并中，对被兼并企业将房地产转让到兼并企业中的，暂免征收土地增值税。

（九）房地产的代建房行为

房地产的代建房行为是指房地产开发公司代客户进行房地产的开发，开发完成后向客户收取代建收入的行为。对于房地产开发公司而言，虽然取得了收入，但没有发生房地产权属的转移，其收入属于劳务收入性质，故不属于土地增值税的征税范围。

案例分析

【例】房地产开发企业可以在开发之初就确定购买用户，代客户进行房地产的开发，开发完成向客户收取代建收入，即实行定向开发。就房地产开发企业而言，代建收入属于营业税的征税范围，不是土地增值税的征税范畴，可以利用这种建房方式减轻税负。需要注意的是，房地产开发企业不能发生房地产权属的转移。

（十）房地产的重新评估

房地产的重新评估是指国有企业在清产核资时对房地产进行重新评估而使其升值的情况。这种情况下房地产虽然有增值，但其既没有发生房地产权属的转移，房产产权、土地使用权人也未取得收入，所以不属于土地增值税的征税范围。

政策解析

还有其他的情况，则要根据以上三条标准来具体分析，同时符合三条标准的才属于土地增值税的征税范围。

第三节 土地增值税纳税人

土地增值税的纳税义务人，为转让国有土地使用权、地上的建筑及其附着物（以下简称“转让房地产”）并取得收入的单位和个人。单位包括各类企业、事业单位、国家机关和社会团体及其他组织。个人包括个体经营者。概括起来，《土地增值税暂行条例》对纳税人的规定主要有以下四个特点：

第一，不论法人与自然人。即不论是企业、事业单位、国家机关、社会团体及其他组织，还是个人，只要有偿转让房地产，都是土地增值税的纳税人。

第二，不论经济性质。即不论是全民所有制企业、集体企业、私营企业、个体经营者，还是联营企业、合资企业、合作企业、外商独资企业等，只要有偿转让房地产，都是土地增值税的纳税人。

第三，不论内资与外资企业、中国公民与外籍个人。根据 1993 年 12 月 29 日第八届全国人大第五次常务委员会通过的《全国人大常委会关于外商投资企业和外国企业适用增值税、消费税、营业税等税收暂行条例的决定》和《国务院关于外商投资企业和外国企业适用增值税、消费税、营业税等税收暂行条例的有关问题的通知》，以及国税发［1994］123 号《国家税务总局关于外商投资企业和外国企业及外籍个人适用税种问题的通知》等的规定，土地增值税适用于涉外企业和个人。因此，不论是内资企业还是外商投资企业、外国驻华机构，也不论是中国公民、港澳台同胞、海外华侨，还是外国公民，只要有偿转让房地产，都是土地增值税的纳税人。

第四，不论部门。即不论是工业、农业、商业、学校、医院、机关等，只要有偿转让房地产，都是土地增值税的纳税人。

第四节 土地增值税税率

土地增值税实行四级超率累进税率，具体是：增值额未超过扣除项目金额 50% 的部分，税率为30%；增值额超过扣除项目金额50%、未超过扣除项目金额100%的部分，税率为40%；增值额超过扣除项目金额100%、未超过扣除项目金额200%的部分，税率为50%；增值额超过扣除项目金额200%的部分，税率为60%。

上述所列四级超率累进税率，每级“增值额未超过扣除项目金额”的比例，均包括本比例数。超率累进税率见表15－1。

表15－1　　**土地增值税四级超率累进税率表**　　单位:%

级数	增值额与扣除项目金额的比率	税率	速算扣除系数
1	不超过50的部分	30	0
2	超过50—100的部分	40	5
3	超过100—200的部分	50	15
4	超过200的部分	60	35

第五节　土地增值税税收优惠

一、建造普通标准住宅

1. 纳税人建造普通标准住宅出售，增值额未超过扣除项目金额20%的，免征土地增值税。增值额超过扣除项目金额20%的，应就其全部增值额征收土地增值税。

所谓“普通标准住宅”，是指按所在地一般民用住宅标准建造的居住用住宅。高级公寓、别墅、度假村等不属于普通标准住宅。普通标准住宅与其他住宅的具体划分界限，2005年5月31日以前由各省、自治区、直辖市人民政府规定。2005年6月1日起，普通标准住宅应同时满足：住宅小区建筑容积率在1.0以上；单套建筑面积在120平方米以下；实际成交价格低于同级别土地上住房平均交易价格1.2倍以下。各省、自治区、直辖市要根据实际情况，制定本地区享受优惠政策普通住房具体标准。允许单套建筑面积和价格标准适当浮动，但向上浮动的比例不得超过上述标准的20%。

对于纳税人既建普通标准住宅又搞其他房地产开发的，应分别核算增值额。不分别核算增值额或不能准确核算增值额的，其建造的普通标准住宅不能适用这一免税规定。

2. 自2007年8月1日起，企事业单位、社会团体以及其他组织转让旧房作为廉租住房、经济适用住房房源且增值额未超过扣除项目金额20%的，免征土地增值税。

二、国家征用收回的房地产

1. 因国家建设需要依法征用、收回的房地产，免征土地增值税。所谓的“因国家建设需要依法征用、收回的房地产”，是指因城市实施规划、国家建设的需要而被政府批准征用的房产或收回的土地使用权。

2. 因城市实施规划、国家建设的需要而搬迁，由纳税人自行转让原房地产的比照有关规定免征土地增值税。

三、个人转让房地产

1. 个人因工作调动或改善居住条件而转让原自用住房，经向税务机关申报核准，凡居住满5年或5年以上的，免予征收土地增值税；居住满3年未满5年的，减半征收土地增值税。居住未满3年的，按规定计征土地增值税。

2. 自2008年11月1日起，对个人销售住房暂免征收土地增值税。

3. 个人之间互换自有居住用房地产的，经当地税务机关核实，可以免征土地增值税。

四、其他税收优惠

1. 以房地产进行投资、联营，属于土地增值税的征收范围，但暂免征收土地增值税。投资、联营企业将上述房地产再转让的，应征收土地增值税。自2006年3月2日起，对于以土地（房地产）作价入股进行投资或联营的，凡所投资、联营的企业从事房地产开发的，或者房地产开发企业以其建造的商品房进行投资和联营的，均不适用上述暂征收的规定。

2. 对于一方出地，一方出资金，双方合作建房，建成后按比例分房自用的，暂免征收土地增值税；建成后转让的，应征收土地增值税。

3. 对第29届奥运会组委会再销售所获捐赠商品和赛后出让资产取得收入，免征应缴纳的土地增值税。

4. 对上海世博局在2010年上海世博会结束后出让资产和委托上海世博（集团）公司出让归属于上海世博局的资产所取得的收入，免征上海世博局和上海世博（集团）公司应缴纳的土地增值税。

5. 对亚运会、大运会和大冬会组委会赛后出让资产取得的收入，免征土地增值税。

6. 自《金融机构撤销条例》生效之日起，对被撤销金融机构财产用来清偿债务时，免征被撤销金融机构转让不动产应缴纳的土地增值税。

7. 军队（含武警）转让空余房地产，在国家税务总局没有明确规定前，暂不征收土地增值税。但对军队（含武警）办的企业转让房地产的应征收土地增值税。

8. 在企业兼并中，对被兼并企业将房地产转让到兼并企业中的，暂免征收土地增值税。

第六节　土地增值税应纳税额的计算

土地增值税的计算中，增值额的确定是本质所在。土地增值税纳税人转让房地产所取得的收入减除规定的扣除项目金额后的余额是增值额。其计算公式为：

增值额 = 转让房地产收入 - 法定扣除项目金额

一、应税收入的确定

根据《土地增值税暂行条例》及其实施细则的规定，纳税人转让房地产取得的应税收入，应包括转让房地产的全部价款及有关的经济收益。从收入的形式来看，包括货币收入、实物收入和其他收入。

（一）货币收入

货币收入，是指纳税人转让房地产而取得的现金、银行存款、支票、银行本票、汇票等各种信用票据和国库券、金融债券、企业债券、股票等有价证券。这些类型的收入其实质都是转让方因转让土地使用权、房屋产权而向取得方收取的价款。货币收入一般比较容易确定。

（二）实物收入

实物收入，是指纳税人转让房地产而取得的各种实物形态的收入，如钢材、水泥等建材，房屋、土地等不动产等。实物收入的价值不太容易确定，一般要对这些实物形态的财产进行估价。

（三）其他收入

其他收入，是指纳税人转让房地产而取得的无形资产收入或具有财产价值的权利，如专利权、商标权、著作权、专有技术使用权、土地使用权、商誉权等。这种类型的收入比较少见，其价值需要进行专门的评估。

二、法定扣除项目的确定

税法准予纳税人从转让收入额减除的扣除项目包括以下几项：

（一）地价款及相关费用

取得土地使用权所支付的金额包括两个方面的内容：

1. 纳税人为取得土地使用权所支付的地价款。如果是以协议、招标、拍卖等出让方式取得土地使用权的，地价款为纳税人所支付的土地出让金；如果是以行政划拨方式取得土地使用权的，地价款为按照国家有关规定补交的土地出让金；如果是以转让方式取得土地使用权的，地价款为向原土地使用权人实际支付的地价款。

2. 纳税人在取得土地使用权时按国家统一规定缴纳的有关费用。它是指纳税人在取得土地使用权过程中为办理有关手续，按国家统一规定缴纳的有关登记、过户手续费。

（二）开发成本

开发土地和新建房及配套设施的成本是指纳税人房地产开发项目实际发生的成本（以下简称“房地产开发成本”），包括土地的征用及拆迁补偿费、前期工程费、建筑安装工程费、基础设施费、公共配套设施费、开发间接费用等。

土地征用及拆迁补偿费，是指土地征用费、耕地占用税、劳动力安置费及有关地上、地下附着物拆迁补偿的净支出、安置动迁用房支出等。

前期工程费，是指规划、设计、项目可行性研究和水文、地质、勘察、测绘、“三通一平”等支出。

建筑安装工程费，是指以出包方式支付给承包单位的建筑安装工程费，以自营方式发生的建筑安装工程费。

基础设施费，是指开发小区内道路、供水、供电、供气、排污、排洪、通信、照明、环卫、绿化等工程发生的支出。

公共配套设施费，是指不能有偿转让的开发小区内公共配套设施发生的支出。

开发间接费用，是指直接组织、管理开发项目发生的费用，包括工资、职工福利费、折旧费、修理费、办公费、水电费、劳动保护费、周转房摊销等。

（三）开发费用

开发土地和新建房及配套设施的费用（以下简称房地产开发费用）是指与房地产开

发项目有关的销售费用、管理费用和财务费用。在计算土地增值税时，作为土地增值税扣除项目的房地产开发费用，不按纳税人房地产开发项目实际发生的费用进行扣除，而按《土地增值税实施细则》所规定的标准进行扣除。

《土地增值税实施细则》规定，财务费用中的利息支出，凡能够按转让房地产项目计算分摊并提供金融机构证明的，允许据实扣除，但最高不能超过按商业银行同类同期贷款利率计算的金额。其他房地产开发费用，按《土地增值税实施细则》第七条（一）、（二）项规定（即“取得土地使用权所支付的金额”和“房地产开发成本”，下同）计算的金额之和的5%以内计算扣除。凡不能按转让房地产项目计算分摊利息支出或不能提供金融机构证明的，房地产开发费用“取得土地使用权所支付的金额”和“房地产开发成本”计算的金额之和的10%以内计算扣除。计算扣除的具体比例，由各省、自治区、直辖市人民政府规定。具体来说，房地产开发费用的扣除可以按照以下方法确定：

1. 纳税人能够按转让房地产项目计算分摊利息支出，并能提供金融机构的贷款证明的，其允许扣除的房地产开发费用为：

允许扣除的房地产开发费用 = 利息 + （取得土地使用权所支付的金额 + 房地产开发成本）×5%以内（注：利息最高不能超过按商业银行同类同期贷款利率计算的金额）

2. 纳税人不能按转让房地产项目计算分摊利息支出或不能提供金融机构贷款证明的，其允许扣除的房地产开发费用为：

允许扣除的房地产开发费用 = （取得土地使用权所支付的金额 + 房地产开发成本）×10%以内

此外，财政部、国家税务总局还对扣除项目金额中利息支出的计算问题作了两点专门规定：一是利息的上浮幅度按国家的有关规定执行，超过上浮幅度的部分不允许扣除；二是对于超过贷款期限的利息部分和加罚的利息不允许扣除。

案例分析

【例】如果企业购买房地产主要依靠负债筹资，利息支出所占比例较高，则企业应考虑分摊利息并提供金融机构证明，据实扣除并加扣其他开发费用。如果企业购买房地产主要依靠权益资本筹资，利息支出很少，则可考虑不计算应分摊的利息。如某房地产开发公司2008年4月开发商品房，取得土地使用权支付800万元，为开发土地和新建房及配套设施花1 400万元，财务费用中可以按转让房地产项目计算分摊利息的利息支出为200万元，不超过商业银行同类同期贷款利率。

若不提供金融机构证明：扣除费用最高额 = （800 + 1 400）×10% = 220（万元）

如果提供金融机构证明：扣除费用最高额 = 200 + （800 + 1 400）×5% = 310（万元）

（四）有关税金

与转让房地产有关的税金是指在转让房地产时缴纳的营业税、城市维护建设税、印花税。因转让房地产缴纳的教育费附加，也可视同税金予以扣除。

需要明确的是，房地产开发企业按照《施工、房地产开发企业财务制度》有关规定，其在转让时缴纳的印花税因列入管理费用中，故在此不允许单独再扣除。其他纳税人缴纳的印花税（按产权转移书据所载金额的0.5‰贴花）允许在此扣除。

政策解析

准予扣除税金的规定：

第一，房地产开发企业：营业税、城市维护建设税和教育费附加。

第二，非房地产开发企业：营业税、城市维护建设税、教育费附加和印花税。

（五）其他扣除项目

对从事房地产开发的纳税人可按“取得土地使用权所支付的金额”和“房地产开发成本”两项规定计算的金额之和，加计20%的扣除。这样规定目的是为了抑制炒买炒卖房地产的投机行为，保护正常开发投资者的积极性。其计算公式为：

其他扣除项目金额 =（取得土地使用权所支付的金额 + 房地产开发成本）×20%

政策解析

此条优惠只适用于从事房地产开发的纳税人，除此之外的其他纳税人不适用。

（六）旧房及建筑物的评估价格

以旧房及建筑物的评估价格作为扣除项目的方法，主要适用于纳税人转让旧房及建筑物的行为。新房和旧房的界定标准是：新房指建成后未使用的房产，凡是已使用一定时间或达到一定磨损程度的房产均属旧房。使用时间和磨损程度标准可由各省、自治区、直辖市财政厅（局）和地方税务局具体规定。

旧房及建筑物的评估价格，是指在转让已使用的房屋及建筑物时，由政府批准设立的房地产评估机构评定的重置成本价乘以成新度折扣率后的价格，其计算公式为：

评估价格 = 重置成本价 × 成新度折扣率

重置成本价的含义是：对旧房及建筑物，按转让时的建材价格及人工费用计算，建造同样面积、同样层次、同样结构、同样建设标准的新房及建筑物所需花费的成本费用。成新度折扣率的含义是：按旧房的新旧程度作一定比例的折扣。

案例分析

【例】一幢房屋已使用近10年，建造时的造价为1 000万元，按转让时的建材及人工费用计算，建同样的新房需花费4 000万元，该房有六成新，则该房的评估价格为：4 000 × 60% = 2 400（万元）。

自2006年3月2日起，纳税人转让旧房及建筑物，凡不能取得评估价格，但能提供购房发票的，经当地税务局部门确认，其扣除项目“取得土地使用权所支付的金额”和“旧房及建筑物的评估价格”，可按发票所载金额并从购买年度起至转让年度止每年加计5%计算。对纳税人购房时缴纳的契税，凡能提供契税完税凭证的，准予作为“与转让房地产有关的税金”项目予以扣除，但不作为加计5%的基数。对于转让旧房及建筑物，既没有评估价格，又不能提供购房发票的，地方税务机关可以根据《中华人民共和国税收征收管理法》第三十五条规定，实行核定征收。

自2007年2月1日起，在确定土地增值税的扣除项目时，需要注意以下问题：

（1）房地产开发企业办理土地增值税清算时计算与清算项目有关的扣除项目金额，

应根据土地增值税暂行条例的规定执行。除另有规定外，扣除取得土地使用权所支付的金额、房地产开发成本、费用及与转让房地产有关税金，须提供合法有效凭证；不能提供合法有效凭证的，不予扣除。

（2）房地产开发企业办理土地增值税清算所附送的前期工程费、建筑安装工程费、基础设施费、开发间接费用的凭证或资料不符合清算要求或不实的，地方税务机关可参照当地建设工程造价管理部门公布的建安造价定额资料，结合房屋结构、用途、区位等因素，核定上述四项开发成本的单位面积金额标准，并据以计算扣除。具体核定方法由省税务机关确定。

（3）房地产开发企业开发建造的与清算项目配套的居委会和派出所用房、会所、停车场（库）、物业管理场所、变电站、热力站、水厂、文体场馆、学校、幼儿园、托儿所、医院、邮电通信等公共设施，按以下原则处理：第一，建成后产权属于全体业主所有的，其成本、费用可以扣除；第二，建成后无偿移交给政府、公用事业单位用于非营利性社会公共事业的，其成本、费用可以扣除；第三，建成后有偿转让的，应计算收入，并准予扣除成本、费用。

（4）房地产开发企业销售已装修的房屋，其装修费用可以计入房地产开发成本。

（5）房地产开发企业的预提费用，除另有规定外，不得扣除。

（6）属于多个房地产项目共同的成本费用，应按清算项目可售建筑面积占多个项目可售总建筑面积的比例或其他合理的方法，计算确定清算项目的扣除金额。

政策解析

下列三种情况的扣除项目：

（1）房地产开发商出售新房，扣除项目包括除旧房及建筑物的评估价格以外的其他五项。

（2）非房地产开发商转让新房，扣除项目包括除了其他扣除项目和建筑物的评估价格以外的其他四项。

（3）转让旧房，扣除项目包括取得土地使用权所支付的金额、与转让房地产有关的税金、旧房及建筑物的评估价格三项。

三、增值额的确定

计算土地增值税是以增值额与扣除项目金额的比率大小按相适用的税率累进计算征收的，增值额与扣除项目金额的比率越大，适用的税率越高，缴纳的税款越多，因此，准确核算增值额是很重要的。当然，准确核算增值额，还需要有准确的房地产转让收入额和扣除项目的金额。在实际房地产交易活动中，有些纳税人由于不能准确提供房地产转让价格或扣除项目金额，致使增值额不准确，直接影响应纳税额的计算和缴纳。纳税人有下列情形之一的，按照房地产评估价格计算征收：

（1）隐瞒、虚报房地产成交价格的。

（2）提供扣除项目金额不实的。

（3）转让房地产的成交价格低于房地产评估价格，又无正当理由的。

所谓“房地产评估价格”，是指由政府批准设立的房地产评估机构根据相同地段、同类房地产进行综合评定的价格。所谓“隐瞒、虚报房地产成交价格”，是指纳税人不报或有意低报转让土地使用权、地上建筑物及其附着物价款的行为。所谓“提供扣除项目金额不实的”，是指纳税人在纳税申报时不据实提供扣除项目金额的行为。所谓“转让房地产的成交价格低于房地产评估价格，又无正当理由的”，是指纳税人申报的转让房地产的实际成交价低于房地产评估机构评定的交易价，纳税人又不能提供凭据或无正当理由的行为。

对上述三种情况的处理办法：

（1）隐瞒、虚报房地产成交价格，应由评估机构参照同类房地产的市场交易价格进行评估。税务机关根据评估价格确定转让房地产的收入。

（2）提供扣除项目金额不实的，应由评估机构按照房屋重置成本价乘以成新度折扣率计算的房屋成本价和取得土地使用权时的基准地价进行评估。税务机关根据评估价格确定扣除项目金额。

（3）转让房地产的成交价格低于房地产评估价格，又无正当理由的，由税务机关参照房地产评估价格确定转让房地产的收入。

四、应纳税额的计算

土地增值税按照纳税人转让房地产所取得的增值额和规定的税率计算征收。土地增值税的计算公式为：

应纳税额 = Σ（每级距的增值额 × 适用税率）

但在实际工作中，分步计算比较烦琐，一般可以采用速算扣除法计算。即：计算土地增值税税额，可按增值额乘以适用的税率减去扣除项目金额乘以速算扣除系数的简便方法计算（见表 15－1），具体公式如下：

（1）增值额未超过扣除项目金额 50%：

土地增值税税额 = 增值额 × 30%

（2）增值额超过扣除项目金额 50%，未超过 100%：

土地增值税税额 = 增值额 × 40% － 扣除项目金额 × 5%

（3）增值额超过扣除项目金额 100%，未超过 200%：

土地增值税税额 = 增值额 × 50% － 扣除项目金额 × 15%

（4）增值额超过扣除项目金额 200%：

土地增值税税额 = 增值额 × 60% － 扣除项目金额 × 35%

公式中的 5%、15%、35% 分别为二、三、四级的速算扣除系数。

政策解析

因为两种计算方法得出的结果是一样的，所以我们在计算时采取速算扣除法，比较简便、快速。

案例分析

【例】某纳税人转让房地产所取得的收入为 500 万元，其扣除项目金额为 200 万元，计算其应纳土地增值税的税额方法如下（按照速算扣除法计算）：

第一步，先计算增值额。

增值额为：500－200＝300（万元）

第二步，再计算增值额与扣除项目金额之比。

增值额与扣除项目金额之比为：300÷200＝150%

由此可见，增值额与扣除项目金额比率是超过100%—200%的部分，其适用的速算扣除法公式为：

土地增值税税额＝增值额×50%－扣除项目金额×15%

第三步，计算土地增值税税额。

土地增值税税额为：300×50%－200×15%＝120（万元）

第七节 土地增值税申报缴纳

一、申报时间

土地增值税的纳税人应在转让房地产合同签订后的7日内，到房地产所在地主管税务机关办理纳税申报，并向税务机关提交下列资料：房屋及建筑物产权、土地使用权证书；土地转让、房产买卖合同；房地产评估报告及其他与转让房地产有关的资料。

纳税人因经常发生房地产转让而难以在每次转让后申报的，经税务机关审核同意后，可以定期进行纳税申报，具体期限由税务机关根据情况确定。

二、纳税地点

土地增值税的纳税人应向房地产所在地主管税务机关办理纳税申报，并在税务机关核定的期限内缴纳土地增值税。所谓“房地产所在地”，是指房地产的坐落地。纳税人转让的房地产坐落在两个或两个以上地区的，应按房地产所在地分别申报纳税。在实际工作中，纳税地点的确定又可分为以下两种情况：

1. 纳税人是法人的，当转让的房地产坐落地与其机构所在地或经营所在地一致时，则在办理税务登记的原管辖税务机关申报纳税即可；如果转让的房地产坐落地与其机构所在地或经营所在地不一致时，则应在房地产坐落地所管辖的税务机关申报纳税。

2. 纳税人是自然人的，当转让的房地产坐落地与其居住所在地一致时，则在住所所在地税务机关申报纳税；当转让的房地产坐落地与其居住所在地不一致时，在办理过户手续所在地的税务机关申报纳税。

三、纳税申报

根据《中华人民共和国土地增值税暂行条例实施细则》的规定，对于纳税人预售房地产所取得的收入，凡当地税务机关规定预征土地增值税的，纳税人应当到主管税务机关办理纳税申报，并按规定比例预交，待办理决算后，多退少补；凡当地税务机关规定不预征土地增值税的，也应在取得收入时先到税务机关登记或备案。

1995年5月17日，国家税务总局制定并下发了《土地增值税纳税申报表》。此表包括适用于从事房地产开发纳税人的《土地增值税项目登记表》和《土地增值税纳税申报表（一）》，及适用于非从事房地产开发纳税人的《土地增值税纳税申报表（二）》。国家税务总局同时规定，纳税人必须按照税法的有关规定向房地产所在地主管税务机关如实申报转让房地产所取得的收入、扣除项目金额以及应纳土地增值税税额，并按期缴纳税款。

四、房地产开发企业土地增值税清算

自2009年6月1日起，土地增值税清算应按国家税务总局2009年5月12日印发的《土地增值税清算管理规程》的规定执行。各省税务机关可结合本地实际情况制定更细化的清算管理办法。

（一）清算单位

土地增值税以国家有关部门审批的房地产开发项目为单位进行清算，对于分期开发的项目，以分期项目为单位清算。开发项目中同时包含普通住宅和非普通住宅的，应分别计算增值额。

（二）清算条件

1. 符合下列情形之一的，纳税人应进行土地增值税的清算：

（1）房地产开发项目全部竣工、完成销售的。

（2）整体转让未竣工决算房地产开发项目的。

（3）直接转让土地使用权的。

2. 符合下列情形之一的，主管税务机关可要求纳税人进行土地增值税清算：

（1）已竣工验收的房地产开发项目，已转让的房地产建筑面积占整个项目可售建筑面积的比例在85%以上，或该比例虽未超过85%，但剩余的可售建筑面积已经出租或自用的。

（2）取得销售（预售）许可证满三年仍未销售完毕的。

（3）纳税人申请注销税务登记但未办理土地增值税清算手续的。

（4）省税务机关规定的其他情况。

（三）清算手续办理时间

对于应进行土地增值税清算的项目，纳税人应当在满足条件之日起90日内到主管税务机关办理清算手续。对于税务机关可要求纳税人进行土地增值税清算的项目，由主管税务机关确定是否进行清算；对于确定需要进行清算的项目，由主管税务机关下达清算通知，纳税人应当在收到清算通知之日起90日内办理清算手续。

（四）土地增值税清算应报送的资料

纳税人办理土地增值税清算应报送以下资料：

1. 土地增值税清算表及其附表。

2. 房地产开发项目清算说明，主要内容应包括房地产开发项目立项、用地、开发、销售、关联方交易、融资、税款缴纳等基本情况及主管税务机关需要了解的其他情况。

3. 项目竣工决算报表、取得土地使用权所支付的地价款凭证、国有土地使用权出让合同、银行贷款利息结算通知单、项目工程合同结算单、商品房购销合同统计表、销售明细表、预售许可证等与转让房地产的收入、成本和费用有关的证明资料。主管税务机关需要相应项目记账凭证的，纳税人还应提供记账凭证复印件。

4. 纳税人委托税务中介机构审核鉴证的清算项目，还应报送中介机构出具的《土地增值税清算税款鉴证报告》。

主管税务机关收到纳税人清算资料后，对符合清算条件的项目，且报送的清算资料完

备的，予以受理；对纳税人符合清算条件、但报送的清算资料不全的，应要求纳税人在规定限期内补报，纳税人在规定的期限内补齐清算资料后，予以受理；对不符合清算条件的项目，不予受理。上述具体期限由各省、自治区、直辖市、计划单列市税务机关确定。主管税务机关已受理的清算申请，纳税人无正当理由不得撤销。

（五）清算审核

主管税务机关受理纳税人清算资料后，应在一定期限内及时组织清算审核。具体期限由各省、自治区、直辖市、计划单列市税务机关确定。

清算审核包括案头审核、实地审核。案头审核是指对纳税人报送的清算资料进行数据、逻辑审核，重点审核项目归集的一致性、数据计算准确性等。实地审核是指在案头审核的基础上，通过对房地产开发项目实地查验等方式，对纳税人申报情况的客观性、真实性、合理性进行审核。

（六）非直接销售和自用房地产的收入确定

1. 房地产开发企业将开发产品用于职工福利、奖励、对外投资、分配给股东或投资人、抵偿债务、换取其他单位和个人的非货币性资产等，发生所有权转移时应视同销售房地产，其收入按下列方法和顺序确认：

（1）按本企业在同一地区、同一年度销售的同类房地产的平均价格确定；

（2）由主管税务机关参照当地当年、同类房地产的市场价格或评估价值确定。

2. 房地产开发企业将开发的部分房地产转为企业自用或用于出租等商业用途时，如果产权未发生转移，不征收土地增值税，在税款清算时不列收入，不扣除相应的成本和费用。

（七）核定征收

房地产开发企业有下列情形之一的，税务机关可以参照与其开发规模和收入水平相近的当地企业的土地增值税税负情况，按不低于预征率的征收率核定征收土地增值税：

1. 依照法律、行政法规的规定应当设置但未设置账簿的。

2. 擅自销毁账簿或者拒不提供纳税资料的。

3. 虽设置账簿，但账目混乱或者成本资料、收入凭证、费用凭证残缺不全，难以确定转让收入或扣除项目金额的。

4. 符合土地增值税清算条件，未按照规定的期限办理清算手续，经税务机关责令限期清算，逾期仍不清算的。

5. 申报的计税依据明显偏低，又无正当理由的。

符合上述核定征收条件的，由主管税务机关发出核定征收的税务事项告知书后，税务人员对房地产项目开展土地增值税核定征收核查，经主管税务机关审核合议，通知纳税人申报缴纳应补缴税款或办理退税。

五、清算后再转让房地产的处理

在土地增值税清算时未转让的房地产，清算后销售或有偿转让的，纳税人应按规定进行土地增值税的纳税申报，扣除项目金额按清算时的单位建筑面积成本费用乘以销售或转让面积计算，其计算公式为：

单位建筑面积成本费用 = 清算时的扣除项目总金额 ÷ 清算的总建筑面积

练习与思考

一、概念题

1. 土地增值税　　2. 房地产抵押
3. 合作建房　　4. 超率累进税率
5. 速算扣除系数　　6. 旧房及建筑物的评估价格
7. 重置成本价　　8. 成新度折扣率

二、思考题

1. 开征土地增值税的作用是什么？
2. 土地增值税的征税范围如何界定？
3. 土地增值税的法定扣除项目有哪些？
4. 土地增值税核定征收的条件是什么？
5. 土地增值税的清算条件是什么？

三、案例题

案例1：某企业2004年5月在市区购置一栋办公大楼，支付价款7 000万元。2008年5月该企业将办公大楼转让，取得转让收入9 000万元，签订产权转移书据。办公大楼经税务机关认定的重置成本价为10 000万元，成新率为70%。

要求：计算该企业在缴纳土地增值税时计算的增值额。

参考答案：

（1）与房地产转让有关的税金：

应纳营业税税额＝（9 000－7 000）×5%＝100（万元）

应纳城建税及教育费附加＝100×（7%＋3%）＝10（万元）

应纳税金合计＝100＋10＝110（万元）

（2）旧房的评估价格＝10 000×70%＝7 000（万元）

（3）增值额＝9 000－7 000－110＝1 890（万元）

案例2：某房地产开发公司地处市区，建造并出售一栋商品房，取得收入2 000万元，纳税人为建造该栋商品房支付地价款500万元，建造此楼投入的房地产开发成本为600万元，但由于其他原因该公司不能提供准确的利息支出情况。当地政府规定允许扣除的房地产开发费用的计算比例为10%；营业税税率为5%。

要求：计算该公司应缴纳的土地增值税税额。

参考答案：

（1）转让房地产取得的收入总额为2 000万元。

（2）确定扣除项目金额：

取得土地使用权所支付的地价款为500万元；

房地产开发成本为600万元；

房地产开发费用＝（500＋600）×10%＝110（万元）

与房地产转让有关的税金为：

应纳营业税税额＝2 000×5%＝100（万元）

应纳城建税及教育费附加 = 100 ×（7% + 3%）= 10（万元）

税金合计 = 100 + 10 = 110（万元）

其他扣除项目 =（500 + 600）× 20% = 220（万元）

扣除项目金额合计 = 500 + 600 + 110 + 110 + 220 = 1 540（万元）

（3）计算增值额。

增值额 = 2 000 − 1 540 = 460（万元）

（4）计算增值额与扣除项目金额之比。

增值额与扣除项目金额之比 = 460 ÷ 1 540 = 29.9%

由于增值额与扣除项目金额之比低于 50%，因此应适用 30% 的税率，速算扣除系数为 0。

（5）计算应缴纳的土地增值税税额。

应纳税额 = 460 × 30% = 138（万元）

所以，该房地产开发公司应缴纳的土地增值税税额为 138 万元。

案例 3：某单位（非房地产开发单位）地处市区，转让一栋办公楼，共取得转让收入 10 000 万元，公司按国家税法规定缴纳了相关税金。已知该单位为取得土地使用权而支付的地价款和按国家统一规定缴纳的有关费用为 2 000 万元；投入的房地产开发成本为3 000 万元；房地产开发费用中的利息支出为 500 万元（能够按转让房地产项目计算分摊并提供金融机构证明），但其中有 50 万元属于加罚的利息。该单位所在地政府规定的其他房地产开发费用的计算扣除比例为 5%。

要求：计算该单位应缴纳的土地增值税税额。

参考答案：

（1）转让房地产取得的收入总额为 10 000 万元。

（2）确定扣除项目金额：

取得土地使用权所支付的地价款和相关费用为 2 000 万元；

房地产开发成本为 3 000 万元；

房地产开发费用 =（2 000 + 3 000）× 5% = 250（万元）

与房地产转让有关的税金为：

应纳营业税税额 = 10 000 × 5% = 500（万元）

应纳城建税及教育费附加 = 500 ×（7% + 3%）= 50（万元）

应纳印花税 = 10 000 × 0.5‰ = 5（万元）

税金合计 = 500 + 50 + 5 = 555（万元）

扣除项目金额合计 = 2 000 + 3 000 + 250 +（500 − 50）+ 555 = 6 255（万元）

（3）计算增值额：

增值额 = 10 000 − 6 225 = 3 745（万元）

（4）计算增值额与扣除项目金额之比：

增值额与扣除项目金额之比 = 3 745 ÷ 6 255 = 59.87%

由于增值额与扣除项目金额之比高于 50% 低于 100%，因此应适用 40% 的税率，速算扣除系数为 5%。

（5）计算应缴纳的土地增值税税额：

应纳税额 = 3 745 × 40% − 6 255 × 5% = 1 185.25（万元）

所以，该单位应缴纳的土地增值税税额为 1 185.25 万元。

第十六章　资源税

第一节　资源税概述

一、资源税概念

资源税，是指对在我国境内从事应税矿产品开采和生产盐的单位和个人征收的一种税，属于对自然资源占用课税的范畴。自然资源泛指天然存在的自然物质资料来源，包括矿藏资源、土地资源、生物资源、海洋资源、水利资源以及阳光、风能等地上、地下、海底的一切资源。

二、资源税的特点

（一）特定资源征税

我国现行的资源税不是对所有的自然资源征税，而是选择对矿产资源和盐进行征税。在矿产资源中，还采取了根据矿产品价格和采掘业的实际状况选择品目，分批分步实施征收资源税的办法。1994 年实行新的资源税制，规定对所有的矿产资源征收资源税，具体操作时对矿产品的绝大多数主要矿种，采取列举品目的办法征收；未列举品目的矿种主要是税源不大、不具有代表性的矿种，这部分品目征收资源税或者缓征资源税的权限适当下放给地方。

（二）受益性

在我国，自然资源属于国家所有，国家可以凭借对自然资源的所有权向资源的开发经营者收取占用费或租金，也可以凭借政治权力征税。资源税的征收，既体现了税收强制性、固定性的特点，又体现了对国有资源的有偿占用性。单位和个人开发经营国有自然资源，有义务为拥有开发权和享受国有自然资源支付一定的费用。所以说，我国的资源税具有受益税的性质。

（三）级差性

各种自然资源在客观上都存在着好坏、贫富、储存状况、开采条件、选矿条件、地理位置等种种差异。由于这些客观因素的影响，必然导致各资源开发者和使用者在资源丰瘠和收益多少上存在较大差距。我国资源税通过对同一资源实行高低不同的差别税率，可以直接调节因资源条件不同而产生的级差收入。所以说，资源税实际上是一种级差收入税。

（四）从量定额征收

资源税税负是根据应税资源的不同品种以及同一品种的不同资源、开采条件按其资源产地和等级分别确定的，并根据各种资源的计量单位确定其单位数额，实行从量定额征收。采用定额税率征税，税款的多少只同资源的开采量或销售量有关，而同企业成本及产品价格无关。这样，既保证了国家税收收入的稳定，税收征管简便，又保证了企业税负不会因资源产品市场价格变化而发生变化。

三、资源税的发展演变

我国对资源的课税可追溯到春秋时期的“官山海”，其以专卖为名，行征税之实，可以说是资源税的萌芽。自春秋时期国家凭借政权从盐、铁等资源取得收入以来，历代王朝大臣都相沿办理。

新中国成立后，我国颁布了《全国税政实施要则》，其中明确了对盐的生产、运销征收盐税。但是对矿产资源的开采如何课税并没有规定，所以在长达30多年的时间内我国实行的是资源无偿开采的制度。

1984年10月1日，《中华人民共和国资源税条例草案》施行，考虑到当时我国矿产品价格不够合理，采掘业困难较大，征收资源税的经验不足等因素，该条例只对原油、天然气、煤炭三种产品先行开征了资源税，对金属矿产品和其他非金属矿产品暂缓征收。1992年1月1日开始对金属矿产品中具有代表性的铁矿石征收资源税。

1994年1月1日起实施的《中华人民共和国资源税暂行条例》，取消了对尚未开征资源税的金属矿产品和其他非金属矿产品的缓征照顾，并将盐税并到资源税中，此时资源税的征收范围扩大为原油、天然气、煤炭、其他非金属矿原矿、黑色金属矿原矿、有色金属矿原矿和盐7种，即对所有的矿产资源全面征收资源税，使资源税成为我国税制中征税较为普遍的一个税种。

四、资源税的作用

资源税的开征，为构建我国的资源占用课税体系奠定了基础，对于完善我国的税制结构，拓宽税收的调节领域，全面发挥税收的职能作用具有重要的意义。在社会主义市场经济条件下，资源税的作用主要体现在以下几个方面：

（一）促进公平竞争

我国各地资源状况参差不齐，资源开发条件也存在着较多差异，从而使各资源开采企业的利润水平高低不一，产生级差收入。资源税根据自然资源的贫瘠和开采条件的差异实行差别税率，可以达到对级差收入进行调节的目的，使开发利用资源企业的盈利水平趋于合理，为企业公平竞争创造有利的外部条件。

（二）合理开发利用自然资源

资源税体现了国有自然资源有偿占用的原则，它的征收将资源的开发使用同纳税人的切身利益紧密结合起来，从而可以促使纳税人节约、合理的开发和利用自然资源，减少资源的损失和浪费，有利于我国经济的可持续发展。

（三）合理处理分配关系

征收资源税可以对资源开发企业的级差收入进行合理调节，排除利润分配上的不合理因素，有利于正确处理国家、企业和个人之间的分配关系；资源税收入大部分归地方，有利于增加地方财政收入，处理中央和地方财政收入分配的关系；有利于解决由于初级资源产品价格偏低造成西部收入东移的问题，把中西部地区的资源优势变为经济和财政优势，有利于处理东西部发展的关系。

案例分析

【例】我国现行资源税主要有（　　）几个特点。

A. 具有受益税性质　　B. 只对特定资源税征税

C. 具有级差收入税的性质　　D. 实行从量定额征收

参考答案：A、B、C、D。

第二节　资源税征税范围

我国资源税的征税范围仅限于矿产品和盐。

一、矿产品

矿产品包括原油、天然气、煤炭、其他非金属矿原矿、黑色金属矿和有色金属矿。

原油，是指开采的天然原油，不包括人造石油。原油包括稠油、高凝油和稀油。

天然气，是指专门开采的天然气和与原油同时开采的天然气，暂不包括煤矿生产的天然气。

煤炭，是指原煤，不包括洗煤、选煤和其他煤炭制品。原煤是指直接从地下开采出来，未经过洗选加工的煤。

其他非金属矿原矿，是指上列产品和井矿盐以外的非金属矿原矿，包括宝石、金刚石、玉石、膨润土、石墨、石英砂、萤石、重晶石、毒重石、蛭石、长石、氟石、滑石、白云石、硅灰石、凹凸棒石黏土、高岭石土、耐火黏石、云母、大理石、花岗石、石灰石、菱镁矿、天然碱、石膏、硅线石、工业用金刚石、石棉、硫铁矿、自然硫、磷铁矿以及未列举名称的其他非金属矿原矿。

黑色金属矿原矿，是指铁矿石、锰矿石和铬矿石。

有色金属矿原矿，是指铜矿石、铅锌矿石、铝土矿石、钨矿石、锡矿石、锑矿石、铝矿石、镍矿石、黄金矿石、矾矿石和其他有色金属矿原矿。

案例分析

【例1】下列油类产品中，应征收资源税的为（　　）。

A. 人造石油　　B. 天然原油

C. 汽油　　D. 机油

参考答案：B。

【例2】源税中煤炭的征税范围包括（　　）。

A. 洗煤　　B. 选煤

C. 煤炭制品　　D. 原煤

参考答案：D。

二、盐

盐，是指固体盐和液体盐。固体盐，包括海盐原盐、湖盐原盐和井矿盐；液体盐，指卤水，即氯化钠含量达到一定浓度的溶液，是用于生产碱和其他产品的原料。

政策解析

第一，未列举名称的其他非金属矿原矿和其他有色金属矿原矿，由省、自治区、直辖市人民政府决定征收或暂缓征收资源税，并报财政部和国家税务总局备案。

第二，纳税人在开采主矿产品的过程中伴采的其他应税矿产品，凡未单独规定适用税额的，一律按主矿产品或视同主矿产品税目征收资源税。一般而言，现实中的矿床很少仅有一种矿产品，通常是具有一种主要矿产品外，还有一些其他矿产品。伴采矿是指开采单位在同一矿区内开采主产品时，伴采出来的非主产品元素的矿石。根据税法规定，对伴采矿量大的，由省、自治区、直辖市人民政府根据规定，对其核定资源税单位税额标准；对伴采矿量小的，则在销售时，按照国家对收购单位规定的相应品目的单位标准进行缴纳资源税。由于伴采矿量的大小由企业自己生产经营所决定，如果伴采矿的单位税额比主产品高，则纳税人应尽量在开采之初少采甚至不采伴生矿，减少伴生矿产量，等确定本单位资源税税额标准后，再适当扩大企业的伴采矿量。

第三，对于纳税人开采或者生产不同税目应税产品的，应当分别核算；未分别核算或者不能准确提供不同税目应税产品的课税数量的，从高适用税额。

第三节 资源税纳税人

一、纳税人

资源税的纳税人，是指在中华人民共和国境内开采应税矿产品或者生产盐的单位和个人。

所谓单位，包括国有企业、集体企业、私营企业、股份制企业、外商投资企业、外国企业、其他企业和事业单位、社会团体、国家机关、部队以及其他单位。所谓个人，包括个体工商户以及其他个人，包括中华人民共和国公民和外国公民。

案例分析

【例1】在中华人民共和国境内开采（　　）的单位和个人，为资源税的纳税人。

A. 应税矿产品　　B. 生产盐

C. 资源　　D. 应税矿产品或者生产盐

参考答案：D。

【例2】资源税的纳税义务人包括从事应税资源开采或生产而进行销售或自用的所有单位和个人，但不包括（　　）。

A. 外商投资企业和外国企业　　B. 进口应税产品的单位

C. 进口应税产品的个人　　D. 私有企业

参考答案：B、C。

政策解析

第一，进口的资源产品，不属于资源税的征收范围。所以，进口资源产品的单位和个人不是资源税的纳税人。

第二，军队、军工系统所属企业开采或者生产资源税应税产品，无论是供军队内部使用还是对外销售，都要按规定征收资源税。

二、扣缴义务人

独立矿山、联合企业和其他收购未税矿产品的单位，为资源税的扣缴义务人。

所谓独立矿山，是指只有采矿或只有采矿和选矿，独立核算、自负盈亏的单位，其生产的原矿和精矿主要用于对外销售。所谓联合企业，是指采矿、选矿、冶炼（或加工）连续生产的企业或采矿、冶炼（或加工）连续生产的企业，其采矿单位一般是该企业的二级或二级以下核算单位。其他收购未税矿产品的单位，包括收购未税矿产品的个体户在内。

案例分析

【例】根据资源税条例和细则规定的扣缴义务人，具体包括：(　　)。

A. 收购未税矿产品的单位　　B. 独立矿山

C. 联合企业　　D. 资源开采单位和个人

参考答案：A、B、C。

第四节　资源税税率

资源税在生产环节征收，实行一次课征制度。资源税在税率设计上采用定额税率，其税率如表 16－1 所示。

表 16－1　　资源税税目税额明细表

税　　目	税额幅度
原油	8—30 元/吨
天然气	2—15 元/千立方米
煤炭	0.3—8 元/吨
其他非金属矿原矿	0.5—20 元/吨、克拉或者立方米
黑色金属矿原矿	2—30 元/吨
有色金属矿原矿	0.4—30 元/吨或立方米挖出量
盐	固体盐 10—60 元/吨；液体盐 2—10 元/吨

政策解析

第一，资源税应税产品的具体适用税额按《资源税税目税额明细表》和《几个主要品种的矿山资源等级表》的规定执行。

第二，对于划分资源等级的应税产品，如果在《几个主要品种的矿山资源等级表》

中未列举适用的税额，由省、自治区、直辖市人民政府根据纳税人的资源状况，参照《资源税税目税额明细表》和《几个主要品种的矿山资源等级表》中确定的邻近矿山的税额标准，在浮动30%的幅度内核定，并报财政部和国家税务总局备案。

第三，独立矿山、联合企业收购未税矿产品，按照本单位应税产品税额标准，依据收购的数量代扣代缴资源税。

第四，其他收购单位收购未税矿产品，按税务机关核定的应税产品税额标准，依据收购的数量代扣代缴资源税。

第五节 资源税税收优惠

一、减免税

1. 开采原油过程中用于加热、修井的原油，免税。

案例分析

【例】华北某油田2008年6月开采原油100万吨，直接销售80万吨；移送5万吨原油用于加热；移送3万吨用于修井；移送12吨至所属工厂进行加工提炼；库存原油7吨；开采原油同时开采天然气30 000立方米，本月全部销售。已知该油田原油单位税额10元/吨，天然气单位税额5元/千立方米。则该油田用于加热、修井的原油，免征资源税；库存原油，无需要缴纳资源税；直接销售的原油、移送使用的原油、与原油同时开采的天然气应计算缴纳资源税。

应纳资源税 =（80 +12）×10 000 ×10 +30 千立方米 ×5 =9 200 150（元）

2. 纳税人开采或者生产应税产品过程中，因意外事故或者自然灾害等原因遭受重大损失的，由省、自治区、直辖市人民政府酌情决定减税或者免税。

3. 自2006年1月1日起，对冶金矿山铁矿石资源税，暂按规定税额标准的60%征收。

4. 自从2004年7月1日起，东北三省对低丰度油田和衰竭期矿山可在不超过30%的幅度内降低资源税适用税额标准，报省人民政府批准后实施，并报财政部、国家税务总局备案。对因降低资源税税额标准而减少的收入，由地方自行消化解决。

5. 中外合作开采石油、天然气，按照现行规定征收矿区使用费，暂不征收资源税。

政策解析

第一，境内开采销售原油的外商投资企业、境内开采销售天然气的军事单位、境内开采销售天然气的个体经营者、境内生产销售原煤的私营企业均属于资源税纳税义务人。

第二，进口销售原油的外国企业、境内开采销售原油的中外合作单位、境内生产销售人造原油的国有企业、进口天然气的石油天然气公司、进口铜矿石的国有企业、境内使用天然气的消费者等，不属于资源税纳税义务人，不计算缴纳资源税。

6. 西气东输项目上游开采天然气中外合作区块缴纳矿区使用费，暂不缴纳资源税。

7. 从2006年1月1日起，取消对有色金属矿资源税减征30%的优惠政策，恢复按全额征收。

8. 自2006年7月1日起，对青藏铁路及其所属单位自采自用的砂、石等材料免征资源税；对青藏铁路公司及其所属单位自采外销及其他单位和个人开采销售给青藏铁路公司及其所属单位的砂、石等材料照章征收资源税。

9. 自2007年1月1日起，对地面抽采煤层气暂不征收资源税。

10. 自2007年2月1日起，北方海盐资源税暂减按每吨15元征收，南方海盐、湖盐、井矿盐资源税暂减按每吨10元征收；液体盐资源税暂减按每吨2元征收。

11. 根据铅锌矿石、铜矿石和钨矿石的市场价格以及生产经营情况，为进一步促进其合理开发利用，经研究决定，自2007年8月1日起，对上述三种矿产品资源税适用税额标准作以下调整：

（1）铅锌矿石单位税额标准：一等矿山调整为每吨20元；二等矿山调整为每吨18元；三等矿山调整为每吨16元；四等矿山调整为每吨13元；五等矿山调整为每吨10元。

（2）铜矿石单位税额标准：一等矿山调整为每吨7元；二等矿山调整为每吨6.5元；三等矿山调整为每吨6元；四等矿山调整为每吨5.5元；五等矿山调整为每吨5元。

（3）钨矿石单位税额标准：三等矿山调整为每吨9元；四等矿山调整为每吨8元；五等矿山调整为每吨7元。

政策解析

纳税人的减税、免税项目，应当单独核算课税数量；未单独核算或者不能准确提供课税数量的，不予减税或者免税。

二、税额扣除

纳税人以外购的液体盐加工成固体盐，其加工固体盐所耗用液体盐的已纳税额准予抵扣。

三、进出口征税

对进口的矿产品和盐，不征收资源税。对出口的应税资源产品，不免征资源税或不退还已纳资源税。

第六节　资源税应纳税额的计算

一、计税依据

资源税采取从量定额的办法征收，其计税依据是应税资源产品的课税数量。

（一）一般规定

纳税人开采或者生产应税产品销售的，以销售数量为课税数量；纳税人开采或者生产应税产品自用的，以自用数量为课税数量。

（二）特殊规定

1. 纳税人不能准确提供应税产品销售数量或移送使用数量的，以应税产品的产量或主管税务机关确定的折算比换算成的数量为课税数量。

案例分析

【例】假定某个体户生产煤炭并连续加工生产某种煤炭制品，而且由于其采用的加工技术相对落后，使得其产品的加工生产综合回收率相对同行业企业较低。如该煤矿生产最终产品1 000吨，同行业综合回收率为40%，本企业综合回收率为25%，则纳税人若在企业综合回收率相对较低的时候选择不提供或不准确提供应税产品销售数量或者移送使用数量，则税务机关根据同行业企业的平均综合回收率折算应税产品数量时，就会相对少算课税数量，进而少缴纳资源税。

纳税人实际课税数量＝1 000÷25%＝4 000（吨）

税务机关折算数量＝1 000÷40%＝2 500（吨）

2. 原油中的稠油、高凝油与稀油划分不清或不易划分的，一律按原油的数量课税。

3. 煤炭，对于连续加工前无法正确计算原煤移送使用数量的，可按加工产品的综合回收率，将加工产品实际销量和自用量折算成原煤数量作为课税数量。

案例分析

【例】某煤矿2008年9月开采原煤10 000吨，当月销售4 000吨；从矿井下开采选煤5 000吨，本月销售3 000吨；生产天然气3 000立方米，当月全部销售。已知煤矿原煤单位税额1.6元/吨；天然气5元/千立方米。选煤综合回收率为30%。该煤矿与原煤伴采的天然气不计算缴纳资源税，由于无法正确计算原煤移送使用数量，纳税人应按综合回收率将选煤按实际销量折算成原煤数量作为课税数量，计算缴纳资源税。

应纳资源税＝（4 000＋3 000÷30%）×1.6＝22 400（元）

4. 金属和非金属矿产品原矿，因无法准确掌握纳税人移送使用原矿数量的，可将其精矿按选矿比折算成原矿数量作为课税数量。

案例分析

【例】某大型铝矿山2008年11月开采铝矿石原矿60 000吨，直接销售10 000吨；用铝矿厂原矿加工精矿粉5 800吨，本月销售3 000吨。铝矿单位税额为1.20元/吨，精矿选矿比为1∶30。该矿山应将其精矿按选矿比折算成原矿数量作为课税数量计算缴纳资源税。

应纳资源税＝（10 000＋5 800×30）×1.20＝220 800（元）

5. 纳税人以自产的液体盐加工固体盐，按固体盐税额征税，以加工的固体盐数量为课税数量。

二、应纳税额的计算

应纳税额＝课税数量×单位税额

第七节　资源税申报缴纳

一、纳税义务发生时间

1. 纳税人生产销售应税产品，其纳税义务发生时间是：

（1）采取分期收款结算方式的，为销售合同规定的收款日期的当天。

（2）采取预收货款结算方式的，为发出应税产品的当天。

（3）采取其他结算方式的，为收讫销售款或者取得索取销售款凭据的当天。

2. 自产自用应税产品的，其纳税义务发生时间为移送使用应税产品的当天。

3. 扣缴义务人扣缴税款义务发生时间，为支付首笔货款或者开具应支付货款凭据的当天。

二、纳税期限

资源税的纳税期限为1日、3日、5日、10日、15日或者一个月。纳税人的纳税期限由主管税务机关根据实际情况具体核定，不能按固定期限计算纳税的，可以按次计算纳税。

纳税人以1个月为一期纳税的，自期满之日起10日内申报纳税；以1日、3日、5日、10日或者15日为一期纳税的，自期满之日起5日内预缴税款，于次月1日起10日内申报纳税并结清上月税款。扣缴义务人的解缴税款期限，比照上述规定执行。

三、纳税地点

凡是缴纳资源税的纳税人，都应当向应税产品的开采或者生产所在地主管税务机关缴纳。

纳税人在本省、自治区、直辖市范围内开采或者生产应税产品，其纳税地点需要调整的，由所在地省、自治区、直辖市税务机关决定。纳税人跨省开采应税矿产品，其下属生产单位与核算单位不在同一省、自治区、直辖市的，对其开采的矿产品一律在开采地纳税，其应纳税款由独立核算、自负盈亏的单位，按照开采地的实际销售量（或者自用量）及适用的单位税额计算划拨。

扣缴义务人代扣代缴的资源税，应当向收购地主管税务机关缴纳。

案例分析

【例】扣缴义务人代扣代缴的资源税，应当向（　　）主管税务机关缴纳。

A. 开采地　　B. 生产所在地

C. 销售地　　D. 收购地

参考答案：D。

练习与思考

一、概念题

1. 资源税　2. 资源税扣缴义务人　3. 未税矿产品

二、思考题

1. 资源税的特点是什么？

2. 资源税的作用有哪些？

3. 资源税的征税对象是什么？

4. 资源税的税基是什么？

5. 资源税纳税义务发生时间如何确定？

6. 资源税的纳税期限有哪些？

三、案例题

案例 1：煤矿企业应纳税额的计算与缴纳

某煤矿为增值税一般纳税人，2008 年 10 月发生如下经济业务：

（1）购进采煤设备 1 台，取得增值税专用发票，支付价款、税款合计 351 000 元；委托某运输企业负责运输，取得运输发票，支付运输费用 70 000 元。

（2）购进生产用零部件 1 批，取得增值税专用发票，支付价款 100 000 元、税款 17 000元。

（3）生产原煤 10 000 吨，对外销售 8 000 吨，开具增值税专用发票，收取不含税销售额 1 800 000 元。

（4）职工食堂领用同品质原煤 800 吨，按成本价 96 000 元转账结算。

（5）销售洗煤 1 400 吨，开具增值税专用发票，取得不含税销售额 420 000 元。

（6）以同品质洗煤 700 吨支付发电厂电费（生产经营用电），开具增值税专用发票，发票上列明的不含税销售额 210 000 元；取得电厂开具的增值税专用发票，支付价款 202 820.51元、增值税 34 479.49 元。

（7）生产天然气 2 000 立方米全部对外销售，开具增值税专用发票，收取不含税销售额 8 000 元。

（8）上期未抵扣完的进项税额 65 520.51 元。

其他资料：原煤资源税单位税额 3 元/吨，天然气资源税单位税额 2 元/千立方米，洗煤加工产品的综合回收率为 70%；本例涉及的合法增值税专用发票已纳入防伪税控系统，在本申报期均通过主管税务机关认证。

要求：

（1）计算该煤矿 10 月应缴纳的增值税。

（2）计算该煤矿 10 月应缴纳的资源税。

（3）说明该煤矿适用的税收优惠政策有哪些。

参考答案：

（1）计算该煤矿应缴纳的增值税：

销项税额 = 1 800 000 × 13% + 800 ×（1 800 000 ÷ 8 000）× 13% + 420 000 × 13% + 210 000 × 13% + 8 000 × 13%
= 340 340（元）

进项税额 = 17 000 + 34 479.49 + 65 520.51 = 117 000（元）

应纳税额 = 340 340 − 117 000 = 223 340（元）

注意：2009 年 1 月 1 日起煤炭的增值税税率恢复为 17%。2009 年 1 月 1 日起固定资产可抵扣进项税额。

（2）计算该煤矿应缴纳的资源税：

应纳税额 = 8 000 × 3 + 800 × 3 + 1 400 ÷ 70% × 3 + 700 ÷ 70% × 3 = 35 400（元）

（3）该煤矿适用的税收优惠政策有：应征收资源税的天然气是指专门开采的天然气和与原油同时开采的天然气，对该煤矿生产的天然气暂不征收资源税。

案例二：盐业企业资源税的计算

某盐场为增值税一般纳税人，主要生产液体盐和固体盐。2008年经济业务如下：

（1）销售固体盐75万吨。在生产固体盐过程中耗用自产液体盐200万吨、外购液体盐50万吨。

（2）用自产的固体盐加工的精盐15万吨、粉洗盐10万吨，全部销售。

其他资料：该盐场固体盐适用的资源税额30元/吨；自产、外购的液体盐适用的资源税额均为5元/吨；该盐场1吨固体盐可加工0.6吨精盐或0.8吨粉盐。

要求：

（1）计算该盐场全年应纳的资源税。

（2）说明该盐场适用的税收优惠政策有哪些。

参考答案：

（1）计算该盐场全年应纳的资源税：

应纳资源税额 =（75 + 15 ÷ 0.6 + 10 ÷ 0.8）×30 − 50 × 5 = 3 125（万元）

（2）该盐场适用的税收优惠政策有：该盐场以自产的液体盐加工固体盐，应按固体盐税额征税，对自产自用的液体盐不征税；以外购的液体盐加工固体盐，其加工固体盐所耗用液体盐的已纳税额准予抵扣。自产自用的原盐，以移送使用量为课税数量。

案例三：油田企业资源税的计算

某油田2008年10月发生的经济业务如下：

（1）生产原油30万吨，其中：对外销售22万吨，将5万吨原油移送所属化工厂进行加工提炼，1万吨用于加热和修井，还有2万吨待售。

（2）伴采天然气100千立方米；本月销售80千立方米，自用20千立方米。

该油田资源税额：原油税额为8元/吨，天然气单位税额为10元/千立方米。

要求：

（1）计算该油田本月应纳的资源税。

（2）说明该油田适用的税收优惠政策有哪些。

参考答案：

（1）计算该油田本月应纳的资源税：

销售原油应纳资源税 =（22 + 5）×8 = 216（万元）

销售天然气应纳资源税 = 100 × 10 = 1000（元）= 0.10（万元）

该油田本月应纳的资源税 = 216 + 0.10 = 216.10（万元）

（2）该油田适用的税收优惠政策有：开采原油过程中用于加热、修井的原油，免征资源税。

第十七章　烟叶税

第一节　烟叶税概述

一、烟叶税的由来

烟叶税，是国家对收购烟叶的单位，按照收购金额的一定比例征收的一种税。

烟叶作为一种特殊产品，国家历来对其实行专卖政策，与之相适应，对烟叶也一直征收较高的税收和实行比较严格的税收管理。1958 年我国颁布实施《中华人民共和国农业税条例》（以下简称《农业税条例》）。1983 年，国务院以《农业税条例》为依据，选择特定农业产品征收农林特产农业税。当时农业特产农业税征收范围不包括烟叶，对烟叶另外征收产品税和工商统一税。1994 年我国进行了财政体制和税制改革，国务院决定取消原产品税和工商统一税，将原农林特产农业税与原产品税和工商统一税中的农林牧水产品税目合并，改为统一征收农业特产农业税，并于同年 1 月 30 日发布《国务院关于对农业特产收入征收农业税的规定》（国务院令 143 号）。其中规定对烟叶在收购环节征收特产农业税，税率为 31%。1999 年，将烟叶特产农业税的税率下调为 20%。

2004 年 6 月，根据《中共中央、国务院关于促进农民增加收入若干政策的意见》（中发［2004］1 号），财政部、国家税务总局下发《关于取消除烟叶外的农业特产农业税有关问题的通知》（财税［2004］120 号），规定从 2004 年起，除对烟叶暂保留征收农业特产农业税外，取消对其他农业特产征收的农业特产农业税。2005 年 12 月 29 日，十届全国人大常委会第十九次会议决定，《农业税条例》自 2006 年 1 月 1 日起废止。至此，对烟叶征收农业特产农业税失去了法律依据。2006 年 4 月 28 日，国务院公布了《中华人民共和国烟叶税暂行条例》，并自公布之日起施行。

二、烟叶税的作用

烟叶税的开征，有重要的财政作用，通过征收烟叶税取代原烟叶特产农业税，实现烟叶税制的稳定转变，完善烟草税制体系，保证地方财政收入稳定，引导烟叶种植和烟草行业健康发展。

（一）稳定烟叶产区的地方财政收入

以前的烟叶特产农业税收入全部是划归县乡财政的，而且烟叶产区多数集中在西部地区和边远地区，这部分收入在当地财政收入中占有较大比例，在取消烟叶特产农业税的同时开征烟叶税，通过国家财政转移支付去保持烟叶产区财政收入的稳定，这样才能保证烟叶产区县乡经济的发展。

（二）促进烟草行业的健康稳定发展

烟叶是生产卷烟的主要原材料，如果停止征收烟叶特产农业税，肯定会影响地方政府引导和发展烟叶种植的积极性，对于卷烟工业的持续稳定发展也是不利的，而开征烟叶税则可以很好地解决这些问题，保持税收政策的连续性，充分兼顾了烟叶产区的地方利益。

第二节　烟叶税征税范围

烟叶税的征收范围为烟叶，包括晾晒烟叶和烤烟叶。其中的晾晒烟叶，包括列入名晾晒烟名录的晾晒烟叶和未列入名晾晒烟名录的其他晾晒烟叶。

第三节　烟叶税纳税人

烟叶税的纳税义务人，为在我国境内收购烟叶的单位。

收购烟叶的单位是指依照《中华人民共和国烟草专卖法》的规定有权收购烟叶的烟草公司或者受其委托收购烟叶的单位。依照《中华人民共和国烟草专卖法》查处没收的违法收购的烟叶，由收购罚没烟叶的单位按照购买金额计算缴纳烟叶税。

第四节　烟叶税税率

烟叶税实行比例税率，税率为20%。烟叶税税率的调整，由国务院决定。

烟叶税的税率确定为20%的比例税率，基本保持了原烟叶特产农业税的税率水平。烟叶税实行全国统一的税率，主要是考虑到烟叶属于特殊的专卖品，其税率若存在地区间的差异，会形成各地之间的不公平竞争，不利于烟叶种植的统一规划和烟叶市场、烟叶收购价格的统一。

第五节　烟叶税税收优惠

烟叶税目前还没有税收优惠。

第六节　烟叶税应纳税额的计算

烟叶税的应纳税额按照纳税人收购烟叶的收购金额乘以20%的税率计算，其计算公式为：

应纳税额 = 烟叶收购金额 × 税率

烟叶收购金额包括纳税人支付给烟叶销售者的烟叶收购价款和价外补贴。按照简化手续、方便征收的原则，对价外补贴统一暂按烟叶收购价款的 10% 计入收购金额征税。收购金额计算公式为：

收购金额 = 收购价款 × （1 + 10%）

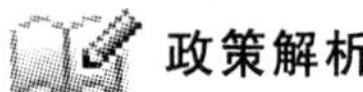 **政策解析**

对烟叶税纳税人按规定缴纳的烟叶税，准予并入烟叶产品的买价计算增值税的进项税额，并在计算缴纳增值税时予以抵扣，即购进烟叶准予抵扣的增值税进项税额，按照《中华人民共和国烟叶税暂行条例》及《财政部、国家税务总局印发〈关于烟叶税若干具体问题的规定〉的通知》（财税［2006］64 号）规定的烟叶收购金额和烟叶税及法定扣除率计算。

案例分析

【例】某收购单位向农民收购烟叶，收购价款 100 万元。则该笔业务，应以收购价款加计 10% 的价外补贴换算为收购金额，再以收购金额和适用税率计算应缴纳的烟叶税。

应纳烟叶税 = 100 × （1 + 10%） × 20% = 22（万元）

在计算增值税时，应以烟叶收购金额和烟叶税作为本次采购准予抵扣的进项税额计算基础，以 13% 的扣除率计算进项税额。

准予抵扣的进项税额 = ［100 × （1 + 10%） + 22］ × 13% = 17.16（万元）

第七节　烟叶税申报缴纳

烟叶税由地方税务机关征收。纳税人在收购烟叶时，应当向烟叶收购地的主管税务机关申报纳税。烟叶收购地的主管税务机关是指烟叶收购地的县级地方税务局或者其所指定的税务分局、所。

烟叶税的纳税义务发生时间为纳税人收购烟叶的当天。收购烟叶的当天是指纳税人向烟叶销售者付讫收购烟叶款项或者开具收购烟叶凭据的当天。

纳税人应当自纳税义务发生之日起 30 日内申报纳税。具体纳税期限由主管税务机关核定。

练习与思考

一、概念题

1. 烟叶税

二、思考题

1. 烟叶税的征收范围是什么？
2. 烟叶税的计税依据如何确定？

三、案例题

2008 年 9 月 16 日，某烟草公司向当地烟农收购了 8 000 公斤相同类型的烤烟叶，并于收购当天将全部收购款项支付给烟农并开具了收购凭据。由于烟农完全按照合同规定交售了烟叶，因此，烟草公司于烟叶收购结束后，依国家有关政策规定，以肥料形式兑付给每位烟农 0.5 元/斤的物质差价和 0.3 元/斤的煤炭补贴。已知该地区该类型烤烟叶的国家统一收购价格为 500 元/50 公斤。

要求：计算该烟草公司应缴纳的烟叶税。

参考答案：

应纳烟叶税 =8 000 ×500 ÷50 × （1 +10%） ×20% =17 600（元）

第六篇　所得税类

本篇是税收的实务篇，主要讲述所得税类税种的具体规定，其中主要包括企业所得税和个人所得税。通过学习，要求读者了解不同税种的税收规定，掌握最新最全的税收政策。

第十八章　企业所得税

本章为重点章节，主要介绍了企业所得税的基本内容，包括征税范围、纳税人、税率、纳税方法、计算方法和优惠项目。重点掌握企业所得税的计算及相关规定。

第一节　企业所得税概述

一、新企业所得税法及其实施条例的制定背景

为进一步完善社会主义市场经济体制，适应经济社会发展新形势的要求，为各类企业创造公平竞争的税收环境，根据党的十六届三中全会关于"统一各类企业税收制度"的精神，2007 年 3 月 16 日，第十届全国人民代表大会第五次会议审议通过了《中华人民共和国企业所得税法》，同日胡锦涛主席签署中华人民共和国主席令第 63 号，自 2008 年 1 月 1 日起施行。

新企业所得税法第五十九条规定，国务院根据本法制定实施条例。为了保障新企业所得税法的顺利实施，财政部、税务总局、国务院法制办会同有关部门根据新企业所得税法规定，认真总结实践经验，充分借鉴国际惯例，对需要在实施条例中明确的重要概念、重大税收政策以及征管问题作了深入研究论证，在此基础上起草了《中华人民共和国企业所得税法实施条例（草案）》，报送国务院审议。2007 年 11 月 28 日，国务院第 197 次常务会议审议原则通过。12 月 6 日，温家宝总理签署国务院令第 512 号，正式发布《中华人民共和国企业所得税法实施条例》（以下简称实施条例），自 2008 年 1 月 1 日起与新企业所得税法同步实施。

案例分析

【例】《中华人民共和国企业所得税法》属于（　　）。

A. 税收法规　　　　B. 税收法律

C. 税收规章　　　　D. 税收法规但具有税收法律地位

参考答案：B。

解析：《中华人民共和国企业所得税法》经过全国人民代表大会制定并通过，属于税收法律。

二、新企业所得税法及其实施条例的重大变化

与外商投资企业和外国企业所得税法及其实施细则、企业所得税暂行条例相比，新企业所得税法及其实施条例的重大变化，表现在以下方面：一是法律层次得到提升，改变了

过去内资企业所得税以暂行条例（行政法规）形式立法的做法；二是制度体系更加完整，在完善所得税制基本要素的基础上，充实了反避税等内容；三是制度规定更加科学，借鉴国际通行的所得税处理办法和国际税制改革新经验，在纳税人分类及义务的判定、税率的设置、税前扣除的规范、优惠政策的调整、反避税规则的引入等方面，体现了国际惯例和前瞻性；四是更加符合我国经济发展状况，根据我国经济社会发展的新要求，建立税收优惠政策新体系，实施务实的过渡优惠措施，服务我国经济社会发展。

三、新企业所得税法及其实施条例的主要内容

新企业所得税法实现了五个方面的统一，并规定了两个方面的过渡政策。五个方面的统一是：统一税法并适用于所有内外资企业，统一并适当降低税率，统一并规范税前扣除范围和标准，统一并规范税收优惠政策，统一并规范税收征管要求。除了上述“五个统一”外，新企业所得税法规定了两类过渡优惠政策。一是对新税法公布前已经批准设立、享受企业所得税低税率和定期减免税优惠的老企业，给予过渡性照顾。二是对法律设置的发展对外经济合作和技术交流的特定地区内，以及国务院已规定执行上述地区特殊政策的地区内新设立的国家需要重点扶持的高新技术企业，给予过渡性税收优惠。同时，国家已确定的其他鼓励类企业，可以按照国务院规定享受减免税优惠政策。

为了保证新企业所得税法的可操作性，实施条例按照新企业所得税法的框架，对新企业所得税法的规定逐条逐项细化，明确了重要概念、重大政策以及征管问题。主要内容包括：一是明确了界定新企业所得税法的若干重要概念，如实际管理机构、公益性捐赠、非营利组织、不征税收入、免税收入等；二是进一步明确了企业所得税重大政策，具体包括：收入、扣除的具体范围和标准，资产的税务处理，境外所得税抵免的具体办法，优惠政策的具体项目范围、优惠方式和优惠管理办法等；三是进一步规范了企业所得税征收管理的程序性要求，具体包括特别纳税调整中的关联交易调整、预约定价、受控外国公司、资本弱化等措施的范围、标准和具体办法，纳税地点，预缴税和汇算清缴方法，纳税申报期限，货币折算等。

四、新企业所得税制度体系建设的总体设想

新企业所得税法及其实施条例出台后，对企业所得税的基本税制要素、重大政策问题以及主要的税收处理作了明确，但由于企业所得税涉及各行各业，与企业生产经营的方方面面密切相关，还无法做到对所有企业、所有经济交易事项的所得税处理逐一规定。比如实施条例中仅规定了企业重组的所得税处理原则，没有对各种形式的企业重组的所得税处理予以具体明确；居民企业汇总纳税的所得税管理也没有作具体规定。因此，针对企业所得税制度的特点，结合我国20多年的税收立法实践，新企业所得税法及其实施条例出台后，国务院财政、税务主管部门还将根据新企业所得税法及其实施条例的规定，针对一些具体的操作性问题，研究制定部门规章和具体操作的规范性文件，作为新企业所得税法及其实施条例的配套制度。通过这样的制度安排，形成企业所得税法律、行政法规和规章及其规范性文件三个层次的制度框架，形成一个体系完备、符合国际惯例、便于操作的企业所得税制度体系。

第二节 企业所得税纳税义务人

一、纳税义务人的基本规定

在中华人民共和国境内，企业和其他取得收入的组织（以下统称“企业”）为企业所得税的纳税人，依照规定缴纳企业所得税。

个人独资企业、合伙企业不适用企业所得税法，不属于企业所得税的纳税人。所谓个人独资企业、合伙企业，是指依照中国法律、行政法规成立的个人独资企业、合伙企业。

政策解析

需要注意两个方面的内容：

第一，不适用企业所得税法的个人独资企业和合伙企业，是指“依照中国法律、行政法规”而成立的个人独资企业、合伙企业，它们作为个人所得税的纳税人，计算缴纳个人所得税。

案例分析

【例 1】依照《中华人民共和国个人独资企业法》成立的个人独资企业、依照《中华人民共和国合伙企业法》成立的合伙企业，不属于企业所得税的纳税人。这样规定，是考虑到个人独资企业和合伙企业的出资人对外承担无限责任，企业的财产与出资人的财产密不可分，生产经营收入也即出资人个人的收入并由出资人缴纳个人所得税。因此，为避免重复征税，个人独资企业和合伙企业不适用企业所得税法。

【例 2】按照现行企业所得税法的规定，下列企业中，不缴纳企业所得税的是(　　)。

A. 国有企业　　　　B. 私营企业

C. 合伙企业　　　　D. 外商投资企业

参考答案：C。

第二，实际管理机构在中国境内的境外个人独资企业，属于企业所得税法规定的居民企业纳税人；在中国境内设立机构场所而取得收入的境外合伙企业，属于企业所得税法规定的非居民企业纳税人，一律适用企业所得税法，计算缴纳企业所得税。这样规定，是考虑到依照外国法律法规在境外成立的个人独资企业和合伙企业，其境外投资人未在境内缴纳个人所得税，不存在重复征税的问题；并且，若对这些企业不征收企业所得税，容易造成税收漏洞，影响国家税收权益。因此，不适用企业所得税法的个人独资企业和合伙企业将外国的个人独资企业和合伙企业排除在外。

二、纳税义务人的具体规定

企业所得税纳税人分为居民企业和非居民企业。

（一）居民企业

1. 居民企业的界定。居民企业，是指依法在中国境内成立，或者依照外国（地区）

法律成立但实际管理机构在中国境内的企业。依法在中国境内成立的企业，包括依照中国法律、行政法规在中国境内成立的企业、事业单位、社会团体以及其他取得收入的组织。依照外国（地区）法律成立的企业，包括依照外国（地区）法律成立的企业和其他取得收入的组织。

案例分析

【例】按照企业所得税法和实施条例规定，下列各项中，属于非居民企业的是(　　)。

A. 在辽宁省工商局登记注册的企业

B. 在加拿大注册的企业设在沈阳的办事处

C. 在辽宁省注册但在加拿大开展工程承包的企业

D. 在加拿大注册但实际管理机构在沈阳的外资独资企业

参考答案：B。

2. 实际管理机构的判定。实际管理机构，是指对企业的生产经营、人员、账务、财产等实施实质性全面管理和控制的机构。上述实际管理机构应同时符合以下三个条件：

（1）实际管理机构是对企业有实质性管理和控制、对企业的经营活动能够起到实质性影响的机构。将实质性管理和控制作为认定实际管理机构的标准之一，有利于防止外国企业逃避税收征管，保障税收主权。

（2）实际管理机构是对企业实行全面的管理和控制的机构。

案例分析

【例】某机构只对在中国境内的某个生产车间进行管理，而该车间只是企业的一部分；或某机构只对在中国境内的仓库保管进行管理，该仓库并非企业关键的生产经营活动，则该机构不被认定为实际管理机构。只有该机构对在中国境内的企业的整体或主要的生产经营活动有实际管理控制，才属于对企业的生产经营活动负总体责任的管理控制机构，才符合实际管理机构标准。

（3）实际管理机构管理和控制的具体内容是企业的生产经营、人员、账务、财产等。

案例分析

【例】某外国企业，表面上境外机构对其有实质性全面管理和控制权，实质上是由在中国境内的一个机构对于企业的生产经营、人员、账务、财产等重要事务作出决策，则应当认定其实际管理机构在中国境内。

（二）非居民企业

1. 非居民企业的界定。非居民企业，是指依照外国（地区）法律成立且实际管理机构不在中国境内，但在中国境内设立机构、场所的，或者在中国境内未设立机构、场所，但有来源于中国境内所得的企业。

2. 机构、场所的界定。机构、场所，是指在中国境内从事生产经营活动的机构、场所，包括：

（1）管理机构、营业机构、办事机构；

（2）工厂、农场、开采自然资源的场所；

（3）提供劳务的场所；

（4）从事建筑、安装、装配、修理、勘探等工程作业的场所；

（5）其他从事生产经营活动的机构、场所。

非居民企业委托营业代理人在中国境内从事生产经营活动的，包括委托单位或者个人经常代其签订合同，或者储存、交付货物等，该营业代理人视为非居民企业在中国境内设立的机构、场所。

政策解析

上述机构、场所主要包括以下两种情况：

第一，在中国境内设立的从事生产经营活动的机构、场所。

案例分析

【例1】外国企业在中国境内设立的从事生产经营活动的各类机构、场所中，对企业生产经营活动进行管理决策的管理机构、开展日常生产经营活动的大型零售商场用外国企业在境内当地设立的从事联络、调查和宣传等活动的代表处等，属于在中国境内从事生产经营活动的管理机构、营业机构、办事机构；某制造企业的生产车间与厂房、农场、牧场、林场、渔场以及矿山、油田等，属于在中国境内从事生产经营活动的工厂、农场、开采自然资源的场所；在境内从事交通运输、仓储租赁、咨询经纪、科学研究、技术服务、教育培训、餐饮住宿、中介代理、旅游、娱乐、加工等活动，属于在中国境内提供劳务的场所；建筑工地、港口码头、地质勘探场地等，属于在中国境内从事建筑、安装、装配、修理、勘探等工程作业的场所。上述项目，均属于在中国境内设立的从事生产经营活动的机构、场所。

【例2】下列项目中，应认定为非居民企业的有（　　）。

A. 在日本取得租赁费收入的美国企业

B. 在香港注册的企业设在沈阳的分公司

C. 在沈阳取得专利权使用费的日本企业

D. 在沈阳注册的企业在大连设立的分公司

参考答案：B、C。

第二，委托营业代理人的，视同设立机构、场所

企业除了在中国境内设立机构、场所进行生产经营活动，还可以通过其在境内的营业代理人从事上述活动。因此，企业所得税法规定，营业代理人虽然不是外国企业设立的机构、场所，但是可以根据实际情况视同设立的机构、场所处理。

案例分析

【例1】V外国企业与中国境内W单位或个人签订委托代理类协议，委托W代表其在中国境内从事生产经营活动，代表V企业签订合同、储存货物、交付货物等，则W代理人发生了具体行为，即可以被认定为是V企业在中国境内设立了机构、场所。

【例2】承上例，若W企业和V企业委托人之间没有签订书面的委托代理合同，但W

企业经常代表V企业与他人签订协议或者合同，或者经常储存属于V企业的产品或商品，并代表V企业向他人交付产品或商品，则也应认定双方存在法律上的代理人和被代理人的关系。

【例3】根据企业所得税法规定，依照外国（地区）法律成立且实际管理机构不在中国境内，但在中国境内设立机构、场所的，或者在中国境内未设立机构、场所，但有来源于中国境内所得的企业，是（　　）。

A. 本国企业　　　　B. 外国企业

C. 居民企业　　　　D. 非居民企业

参考答案：D。

三、纳税义务人的纳税义务

（一）居民企业的纳税义务

居民企业应当就其来源于中国境内、境外的所得缴纳企业所得税。

（二）非居民企业的纳税义务

非居民企业在中国境内设立机构、场所的，应当就其所设机构、场所取得的来源于中国境内的所得，以及发生在中国境外但与其所设机构、场所有实际联系的所得，缴纳企业所得税。

非居民企业在中国境内未设立机构、场所的，或者虽设立机构、场所但取得的所得与其所设机构、场所没有实际联系的，应当就其来源于中国境内的所得缴纳企业所得税。

所谓实际联系，是指非居民企业在中国境内设立的机构、场所拥有据以取得所得的股权、债权，以及拥有、管理、控制据以取得所得的财产等。

案例分析

【例1】T非居民企业通过S机构、场所对其他企业进行股权、债权等权益性投资或者债权性投资，并获得股息、红利或者利息收入。则可以认定上述收入与S机构、场所有实际联系。

【例2】T非居民企业将境内或者境外的房产对外出租，并收取租金，该房产是由S机构、场所拥有、管理或者控制。则可以认定上述租金收入与S机构、场所有实际联系。

政策解析

需要注意两个方面的内容：

第一，企业所得税法改变了过去按经济类型划分纳税人的办法，将纳税人划分为居民企业和非居民企业。其中，企业“依法在中国境内成立”中的“法”是指中国的法律、行政法规，且必须在中国境内成立，其成立条件、程序以及经营活动等方面都应当适用中国的法律、法规。

案例分析

【例】公司制企业和其他非公司制企业、通过经营取得收入的事业单位、接受捐赠取得收入的社会团体，以及取得各种收入的民办非企业单位、基金会、商会、农民专业合作社等各种类型的经济组织，均是企业所得税纳税人，应当依法计算缴纳企业所得税。

第二，有些企业不是依据中国的法律法规成立的，而是依据中国境外的其他国家（地区）的法律法规成立的，属于“依照外国（地区）法律成立”的企业。尽管有些企业的登记注册地点是在中国境外的其他国家（地区），但当其取得来自于中国境内的所得时，便成为企业所得税纳税人。

案例分析

【例】在境内设立机构、场所从事生产经营的外国企业，未在境内设立机构、场所但是取得来源于境内所得的外国企业，以及在境内进行讲学活动的学术机构、在境内取得收入的外国慈善组织等，当其实际管理机构在中国境内时，属于企业所得税的居民企业纳税人，否则，属于企业所得税的非居民企业纳税人。

第三节　企业所得税征税对象

一、征税对象的一般规定

企业所得税的征税对象为企业的应税所得。应税所得包括销售货物所得、提供劳务所得、转让财产所得、股息红利等权益性投资所得、利息所得、租金所得、特许权使用费所得、接受捐赠所得和其他所得。

二、境内外所得的确定原则

来源于中国境内、境外的所得，按照以下原则确定：

（一）销售货物所得的确定原则

销售货物所得，按照交易活动发生地确定。

政策解析

交易活动发生地主要指销售货物行为发生的场所，通常是销售企业的营业机构。在送货上门的情况下，既可以是购货单位或个人的所在地，也可以是买卖双方约定交货的其他地点。

（二）提供劳务所得的确定原则

提供劳务所得，按照劳务发生地确定。

案例分析

【例】境外机构为中国境内居民提供金融保险服务，向境内居民收取保险费 100 万元。则上述劳务收入按照劳务发生地原则，确定为来源于境内的所得。

（三）转让财产所得的确定原则

转让财产所得，分三种情况确定：

1. 不动产转让所得，按照不动产所在地确定。

案例分析

【例】某外籍人员在中国境内投资房地产并取得收入 2 000 万元，应认定为来源于境内的所得。

2. 动产转让所得，按照转让动产的企业或者机构、场所所在地确定。

案例分析

【例】某外商投资企业境内转让机器设备并取得收入、某非居民企业在境内设立机构、场所并从该机构、场所转让财产给其他单位，则依据所有人所在地标准，应认定为来源于境内的所得。

3. 权益性投资资产转让所得，按照被投资企业所在地确定。

案例分析

【例】某境外企业之间转让中国居民企业发行的股票，取得收益 3 800 万元。则依据被投资企业所在地标准，应认定其为来源于境内的所得。

（四）股息、红利等权益性投资所得的确定原则

股息、红利等权益性投资所得，按照分配所得的企业所在地确定。

案例分析

【例】S 企业通过购买股票方式对 H 企业进行股权投资，年终 H 企业向 S 企业支付股息、红利 200 万元作为投资回报，则应以被投资方 H 企业所在地作为所得来源地。

（五）利息、租金、特许权使用费所得的确定原则

利息所得、租金所得、特许权使用费所得，按照负担、支付所得的企业或者机构、场所所在地确定，或者按照负担、支付所得的个人的住所地确定。

案例分析

【例】在某纳税年度内，M 企业借款给 N 企业并取得利息收入 100 万元、出租给 N 企业厂房并取得租金收入 30 万元、提供给 N 企业特许权的使用权而获得收入 300 万元，则应以负担或支付上述所得的 N 企业所在地作为所得来源地。

（六）其他所得的确定原则

其他所得，由国务院财政、税务主管部门确定。

案例分析

【例 1】下列关于来源于中国境内、境外所得的确定原则中，正确的有（　　）。

A. 提供劳务所得，按照劳务发生地确定

B. 销售货物所得，按照交易活动发生地确定

C. 权益性投资资产转让所得，按照被投资企业所在地确定

D. 股息红利等权益性投资所得，按照分配所得的企业所在地确定

参考答案：A、B、C、D。

【例 2】依据企业所得税法的规定，下列各项中，按负担所得的企业所在地确定所得来源地的是（　　）。

A. 销售货物所得　　　　B. 权益性投资所得

C. 动产转让所得　　　　D. 特许权使用费所得

参考答案：D。

解析：销售货物所得按照交易活动发生地确定；权益性投资所得按照分配所得的企业所在地确定；动产转让所得按照动产企业的机构场所所在地确定；利息所得、租金所得、特许权使用费所得，按照负担、支付所得的企业或者机构、场所所在地确定，或者按照负担、支付所得的个人的住所地确定。

第四节　企业所得税税率

一、基本税率

（一）基本规定

企业所得税实行比例税率，税率为25%。

（二）适用范围

1. 居民企业。

2. 在中国境内设有机构、场所且所得与机构、场所有关联的非居民企业。

二、特殊税率

（一）基本规定

企业所得税设置低税率，税率为20%。

（二）适用范围

1. 在中国境内未设立机构、场所的，或虽设立机构、场所但所得与其所设机构、场所没有实际联系的非居民企业。

2. 符合条件的小型微利企业。

案例分析

【例1】按照企业所得税法和实施条例规定，下列有关企业所得税税率的说法中，不正确的是（　　）。

A. 居民企业适用税率为25%

B. 符合条件的小型微利企业适用税率为20%

C. 非居民企业取得来源于中国境内的所得适用税率为10%

D. 未在中国境内设立机构、场所的非居民企业，取得中国境内的所得适用税率为10%

参考答案：C。

解析：非居民企业取得来源于中国境内的所得适用税率为20%，10%为优惠税率。

【例2】某企业2008年缴纳企业所得税时，适用的税率有可能是（　　）。

A. 25%　　B. 20%　　C. 15%　　D. 10%

参考答案：A、B、C、D。

第五节　企业所得税优惠

一、企业所得税税收优惠的主要特点

（一）企业所得税优惠的主要变化

企业所得税法对于优惠政策进行了重新调整，清理了原有过多过滥的税收优惠政策，取消政策目标上明确以及已经不合时宜的临时性优惠措施，增加了诸多优惠政策。与原法相比，企业所得税优惠政策主要表现在“保留”、“扩大”、“替代”、“过渡”、“取消”几个方面：

1. 保留下来的税收优惠政策。企业所得税保留对基础设施投资、农林牧渔业的税收优惠政策。

2. 扩大范围的税收优惠政策。企业所得税在全国范围内对国家高新技术企业实行15%优惠税率，同时，扩大对创业投资机构、非营利公益组织等机构的税收优惠，以及企业投资于环保、节能节水、安全生产等方面的税收优惠。

3. 替代性税收优惠政策。企业所得税对劳服企业、福利企业、资源综合利用企业的直接减免税政策分别用特定的就业人员工资加计扣除政策、残疾职工工资加计扣除政策、减计综合利用资源经营收入政策来替代。

4. 过渡性税收优惠政策。对经济特区和上海浦东新区新法实施后设立的国家需要重点扶持的高新技术企业，自投产年度起予以“两免三减半”优惠政策；继续执行西部大开发地区鼓励类企业的所得税优惠政策，即对上述两类企业实施过渡性优惠。

5. 取消的税收优惠政策。企业所得税取消生产性外资企业、高新技术产业开发区内高新技术企业定期减免税优惠政策及产品主要出口的外资企业减半征税优惠政策。

（二）企业所得税优惠变化的主要特点

企业所得税法优惠政策变化的主要特点，表现在以下几个方面：

1. 税收优惠政策导向方面。企业所得税将过去的以区域优惠为主的格局调整为以产业倾斜为主、区域优惠为辅的新格局，充分体现了国家产业政策，鼓励技术进步和经济结构的优化升级，促进国民经济的协调发展。考虑到产业政策具有政策性、时效性强的特点，税法对于部分税收优惠的原则加以规定，具体应由国务院结合国民经济发展纲要和产业政策制定，并适时调整。

2. 税收优惠形式方面。企业所得税由单一的直接减免税改为直接减免、加速折旧、投资抵免、再投资退税、对技术开发费的加计扣除等多种优惠措施并举的多元化税收优惠形式。

3. 税收优惠重点方面。税收优惠向高科技、环保等企业倾斜，对于公共基础设施投资建设、农林牧渔业发展、环境保护、节能节水、安全生产、公益事业等产业或者项目，以及非营利组织、小型微利企业、国家需要重点扶持的高新技术企业等重要主体给予税收优惠，对现行税收优惠政策进行了整合，充分发挥税收杠杆作用。

4. 税收优惠制度性调整方面。企业所得税规定对原税法规定的定期减免税优惠政策，继续享受到期满为止，对外商投资企业取消特定地区税率优惠后在一定时期内实行超税负税收返还的过渡性措施，以税收优惠制度变迁的过渡性措施保持了税收政策的延续性，为经济主体提供了相对稳定的制度环境。

二、企业所得税免税收入

（一）国债利息收入

国债利息收入，免征企业所得税。所谓国债利息收入，是指企业持有国务院财政部门发行的国债取得的利息收入。

政策解析

需要注意三个方面的内容：

第一，享受免税待遇的国债利息收入，不包括持有外国政府国债取得的利息收入，也不包括持有企业发行的债券取得的利息收入，而仅限于国务院财政部门发行的国债取得的利息收入。

第二，当企业购买外国政府发行的国债时，其利息收入不能享受中国的企业所得税免税优惠，而应当计入收入总额缴纳企业所得税。

第三，企业购买国债，不管是从国债发行的一级市场还是国债流通的二级市场购买，其利息收入均享受免税优惠。但需要指出的是，对于企业在二级市场转让国债获得的收入，需作为转让财产收入计算缴纳企业所得税。

（二）居民企业之间的股息红利收入

符合条件的居民企业之间的股息、红利等权益性投资收益，免征企业所得税。所谓符合条件的居民企业之间的股息、红利等权益性投资收益，是指居民企业直接投资于其他居民企业取得的投资收益，不包括连续持有居民企业公开发行并上市流通的股票不足12个月取得的投资收益。

政策解析

需要注意两个方面的内容：

第一，享受免税优惠的权益性投资收益，仅限于居民企业直接投资于其他居民企业取得的投资收益，不包括居民企业之间的非直接投资所取得的权益性收益，也不包括居民企业对非居民企业的权益性投资收益。

第二，享受免税优惠的权益性投资收益，不包括连续持有居民企业公开发行并上市流通的股票不足12个月而取得的权益性投资收益。

案例分析

【例】下列收入项目中，属于企业所得税应征税收入的是（　　）。

A. 信用社存款利息收入

B. 依法收取并纳入财政管理的行政收费

C. 依法收取并纳入财政管理的政府性基金

D. 符合条件的居民企业之间的权益性投资收益

参考答案：A。

解析：依法收取并纳入财政管理的行政事业性收费、政府性基金，为企业所得税不征税收入；符合条件的居民企业之间的股息、红利等权益性投资收益，为免税收入。

（三）非居民企业的股息红利收入

在中国境内设立机构、场所的非居民企业从居民企业取得与该机构、场所有实际联系的股息、红利等权益性投资收益，免征企业所得税。上述权益性投资收益，不包括连续持有居民企业公开发行并上市流通的股票不足12个月取得的投资收益。

政策解析

需要注意五个方面的内容：

第一，鉴于股息红利是税后利润分配形成的，对居民企业之间的股息红利收入免征企业所得税，是国际上消除法律性双重征税的通行做法，新企业所得税法也采取了这一做法。

第二，若要享受免税优惠，非居民企业从居民企业取得的股息、红利等权益性投资收益，需要与其在境内设立的机构、场所有实际联系。即非居民企业从居民企业取得的股息、红利等权益性投资收益，是通过其在境内设立的机构、场所拥有、控制的股权而取得的。

第三，为更好体现税收优惠意图，保证企业投资充分享受到西部大开发、高新技术企业、小型微利企业等实行低税率的好处，企业所得税明确不再要求补税率差。

第四，对来自所有非上市企业，以及持有股份12个月以上取得的股息红利收入，适用免税政策。

第五，鉴于以股票方式取得且连续持有时间较短（短于12个月）的投资，并不以股息、红利收入为主要目的，主要是从二级市场获得股票转让收益，而且买卖和变动频繁，税收管理难度大，因此，企业所得税法将持有上市公司股票的时间短于12个月的股息红利收入排除在免税范围之外。也就是说，非居民企业从居民企业取得的与其所设机构、场所有实际联系的股息、红利等权益性投资收益，能够享受免税优惠的，不包括对居民企业公开发行并上市流通的股票进行短期炒作而取得的权益性投资收益。

（四）符合条件的非营利组织的收入

符合条件的非营利组织的收入，免征企业所得税。

1. 符合条件的非营利组织的收入，不包括非营利组织从事营利性活动取得的收入，但国务院财政、税务主管部门另有规定的除外。

自2008年1月1日起，非营利组织的下列收入为免税收入：

（1）接受其他单位或者个人捐赠的收入；

（2）除《中华人民共和国企业所得税法》第七条规定的财政拨款以外的其他政府补助收入，但不包括因政府购买服务取得的收入；

（3）按照省级以上民政、财政部门规定收取的会费；

（4）不征税收入和免税收入孳生的银行存款利息收入；

（5）财政部、国家税务总局规定的其他收入。

政策解析

需要注意四个方面的内容：

第一，即使非营利组织符合免税条件，也不一定其所有的收入都能够免税，能够免税的只限于非营利组织从事非营利性活动取得的收入。

第二，从世界各国对非营利组织的税收优惠来看，一般区分营利性收入和非营利性收入，并给予不同的税收待遇。

第三，考虑到按照相关管理规定，我国的非营利组织一般不能从事营利性活动，为规范此类组织的活动，防止从事经营性活动可能带来的税收漏洞，实施条例规定，对非营利组织从事非营利性活动取得的收入给予免税，但从事营利性活动取得的收入则要征税。

第四，坚持在免税优惠方面仍然对非营利组织的收入来源进行限制的同时，适当考虑一些特殊情况。企业所得税法在明确免税收入不包括非营利组织从事营利性活动取得的收入的同时，又明确非营利组织的认定管理办法由国务院财政、税务主管部门会同有关部门制定，以对非营利组织包括其收入作更严格的限制。

2. 非营利组织是指同时符合下列条件的非营利组织：

（1）依法履行非营利组织登记手续。

政策解析

享受免税优惠的非营利组织，必须是在成立时依法履行了有关登记手续的组织。这是非营利组织的成立要件。

案例分析

【例】我国社会团体、基金会、民办非企业单位等组织在成立时都需要到相关机关进行依法登记。

（2）从事公益性或者非营利性活动。

政策解析

享受免税优惠的非营利组织，必须是从事公益性或者非营利性活动的组织。如果在登记时标明是非营利组织，但其活动范围包含了营利性活动，或者超出了登记管理机关核定的业务范围从事营利性活动的，则不属于享受免税优惠的非营利组织。这是非营利组织的行为要件。

（3）取得的收入除用于与该组织有关的、合理的支出外，全部用于登记核定或者章程规定的公益性或者非营利性事业。

（4）财产及其孳息不用于分配。

（5）按照登记核定或者章程规定，该组织注销后的剩余财产用于公益性或者非营利性目的，或者由登记管理机关转赠给与该组织性质、宗旨相同的组织，并向社会公告。

（6）投入人对投入该组织的财产不保留或者享有任何财产权利。

（7）工作人员工资福利开支控制在规定的比例内，不变相分配该组织的财产。

政策解析

享受免税优惠的非营利组织，在财产运用、财产归属、财产处置等财产管理方面必须符合要求。如取得的收入除用于正常的运转开支外，只能用于登记核定或者章程规定的公益性或者非营利性事业，不得用于营利性事业和章程规定以外的事业；财产及其孳息不得用于分配等。这是非营利组织的财产管理要件。

非营利组织的认定管理办法由国务院财政、税务主管部门会同国务院有关部门制定。

政策解析

为了规范对享受企业所得税优惠的非营利组织的认定管理，实施条例授权国务院财政、税务主管部门会同有关部门制定具体的认定管理办法。这是非营利组织的认定管理要件。

企业所得税从8个方面对非营利组织规定了能够享受免税优惠的条件，这些条件必须同时具备，缺一不可，才能享受免税优惠。

三、农林牧渔业项目的税收优惠

从事农、林、牧、渔业项目的所得，可以免征、减征企业所得税。

（一）免征企业所得税的项目

企业从事下列项目的所得，免征企业所得税：

1. 蔬菜、谷物、薯类、油料、豆类、棉花、麻类、糖料、水果、坚果的种植。具体包括：

（1）蔬菜的种植包括各种叶菜、根茎菜、瓜果菜、茄果菜、葱蒜、菜用豆、水生菜等的种植，以及蘑菇、菌类等蔬菜的种植。

（2）谷物的种植指以收获籽实为主，可供人类食用的农作物的种植，包括稻谷、小麦、玉米、高粱、谷子等谷物的种植。

（3）薯类的种植包括马铃薯（土豆、洋芋）、甘薯（红薯、白薯）、木薯等的种植。

（4）油料的种植包括花生、油菜子、芝麻、向日葵等油料的种植。

（5）豆类的种植包括大豆的种植和其他各类杂豆（如豌豆、绿豆、红小豆、蚕豆等）的种植。

（6）麻类的种植包括各种麻类的种植，如亚麻、黄红麻、苎麻、大麻等的种植；用于编织、衬垫、填充、刷子、扫帚用植物原料的种植。（7）糖料的种植包括甘蔗、甜菜等糖料作物的种植。

（8）水果、坚果的种植包括园林水果如苹果、梨、柑橘、葡萄、香蕉、杏、桃、李、梅、荔枝、龙眼等的种植；西瓜、木瓜、哈密瓜、甜瓜、草莓等瓜果类的种植；坚果的种植，如椰子等；在同一种植地点或在种植园内对水果的简单加工，如晒干、暂时保存等活动。但不包括生水果和坚果等的采集。

2. 农作物新品种的选育。属于农业科学技术方面的鼓励优惠。

3. 中药材的种植。主要是指用于中药配制以及中成药加工的药材作物的种植。包括当归、地黄、五味子、人参、枸杞子等中药材的种植。但是不包括用于杀虫和杀菌目的植物的种植。

4. 林木的培育和种植。包括育种和育苗、造林、林木的抚育和管理。

5. 牲畜、家禽的饲养。《国民经济行业分类》将猪的饲养从牲畜的饲养中分离出来，企业所得税法则将两者合二为一，即牲畜的饲养包括猪、牛、羊、马、驴、骡、骆驼等主要牲畜，也包括在饲养牲畜的同一牧场进行的鲜奶、奶油、奶酪等乳品的加工，在农（牧）场或农户家庭中对牲畜副产品的简单加工，如毛、皮、鬃等的简单加工。家禽的饲养包括鸡、鸭、鹅、鸵鸟、鹌鹑等禽类的孵化和饲养，相关的禽产品，如禽蛋等。但是不包括鸟类的饲养和其他珍禽如山鸡、孔雀等的饲养。

6. 林产品的采集。是指在天然森林和人工林地进行的各种林木产品和其他野生植物的采集活动。包括天然林和人工林的果实采集，如对橡胶、生漆、油桐子、油茶子、核桃、板栗、松子、软木、虫胶、松脂和松胶等非木质林木产品的采集；其他野生植物的采集，如林木的枝叶等的采集。但是不包括咖啡、可可等饮料作物的采集。

7. 灌溉、农产品初加工、兽医、农技推广、农机作业和维修等农、林、牧、渔服务业项目。具体包括：

（1）灌溉服务是指为农业生产服务的灌溉系统的经营与管理活动。包括农业水利灌溉系统的经营、管理。但是，不包括水利工程的建设、水利工程的管理。

（2）农产品初加工服务是指由农民家庭兼营或收购单位对收获的各种农产品（包括纺织纤维原料）进行去籽、净化、分类、晒干、剥皮、沤软或大批包装以提供初级市场的服务活动，以及其他农产品的初加工活动。包括轧棉花、羊毛去杂质、其他类似的纤维初加工等活动；其他与农产品收获有关的初加工服务活动，包括对农产品的净化、修整、晒干、剥皮、冷却或批量包装等加工处理等。

政策解析

享受企业所得税优惠政策的农产品初加工范围包括：

1. 种植业类

（1）粮食初加工：第一，小麦初加工。通过对小麦进行清理、配麦、磨粉、筛理、分级、包装等简单加工处理，制成的小麦面粉及各种专用粉。第二，稻米初加工。通过对稻谷进行清理、脱壳、碾米（或不碾米）、烘干、分级、包装等简单加工处理，制成的成品粮及其初制品，具体包括大米、蒸谷米。第三，玉米初加工。通过对玉米籽粒进行清理、浸泡、粉碎、分离、脱水、干燥、分级、包装等简单加工处理，生产的玉米粉、玉米楂、玉米片等；鲜嫩玉米经筛选、脱皮、洗涤、速冻、分级、包装等简单加工处理，生产的鲜食玉米（速冻黏玉米、甜玉米、花色玉米、玉米籽粒）。第四，薯类初加工。通过对马铃薯、甘薯等薯类进行清洗、去皮、磋磨、切制、干燥、冷冻、分级、包装等简单加工处理，制成薯类初级制品。具体包括：薯粉、薯片、薯条。第五，食用豆类初加工。通过对大豆、绿豆、红小豆等食用豆类进行清理去杂、浸洗、晾晒、分级、包装等简单加工处理，制成的豆面粉、黄豆芽、绿豆芽。第六，其他类粮食初加工。通过对燕麦、荞麦、高梁、谷子等杂粮进行清理去杂、脱壳、烘干、磨粉、轧片、冷却、包装等简单加工处理，制成的燕麦米、燕麦粉、燕麦麸皮、燕麦片、荞麦米、荞麦面、小米、小米面、高粱米、高粱面。

（2）林木产品初加工通过将伐倒的乔木、竹（含活立木、竹）去枝、去梢、去皮、去叶、锯段等简单加工处理，制成的原木、原竹、锯材。

（3）园艺植物初加工：第一，蔬菜初加工，包括将新鲜蔬菜通过清洗、挑选、切割、预冷、分级、包装等简单加工处理，制成净菜、切割蔬菜；利用冷藏设施，将新鲜蔬菜通过低温贮藏，以备淡季供应的速冻蔬菜，如速冻茄果类、叶类、豆类、瓜类、葱蒜类、柿子椒、蒜苔；将植物的根、茎、叶、花、果、种子和食用菌通过干制等简单加工处理，制成的初制干菜，如黄花菜、玉兰片、萝卜干、冬菜、梅干菜、木耳、香菇、平菇。但是以蔬菜为原料制作的各类蔬菜罐头（罐头是指以金属罐、玻璃瓶、经排气密封的各种食品。下同）及碾磨后的园艺植物（如胡椒粉、花椒粉等）不属于初加工范围。第二，水果初加工。通过对新鲜水果（含各类山野果）清洗、脱壳、切块（片）、分类、储藏保鲜、速冻、干燥、分级、包装等简单加工处理，制成的各类水果、果干、原浆果汁、果仁、坚果。第三，花卉及观赏植物初加工。通过对观赏用、绿化及其他各种用途的花卉及植物进行保鲜、储藏、烘干、分级、包装等简单加工处理，制成的各类鲜、干花。

（4）油料植物初加工：通过对菜籽、花生、大豆、葵花籽、蓖麻籽、芝麻、胡麻籽、茶籽、桐籽、棉籽、红花籽及米糠等粮食的副产品等，进行清理、热炒、磨坯、榨油（搅油、墩油）、浸出等简单加工处理，制成的植物毛油和饼粕等副产品。具体包括菜籽油、花生油、豆油、葵花籽油、蓖麻籽油、芝麻油、胡麻籽油、茶籽油、桐籽油、棉籽油、红花油、米糠油以及油料饼粕、豆饼、棉籽饼。但是精炼植物油不属于初加工范围。

（5）糖料植物初加工通过对各种糖料植物，如甘蔗、甜菜、甜菊等，进行清洗、切割、压榨等简单加工处理，制成的制糖初级原料产品。

（6）茶叶初加工通过对茶树上采摘下来的鲜叶和嫩芽进行杀青（萎凋、摇青）、揉捻、发酵、烘干、分级、包装等简单加工处理，制成的初制毛茶。但是精制茶、边销茶、紧压茶和掺兑各种药物的茶及茶饮料不属于初加工范围。

（7）药用植物初加工通过对各种药用植物的根、茎、皮、叶、花、果实、种子等，进行挑选、整理、捆扎、清洗、晾晒、切碎、蒸煮、炒制等简单加工处理，制成的片、丝、块、段等中药材。但是加工的各类中成药不属于初加工范围。

（8）纤维植物初加工：第一，棉花初加工。通过轧花、剥绒等脱绒工序简单加工处理，制成的皮棉、短绒、棉籽。第二，麻类初加工。通过对各种麻类作物（大麻、黄麻、槿麻、苎麻、苘麻、亚麻、罗布麻、蕉麻、剑麻等）进行脱胶、抽丝等简单加工处理，制成的干（洗）麻、纱条、丝、绳。第三，蚕茧初加工。通过烘干、杀蛹、缫丝、煮剥、拉丝等简单加工处理，制成的蚕、蛹、生丝、丝绵。

（9）热带、亚热带作物初加工通过对热带、亚热带作物去除杂质、脱水、干燥、分级、包装等简单加工处理，制成的工业初级原料。具体包括：天然橡胶生胶和天然浓缩胶乳、生咖啡豆、胡椒籽、肉桂油、桉油、香茅油、木薯淀粉、木薯干片、坚果。

2. 畜牧业类

（1）畜禽类初加工：第一，肉类初加工。通过对畜禽类动物（包括各类牲畜、家禽和人工驯养、繁殖的野生动物以及其他经济动物）宰杀、去头、去蹄、去皮、去内脏、分割、切块或切片、冷藏或冷冻、分级、包装等简单加工处理，制成的分割肉、保鲜肉、冷藏肉、冷冻肉、绞肉、肉块、肉片、肉丁。第二，蛋类初加工。通过对鲜蛋进行清洗、干燥、分级、包装、冷藏等简单加工处理，制成的各种分级包装的鲜蛋、冷藏蛋。第三，奶类初加工。通过对鲜奶进行净化、均质、杀菌或灭菌、灌装等简单加工处理，制成的巴氏杀菌奶、超高温灭菌奶。第四，皮类初加工。通过对畜禽类动物皮张剥取、浸泡、刮里、晾干或熏干等简单加工处理，制成的生皮、生皮张。第五，毛类初加工。通过对畜禽类动物毛、绒或羽绒分级、去杂、清洗等简单加工处理，制成的洗净毛、洗净绒或羽绒。第六，蜂产品初加工。通过去杂、过滤、浓缩、熔化、磨碎、冷冻简单加工处理，制成的蜂蜜、蜂蜡、蜂胶、蜂花粉。但是肉类罐头、肉类熟制品、蛋类罐头、各类酸奶、奶酪、奶油、王浆粉、各种蜂产品口服液、胶囊不属于初加工范围。

（2）饲料类初加工：第一，植物类饲料初加工。通过碾磨、破碎、压榨、干燥、酿制、发酵等简单加工处理，制成的糠麸、饼粕、糟渣、树叶粉。第二，动物类饲料初加工。通过破碎、烘干、制粉等简单加工处理，制成的鱼粉、虾粉、骨粉、肉粉、血粉、羽毛粉、乳清粉。第三，添加剂类初加工。通过粉碎、发酵、干燥等简单加工处理，制成的矿石粉、饲用酵母。

（3）牧草类初加工：通过对牧草、牧草种子、农作物秸秆等，进行收割、打捆、粉碎、压块、成粒、分选、青贮、氨化、微化等简单加工处理，制成的干草、草捆、草粉、草块或草饼、草颗粒、牧草种子以及草皮、秸秆粉（块、粒）。

3. 渔业类

（1）水生动物初加工：将水产动物（鱼、虾、蟹、鳖、贝、棘皮类、软体类、腔肠类、两栖类、海兽类动物等）整体或去头、去鳞（皮、壳）、去内脏、去骨（刺）、擂溃或切块、切片，经冰鲜、冷冻、冷藏等保鲜防腐处理、包装等简单加工处理，制成的水产动物初制品。但是熟制的水产品和各类水产品的罐头以及调味烤制的水产食品不属于初加工范围。

（2）水生植物初加工：将水生植物（海带、裙带菜、紫菜、龙须菜、麒麟菜、江蓠、浒苔、羊栖菜、莼菜等）整体或去根、去边梢、切段，经热烫、冷冻、冷藏等保鲜防腐处理、包装等简单加工处理的初制品，以及整体或去根、去边梢、切段、经晾晒、干燥（脱水）、包装、粉碎等简单加工处理的初制品。但是罐装（包括软罐）产品不属于初加工范围。

（3）兽医服务是指对各种动物进行的病情诊断和医疗活动。包括畜牧兽医院（站、中心）、动物病防治单位、兽医监察等活动。但是，不包括对动物的检疫。

（4）农技推广是指将与农业有关的新技术、新产品、新工艺直接推向市场而进行的相关技术活动，以及技术推广的转让活动。

（5）农机作业和维修。

8. 远洋捕捞。《国民经济行业分类》将渔业分为海洋渔业和内陆渔业两种，其中海洋渔业分为海水养殖和海洋捕捞两种，没有单独列明远洋捕捞。企业所得税法主要考虑到远洋捕捞有利于更好地利用远洋资源，需要大力扶持，故对远洋捕捞给予免税待遇。

政策解析

对农林牧渔项目实行不同的税收优惠政策，可以更好地体现国家政策的引导作用，突出优惠政策的导向性。粮食、蔬菜、肉类、水果等农产品，关系到国计民生，是维持人们基本生存条件的生活必需品，应当列为税收优惠政策重点鼓励的对象。同时为生产此类产品的服务业也应同样扶持，因此，企业所得税法将此类归为免税项目。

（二）减半征收企业所得税的项目

企业从事下列项目的所得，减半征收企业所得税：

1. 花卉、茶以及其他饮料作物和香料作物的种植。具体包括：

（1）花卉的种植包括各种鲜花和鲜花蓓蕾的种植。

（2）茶及其他饮料作物的种植包括茶、可可、咖啡等饮料作物的种植；茶叶、可可和咖啡等的采集和简单加工，如农场或农户对茶叶的炒制和晾晒等活动。不包括：茶叶的精加工、可可和咖啡的精加工。

（3）香料作物的种植包括香料叶、香料果、香料籽、香料花等的种植，如留兰香、香茅草、熏衣草、月桂、香子兰、枯茗、茴香、丁香等香料作物的种植。但是，不包括香料的提取和制造等活动。

2. 海水养殖、内陆养殖。具体包括：

（1）海水养殖是指利用海水对各种水生动植物的养殖活动。包括利用海水对鱼、虾、蟹、贝、珍珠、藻类等水生动植物的养殖；水产养殖场对各种海水动物幼苗的繁殖；紫菜和食用海藻的种植；海洋滩涂的养殖。

（2）内陆养殖是指在内陆水域进行的各种水生动物的养殖。包括内陆水域的鱼、虾、蟹、贝类等水生动物的养殖；水产养殖场对各种内陆水域的水生动物幼苗的繁殖。

政策解析

花卉、饮料和香料作物，以及海水养殖、内陆养殖，一般盈利水平较高，也不是人们基本生活必需品，在优惠力度上应与基本生活需要的农产品等免税有所区别，因此，实行减半征收。

案例分析

【例】企业从事下列（　　）项目的所得，减半征收企业所得税。

A. 花卉种植　　B. 林木种植

C. 谷物种植　　D. 香料作物种植

参考答案：A、D。

解析：企业从事下列项目的所得，减半征收企业所得税：（1）花卉、茶以及其他饮料作物和香料作物的种植；（2）海水养殖、内陆养殖。谷物种植、林木种植，免征企业所得税。

（三）不得减免企业所得税的项目

企业从事国家限制和禁止发展的项目，不得享受企业所得税法规定的企业所得税优惠。

政策解析

企业所得税没有列明的项目以及国家禁止和限制发展的项目，不得享受税收优惠。根据税法规定，农、林、牧、渔业项目中，有两类项目是不得享受企业所得税的税收优惠的：

第一，未列明的农、林、牧、渔业项目，不得享受企业所得税的税收优惠。《国民经济行业分类》中列举了全部的农、林、牧、渔业项目，但是企业所得税法只是根据国家有关扶持和鼓励政策，从中挑选一些特别重要的部分给予减税和免税优惠，其他没有挑选列明的项目即不属于企业所得税的税收优惠范围。

第二，企业从事国家限制和禁止发展的项目，不得享受企业所得税法规定的企业所得税优惠。限制和禁止发展的项目，国家发展和改革委员会等有关部门也有专门的目录，一般分为鼓励类、限制类和禁止类。

四、公共基础设施项目的税收优惠

（一）基本规定

企业从事《公共基础设施项目企业所得税优惠目录（2008 年版）》内符合相关条件和技术标准及国家投资管理相关规定、于 2008 年 1 月 1 日后经批准的公共基础设施项目，其投资经营的所得，自该项目取得第一笔生产经营收入所属纳税年度起，第一年至第三年免征企业所得税，第四年至第六年减半征收企业所得税。

（二）适用条件

国家重点扶持的公共基础设施项目，是指《公共基础设施项目企业所得税优惠目录（2008 年版）》规定的港口码头、机场、铁路、公路、城市公共交通、电力、水利等项目。

第一笔生产经营收入，是指公共基础设施项目已建成并投入运营后所取得的第一笔收入。

企业同时从事不在《公共基础设施项目企业所得税优惠目录（2008 年版）》范围内的项目取得的所得，应与享受优惠的公共基础设施项目所得分开核算，并合理分摊期间费用，没有分开核算的，不得享受上述企业所得税优惠政策。企业承包经营、承包建设和内部自建自用企业所得税法规定的项目，不得享受企业所得税法规定的企业所得税优惠。

政策解析

需要注意四个方面的内容：

第一，能够享受优惠的国家重点扶持的公共基础设施项目范围。企业所得税法采取列举的办法，明确规定了港口码头、机场、铁路、公路、城市公共交通、电力、水利等项目为享受优惠的国家重点扶持的公共基础设施项目。由于国家重点扶持的公共基础设施项目需要国家相关部门根据产业结构和产业政策不断调整，国家重点扶持的公共基础设施的详细项目，由国家相关部门在《公共基础设施项目企业所得税优惠目录》中具体规定。

第二，优惠的起始点。企业所得税法规定优惠的起始点为“自项目取得第一笔生产经营收入所属纳税年度”起。原外资企业所得税法规定以获利年度为企业减免税的起始日，在实践中出现了一些企业用推迟获利年度来避税的问题，税收征管难度大。实施条例规定了从企业取得第一笔生产经营收入所属纳税年度起计算减免税起始日的新办法，可以兼顾项目投资规模大、建设周期长的情况，较原内资企业从开业之日起计算减免税优惠，更为符合实际，也促使企业缩短建设周期，尽快实现盈利，提高投资效益。

第三，免征、减半的征收期限。企业所得税法规定，企业从事国家重点扶持的公共基础设施项目的投资经营的所得，第一年至第三年免征企业所得税，第四年至第六年减半征收企业所得税。与原来的“两免三减半”相比，减免期限作了适当延长，缓解基础设施建设初期的经营困难。

第四，上述项目范围中不得享受税收优惠的项目。《公共基础设施项目企业所得税优惠目录》中没有明确列举的项目，不得享受税收优惠；列入《公共基础设施项目企业所得税优惠目录》中，但是如果属于企业承包经营、承包建设和内部自建自用的港口码头、机场、铁路、公路、城市公共交通、电力、水利等项目的，也不得享受企业所得税法规定的企业所得税优惠。

案例分析

【例】企业从事国家重点扶持的公共基础设施项目的投资经营的所得，从（）起，第一年至第三年免征企业所得税，第四年至第六年减半征收企业所得税。

A. 获利年度　　B. 盈利年度

C. 项目取得第一笔生产经营收入所属纳税年度　　D. 领取营业执照年度

参考答案：C。

五、资源综合利用的税收优惠

企业以《资源综合利用企业所得税优惠目录（2008 年版）》规定的资源作为主要原材料，生产国家非限制和禁止并符合国家和行业相关标准的产品取得的收入，减按 90% 计入收入总额。

政策解析

1. 所称资源综合利用企业所得税优惠，是指企业自 2008 年 1 月 1 日起以《资源综合利用企业所得税优惠目录（2008 年版）》（以下简称《目录》）规定的资源作为主要原材料，生产国家非限制和非禁止并符合国家及行业相关标准的产品取得的收入，减按 90% 计入企业当年收入总额。

2. 经资源综合利用主管部门按《目录》规定认定的生产资源综合利用产品的企业（不包括仅对资源综合利用工艺和技术进行认定的企业），取得《资源综合利用认定证书》，可按规定申请享受资源综合利用企业所得税优惠。

3. 企业资源综合利用产品的认定程序，按《国家发展改革委、财政部、国家税务总局关于印发〈国家鼓励的资源综合利用认定管理办法〉的通知》（发改环资〔2006〕1864 号）的规定执行。

4. 2008 年 1 月 1 日之前经资源综合利用主管部门认定取得《资源综合利用认定证书》的企业，应按本通知第二条、第三条的规定，重新办理认定并取得《资源综合利用认定证书》，方可申请享受资源综合利用企业所得税优惠。

5. 企业从事非资源综合利用项目取得的收入与生产资源综合利用产品取得的收入没有分开核算的，不得享受资源综合利用企业所得税优惠。

6. 税务机关对资源综合利用企业所得税优惠实行备案管理。备案管理的具体程序，按照国家税务总局的相关规定执行。

7. 享受资源综合利用企业所得税优惠的企业因经营状况发生变化而不符合《目录》规定的条件的，应自发生变化之日起15个工作日内向主管税务机关报告，并停止享受资源综合利用企业所得税优惠。

8. 企业实际经营情况不符合《目录》规定条件，采用欺骗等手段获取企业所得税优惠，或者因经营状况发生变化而不符合享受优惠条件，但未及时向主管税务机关报告的，按照税收征管法及其实施细则的有关规定进行处理。

9. 税务机关应对企业的实际经营情况进行监督检查。税务机关发现资源综合利用主管部门认定有误的，应停止企业享受资源综合利用企业所得税优惠，并及时与有关认定部门协调沟通，提请纠正，已经享受的优惠税额应予追缴。

10. 各省、自治区、直辖市和计划单列市国家税务局、地方税务局可根据本通知制定具体管理办法。

【例1】某生产企业以《资源综合利用企业所得税优惠目录》中的资源煤矸石作为主要原材料，生产国家非限制和禁止并符合国家和行业相关标准的工业产品，2008年取得销售收入4 000万元。则当其计入企业所得税收入总额的是（　　）万元。

A. 2 800　　B. 3 200　　C. 3 600　　D. 4 000

参考答案：C。

解析：企业以《资源综合利用企业所得税优惠目录》规定的资源作为主要原材料，生产国家非限制和禁止并符合国家和行业相关标准的产品取得的收入，减按90%计入收入总额。

计入收入总额 =4 000 ×90% =3 600（万元）

【例2】某企业以《资源综合利用企业所得税优惠目录》规定的资源作为主要原材料，生产经营国家非限制和禁止并符合国家和行业相关标准的产品，2008年取得收入1 000万元，产品的成本费用为950万元。则此项收入可以减按90%即900万元计入其应税收入，扣除成本费用开支，该项目收入的应税所得为 -50万元。在企业计算全部应纳税所得额时，可以以 -50万元抵减其他项目的应税所得。

六、环保节能、安全生产的税收优惠

（一）项目所得的税收优惠

1. 基本规定。企业从事符合条件的环境保护、节能节水项目的所得，自项目取得第一笔生产经营收入所属纳税年度起，第一年至第三年免征企业所得税，第四年至第六年减半征收企业所得税。

2. 适用条件。符合条件的环境保护、节能节水项目，包括公共污水处理、公共垃圾处理、沼气综合开发利用、节能减排技术改造、海水淡化等。项目的具体条件和范围由国务院财政、税务主管部门会同国务院有关部门制订，报国务院批准后公布施行。

享受优惠的项目，在减免税期限内转让的，受让方自受让之日起，可以在剩余期限内享受规定的减免税优惠；减免税期限届满后转让的，受让方不得就该项目重复享受减免税优惠。

政策解析

需要注意三个方面的内容：

第一，环境保护、节能节水项目享受减免税优惠的具体条件和范围。可以享受优惠的是环境保护、节能节水项目，包括公共污水处理、公共垃圾处理、沼气综合开发利用、节能减排技术改造和海水淡化等。因此，即使企业的主营业务不在优惠范围之内，但主要从事了本项规定的优惠项目的，也可以享受相应的优惠政策。其中，污水处理、垃圾处理强调的是公共，必须是针对公共污水、公共垃圾的处理，若企业处理自身生产经营活动等产生的污水、垃圾，则不属于优惠项目。

案例分析

【例】下列项目中，可享受企业所得税“三免三减半”优惠政策的有（　　）。

A. 海水淡化　　　　B. 公共污水处理

C. 安全生产　　　　D. 沼气综合开发利用

参考答案：A、B、D。

第二，优惠具体条件和范围的制定。考虑到作为特定行业或者项目的主管部门，在专业知识和行业发展定向、导向方面更具优势，税收优惠项目的具体条件和范围由国务院财政、税务主管部门会同国务院有关部门制订，报国务院批准后公布施行。

第三，优惠的具体办法。对环境保护、节能节水项目的所得给予优惠的具体方式，是自项目取得第一笔生产经营收入所属纳税年度起，第一年至第三年免征企业所得税，第四年至第六年减半征收企业所得税。计算优惠的起始时间是自项目取得第一笔生产经营收入所属纳税年度起，而不是自项目的盈利纳税年度起，即以权责发生制确认生产经营收入的实现时间。

（二）购置专用设备的税收优惠

1. 基本规定。企业自2008年1月1日起购置并实际使用列入目录范围内的环境保护、节能节水和安全生产专用设备，可以按专用设备投资额的10%抵免当年企业所得税应纳税额；企业当年应纳税额不足抵免的，可以向以后年度结转，但结转期不得超过5个纳税年度。

2. 适用条件。(1) 专用设备，是指企业购置并实际使用《环境保护专用设备企业所得税优惠目录（2008年版)》、《节能节水专用设备企业所得税优惠目录（2008年版)》和《安全生产专用设备企业所得税优惠目录（2008年版)》规定的环境保护、节能节水、安全生产等专用设备。

(2) 专用设备投资额，是指购买专用设备发票价税合计价格，但不包括按有关规定退还的增值税税款以及设备运输、安装和调试等费用。

(3) 当年应纳税额，是指企业当年的应纳税所得额乘以适用税率，扣除依照企业所得税法和国务院有关税收优惠规定以及税收过渡优惠规定减征、免征税额后的余额。

(4) 企业利用自筹资金和银行贷款购置专用设备的投资额，可以按企业所得税法的规定抵免企业应纳所得税额；企业利用财政拨款购置专用设备的投资额，不得抵免企业应纳所得税额。

(5) 企业购置并实际投入使用、已开始享受税收优惠的专用设备，如从购置之日起5个纳税年度内转让、出租的，应在该专用设备停止使用当月停止享受企业所得税优惠，并补缴已经抵免的企业所得税税款。转让的受让方可以按照该专用设备投资额的10%抵免当年企业所得税应纳税额；当年应纳税额不足抵免的，可以在以后5个纳税年度结转抵免。

案例分析

【例1】某化工有限公司2008年1月购置环境保护专用设备，取得增值税专用发票上注明设备价款1 000万元、增值税170万元。则该公司符合增值税试点条件的话，不仅可以申请固定资产进项税额抵退税，而且其专用设备的投资额的10%可以从企业当年的应纳税额中抵免。

设备抵免额＝1 000×10%＝100（万元）

假设该公司当年应纳税额120万元，则其当年只需缴纳企业所得税20万元。

假设该公司当年应纳税额60万元，则其当年无须缴纳企业所得税；尚未抵免完的余额40万元结转下一年度抵扣缴应纳税额。

【例2】某生产企业2008年购置并投入使用环保专用设备1套，投资额1 000万元。该套环保专用设备属于《环境保护专用设备企业所得税优惠目录》规定的专用设备，符合税额抵免条件。设备购置当年应纳税所得额为240万元，应纳企业所得税为60万元。假设2009年企业应纳所得税为75万元。则根据上述资料进行分析，下列项目中，正确的有（　　）。

A. 2008年可抵免税额100万元　　　B. 2008年实际抵免额60万元

C. 2009年实际抵免额40万元　　　D. 2009年实际缴纳税额35万元

参考答案：A、B、C、D。

解析：企业购置并实际使用的环境保护、节能节水、安全生产等专用设备，其设备投资额的10%可从企业当年的应纳税额中抵免；当年不足抵免的，可以在以后5个纳税年度结转抵免。

2008年：

可抵免税额＝1 000×10%＝100（万元）

实际抵免税额＝60（万元）

抵免后当年缴纳企业所得税＝60－60＝0

尚有40万元（100－60）可以结转以后年度抵免。

2009年：

实际抵免税额＝40（万元）

抵免后缴纳企业所得税＝75－40＝35（万元）

七、中国清洁发展机制基金及项目的税收优惠

（一）基本规定

1. 对清洁基金的企业所得税政策。对清洁基金取得的下列收入，免征企业所得税：

（1）CDM项目温室气体减排量转让收入上缴国家的部分。

（2）国际金融组织赠款收入。

（3）基金资金的存款利息收入、购买国债的利息收入。

（4）国内外机构、组织和个人的捐赠收入。

2. 对 CDM 项目实施企业的企业所得税政策。

（1）CDM 项目实施企业按照《清洁发展机制项目运行管理办法》（发展改革委、科技部、外交部、财政部令第 37 号）的规定，将温室气体减排量的转让收入，按照以下比例上缴给国家的部分，准予在计算应纳税所得额时扣除：

第一，氢氟碳化物（HFC）和全氟碳化物（PFC）类项目，为温室气体减排量转让收入的 65%；

第二，氧化亚氮（N_2O）类项目，为温室气体减排量转让收入的 30%；

第三，《清洁发展机制项目运行管理办法》第四条规定的重点领域以及植树造林项目等类清洁发展机制项目，为温室气体减排量转让收入的 2%。

（2）对企业实施的将温室气体减排量转让收入的 65% 上缴给国家的 HFC 和 PFC 类 CDM 项目，以及将温室气体减排量转让收入的 30% 上缴给国家的 N_2O 类 CDM 项目，其实施该类 CDM 项目的所得，自项目取得第一笔减排量转让收入所属纳税年度起，第一年至第三年免征企业所得税，第四年至第六年减半征收企业所得税。

企业实施 CDM 项目的所得，是指企业实施 CDM 项目取得的温室气体减排量转让收入扣除上缴国家的部分，再扣除企业实施 CDM 项目发生的相关成本、费用后的净所得。

（二）适用条件

企业应单独核算其享受优惠的 CDM 项目的所得，并合理分摊有关期间费用，没有单独核算的，不得享受上述企业所得税优惠政策。

八、软件和集成电路产业的优惠政策

（一）软件生产企业的税收优惠

1. 软件生产企业实行增值税即征即退政策所退还的税款，由企业用于研究开发软件产品和扩大再生产，不作为企业所得税应税收入，不予征收企业所得税。

2. 我国境内新办软件生产企业经认定后，自获利年度起，第一年和第二年免征企业所得税，第三年至第五年减半征收企业所得税。

3. 国家规划布局内的重点软件生产企业，如当年未享受免税优惠的，减按 10% 的税率征收企业所得税。

4. 软件生产企业的职工培训费用，可按实际发生额在计算应纳税所得额时扣除。

5. 企事业单位购进软件，凡符合固定资产或无形资产确认条件的，可以按照固定资产或无形资产进行核算，经主管税务机关核准，其折旧或摊销年限可以适当缩短，最短可为 2 年。

6. 经认定的动漫企业自主开发、生产动漫产品，可申请享受国家现行鼓励软件产业发展的所得税优惠政策。

（二）集成电路设计及生产企业的税收优惠

1. 集成电路设计企业视同软件企业，享受上述软件企业的有关企业所得税政策。

2. 集成电路生产企业的生产性设备，经主管税务机关核准，其折旧年限可以适当缩短，最短可为 3 年。

3. 投资额超过 80 亿元人民币或集成电路线宽小于 0.25 微米的集成电路生产企业，

可以减按15%的税率缴纳企业所得税。其中，经营期在15年以上的，从开始获利的年度起，第一年至第五年免征企业所得税，第六年至第十年减半征收企业所得税。

4. 对生产线宽小于0.8微米（含）的集成电路产品的生产企业，经认定后，自获利年度起，第一年和第二年免征企业所得税，第三年至第五年减半征收企业所得税。已经享受自获利年度起企业所得税“两免三减半”政策的企业，不再重复执行本条规定。

5. 自2008年1月1日起至2010年年底，对集成电路生产企业、封装企业的投资者，以其取得的缴纳企业所得税后的利润，直接投资于本企业增加注册资本，或作为资本投资开办其他集成电路生产企业、封装企业，经营期不少于5年的，按40%的比例退还其再投资部分已缴纳的企业所得税税款。再投资不满5年撤出该项投资的，追缴已退的企业所得税税款。

自2008年1月1日起至2010年年底，对国内外经济组织作为投资者，以其在境内取得的缴纳企业所得税后的利润，作为资本投资于西部地区开办集成电路生产企业、封装企业或软件产品生产企业，经营期不少于5年的，按80%的比例退还其再投资部分已缴纳的企业所得税税款。再投资不满5年撤出该项投资的，追缴已退的企业所得税税款。

九、核力发电企业的税收优惠

核力发电企业生产销售电力产品，自核电机组正式商业投产次月起15个年度内，统一实行增值税先征后退政策，返还比例分三个阶段逐级递减。自2008年1月1日起，核力发电企业取得的增值税退税款，专项用于还本付息，不征收企业所得税。

十、创业投资企业的税收优惠

创业投资企业采取股权投资方式投资于未上市的中小高新技术企业2年以上的，可以按照其投资额的70%在股权持有满2年的当年抵扣该创业投资企业的应纳税所得额；当年不足抵扣的，可以在以后纳税年度结转抵扣。

创业投资企业是指依照《创业投资企业管理暂行办法》（国家发展和改革委员会等10部委令2005年第39号，以下简称《暂行办法》）和《外商投资创业投资企业管理规定》（商务部等5部委令2003年第2号）在中华人民共和国境内设立的专门从事创业投资活动的企业或其他经济组织。

自2008年1月1日起，创业投资企业采取股权投资方式投资于未上市的中小高新技术企业2年（24个月）以上，凡符合以下条件的，可以按照其对中小高新技术企业投资额的70%，在股权持有满2年的当年抵扣该创业投资企业的应纳税所得额；当年不足抵扣的，可以在以后纳税年度结转抵扣：（1）经营范围符合《暂行办法》规定，且工商登记为“创业投资有限责任公司”、“创业投资股份有限公司”等专业性法人创业投资企业。（2）按照《暂行办法》规定的条件和程序完成备案，经备案管理部门年度检查核实，投资运作符合《暂行办法》的有关规定。（3）创业投资企业投资的中小高新技术企业，除应按照科技部、财政部、国家税务总局《关于印发〈高新技术企业认定管理办法〉的通知》（国科发火〔2008〕172号）和《关于印发〈高新技术企业认定管理工作指引〉的通知》（国科发火〔2008〕362号）的规定，通过高新技术企业认定以外，还应符合职工人数不超过500人，年销售（营业）额不超过2亿元，资产总额不超过2亿元的条件。2007年底前按原有规定取得高新技术企业资格的中小高新技术企业，且在2008年继续符合新的高新技术企业标准的，向其投资满 24 个月的计算，可自创业投资企业实际向其投资的时间起计算。(4) 财政部、国家税务总局规定的其他条件。

中小企业接受创业投资之后，经认定符合高新技术企业标准的，应自其被认定为高新技术企业的年度起，计算创业投资企业的投资期限。该期限内中小企业接受创业投资后，企业规模超过中小企业标准，但仍符合高新技术企业标准的，不影响创业投资企业享受有关税收优惠。

创业投资企业申请享受投资抵扣应纳税所得额，应在其报送申请投资抵扣应纳税所得额年度纳税申报表以前，向主管税务机关报送以下资料备案：(1) 经备案管理部门核实后出具的年检合格通知书（副本）；(2) 关于创业投资企业投资运作情况的说明；(3) 中小高新技术企业投资合同或章程的复印件、实际所投资金验资报告等相关材料；(4) 中小高新技术企业基本情况（包括企业职工人数、年销售（营业）额、资产总额等）说明；(5) 由省、自治区、直辖市和计划单列市高新技术企业认定管理机构出具的中小高新技术企业有效的高新技术企业证书（复印件）。

政策解析

需要注意三个方面的内容：

第一，享受税收优惠的创业投资的业务范围限于股权投资方式。根据《创业投资企业管理暂行办法》的规定，创业投资企业的经营范围包括：

(1) 创业投资业务；

(2) 代理其他创业投资企业等机构或个人的创业投资业务；

(3) 创业投资咨询业务；

(4) 为创业企业提供创业管理服务业务；

(5) 参与设立创业投资企业与创业投资管理顾问机构。

对于创业投资企业其他业务范围的所得，不得享受企业所得税法规定的抵扣应纳税所得额的优惠。

第二，创业投资于未上市的中小高新技术企业 2 年以上。其中：

(1) 投资于未上市的企业。已经上市的企业以向公众发行股票的方式融资，一般而言已经比较成熟，有完善的内部治理结构，公司规模比较大，不属于中小型企业，受国家证券业监督管理机构监管，不需要创业投资公司的创业管理服务。

(2) 投资于中小高新技术企业 2 年以上。考虑到高新技术企业的发展成熟需要比较长的周期，研究开发阶段需要持续的资金支持，企业所得税法规定享受企业所得税应纳税额抵扣优惠的行为是投资于中小高新技术企业 2 年以上的投资。

第三，创业投资企业可以抵扣应纳税所得额的比例和抵扣方式。创业投资企业可以按照其投资额的 70% 在股权持有满 2 年的当年抵扣该创业投资企业的应纳税所得额；当年不足抵扣的，可以在以后纳税年度结转抵扣。这一政策属于间接税收优惠，可以引导社会资金更多投资于中小高新技术企业，解决中小科技企业投资不足问题，有利于风险投资尽快回收，减少投资风险，促进高新技术企业的成长和发展。同时，依据企业所得税基本原理，企业的对外投资额因可以收回而不属于成本费用，不得在税前扣除，因此，这一政策办法也属于加计扣除优惠。

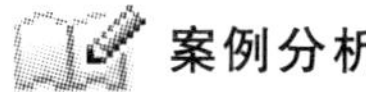

案例分析

【例1】某创业投资公司于2008年1月份向某中型高新技术企业（未上市）投资，投资额500万元。该公司适用企业所得税税率25%。假如2010年该创业投资公司实现应纳税所得额400万元。不考虑其他因素，则2010年该公司应缴纳企业所得税（　　）万元。

A. 12.5　　B. 25　　C. 50　　D. 75

参考答案：A。

解析：投资公司两年后可以其投资额抵扣应纳税所得额＝500×70%＝350（万元）

抵扣后的应纳税所得额＝400－350＝50（万元）

应缴纳企业所得税＝50×25%＝12.5（万元）

【例2】某中小型高新技术企业在2008年1月创业时，创投企业对其的投资额为200万元；按照70%的抵扣额度，有140万元可以税前扣除。如果该创投企业2009年的利润为90万元，则90万元利润可以全部扣除；剩下50万元额度可延续以后年度继续抵扣，直到140万元全部抵扣完为止。

十一、小型微利企业的税收优惠

（一）基本规定

符合条件的小型微利企业，减按20%的税率征收企业所得税。

（二）小型微利企业的界定

1. 小型微利企业，是指从事国家非限制和禁止行业，并符合下列条件的企业：

（1）工业企业，年度应纳税所得额不超过30万元，从业人数不超过100人，资产总额不超过3 000万元。

（2）其他企业，年度应纳税所得额不超过30万元，从业人数不超过80人，资产总额不超过1 000万元。

小型微利企业条件中，“从业人数”按企业全年平均从业人数计算，“资产总额”按企业年初和年末的资产总额平均计算。

政策解析

需要注意三个方面的内容：

第一，工业企业中的小型微利企业，是指年度应纳税所得额不超过30万元，从业人数不超过100人，资产总额不超过3 000万元的企业。工业包括采矿业、制造业、电力、燃气及水的生产和供应业等。

年度应纳税所得额，指的是企业一个纳税年度内，所获取的根据企业所得税法和企业所得税实施条例的有关规定，计算出来应缴纳企业所得税的所得额；从业人数，一般是纳税年度内，与企业形成劳动关系的平均或者相对固定的职工人数；资产总额是指企业所拥有的所有资产在总量上的一个表述，是企业所有者权益和负债的总和。

第二，其他企业中的小型微利企业，是指年度应纳税所得额不超过30万元，从业人数不超过80人，资产总额不超过1 000万元的企业。除了工业企业外，其他类型的企业，包括服务企业、商业流通企业等，都适用此项规定的小型微利企业认定标准。

第三，不得享受企业所得税法规定的低税率优惠的小型微利企业。符合条件的小型微利企业，才可以享受20%的低税率优惠。对于从事国家限制和禁止行业的企业，即使达到企业所得税法规定的小型微利企业的认定标准，也不得享受低税率优惠。

案例分析

【例】按照企业所得税法和实施条例规定，工业企业要享受企业所得税法规定的小型微利企业的优惠税率，必须同时具备（　　）条件。

A. 从业人数不超过 100 人　　　B. 从事国家非限制和禁止行业

C. 资产总额不超过 3 000 万元　D. 年度应纳税所得额不超过 30 万元

参考答案：A、B、C、D。

2. 小型微利企业是指企业的全部生产经营活动产生的所得均负有我国企业所得税纳税义务的企业。因此，仅就来源于我国所得负有我国纳税义务的非居民企业，不适用该条规定的对符合条件的小型微利企业减按 20% 税率征收企业所得税的政策。

政策解析

需要注意两个方面的内容：

第一，企业所得税采取了按照工业企业和其他企业分类划分小型微利企业的办法，兼顾行业特点和政策的操作管理。

第二，在具体标准上，实施条例借鉴国际做法，结合我国国情，把年度应纳税所得额、从业人数、资产总额作为小型微利企业的界定指标。不论工业企业还是其他企业，将年度应纳税所得额确定为 30 万元，大大高于原企业所得税法标准。

十二、高新技术企业的税收优惠

（一）基本规定

国家需要重点扶持的高新技术企业，减按 15% 的税率征收企业所得税。

（二）高新技术企业的认定条件

根据企业所得税法的规定，高新技术企业的认定需要同时具备下列条件：

1. 在中国境内（不含港、澳、台地区）注册的企业，近 3 年内通过自主研究开发、受让、受赠、并购等方式，或通过 5 年以上的独占许可方式，对其主要产品（服务）的核心技术拥有自主知识产权。

在计算企业拥有的核心自主知识产权时，企业近 3 年内（至申报日前）获得的核心自主知识产权均视为有效。

政策解析

需要注意两个方面的内容：

第一，企业所得税法强调的核心自主知识产权，是指企业对知识产权的主体或者核心部分，拥有自主权或者绝对控制权，而不能满足于只对非主体部分的枝节或者辅助性的部分拥有所谓的知识产权。

第二，企业所得税法认定标准所谓的拥有核心自主知识产权，并不一定是企业通过自己研发所获取的，它也可以是企业通过购买、投资者投入等形式获取，只要企业对这项知识产权拥有完整的支配权，或者享有独占的使用权即可。

2. 产品（服务）属于《国家重点支持的高新技术领域》规定的范围。

政策解析

作为高新技术企业，体现其价值的产品（服务）应属于《国家重点支持的高新技术领域》规定的范围。《国家重点支持的高新技术领域》是国家有关部门根据经济社会发展的现状，针对产业发展需要和特定阶段科学技术总体发展水平等所拟订的高新技术领域范畴，以体现国家的产业导向和指引功能。

3. 具有大学专科以上学历的科技人员占企业当年职工总数的30%以上，其中研发人员占企业当年职工总数的10%以上。

政策解析

这是对高新技术企业人员构成的一项指标性要求。高新技术企业的维持和运转，需要一定数量具有高新知识的人才提供智力支持，科技人员占企业职工总数的比例应有一个基本的比例限制。

4. 企业为获得科学技术（不包括人文、社会科学）新知识，创造性运用科学技术新知识，或实质性改进技术、产品（服务）而持续进行了研究开发活动，且近3个会计年度的研究开发费用总额占销售收入总额的比例符合如下要求：

（1）最近1年销售收入小于5 000万元的企业，比例不低于6%；

（2）最近1年销售收入在5 000万—20 000万元的企业，比例不低于4%；

（3）最近1年销售收入在20 000万元以上的企业，比例不低于3%。

其中，企业在中国境内发生的研究开发费用总额占全部研究开发费用总额的比例不低于60%。企业注册成立时间不足3年的，按实际经营年限计算。

政策解析

这是对高新技术企业研究开发费用投入的规定。高新技术企业研究开发费用占销售收入的比例不低于规定比例。

5. 高新技术产品（服务）收入占企业当年总收入的60%以上。

政策解析

高新技术企业的产品（服务）属于《国家重点支持的高新技术领域》，是确保高新技术企业的主营业务保持“高新”性的一项重要辅助性措施，也是对高新技术企业主营业务上的要求，以保证企业所得税所鼓励和扶持的企业属于真正的高新技术企业。

6. 企业研究开发组织管理水平、科技成果转化能力、自主知识产权数量、销售与总资产成长性等指标符合《高新技术企业认定管理工作指引》（另行制定）的要求。

（三）高新技术企业的界定及认定依据

所谓高新技术企业，是指在《国家重点支持的高新技术领域》内，持续进行研究开发与技术成果转化，形成企业核心自主知识产权，并以此为基础开展经营活动，在中国境内（不包括港、澳、台地区）注册1年以上的居民企业。

高新技术企业认定管理工作应遵循突出企业主体、鼓励技术创新、实施动态管理、坚持公平公正的原则。依法认定的高新技术企业，可依照《企业所得税法》及其《实施条例》、《中华人民共和国税收征收管理法》（以下称《税收征管法》）及《中华人民共和国税收征收管理法实施细则》（以下称《实施细则》）等有关规定，申请享受税收优惠政策。科技部、财政部、税务总局负责指导、管理和监督全国高新技术企业认定工作。

（四）高新技术企业认定的组织与实施

1. 科技部、财政部、税务总局组成全国高新技术企业认定管理工作领导小组（以下简称“领导小组”），其主要职责为：

（1）确定全国高新技术企业认定管理工作方向，审议高新技术企业认定管理工作报告；

（2）协调、解决认定及相关政策落实中的重大问题；

（3）裁决高新技术企业认定事项中的重大争议，监督、检查各地区认定工作；

（4）对高新技术企业认定工作出现重大问题的地区，提出整改意见。

2. 领导小组下设办公室。办公室设在科技部，其主要职责为：

（1）提交高新技术企业认定管理工作报告；

（2）组织实施对高新技术企业认定管理工作的检查；

（3）负责高新技术企业认定工作的专家资格的备案管理；

（4）建立并管理“高新技术企业认定管理工作网”；

（5）领导小组交办的其他工作。

3. 各省、自治区、直辖市、计划单列市科技行政管理部门同本级财政、税务部门组成本地区高新技术企业认定管理机构（以下简称“认定机构”），根据本办法开展下列工作：

（1）负责本行政区域内的高新技术企业认定工作；

（2）接受企业提出的高新技术企业资格复审；

（3）负责对已认定企业进行监督检查，受理、核实并处理有关举报；

（4）选择参与高新技术企业认定工作的专家并报领导小组办公室备案。

4. 企业取得高新技术企业资格后，应依照规定到主管税务机关办理减税、免税手续。享受减税、免税优惠的高新技术企业，减税、免税条件发生变化的，应当自发生变化之日起15日内向主管税务机关报告。

不再符合减税、免税条件的，应当依法履行纳税义务；未依法纳税的，主管税务机关应当予以追缴。同时，主管税务机关在执行税收优惠政策过程中，发现企业不具备高新技术企业资格的，应提请认定机构复核。复核期间，可暂停企业享受减免税优惠。

（五）高新技术企业的认定程序

1. 企业自我评价及申请。企业登录“高新技术企业认定管理工作网”，对照规定条件，进行自我评价。认为符合认定条件的，企业可向认定机构提出认定申请。

2. 提交下列申请材料：

（1）高新技术企业认定申请书；

（2）企业营业执照副本、税务登记证（复印件）；

（3）知识产权证书（独占许可合同）、生产批文，新产品或新技术证明（查新）材料、产品质量检验报告、省级以上科技计划立项证明，以及其他相关证明材料；

（4）企业职工人数、学历结构以及研发人员占企业职工的比例说明；

（5）经具有资质的中介机构鉴证的企业近3个会计年度研究开发费用情况表（实际年限不足3年的按实际经营年限），并附研究开发活动说明材料；

（6）经具有资质的中介机构鉴证的企业近3个会计年度的财务报表（含资产负债表、损益表、现金流量表，实际年限不足3年的按实际经营年限）以及技术性收入的情况表。

3. 合规性审查。认定机构应建立高新技术企业认定评审专家库；依据企业的申请材料，抽取专家库内专家对申报企业进行审查，提出认定意见。

4. 认定、公示与备案。认定机构对企业进行认定。经认定的高新技术企业在“高新技术企业认定管理工作网”上公示15个工作日，没有异议的，报送领导小组办公室备案，在“高新技术企业认定管理工作网”上公告认定结果，并向企业颁发统一印制的“高新技术企业证书”。

（六）高新技术企业资格的有效期及终止

1. 高新技术企业资格的有效期。高新技术企业资格自颁发证书之日起有效期为3年。企业应在期满前3个月内提出复审申请，不提出复审申请或复审不合格的，其高新技术企业资格到期自动失效。期满后，企业再次提出认定申请的，按规定办理。

2. 高新技术企业资格的终止。高新技术企业经营业务、生产技术活动等发生重大变化（如并购、重组、转业等）的，应在15日内向认定管理机构报告；变化后不符合规定条件的，应自当年起终止其高新技术企业资格；需要申请高新技术企业认定的，按规定办理。

高新技术企业更名的，由认定机构确认并经公示、备案后重新核发认定证书，编号与有效期不变。

（七）高新技术企业资格的公示与备案

高新技术企业复审须提交近3年开展研究开发等技术创新活动的报告。复审时应重点审查企业为获得科学技术（不包括人文、社会科学）新知识，创造性运用科学技术新知识，或实质性改进技术、产品（服务）而持续进行了研究开发活动，且近3个会计年度的研究开发费用总额占销售收入总额的比例是否符合要求，对符合条件的，按照规定进行公示与备案。

（八）罚则

1. 已认定的高新技术企业有下述情况之一的，应取消其资格：

（1）在申请认定过程中提供虚假信息的；

（2）有偷、骗税等行为的；

（3）发生重大安全、质量事故的；

（4）有环境等违法、违规行为，受到有关部门处罚的。

被取消高新技术企业资格的企业，认定机构在5年内不再受理该企业的认定申请。

2. 参与高新技术企业认定工作的各类机构和人员对所承担认定工作负有诚信以及合规义务，并对申报认定企业的有关资料信息负有保密义务。违反高新技术企业认定工作相关要求和纪律的，给予相应处理。

政策解析

需要注意三个方面的内容：

第一，高新技术企业的认定必须同时满足规定的条件。

第二，高新技术企业的认定过程与管理必须符合《国家重点支持的高新技术领域》和高新技术企业认定管理办法的规定。

第三，与原税收优惠政策相比，新企业所得税法对高新技术企业优惠的主要变化，表现在以下几个方面：

（1）扩大高新技术企业的生产经营范围。实施条例将高新技术企业的界定范围，由现行按高新技术产品划分改为按高新技术领域划分，规定产品（服务）应在《国家重点支持的高新技术领域》的范围之内，以解决现行政策执行中产品列举不全、覆盖面偏窄、前瞻性欠缺等问题。

（2）明确高新技术企业的具体认定标准。实施条例将高新技术企业的认定标准原则化处理，对研究开发费用占销售收入的比例、高新技术产品（服务）收入占企业总收入的比例、科技人员占企业职工总数的比例以及其他条件等具体标准，放在由国务院科技、财政、税务主管部门会同国务院有关部门制订的认定办法中，便于今后根据发展需要适时调整。

（3）强调核心自主知识产权问题。实施条例最后采用“核心自主知识产权”作为高新技术企业的认定条件之一，相对容易操作，突出技术创新导向。

十三、研究开发费用的税收优惠

（一）基本规定

企业为开发新技术、新产品、新工艺发生的研究开发费用，未形成无形资产计入当期损益的，在按照规定据实扣除的基础上，按照研究开发费用的50%加计扣除；形成无形资产的，按照无形资产成本的150%摊销。具体而言，企业根据财务会计核算和研发项目的实际情况，对发生的研发费用进行收益化或资本化处理的，可按下述规定计算加计扣除：

1. 研究开发费用计入当期损益未形成无形资产的，允许再按其当年研发费用实际发生额的50%，直接抵扣当年的应纳税所得额。

2. 研究开发费用形成无形资产的，按照该无形资产成本的150%在税前摊销。除法律另有规定外，摊销年限不得低于10年。

政策解析

按照研究开发费用是否资本化为标准，研究开发费用分两种方式来加计扣除。其主要原因在于，企业的研发投入由于科学研究过程中各种不可预期的因素较多，研发费用的投入并不一定都能形成新产品、新技术、新工艺，若只鼓励形成无形资产的研究开发费用加计扣除，那么从某种程度上将束缚企业研究开发费用的投入。研究开发费用的加计扣除，鼓励的是企业的研发行为，只有研发行为的存在，才可能形成新产品、新技术、新工艺。如果研究开发未形成无形资产的，则计入企业的当期损益，应当加计在当期扣除；如果形成无形资产的，则属于资本化的费用支出，构成无形资产的成本，应允许加计后作为无形资产的成本，按照规定摊销。

（二）适用条件

1. 研究开发费用的适用条件。企业从事《国家重点支持的高新技术领域》和国家发展改革委员会等部门公布的《当前优先发展的高技术产业化重点领域指南（2007 年度）》规定项目的研究开发活动，其在一个纳税年度中实际发生的下列费用支出，允许在计算应纳税所得额时按照规定实行加计扣除：

（1）新产品设计费、新工艺规程制定费以及与研究开发活动直接相关的技术图书资料费、资料翻译费。

（2）从事研发活动直接消耗的材料、燃料和动力费用。

（3）在职直接从事研发活动人员的工资、薪金、奖金、津贴、补贴。

（4）专门用于研发活动的仪器、设备的折旧费或租赁费。

（5）专门用于研发活动的软件、专利权、非专利技术等无形资产的摊销费用。

（6）专门用于中间试验和产品试制的模具、工艺装备开发及制造费。

（7）勘探开发技术的现场试验费。

（8）研发成果的论证、评审、验收费用。

企业在一个纳税年度内进行多个研究开发活动的，应按照不同开发项目分别归集可加计扣除的研究开发费用额。

法律、行政法规和国家税务总局规定不允许企业所得税前扣除的费用和支出项目，均不允许计入研究开发费用。企业未设立专门的研发机构或企业研发机构同时承担生产经营任务的，应对研究开发费用和生产经营费用分开进行核算，准确、合理的计算各项研究开发费用支出，对划分不清的，不得实行加计扣除。

2. 研究开发活动的内涵。研究开发活动是指企业为获得科学与技术（不包括人文、社会科学）新知识，创造性运用科学技术新知识，或实质性改进技术、工艺、产品（服务）而持续进行的具有明确目标的研究开发活动。

创造性运用科学技术新知识，或实质性改进技术、工艺、产品（服务），是指企业通过研究开发活动在技术、工艺、产品（服务）方面的创新取得了有价值的成果，对本地区（省、自治区、直辖市或计划单列市）相关行业的技术、工艺领先具有推动作用，不包括企业产品（服务）的常规性升级或对公开的科研成果直接应用等活动（如直接采用公开的新工艺、材料、装置、产品、服务或知识等）。

（三）其他扣除规定

1. 对企业共同合作开发的项目，凡符合上述条件的，由合作各方就自身承担的研发费用分别按照规定计算加计扣除。

2. 对企业委托给外单位进行开发的研发费用，凡符合上述条件的，由委托方按照规定计算加计扣除，受托方不得再进行加计扣除。

对委托开发的项目，受托方应向委托方提供该研发项目的费用支出明细情况，否则，该委托开发项目的费用支出不得实行加计扣除。

3. 企业必须对研究开发费用实行专账管理，同时必须按照规定项目，准确归集填写年度可加计扣除的各项研究开发费用实际发生金额。企业应于年度汇算清缴所得税申报时向主管税务机关报送本办法规定的相应资料。申报的研究开发费用不真实或者资料不齐全的，不得享受研究开发费用加计扣除，主管税务机关有权对企业申报的结果进行合理调整。

4. 企业实际发生的研究开发费，在年度中间预缴所得税时，允许据实计算扣除，在年度终了进行所得税年度申报和汇算清缴时，再依照规定计算加计扣除。

（四）报送资料要求

企业申请研究开发费加计扣除时，应向主管税务机关报送如下资料：

1. 自主、委托、合作研究开发项目计划书和研究开发费预算。

2. 自主、委托、合作研究开发专门机构或项目组的编制情况和专业人员名单。

3. 自主、委托、合作研究开发项目当年研究开发费用发生情况归集表。

4. 企业总经理办公会或董事会关于自主、委托、合作研究开发项目立项的决议文件。

5. 委托、合作研究开发项目的合同或协议。

6. 研究开发项目的效用情况说明、研究成果报告等资料。

（五）企业集团研发费用扣除规定

1. 企业集团根据生产经营和科技开发的实际情况，对技术要求高、投资数额大，需要由集团公司进行集中开发的研究开发项目，其实际发生的研究开发费，可以按照合理的分摊方法在受益集团成员公司间进行分摊。

2. 企业集团采取合理分摊研究开发费的，企业集团应提供集中研究开发项目的协议或合同，该协议或合同应明确规定参与各方在该研究开发项目中的权利和义务、费用分摊方法等内容。如不提供协议或合同，研究开发费不得加计扣除。

3. 企业集团采取合理分摊研究开发费的，企业集团集中研究开发项目实际发生的研究开发费，应当按照权利和义务、费用支出和收益分享一致的原则，合理确定研究开发费用的分摊方法。

4. 企业集团采取合理分摊研究开发费的，企业集团母公司负责编制集中研究开发项目的立项书、研究开发费用预算表、决算表和决算分摊表。

5. 税企双方对企业集团集中研究开发费的分摊方法和金额有争议的，如企业集团成员公司设在不同省、自治区、直辖市和计划单列市的，企业按照国家税务总局的裁决意见扣除实际分摊的研究开发费；企业集团成员公司在同一省、自治区、直辖市和计划单列市的，企业按照省税务机关的裁决意见扣除实际分摊的研究开发费。

（六）研发费用扣除的调整

1. 企业研究开发费各项目的实际发生额归集不准确、汇总额计算不准确的，主管税务机关有权调整其税前扣除额或加计扣除额。

2. 主管税务机关对企业申报的研究开发项目有异议的，可要求企业提供政府科技部门的鉴定意见书。

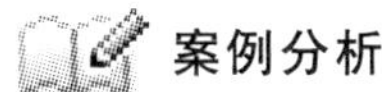

【例】如果企业当年开发新产品的研发费用实际支出为 10 000 元，就可按 15 000 元（10 000 × 150%）数额在税前进行扣除，在税前多扣除 5 000 元，在适用税率为 25% 的情况下，可以少缴企业所得税 1 250 元。

十四、技术转让所得的税收优惠

一个纳税年度内，居民企业技术转让所得不超过 500 万元的部分，免征企业所得税；超过 500 万元的部分，减半征收企业所得税。

需要注意三个方面的内容：

第一，税收优惠限于居民企业的技术转让所得。鉴于非居民企业在中国只负有限的纳税义务，而且可以享受预提税优惠政策，甚至可以通过国家之间的税收协定享受更多的优惠，因此，技术转让所得的税收优惠限于居民企业。

第二，享受税收优惠的限于技术转让所得。在企业取得的技术转让、技术咨询、技术服务、技术培训、技术承包等技术性服务收入中，享受税收优惠的限于技术转让所得。即企业所得税法技术转让所得税收优惠的条件，是居民企业将其拥有的技术转让给其他企业、组织或者个人，受让人拥有技术的所有权或者使用权。

第三，享受税收优惠的具体方式。企业所得税法强调的是居民企业一个纳税年度内技术转让所得的总和，而不管享受减免税优惠的转让所得是通过几次技术转让行为所获取的，只要居民企业技术转让所得总和在一个纳税年度内不到 500 万元的，这部分所得全部免税；超过 500 万元的部分，减半征收企业所得税。

十五、科技企业孵化器的税收优惠

对符合非营利组织条件的孵化器的收入，自 2008 年 1 月 1 日起按照税法及其有关规定享受企业所得税优惠政策。科技企业孵化器（也称高新技术创业服务中心，以下简称“孵化器”）是以促进科技成果转化、培养高新技术企业和企业家为宗旨的科技创业服务机构。

十六、安置残疾人员的税收优惠

（一）基本规定

企业安置残疾人员的，在按照支付给残疾职工工资据实扣除的基础上，按照支付给残疾职工工资的 100% 加计扣除。

案例分析

【例 1】某企业支付给职工的工资为 2 000 元/月，本期在册职工人员名单中列名安置 10 名国家鼓励安置的人员就业。则在计算应纳税所得额时，企业不仅可据实扣除每名残疾人员的实发工资 2 000 元，还可以每人另外再多扣除 2 000 元。这样，在适用税率为 25% 的情况下，企业每安置一名国家鼓励安置的人员就业，可享受 6 000 元（2 000 × 25% × 12）的税收减免优惠。

【例 2】某市某生产性外商投资企业 2008 年在职人员总数 100 人，其中 20 人具有《中华人民共和国残疾人证》。假设该企业职工工资薪金为 3 000 元/人，2007 年适用企业所得税税率为15%。不考虑其他业务，则该企业2008年由于享受相关优惠政策而少缴纳企业所得税（　　）万元。

A. 0.9　　B. 1.08　　C. 1.2　　D. 1.5

参考答案：B。

解析：企业安置残疾人员的，按实际支付给残疾职工工资的100%加计扣除。在税收优惠的具体过渡措施方式上，对享受15%低税率老企业的过渡方式，在2008—2012年的5年内按照“3、2、2、2、1”的百分点逐步递增到25%税率。因此，该企业2008年适用企业所得税税率18%。

少缴纳企业所得税 = 20 × 3 000 × 18% = 1.08（万元）

【例3】企业的下列支出中，可以在计算应纳税所得额时加计扣除的有（　　）。

A. 购买国产设备投资

B. 开发新产品发生的研究开发费用

C. 安置残疾人员所支付的工资

D. 创业投资企业从事国家需要重点扶持和鼓励的创业投资

参考答案：B、C。

（二）适用条件

1. 残疾人员的范围适用《中华人民共和国残疾人保障法》的有关规定。

2. 享受优惠政策单位的条件。自2008年1月1日起，企业享受安置残疾职工工资100%加计扣除应同时具备如下条件：

（1）依法与安置的每位残疾人签订了1年以上（含1年）的劳动合同或服务协议，并且安置的每位残疾人在企业实际上岗工作。

（2）为安置的每位残疾人按月足额缴纳了企业所在区县人民政府根据国家政策规定的基本养老保险、基本医疗保险、失业保险和工伤保险等社会保险。

（3）定期通过银行等金融机构向安置的每位残疾人实际支付了不低于企业所在区县适用的经省级人民政府批准的最低工资标准的工资。

（4）具备安置残疾人上岗工作的基本设施。

3. 企业就支付给残疾职工的工资，在进行企业所得税预缴申报时，允许据实计算扣除；在年度终了进行企业所得税年度申报和汇算清缴时，再依照本条第一款的规定计算加计扣除。

4. 企业应在年度终了进行企业所得税年度申报和汇算清缴时，向主管税务机关报送本通知第四条规定的相关资料、已安置残疾职工名单及其《中华人民共和国残疾人证》或《中华人民共和国残疾军人证（1至8级）》复印件和主管税务机关要求提供的其他资料，办理享受企业所得税加计扣除优惠的备案手续。

在企业汇算清缴结束后，主管税务机关在对企业进行日常管理、纳税评估和纳税检查时，应对安置残疾人员企业所得税加计扣除优惠的情况进行核实。

政策解析

需要注意两个方面的内容：

第一，单位实际支付给残疾人的工资加计扣除部分，如大于本年度应纳税所得额的，可准予扣除其不超过应纳税所得额的部分，超过部分本年度和以后年度均不得扣除。亏损单位不适用上述工资加计扣除应纳税所得额的办法。

第二，单位在执行上述工资加计扣除应纳税所得额办法的同时，可以享受其他企业所得税优惠政策。

十七、再就业的税收优惠

1. 2009 年 1 月 1 日至 2009 年 12 月 31 日，对符合条件的企业在新增加的岗位中，当年新招用持《再就业优惠证》人员，与其签订 1 年以上期限劳动合同并缴纳社会保险费的，3 年内按实际招用人数予以定额依次扣减营业税、城市维护建设税、教育费附加和企业所得税。定额标准为每人每年 4 000 元，可上下浮动 20%。由各省、自治区、直辖市人民政府根据本地区实际情况在此幅度内确定具体定额标准，并报财政部和国家税务总局备案。

2. 自 2009 年 1 月 1 日至 2009 年 12 月 31 日止，对符合条件的企业在新增加的岗位中，当年新招用持《再就业优惠证》人员，与其签订 1 年以上期限劳动合同并缴纳社会保险费的，3 年内按实际招用人数予以定额依次扣减营业税、城市维护建设税、教育费附加和企业所得税。定额标准为每人每年 4 000 元，可上下浮动 20%。由各省、自治区、直辖市人民政府根据本地区实际情况在此幅度内确定具体定额标准，并报财政部和国家税务总局备案。

十八、文化事业单位转制的税收优惠

2009 年 1 月 1 日至 2013 年 12 月 31 日，经营性文化事业单位转制为企业，自转制注册之日起免征企业所得税。

所谓经营性文化事业单位是指从事新闻出版、广播影视和文化艺术的事业单位；转制包括文化事业单位整体转为企业和文化事业单位中经营部分剥离转为企业。上述税收优惠适用于文化体制改革地区的所有转制文化单位和不在文化体制改革地区的转制企业。

十九、农村信用社改制的税收优惠

从 2007 年 1 月 1 日起至 2009 年 12 月 31 日止，对河北省改革试点农村信用社暂免征收企业所得税。所免税款专项用于核销挂账亏损或增加拨备，不得用于分红。

二十、证券投资基金的税收优惠

对证券投资基金从证券市场中取得的收入，包括买卖股票、债券的差价收入，股权的股息、红利收入，债券的利息收入及其他收入，暂不征收企业所得税。

对投资者从证券投资基金分配中取得的收入，暂不征收企业所得税。

对证券投资基金管理人运用基金买卖股票、债券的差价收入，暂不征收企业所得税。

二十一、海峡两岸海上直航的税收优惠

自 2008 年 12 月 15 日起，对台湾航运公司从事海峡两岸海上直航业务取得的来源于大陆的所得，免征企业所得税。享受企业所得税免税政策的台湾航运公司应当按照企业所得税法实施条例的有关规定，单独核算其从事上述业务在大陆取得的收入和发生的成本、费用；未单独核算的，不得享受免征企业所得税政策。

所谓台湾航运公司，是指取得交通运输部颁发的“台湾海峡两岸间水路运输许可证”

且上述许可证上注明的公司登记地址在台湾的航运公司。

二十二、民族自治地方的税收优惠

民族自治地方的自治机关对本民族自治地方的企业应缴纳的企业所得税中属于地方分享的部分，可以决定减征或者免征。自治州、自治县决定减征或者免征的，须报省、自治区、直辖市人民政府批准。民族自治地方，是指依照《中华人民共和国民族区域自治法》的规定，实行民族区域自治的自治区、自治州、自治县。

对民族自治地方内国家限制和禁止行业的企业，不得减征或者免征企业所得税。

二十三、非居民企业境内所得的税收优惠

（一）低税率优惠

在中国境内未设立机构、场所的非居民企业取得的来源于中国境内的所得，以及在中国境内设有机构、场所的非居民企业取得的与其所设机构、场所没有实际联系的来源于中国境内的所得，减按10%的税率征收企业所得税。

政策解析

需要注意四个方面的内容：

第一，在中国境内未设立机构、场所的非居民企业取得的来源于中国境内的所得，以及在中国境内设有机构、场所的非居民企业取得的与其所设机构、场所没有实际联系的来源于中国境内的所得，均属于非居民企业来源于中国境内的所得，均应征收企业所得税。但由于取得上述所得的非居民企业在中国境内没有设立机构、场所，或者上述所得与其所设机构、场所没有实际联系，按照国际惯例，对此类所得一般按照较标准税率为低的税率征收预提税。

第二，为解决改革开放初期我国资金不足，吸引外资，原税法规定，对汇出境外的利润暂免征收预提所得税。按照国际通行的做法，来源国对汇出境外的利润有优先征税权，一般征收预提所得税，税率多在10%以上，如越南、泰国的税率为10%，美国、匈牙利、菲律宾、哥伦比亚的税率分别为30%、20%、15%、7%。如果税收协定规定减免的，可以按照协定规定减免，如我国与美国的协定税率为10%、内地与香港特区的安排为5%（25%以上股权）或10%。

第三，非居民企业预提所得税法定税率20%，借鉴国际惯例，减按10%的优惠税率征收。对汇出境外利润减按10%税率作为税收优惠，境外投资者就可以按照20%的法定税率回国进行税收饶让抵免，有利于通过双边互惠维护我国税收权益和“走出去”企业的利益。

第四，对非居民企业在中国境内未设立机构、场所而取得的股息、红利等权益性投资收益和利息、租金、特许权使用费所得，或者是虽设立机构、场所，但取得的上述所得与其机构、场所没有实际联系，按收入全额征收预提所得税，是国际上通行的做法，在我国目前与其他国家签订的税收协定中也遵循了这种国际惯例。由于收入取得在我国境内，但在我国境内没有机构场所，无法确定应纳税所得额，实施条例参照国际通行的做法，规定对此类所得按收入全额作为计税依据，同时规定比企业营业利润适用的所得税税率稍低税率扣缴所得税。

（二）免税优惠

下列所得可以免征企业所得税：

1. 外国政府向中国政府提供贷款取得的利息所得。

2. 国际金融组织向中国政府和居民企业提供优惠贷款取得的利息所得。

3. 经国务院批准的其他所得。

政策解析

需要注意两个方面的内容：

第一，外国政府向中国政府提供贷款取得的利息所得，免征企业所得税。这部分所得的取得主体是外国政府，而且是贷款给中国政府的，带有援助意义，利率相对较低。给予其贷款利息所得免税，有利于中国政府获得更多的外国政府贷款，满足资金需求。

第二，国际金融组织向中国政府和居民企业提供优惠贷款取得的利息所得，免征企业所得税。这里的国际金融组织包括国际货币基金组织、世界银行、亚洲开发银行等。国际金融组织向中国政府和居民企业提供优惠贷款，有利于缓解我国国内经济建设发展的资金紧缺，应该给予税收优惠上的鼓励措施。

（三）协定股息税率情况

根据《中华人民共和国企业所得税法》及其实施条例的规定，2008 年 1 月 1 日起，非居民企业从我国居民企业获得的股息将按照 10% 的税率征收预提所得税，但是，我国政府同外国政府订立的关于对所得避免双重征税和防止偷漏税的协定以及内地与香港、澳门特区间的税收安排（以下统称“协定”），与国内税法有不同规定的，依照协定的规定办理：

1. 表 18－1 中协定税率高于我国法律法规规定税率的，可以按国内法律法规规定的税率执行。

表 18－1　　协定税率表

税率	与下列国家（地区）协定
0%	格鲁吉亚（直接拥有支付股息公司至少 50% 股份并在该公司投资达到 200 万欧元情况下）
5%	科威特、蒙古、毛里求斯、斯洛文尼亚、牙买加、南斯拉夫、苏丹、老挝、南非、克罗地亚、马其顿、塞舌尔、巴巴多斯、阿曼、巴林、沙特、文莱、墨西哥
5%（直接拥有支付股息公司至少 10% 股份情况下）	委内瑞拉、格鲁吉亚（并在该公司投资达到 10 万欧元）（与上述国家协定规定直接拥有支付股息公司股份低于 10% 情况下税率为 10%）
5%（直接拥有支付股息公司至少 25% 股份情况下）	卢森堡、韩国、乌克兰、亚美尼亚、冰岛、立陶宛、拉脱维亚、爱沙尼亚、爱尔兰、摩尔多瓦、古巴、特多、中国香港、新加坡［与上述国家（地区）协定规定直接拥有支付股息公司股份低于 25% 情况下税率为 10%］
7%	阿联酋

续表

税率	与下列国家（地区）协定
7%（直接拥有支付股息公司至少25%股份情况下）	奥地利（直接拥有支付股息公司股份低于25%情况下税率为10%）
8%	埃及、突尼斯、墨西哥
10%	日本、美国、法国、英国、比利时、德国、马来西亚、丹麦、芬兰、瑞典、意大利、荷兰、捷克、波兰、保加利亚、巴基斯坦、瑞士、塞浦路斯、西班牙、罗马尼亚、奥地利、匈牙利、马耳他、俄罗斯、印度、白俄罗斯、以色列、越南、土耳其、乌兹别克斯坦、葡萄牙、孟加拉、哈萨克斯坦、印尼、伊朗、吉尔吉斯、斯里兰卡、阿尔巴尼亚、阿塞拜疆、摩洛哥、中国澳门
10%（直接拥有支付股息公司至少10%股份情况下）	加拿大、菲律宾 （与上述国家协定规定直接拥有支付股息公司股份低于10%情况下税率为15%）
15%	挪威、新西兰、巴西、巴布亚新几内亚
15%（直接拥有支付股息公司至少25%股份情况下）	泰国（直接拥有支付股息公司股份低于25%情况下税率为20%）

2. 纳税人申请执行协定税率时必须提交享受协定待遇申请表。

3. 各地税务机关应严格审批协定待遇申请，防范协定适用不当。

二十四、外国投资者取得利润的税收优惠

2008 年 1 月 1 日之前外商投资企业形成的累积未分配利润，在 2008 年以后分配给外国投资者的，免征企业所得税。2008 年及以后年度外商投资企业新增利润分配给外国投资者的，依法缴纳企业所得税。

二十五、税收优惠的其他规定

（一）企业所得税专项优惠政策

根据国民经济和社会发展的需要，或者由于突发事件等原因对企业经营活动产生重大影响的，国务院可以制定企业所得税专项优惠政策，报全国人民代表大会常务委员会备案。

（二）不同税收待遇项目的税务处理

企业同时从事适用不同企业所得税待遇的项目的，其优惠项目应当单独计算所得，并合理分摊企业的期间费用；没有单独计算的，不得享受企业所得税优惠。

（三）部分行业企业税收优惠

为保证部分行业、企业税收优惠政策执行的连续性，对原有关就业再就业，奥运会和世博会，社会公益，债转股、清产核资、重组、改制、转制等企业改革，涉农和国家储备，其他单项优惠政策共 6 类定期企业所得税优惠政策，自 2008 年 1 月 1 日起，继续按原优惠政策规定的办法和时间执行到期。

（四）所得税过渡优惠政策

1. 新法公布前设立企业的优惠过渡办法。企业按照原税收法律、行政法规和具有行政法规效力文件规定享受的企业所得税优惠政策，按以下办法实施过渡：

（1）自2008年1月1日起，原享受低税率优惠政策的企业，在新税法施行后5年内逐步过渡到法定税率。其中：享受企业所得税15%税率的企业，2008年按18%税率执行，2009年按20%税率执行，2010年按22%税率执行，2011年按24%税率执行，2012年按25%税率执行；原执行24%税率的企业，2008年起按25%税率执行。

（2）自2008年1月1日起，原享受企业所得税“两免三减半”、“五免五减半”等定期减免税优惠的企业，新税法施行后继续按原税收法律、行政法规及相关文件规定的优惠办法及年限享受至期满为止，但因未获利而尚未享受税收优惠的，其优惠期限从2008年度起计算。

（3）享受上述过渡优惠政策的企业，是指2007年3月16日以前经工商等登记管理机关登记设立的企业；实施过渡优惠政策的项目和范围按《实施企业所得税过渡优惠政策表》执行。

2. 西部大开发税收优惠政策。《财政部、国家税务总局、海关总署关于西部大开发税收优惠政策问题的通知》（财税［2001］202号）中规定的西部大开发企业所得税优惠政策继续执行。

3. 外资优惠政策取消后的事项处理。

（1）关于原外商投资企业的外国投资者再投资退税政策的处理。外国投资者从外商投资企业取得的税后利润直接再投资本企业增加注册资本，或者作为资本投资开办其他外商投资企业，凡在2007年年底以前完成再投资事项，并在国家工商管理部门完成变更或注册登记的，可以按照《中华人民共和国外商投资企业和外国企业所得税法》及其有关规定，给予办理再投资退税。对在2007年年底以前用2007年度预分配利润进行再投资的，不给予退税。

（2）关于外国企业从我国取得的利息、特许权使用费等所得免征企业所得税的处理。外国企业向我国转让专有技术或提供贷款等取得所得，凡上述事项所涉及的合同是在2007年年底以前签订，且符合《中华人民共和国外商投资企业和外国企业所得税法》规定免税条件，经税务机关批准给予免税的，在合同有效期内可继续给予免税，但不包括延期、补充合同或扩大的条款。各主管税务机关应做好合同执行跟踪管理工作，及时开具完税证明。

（3）关于享受定期减免税优惠的外商投资企业在2008年后条件发生变化的处理。外商投资企业按照《中华人民共和国外商投资企业和外国企业所得税法》规定享受定期减免税优惠，2008年后，企业生产经营业务性质或经营期发生变化，导致其不符合《中华人民共和国外商投资企业和外国企业所得税法》规定条件的，仍应依据《中华人民共和国外商投资企业和外国企业所得税法》规定补缴其此前（包括在优惠过渡期内）已经享受的定期减免税税款。各主管税务机关在每年对这类企业进行汇算清缴时，应对其经营业务内容和经营期限等变化情况进行审核。

4. 税收过渡优惠政策的其他规定。

（1）享受企业所得税过渡优惠政策的企业，应按照新税法和实施条例中有关收入和扣除的规定计算应纳税所得额，并按有关规定计算享受税收优惠。

（2）企业所得税过渡优惠政策与新税法及实施条例规定的优惠政策存在交叉的，由企业选择最优惠的政策执行，不得叠加享受，且一经选择，不得改变。

案例分析

【例1】企业从事下列（　　）的所得，按企业所得税法规定，不可以享受减税或免税优惠。

A. 牧业项目　　B. 新工艺项目

C. 符合条件的节能项目　　D. 国家重点扶持的公路项目

参考答案：B。

【例2】对于企业所得税法规定的税收优惠政策，下列说法中，不正确的是（　　）。

A. 企业购置安全生产专用设备的投资额，可以按一定比例实行税额抵免

B. 安置残疾人员的企业，所支付的职工工资可以在计算应纳税所得额时加计扣除

C. 创业投资企业从事国家需要重点扶持和鼓励的创业投资，可以按投资额的一定比例抵扣应纳税所得额

D. 企业综合利用资源，生产符合国家产业政策规定的产品所取得的收入，可以在计算应纳税所得额时减计收入

参考答案：B。

解析：安置残疾人员的企业可以加计扣除的工资，仅限于支付给残疾人员的部分，而不是全部职工工资。

【例3】企业的下列所得中，可以免征、减征企业所得税的有（　　）。

A. 从事渔业项目的所得

B. 符合条件的技术转让所得

C. 从事符合条件的环境保护项目的所得

D. 从事国家重点扶持的港口码头项目投资经营的所得

参考答案：A、B、C、D。

第六节　应纳税所得额的确定

一、应纳税所得额的一般规定

（一）应纳税所得额的确定方法

企业每一纳税年度的收入总额，减除不征税收入、免税收入、各项扣除以及允许弥补的以前年度亏损后的余额，为应纳税所得额。其计算公式如下：

应纳税所得额 = 每一纳税年度的收入总额 - 不征税收入 - 免税收入 - 各项扣除

当上式结果小于零时，其小于零的数额即企业按规定可弥补的亏损。

（二）应纳税所得额的确定原则

企业应纳税所得额的计算，以权责发生制为原则。除另有规定外，属于当期的收入和费用，不论款项是否收付，均作为当期的收入和费用；不属于当期的收入和费用，即使款

项已经在当期收付，均不作为当期的收入和费用。

案例分析

【例1】某企业本期销售价值1 000万元产品，货物已发出，货款已收取。则该1 000万元货款均应确认为本期收入。

【例2】承上例，该企业上月销售产品，本月收取货款。则在采用现金收付基础下，1 000万元应确认为本期收入，在采用权责发生基础下，1 000万元不能确认为本期收入。

权责发生制从企业经济权利和经济义务是否发生作为计算应纳税所得额的依据，注重强调企业收入与费用的时间配比，要求企业收入费用的确认时间不得提前或滞后。企业在不同纳税期间享受不同的税收优惠政策时，坚持按权责发生制原则计算应纳税所得额，可以有效防止企业利用收入和支出确认时间的不同规避税收。另外，企业会计准则规定，企业要以权责发生制为原则确认当期收入或费用，计算企业生产经营成果。新企业所得税法与会计采用同一原则确认当期收入或费用，有利于减少两者之间的差异。

但由于信用制度在商业活动广泛采用，有些交易虽然权责已经确认，但交易时间较长，超过一个或几个纳税期间。为了保证税收收入的均衡性和防止企业避税，新企业所得税法及其实施条例中也采取了有别于权责发生制的情况，例如长期工程或劳务合同等交易事项。

二、收入总额

（一）收入总额的一般规定

企业以货币形式和非货币形式从各种来源取得的收入，为收入总额。包括：

1. 销售货物收入，是指企业销售商品、产品、原材料、包装物、低值易耗品以及其他存货取得的收入。

案例分析

【例】工业企业销售进入流通领域的商品，商业企业销售没有进入流通领域的产品，企业销售未经加工的矿石、木材等原料，企业销售从矿石提炼出的生铁或炼成的钢、用于建造房屋的木构件等材料，企业销售随同商品出售并单独计价的包装物，企业出租或出借给购买单位使用的包装物，以及企业销售低值易耗品等，均属于销售货物取得的收入。

政策解析

企业与其他企业签订的合同或协议中既包括销售商品又包括提供劳务时，销售商品和提供劳务两部分能够区分且能够单独计量的，应当将销售商品的部分作为销售商品处理，将提供劳务的部分作为提供劳务处理。销售商品和提供劳务两部分不能够区分，或虽能区分但不能够单独计量的，应当将销售商品和提供劳务部分全部作为销售商品处理。

2. 提供劳务收入，是指企业从事建筑安装、修理修配、交通运输、仓储租赁、金融保险、邮电通信、咨询经纪、文化体育、科学研究、技术服务、教育培训、餐饮住宿、中介代理、卫生保健、社区服务、旅游、娱乐、加工以及其他劳务服务活动取得的收入。

案例分析

【例】如企业提供的建筑物内各种设备的安装劳务，企业提供的通用零部件、农林牧渔业机械、医疗治疗设备、社会公共安全设备及器材的修理劳务，铁路运输业、道路运输业、城市公交业、水上运输业等企业提供的旅客运输、货物运输劳务，企业提供的谷物、棉花等农产品仓储，企业提供的汽车租赁、农业机械租赁、建筑工程机械与设备租赁、计算机及通讯设备租赁，企业提供的图书及音像制品出租，银行业、证券业企业提供的金融劳务，保险企业提供的人寿保险、非人寿保险以及保险辅助服务等保险劳务等，均属于提供劳务而取得的收入。

3. 转让财产收入，是指企业转让固定资产、生物资产、无形资产、股权、债权等财产取得的收入。

案例分析

【例】S 企业转让已经使用两年的机器设备，T 企业转让商誉或专利权、商标权和著作权（版权）以及非专利技术等知识产权，W 企业转让国债、企业债券、公司债券、金融债券等债权，均属于转让财产而取得的收入。

4. 股息、红利等权益性投资收益，是指企业因权益性投资从被投资方取得的收入。

案例分析

【例】D 企业购买国债、企业债券等债权性投资而获得的投资回报，L 企业进行股权投资等权益性投资而从投资方获得的投资回报，均属于股息、红利等权益性投资而取得的收益。

5. 利息收入，是指企业将资金提供他人使用但不构成权益性投资，或者因他人占用本企业资金取得的收入，包括存款利息、贷款利息、债券利息、欠款利息等收入。

案例分析

【例】F 企业将自有资金借贷给他人使用并由他人按约定利率和期限支付的贷款利息收入，G 企业将自有资金存入银行并由银行向其定期支付的存款利息收入，R 企业购买政府债券、金融机构或其他企业的债券并由债券发行主体按规定或约定期限支付的利息收入等，均属于企业取得的利息收入。

6. 租金收入，是指企业提供固定资产、包装物或者其他有形资产的使用权取得的收入。

案例分析

【例】E 企业出租厂房、生产设备、运输工具等固定资产并取得收入，Y 企业出租为产品提供包装的包装物并取得收入，Q 企业出租生物资产、原材料等其他资产并取得收入，均属于企业发生租赁行为而取得的租金收入。

7. 特许权使用费收入，是指企业提供专利权、非专利技术、商标权、著作权以及其他特许权的使用权取得的收入。

案例分析

【例】A企业提供发明创造专利权并取得收入，K企业提供作品的复制权、发行权、出租权、展览权、表演权、放映权、广播权等著作财产权并取得收入，L企业提供作品的发表权、署名权、修改权等著作人格权并取得收入，U企业提供连锁店经营的加盟特许权、品牌经营特许权等特许权并取得收入，均属于企业提供特许权而取得的收入。

8. 接受捐赠收入，是指企业接受的来自其他企业、组织或者个人无偿给予的货币性资产、非货币性资产。

案例分析

【例】X企业接受其他企业捐赠的现金，B企业接受社会团体捐赠的、用于科学研究的机器设备，M企业接受事业单位捐赠的救灾、扶贫资金等，均属于企业接受捐赠而取得的收入。

9. 其他收入，是指除以上列举外的也应当缴纳企业所得税的其他收入，包括企业资产溢余收入、逾期未退包装物押金收入、确实无法偿付的应付款项、已作坏账损失处理后又收回的应收款项、债务重组收入、补贴收入、违约金收入、汇兑收益等。

案例分析

【例】甲企业欠乙企业购货款700 000元。由于甲企业财务发生困难，不能按期偿还货款，经协商双方进行债务重组。甲企业以其生产的产品偿还债务，余款不再偿还。该产品实际成本440 000元，售价（均不含增值税）550 000元，适用增值税税率为17%。根据上述资料，该企业下列业务处理中，正确的有（ ）。

A. 视同销售收入550 000元计入收入总额

B. 视同销售成本440 000元准予在税前扣除

C. 增值税销项税额93 500元（550 000×17%）

D. 债务重组所得56 500元计入收入总额

参考答案：A、B、C、D。

解析：债务重组所得=700 000－550 000×（1+17%）=56 500（元）

企业外币货币性项目因汇率变动导致的计入当期损益的汇率差额部分，相当于公允价值变动，按照规定在未实际处置或结算时不计入当期应纳税所得额。在实际处置或结算时，处置或结算取得的价款扣除其历史成本后的差额，计入处置或结算期间的应纳税所得额。

案例分析

【例1】按照企业所得税法和实施条例规定，下列关于收入确认时点的表述中，正确的是（ ）。

A. 接受捐赠收入，按照签订捐赠合同的日期确认收入的实现

B. 租金收入，按照承租人实际支付租金的日期确认收入的实现

C. 利息收入，按照合同约定的债务人应付利息的日期确认收入的实现

D. 权益性投资收益，按照被投资方作利润分配账务处理的日期确认收入的实现

参考答案：C。

【例 2】股息红利等权益性投资收益，按照（　　）的日期确认收入实现。

A. 被投资方计算出利润

B. 按照投资方取得分回利润

C. 按照被投资方做出利润分配决定

D. 按照被投资方账面作出利润分配处理

参考答案：C。

（二）应税收入的表现形式

1. 货币形式的收入。包括现金、存款、应收账款、应收票据、准备持有至到期的债券投资以及债务的豁免等。

案例分析

【例 1】下列项目中，（　　）不属于企业所得税法所谓的企业取得的货币形式的收入。

A. 应收账款　　B. 债务的豁免

C. 准备持有至到期的债券投资　　D. 不准备持有至到期的债权投资

参考答案：D。

【例 2】企业持有的流通中纸币和铸币，企业对银行的活期存款、定期存款、定活两便存款等债权，企业因销售商品或提供劳务而应向购货单位或接受劳务单位收取的款项，企业持有的、尚未到期兑现的商业票据，企业准备持有至到期的债券投资，企业债务被债权人豁免等，均属于货币形式的收入。

2. 非货币形式的收入。包括固定资产、生物资产、无形资产、股权投资、存货、不准备持有至到期的债券投资、劳务以及有关权益等。企业以非货币形式取得的收入，应当按照公允价值确定收入额。所谓公允价值，是指按照市场价格确定的价值。

案例分析

【例】企业为生产商品、提供劳务、出租或经营管理而持有的固定资产，企业为产出农产品的而持有的经济林、薪炭林、产畜和役畜等生物资产，企业拥有或者控制的没有实物形态的无形资产，企业认购其他企业股份的股权投资，企业持有的准备出售的产成品或商品、处在生产过程中的在产品、在生产过程或提供劳务过程中耗用的材料和物料，企业处置的不准备持有至到期的债券投资等，均属于非货币形式的收入。

政策解析

需要注意下两个方面的内容：

第一，为防止纳税人将应征税的经济利益排除在应税收入之外，新企业所得税法将企业以货币形式和非货币形式取得的收入，都作为收入总额。

第二，由于取得收入的货币形式的金额是确定的，而取得收入的非货币形式的金额不确定，企业在计算非货币形式收入时，必须按一定标准折算为确定的金额。实施条例规定，企业以非货币形式取得的收入，按照公允价值确定收入额。公允价值，是指按照市场价格确定的价值。

（三）销售商品确认应税收入

除企业所得税法及实施条例另有规定外，企业销售收入的确认，必须遵循权责发生制原则和实质重于形式原则。

1. 销售商品确认收入实现的条件。

（1）商品销售合同已经签订，企业已将商品所有权相关的主要风险和报酬转移给购货方。

（2）企业对已售出的商品既没有保留通常与所有权相联系的继续管理权，也没有实施有效控制。

（3）收入的金额能够可靠地计量。

（4）已发生或将发生的销售方的成本能够可靠地核算。

2. 不同销售方式下收入实现时间的确认。符合上述收入确认条件，采取下列商品销售方式的，应按以下规定确认收入实现时间：

（1）销售商品采用托收承付方式的，在办妥托收手续时确认收入。

（2）销售商品采取预收款方式的，在发出商品时确认收入。

（3）销售商品需要安装和检验的，在购买方接受商品以及安装和检验完毕时确认收入。如果安装程序比较简单，可在发出商品时确认收入。

（4）销售商品采用支付手续费方式委托代销的，在收到代销清单时确认收入。

3. 售后回购方式销售商品。采用售后回购方式销售商品的，销售的商品按售价确认收入，回购的商品作为购进商品处理。有证据表明不符合销售收入确认条件的，如以销售商品方式进行融资，收到的款项应确认为负债，回购价格大于原售价的，差额应在回购期间确认为利息费用。

4. 以旧换新方式销售商品。销售商品以旧换新的，销售商品应当按照销售商品收入确认条件确认收入，回收的商品作为购进商品处理。

5. 商业折扣方式销售商品。企业为促进商品销售而在商品价格上给予的价格扣除属于商业折扣，商品销售涉及商业折扣的，应当按照扣除商业折扣后的金额确定销售商品收入金额。

6. 现金折扣方式销售商品。债权人为鼓励债务人在规定的期限内付款而向债务人提供的债务扣除属于现金折扣，销售商品涉及现金折扣的，应当按扣除现金折扣前的金额确定销售商品收入金额，现金折扣在实际发生时作为财务费用扣除。

7. 销售商品发生销售折让或退回。企业因售出商品的质量不合格等原因而在售价上给的减让属于销售折让；企业因售出商品质量、品种不符合要求等原因而发生的退货属于销售退回。企业已经确认销售收入的售出商品发生销售折让和销售退回，应当在发生当期冲减当期销售商品收入。

8. 买一赠一方式销售商品。企业以买一赠一等方式组合销售本企业商品的，不属于捐赠，应将总的销售金额按各项商品的公允价值的比例来分摊确认各项的销售收入。

（四）视同销售确定应税收入

除国务院财政、税务主管部门另有规定外，企业发生非货币性资产交换，以及将货物、财产、劳务用于捐赠、偿债、赞助、集资、广告、样品、职工福利或者利润分配等用途的，应当视同销售货物、转让财产或者提供劳务。企业所得税法规定的视同销售行为，包括以下两个方面：

1. 非货币性资产交换。根据企业会计准则的规定，非货币性资产交换，是指交易双方主要以存货、固定资产、无形资产和长期股权投资等非货币性资产进行的交换。该交换不涉及或只涉及少量的现金、银行存款、应收账款和应收票据以及准备持有至到期的债券投资等货币性资产。例如以股权换股权（股权置换）、以债权换债权等。因为在此交易过程中没有使用货币，为了确定其收入额，企业会计准则规定以公允价值和应支付的相关税费作为换入资产的成本，公允价值与换出资产账面价值的差额计入当期损益。

2. 将货物、财产、劳务用于捐赠、偿债、赞助、集资、广告、样品、职工福利或者利润分配等用途。上述行为一律视同销售货物、转让财产和提供劳务。由于对上述货物、财产和劳务没有以货币进行计价，也应当按照公允价值确定其收入计算应缴纳的企业所得税。这样规定，也与增值税暂行条例的规定保持了一致性。

政策解析

原企业所得税法是以独立经济核算的单位作为纳税人的，不具有法人地位但实行独立经济核算的分公司等也要独立计算缴纳所得税。而现行企业所得税法采用的是法人所得税模式，在这一模式下，对于货物在统一法人实体内部之间的转移不再作为销售处理，例如将货物用于在建工程、管理部门、分公司等，均不再视同销售，因此，实际上缩小了视同销售的适用范围。

（五）处置资产确认销售收入

1. 属于内部处置资产的情形。企业发生下列情形的处置资产，除将资产转移至境外以外，由于资产所有权属在形式和实质上均不发生改变，可作为内部处置资产，不视同销售确认收入，相关资产的计税基础延续计算：

（1）将资产用于生产、制造、加工另一产品。

（2）改变资产形状、结构或性能。

（3）改变资产用途（如自建商品房转为自用或经营）。

（4）将资产在总机构及其分支机构之间转移。

（5）上述两种或两种以上情形的混合。

（6）其他不改变资产所有权属的用途。

2. 不属于内部处置资产的情形。企业将资产移送他人的下列情形，因资产所有权属已发生改变而不属于内部处置资产，应按规定视同销售确定收入：

（1）用于市场推广或销售。

（2）用于交际应酬。

（3）用于职工奖励或福利。

（4）用于股息分配。

（5）用于对外捐赠。

（6）其他改变资产所有权属的用途。

案例分析

【例1】根据《关于企业处置资产所得税处理问题的通知》规定，自2008年1月1日起，企业将资产（ ）情形，资产所有权属未发生改变而属于内部处置资产，不视同销售确定收入。

A. 移送他人用于对外捐赠　　B. 移送他人用于交际应酬

C. 移送他人用于职工奖励　　D. 用于本企业连续生产产品

参考答案：D。

【例2】根据《关于企业处置资产所得税处理问题的通知》规定，自2008年1月1日起，企业将资产移送他人的（ ）情形，因资产所有权属已发生改变而不属于内部处置资产，应按规定视同销售确定收入。

A. 用于对外捐赠　　B. 用于交际应酬

C. 用于职工奖励　　D. 用于股息分配

参考答案：A、B、C、D。

3. 销售收入的确定。企业发生不属于内部处置资产的情形时，属于企业自制的资产，应按企业同类资产同期对外销售价格确定销售收入；属于外购的资产，可按购入时的价格确定销售收入。

（六）采用完工进度确认应税收入

企业在各个纳税期末，提供劳务交易的结果能够可靠估计的，应采用完工进度（完工百分比）法确认提供劳务收入。

1. 提供劳务交易的结果能够可靠估计应同时满足的条件：

（1）收入的金额能够可靠地计量。

（2）交易的完工进度能够可靠地确定。

（3）交易中已发生和将发生的成本能够可靠地核算。

2. 确定企业提供劳务完工进度的方法：

（1）已完工作的测量。

（2）已提供劳务占劳务总量的比例。

（3）发生成本占总成本的比例。

3. 当期劳务收入的确认与劳务成本的结转。企业应按照从接受劳务方已收或应收的合同或协议价款确定劳务收入总额，根据纳税期末提供劳务收入总额乘以完工进度扣除以前纳税年度累计已确认提供劳务收入后的金额，确认为当期劳务收入；同时，按照提供劳务估计总成本乘以完工进度扣除以前纳税期间累计已确认劳务成本后的金额，结转为当期劳务成本。

4. 劳务收入的确认。下列提供劳务满足收入确认条件的，应按规定确认收入：

（1）安装费。应根据安装完工进度确认收入。安装工作是商品销售附带条件的，安装费在确认商品销售实现时确认收入。

（2）宣传媒介的收费。应在相关的广告或商业行为出现于公众面前时确认收入。广告的制作费，应根据制作广告的完工进度确认收入。

（3）软件费。为特定客户开发软件的收费，应根据开发的完工进度确认收入。

（4）服务费。包含在商品售价内可区分的服务费，在提供服务的期间分期确认收入。

（5）艺术表演、招待宴会和其他特殊活动的收费。在相关活动发生时确认收入。收费涉及几项活动的，预收的款项应合理分配给每项活动，分别确认收入。

（6）会员费。申请入会或加入会员，只允许取得会籍，所有其他服务或商品都要另行收费的，在取得该会员费时确认收入。申请入会或加入会员后，会员在会员期内不再付费就可得到各种服务或商品，或者以低于非会员的价格销售商品或提供服务的，该会员费应在整个受益期内分期确认收入。

（7）特许权费。属于提供设备和其他有形资产的特许权费，在交付资产或转移资产所有权时确认收入；属于提供初始及后续服务的特许权费，在提供服务时确认收入。

（8）劳务费。长期为客户提供重复的劳务收取的劳务费，在相关劳务活动发生时确认收入。

（七）分期确认收入

企业的下列生产经营业务，可以分期确认收入的实现：

1. 以分期收款方式销售货物的，按照合同约定的收款日期确认收入的实现。新会计准则规定，对具有融资性质的分期收款销售货物（货款回收期一般超过 3 年），企业应按照应收的合同或协议价款的公允价值确定收入金额。应收的合同或协议价款与公允价值之间的差额应当在合同或协议期间按实际利率法进行摊销，并相应冲减财务费用。由于在整个回收期内企业确认的收入总额一致，企业所得税法保持了与增值税法的有关规定，既未采用会计准则的规定，也未采用权责发生制原则，而是规定对分期收款销售货物的，按照合同或协议约定的金额确认销售收入金额。

2. 企业受托加工制造大型机械设备、船舶、飞机，以及从事建筑、安装、装配工程业务或者提供其他劳务等，持续时间超过 12 个月的，按照纳税年度内完工进度或者完成的工作量确认收入的实现。

具体而言，企业受托加工制造大型机械设备、船舶、飞机，以及从事建筑、安装、装配工程业务或者提供劳务等，持续时间超过 12 个月的，应当在纳税年度结束时按照提供劳务收入总额乘以完工进度扣除以前会计期间累计已确认提供劳务收入后的金额，确认当期提供劳务收入；同时，按照提供劳务估计总成本乘以完工进度扣除以前会计期间累计已确认劳务成本后的金额，结转当期劳务成本。

3. 采取产品分成方式取得收入的，按照企业分得产品的日期确认收入的实现，其收入额按照产品的公允价值确定。

在现行企业所得税法下，采取产品分成方式取得收入的规定不仅适用于中外合作经营企业，而且适用于包括内资企业在内的所有企业。在多家企业以产品分成合作方式进行生产经营的过程中，合作各方对合作生产出的产品按照约定进行分配，以实物代替货币作为收入并以此作为生产经营收入，产品的价格又随着市场供求关系而波动。因此，在分得产品的时刻确认收入的实现，并按照公允价值确定收入额，最能够体现生产经营的真实所得。

政策解析

需要注意两个方面的内容:

第一,企业受托加工、制造大型机械设备、船舶,以及从事建筑、安装、装配工程业务和提供劳务,持续时间通常分属于不同的纳税年度,甚至会跨越数个纳税年度,而且涉及的金额一般比较大。为了及时反映各纳税年度的应税收入,一般情况下,不能等到合同完工时或进行结算时才确定应税收入。企业按照完工进度或者完成的工作量对跨年度的特殊劳务确认收入和扣除进行纳税,也有利于保证跨纳税年度的收入在不同纳税年度得到及时确认,保证税收收入的均衡入库。因此,实施条例对企业受托加工、制造大型机械设备、船舶等,以及从事建筑、安装、装配工程业务和提供劳务,持续时间跨越纳税年度的,应当按照纳税年度内完工进度或者完成的工作量确定收入。

第二,除受托加工、制造大型机械设备、船舶,以及从事建筑、安装、装配工程业务和提供劳务之外,其他跨纳税年度的经营活动,通常情况下持续时间短、金额小,按照纳税年度内完工进度或者完成的工作量确定应税收入没有实际意义。另外,这些经营活动在纳税年度末收入和相关的成本费用不易确定,相关的经济利益能否流入企业也不易判断,因此,一般不采用按照纳税年度内完工进度或者完成的工作量确定收入的办法。

(八)政策性搬迁或处置收入

对企业取得的政策性搬迁或处置收入,应按以下方式进行企业所得税处理:

1. 企业根据搬迁规划,异地重建后恢复原有或转换新的生产经营业务,用企业搬迁或处置收入购置或建造与搬迁前相同或类似性质、用途或者新的固定资产和土地使用权(以下简称“重置固定资产”),或对其他固定资产进行改良,或进行技术改造,或安置职工的,准予其搬迁或处置收入扣除固定资产重置或改良支出、技术改造支出和职工安置支出后的余额,计入企业应纳税所得额。

2. 企业没有重置或改良固定资产、技术改造或购置其他固定资产的计划或立项报告,应将搬迁收入加上各类拆迁固定资产的变卖收入、减除各类拆迁固定资产的折余价值和处置费用后的余额计入企业当年应纳税所得额,计算缴纳企业所得税。

3. 企业利用政策性搬迁或处置收入购置或改良的固定资产,可以按照现行税收规定计算折旧或摊销,并在企业所得税税前扣除。

4. 企业从规划搬迁次年起的五年内,其取得的搬迁收入或处置收入暂不计入企业当年应纳税所得额,在五年期内完成搬迁的,企业搬迁收入按上述规定处理。

企业政策性搬迁和处置收入,是指因政府城市规划、基础设施建设等政策性原因,企业需要整体搬迁(包括部分搬迁或部分拆除)或处置相关资产而按规定标准从政府取得的搬迁补偿收入或处置相关资产而取得的收入,以及通过市场(招标、拍卖、挂牌等形式)取得的土地使用权转让收入。

主管税务机关应对企业取得的政策性搬迁收入和原厂土地转让收入加强管理。重点审核有无政府搬迁文件或公告,有无搬迁协议和搬迁计划,有无企业技术改造、重置或改良固定资产的计划或立项,是否在规定期限内进行技术改造、重置或改良固定资产和购置其他固定资产等。

（九）不征税收入

收入总额中的下列收入为不征税收入：

1. 财政拨款。所谓财政拨款，是指各级人民政府对纳入预算管理的事业单位、社会团体等组织拨付的财政资金，但国务院和国务院财政、税务主管部门另有规定的除外。

具体而言，不征税的财政性资金包括：

（1）纳入预算管理的事业单位、社会团体等组织按照核定的预算和经费报领关系收到的由财政部门或上级单位拨入的财政补助收入，准予作为不征税收入，在计算应纳税所得额时从收入总额中减除，但国务院和国务院财政、税务主管部门另有规定的除外。

（2）对企业取得的由国务院财政、税务主管部门规定专项用途并经国务院批准的财政性资金，准予作为不征税收入，在计算应纳税所得额时从收入总额中减除。但企业取得的各类财政性资金，除属于国家投资和资金使用后要求归还本金的以外，均应计入企业当年收入总额。

所谓财政性资金，是指企业取得的来源于政府及其有关部门的财政补助、补贴、贷款贴息，以及其他各类财政专项资金，包括直接减免的增值税和即征即退、先征后退、先征后返的各种税收，但不包括企业按规定取得的出口退税款；所谓国家投资，是指国家以投资者身份投入企业、并按有关规定相应增加企业实收资本（股本）的直接投资。

（3）对企业在2008年1月1日至2010年12月31日期间从县级以上各级人民政府财政部门及其他部门取得的应计入收入总额的财政性资金，凡同时符合以下条件的，可以作为不征税收入，在计算应纳税所得额时从收入总额中减除：第一，企业能够提供资金拨付文件，且文件中规定该资金的专项用途；第二，财政部门或其他拨付资金的政府部门对该资金有专门的资金管理办法或具体管理要求；第三，企业对该资金以及以该资金发生的支出单独进行核算。

不征税收入用于支出所形成的费用，不得在计算应纳税所得额时扣除；用于支出所形成的资产，其计算的折旧、摊销不得在计算应纳税所得额时扣除。

企业将符合规定条件的财政性资金作不征税收入处理后，在5年（60个月）内未发生支出且未缴回财政或其他拨付资金的政府部门的部分，应重新计入取得该资金第六年的收入总额；重新计入收入总额的财政性资金发生的支出，允许在计算应纳税所得额时扣除。

政策解析

不征税的财政拨款必须符合以下两个条件：

第一，财政拨款的主体必须为各级人民政府，即负有公共管理职责的各级国家行政机关；

第二，接受财政拨款的对象必须为纳入预算管理的事业单位、社会团体等组织。

财政拨款的形式多种多样。除不征税的财政拨款外，企业取得其他何种形式的财政补贴，都导致企业净资产增加和经济利益流入，都应当计算缴纳企业所得税。

案例分析

【例】当企业收到财政补贴和税收返还时，按照现行会计准则的规定，不属于财政拨款而属于政府补助，在会计核算中计入营业外收入科目。因此，除企业取得的出口退税（增值税进项税额）外，企业取得的财政拨款一律作为应税收入计算缴纳企业所得税。

2. 依法收取并纳入财政管理的行政事业性收费、政府性基金。所谓行政事业性收费，是指依照法律法规等有关规定，按照国务院规定程序批准，在实施社会公共管理，以及在向公民、法人或者其他组织提供特定公共服务过程中，向特定对象收取并纳入财政管理的费用。所谓政府性基金，是指企业依照法律、行政法规等有关规定，代政府收取的具有专项用途的财政资金。具体而言，不征税的政府性基金和行政事业性收费包括：

（1）企业按照规定缴纳的、由国务院或财政部批准设立的政府性基金以及由国务院和省、自治区、直辖市人民政府及其财政、价格主管部门批准设立的行政事业性收费，准予在计算应纳税所得额时扣除。但企业缴纳的不符合上述审批管理权限设立的基金、收费，不得在计算应纳税所得额时扣除。

（2）对企业依照法律、法规及国务院有关规定收取并上缴财政的政府性基金和行政事业性收费，准予作为不征税收入，于上缴财政的当年在计算应纳税所得额时从收入总额中减除；未上缴财政的部分，不得从收入总额中减除。

企业收取的各种基金、收费，应计入企业当年收入总额。

政策解析

需要注意三个方面的内容：

第一，行政事业性收费必须依照法律法规等有关规定，须经国务院规定程序批准，在实体上和程序上有据可依，其收取主体必须是为社会提供公共服务的企业，其收取原因是为补偿其公共服务的成本费用，其收取对象只限于直接从该公共服务中受益的特定群体，收取之后，行政事业性收费执行收支两条线管理，上缴国库，纳入财政管理。

第二，政府性基金通常是国家为对某一领域进行支持而征收的资金，其收取必须有法律、行政法规等有关规定作为依据，而且专款专用，上缴国库，纳入预算管理。

第三，行政事业性收费和政府性基金都属于非税收入，都通过财政的收支两条线管理，对其征税没有实际意义。因此，企业所得税法规定，依法收取并纳入财政管理的行政事业性收费、政府性基金为不征税收入。

3. 国务院规定的其他不征税收入。所谓国务院规定的其他不征税收入，是指企业取得的，由国务院财政、税务主管部门规定专项用途并经国务院批准的财政性资金。

4. 不征税收入用于支出所形成的费用与折旧、摊销。企业的不征税收入用于支出所形成的费用，不得在计算应纳税所得额时扣除。企业的不征税收入用于支出所形成的资产，其计算的折旧、摊销不得在计算应纳税所得额时扣除。

政策解析

考虑到我国企业所得税纳税人的组织形式多样，除企业外，有的以非政府形式（如事业单位）存在，有的以公益慈善组织形式存在，还有的以社会团体形式存在，等等。这些组织中有些主要承担行政性或公共事务职能，不从事或很少从事营利性活动，收入来源主要靠财政拨款、行政事业性收费等，纳入预算管理，对这些收入征税没有实际意义。因此，新企业所得税法引入“不征税收入”概念。实施条例将不征税收入的财政拨款，界定为各级人民政府对纳入预算管理的事业单位、社会团体等组织拨付的财政资金，但国务院和国务院财政、税务主管部门另有规定的除外。这里面包含了两层意思：

（1）作为不征税收入的财政拨款，原则上不包括各级人民政府对企业拨付的各种价格补贴、税收返还等财政性资金，这样有利于加强财政补贴收入和减免税的规范管理，同时与现行财务会计制度处理保持一致。

（2）对于一些国家重点支持的政策性补贴以及税收返还等，为了提高财政资金的使用效率，根据需要，有可能也给予不征税收入的待遇，但这种待遇应由国务院和国务院财政、税务主管部门来明确。

案例分析

【例】居民企业M取得下列各项收入中，按照企业所得税法和条例规定应并入应纳税所得额征税的是（　　）。

A. 财政拨款200万元

B. 国债利息收入500万元

C. 从居民企业N取得的技术转让所得400万元

D. 持有居民企业N股票（公开发行并上市流通）10个月取得的投资收益100万元

参考答案：D。

解析：财政拨款为不征税收入。国债利息收入为免税收入。居民企业转让技术所有权所得，不超过500万元的部分，免征企业所得税。符合条件的居民企业之间的股息、红利等投资性收益，免税，但符合条件的居民企业之间的股息、红利等投资性收益，不包括连续持有居民企业公开发行并上市流通的股票不足12个月取得的投资收益。

三、扣除项目

（一）扣除项目的基本原则

企业实际发生的与取得收入有关的、合理的支出，包括成本、费用、税金、损失和其他支出，准予在计算应纳税所得额时扣除。相关性和合理性是企业所得税税前扣除的基本要求和重要条件。

1. 相关性原则。支出税前扣除的相关性，是指与取得收入直接相关的支出。相关性原则包括两个方面的内容：

（1）与取得收入直接相关的支出准予在企业所得税前扣除。

政策解析

需要注意两个方面的内容：

第一，对相关性的具体判断一般是从支出发生的根源和性质方面进行分析，而不是看费用支出的结果。与取得收入直接相关的支出是指企业所实际发生的能直接带来经济利益的流入或者可预期经济利益的流入的支出。

案例分析

【例】生产性企业为生产产品而购买储存的原材料，服务性企业为收取服务费用而雇用员工为客户提供服务，或者购买、储存的提供服务过程中所耗费的材料等支出。由于能直接给企业带来现实、实际经济利益，上述支出允许税前扣除。

第二，如果支出并不能即时地带来企业经济利益的流入，其对应的收益是可预期的，那么这类支出也属于与取得收入直接相关的支出。

案例分析

【例】企业的广告费支出将提高企业及其产品或者服务的知名度和消费者对于企业或产品的认同度，进而推动消费者购买其产品或服务，提升或者加大企业的获利空间，也应属于与取得收入直接相关的支出。但企业经理人员因个人原因发生的法律诉讼，虽然经理人员摆脱法律纠纷有利于其全身心投入企业的经营管理，结果可能确实对企业经营会有好处，但这些诉讼费用从性质和根源上分析属于经理人员的个人支出，因而不允许作为企业的支出在税前扣除。

（2）企业的不征税收入用于支出所形成的费用或者财产，不得扣除或者计算对应的折旧、摊销扣除。

政策解析

相关性要求为限制取得的不征税收入所形成的支出不得扣除提供了依据。由于不征税收入是企业非营利性活动取得的收入，不属于企业所得税的应税收入，与企业的应税收入没有关联，因此，对取得的不征税收入所形成的支出，不符合相关性原则，不得在税前扣除。

2. 合理性原则。合理的支出，是指符合生产经营活动常规，应当计入当期损益或者有关资产成本的必要和正常的支出。

政策解析

合理性的具体判断，主要是发生的支出其计算和分配方法是否符合一般经营常规，如企业发生的业务招待费与所成交的业务额或业务的利润水平是否相吻合，工资水平与社会整体或同行业工资水平是否差异过大。

案例分析

【例】企业支付给职工的工资支出，支出的效益仅与本纳税年度有关，应作为收益性支出在发生当期直接扣除；企业购建建筑物、厂房、机械等固定资产以及专利等无形资产的支出，支出的效益会通过固定资产的不断使用而逐步回收，支出的效益不仅与本纳税年度相关，也与以后纳税年度相关，应当通过折旧或者摊销税前扣除的方式在资产使用期间确认，不得在发生当期直接扣除。

3. 不得重复列支原则。不得重复列支原则，是指除企业所得税法和企业所得税法实施条例另有规定外，企业实际发生的成本、费用、税金、损失和其他支出，不得重复扣除。

政策解析

需要注意两个方面的内容：

第一，根据企业所得税配比原则，纳税人不得漏计或重复计算任何影响应纳税所得额的项目，对于同一项成本、费用、税金、损失和其他支出，只能扣除一次，否则企业实际发生支出重复扣除，会无限扩大企业税前扣除的范围和标准，严重侵蚀企业所得税的税基。

第二，企业所得税法规定可以重复扣除的，则对同一项目的支出可以重复扣除。

案例分析

【例】企业所得税法对于新产品、新技术、新工艺的研究开发费用的加计扣除规定，以及企业对于残疾职工工资100%加计扣除的规定等，属于国家通过重复扣除的形式间接给予企业的税收优惠，允许对同一项目的支出可以重复扣除。

4. 区分收益性支出和资本性支出原则。企业发生的支出应当区分收益性支出和资本性支出。收益性支出在发生当期直接扣除；资本性支出应当分期扣除或者计入有关资产成本，不得在发生当期直接扣除。

5. 税法优于民法原则。在计算应纳税所得额时，企业财务、会计处理办法与税收法律、行政法规的规定不一致的，应当依照税收法律、行政法规的规定计算。

政策解析

按照企业所得税的国际惯例，一般对税前扣除进行总体上的肯定性概括处理（一般扣除规则），辅之以特定的禁止扣除的规定（禁止扣除规则），同时又规定了允许税前扣除的特别规则（特殊扣除规则）。在具体运用上，一般扣除规则服从于禁止扣除规则，同时禁止扣除规则又让位于特殊扣除规则。例如，为获得长期利润而发生的资本性支出是企业实际发生的合理相关的支出，原则上应允许扣除，但禁止扣除规则规定资本性资产不得"即时"扣除，同时又规定了资本性资产通过折旧摊销等方式允许在当年及以后年度分期扣除的特别规则。新企业所得税法明确对企业实际发生的与取得收入有关的、合理的支出允许税前扣除的一般规则，同时明确不得税前扣除项目的禁止扣除规则，又规定了允许扣除的特殊项目。这些一般扣除规则、禁止扣除规则和特殊扣除规则，构成了我国企业所得税制度税前扣除的一般框架。

新的企业所得税法及其实施条例中采取税前扣除一般框架的安排，可以避免将企业所有的支出项目一一列举，同时给纳税人、税务机关和司法部门提供一个合理的框架，简化了对扣除项目的定性工作。

案例分析

【例】在计算应纳税所得额时，企业财务、会计处理办法与税收法律、行政法规的规定不一致时，应当依照（　　）的规定计算。

A. 财务、会计处理办法　　　　B. 税收法律、法规

C. 主管税务机关指示　　　　D. 受托会计师事务所

参考答案：B。

（二）扣除项目的一般规定

1. 成本。成本，是指企业在生产经营活动中发生的销售成本、销货成本、业务支出以及其他耗费。

政策解析

需要注意三个方面的内容：

第一，企业所发生的成本必须是企业在生产经营活动过程中的支出或者耗费。

第二，企业所发生的成本必须是企业在生产产品、提供劳务、销售商品等过程中的支出和耗费，在非生产经营活动过程中所发生的支出，不得作为企业的生产经营成本予以认定。

第三，企业所发生的成本包括：销售成本（针对以制造业为主的生产性企业）、销货成本（针对以商业企业为主的流通性企业）、业务支出（针对服务业企业）及其他耗费。

2. 费用。费用，是指企业在生产经营活动中发生的销售费用、管理费用和财务费用，已经计入成本的有关费用除外。

政策解析

需要注意两个方面的内容：

第一，企业所发生的费用必须是在生产经营活动过程中的支出或者耗费，必须是企业在生产产品、提供劳务、销售商品等过程中的支出和耗费，在非生产经营活动过程中所发生的支出，不得作为企业的生产经营费用予以认定。

第二，企业所发生的费用包括：企业为销售商品和材料、提供劳务的过程中发生的销售费用，企业的行政管理部门等为管理组织经营活动提供各项服务而发生的管理费用，企业发生的利息净支出、汇兑净损失、金融机构手续费以及其他非资本化支出等财务费用。

案例分析

【例】下列税种中，不在“管理费用”科目归集的是（　　）。

A. 城镇土地使用税　　B. 车船税

C. 城市建设维护税　　D. 房产税

参考答案：C。

3. 税金。税金，是指企业发生的除企业所得税和允许抵扣的增值税以外的各项税金及其附加。

政策解析

需要注意三个方面的内容：

第一，根据企业所得税法规定，允许税前扣除的税收主要有消费税、营业税、资源税和城市维护建设税、教育费附加，以及房产税、车船税、耕地占用税、城镇土地使用税、车辆购置税、印花税等，不允许税前扣除的税收主要有企业所得税和允许抵扣的增值税。

第二，企业所得税税款是依据应税收入减去扣除项目的余额计算得到，本质上是企业利润分配的支出，是国家参与企业经营成果分配的一种形式，而不是为取得经营收入实际发生的费用支出，因此，不能作为企业的税金在税前扣除。

第三，增值税属于流转税，能够通过一定的方式转嫁给购买方，并非由企业自身负担。因此，允许抵扣的增值税不允许税前扣除。但对于企业未抵扣的增值税税款，因其最终由企业负担，则允许计入资产的成本，在当期或以后期间扣除。

案例分析

【例】在生产型增值税制度下，企业购置固定资产所发生的增值税税款，由于不允许抵扣增值税进项税款而成为企业实际发生的支出，按规定计入购置固定资产的成本，准予在当期或者以后期间通过固定资产的折旧在企业所得税前扣除。

4. 损失。损失，是指企业在生产经营活动中发生的固定资产和存货的盘亏、毁损、报废损失，转让财产损失，呆账损失，坏账损失，自然灾害等不可抗力因素造成的损失以及其他损失。

企业发生的损失，减除责任人赔偿和保险赔款后的余额，依照国务院财政、税务主管部门的规定扣除。企业已经作为损失处理的资产，在以后纳税年度又全部收回或者部分收回时，应当计入当期收入。

政策解析

需要注意三个方面的内容：

第一，允许税前扣除的损失，限于企业在生产经营活动过程中所发生的损失，必须是企业在生产产品、提供劳务、销售商品等过程中的支出和耗费。非生产经营活动过程中所发生的损失，不得作为企业的生产经营损失予以认定。

案例分析

【例】企业在年末或者特定时期盘点清查固定资产、存货时发现固定资产和存货的减少而产生的损失，企业因遭受自然灾害、工人操作过程中的操作和使用失误等所引起的损失，因磨损、技术进步等原因引起固定资产和存货的使用寿命缩短等造成的这些资产的预计使用价值降低而产生的损失，企业由于发生呆账、坏账而产生的损失等，都是允许税前扣除的损失。

第二，允许税前扣除的损失，限于企业发生的减除责任人赔偿和保险赔款后的余额。

案例分析

【例】某企业外购钢铁一批，支付货款 100 万元、增值税 17 万元，并向保险机构投保。后来，该批钢铁全部被盗丢失，查明事故责任人负有相应的赔偿责任，支出相应的赔偿款 10 万元；保险机构支付保险赔偿款 80 万元。则企业的实际损失为 27 万元，即企业所实际发生的损失减除责任人赔偿和保险赔款后的净损失，允许税前扣除。

第三，已经作为损失处理的资产，在以后纳税年度又全部收回或者部分收回时，应当计入当期收入。

案例分析

【例】已被作为坏账损失处理的资产，可能出现债务人又重新具备了偿债能力并予以偿债；因其他人造成的企业损失，原以为不存在责任人而将其作为难以偿还的损失来处理，后来发现存在责任人且责任人赔付了相应损失，均导致这些已被作为损失处理的资产重新成为企业的资产或给企业带来经济利益的流入，应视为企业的收入，计算应纳税所得额。

5. 其他支出。其他支出，是指除成本、费用、税金、损失外，企业在生产经营活动中发生的与生产经营活动有关的、合理的支出。

（三）扣除项目的具体规定

1. 借款利息。

（1）企业在生产经营活动中发生的合理的不需要资本化的借款费用，准予扣除。根据《企业会计准则第17号——借款费用》的规定，借款费用是指企业因借款而发生的利息及其他相关成本，包括借款利息、折价或者溢价的摊销、辅助费用以及因外币借款而发生的汇兑差额。上述借款费用只要不是明确被认定为资本化支出的费用，都应该被视为不需要资本化的借款费用，准予在发生当期扣除。

（2）企业为购置、建造固定资产、无形资产和经过12个月以上的建造才能达到预定可销售状态的存货发生借款的，在有关资产购置、建造期间发生的合理的借款费用，应当作为资本性支出计入有关资产的成本，并依照规定扣除。

政策解析

需要注意三个方面的内容：

第一，根据企业所得税配比原则，对于企业为购置、建造和生产固定资产、无形资产和经过12个月以上的建造才能达到预定可销售状态的存货发生的借款费用，可在税前扣除。

案例分析

【例】投资房地产、购置固定资产和无形资产发生的借款费用，一律属于应资本化的借款费用，应计入有关资产的成本分期扣除或者摊销。

第二，计入有关资产成本的借款费用是限于而且必须限于这些资产的购建期间，在这些资产购建后，或者存货达到预定可销售状态后而发生的借款费用，不允许计入有关资产的成本，而是应根据其他规定做相应的税务处理。

第三，借款费用应否资本化与借款期间长短无直接关系。

案例分析

【例】某纳税年度企业发生长期借款，并且没有指定用途，当期也没有发生购置固定资产支出，则其借款费用全部可直接扣除。但是，从事房地产开发业务的企业为开发房地产而借入资金所发生的借款费用，在房地产完工前，应计入有关房地产的开发成本。

（3）企业在生产经营活动中发生的下列利息支出，准予扣除：非金融企业向金融企业借款的利息支出、金融企业的各项存款利息支出和同业拆借利息支出、企业经批准发行债券的利息支出；非金融企业向非金融企业借款的利息支出，不超过按照金融企业同期同类贷款利率计算的数额的部分。

政策解析

需要注意四个方面的内容：

第一，鉴于目前我国金融企业承担着绝大部分的资金借贷功能，因此，非金融企业向金融企业借款的利息支出，准予全额据实扣除。

第二，金融企业从事吸收公众存款和进行同业拆借业务，与非金融企业向金融企业借款的规定一样，需要遵守一系列的行为规范，法律上有较为严格的要求，其存款利率、拆借利率等都有着明确的要求和限制，因此，其利息支出准予全额据实扣除。

第三，企业经批准发行债券时必须具备相应的条件，法律法规对于企业发行债券的规模、利率等有着明确规范和要求，其发生的利息支出，准予全额扣除。

第四，鉴于非金融企业之间的借款，目前法律法规的规范性要求较少，实践中也较难控制和规范，而且非金融企业并非以资金的拆借、借贷为主要业务，因此，非金融企业向非金融企业借款的利息支出，不是无条件的全额扣除，而是不超过按照金融企业同期同类贷款利率计算的数额的部分准予扣除，以鼓励企业向金融企业借款，并维护国家金融秩序。

案例分析

【例】下列关于借款费用税前扣除的表述中，正确的有（　　）。

A. 借款费用是否资本化与借款期间长短无直接关系

B. 金融企业的各项存款利息支出和同业拆借利息支出准予扣除

C. 企业筹建期间发生的长期借款费用一律计入开办费，按长期待摊费用进行税务处理

D. 企业在建造固定资产中发生非正常中断且中断时间较长的，其中断期间发生的借款费用应予以资本化

参考答案：A、B、C。

（4）关于企业关联方利息支出税前扣除标准有关税收政策问题，规定如下：

第一，在计算应纳税所得额时，企业实际支付给关联方的利息支出，不超过以下规定比例和税法及其实施条例有关规定计算的部分，准予扣除，超过的部分不得在发生当期和以后年度扣除。

企业实际支付给关联方的利息支出，除符合本通知第二条规定外，其接受关联方债权性投资与其权益性投资比例为：（1）金融企业，为5∶1；（2）其他企业，为2∶1。

第二，企业如果能够按照税法及其实施条例的有关规定提供相关资料，并证明相关交易活动符合独立交易原则的；或者该企业的实际税负不高于境内关联方的，其实际支付给境内关联方的利息支出，在计算应纳税所得额时准予扣除。

第三，企业同时从事金融业务和非金融业务，其实际支付给关联方的利息支出，应按照合理方法分开计算；没有按照合理方法分开计算的，一律按其他企业的比例计算准予税前扣除的利息支出。

第四，企业自关联方取得的不符合规定的利息收入应按照有关规定缴纳企业所得税。

（5）关于企业由于投资者投资未到位而发生的利息支出扣除问题，规定如下：

根据《〈中华人民共和国企业所得税法〉实施条例》第二十七条规定，凡企业投资者在规定期限内未缴足其应缴资本额的，该企业对外借款所发生的利息，相当于投资者实缴资本额与在规定期限内应缴资本额的差额应计付的利息，其不属于企业合理的支出，应由企业投资者负担，不得在计算企业应纳税所得额时扣除。

具体计算不得扣除的利息，应以企业一个年度内每一账面实收资本与借款余额保持不变的期间作为一个计算期，每一计算期内不得扣除的借款利息按该期间借款利息发生额乘以该期间企业未缴足的注册资本占借款总额的比例计算，其计算公式为：

企业每一计算期不得扣除的借款利息 = 该期间借款利息额 × 该期间未缴足注册资本额 ÷ 该期间借款额

企业一个年度内不得扣除的借款利息总额为该年度内每一计算期不得扣除的借款利息额之和。

2. 工资薪金支出。

（1）基本规定：企业发生的合理的工资薪金支出，准予扣除。

政策解析

需要注意三个方面的内容：

第一，企业税前扣除项目的工资薪金支出，是企业实际所发生的、实际支付给其职工的工资薪金支出，而且其发放对象是在本企业任职或者受雇的员工，才能作为企业取得收入的必要与正常的支出在税前列支。

第二，职工在企业任职过程中，企业可能根据国家政策的要求，为其支付一定的养老、失业等基本社会保障缴款；按照劳动保障法律的要求支付劳动保护费；职工调动工作时支付一定的旅费和安家费；按照国家计划生育政策的要求，支付独生子女补贴；按照国家住房制度改革的要求，为职工承担一定的住房公积金；按照离退休政策规定支付给离退休人员的支出等。这些支出虽然是支付给职工的，但与职工的劳动并没有必然关联，应将其排除在工资薪金支出范围之外。

第三，由于不同行业、不同企业、不同岗位，甚至不同的地区环境等，都影响着工资薪金的实际状况，因此，企业所得税法对工资薪金增加“合理的”限制。另外，企业在税前据实列支的发放给职工的工资薪金，在职工取得后应缴纳个人所得税，在我国个人诚信体系建设和个人所得税征管工作还比较落后的前提下，增加“合理的”限制可以限制企业不合理地向员工发放工资薪金的逃税行为。

（2）工资薪金的界定：所谓工资薪金，是指企业每一纳税年度支付给在本企业任职或者受雇的员工的所有现金形式或者非现金形式的劳动报酬，包括基本工资、奖金、津贴、补贴、年终加薪、加班工资，以及与员工任职或者受雇有关的其他支出。

政策解析

目前企业支付给其员工的工资薪金名目繁多，包括基本工资、奖金、津贴、补贴、年终加薪、加班工资，以及与任职或者受雇有关的其他支出，包括现金和非现金等多种形式。凡是因员工在企业任职或者受雇于企业而且是因其提供劳动而支付的支出，一律属于工资薪金支出，准予在企业所得税前列支。

(3) 对工资薪金合理性的判断：合理工资薪金是指企业按照股东大会、董事会、薪酬委员会或相关管理机构制订的工资薪金制度规定实际发放给员工的工资薪金。税务机关在对工资薪金进行合理性确认时，可按以下原则掌握：

第一，企业制订了较为规范的员工工资薪金制度；

第二，企业所制订的工资薪金制度符合行业及地区水平；

第三，企业在一定时期所发放的工资薪金是相对固定的，工资薪金的调整是有序进行的；

第四，企业对实际发放的工资薪金，已依法履行了代扣代缴个人所得税义务；

第五，有关工资薪金的安排，不以减少或逃避税款为目的。

政策解析

对工资支出合理性的判断，主要包括两个方面。一是雇员实际提供了服务；二是报酬总额在数量上是合理的。实际操作中主要考虑雇员的职责、过去的报酬情况，以及雇员的业务量和复杂程度等相关因素。同时，还要考虑当地同行业职工平均工资水平。

(4) 金融企业工效挂钩工资。经财政部、国家税务总局批准实行工效挂钩政策的金融企业，在确定2007年度工效挂钩工资税前扣除标准时，其经济效益指标可以利润总额和应纳所得税额两项指标的平均值为计算依据；与劳动生产率对应的工资总额，以人均工资总额为计算依据。

(5) 加强个人工资薪金所得与企业的工资费用支出比对。各地国税局应于每年7月底前，将所辖进行年度汇算清缴企业的纳税人名称、纳税人识别号、登记注册地址、企业税前扣除工资薪金支出总额等相关信息传递给同级地税局。

地税局应对所辖企业及国税局转来的企业的工资薪金支出总额和已经代扣代缴个人所得税的工资薪金所得总额进行比对分析，对差异较大的，税务人员应到企业进行实地核查，或者提交给稽查部门，进行税务稽查。

2009年，地税局进行比对分析的户数，不得低于实际汇算清缴企业总户数的10%。信息化基础较好的地区，可以根据本地实际扩大比对分析面，直至对所有汇算清缴的企业进行比对分析。

3. 职工福利费、工会经费和职工教育经费。

(1) 基本规定。企业发生的职工福利费支出，不超过工资薪金总额14%的部分，准予扣除。企业拨缴的工会经费，不超过工资薪金总额2%的部分，准予扣除。除国务院财政、税务主管部门另有规定外，企业发生的职工教育经费支出，不超过工资薪金总额2.5%的部分，准予扣除；超过部分，准予在以后纳税年度结转扣除。

(2) 对工资薪金总额的确认。工资薪金总额，是指企业实际发放的合理的工资薪金总和，不包括企业的职工福利费、职工教育经费、工会经费以及养老保险费、医疗保险费、失业保险费、工伤保险费、生育保险费等社会保险费和住房公积金。属于国有性质的企业，其工资薪金，不得超过政府有关部门给予的限定数额；超过部分，不得计入企业工资薪金总额，也不得在计算企业应纳税所得额时扣除。

（3）职工福利费包括的内容。第一，尚未实行分离办社会职能的企业，其内设福利部门所发生的设备、设施和人员费用，包括职工食堂、职工浴室、理发室、医务所、托儿所、疗养院等集体福利部门的设备、设施及维修保养费用和福利部门工作人员的工资薪金、社会保险费、住房公积金、劳务费等。第二，为职工卫生保健、生活、住房、交通等所发放的各项补贴和非货币性福利，包括企业向职工发放的因公外地就医费用、未实行医疗统筹企业职工医疗费用、职工供养直系亲属医疗补贴、供暖费补贴、职工防暑降温费、职工困难补贴、救济费、职工食堂经费补贴、职工交通补贴等。第三，按照其他规定发生的其他职工福利费，包括丧葬补助费、抚恤费、安家费、探亲假路费等。

案例分析

【例】S企业2008年度共有计税工资人数100人，应付工资210万元，实际支付工资203万元。当年计提职工福利费28.42万元，实际发生职工福利费16万元，其余部分年末结转。则S企业当年准予扣除的职工福利费支出为（　　）万元。

A. 16　　B. 28.42　　C. 29.40　　D. 30.12

参考答案：A。

解析：企业发生的职工福利费支出，不超过工资薪金总额的14%部分，准予扣除。

限额 $=203\times14\%=28.42$（万元）

实际发生额 $=16$（万元）

因此，按照16万元从低扣除。

（4）职工福利费核算问题。企业发生的职工福利费，应该单独设置账册，进行准确核算。没有单独设置账册准确核算的，税务机关应责令企业在规定的期限内进行改正。逾期仍未改正的，税务机关可对企业发生的职工福利费进行合理的核定。

（5）软件生产企业职工教育经费问题。软件生产企业发生的职工教育经费中的职工培训费用，根据《财政部、国家税务总局关于企业所得税若干优惠政策的通知》（财税［2008］1号）规定，可以全额在企业所得税前扣除。

软件生产企业应准确划分职工教育经费中的职工培训费支出，对于不能准确划分的，以及准确划分后职工教育经费中扣除职工培训费用的余额，一律按照规定的比例扣除。

政策解析

需要注意四个方面的内容：

第一，虽然企业所得税法保留了对于职工福利费、工会经费和职工教育经费一定比例的限制，但由于作为扣除基准的“计税工资”已改为“工资薪金总额”，实际上相当于提高了扣除限额。

第二，为了鼓励企业增加对职工的教育投入，促进企业的技术创新，企业所得税法规定，允许超过标准的职工教育经费向以后纳税年度结转，实际上允许企业发生的职工教育经费支出全额扣除，只是在扣除时间上作了相应递延。

第三，鉴于职工教育经费名目繁多，实践形态多样，管理难以统一化和机械化，需要根据不同的企业实际情况作出不同的规定，企业所得税法还规定国务院财政、税务主管部门可以根据授权，针对企业的特定情况，规定当期扣除比例低于或者超过工资薪金总额

2.5%的部分，不允许往以后纳税年度结转。

第四，目前我国发票管理制度尚待完善、发票管理亟待加强，纳税人的税法遵从意识有待提高，对职工福利费的税前扣除实行比例限制，有利于保护税基，防止企业利用给职工搞福利为名侵蚀税基，减少税收漏洞。

4. 基本社会保险费和住房公积金。企业依照国务院有关主管部门或者省级人民政府规定的范围和标准为职工缴纳的基本养老保险费、基本医疗保险费、失业保险费、工伤保险费、生育保险费等基本社会保险费和住房公积金，准予扣除。

政策解析

基于国家目前财政承受能力的考虑，国家只承认在规定范围和标准内的基本社会保险费和住房公积金支出才允许税前扣除。因此，基本社会保险费和住房公积金扣除的范围和标准必须以国务院有关主管部门或者省级人民政府的规定为依据，超出范围和标准的部分，不得在税前扣除。

5. 补充养老保险费和补充医疗保险费。企业为在本企业任职或者受雇的全体员工支付的补充养老保险费、补充医疗保险费，分别在不超过职工工资总额5%标准内的部分，在计算应纳税所得额时准予扣除；超过的部分，不予扣除。

自2008年1月1日起，企业根据国家有关政策规定，为在本企业任职或者受雇的全体员工支付的补充养老保险费、补充医疗保险费，分别在不超过职工工资总额5%标准内的部分，在计算应纳税所得额时准予扣除；超过的部分，不予扣除。

政策解析

申请设立企业补充养老保险、补充医疗保险，是企业及其职工在依法参加基本养老保险、医疗保险的基础上，自愿建立的补充保险制度，不仅是企业福利、激励制度，也是一种社会制度，对调动企业职工的劳动积极性、增强企业的凝聚力和竞争力、完善国家多层次保障体系、促进和谐社会的发展等具有积极的促进作用。因此，企业为投资者或者职工支付的补充养老保险费、补充医疗保险费准予在税前扣除。但扣除标准仅限于国务院财政、税务主管部门规定的标准和范围内，超过规定的标准和范围的部分，不允许税前扣除。

6. 财产保险。企业参加财产保险，按照规定缴纳的保险费，准予扣除。

政策解析

需要注意两个方面的内容：

第一，企业为了减少或者分散其财产可能存在的损失，以企业财产及其有关利益为保险标的而参加财产保险，从某种意义上来说，增加了企业可能的经济利益。因此，企业参加财产损失保险、责任保险、信用保险等财产保险所发生的保险费支出是与企业取得收入有关的支出，符合企业所得税税前扣除的真实性原则，准予税前列支。

第二，企业参加商业保险后发生保险事故时，企业将依据合同约定获得相应的赔偿，这时企业获取的赔偿，在计算应纳税所得额时，应抵扣财产的损失后，计算企业参加商业保险的财产净损失，计入当期损益。

7. 商业保险费。除企业依照国家有关规定为特殊工种职工支付的人身安全保险费和国务院财政、税务主管部门规定可以扣除的其他商业保险费外，企业为投资者或者职工支付的商业保险费，不得扣除。

政策解析

需要注意两个方面的内容：

第一，若允许企业为其投资者或者职工向商业保险机构投保的商业保险费支出可以税前扣除，将造成不同盈利水平状况下企业扣除范围不一，税负不均。因此，基于国家的税收利益和税收实践的可操作性考虑，企业所得税法规定，企业为其投资者或者职工向商业保险机构投保的人身保险、财产保险等商业保险，不得扣除。

第二，企业按国家规定为特殊工种职工支付的法定人身安全保险费，以及国务院财政、税务主管部门规定可以税前扣除的商业保险费，准予税前扣除。这是由于在一些特殊行业的企业中，从事特定工种的职工其人身可能具有高度危险性，职工的生命、健康在工作中受到较大威胁。为此，国家强制要求企业为这些职工投保人身安全保险，对这一支出准予税前扣除。

案例分析

【例1】依据建筑法第四十八条规定，建筑施工企业必须为从事危险作业的职工办理意外伤害保险，支付保险费；依据煤炭法第四十四条规定，煤矿企业必须为煤矿井下作业职工办理意外伤害保险，支付保险费；对于上述保险费开支，属于企业按国家规定为特殊工种职工支付的法定人身安全保险费，准予在企业所得税前扣除。

【例2】下列项目中，企业为职工支付的（　　），可以在应纳税所得额中扣除。

A. 工伤保险费　　B. 商业保险费

C. 基本养老保险费　　D. 特殊工种法定人身安全保险费

参考答案：A、C、D。

【例3】企业为其投资者或者职工支付的下列保险费中，可以在企业所得税前扣除的有（　　）。

A. 家庭财产保险费

B. 商业养老分红型保险费

C. 省级政府规定标准的基本医疗保险费

D. 国务院税务主管部门规定的补充养老保险费

参考答案：C、D。

8. 业务招待费。企业发生的与生产经营活动有关的业务招待费支出，按照发生额的60%扣除，但最高不得超过当年销售（营业）收入的5‰。

政策解析

需要注意两个方面的内容：

第一，业务招待是正常的商业做法，但商业招待又不可避免包括个人消费的成分，在许多情况下，无法将商业招待与个人消费区分开。因此，国际上许多国家采取对企业业务招待费支出在税前“打折”扣除的做法，比如意大利，业务招待费的30%属于商业招待可在税前扣除，加拿大为80%，美国、新西兰为50%。

第二，借鉴国际做法，结合原税法按销售收入的一定比例限制扣除的经验，同时考虑到业务招待费管理难度大，坚持从严控制的要求，实施条例规定，将企业发生的与生产经营活动有关的业务招待费，按照发生额的60%扣除，且扣除总额全年最高不得超过当年销售（营业）收入的5‰。

案例分析

【例1】某生产企业2008年实现销售收入1 000万元，实际发生客户业务员的礼品支出、招待支出等业务招待费20万元，可以按照税务机关的要求提供相应的凭证。则企业可以扣除的业务招待费确定如下：

实际发生额的60% =20×60% =12（万元）

税法规定的上限 =1 000×5‰ =5（万元）

即本年度企业可以在税前列支的业务招待费为5万元。如果企业已在费用中按照实际发生数列支业务招待费，则应作纳税调整，调增15万元（20－5）并入应纳税所得额，计算缴纳企业所得税。

【例2】甲企业2008年度销售收入为4 000万元，实际发生的与经营活动有关的业务招待费为100万元。则该公司计算应纳税所得额时应按照（　　）万元予以扣除。

A. 20　　B. 60　　C. 100　　D. 240

参考答案：A。

解析：企业发生的与生产经营活动有关的业务招待费，按照发生额的60%扣除，但最高不得超过当年销售（营业）收入的5‰。

限额 =4 000×5‰ =20（万元）

实际发生额的60% =100×60% =60（万元）

因此，扣除标准为20万元。

9. 广告费和业务宣传费。

（1）一般规定。企业发生的符合条件的广告费和业务宣传费支出，除国务院财政、税务主管部门另有规定外，不超过当年销售（营业）收入15%的部分，准予扣除；超过部分，准予在以后纳税年度结转扣除。

政策解析

需要注意两个方面的内容：

第一，许多行业反映，业务宣传费与广告费性质相似，应统一处理。企业所得税法统一了业务宣传费与广告费。

第二，企业所得税法统一了内资、外资企业在广告费和业务宣传费方面的扣除规定，使内资、外资企业享受公平待遇。

第三，企业所得税法规定了统一的而且较高的扣除比例，并允许超过扣除比例的部分，向以后纳税年度结转，可以有效解决广告费支出税前扣除不足问题。

第四，企业所得税法实行业务宣传费与广告费每年比例限制扣除，主要是考虑到：广告费和业务宣传费是企业正常经营必需的营销费用，应允许在税前扣除；广告费具有一次投入大、受益期长的特点；目前我国的广告市场不规范，有的甚至以虚假广告欺骗消费者。实行每年比例限制扣除，有利于收入与支出配比，符合广告费支出一次投入大、受益期长的特点，也有利于规范广告费和业务宣传费支出。

（2）特殊规定。自2008年1月1日起至2010年12月31日止，部分行业广告费和业务宣传费支出税前扣除政策如下：

第一，化妆品制造、医药制造和饮料制造（不含酒类制造，下同）企业发生的广告费和业务宣传费支出，不超过当年销售（营业）收入30%的部分，准予扣除；超过部分，准予在以后纳税年度结转扣除。

第二，对采取特许经营模式的饮料制造企业，饮料品牌使用方发生的不超过当年销售（营业）收入30%的广告费和业务宣传费支出可以在本企业扣除，也可以将其中的部分或全部归集至饮料品牌持有方或管理方，由饮料品牌持有方或管理方作为销售费用据实在企业所得税前扣除。饮料品牌持有方或管理方在计算本企业广告费和业务宣传费支出企业所得税税前扣除限额时，可将饮料品牌使用方归集至本企业的广告费和业务宣传费剔除。饮料品牌持有方或管理方应当将上述广告费和业务宣传费单独核算，并将品牌使用方当年销售（营业）收入数据资料以及广告费和业务宣传费支出的证明材料专案保存以备检查。

前款所称饮料企业特许经营模式指由饮料品牌持有方或管理方授权品牌使用方在指定地区生产及销售其产成品，并将可以由双方共同为该品牌产品承担的广告费及业务宣传费用统一归集至品牌持有方或管理方承担的营业模式。

第三，烟草企业的烟草广告费和业务宣传费支出，一律不得在计算应纳税所得额时扣除。

案例分析

【例1】D公司2009年度销售收入10 000万元，实际发生的符合条件的广告费和业务宣传费支出200万元。则D公司在确定当年应纳税所得额时，应在会计利润的基础上按照（　　）万元进行纳税调增处理。

A. 50　　B. 100　　C. 150　　D. 200

参考答案：A。

解析：企业每一纳税年度发生的符合条件的广告费和业务宣传费，除国务院财政、税务主管部门另有规定外，不超过当年销售（营业）收入15%的部分，准予扣除；超过部分，准予在以后纳税年度结转扣除。

广告费和业务宣传费扣除限额＝10 000×15%＝150（万元）

超标准扣除额＝200－150＝50（万元）

【例2】某汽车企业为增值税一般纳税人，2009年实现产品销售收入8 000万元，广告费和业务宣传费支出1 500万元。则该企业在计算年应纳税所得额时，可以税前列支的广告费和业务宣传费限额为1 200万元（8 000×15%），超过限额的300万元部分准予向下一纳税年度结转扣除。

10. 专项资金。企业依照法律、行政法规有关规定提取的用于环境保护、生态恢复等方面的专项资金，准予扣除。上述专项资金提取后改变用途的，不得扣除。

案例分析

需要注意三个方面的内容：

第一，从提取依据上看，专项资金是企业根据法律、行政法规有关规定提取的，排除了企业根据地方性法规、规章、其他规范性文件等提取的所谓专项资金。

第二，从提取用途上看，只有实际提取且实际用于环境保护、生态恢复等方面的专项目的的资金，才允许税前扣除，如果企业将提取的专项资金用于其他用途的，则不得扣除，已经扣除的，则应计入当期应纳税所得额，缴纳企业所得税。

第三，此项政策的目的在于以税收政策激励企业履行自然环境的保护义务，体现企业所得税政策对环境保护、生态恢复等的扶持和鼓励功能。

11. 固定资产租赁费。企业根据生产经营活动的需要租入固定资产支付的租赁费，按照以下方法扣除：以经营租赁方式租入固定资产发生的租赁费支出，按照租赁期限均匀扣除；以融资租赁方式租入固定资产发生的租赁费支出，按照规定构成融资租入固定资产价值的部分应当提取折旧费用，分期扣除。

政策解析

鉴于经营租赁方式下，租入企业并不实际拥有租赁资产的所有权，因此，经营租赁方式租入固定资产而发生的租赁费，应按租赁期限分期、均匀扣除。鉴于融资租赁方式下，企业可以计算并扣除计算租入固定资产的折旧，因此，以融资租赁方式租入固定资产发生的租赁费构成了租赁资产的价值，与租赁固定资产的价值一起，计算折旧并予以扣除。

案例分析

【例】某企业2008年度以经营租赁方式租入固定资产，支付租赁费500万元，租赁期为5年。则该企业2008年度该公司税前扣除的折旧额为（　　）万元。

A. 50　　B. 100　　C. 250　　D. 500

参考答案：B。

解析：企业以经营租赁方式租入固定资产发生的租赁费，按租赁年限均匀扣除。

12. 劳动保护支出。企业发生的合理的劳动保护支出，准予扣除。

劳动保护支出是指确因工作需要为雇员配备或提供工作服、手套、安全保护用品、防暑降温用品等所发生的支出。

案例分析

【例】高温冶炼企业为职工配备安全保护用品、防暑降温品，道路施工企业为雇员提供工作服、手套等，煤矿企业为工人配备手套、头盔等用品，均属于劳动保护支出范畴，其实际发生的合理的费用支出，准予税前扣除。

13. 非居民企业总分机构费用。非居民企业在中国境内设立的机构、场所，就其中国境外总机构发生的与该机构、场所生产经营有关的费用，能够提供总机构出具的费用汇集范围、定额、分配依据和方法等证明文件，并合理分摊的，准予扣除。

政策解析

非居民企业在中国境内设立的机构、场所要取得某种收入，往往需要其在中国境外的总机构提供某种管理或者其他生产经营方面上的支撑服务，有些费用支出可能是通过总机构或者由总机构所负担的，虽然企业所得税法实行的是法人税制，但是根据企业所得税法规定，在中国境内设立机构、场所的非居民企业在中国只负有限的纳税义务，就其在中国境内所设立的机构、场所获取的来源于中国境内的所得和来源于境外但与所设机构、场所有实际联系的所得纳税，若不允许非居民企业在中国境内所设机构、场所分摊其在中国境外总机构所发生的有关费用，可能会出现这些机构、场所的特定生产经营活动的费用支出无法得以体现，也不符合收入与支出的配比原则。因此，税法允许非居民企业向其在中国境内设立的机构、场所分摊有关费用。

14. 公益性捐赠。

（1）基本规定。企业发生的公益性捐赠支出，在年度利润总额12%以内的部分，准予在计算应纳税所得额时扣除。

政策解析

允许公益性捐赠支出按一定比例在税前扣除，主要是为了鼓励企业支持社会公益事业，促进我国社会公益事业的发展。

案例分析

【例】某药厂为增值税一般纳税人，2008 年通过民政局向某灾区捐赠一批钱物，其中包括现金 10 万元；自产药品 1 批，账面成本 80 万元，不含增值税售价额 100 万元。假定该厂当年实现利润总额 1 050 万元。则该厂发生的下列业务处理中，正确的有（　　）。

A. 视同销售收入 100 万元，应计入收入总额

B. 视同销售成本 80 万元，计入扣除项目在税前扣除

C. 可在税前扣除的捐赠额为 126 万元

D. 可在税前扣除的捐赠额为 127 万元

参考答案：A、B、C。

解析：（1）视同销售：视同销售收入 100 万元，应计入收入总额；视同销售成本 80 万元，计入扣除项目，在税前扣除。（2）对外捐赠：按税法确认的捐赠额为：$10+117=127$（万元）。

捐赠扣除限额 $=1\ 050\times12\%=126$（万元）

实际捐赠额为 127 万元，超过扣除限额。故当年可在税前扣除的捐赠额为 126 万元。

（2）公益性捐赠的界定。公益性捐赠是指企业通过公益性社会团体或者县级以上人民政府及其部门，用于《中华人民共和国公益事业捐赠法》规定的公益事业的捐赠。具体范围包括：

第一，救助灾害、救济贫困、扶助残疾人等困难的社会群体和个人的活动；

第二，教育、科学、文化、卫生、体育事业；

第三，环境保护、社会公共设施建设；

第四，促进社会发展和进步的其他社会公共和福利事业。

（3）公益性社会团体的界定。公益性社会团体指依据国务院发布的《基金会管理条例》和《社会团体登记管理条例》的规定，经民政部门依法登记、符合以下条件的基金会、慈善组织等社会团体：

第一，依法登记，具有法人资格；

第二，以发展公益事业为宗旨，且不以营利为目的；

第三，全部资产及其增值为该法人所有；

第四，收益和营运结余主要用于符合该法人设立目的的事业；

第五，终止后的剩余财产不归属任何个人或者营利组织；

第六，不经营与其设立目的无关的业务；

第七，有健全的财务会计制度；

第八，捐赠者不以任何形式参与社会团体财产的分配；

第九，申请前 3 年内未受到行政处罚；

第十，基金会在民政部门依法登记 3 年以上（含 3 年）的，应当在申请前连续 2 年年度检查合格，或最近 1 年年度检查合格且社会组织评估等级在 3A 以上（含 3A），登记 3 年以下 1 年以上（含 1 年）的，应当在申请前 1 年年度检查合格或社会组织评估等级在 3A 以上（含 3A），登记 1 年以下的基金会具备本款第一项至第九项规定的条件；

第十一，公益性社会团体（不含基金会）在民政部门依法登记 3 年以上，净资产不低于登记的活动资金数额，申请前连续 2 年年度检查合格，或最近 1 年年度检查合格且社会组织评估等级在 3A 以上（含 3A），申请前连续 3 年每年用于公益活动的支出不低于上年总收入的 70%（含 70%），同时需达到当年总支出的 50% 以上（含 50%）。

所谓年度检查合格是指民政部门对基金会、公益性社会团体（不含基金会）进行年度检查，作出年度检查合格的结论；社会组织评估等级在 3A 以上（含 3A）是指社会组织在民政部门主导的社会组织评估中被评为 3A、4A、5A 级别，且评估结果在有效期内。

（4）年度利润总额的界定。年度利润总额是指企业依照国家统一会计制度的规定计算的大于零的数额。

政策解析

企业所得税法将计算公益性捐赠扣除比例的基数由应纳税所得额改为企业会计利润总额，并将年度利润总额界定为企业依照国家统一会计制度的规定计算的年度会计利润。这样更方便公益性捐赠税前扣除的计算，有利于纳税人正确申报，体现了国家对发展社会公益性事业的支持。

（5）县级以上人民政府及其部门的界定。国家机关均指县级（含县级，下同）以上人民政府及其组成部门和直属机构。

（6）公益性捐赠税前扣除资格的申请程序。符合规定的基金会、慈善组织等公益性社会团体，可按程序申请公益性捐赠税前扣除资格：

第一，经民政部批准成立的公益性社会团体，可分别向财政部、国家税务总局、民政部提出申请。

第二，经省级民政部门批准成立的基金会，可分别向省级财政、税务（国、地税，下同）、民政部门提出申请。经地方县级以上人民政府民政部门批准成立的公益性社会团体（不含基金会），可分别向省、自治区、直辖市和计划单列市财政、税务、民政部门提出申请。

第三，民政部门负责对公益性社会团体的资格进行初步审核，财政、税务部门会同民政部门对公益性社会团体的捐赠税前扣除资格联合进行审核确认。

第四，对符合条件的公益性社会团体，按照上述管理权限，由财政部、国家税务总局和民政部及省、自治区、直辖市和计划单列市财政、税务和民政部门分别定期予以公布。

（7）申请捐赠税前扣除资格时应报送的材料。申请捐赠税前扣除资格的公益性社会团体，需报送以下材料：

第一，申请报告。

第二，民政部或地方县级以上人民政府民政部门颁发的登记证书复印件。

第三，组织章程。

第四，申请前相应年度的资金来源、使用情况，财务报告，公益活动的明细，注册会计师的审计报告。

第五，民政部门出具的申请前相应年度的年度检查结论、社会组织评估结论。

（8）接受捐赠时公益性捐赠票据的规定。公益性社会团体和县级以上人民政府及其组成部门和直属机构在接受捐赠时，应按照行政管理级次分别使用由财政部或省、自治区、直辖市财政部门印制的公益性捐赠票据，并加盖本单位的印章；对个人索取捐赠票据的，应予以开具。

新设立的基金会在申请获得捐赠税前扣除资格后，原始基金的捐赠人可凭捐赠票据依法享受税前扣除。

（9）接受捐赠时捐赠资产的价值的确认。公益性社会团体和县级以上人民政府及其组成部门和直属机构在接受捐赠时，捐赠资产的价值，按以下原则确认：

第一，接受捐赠的货币性资产，应当按照实际收到的金额计算。

第二，接受捐赠的非货币性资产，应当以其公允价值计算。捐赠方在向公益性社会团体和县级以上人民政府及其组成部门和直属机构捐赠时，应当提供注明捐赠非货币性资产公允价值的证明，如果不能提供上述证明，公益性社会团体和县级以上人民政府及其组成部门和直属机构不得向其开具公益性捐赠票据。

（10）对公益性捐赠税前扣除资格的管理。存在以下情形之一的公益性社会团体，应取消公益性捐赠税前扣除资格：

第一，年度检查不合格或最近一次社会组织评估等级低于3A的（被取消公益性捐赠税前扣除资格的公益性社会团体，存在该情形的，1年内不得重新申请公益性捐赠税前扣除资格）；

第二，在申请公益性捐赠税前扣除资格时有弄虚作假行为的；

第三，存在偷税行为或为他人偷税提供便利的；

第四，存在违反该组织章程的活动，或者接受的捐赠款项用于组织章程规定用途之外的支出等情况的；

第五，受到行政处罚的。

被取消公益性捐赠税前扣除资格的公益性社会团体，存在上述第二至第五种情形的，3年内不得重新申请公益性捐赠税前扣除资格。对第三、第四种情形，应对其接受捐赠收入和其他各项收入依法补征企业所得税。

（11）对企事业单位、社会团体和其他组织以及个人通过公益性社会团体或者县级以上人民政府及其部门捐赠亚运会、大运会和大冬会的资金、物资支出，在计算企业和个人应纳税所得额时按现行税收法律法规的有关规定予以税前扣除。

（12）企业发生为汶川地震灾后重建、举办北京奥运会和上海世博会等特定事项的捐赠，按照相关规定，可以据实全额扣除。企业发生的其他捐赠，应按《企业所得税法》及《实施条例》的规定计算扣除。

政策解析

需要注意五个方面的内容：

第一，公益性捐赠支出最高扣除比例为年度利润总额12%，扣除比例包含12%本身。

第二，年度利润总额，是指企业依照国家统一会计制度的规定计算的年度会计利润。作为捐赠扣除基数的年度利润总额，必须是按照国家统一会计制度的规定计算的年度会计利润总额，排除了企业按照自身实际需要而计算出来的利润总额。

案例分析

【例】2008年，某企业按照国家统一会计制度计算的年度利润总额（利润表中利润总额）800万元，年内向某基金会捐赠货币性资产和非货币性资产合计100万元，该基金会为符合企业所得税法优惠条件的公益性社会团体。按照企业所得税法规定：

公益性捐赠扣除限额 $=800\times12\%=96$（万元）

企业实际捐赠数额 $=100$ 万元

纳税调增数 $=100-96=4$（万元）

因此，企业应将4万元并入应纳税所得额，计算缴纳企业所得税。

第三，公益性捐赠必须符合以下两个条件：一是必须通过公益性社会团体或者县级以上人民政府及其部门发出捐赠。纳税人向受赠人的直接捐赠，不允许税前列支；二是并非企业对外任何形式的捐赠都允许税前扣除，必须是用于《中华人民共和国公益事业捐赠法》规定的公益事业的捐赠。

第四，作为公益性捐赠中间对象的必须是县级以上人民政府及其部门或公益性社会团体。

第五，公益性社会团体必须是基金会、慈善组织等社会团体，无论是政府支持的慈善机构，还是宗教团体支持的慈善机构，或者其他社会团体支持的慈善机构，只要符合所列举的条件，就属于税法规定的公益性社会团体。但并非所有的基金会和慈善组织等社会团体都必然属于企业所得税法所谓的公益性社会团体。基金会、慈善组织等社会团体要成为企业所得税法所规定的公益性社会团体，还必须满足上述要求。

15. 各类损失。

（1）汇兑损失。企业在货币交易中，以及纳税年度终了时将人民币以外的货币性资产、负债按照期末即期人民币汇率中间价折算为人民币时产生的汇兑损失，除已经计入有关资产成本以及与向所有者进行利润分配相关的部分外，准予扣除。

政策解析

一般而言，汇兑损失属于企业生产经营活动过程中所发生的必要与正常的支出，应准予税前扣除。但是损失已经计入资产成本的话，则该损失已经通过资产的折旧或者摊销等方式予以税前扣除；如果汇兑损失是由向所有者进行利润分配相关的部分产生的，则该所有者权益是税后利润分配问题，不属于企业的资产，其产生的汇兑损失，也不应该作为企业支出在税前扣除。

案例分析

【例】企业以外币计价或者结算的交易过程中产生的汇兑损失，纳税年度终了时将人民币以外的货币性资产、负债按照期末即期人民币汇率中间价折算为人民币时产生的汇兑损失，均属于企业生产经营活动中的正常与必要的支出，准予税前扣除。

（2）金融企业呆账损失。金融企业符合下列条件之一的债权或股权，可以认定为呆账损失，经税务机关审批后，准予在企业所得税前扣除：第一，金融企业对借款人和担保人诉诸法律后，因借款人和担保人主体资格不符或消亡，同时又无其他债务承担人，被法院驳回起诉或裁定免除（或部分免除）债务人责任，或因借款合同、担保合同等权利凭证遗失或法律追溯失效，法院不予受理或不予支持，金融企业经追偿后确实无法收回的债权。第二，金融企业经批准采取打包出售、公开拍卖、招标等市场方式出售、转让股权、债权，其出售转让价格低于账面价值的差额。第三，金融企业因内部人员操作不当、金融案件原因形成的损失，经法院裁决后应由金融企业承担的金额或经公安机关立案侦查3年以上仍无法追回的金额。第四，银行卡被伪造、冒用、骗领而发生的应由银行承担的净损失，经法院裁决后应由金融企业承担的金额或经公安机关立案侦查3年以上仍无法追回的金额。第五，由于借款人和担保人不能偿还到期债务，逾期3年以上，且经金融企业诉诸法律，法院对借款人和担保人强制执行，借款人和担保人均无财产可执行，经法院裁定中止执行后，符合《企业财产损失所得税前扣除管理办法》（国家税务总局第13号令）第二十一条第五款规定情形的金额。

金融企业符合下列条件之一的银行卡透支款项，可以认定为呆账损失，经税务机关审批后，准予在企业所得税前扣除：第一，持卡人和担保人依法宣告破产，财产经法定清偿后，未能还清的透支款项。第二，持卡人和担保人死亡或依法宣告失踪或者死亡，以其财产或遗产清偿后，未能还清的款项。第三，经诉讼或仲裁并经强制执行程序后，仍无法收回的透支款项。第四，持卡人和担保人因经营管理不善、资不抵债，经有关部门批准关闭、工商行政管理部门注销，以其财产清偿后，仍未能还清的透支款项。第五，5 000元以下，经追索2年以上，仍无法收回的透支款项。

金融企业符合下列条件之一的助学贷款，可以认定为呆账损失，经税务机关审批后，准予在企业所得税前扣除：第一，借款人死亡，或者依照《中华人民共和国民法通则》的规定宣告失踪或者死亡，或丧失完全民事能力或劳动力，无继承人或受遗赠人，在依法处置其助学贷款抵押物（质押物）及借款人的私有财产，并向担保人追索连带责任后，仍未能归还的贷款。第二，经诉讼并经强制执行程序后，在依法处置其助学贷款抵押物（质押物）及借款人的私有财产，并向担保人追索连带责任后，仍未能归还的贷款。

金融企业上述已作为呆账损失税前扣除的债权或损失，在以后年度全部或部分收回时，应当计入收回年度的应纳税所得额。

金融企业在申报扣除上述呆账损失时，必须按要求提供具有法律效力的外部证据及证明材料、具有法定资质的中介机构的经济鉴证证据及证明材料和特定事项的企业内部证据及证明材料等能够证明呆账损失确属已实际发生的合法证据和证明材料。

（3）法院裁定中止执行形成的呆账损失。金融企业经法院裁定中止执行后符合呆账损失认定条件的，其损失金额可按下列方法确定：对借款人和担保人的资产按市场公允价进行估算，如果其价值不足以清偿属于《破产法》规定的优先清偿项目，由金融企业出具专项说明，经中介机构进行职业推断和客观评判后出具经济鉴证证明，可将应收债权全额确定为呆账损失；如果清偿《破产法》规定的优先清偿项目后仍有结余但不足以清偿所欠债务的，则可按所欠债务的比例确定金融企业应收债权的损失金额。

（4）金融企业操作不当形成的呆账损失。金融企业经营国家法律法规明文禁止的业务而产生的呆账损失，不属于操作不当形成的呆账损失范围，不得在税前扣除。属于操作不当形成的呆账损失，主要是由于内部控制制度不健全、操作程序不规范或因金融业务创新但政策不明确、不配套等原因而产生的。此类损失在查明原因或经业务监管部门定性，并由金融企业作出专项说明后，准予税前扣除。

（5）企业资产损失。自2008年1月1日起，企业资产损失适用以下税收政策：

第一，一般规定。企业发生的上述资产损失，应在按税收规定实际确认或者实际发生的当年申报扣除，不得提前或延后扣除。

因各类原因导致资产损失未能在发生当年准确计算并按期扣除的，经税务机关批准后，可追补确认在损失发生的年度税前扣除，并相应调整该资产损失发生年度的应纳所得税额。调整后计算的多缴税额，应按照有关规定予以退税，或者抵顶企业当期应纳税款。

企业发生的资产损失，按本办法规定须经有关税务机关审批的，应在规定时间内按程序及时申报和审批。

所称资产是指企业拥有或者控制的、用于经营管理活动且与取得应税收入有关的资产，包括现金、银行存款、应收及预付款项（包括应收票据）等货币资产，存货、固定资产、在建工程、生产性生物资产等非货币资产，以及债权性投资和股权（权益）性投资。

第二，资产损失税前扣除的审批。企业实际发生的资产损失按税务管理方式可分为自行计算扣除的资产损失和须经税务机关审批后才能扣除的资产损失。

下列资产损失，属于由企业自行计算扣除的资产损失：①企业在正常经营管理活动中因销售、转让、变卖固定资产、生产性生物资产、存货发生的资产损失；②企业各项存货发生的正常损耗；③企业固定资产达到或超过使用年限而正常报废清理的损失；④企业生产性生物资产达到或超过使用年限而正常死亡发生的资产损失；⑤企业按照有关规定通过证券交易场所、银行间市场买卖债券、股票、基金以及金融衍生产品等发生的损失；⑥其他经国家税务总局确认不需经税务机关审批的其他资产损失。上述以外的资产损失，属于需经税务机关审批后才能扣除的资产损失。

企业发生的资产损失，凡无法准确辨别是否属于自行计算扣除的资产损失，可向税务机关提出审批申请。

税务机关对企业资产损失税前扣除的审批是对纳税人按规定提供的申报材料与法定条件进行符合性审查。企业资产损失税前扣除不实行层层审批，企业可直接向有权审批税务机关申请。税务机关审批权限如下：①企业因国务院决定事项所形成的资产损失，由国家税务总局规定资产损失的具体审批事项后，报省级税务机关负责审批。②其他资产损失按属地审批的原则，由企业所在地管辖的省级税务机关根据损失金额大小、证据涉及地区等因素，适当划分审批权限。③企业捆绑资产所发生的损失，由企业总机构所在地税务机关审批。

负责审批的税务机关应对企业资产损失税前扣除审批申请即报即批。作出审批决定的时限为：①由省级税务机关负责审批的，自受理之日起30个工作日内；②由省级以下税务机关负责审批的，其审批时限由省级税务机关确定，但审批时限最长不得超过省级税务机关负责审批的时限。因情况复杂需要核实，在规定期限内不能作出审批决定的，经本级税务机关负责人批准，可以适当延长期限，但延期期限不得超过30天。同时，应将延长期限的理由告知申请人。

税务机关受理企业当年的资产损失审批申请的截止日为本年度终了后第45日。企业因特殊原因不能按时申请审批的，经负责审批的税务机关同意后可适当延期申请。

企业资产损失税前扣除，在企业自行计算扣除或者按照审批权限由有关税务机关按照规定进行审批扣除后，应由企业主管税务机关进行实地核查确认追踪管理。各级税务机关应将资产损失审批纳入岗位责任制考核体系，根据本办法的要求，规范程序，明确责任，建立健全监督制约机制和责任追究制度。

第三，资产损失确认证据。企业发生属于由企业自行计算扣除的资产损失，应按照企业内部管理控制的要求，做好资产损失的确认工作，并保留好有关资产会计核算资料和原始凭证及内部审批证明等证据，以备税务机关日常检查。企业按规定向税务机关报送资产损失税前扣除申请时，均应提供能够证明资产损失确属已实际发生的合法证据，包括：具有法律效力的外部证据和特定事项的企业内部证据。

具有法律效力的外部证据，是指司法机关、行政机关、专业技术鉴定部门等依法出具的与本企业资产损失相关的具有法律效力的书面文件，主要包括：①司法机关的判决或者裁定；②公安机关的立案结案证明、回复；③工商部门出具的注销、吊销及停业证明；④企业的破产清算公告或清偿文件；⑤行政机关的公文；⑥国家及授权专业技术鉴定部门的鉴定报告；⑦具有法定资质的中介机构的经济鉴定证明；⑧经济仲裁机构的仲裁文书；⑨保险公司对投保资产出具的出险调查单、理赔计算单等；⑩符合法律条件的其他证据。

特定事项的企业内部证据，是指会计核算制度健全，内部控制制度完善的企业，对各项资产发生毁损、报废、盘亏、死亡、变质等内部证明或承担责任的声明，主要包括：①有关会计核算资料和原始凭证；②资产盘点表；③相关经济行为的业务合同；④企业内部技术鉴定部门的鉴定文件或资料（数额较大、影响较大的资产损失项目，应聘请行业内的专家参加鉴定和论证）；⑤企业内部核批文件及有关情况说明；⑥对责任人由于经营管理责任造成损失的责任认定及赔偿情况说明；⑦法定代表人、企业负责人和企业财务负责人对特定事项真实性承担法律责任的声明。

第四，现金等货币资产损失的认定。企业货币资产损失包括现金损失、银行存款损失和应收（预付）账款损失等。

企业清查出的现金短缺扣除责任人赔偿后的余额，确认为现金损失。现金损失确认应提供以下证据：①现金保管人确认的现金盘点表（包括倒推至基准日的记录）；②现金保管人对于短款的说明及相关核准文件；③对责任人由于管理责任造成损失的责任认定及赔偿情况的说明；④涉及刑事犯罪的，应提供司法机关的涉案材料。

企业将货币性资金存入法定具有吸收存款职能的机构，因该机构依法破产、清算，或者政府责令停业、关闭等原因，确实不能收回的部分，确认为存款损失。存款损失应提供以下相关证据：①企业存款的原始凭据；②法定具有吸收存款职能的机构破产、清算的法律文件；③政府责令停业、关闭文件等外部证据；④清算后剩余资产分配的文件。

企业应收、预付账款发生符合坏账损失条件的，申请坏账损失税前扣除，应提供下列相关依据：①法院的破产公告和破产清算的清偿文件；②法院的败诉判决书、裁决书，或者胜诉但被法院裁定终（中）止执行的法律文书；③工商部门的注销、吊销证明；④政府部门有关撤销、责令关闭的行政决定文件；⑤公安等有关部门的死亡、失踪证明；⑥逾期三年以上及已无力清偿债务的确凿证明；⑦与债务人的债务重组协议及其相关证明；⑧其他相关证明。

逾期不能收回的应收款项中，单笔数额较小、不足以弥补清收成本的，由企业作出专项说明，对确实不能收回的部分，认定为损失。

逾期三年以上的应收款项，企业有依法催收磋商记录，确认债务人已资不抵债、连续三年亏损或连续停止经营三年以上的，并能认定三年内没有任何业务往来，可以认定为损失。

第五，非货币资产损失的认定。企业非货币资产损失包括存货损失、固定资产损失、在建工程损失、生物资产损失等。

存货盘亏损失，其盘亏金额扣除责任人赔偿后的余额部分，依据下列证据认定损失：①存货盘点表；②存货保管人对于盘亏的情况说明；③盘亏存货的价值确定依据（包括相关入库手续、相同相近存货采购发票价格或其他确定依据）；④企业内部有关责任认定、责任人赔偿说明和内部核批文件。

存货报废、毁损和变质损失，其账面价值扣除残值及保险赔偿或责任赔偿后的余额部分，依据下列相关证据认定损失：①单项或批量金额较小（占企业同类存货10%以下、或减少当年应纳税所得、增加亏损10%以下或10万元以下。下同）的存货，由企业内部有关技术部门出具技术鉴定证明；②单项或批量金额超过上述规定标准的较大存货，应取得专业技术鉴定部门的鉴定报告或者具有法定资质中介机构出具的经济鉴定证明；③涉及保险索赔的，应当有保险公司理赔情况说明；④企业内部关于存货报废、毁损、变质情况说明及审批文件；⑤残值情况说明；⑥企业内部有关责任认定、责任赔偿说明和内部核批文件。

存货被盗损失，其账面价值扣除保险理赔以及责任赔偿后的余额部分，依据下列证据认定损失：①向公安机关的报案记录，公安机关立案、破案和结案的证明材料；②涉及责任人的责任认定及赔偿情况说明；③涉及保险索赔的，应当有保险公司理赔情况说明。

固定资产盘亏、丢失损失，其账面净值扣除责任人赔偿后的余额部分，依据下列证据确认损失：①固定资产盘点表；②盘亏、丢失情况说明，单项或批量金额较大的固定资产盘亏、丢失，企业应逐项作出专项说明，并出具具有法定资质中介机构出具的经济鉴定证明；③企业内部有关责任认定和内部核准文件等。

固定资产报废、毁损损失，其账面净值扣除残值、保险赔偿和责任人赔偿后的余额部分，依据下列相关证据认定损失：①企业内部有关部门出具的鉴定证明；②单项或批量金额较小的固定资产报废、毁损，可由企业逐项作出说明，并出具内部有关技术部门的技术鉴定证明；单项或批量金额较大的固定资产报废、毁损，企业应逐项作出专项说明，并出具专业技术鉴定机构的鉴定报告，也可以同时附送中介机构的经济鉴定证明。③自然灾害等不可抗力原因造成固定资产毁损、报废的，应当有相关职能部门出具的鉴定报告，如消防部门出具受灾证明，公安部门出具的事故现场处理报告、车辆报损证明，房管部门的房屋拆除证明，锅炉、电梯等安检部门的检验报告等；④企业固定资产报废、毁损情况说明及内部核批文件；⑤涉及保险索赔的，应当有保险公司理赔情况说明。

固定资产被盗损失，其账面净值扣除保险理赔以及责任赔偿后的余额部分，依据下列证据认定损失：①向公安机关的报案记录，公安机关立案、破案和结案的证明材料；②涉及责任人的责任认定及赔偿情况说明；③涉及保险索赔的，应当有保险公司理赔情况说明。

在建工程停建、废弃和报废、拆除损失，其账面价值扣除残值后的余额部分，依据下列证据认定损失：①国家明令停建项目的文件；②有关政府部门出具的工程停建、拆除文件；③企业对报废、废弃的在建工程项目出具的鉴定意见和原因说明及核批文件，单项数额较大的在建工程项目报废，应当有专业技术鉴定部门的鉴定报告；④工程项目实际投资额的确定依据。

在建工程自然灾害和意外事故毁损损失，其账面价值扣除残值、保险赔偿及责任赔偿后的余额部分，依据下列证据认定损失：①有关自然灾害或者意外事故证明；②涉及保险索赔的，应当有保险理赔说明；③企业内部有关责任认定、责任人赔偿说明和核准文件。

工程物资发生损失的，比照本办法存货损失的规定进行认定。

生产性生物资产盘亏损失，其账面净值扣除责任人赔偿后的余额部分，依据下列证据确认损失：①生产性生物资产盘点表；②盘亏情况说明，单项或批量金额较大的生产性生物资产，企业应逐项作出专项说明；③企业内部有关责任认定和内部核准文件等。

因森林病虫害、疫情、死亡而产生的生产性生物资产损失，其账面净值扣除残值、保险赔偿和责任人赔偿后的余额部分，依据下列相关证据认定损失：①企业内部有关部门出具的鉴定证明；②单项或批量金额较大的生产性生物资产森林病虫害、疫情、死亡，企业应逐项作出专项说明，并出具专业技术鉴定部门的鉴定报告；③因不可抗力原因造成生产性生物资产森林病虫害、疫情、死亡，应当有相关职能部门出具的鉴定报告，如林业部门出具的森林病虫害证明、卫生防疫部门出具的疫情证明、消防部门出具的受灾证明，公安部门出具的事故现场处理报告等；④企业生产性生物资产森林病虫害、疫情、死亡情况说明及内部核批文件；⑤涉及保险索赔的，应当有保险公司理赔情况说明。

对被盗伐、被盗、丢失而产生的生产性生物资产损失，其账面净值扣除保险理赔以及责任赔偿后的余额部分，依据下列证据认定损失：①生产性生物资产被盗后，向公安机关的报案记录或公安机关立案、破案和结案的证明材料；②涉及责任人的责任认定及赔偿情况说明；③涉及保险索赔的，应当有保险公司理赔情况说明。

企业由于未能按期赎回抵押资产，使抵押资产被拍卖或变卖，其账面净值大于变卖价值的差额部分，依据拍卖或变卖证明，认定为资产损失。

第六，投资损失的认定。企业投资损失包括债权性投资损失和股权（权益）性投资损失。

下列各类符合坏账损失条件的债权投资，依据下列相关证据认定损失：①债务人和担保人依法宣告破产、关闭、解散或撤销，并终止法人资格，企业对债务人和担保人进行追偿后，未能收回的债权，应提交债务人和担保人破产、关闭、解散证明、撤销文件、县级及县级以上工商行政管理部门注销证明和资产清偿证明。②债务人死亡，或者依法宣告失踪或者死亡，企业依法对其资产或者遗产进行清偿，并对担保人进行追偿后，未能收回的债权，应提交债务人和担保人债务人死亡失踪证明，资产或者遗产清偿证明。③债务人遭受重大自然灾害或意外事故，损失巨大且不能获得保险补偿，确实无力偿还的债务；或者保险赔偿清偿后，确实无力偿还的债务，企业对其资产进行清偿和对担保人进行追偿后，未能收回的债权，应提交债务人遭受重大自然灾害或意外事故证明，保险赔偿证明、资产清偿证明。④债务人和担保人虽未依法宣告破产、关闭、解散或撤销，但已完全停止经营活动，被县及县以上工商行政管理部门依法吊销营业执照，企业对债务人和担保人进行追偿后，未收回的债权，应提交债务人和担保人被县及县以上工商行政管理部门注销或吊销证明和资产清偿证明。⑤债务人和担保人虽未依法宣告破产、关闭、解散或撤销，但已完全停止经营活动或下落不明，连续两年以上未参加工商年检，企业对债务人和担保人进行追偿后，未收回的债权，应提交县及县以上工商行政管理部门查询证明和资产清偿证明。⑥债务人触犯刑律，依法受到制裁，其资产不足归还所借债务，又无其他债务承担者，经追偿后确实无法收回的债权，应提交法院裁定证明和资产清偿证明。⑦债务人和担保人不能偿还到期债务，企业诉诸法律，经法院对债务人和担保人强制执行，债务人和担保人均无资产可执行，法院裁定终结或终止执行后，企业仍无法收回的债权。应提交法院强制执行证明和资产清偿证明，其中终止执行的，还应按市场公允价估算债务人和担保人的资产，如果其价值不足以清偿属于《破产法》规定的优先清偿项目，由企业出具专项说明，可将应收债权全额确定为债权损失；如果清偿《破产法》规定的优先清偿项目后仍有结余但不足以清偿所欠债务的，按所欠债务的比例确定企业应收债权的损失金额。对同一债务人有多项债权的，可以按类推的原则确认债权损失金额。⑧企业对债务人和担保人诉诸法律后，因债务人和担保人主体资格不符或消亡，同时又无其他债务承担人，被法院驳回起诉或裁定免除（或免除部分）债务人责任，或因借款合同、担保合同等权利凭证遗失或法律追溯失效，法院不予受理或不予支持，经追偿后确实无法收回的债权，应提交法院驳回起诉的证明，或裁定免除债务人责任的判决书、裁定书或民事调解书，或法院不予受理或不予支持证明。⑨债务人由于上述一至八项原因不能偿还到期债务，企业依法取得抵债资产，但仍不足以抵偿相关的债权，经追偿后仍无法收回的金额，应提交抵债资产接收、抵债金额确定证明和上述一至八项相关的证明。⑩债务人由于上述一至九项原因不能偿还到期债务，企业依法进行债务重组而发生的损失，应提交损失原因证明材料、具有法律效力的债务重组方案。⑪企业经批准采取打包出售、公开拍卖、招标等市场方式出售、转让股权、债权的，其出售转让价格低于账面价值的差额，应提交资产处置方案、出售转让合同（或协议）、成交及入账证明、资产账面价值清单。⑫企业因内部控制制度不健全、操作程序不规范或因业务创新但政策不明确、不配套等原因而形成的损失，应由企业承担的金额，应提交损失原因证明材料或业务监管部门定性证明、损失专项说明。⒀企业因刑事案件原因形成的损失，应由企业承担的金额或经公安机关立案侦察 2 年以上仍无法追回的金额，应提交损失原因证明材料，公、检、法部门的立案侦察情况或判决书。⒁金融企业对于余额在 500 万元以下（含 500 万元）的抵押（质押）贷款，农村信用社、村镇银行为 50 万元以下（含 50 万元）的抵押（质押）贷款，经追索 1 年以上，仍无法收回的金额，应提交损失原因证明材料、追索记录（包括电话追索、信件追索和上门追索等原始记录，并由经办人员和负责人签章确认）等。⒂经国务院专案批准核销的债权，应提交国务院批准文件或经国务院同意后由国务院有关部门批准的文件。

金融企业符合坏账条件的银行卡透支款项以及相关的已计入应纳税所得额的其他应收款项，依据下列相关证据认定损失：①持卡人和担保人依法宣告破产，资产经法定清偿后，未能还清的款项，应提交法院破产证明和资产清偿证明。②持卡人和担保人死亡或依法宣告失踪或者死亡，以其资产或遗产清偿后，未能还清的款项，应提交死亡或失踪证明和资产或遗产清偿证明。③经诉讼或仲裁并经强制执行程序后，仍无法收回的款项，应提交诉讼判决书或仲裁书和强制执行证明。④持卡人和担保人因经营管理不善、资不抵债，经有关部门批准关闭，被县及县级以上工商行政管理部门注销、吊销营业执照，以其资产清偿后，仍未能还清的款项，应提交有关管理部门批准持卡人关闭的文件和工商行政管理部门注销持卡人营业执照的证明。⑤余额在 2 万元以下（含 2 万元），经追索 2 年以上，仍无法收回的款项，应提交追索记录，包括电话追索、信件追索和上门追索等原始记录，并由经办人员和负责人签章确认。

金融企业符合坏账条件的助学贷款，依据下列相关证据认定损失：①债务人死亡，或者依法宣告失踪或者死亡，或丧失完全民事行为能力或劳动能力，无继承人或受遗赠人，在依法处置其助学贷款抵押物（质押物）及债务人的私有资产，并向担保人追索连带责任后，仍未能归还的贷款，应提交债务人死亡或者失踪的宣告，或公安部门、医院出具的债务人死亡证明；司法部门出具的债务人丧失完全民事能力的证明，或经县以上医院出具的债务人丧失劳动能力的证明，以及对助学贷款抵押物（质押物）处理和对担保人的追索情况。②经诉讼并经强制执行程序后，在依法处置其助学贷款抵押物（质押物）及债务人的私有资产，并向担保人追索连带责任后，仍未能归还的贷款，应提交法院判决书或法院在案件无法继续执行时作出的终结裁定书，以及对助学贷款抵押物（质押物）处理和对担保人的追索情况。③贷款逾期后，在企业确定的有效追索期限内，依法处置其助学贷款抵押物（质押物）及债务人的私有资产，同时向担保人追索连带责任后，仍未能归还的贷款，应提交对助学贷款抵押物（质押物）和对担保人的追索情况。

企业符合条件的股权（权益）性投资损失，应依据下列相关证据认定损失：①企业法定代表人、主要负责人和财务负责人签章证实有关投资损失的书面声明；②有关被投资方破产公告、破产清偿文件；工商部门注销、吊销文件；政府有关部门的行政决定文件；终止经营、停止交易的法律或其他证明文件；③有关资产的成本和价值回收情况说明；④被投资方清算剩余资产分配情况的证明。

企业的股权（权益）投资当有确凿证据表明已形成资产损失时，应扣除责任人和保险赔款、变价收入或可收回金额后，再确认发生的资产损失。可收回金额一律暂定为账面余额的5%.。

企业委托金融机构向其他单位贷款，接受贷款单位不能按期偿还的，比照本办法进行处理。

企业委托符合法定资格要求的机构进行理财，应按业务实质和《中华人民共和国企业所得税法》及实施条例的规定区分为债权性投资和股权（权益）性投资，并按相关投资确认损失的条件和证据要求申报委托理财损失。

企业对外提供与本企业应纳税收入有关的担保，因被担保人不能按期偿还债务而承担连带还款责任，经清查和追索，被担保人无偿还能力，对无法追回的，比照本办法应收账款损失进行处理。其中，与本企业应纳税收入有关的担保是指企业对外提供的与本企业投资、融资、材料采购、产品销售等主要生产经营活动密切相关的担保。

企业为其他独立纳税人提供的与本企业应纳税收入无关的贷款担保等，因被担保方还不清贷款而由该担保人承担的本息等，不得申报扣除。

下列股权和债权不得确认为在企业所得税前扣除的损失：①债务人或者担保人有经济偿还能力，不论何种原因，未按期偿还的企业债权；②违反法律、法规的规定，以各种形式、借口逃废或者悬空的企业债权；③行政干预逃废或者悬空的企业债权；④企业未向债务人和担保人追偿的债权；⑤企业发生非经营活动的债权；⑥国家规定可以从事贷款业务以外的企业因资金直接拆借而发生的损失；⑦其他不应当核销的企业债权和股权。

第七，责任。税务机关应按本办法规定的时间和程序，本着公正、透明、廉洁、高效和方便纳税人的原则，及时受理和审批纳税人申报的资产损失审批事项。非因客观原因未能及时受理或审批的，或者未按规定程序进行审批和核实造成审批错误的，应按《中华人民共和国税收征收管理法》和税收执法责任制的有关规定追究责任。上一级税务机关应对下一级税务机关每一纳税年度审批的资产损失事项进行抽查监督。

税务机关对企业申请税前扣除的资产损失的审批不改变企业的依法申报责任，企业采用伪造、变造有关资料证明等手段多列多报资产损失，或本办法规定需要审批而未审批直接税前扣除资产损失造成少缴税款的，税务机关根据《中华人民共和国税收征收管理法》的有关规定进行处理。因税务机关责任审批或核实错误，造成企业未缴或少缴税款的，按《中华人民共和国税收征收管理法》第五十二条规定执行。

税务机关对企业自行申报扣除和经审批扣除的资产损失进行纳税检查时，根据实质重于形式原则对有关证据的真实性、合法性和合理性进行审查，对有确凿证据证明由于不真实、不合法或不合理的证据或估计而造成的税前扣除，应依法进行纳税调整，并区分情况分清责任，按规定对纳税人和有关责任人依法进行处罚。有关技术鉴定部门或中介机构为纳税人提供虚假证明而税前扣除资产损失，导致未缴、少缴税款的，按《中华人民共和国税收征收管理法》及其实施细则的规定处理。

16. 各类准备金。

（1）自2008年1月1日起至2010年12月31日止，政策性银行、商业银行、财务公司和城乡信用社等国家允许从事贷款业务的金融企业提取的贷款损失准备，适用以下税前扣除政策：

准予提取贷款损失准备的贷款资产范围包括：第一，贷款（含抵押、质押、担保等贷款）；第二，银行卡透支、贴现、信用垫款（含银行承兑汇票垫款、信用证垫款、担保垫款等）、进出口押汇、同业拆出等各项具有贷款特征的风险资产；第三，由金融企业转贷并承担对外还款责任的国外贷款，包括国际金融组织贷款、外国买方信贷、外国政府贷款、日本国际协力银行不附条件贷款和外国政府混合贷款等资产。

金融企业准予当年税前扣除的贷款损失准备计算公式如下：

准予当年税前扣除的贷款损失准备 = 本年末准予提取贷款损失准备的贷款资产余额 × 1% - 截至上年末已在税前扣除的贷款损失准备余额

金融企业按上述公式计算的数额如为负数，应当相应调增当年应纳税所得额。

准予提取贷款损失准备的贷款资产包括贷款、银行卡透支、贴现、信用垫款和由金融企业转贷并承担对外还款责任的国外贷款。金融企业的委托贷款、代理贷款、国债投资、应收股利、上交央行准备金以及金融企业剥离的债权和股权、应收财政贴息、央行款项等不承担风险和损失的资产，不得提取贷款损失准备在税前扣除。

金融企业发生的符合条件的贷款损失，按规定报经税务机关审批后，应先冲减已在税前扣除的贷款损失准备，不足冲减部分可据实在计算当年应纳税所得额时扣除。

（2）自2008年1月1日起至2010年12月31日止，金融企业涉农贷款和中小企业贷款损失准备金，适用以下税前扣除政策：

金融企业根据《贷款风险分类指导原则》（银发［2001］416号），对其涉农贷款和中小企业贷款进行风险分类后，按照以下比例计提的贷款损失专项准备金，准予在计算应纳税所得额时扣除：第一，关注类贷款，计提比例为2%；第二，次级类贷款，计提比例为25%；第三，可疑类贷款，计提比例为50%；第四，损失类贷款，计提比例为100%。

所称涉农贷款，是指《涉农贷款专项统计制度》（银发［2007］246号）统计的以下贷款：第一，农户贷款；第二，农村企业及各类组织贷款。所称农户贷款，是指金融企业发放给农户的所有贷款。农户贷款的判定应以贷款发放时的承贷主体是否属于农户为准。农户，是指长期（一年以上）居住在乡镇（不包括城关镇）行政管理区域内的住户，还包括长期居住在城关镇所辖行政村范围内的住户和户口不在本地而在本地居住一年以上的住户，国有农场的职工和农村个体工商户。位于乡镇（不包括城关镇）行政管理区域内和在城关镇所辖行政村范围内的国有经济的机关、团体、学校、企事业单位的集体户；有本地户口，但举家外出谋生一年以上的住户，无论是否保留承包耕地均不属于农户。农户以户为统计单位，既可以从事农业生产经营，也可以从事非农业生产经营。所称农村企业及各类组织贷款，是指金融企业发放给注册地位于农村区域的企业及各类组织的所有贷款。农村区域，是指除地级及以上城市的城市行政区及其市辖建制镇之外的区域。所称中小企业贷款，是指金融企业对年销售额和资产总额均不超过2亿元的企业的贷款。

金融企业发生的符合条件的涉农贷款和中小企业贷款损失，应先冲减已在税前扣除的贷款损失准备金，不足冲减部分可据实在计算应纳税所得额时扣除。

(3) 自2008年1月1日至2010年12月31日，保险公司准备金支出适用以下税前扣除政策：

保险公司按下列规定缴纳的保险保障基金，准予据实税前扣除：第一，非投资型财产保险业务，不得超过保费收入的0.8%；投资型财产保险业务，有保证收益的，不得超过业务收入的0.08%，无保证收益的，不得超过业务收入的0.05%。第二，有保证收益的人寿保险业务，不得超过业务收入的0.15%；无保证收益的人寿保险业务，不得超过业务收入的0.05%。第三，短期健康保险业务，不得超过保费收入的0.8%；长期健康保险业务，不得超过保费收入的0.15%。第四，非投资型意外伤害保险业务，不得超过保费收入的0.8%；投资型意外伤害保险业务，有保证收益的，不得超过业务收入的0.08%，无保证收益的，不得超过业务收入的0.05%。其中，保险保障基金，是指按照《中华人民共和国保险法》和《保险保障基金管理办法》（保监会、财政部、人民银行令2008年第2号）规定缴纳形成的，在规定情形下用于救助保单持有人、保单受让公司或者处置保险业风险的非政府性行业风险救助基金。保费收入，是指投保人按照保险合同约定，向保险公司支付的保险费。业务收入，是指投保人按照保险合同约定，为购买相应的保险产品支付给保险公司的全部金额。非投资型财产保险业务，是指仅具有保险保障功能而不具有投资理财功能的财产保险业务。投资型财产保险业务，是指兼具有保险保障与投资理财功能的财产保险业务。有保证收益，是指保险产品在投资收益方面提供固定收益或最低收益保障。无保证收益，是指保险产品在投资收益方面不提供收益保证，投保人承担全部投资风险。

保险公司有下列情形之一的，其缴纳的保险保障基金不得在税前扣除：第一，财产保险公司的保险保障基金余额达到公司总资产6%的。第二，人身保险公司的保险保障基金余额达到公司总资产1%的。

保险公司按规定提取的未到期责任准备金、寿险责任准备金、长期健康险责任准备金、未决赔款准备金，准予在税前扣除。第一，未到期责任准备金、寿险责任准备金、长期健康险责任准备金依据精算师或出具专项审计报告的中介机构确定的金额提取。其中，未到期责任准备金，是指保险人为尚未终止的非寿险保险责任提取的准备金。寿险责任准备金，是指保险人为尚未终止的人寿保险责任提取的准备金。长期健康险责任准备金，是指保险人为尚未终止的长期健康保险责任提取的准备金。第二，未决赔款准备金分已发生已报案未决赔款准备金、已发生未报案未决赔款准备金和理赔费用准备金。已发生已报案未决赔款准备金，按最高不超过当期已经提出的保险赔款或者给付金额的100%提取；已发生未报案未决赔款准备金按不超过当年实际赔款支出额的8%提取。其中，未决赔款准备金，是指保险人为非寿险保险事故已发生尚未结案的赔案提取的准备金。已发生已报案未决赔款准备金，是指保险人为非寿险保险事故已经发生并已向保险人提出索赔、尚未结案的赔案提取的准备金。已发生未报案未决赔款准备金，是指保险人为非寿险保险事故已经发生、尚未向保险人提出索赔的赔案提取的准备金。理赔费用准备金，是指保险人为非寿险保险事故已发生尚未结案的赔案可能发生的律师费、诉讼费、损失检验费、相关理赔人员薪酬等费用提取的准备金。

保险公司实际发生的各种保险赔款、给付，应首先冲抵按规定提取的准备金，不足冲抵部分，准予在当年税前扣除。

（4）自 2008 年 1 月 1 日起至 2010 年 12 月 31 日止，保险公司提取农业巨灾风险准备金适用以下税前扣除政策：

保险公司经营中央财政和地方财政保费补贴的种植业险种（以下简称补贴险种）的，按不超过补贴险种当年保费收入 25% 的比例计提的巨灾风险准备金，准予在企业所得税前据实扣除。具体计算公式如下：

本年度扣除的巨灾风险准备金 = 本年度保费收入 ×25% － 上年度已在税前扣除的巨灾风险准备金结存余额。

按上述公式计算的数额如为负数，应调增当年应纳税所得额。

保险公司应当按专款专用原则建立健全巨灾风险准备金管理使用制度。在向主管税务机关报送企业所得税纳税申报表时，同时附送巨灾风险准备金提取、使用情况的说明和报表。

（5）自 2008 年 1 月 1 日起至 2010 年 12 月 31 日止，证券行业准备金支出适用以下税前扣除政策：

① 证券类准备金。

第一，证券交易所风险基金。上海、深圳证券交易所依据《证券交易所风险基金管理暂行办法》（证监发〔2000〕22 号）的有关规定，按证券交易所交易收取经手费的 20%、会员年费的 10% 提取的证券交易所风险基金，在各基金净资产不超过 10 亿元的额度内，准予在企业所得税税前扣除。

第二，证券结算风险基金。中国证券登记结算公司所属上海分公司、深圳分公司依据《证券结算风险基金管理办法》（证监发〔2006〕65 号）的有关规定，按证券登记结算公司业务收入的 20% 提取的证券结算风险基金，在各基金净资产不超过 30 亿元的额度内，准予在企业所得税税前扣除。

证券公司依据《证券结算风险基金管理办法》（证监发［2006］65 号）的有关规定，作为结算会员按人民币普通股和基金成交金额的十万分之三、国债现货成交金额的十万分之一、1 天期国债回购成交额的千万分之五、2 天期国债回购成交额的千万分之十、3 天期国债回购成交额的千万分之十五、4 天期国债回购成交额的千万分之二十、7 天期国债回购成交额的千万分之五十、14 天期国债回购成交额的十万分之一、28 天期国债回购成交额的十万分之二、91 天期国债回购成交额的十万分之六、182 天期国债回购成交额的十万分之十二逐日交纳的证券结算风险基金，准予在企业所得税税前扣除。

第三，证券投资者保护基金。上海、深圳证券交易所依据《证券投资者保护基金管理办法》（证监会令第 27 号）的有关规定，在风险基金分别达到规定的上限后，按交易经手费的 20% 缴纳的证券投资者保护基金，准予在企业所得税税前扣除。

证券公司依据《证券投资者保护基金管理办法》（证监会令第 27 号）的有关规定，按其营业收入 0.5%—5% 缴纳的证券投资者保护基金，准予在企业所得税税前扣除。

②期货类准备金。

第一，期货交易所风险准备金。上海期货交易所、大连商品交易所、郑州商品交易所和中国金融期货交易所依据《期货交易管理条例》(国务院令第489号)、《期货交易所管理办法》(证监会令第42号) 和《商品期货交易财务管理暂行规定》(财商字〔1997〕44号) 的有关规定，分别按向会员收取手续费收入的20%计提的风险准备金，在风险准备金余额达到有关规定的额度内，准予在企业所得税税前扣除。

第二，期货公司风险准备金。期货公司依据《期货公司管理办法》(证监会令第43号) 和《商品期货交易财务管理暂行规定》(财商字〔1997〕44号) 的有关规定，从其收取的交易手续费收入减去应付期货交易所手续费后的净收入的5%提取的期货公司风险准备金，准予在企业所得税税前扣除。

第三，期货投资者保障基金。上海期货交易所、大连商品交易所、郑州商品交易所和中国金融期货交易所依据《期货投资者保障基金管理暂行办法》(证监会令第38号) 的有关规定，按其向期货公司会员收取的交易手续费的3%缴纳的期货投资者保障基金，在基金总额达到有关规定的额度内，准予在企业所得税税前扣除。

期货公司依据《期货投资者保障基金管理暂行办法》(证监会令第38号) 的有关规定，从其收取的交易手续费中按照代理交易额的千万分之五至千万分之十的比例缴纳的期货投资者保障基金，在基金总额达到有关规定的额度内，准予在企业所得税税前扣除。

上述准备金如发生清算、退还，应按规定补征企业所得税。

(6) 自2008年1月1日起至2010年12月31日止，中小企业信用担保机构有关准备金适用以下税前扣除政策：

中小企业信用担保机构可按照不超过当年年末担保责任余额1%的比例计提担保赔偿准备，允许在企业所得税税前扣除。

中小企业信用担保机构可按照不超过当年担保费收入50%的比例计提未到期责任准备，允许在企业所得税税前扣除，同时将上年度计提的未到期责任准备余额转为当期收入。

中小企业信用担保机构实际发生的代偿损失，应依次冲减已在税前扣除的担保赔偿准备和在税后利润中提取的一般风险准备，不足冲减部分据实在企业所得税税前扣除。

所称中小企业信用担保机构是指以中小企业为服务对象的信用担保机构。

17. 手续费及佣金。

(1) 企业发生与生产经营有关的手续费及佣金支出，不超过以下规定计算限额以内的部分，准予扣除；超过部分，不得扣除。

第一，保险企业：财产保险企业按当年全部保费收入扣除退保金等后余额的15%(含本数，下同) 计算限额；人身保险企业按当年全部保费收入扣除退保金等后余额的10%计算限额。

第二，其他企业：按与具有合法经营资格中介服务机构或个人 (不含交易双方及其雇员、代理人和代表人等) 所签订服务协议或合同确认的收入金额的5%计算限额。

(2) 企业应与具有合法经营资格中介服务企业或个人签订代办协议或合同，并按国家有关规定支付手续费及佣金。除委托个人代理外，企业以现金等非转账方式支付的手续费及佣金不得在税前扣除。企业为发行权益性证券支付给有关证券承销机构的手续费及佣金不得在税前扣除。

（3）企业不得将手续费及佣金支出计入回扣、业务提成、返利、进场费等费用。

（4）企业已计入固定资产、无形资产等相关资产的手续费及佣金支出，应当通过折旧、摊销等方式分期扣除，不得在发生当期直接扣除。

（5）企业支付的手续费及佣金不得直接冲减服务协议或合同金额，并如实入账。

（6）企业应当如实向当地主管税务机关提供当年手续费及佣金计算分配表和其他相关资料，并依法取得合法真实凭证。

18. 母子公司服务费。

（1）母公司为其子公司（以下简称“子公司”）提供各种服务而发生的费用，应按照独立企业之间公平交易原则确定服务的价格，作为企业正常的劳务费用进行税务处理。母子公司未按照独立企业之间的业务往来收取价款的，税务机关有权予以调整。

（2）母公司向其子公司提供各项服务，双方应签订服务合同或协议，明确规定提供服务的内容、收费标准及金额等，凡按上述合同或协议规定所发生的服务费，母公司应作为营业收入申报纳税；子公司作为成本费用在税前扣除。

（3）母公司向其多个子公司提供同类项服务，其收取的服务费可以采取分项签订合同或协议收取；也可以采取服务分摊协议的方式，即由母公司与各子公司签订服务费用分摊合同或协议，以母公司为其子公司提供服务所发生的实际费用并附加一定比例利润作为向子公司收取的总服务费，在各服务受益子公司（包括盈利企业、亏损企业和享受减免税企业）之间按企业所得税法规定合理分摊。

（4）母公司以管理费形式向子公司提取费用，子公司因此支付给母公司的管理费，不得在税前扣除。

（5）子公司申报税前扣除向母公司支付的服务费用，应向主管税务机关提供与母公司签订的服务合同或者协议等与税前扣除该项费用相关的材料。不能提供相关材料的，支付的服务费用不得税前扣除。

案例分析

【例】下列支出项目中，在计算应纳税所得额时可以据实列支的是（　　）。

A. 捐赠支出　　B. 对外投资设备的购买款

C. 公益性捐赠支出　　D. 按规定计算的无形资产摊销

参考答案：D。

四、不得扣除项目

在计算应纳税所得额时，下列支出不得扣除：

（一）税后利润分配

向投资者支付的股息、红利等权益性投资收益款项，在计算应纳税所得额时不得扣除。

（二）部分应纳税款

企业缴纳的增值税、企业所得税税款，在计算应纳税所得额时不得扣除。

案例分析

【例】在计算应纳税所得额时，下列支出中，（ ）不得扣除。

A. 应纳营业税　　B. 合理分配的材料成本

C. 应纳企业所得税　　D. 销售固定资产的损失

参考答案：C。

（三）行政性罚款

税收滞纳金以及罚金、罚款和被没收财物的损失，在计算应纳税所得额时不得扣除。

案例分析

【例】企业实际发生的与取得收入有关的、合理的支出，包括（ ）和其他支出，准予在计算应纳税所得额时扣除。

A. 成本费用　　B. 增值税

C. 企业所得税滞纳金　　D. 工商部门罚款

参考答案：A。

解析：企业实际发生的与取得收入有关的、合理的支出，包括成本、费用、税金和其他支出，准予在计算应纳税所得额时扣除。增值税作为价外税，税收滞纳金，以及罚金、罚款和被没收财物的损失，在计算应纳税所得额时均不得扣除。

（四）不符合规定的捐赠支出

企业向境外发出的捐赠、企业向受赠人的直接捐赠、企业超标准的公益性捐赠等，均不得在计算应纳税所得额时扣除。

（五）赞助支出

赞助支出，是指企业发生的与生产经营活动无关的各种非广告性质支出。

政策解析

赞助支出具有明显的商业目的，所捐助范围一般也不具有公益性质，而且赞助支出与企业的生产经营活动无关，因此，赞助支出不得在计算应纳税所得额时扣除。

（六）未经核定的准备金支出

未经核定的准备金支出，是指不符合国务院财政、税务主管部门规定的各项资产减值准备、风险准备等准备金支出。

根据《实施条例》第五十五条规定，除财政部和国家税务总局核准计提的准备金可以税前扣除外，其他行业、企业计提的各项资产减值准备、风险准备等准备金均不得税前扣除。

政策解析

作为税前可扣除准备金项目的核定主体是国务院财政、税务主管部门，其核定方式是通过规范性文件或者规章予以统一确认，而不是个案企业式的具体确定。允许扣除的项目限于经核定的减值准备、风险准备等准备金，而且企业所提取的减值准备、风险准备等准备金的税前扣除比例，在国务院财政、税务主管部门的规定条件和标准范围内的，才允许税前扣除，否则一律不得扣除。

（七）企业发生的特殊费用

企业之间支付的管理费，企业内营业机构之间支付的租金和特许权使用费，以及非银行企业内营业机构之间支付的利息，不得扣除。

政策解析

需要注意三个方面的内容：

第一，对于企业之间支付的管理费，既有总分机构之间因总机构提供管理服务而分摊的合理管理费，也有独立法人的母子公司等集团之间提供的管理费。由于企业所得税法采取法人所得税，总分机构之间因总机构提供管理服务而分摊的合理管理费，可以通过总分机构自动汇总得到解决。对于属于不同独立法人的母子公司之间，确实发生提供管理服务的管理费，应按照独立企业之间公平交易原则确定管理服务的价格，作为企业正常的劳务费用进行税务处理，不得再采用分摊管理费用的方式在税前扣除，以避免重复扣除。

第二，对于企业内营业机构之间支付的租金和特许权使用费，企业出于管理和生产经营等因素的需要，可能采取相对独立的内部营业机构管理，内部营业机构在企业内部具有相对独立的资产、经营范围等，使内部营业机构之间可能发生类似于独立企业之间进行的所谓融通资金、调剂资产和提供经营管理等服务。企业内部营业机构之间进行的这种业务活动，虽然在不同内部营业机构之间可能有账面记录，也区分不同内部营业机构之间的收入、支出，但是它属于企业内部业务活动，在缴纳企业所得税时，由于其不是独立的纳税人，而是由企业总机构统一代表企业来进行汇总纳税，因此，对于这些内部业务往来所产生的费用，均不计入收入和作为费用扣除。

第三，对于非银行企业内营业机构之间支付的利息，非银行企业内营业机构之间的资金拆借行为，本身是同一法人内部的交易行为，其发生的资金流动，不宜作为收入和费用体现；而且，企业内各营业机构不是独立的纳税人，在法人所得税制度下，同一法人的各分支机构汇总纳税，即取得利息收入的营业机构作为收入，支付利息的营业机构作为费用，汇总纳税时相互抵消，因此，在税前计入收入或者扣除没有实际意义。这部分不得扣除的费用，不包括银行企业内营业机构之间支付的利息。鉴于银行企业内营业机构主要从事的就是资金拆借行为，其成本和费用的支出，主要就体现为利息，如果不允许银行企业内营业机构之间支付的利息扣除，各银行企业内营业机构的会计账务、业绩等都无法如实准确反映；且由于实行法人汇总纳税后，准许银行企业内营业机构之间支付的利息扣除，相应获取这部分利息的其他银行企业内营业机构将这部分利息作为收入，两者相抵，既不影响企业的应纳税总额，也不会影响国家的税收利益。

（八）与收入无关的其他支出

案例分析

【例1】在计算应纳税所得额时，下列支出允许扣除的为（　　）。

A. 消费税滞纳金　　B. 向投资者支付的股息

C. 土地增值税税款　　D. 向卫生部门上交的罚款

参考答案：C。

【例2】下列支出项目中，不得在计算应纳税所得额时扣除的有（　　）。

A. 企业所得税加息　　B. 被没收财物的损失
C. 法定比例范围内的公益性捐赠支出　　D. 向投资者支付的股息
参考答案：A、B、D。

第七节 资产的税务处理

一、资产计量属性的一般规定

（一）企业资产的种类

企业资产包括固定资产、生物资产、无形资产、长期待摊费用、投资资产、存货等各项资产。

案例分析

【例】现行会计准则的无形资产、商誉和部分投资性房地产属于税法规定的无形资产；准则中的交易性金融资产、持有至到期投资和长期股权投资属于税法规定的投资资产；准则中的固定资产和部分投资性房地产属于税法规定的固定资产；准则中规范的油气资产属于税法规定的开采石油、天然气等矿产资源的企业在开始商业性生产之前发生的费用和有关固定资产。

（二）企业资产的计税基础

企业的各项资产，包括固定资产、生物资产、无形资产、长期待摊费用、投资资产、存货等，以历史成本为计税基础。

所谓历史成本，是指企业取得该项资产时实际发生的支出。

政策解析

对于收入确认、成本扣除、资产处理等项目，由于核算目的不同，会计与税法的处理经常会产生差异，这种情况下，资产的计税基础与资产的账面价值是不一致的。

案例分析

【例1】企业持有一项交易性金融资产，在资产负债表日会将持有期间发生的公允价值变动损益反映出来，增加资产账面价值的同时增加企业的当期损益。但依照税法规定，该公允价值变动损益并不计入应纳税所得额，因而其计税基础不变，仍为其历史成本。但其账面价值却是其历史成本加上公允价值变动损益后的余额，因而与其计税基础就出现了差异。

【例2】企业拥有一项存货，在拥有期间，由于市场因素变化导致存货价格降低，企业按会计准则规定提取了存货跌价准备，因而该存货的账面价值为其历史成本减去存货跌价准备。但依照税法规定，企业提取存货的存货跌价准备不能税前扣除，因而该存货的计税基础仍为其历史成本，与其账面价值产生了差异。

【例3】企业拥有一项固定资产，按照直线法提取折旧，估计其使用寿命为15年，但依照税法规定，其折旧年限最低不得少于20年，假如企业持有该项固定资产5年后将其处置，则该固定资产的账面价值为其历史成本减去按会计准则提取的折旧，但其计税基础却为其历史成本减去按税法规定可以计提的折旧，由于可以提取的折旧不同，因而其计税基础与其账面价值不同。

企业所得税法以历史成本作为资产的计税基础，并规定资产的历史成本是企业取得该项资产时实际发生的支出。与其他计量属性不同，历史成本强调其计算时点是企业取得该项资产之时，而不是企业取得资产后持有期间的价值；强调企业取得资产时所实际发生的支出，即便是企业取得资产时应当负担的支出，不管出于何种原因，若企业最终实际上没有兑付这种义务性支出，那么这种支出是不被承认的，不得纳入资产的历史成本之中。

（三）计税基础的调整

企业持有各项资产期间资产增值或者减值，除国务院财政、税务主管部门规定可以确认损益外，不得调整该资产的计税基础。

政策解析

历史成本强调的是在特定环境和特定时刻下，企业为取得该项资产所实际发生的支出，其数额是固定的，而且作为资产的计税基础，不得由企业自由调整，否则会严重侵蚀税基。但是，企业的资产长期存在，在企业持有资产期间，资产本身既可能增值也可能减值，若一概不允许资产计税基础的调整，将无法真实反映企业资产的变化，也无法满足企业正常生产经营活动的需要。因此，企业所得税法规定，企业持有各项资产期间发生资产增值或者减值，符合国务院财政、税务主管部门规定条件的，可以调整该资产的计税基础。也就是说，企业调整特定资产计税基础的前提是，必须符合国务院财政、税务主管部门规定的条件。

考虑到过去在资产取得、持有、使用、处置等税务处理上税法与财务会计制度存在一定的差异，并且主要是时间性差异，纳税调整烦琐，税务机关税收执行成本和纳税人遵从成本都较高，企业所得税法在资产税务处理的规定上，对资产分类、取得计税成本等问题，尽量与财务会计制度保持一致，比如固定资产取得计税成本与会计账面价值基本保持一致、残值处理一致，只是在折旧年限上有所差异，这样可以降低纳税人纳税调整的负担。

二、固定资产的税务处理

在计算应纳税所得额时，企业按照规定计算的固定资产折旧，准予扣除。

固定资产，是指企业为生产产品、提供劳务、出租或者经营管理而持有的使用时间超过 12 个月的非货币性资产，包括房屋、建筑物、机器、机械、运输工具以及其他与生产经营活动有关的设备、器具、工具等。

政策解析

为了与现行会计准则的变化相适应，也便于税收征收管理的实践，企业所得税法取消了原内资、外资税法对于固定资产价值在 2 000 元以上的限制。

（一）固定资产的计税基础

固定资产按照以下方法确定计税基础：

1. 外购的固定资产，以购买价款和支付的相关税费以及直接归属于使该资产达到预定用途发生的其他支出为计税基础。

 案例分析

【例】2008年某企业购入一批国产车辆自用，支付购买价款1 800万元、另外支付运输费、装卸费、安装费和专业人员服务费等共计200万元。车辆适用消费税税率9%，城市维护建设税7%。则该企业为购买车辆而支付的税金计算如下：

增值税＝（1 800＋200）×17%＝340（万元）

消费税＝（1 800＋200）×9%＝180（万元）

城市维护建设税＝（340＋180）×7%＝36.4（万元）

教育费附加＝（340＋180）×3%＝15.6（万元）

车辆购置税＝（1 800＋200）×10%＝200（万元）

印花税＝（1 800＋200）×0.3‰＝0.6（万元）

应支付税金合计＝340＋180＋36.4＋15.6＋200＋0.6＝772.6（万元）

则该企业外购车辆，应以购买价款1 800万元、支付的运输费、装卸费、安装费和专业人员服务费200万元、支付的税金772.60万元，共2 772.60万元作为计税基础。

2. 自行建造的固定资产，以竣工结算前发生的支出为计税基础。

案例分析

【例】某企业自行建造厂房，为建造厂房所必需的、与建造厂房具有直接关系的、竣工结算之前的支出情况如下：建造厂房所需的原材料费用、人工费、管理费、缴纳的相关税费共计6 800万元、应予资本化的借款费用1 200万元，则该企业自行建造厂房应以8 000万元（6 800＋1 200）为计税基础。

政策解析

会计准则规定，自行建造固定资产的入账价值，由建造该项资产达到预定可使用状态前所发生的必要支出构成。而企业所得税法规定，对预定可使用状态的判断以工程的竣工结算为标志。两者之间存在着一定的差异。由于会计准则并没有将预定可使用状态等同于工程的竣工结算，有可能存在已达到预定可使用状态但并未办理竣工结算的固定资产。对此，会计准则规定，已达到预定可使用状态但尚未办理竣工决算的固定资产，应当按照估计价值确定其成本，并计提折旧；待办理竣工决算后，再按实际成本调整原来的暂估价值，但不需要调整原已计提的折旧额。

3. 融资租入的固定资产，以租赁合同约定的付款总额和承租人在签订租赁合同过程中发生的相关费用为计税基础，租赁合同未约定付款总额的，以该资产的公允价值和承租人在签订租赁合同过程中发生的相关费用为计税基础。

案例分析

【例1】A企业融资租入大型机器设备，签订租赁合同，合同中约定付款总额3 000万元，在签订租赁合同过程中发生的相关费用500万元。则A企业应以3 500万元（3 000＋500）作为机器设备的入账价值。

【例2】B企业融资租入小型机器设备，签订租赁合同但合同中未约定付款总额，机

器设备公允价值 1 000 万元，在签订租赁合同过程中发生的相关费用 200 万元。则 B 企业应以 1 200 万元（1 000 +200）作为机器设备的入账价值。

政策解析

企业所得税法并未规定计算最低租赁付款额的现值，这与会计准则的规定存在差异。从经济实质来看，融资租入固定资产与具有融资实质的分期付款购入固定资产相似，相应的，出租方应为提供贷款确认一部分利息收入，承租方应为延期付款承担一部分利息费用。因而，会计准则规定按最低租赁付款现值和公允价值两者中的较低者作为固定资产入账价值，最低租赁付款额与最低租赁付款现值或公允价值的差额作为未实现融资费用处理，在租赁期内按实际利率法摊入财务费用。而企业所得税法则按合同规定的租赁付款额或者公允价值作为固定资产的入账价值，将会计准则中确认的未实现融资费用直接计入固定资产原值，然后分期计提折旧。与会计准则规定的在租赁期内摊入财务费用相比，差别不大，对应纳税所得额的影响也不大，而且由于有合同参照，不需要确定折现率和计算现值，因而比会计准则的规定更为直观和简单。同时，为了防止有些租赁合同对付款总额没有约定而造成的实践操作困难，企业所得税法明确规定，对于租赁合同未约定付款总额的，以该资产的公允价值和承租人在签订合同过程中发生的相关费用为计税基础，作为补充的确定方式，以避免可能的漏洞。

4. 盘盈的固定资产，以同类固定资产的重置完全价值为计税基础。由于盘盈的固定资产往往在企业以前的会计账簿上没有记载，或记载的相关资料不全等原因，无法有效确定其历史成本，因此，企业所得税法规定盘盈的固定资产以同类固定资产的重置完全价值计价。所谓重置完全价值计价，即按现有的生产能力和技术标准，重新购置同样的固定资产所需要付出的代价。

5. 捐赠、投资、非货币性资产交换、债务重组等方式取得的固定资产，以该资产的公允价值和支付的相关税费为计税基础。

政策解析

在以固定资产进行捐赠、投资、非货币性资产交换、债务重组时，按照增值税法和企业所得税法规定，固定资产的捐赠方、投资方、换出方和抵债方均应作视同销售处理，即视为先销售固定资产，再捐赠、再投资，再购进、再偿债两个过程进行处理。因此，固定资产的接受方应该按固定资产的市场价格即公允价值，加上接受固定资产过程中可能发生的契税、土地增值税、车辆购置税、印花税等税费作为入账价值。

6. 改建的固定资产，除已足额提取折旧的固定资产的改建支出和租入固定资产的改建支出外，以改建过程中发生的改建支出增加计税基础。

政策解析

已足额提取折旧的固定资产的改建支出和租入固定资产的改建支出，作为企业的长期待摊费用，因此，上述两种情形下的改建支出不宜再作为固定资产的计税基础。除此之外其他固定资产的改建支出，应按照改建过程中发生的改建支出，包括材料费、人工费、相关税费等，增加固定资产的计税基础。

案例分析

【例】下列关于固定资产确定计税基础的叙述中，正确的有（　　）。

A. 自行建造的，以竣工结算前发生的支出为计税基础

B. 以债务重组方式取得的，以公允价值和支付的相关税费为计税基础

C. 通过捐赠、投资、非货币性资产交换等方式取得的，以重置完全价值为计税基础

D. 融资租入的，如果合同未约定付款总额，以该资产的市场价值和承租人在签订租赁合同过程中发生的相关费用为基础

参考答案：A、B。

（二）不得扣除折旧的固定资产

下列固定资产不得计算折旧扣除：

1. 房屋、建筑物以外未投入使用的固定资产。
2. 以经营租赁方式租入的固定资产。
3. 以融资租赁方式租出的固定资产。
4. 已足额提取折旧仍继续使用的固定资产。
5. 与经营活动无关的固定资产。
6. 单独估价作为固定资产入账的土地。
7. 其他不得计算折旧扣除的固定资产。

案例分析

【例】根据企业所得税法及其条例规定，下列固定资产中（　　），在计算应纳税所得额时不得计算折旧扣除。

A. 未使用的房屋、建筑物　　B. 接受捐赠的固定资产

C. 以经营租赁方式租入的固定资产　　D. 单独估价作为固定资产入账的土地

参考答案：C、D。

（三）固定资产的折旧方法

1. 固定资产折旧的计算方法。固定资产按照直线法计算的折旧，准予扣除。

政策解析

按照企业会计准则规定，企业可以根据与固定资产有关的经济利益的预期实现方式，合理选择确定固定资产折旧方法。可选用的折旧方法包括年限平均法（又称直线法）、工作量法、双倍余额递减法和年数总和法等。固定资产的折旧方法一经确定，不得随意变更。而企业所得税法规定，企业的固定资产按照直线法提取的折旧，准予扣除。也就是说，在会计上，企业仍然可以根据自身的特殊情况采取其他折旧方法，或者同时采用直线法和其他折旧方法，只是在计算缴纳企业所得税时，采用其他折旧方法计提的折旧需要进行纳税调整。

2. 固定资产计算折旧的时限。企业应当自固定资产投入使用月份的次月起计算折旧；停止使用的固定资产，应当自停止使用月份的次月起停止计算折旧。

政策解析

根据企业所得税税前扣除的实际发生原则，固定资产只有实际投入使用时，才允许开始计提折旧。因此，企业所得税法规定，计算折旧的起始时间为固定资产投入使用月份的次月，相应的，停止计算折旧的时间也为固定资产停止使用月份的次月，既便于操作，也便于与会计制度协调。

3. 预计净残值的确定。企业应当根据固定资产的性质和使用情况，合理确定固定资产的预计净残值。固定资产的预计净残值一经确定，不得变更。

政策解析

由于企业不同固定资产净残值率的确定需要考虑诸多因素，对所有固定资产规定相同的净残值率下限并不科学，因此，企业所得税法取消了预计净残值最低比例的限制要求。但是，企业应当根据固定资产的性质和使用情况确定预计净残值，否则将被税务机关进行调整。

（四）固定资产的折旧年限

除国务院财政、税务主管部门另有规定外，固定资产计算折旧的最低年限如下：

1. 房屋、建筑物，为20年。

2. 飞机、火车、轮船、机器、机械和其他生产设备，为10年。

政策解析

与其他交通工具相比，飞机作为一种重要交通工具，与火车、轮船同样具有价值较高、使用期限相对较长的特点，折旧年限也相应较长。因此，企业所得税法将飞机的折旧年限从5年改为10年。

案例分析

【例】一般情况下，下列关于资产折旧最低年限的说法中，不正确的是（　　）。

A. 经济林：10年　　B. 奶牛：3年

C. 飞机：10年　　D. 汽车：5年

参考答案：D。

3. 与生产经营活动有关的器具、工具、家具等，为5年。

4. 飞机、火车、轮船以外的运输工具，为4年。除飞机、火车、轮船以外，其他运输工具诸如汽车、电车、拖拉机、摩托车艇、机帆船、帆船等，具有相对价值较低、使用年限较短的特点，其折旧年限也相应较短。因此，企业所得税法将此类固定资产的最低折旧年限从5年改为4年。

5. 电子设备，为3年。

政策解析

所谓电子设备，是指由集成电路、晶体管、电子管等电子元器件组成，应用电子技术包括软件，发挥作用的设备，包括电子计算机以及由电子计算机控制的机器人、数控或者程控系统等。这些电子设备由于技术更新换代较快，使用年限相对缩短。因此，企业所得税法将此类固定资产的最低折旧年限从5年改为3年。

（五）固定资产的加速折旧

1. 企业的固定资产由于技术进步等原因，确需加速折旧的，可以缩短折旧年限或者采取加速折旧的方法。可以采取缩短折旧年限或者采取加速折旧的方法的固定资产，包括：

（1）由于技术进步，产品更新换代较快的固定资产；

（2）常年处于强震动、高腐蚀状态的固定资产。

2. 企业拥有并使用的固定资产符合上述规定的，可按以下情况分别处理：

（1）企业过去没有使用过与该项固定资产功能相同或类似的固定资产，但有充分的证据证明该固定资产的预计使用年限短于《实施条例》规定的计算折旧最低年限的，企业可根据该固定资产的预计使用年限和本通知的规定，对该固定资产采取缩短折旧年限或者加速折旧的方法。

（2）企业在原有的固定资产未达到《实施条例》规定的最低折旧年限前，使用功能相同或类似的新固定资产替代旧固定资产的，企业可根据旧固定资产的实际使用年限和本通知的规定，对新替代的固定资产采取缩短折旧年限或者加速折旧的方法。

3. 企业采取缩短折旧年限方法的，对其购置的新固定资产，最低折旧年限不得低于《实施条例》第六十条规定的折旧年限的60%；若为购置已使用过的固定资产，其最低折旧年限不得低于《实施条例》规定的最低折旧年限减去已使用年限后剩余年限的60%。最低折旧年限一经确定，一般不得变更。

4. 企业拥有并使用符合规定条件的固定资产采取加速折旧方法的，可以采用双倍余额递减法或者年数总和法。加速折旧方法一经确定，一般不得变更。

（1）双倍余额递减法，是指在不考虑固定资产预计净残值的情况下，根据每期期初固定资产原值减去累计折旧后的金额和双倍的直线法折旧率计算固定资产折旧的一种方法。应用这种方法计算折旧额时，由于每年年初固定资产净值没有减去预计净残值，所以在计算固定资产折旧额时，应在其折旧年限到期前的两年期间，将固定资产净值减去预计净残值后的余额平均摊销。计算公式如下：

年折旧率 = 2 ÷ 预计使用寿命（年）×100%

月折旧率 = 年折旧率 ÷ 12

月折旧额 = 月初固定资产账面净值 × 月折旧率

（2）年数总和法，又称年限合计法，是指将固定资产的原值减去预计净残值后的余额，乘以一个以固定资产尚可使用寿命为分子、以预计使用寿命逐年数字之和为分母的逐年递减的分数计算每年的折旧额。计算公式如下：

年折旧率 = 尚可使用年限 ÷ 预计使用寿命的年数总和 ×100%

月折旧率 = 年折旧率 ÷ 12

月折旧额 =（固定资产原值 - 预计净残值）× 月折旧率

5. 企业确需对固定资产采取缩短折旧年限或者加速折旧方法的，应在取得该固定资产后一个月内，向其企业所得税主管税务机关（以下简称主管税务机关）备案，并报送以下资料：

（1）固定资产的功能、预计使用年限短于《实施条例》规定计算折旧的最低年限的理由、证明资料及有关情况的说明；

（2）被替代的旧固定资产的功能、使用及处置等情况的说明；

（3）固定资产加速折旧拟采用的方法和折旧额的说明；

（4）主管税务机关要求报送的其他资料。

企业主管税务机关应在企业所得税年度纳税评估时，对企业采取加速折旧的固定资产的使用环境及状况进行实地核查。对不符合加速折旧规定条件的，主管税务机关有权要求企业停止该项固定资产加速折旧。

6. 对于采取缩短折旧年限的固定资产，足额计提折旧后继续使用而未进行处置（包括报废等情形）超过12个月的，今后对其更新替代、改造改建后形成的功能相同或者类似的固定资产，不得再采取缩短折旧年限的方法。

7. 对于企业采取缩短折旧年限或者采取加速折旧方法的，主管税务机关应设立相应的税收管理台账，并加强监督，实施跟踪管理。对发现不符合《实施条例》第九十八条及本通知规定的，主管税务机关要及时责令企业进行纳税调整。

8. 适用总、分机构汇总纳税的企业，对其所属分支机构使用的符合《实施条例》第九十八条及本通知规定情形的固定资产采取缩短折旧年限或者采取加速折旧方法的，由其总机构向其所在地主管税务机关备案。分支机构所在地主管税务机关应负责配合总机构所在地主管税务机关实施跟踪管理。

政策解析

需要注意三个方面的内容：

第一，采取缩短折旧年限和加速折旧的情形：

（1）由于技术进步，产品更新换代较快的固定资产。对由于技术进步，产品更新换代较快的固定资产实行加速折旧，可以使企业加快淘汰落后的技术设备，引进新技术、新工艺，提高产品的科技含量。因此，企业所得税法鼓励企业加大对此类固定资产的投入，允许缩短固定资产的折旧年限和加速折旧。

（2）常年处于强震动、高腐蚀状态的固定资产。有些固定资产由于使用强度大或更新快而导致其使用寿命缩短，对其实行加速折旧更符合其实际的使用寿命。

第二，企业所得税法对固定资产计算折旧的最低年限作了规定：

（1）房屋、建筑物，为20年；

（2）飞机、火车、轮船、机器、机械和其他生产设备，为10年；

（3）与生产经营活动有关的器具、工具、家具等，为5年；

（4）飞机、火车、轮船以外的运输工具，为4年；

（5）电子设备，为3年。

采取缩短折旧年限方法的，最低折旧年限不得低于企业所得税法规定折旧年限的60%，以防止部分企业以不切合实际地缩短折旧年限的手段增加当年扣除额，逃避企业所得税税负。

第三，采取加速折旧方法时，可以采取双倍余额递减法或者年数总和法。

(1) 双倍余额递减法。是指在不考虑固定资产残值的情况下，以直线法（即平均年限法）折旧率（不扣残值）的两倍作为折旧率，乘以每期期初固定资产原价减去累计折旧后的金额求得每期折旧额的一种快速折旧的方法。用双倍余额递减法计算折旧时，由于每年年初固定资产净值没有扣除预计净残值，为了保证固定资产使用年限终了时账面净值与预计净残值相等，因此在计算固定资产折旧额时，应在其折旧年限到期前两年内，将固定资产净值扣除预计净残值后的余额平均摊销。其计算公式为：

年折旧率 =2 ÷ 预计使用年限 ×100%

月折旧率 = 年折旧率 ÷12

月折旧额 = 每月月初固定资产账面净值 × 月折旧率

(2) 年数总和法。又称折旧年限积数法或级数递减法，是指将固定资产的原值减去残值后的净额乘以一个逐年递减的分数计算确定固定资产折旧额的方法。逐年递减分数的分子代表固定资产尚可使用的年数；分母代表预计使用年数的逐年数字之总和，假定使用年限为 n 年，分母即为 $1+2+3+\cdots+n=n(n+1)\div 2$。其计算公式为：

年折旧率 = 尚可使用年数 ÷ 预计使用年限的年数总和 ×100%

月折旧率 = 年折旧率 ÷12

月折旧额 = （固定资产原价 - 预计净残值） × 月折旧率

(六) 矿产资源企业固定资产的税务处理

从事开采石油、天然气等矿产资源的企业，在开始商业性生产前发生的费用和有关固定资产的折耗、折旧方法，由国务院财政、税务主管部门另行规定。

三、生产性生物资产的税务处理

生产性生物资产，是指企业为生产农产品、提供劳务或者出租等而持有的生物资产，包括经济林、薪炭林、产畜和役畜等。生物资产包括三类：

1. 消耗性生物资产，是指为出售而持有的、或在将来收获为农产品的生物资产，包括生长中的大田作物、蔬菜、用材林以及存栏待售的牲畜等。

2. 生产性生物资产，是指为产出农产品、提供劳务或出租等目的而持有的生物资产，包括经济林、薪炭林、产畜和役畜等。

3. 公益性生物资产，是指以防护、环境保护为主要目的的生物资产，包括防风固沙林、水土保持林和水源涵养林等。

政策解析

基于生产性生物资产所具有的自然属性上的特性和保值增值等的特殊性考虑，企业所得税法将其单列出来作专门规定。生产性生物资产与公益性生物资产的主要区别，在于生产性生物资产是为产出农产品、提供劳务或者出租等目的，即为企业直接的生产经营活动的目的而持有。如经济林、薪炭林、产畜和役畜等生产性生物资产具备自我生长性，能够在持续的基础上予以消耗并在未来的一段时间内保持其服务能力或未来经济利益，属于有生命的劳动手段。生产性生物资产与消耗性生物资产主要区别，在于生产性生物资产具有能够在生产经营中长期、反复使用，从而不断产出农产品或者是长期役用的特征。如经济林、薪炭林等生产性生物资产产出农产品后仍然保留，并可以在未来期间继续产出农产品。因此，生产性生物资产在一定程度上具有固定资产的特征。

案例分析

【例1】生产性生物资产，是指企业为生产农产品、提供劳务或者出租等而持有的生物资产，包括（　　）。

A. 役畜　　B. 薪炭林　　C. 产畜　　D. 家禽

参考答案：A、B、C。

解析：生产性生物资产，是指为产出农产品、提供劳务或出租等目的而持有的生物资产，包括经济林、薪炭林、产畜和役畜等。

【例2】下列各项中，依据企业所得税法相关规定可计提折旧的生物资产是（　　）。

A. 经济林　　B. 防风固沙林

C. 用材林　　D. 存栏待售牲畜

参考答案：A。

解析：生物资产分为消耗性生物资产、生产性生物资产和公益性生物资产。税法规定生产性生物资产可计提折旧。生产性生物资产，是指为产出农产品、提供劳务或出租等目的而持有的生物资产，包括经济林、薪炭林、产畜和役畜等。用材林、存栏待售的牲畜属于消耗性生物资产；防风固沙林属于公益性生物资产。

（一）生产性生物资产的计税基础

生产性生物资产按照以下方法确定计税基础：

1. 外购的生产性生物资产，以购买价款和支付的相关税费为计税基础。

案例分析

【例】某企业从云南购入一批热带和亚热带经济林，用于生产果品和食用油料，支付购买价款100万元，支付签订购买合同而缴纳的印花税以及为购买经济林发生的运输费、保险费、装卸费等共计10万元，则外购该批经济林应以110万元（100+10）为计税基础。

2. 捐赠、投资、非货币性资产交换、债务重组等方式取得的生产性生物资产，以该资产的公允价值和支付的相关税费为计税基础。

案例分析

【例】宁夏某企业接受捐赠薪炭林一批，用于缓解当地农村能源短缺状况。捐赠薪材总量公允价值30万元，支付装卸费、栽植费、保险费、运输费共计3万元。则该企业接受捐赠薪炭林应以33万元（30+3）为计税基础。

政策解析

会计准则对于如何确定自行营造或者繁殖的生产性生物资产的成本作出了明确规定：

第一，自行营造的林木类生产性生物资产的成本，包括达到预定生产经营目的前发生的造林费、抚育费、营林设施费、良种试验费、调查设计费和应分摊的间接费用等必要支出。

第二，自行繁殖的产畜和役畜的成本，包括达到预定生产经营目的（成龄）前发生的饲料费、人工费和应分摊的间接费用等必要支出。达到预定生产经营目的，是指生产性生物资产进入正常生产期，可以多年连续稳定产出农产品、提供劳务或者出租。

而企业所得税法并未对企业自行营造或者繁殖的生产性生物资产的计税基础作出规定，即自行营造或者繁殖的生产性生物资产在营造或者繁殖的过程中所发生的成本，可以当期费用化，与会计准则的规定存在着差异。

（二）生产性生物资产的折旧方法

生产性生物资产按照直线法计算的折旧，准予扣除。

企业应当自生产性生物资产投入使用月份的次月起计算折旧；停止使用的生产性生物资产，应当自停止使用月份的次月起停止计算折旧。

企业应当根据生产性生物资产的性质和使用情况，合理确定生产性生物资产的预计净残值。生产性生物资产的预计净残值一经确定，不得变更。

案例分析

【例】某公司外购一林木生产性生物资产，购置价格和相关税费合计为 1 000 万元，该生物资产于 2008 年 3 月 10 日投入使用，预计使用 10 年，预计残值 100 万元。该公司每月应就该生物资产提取折旧（　　）万元。

A. 8. 3　　B. 9　　C. 7. 5　　D. 8. 5

参考答案：C。

解析：林木类生产性生物资产的折旧年限为 10 年。

月折旧额 =（1 000 − 100）÷10 ÷12 =7. 5（万元）

（三）生产性生物资产的折旧年限

生产性生物资产计算折旧的最低年限如下：

1. 林木类生产性生物资产，为 10 年。

案例分析

【例】经济林、薪炭林等林木类生产性生物资产，最低折旧年限规定为 10 年。这类植物生命周期较长，使用年限也较长，成本与预期收益的分摊时限也相应较长。因此，企业所得税法规定了较长的折旧年限。

2. 畜类生产性生物资产，为 3 年。

案例分析

【例】饲养中的母鸡、母猪等产畜和用来耕地的牛、马等役畜，最低折旧年限为 3 年。与林木类生产性生物资产相比，这些畜类生产性生物资产的使用寿命相对较短，其折旧年限也相应缩短。因此，企业所得税法规定了较短的折旧年限。

四、无形资产的税务处理

在计算应纳税所得额时，企业按照规定计算的无形资产摊销费用，准予扣除。

无形资产，是指企业为生产产品、提供劳务、出租或者经营管理而持有的、没有实物形态的非货币性长期资产，包括专利权、商标权、著作权、土地使用权、非专利技术、商誉等。

案例分析

【例】发明专利权、实用新型专利权和外观设计权等专利权，署名权、发表权、复制权、发行权等著作权，工业专有技术、商业贸易专有技术、管理专有技术等非专利技术，均属于无形资产范畴。

政策解析

对于土地使用权，会计准则规定，企业取得的土地使用权通常应确认为无形资产，但改变土地使用权用途，用于赚取租金或者资本增值的，应当将其转为投资性房地产；企业所得税法未将土地使用权分别归属于无形资产和投资性房地产，一律按照无形资产进行处理。对于商誉，会计上将其作为独立于无形资产之外的单独一类资产进行确认、计量和报告，但企业所得税法将商誉作为无形资产的一部分来规定。

（一）无形资产的计税基础

无形资产按照以下方法确定计税基础：

1. 外购的无形资产，以购买价款和支付的相关税费以及直接归属于使该资产达到预定用途发生的其他支出为计税基础。

政策解析

会计准则规定，购买无形资产的价款超过正常信用条件延期支付，实质上具有融资性质的，无形资产的成本以购买价款的现值为基础确定。实际支付的价款与购买价款的现值之间的差额，除按照《企业会计准则第 17 号——借款费用》应予资本化的以外，应当在信用期间内计入当期损益。而企业所得税法规定的购入的无形资产，以购买价款和支付的相关税费以及直接归属于使该资产达到预定用途发生的其他支出，包括使无形资产达到预定用途所发生的专业服务费、测试无形资产是否能够正常发挥作用的费用等，作为计税基础。其中，不包括引入新产品进行宣传发生的广告费、管理费用及其他间接费用，也不包括在无形资产已经达到预定用途以后发生的费用，这些不构成无形资产成本的费用、支出，可以按照规定确认为当期损益。

2. 自行开发的无形资产，以开发过程中该资产符合资本化条件后至达到预定用途前发生的支出为计税基础。

政策解析

企业所得税法在自行开发的无形资产计税基础的确定上，保持了与新企业会计准则的一致性，明确了企业取得无形资产的成本的发生阶段，即开发过程中该资产符合资本化条件后至达到预定用途前。

《企业会计准则——无形资产》规定，企业内部研究开发项目的支出，应当区分研究阶段支出与开发阶段支出。研究是指为获取并理解新的科学或者技术知识而进行的独创性的有计划调查。研究阶段是探索性的，为进一步开发活动进行资料及相关方面的准备，已进行的研究活动将来是否会转入开发、开发后是否会形成无形资产等均具有较大的不确定性。

案例分析

【例】为获取知识而进行的活动，研究成果或者其他知识的应用研究、评价和最终选择，材料、设备、产品、工序、系统或者服务替代品的研究，新的或者经改进的材料、设备、产品、工序、系统或者服务的可能替代品的配制、设计、评价和最终选择等，均属于研究活动；生产前或者使用前的原型和模型的设计、建造和测试，不具有商业性生产经济规模的试生产设施的设计、建造和运营等，均属于开发活动。企业内部研究开发项目研究阶段的支出，应当于发生时计入当期损益，予以税前扣除。开发阶段应当是已完成研究阶段的工作，在很大程度上具备了形成一项新产品或者新技术的基本条件。根据企业会计准则的有关规定，判断特定无形资产是否符合资本化条件有五个标准，而且必须同时满足才能构成资本化条件。

具体而言，自行开发形成的无形资产可以计入计税基础的支出，包括在开发过程中所耗费的原材料，以及开发所使用固定资产的折旧和其他资产的摊销费用；参与开发人员的工资、津贴、奖金及其他有关的费用；为开发目的而购入的专利权、特许权等无形资产的成本；委托其他单位或者个人承担一部分开发工作所支出的劳务成本；为开发而分摊的部分间接成本等。

3. 捐赠、投资、非货币性资产交换、债务重组等方式取得的无形资产，以该资产的公允价值和支付的相关税费为计税基础。

政策解析

企业所得税法增加了非货币性资产交换和债务重组两种方式获取无形资产的计税基础的确定方法，放弃了以合同约定的价款为原价的方法，统一以公允价值作为计税基础的主体部分。

（二）不得摊销的无形资产

下列无形资产不得计算摊销费用扣除：

1. 自行开发的支出已在计算应纳税所得额时扣除的无形资产。

2. 自创商誉。

3. 与经营活动无关的无形资产。

4. 其他不得计算摊销费用扣除的无形资产。

案例分析

【例】下列项目中，不可以在企业所得税前计算摊销费用的是（　　）。

A. 自创商誉　　B. 租入固定资产的改建支出

C. 已足额提取折旧的固定资产的改建支出　　D. 固定资产的大修理支出

参考答案：A。

（三）无形资产的摊销方法

1. 无形资产摊销的计算方法。无形资产按照直线法计算的摊销费用，准予扣除。

2. 无形资产的摊销年限。无形资产的摊销年限不得低于10年。作为投资或者受让的无形资产，有关法律规定或者合同约定了使用年限的，可以按照规定或者约定的使用年限分期摊销。

政策解析

一般情况下，无形资产的摊销年限不得低于10年；通过投资或者受让方式获取的无形资产，有关法律规定或者合同约定了使用年限的，可以按照规定或者约定的使用年限分期摊销，也就是其摊销年限可以低于10年。

案例分析

【例1】我国有关法律规定发明专利权有效期为20年、商标权的有效期为10年，合同双方当事人约定无形资产的使用年限为3年等。对于这些法律、规章或者合同限制使用寿命的无形资产，其分期摊销年限应服从于法定寿命年限。如果某项只剩8年有效保护期的专利权，作为无形资产受让人使用无形资产的年限就不可能超过8年，若规定其无形资产必须在10年以上的期限内摊销，显然不符合收入与支出的配比原则。

【例2】某公司2008年支付价款和税费共计600万元外购一项专利权，合同约定使用期限为6年。当年，该公司自行开发一商标权，开发费用为500万元。则专利权和商标权所支付的费用，该公司应当每年摊销费用合计（　　）万元 。

A. 100　　　B. 150　　　C. 110　　　D. 183. 33

参考答案：B。

解析：无形资产的摊销年限一般不得低于10年，作为投资或者受让的无形资产，有关法律规定或者合同约定了使用年限的，可以按照规定或者约定的使用年限分期摊销。即除了通过投资或者受让方式获取的无形资产外，无形资产的摊销年限不得低于10年；通过投资或者受让方式获取的无形资产，有关法律规定或者合同约定了使用年限的，可以按照规定或者约定的使用年限分期摊销，也就是其摊销年限可以低于10年。

每年摊销费用 $=600\div6+500\div10=150$（万元）

3. 外购商誉的有关规定。外购商誉的支出，在企业整体转让或者清算时，准予扣除。

政策解析

商誉可以是由企业自己建立的，也可以是从外界购入的。考虑到商誉的价值很不确定，且不能单独存在和变现，而形成商誉的因素企业难以控制，商誉的价值也没有损耗等多种因素，企业所得税法规定，自创商誉不得计算摊销费用扣除。会计准则也规定，自创商誉不应确认为企业的无形资产。

也就是说，只有外购的商誉，才能确认入账；只有在企业兼并或者购买另一个企业时，才能确认商誉。通常在一个企业购买另一个企业时，经双方协商确定买价后，买价与卖方可辨认净资产公允价值的差额即为商誉。因此，企业所得税法规定，只有在企业整体转让或者清算时，才能确定企业外购商誉的实际数额，才允许其税前扣除。

五、固定资产大修理支出的税务处理

（一）固定资产大修理支出的界定

所谓固定资产的大修理支出，是指同时符合下列条件的支出：

1. 修理支出达到取得固定资产时的计税基础50%以上；

2. 修理后固定资产的使用年限延长 2 年以上。

政策解析

固定资产的一般修理支出应作为收益性支出当期予以扣除，只有符合上述资本化条件的修理支出，才作为长期待摊费用予以分期摊销。

（二）固定资产大修理支出的摊销方法

固定资产的大修理支出，按照固定资产尚可使用年限分期摊销。

政策解析

企业发生的固定资产的大修理支出，在计算应纳税所得额时，应作为长期待摊费用予以摊销扣除。

六、固定资产改建支出的税务处理

（一）准予摊销的长期待摊费用

在计算应纳税所得额时，企业发生的下列支出作为长期待摊费用，按照规定摊销的，准予扣除：

1. 已足额提取折旧的固定资产的改建支出。

2. 租入固定资产的改建支出。

3. 固定资产的大修理支出。

4. 其他应当作为长期待摊费用的支出。

（二）固定资产改建支出的界定

所谓长期待摊费用，是指企业已经支出、摊销期限在 1 年以上（不含 1 年）的各项费用。固定资产的改建支出，是指改变房屋或者建筑物结构、延长使用年限等发生的支出。企业发生的已足额提取折旧的固定资产的改建支出和租入固定资产的改建支出，应作为长期待摊费用，按照规定摊销扣除。尽管长期待摊费用一次性支出，但与支出对应的受益期间较长，按照企业所得税配比原则，应该将该费用支出在企业的受益期间内平均摊销，不允许企业将跨越一个以上纳税年度的费用支出一次性税前扣除。

（三）固定资产改建支出的摊销方法

1. 已足额提取折旧的固定资产的改建支出，按照固定资产预计尚可使用年限分期摊销。

案例分析

【例】某企业拥有已提足折旧房屋，后发生改变房屋结构支出，通过改变房屋结构，延续了房屋的使用价值和年限，并为企业带来一定的经济利益流入。因此，已足额提取折旧的固定资产的改建支出，应按照该被改建的资产预计尚可使用的年限分期摊销改建支出。

2. 租入固定资产的改建支出，按照合同约定的剩余租赁期限分期摊销。

案例分析

【例】某企业以经营租赁方式租入房屋，所有权仍属于出租方，承租方只在协议规定的期限内拥有对该资产的使用权。在租赁期间，承租方发生了改变房屋结构、延长使用年限等支出，增大了房屋的使用价值和年限，并为企业带来一定的经济利益流入。由于房屋所有权仍然属于出租方，而不属于作为承租方的改建方，因此，其受益期只能局限于合同约定的剩余租赁期限内，其改建支出也只能在剩余租赁期限内摊销。

3. 改建的固定资产延长使用年限的，除固定资产的大修理支出第（一）项和第（二）项规定外，应当适当延长折旧年限。

政策解析

除了已足额提取折旧的固定资产和以经营租赁方式租入的固定资产外，企业所拥有的固定资产，仍然具有可利用价值，仍然通过计算折旧予以扣除。而此时企业用于对这些固定资产的改建支出，将增加固定资产的价值或者延长固定资产的使用年限，属于资本化投入，应计入固定资产原值，按规定提取折旧后进行扣除，而不是作为长期待摊费用分期摊销。

4. 其他应当作为长期待摊费用的支出，自支出发生月份的次月起，分期摊销，摊销年限不得低于3年。

七、投资资产的税务处理

（一）投资资产的分类

投资资产，是指企业对外进行权益性投资和债权性投资形成的资产。

政策解析

以投资的对象为标准，可将投资分为债权性投资和权益性投资。其中，权益性投资，是指以购买被投资单位股票、股份、股权等类似形式进行的投资，投资企业拥有被投资单位的产权，是被投资单位的所有者之一，投资企业有权参与被投资单位的经营管理和利润分配。债权性投资，主要指购买债权、债券的投资，投资企业与被投资企业之间形成债权、债务关系，双方以契约形式规定了还本付息的期限和金额，投资企业对被投资企业只有投资本金和利息的索偿权，而没有参与被投资企业的经营管理权和利润分配权。此外，当企业发行优先股股票和可转换证券时，相当于发生了兼具权益性投资和债权性投资特性的混合型投资，可以归入权益性投资或债权性投资。

（二）投资资产的税前扣除

1. 企业对外投资期间，投资资产的成本在计算应纳税所得额时不得扣除。

2. 企业在转让或者处置投资资产时，投资资产的成本准予扣除。

企业转让资产，该项资产的净值，准予在计算应纳税所得额时扣除。所谓资产的净值，是指有关资产、财产的计税基础减除已经按照规定扣除的折旧、折耗、摊销、准备金等后的余额。

3. 股权投资转让所得和损失的所得税处理具体规定如下：

（1）企业因收回、转让或清算处置股权投资而发生的权益性投资转让损失，可以在税前扣除，但每一纳税年度扣除的股权投资损失，不得超过当年实现的股权投资收益和股权投资转让所得，超过部分可向以后纳税年度结转扣除。企业股权投资转让损失连续向后结转5年仍不能从股权投资收益和股权投资转让所得中扣除的，准予在该股权投资转让年度后第6年一次性扣除。

(2) 企业在一个纳税年度发生的转让、处置持有5年以上的股权投资所得、非货币性资产投资转让所得、债务重组所得和捐赠所得，占当年应纳税所得50%及以上的，可在不超过5年的期间均匀计入各年度的应纳税所得额。

政策解析

根据企业所得税税前扣除相关性原则，税前扣除的成本、费用等必须从根源与性质上与所取得的应税收入直接相关。当被投资企业发生亏损，没有投资收益收回时，企业的投资成本是不能税前扣除的；而当企业取得投资收益时，因为投资收益是税后利润，当投资企业与被投资企业适用税率一致时，该投资收益一般作为免税所得处理，因此其投资成本也不允许税前扣除。但是，对于企业转让或者处置投资资产时，由于所得税是对净所得的征税，所以，企业所得税法规定，企业在转让或者处置投资资产时，投资资产的成本准予扣除。

(三) 投资资产成本的确定

投资资产按照以下方法确定成本：

1. 通过支付现金方式取得的投资资产，以购买价款为成本；

2. 通过支付现金以外的方式取得的投资资产，以该资产的公允价值和支付的相关税费为成本。

政策解析

除了支付现金这种方式获取投资资产外，企业还可能通过其他非现金形式时价支付的方式获取投资资产，如通过债务重组等方式获取投资资产，此时没有直接体现为现金形式，只能通过投资资产的公允价值和支付的相关税费来确定其成本。

八、存货资产的税务处理

(一) 存货的界定

存货，是指企业持有以备出售的产品或者商品、处在生产过程中的在产品、在生产或者提供劳务过程中耗用的材料和物料等。

案例分析

【例】企业持有可供直接出售的产成品、商品，需要经过进一步加工后才能出售的原材料、在产品、半成品等，企业形成产品必须的包装物、低值易耗品等周转材料、辅助性材料，均属于企业的存货。

(二) 存货成本的税务处理

企业使用或者销售存货，按照规定计算的存货成本，准予在计算应纳税所得额时扣除。

案例分析

【例】某生产企业于2008年销售了2006年积压的一批货物。在对这批货物的税务处理中，正确的是（　　）。

A. 计算存货成本，准予在计算应纳税所得额时扣除

B. 计算存货成本，但不准予在计算应纳税所得额时扣除

C. 不计算存货成本，也不准予在计算应纳税所得额时扣除

D. 以上意见都不正确

参考答案：A。

解析：企业使用或者销售存货，按照规定计算的存货成本，准予在计算应纳税所得额时扣除。所谓存货，是指企业持有以备出售的产成品或商品、处在生产过程中的在产品、在生产过程或提供劳务过程中耗用的材料和物料等。

（三）存货成本的确定方法

存货按照以下方法确定成本：

1. 通过支付现金方式取得的存货，以购买价款和支付的相关税费为成本。

案例分析

【例】某企业通过支付现金方式外购材料一批，取得增值税专用发票上列明价款 100 万元、增值税 17 万元（作为进项税额在当期销项税额中抵扣），材料采购过程中发生的运输费、装卸费、保险费共 8 万元。则企业外购材料以购买价款和支付的相关税费 108 万元（100 +8）为成本。

2. 通过支付现金以外的方式取得的存货，以该存货的公允价值和支付的相关税费为成本。

案例分析

【例】企业通过捐赠、投资者投入、非货币性资产交换、债务重组等现金以外的方式取得的存货。由于通过这些方式获取的存货，不存在直接的货币支付，只能通过存货的公允价值和相关税费来确定存货的成本。

3. 生产性生物资产收获的农产品，以产出或者采收过程中发生的材料费、人工费和分摊的间接费用等必要支出为成本。

政策解析

存货中有一种特殊形式，即通过生产性生物资产所获取的消耗性生物资产等。通过生产性生物资产收获的农产品，其本质就是企业自身加工取得的农产品，其成本的确定参照通过加工方式取得的存货的成本确定。通过生产性生物资产收获的农产品，以产出或者采收过程中发生的材料费、人工费和分摊的间接费用等必要支出为成本。

（四）存货实际成本的计算方法

企业使用或者销售的存货的成本计算方法，可以在先进先出法、加权平均法、个别计价法中选用一种。计价方法一经选用，不得随意变更。

政策解析

存货实际成本的计算方法中取消了后进先出法，增加了个别计价法；同时，企业所得税法对于计价方法的变更程序作了相应调整。企业使用或者销售存货，可以选用的计价方法有：

第一，先进先出法。先进先出法一般适用于收、发货次数不多的企业。

案例分析

【例】企业存货中包括第一批进货200吨，每吨400元；第二批进货100吨，每吨420元。现发出250吨，则其中200吨按第一批的单价400元计算，其余50吨要按第二批的单价420元计算。

第二，加权平均法，又称综合加权平均法、全月一次加权平均法。加权平均法一般适用于前后进价相差幅度较大且月末定期计算和结转销售成本的商品。

第三，个别计价法，又称个别认定法。其特征是注重所发出存货具体项目的实物流转与成本流转之间的联系，逐一辨认各批发出存货和期末存货所属的购进批别或者生产批别，分别按其购入或其生产时所确定的单位成本计算各批发出存货和期末存货的成本，即把每一种存货的实际成本作为计算发出存货成本和期末存货成本的基础。对于不能替代使用的存货、为特定项目专门购入或者制造的存货以及提供的劳务等，通常采用个别计价法确定发出存货的成本。在实际工作中，越来越多的企业采用计算机信息系统进行会计处理，个别计价法可以广泛应用于发出存货的计价，并且个别计价法确定的存货成本最为准确。

案例分析

【例】企业使用或者销售的存货的成本计算方法，可以在（　　）中选用一种。计价方法一经选用，不得随意变更。

A. 先进先出法　　B. 后进先出法　　C. 加权平均法　　D. 个别计价法

参考答案：A、C、D。

九、开采油（气）资源企业资产的税务处理

从事开采石油、天然气（包括煤层气，下同）的矿产资源油气企业（以下简称油气企业）在开始商业性生产前发生的费用和有关固定资产的税务处理。所谓费用和有关固定资产，是指油气企业在开始商业性生产前取得矿区权益和勘探、开发的支出所形成的费用和固定资产。所谓商业性生产，是指油（气）田（井）经过勘探、开发、稳定生产并商业销售石油、天然气的阶段。具体税务处理如下：

1. 矿区权益支出的折耗。

（1）矿区权益支出，是指油气企业为了取得在矿区内的探矿权、采矿权、土地或海域使用权等所发生的各项支出，包括有偿取得各类矿区权益的使用费、相关中介费或其他可直接归属于矿区权益的合理支出。

（2）油气企业在开始商业性生产前发生的矿区权益支出，可在发生的当期，从本企业其他油（气）田收入中扣除；或者自对应的油（气）田开始商业性生产月份的次月起，分3年按直线法计提的折耗准予扣除。

（3）油气企业对其发生的矿区权益支出未选择在发生的当期扣除的，由于未发现商业性油（气）构造而终止作业，其尚未计提折耗的剩余部分，可在终止作业的当年作为损失扣除。

2. 勘探支出的摊销。

（1）勘探支出，是指油气企业为了识别勘探区域或探明油气储量而进行的地质调查、地球物理勘探、钻井勘探活动以及其他相关活动所发生的各项支出。

（2）油气企业在开始商业性生产前发生的勘探支出（不包括预计可形成资产的钻井勘探支出），可在发生的当期，从本企业其他油（气）田收入中扣除；或者自对应的油（气）田开始商业性生产月份的次月起，分3年按直线法计提的摊销准予扣除。

（3）油气企业对其发生的勘探支出未选择在发生的当期扣除的，由于未发现商业性油（气）构造而终止作业，其尚未摊销的剩余部分，可在终止作业的当年作为损失扣除。

（4）油气企业的钻井勘探支出，凡确定该井可作商业性生产，且该钻井勘探支出形成的资产符合《实施条例》第五十七条规定条件的，应当将该钻井勘探支出结转为开发资产的成本，按照本通知第四条的规定计提折旧。

3. 开发资产的折旧。

（1）开发支出，是指油气企业为了取得已探明矿区中的油气而建造或更新井及相关设施活动所发生的各项支出。

（2）油气企业在开始商业性生产之前发生的开发支出，可不分用途，全部累计作为开发资产的成本，自对应的油（气）田开始商业性生产月份的次月起，可不留残值，按直线法计提的折旧准予扣除，其最低折旧年限为8年。

（3）油气企业终止本油（气）田生产的，其开发资产尚未计提折旧的剩余部分可在该油（气）田终止生产的当年作为损失扣除。

4. 油气企业应按照本通知规定选择有关费用和资产的折耗、摊销、折旧方法和年限，一经确定，不得变更。

5. 油气企业在本油（气）田进入商业性生产之后对本油（气）田新发生的矿区权益、勘探支出、开发支出，按照本通知规定处理。

第八节　亏损与重组业务的税务处理

一、亏损业务的税务处理

所谓亏损，是指企业每一纳税年度的收入总额减除不征税收入、免税收入和各项扣除后小于零的数额。税法中的亏损和财务会计中的亏损含义是不同的。财务会计上的亏损是指当年总收益小于当年总支出。

企业纳税年度发生的亏损，准予向以后年度结转，用以后年度的所得弥补，但结转年限最长不得超过5年。

案例分析

【例1】企业纳税年度发生亏损，准予向以后年度结转，用以后年度的所得弥补，但结转年限最长（　　）年。

A. 不得超过3年　　　　B. 不得超过5年

C. 不得超过10年　　　　D. 不得少于10年

参考答案：B。

【例 2】某公司 2007 年经税务机关核实亏损 20 万元，2008 年实现利润总额 200 万元。不考虑其他纳税调整项目及其他税收政策。则该公司 2008 年应缴纳企业所得税（ ）万元。

A. 20　　B. 45　　C. 50　　D. 55

参考答案：B。

解析：企业纳税年度发生的亏损，准予向以后年度结转，用以后年度的所得弥补，但结转年限最长不得超过 5 年。

应缴纳企业所得税 =（200 - 20）×25% =45（万元）

企业在汇总计算缴纳企业所得税时，其境外营业机构的亏损不得抵减境内营业机构的盈利。

案例分析

【例 1】某电机生产企业在境外设有营业机构。2008 年该企业的境内营业机构盈利 1 000 万元，境外营业机构亏损 100 万元。企业在汇总计算缴纳企业所得税时，境内营业机构的利润应确认为（ ）万元。

A. 900　　B. 依据境外法律决定

C. 1 000　　D. 以上结果都不正确

参考答案：C。

解析：企业在汇总计算缴纳企业所得税时，其境外营业机构的亏损不得抵减境内营业机构的盈利。

【例 2】按照企业所得税法规定，下列说法中，正确的是（ ）。

A. 企业销售存货，按规定计算的存货成本可以在税前扣除

B. 企业纳税年度发生亏损，准予向后年度结转弥补直到补完为止

C. 企业转让资产，该项资产的净值如果是负数，不可以在税前扣除

D. 企业境外营业机构的亏损，可以抵减境内营业税机构的盈利进行汇总纳税

参考答案：A。

二、重组业务的税务处理

企业重组，是指企业在日常经营活动以外发生的法律结构或经济结构重大改变的交易，包括企业法律形式改变、债务重组、股权收购、资产收购、合并、分立等。

所谓企业法律形式改变，是指企业注册名称、住所以及企业组织形式等的简单改变，但符合本通知规定其他重组的类型除外。所谓债务重组，是指在债务人发生财务困难的情况下，债权人按照其与债务人达成的书面协议或者法院裁定书，就其债务人的债务作出让步的事项。所谓股权收购，是指一家企业（以下称为收购企业）购买另一家企业（以下称为被收购企业）的股权，以实现对被收购企业控制的交易。收购企业支付对价的形式包括股权支付、非股权支付或两者的组合。所谓资产收购，是指一家企业（以下称为受让企业）购买另一家企业（以下称为转让企业）实质经营性资产的交易。受让企业支付对价的形式包括股权支付、非股权支付或两者的组合。所谓合并，是指一家或多家企业（以下称为被合并企业）将其全部资产和负债转让给另一家现存或新设企业（以下称为合

并企业），被合并企业股东换取合并企业的股权或非股权支付，实现两个或两个以上企业的依法合并。所谓分立，是指一家企业（以下称为被分立企业）将部分或全部资产分离转让给现存或新设的企业（以下称为分立企业），被分立企业股东换取分立企业的股权或非股权支付，实现企业的依法分立。

所称股权支付，是指企业重组中购买、换取资产的一方支付的对价中，以本企业或其控股企业的股权、股份作为支付的形式；所称非股权支付，是指以本企业的现金、银行存款、应收款项、本企业或其控股企业股权和股份以外的有价证券、存货、固定资产、其他资产以及承担债务等作为支付的形式。

（一）企业重组的一般性税务处理

1. 企业由法人转变为个人独资企业、合伙企业等非法人组织，或将登记注册地转移至中华人民共和国境外（包括港澳台地区），应视同企业进行清算、分配，股东重新投资成立新企业。企业的全部资产以及股东投资的计税基础均应以公允价值为基础确定。

企业发生其他法律形式简单改变的，可直接变更税务登记，除另有规定外，有关企业所得税纳税事项（包括亏损结转、税收优惠等权益和义务）由变更后企业承继，但因住所发生变化而不符合税收优惠条件的除外。

2. 企业债务重组，相关交易应按以下规定处理：

以非货币资产清偿债务，应当分解为转让相关非货币性资产、按非货币性资产公允价值清偿债务两项业务，确认相关资产的所得或损失。

发生债权转股权的，应当分解为债务清偿和股权投资两项业务，确认有关债务清偿所得或损失。

债务人应当按照支付的债务清偿额低于债务计税基础的差额，确认债务重组所得；债权人应当按照收到的债务清偿额低于债权计税基础的差额，确认债务重组损失。

债务人因豁免债务等取得的债务重组所得，应按照会计准则处理，即"以低于债务账面价值的现金清偿某项债务的，债务人应将重组债务的账面价值与支付的现金之间的差额，或以债务转为资本清偿某项债务的，债务人应将重组债务的账面价值与债权人因放弃债权而享有股权的份额之间的差额"，确认为资本公积。

债务人的相关所得税纳税事项原则上保持不变。

3. 企业股权收购、资产收购重组交易，被收购方应确认股权、资产转让所得或损失；收购方取得股权或资产的计税基础应以公允价值为基础确定；被收购企业的相关所得税事项原则上保持不变。

4. 企业合并，合并企业应按公允价值确定接受被合并企业各项资产和负债的计税基础；被合并企业及其股东都应按清算进行所得税处理；被合并企业的亏损不得在合并企业结转弥补。

5. 企业分立，被分立企业对分立出去的资产应按公允价值确认资产转让所得或损失；分立企业应按公允价值确认接受资产的计税基础；被分立企业继续存在时，其股东取得的对价应视同被分立企业分配进行处理；被分立企业不再继续存在时，被分立企业及其股东都应按清算进行所得税处理；企业分立相关企业的亏损不得相互结转弥补。

（二）企业重组的特殊性税务处理

企业重组同时符合下列条件的，适用特殊性税务处理规定：具有合理的商业目的，且不以减少、免除或者推迟缴纳税款为主要目的；被收购、合并或分立部分的资产或股权比例符合规定的比例；企业重组后的连续12个月内不改变重组资产原来的实质性经营活动；重组交易对价中涉及股权支付金额符合规定的比例；企业重组中取得股权支付的原主要股东，在重组后连续12个月内，不得转让所取得的股权。具体的特殊性税务处理如下：

1. 企业债务重组确认的应纳税所得额占该企业当年应纳税所得额50%以上，可以在5个纳税年度的期间内，均匀计入各年度的应纳税所得额。

企业发生债权转股权业务，对债务清偿和股权投资两项业务暂不确认有关债务清偿所得或损失，股权投资的计税基础以原债权的计税基础确定。企业的其他相关所得税事项保持不变。

2. 股权收购，收购企业购买的股权不低于被收购企业全部股权的75%，且收购企业在该股权收购发生时的股权支付金额不低于其交易支付总额的85%，可以选择按以下规定处理：被收购企业的股东取得收购企业股权的计税基础，以被收购股权的原有计税基础确定；收购企业取得被收购企业股权的计税基础，以被收购股权的原有计税基础确定；收购企业、被收购企业的原有各项资产和负债的计税基础和其他相关所得税事项保持不变。

3. 资产收购，受让企业收购的资产不低于转让企业全部资产的75%，且受让企业在该资产收购发生时的股权支付金额不低于其交易支付总额的85%，可以选择按以下规定处理：转让企业取得受让企业股权的计税基础，以被转让资产的原有计税基础确定；受让企业取得转让企业资产的计税基础，以被转让资产的原有计税基础确定。

4. 企业合并，企业股东在该企业合并发生时取得的股权支付金额不低于其交易支付总额的85%，以及企业股东控制下且不需要支付对价的企业合并，可以选择按以下规定处理：合并企业接受被合并企业资产和负债的计税基础，以被合并企业的原有计税基础确定；被合并企业合并前的相关所得税事项由合并企业承继；可由合并企业弥补的被合并企业亏损的限额=被合并企业净资产公允价值×截至合并业务发生当年年末国家发行的最长期限的国债利率；被合并企业股东取得合并企业股权的计税基础，以其原持有的被合并企业股权的计税基础确定。

5. 企业分立，被分立企业所有股东按原持股比例取得分立企业的股权，分立企业和被分立企业均不改变原来的实质经营活动，且被分立企业股东在该企业分立发生时取得的股权支付金额不低于其交易支付总额的85%，可以选择按以下规定处理：分立企业接受被分立企业资产和负债的计税基础，以被分立企业的原有计税基础确定；被分立企业已分立出去的资产相应的所得税事项由分立企业承继；被分立企业未超过法定弥补期限的亏损额可按分立资产占全部资产的比例进行分配，由分立企业继续弥补。

被分立企业的股东取得分立企业的股权（以下简称“新股”），如需部分或全部放弃原持有的被分立企业的股权（以下简称“旧股”），“新股”的计税基础应以放弃“旧股”的计税基础确定。如不需放弃“旧股”，则其取得“新股”的计税基础可从以下两种方法中选择确定：直接将“新股”的计税基础确定为零；或者以被分立企业分立出去的净资产占被分立企业全部净资产的比例先调减原持有的“旧股”的计税基础，再将调减的计税基础平均分配到“新股”上。

6. 重组交易各方按本条1至5项规定对交易中股权支付暂不确认有关资产的转让所得或损失的，其非股权支付仍应在交易当期确认相应的资产转让所得或损失，并调整相应资产的计税基础。

非股权支付对应的资产转让所得或损失=（被转让资产的公允价值-被转让资产的计税基础）×（非股权支付金额÷被转让资产的公允价值）

7. 企业发生涉及中国境内与境外之间（包括港澳台地区）的股权和资产收购交易，除应符合以上企业重组特殊性税务处理规定的条件外，还应同时符合下列条件，才可选择适用特殊性税务处理规定：非居民企业向其100%直接控股的另一非居民企业转让其拥有的居民企业股权，没有因此造成以后该项股权转让所得预提税负担变化，且转让方非居民企业向主管税务机关书面承诺在3年（含3年）内不转让其拥有受让方非居民企业的股权；非居民企业向与其具有100%直接控股关系的居民企业转让其拥有的另一居民企业股权；居民企业以其拥有的资产或股权向其100%直接控股的非居民企业进行投资；财政部、国家税务总局核准的其他情形。

居民企业以其拥有的资产或股权向其100%直接控股关系的非居民企业进行投资，其资产或股权转让收益如选择特殊性税务处理，可以在10个纳税年度内均匀计入各年度应纳税所得额。

政策解析

第一，在企业吸收合并中，合并后的存续企业性质及适用税收优惠的条件未发生改变的，可以继续享受合并前该企业剩余期限的税收优惠，其优惠金额按存续企业合并前一年的应纳税所得额（亏损计为零）计算。

第二，在企业存续分立中，分立后的存续企业性质及适用税收优惠的条件未发生改变的，可以继续享受分立前该企业剩余期限的税收优惠，其优惠金额按该企业分立前一年的应纳税所得额（亏损计为零）乘以分立后存续企业资产占分立前该企业全部资产的比例计算。

第三，企业在重组发生前后连续12个月内分步对其资产、股权进行交易，应根据实质重于形式原则将上述交易作为一项企业重组交易进行处理。

第四，企业发生特殊性重组并选择特殊性税务处理的，当事各方应在该重组业务完成当年企业所得税年度申报时，向主管税务机关提交书面备案资料，证明其符合各类特殊性重组规定的条件。企业未按规定书面备案的，一律不得按特殊重组业务进行税务处理。

第五，对企业在重组过程中涉及的需要特别处理的企业所得税事项，由国务院财政、税务主管部门另行规定。

三、清算业务的税务处理

企业清算的所得税处理，是指企业在不再持续经营，发生结束自身业务、处置资产、偿还债务以及向所有者分配剩余财产等经济行为时，对清算所得、清算所得税、股息分配等事项的处理。

（一）清算条件

下列企业应进行清算的所得税处理：按《公司法》、《企业破产法》等规定需要进行清算的企业；企业重组中需要按清算处理的企业。

（二）清算内容

企业清算的所得税处理包括以下内容：全部资产均应按可变现价值或交易价格，确认资产转让所得或损失；确认债权清理、债务清偿的所得或损失；改变持续经营核算原则，对预提或待摊性质的费用进行处理；依法弥补亏损，确定清算所得；计算并缴纳清算所得税；确定可向股东分配的剩余财产、应付股息等。

企业的全部资产可变现价值或交易价格，减除资产的计税基础、清算费用、相关税费，加上债务清偿损益等后的余额，为清算所得。企业应将整个清算期作为一个独立的纳税年度计算清算所得。

企业全部资产的可变现价值或交易价格减除清算费用，职工的工资、社会保险费用和法定补偿金，结清清算所得税、以前年度欠税等税款，清偿企业债务，按规定计算可以向所有者分配的剩余资产。

被清算企业的股东分得的剩余资产的金额，其中相当于被清算企业累计未分配利润和累计盈余公积中按该股东所占股份比例计算的部分，应确认为股息所得；剩余资产减除股息所得后的余额，超过或低于股东投资成本的部分，应确认为股东的投资转让所得或损失。被清算企业的股东从被清算企业分得的资产应按可变现价值或实际交易价格确定计税基础。

第九节 应纳税额的计算

一、应纳税额计算的一般方法

企业的应纳税所得额乘以适用税率，减除依照本法关于税收优惠的规定减免和抵免的税额后的余额，为应纳税额。应纳税额的计算公式为：

应纳税额 = 应纳税所得额 × 适用税率 - 减免税额 - 抵免税额

政策解析

需要注意两个方面的内容：

第一，适用税率。企业所得税对不同类型的企业规定了不同的税率。企业被认定为小型微利企业的，适用税率20%；被认定为属于国家需要重点扶持的高新技术企业，适用税率15%；其他企业，适用25%税率。

第二，应纳税额的计算。应纳税额的计算过程如下：

第一步：计算出企业的应纳税所得额：

应纳税所得额 = 每一纳税年度的收入总额 - 不征税收入 - 免税收入 - 各项扣除 - 允许弥补的以前年度亏损

其中：收入总额包括企业以货币形式和非货币形式从各种来源取得的收入；不征税收入包括财政拨款、依法收取并纳入财政管理的行政事业性收费、政府性基金以及国务院规定的其他不征税收入；免税收入包括国债利息收入、权益性投资收益、非营利组织的收入；各项扣除包括各项准予税前扣除的部分；允许弥补的以前年度亏损，指将每一纳税年度的收入总额减除不征税收入、免税收入和各项扣除以后小于零的数额。

第二步：计算出减除减免或者抵免税额前的应纳税额：将企业的应纳税所得额乘以该企业所得所适用的税率，得出没有减除减免或者抵免税额前的企业应纳税额。

第三步：计算出企业享受的可以减免和抵免的优惠税额：企业的应纳税所得额乘以适用税率得出的金额，并非企业实际应缴纳的所得税税额，还应减去企业享受的可以减免和抵免的优惠税额。

其中：减免税额，是指企业所得税税收优惠中规定的，企业享受的直接减免税额。企业所得税法规定的税收优惠的方式有很多种，包括直接的减免税额，加计扣除、减计收入、低税率、抵扣应纳税所得额和投资抵免应纳税额等，在应纳税额计算公式中反映的是直接的减免税额和投资抵免应纳税额，而加计扣除、减计收入和抵扣应纳税所得额等优惠方式，都只是涉及应纳税所得额的计算，在计算应纳税所得额环节就已考虑。

投资抵免应纳税额，是指企业购置用于环境保护、节能节水、安全生产等专用设备的投资额，其设备投资额的10%可以从企业当年的应纳税额中抵免。

直接的减免税，企业所得税法作了具体的税收优惠方式规定。根据税法规定的计算公式，仍是先应按法定税率计算这些享受税收优惠项目或者所得所应缴纳的税额，然后再根据税法确定的具体税收优惠方式减半或者免征、抵免企业所得税的规定，计算出可以被减免或者抵免的税额，两者之差才是企业应缴纳的税款。

另外，公式中的减免税额和抵免税额，是指依照企业所得税法和国务院的税收优惠规定减征、免征和抵免的应纳税额。如国务院根据企业所得税法的授权，将另行出台的关于企业所得税过渡性优惠措施的规定，以及今后可能存在的专项性企业所得税优惠规定等。因此，公式中的减免税额，应包括国务院所有关于税收优惠的规定所计算出来的减免税额。当计算出企业可以减免或者抵免的税额后，与应纳税所得额乘以适用税率后得出的数字之差，如果不存在税收抵免情形，该数额就是企业实际应缴纳的企业所得税。

二、非居民企业应纳税额的计算

（一）应纳税额的计算

非居民企业取得规定的所得，以应纳税所得额乘以适用税率，计算应纳税额。应纳税额的计算公式为：

应纳税额 = 应纳税所得额 × 适用税率

（二）应纳税所得额的确定

非居民企业取得规定的所得，按照下列方法计算其应纳税所得额：

1. 股息、红利等权益性投资收益和利息、租金、特许权使用费所得，以收入全额为应纳税所得额。

所谓收入全额，是指非居民企业向支付人收取的全部价款和价外费用。非居民企业从支付人取得的收入，不论是何种理由或者目的，也不论是价内或者价外收取的，凡与合同事项相关的收入，均应并入所得进行纳税。

2. 转让财产所得，以收入全额减除财产净值后的余额为应纳税所得额。

所谓财产净值，是指有关资产、财产的计税基础减除已经按照规定扣除的折旧、折耗、摊销、准备金等后的余额。

3. 其他所得，参照前两项规定的方法计算应纳税所得额。

第十节 境外所得的税收抵免

一、境外所得的税收抵免

企业取得的下列所得已在境外缴纳的所得税税额，可以从其当期应纳税额中抵免，抵免限额为该项所得依照本法规定计算的应纳税额；超过抵免限额的部分，可以在以后5个年度内，用每年度抵免限额抵免当年应抵税额后的余额进行抵补：

1. 居民企业来源于中国境外的应税所得。

2. 非居民企业在中国境内设立机构、场所，取得发生在中国境外但与该机构、场所有实际联系的应税所得。

已在境外缴纳的所得税税额，是指企业来源于中国境外的所得依照中国境外税收法律以及相关规定应当缴纳并已经实际缴纳的企业所得税性质的税款。

抵免限额，是指企业来源于中国境外的所得，依照企业所得税法和企业所得税实施条例的规定计算的应纳税额。除国务院财政、税务主管部门另有规定外，该抵免限额应当分国（地区）不分项计算，其计算公式为：

抵免限额 = 中国境内、境外所得依照税法规定计算的应纳税总额 × 来源于某国（地区）的应纳税所得额 ÷ 中国境内、境外应纳税所得总额

5个年度，是指从企业取得的来源于中国境外的所得，已经在中国境外缴纳的企业所得税性质的税额超过抵免限额的当年的次年起连续5个纳税年度。

案例分析

【例1】企业所得税中规定的境外所得抵免限额，是指企业来源于中国境外的所得，依照企业所得税法和条例的规定计算的应纳税额。除国务院财政、税务主管部门另有规定外，该抵免限额应当（　　）计算。

A. 分国（地区）分项　　　　B. 分项不分国（地区）

C. 分国（地区）不分项　　　D. 不分国（地区）不分项

参考答案：C。

【例2】某居民企业2008年度中国本部实现的应纳税所得额为1 000万元；取得的境外分公司按中国税法计算的应纳税所得额为100万元，已在境外缴纳所得税折合人民币28万元。则该居民企业2008年度应在中国缴纳的企业所得税为（　　）万元。

A. 25　　B. 28　　C. 250　　D. 275

参考答案：C。

解析：企业取得的所得已在境外缴纳的所得税税额，可以从其当期应纳税额中抵免，抵免限额为该项所得依照本法规定计算的应纳税额；超过抵免限额的部分，可以在以后5个年度内，用每年度抵免限额抵免当年应抵税额后的余额进行抵补。

境外所得税抵免限额 =（1 000 + 100）×25% ×［100 ÷（1 000 + 100）］=25（万元）

因抵免限额 25 万元小于实际缴纳税额 28 万元，故实际抵免税额为 25 万元。

该企业应缴纳企业所得税 =（1 000 + 100）×25% −25 =250（万元）

【例 3】某高新技术企业为增值税一般纳税人，主营软件产品的开发、生产和销售。2008 年境内实现应纳税所得额 240 万元，从境外某国分支机构分回税前利润 60 万元。假设境外国家企业所得税税率 20%。

抵免限额 =（240 +60）×25% ×60 ÷（240 +60）=15（万元）

境外已纳税额 =60 ×20% =12（万元）

中国政府对该企业行使居民税收管辖权征税时，允许境外所得抵扣的税额为 12 万元。这种情况，意味境外所得的重复征税问题彻底得到了解决。

承上例，假设境外国家企业所得税税率 30%。

境外已纳税额 =60 ×30% =18（万元）

中国政府对该企业行使居民税收管辖权征税时，允许境外所得抵扣的税额为 15 万元。当年，该企业境外所得已纳税额尚有 3 万元未能得到抵扣，允许在连续 5 个纳税年度内从该国的抵免限额中抵扣。

二、股息红利的间接抵免

居民企业从其直接或者间接控制的外国企业分得的来源于中国境外的股息、红利等权益性投资收益，外国企业在境外实际缴纳的所得税税额中属于该项所得负担的部分，可以作为该居民企业的可抵免境外所得税税额，在规定的抵免限额内抵免。

政策解析

所谓外国企业，是指依照其他国家（地区）法律在中国境外设立的公司、企业和其他经济组织。外国企业既可能是我国的居民企业，也可能是我国的非居民企业。如何界定该外国企业是由居民企业直接或者间接控制，影响到居民企业可享受税收抵免税额的大小。

所谓直接控制，是指居民企业直接持有外国企业 20% 以上股份。此时，外国企业是指与居民企业构成直接投资关系的企业，即限于一层投资关系，不包括企业通过其他企业间接投资的外国企业。而且居民企业持有该外国企业的股份达到 20% 以上，只要满足 20% 的持股比例要求，就可认定为居民企业直接控制的外国企业，适用企业所得税法规定的国际税收间接抵免。

所谓间接控制，是指居民企业以间接持股方式持有外国企业 20% 以上股份，具体认定办法由国务院财政、税务主管部门另行制定。此时，居民企业持有外国企业股份的方式，是限于间接持有的方式，也就是居民企业与外国企业的投资关系，是间接的投资关系，而不是直接的投资关系。而且居民企业间接持有外国企业的股份达到 20% 以上，只要最终被间接控制的外国企业的股份中，相当于有 20% 为居民企业所控制时，就构成居民企业间接控制的外国企业，而不管这个居民企业通过多少个外国企业来间接控制企业所得税法所规定的外国企业。

上述情况均不区分居民企业所持有的股份是否拥有表决权，只要居民企业直接或间接持有外国企业的股份达到20%以上，既包括其表决权股份，也包括没有表决权的股份，是一个综合的股份比例要求。

政策解析

需要注意两个方面的内容：

第一，企业所得税引入了股息红利负担税收的间接抵免方式。从国际惯例看，实行间接抵免一般要求以居民企业对外国公司有实质性股权参与为前提。如美国、加拿大、英国、澳大利亚、墨西哥等规定，本国公司直接或间接拥有外国公司10%以上有表决权的股票；日本、西班牙规定的比例为25%以上。新企业所得税法中首次引入间接抵免，税收征管经验相对不足，为严格税收征管，实施条例规定，居民企业直接持有或间接持有外国企业20%以上股份，可以实行间接抵免。

第二，间接抵免的母子公司的层次问题，目前各国的规定有所不同，如德国、日本为两层，西班牙为三层，美国为六层，英国不限层次。考虑到我国企业的海外投资状况和我国税收的征管水平，实施条例对间接抵免的规定比较原则，具体抵免层次和计算方法等详细规定，将在部门规章或规范性文件中具体明确。

三、境外税额扣除的证明要求

企业依照规定抵免企业所得税税额时，应当提供中国境外税务机关出具的税款所属年度的有关纳税凭证。

第十一节　企业所得税源泉扣缴

一、企业所得税源泉扣缴

（一）基本规定

非居民企业在中国境内未设立机构、场所的，或者虽设立机构、场所但取得的所得与其所设机构、场所没有实际联系的，应当就其来源于中国境内的所得缴纳企业所得税。对非居民企业取得上述所得应缴纳的所得税，实行源泉扣缴，以支付人为扣缴义务人。税款由扣缴义务人在每次支付或者到期应支付时，从支付或者到期应支付的款项中扣缴。

所谓支付，包括现金支付、汇拨支付、转账支付和权益兑价支付等货币支付和非货币支付。所谓到期应支付的款项，是指支付人按照权责发生制原则应当计入相关成本、费用的应付款项。

案例分析

【例】企业之间的业务支付可以采用现金支付、汇拨支付、转账支付等货币支付形式，也可以采用非货币资产、权益兑价等劳务、实物之类的非货币支付形式。

（二）支付人的界定

所谓支付人，是指依照有关法律规定或者合同约定对非居民企业直接负有支付相关款项义务的单位或者个人。

考虑到直接负有支付相关款项义务的单位或者个人扣缴税款最为方便，而且税务机关也容易进行税源管理，为了避免实践中支付人逃避扣缴义务或者错误指定扣缴义务人，企业所得税法明确规定对非居民企业直接负有支付相关款项义务的单位或者个人为支付人，包括居民企业、非居民企业和不缴纳企业所得税的其他组织和个人，即为扣缴义务人。

政策解析

由于在非居民企业向我国提供技术、设备、租金或者投资时，除了与居民企业之间进行往来外，还可能与其他机构、团体，甚至个人也发生这些业务往来，这些机构、团体、个人在支付相关款项时，也应作为支付人，履行扣缴非居民企业税款的义务。同时，支付人也不论是否在中国境内，均为企业所得税法规定的扣缴义务人。

（三）扣缴义务人的指定

1. 指定扣缴义务人的情形。对非居民企业在中国境内取得工程作业和劳务所得应缴纳的所得税，税务机关可以指定工程价款或者劳务费的支付人为扣缴义务人。指定扣缴义务人的情形，包括：

（1）预计工程作业或者提供劳务期限不足一个纳税年度，且有证据表明不履行纳税义务的。凡在我国承包工程作业或者提供劳务，时间不超过一年，如果在规定的期限内（季度或者支付款项时）没有到税务机关办理纳税申报，也没有委托中国境内代理人履行纳税申报的，税务机关就可以指定支付人为扣缴义务人。企业所得税法赋予了税务机关指定扣缴义务人的权力，并不妨碍税务机关根据税收征收管理法及其细则对纳税人采取税收强制措施。

（2）没有办理税务登记或者临时税务登记，且未委托中国境内的代理人履行纳税义务的。根据税收征收管理法和企业所得税法的规定，对于没有办理税务登记或者委托代理人办理的，县级以上税务机关除了对纳税人依照《税收征收管理法》的规定进行罚款外，在无法找到纳税人的情形下，可以指定其支付人为扣缴义务人，保证税款及时、足额入库。

（3）未按照规定期限办理企业所得税纳税申报或者预缴申报的。根据税收征收管理法的规定，纳税人必须依照法律、行政法规规定或者税务机关依照法律、行政法规的规定确定的申报期限、申报内容如实办理纳税申报，报送纳税申报表、财务会计报表以及税务机关根据实际需要要求纳税人报送的其他纳税资料。根据企业所得税法规定，凡期限已过，税务机关就可以指定支付人为扣缴义务人。

政策解析

需要注意三个方面的内容：

第一，由于外国企业在中国境内从事工程承包和提供劳务业务具有临时性和流动性特点，税收管理难度大，税款易于流失，国际、国内税收征管实践经验表明，采取一些特殊的税收征管措施是必要的，赋予税务机关指定扣缴义务人的权限也是一个行之有效的办法。

第二，原《中华人民共和国外商投资企业和外国企业所得税法》也有这方面的规定。为避免税务机关随意指定，特别是要防止其成为地区间争抢税源的手段，实施条例明确规定，税务机关指定非居民企业在中国境内取得工程价款或者劳务费的支付人为扣缴义务人，必须是以下几种特定情形：

（1）预计工程作业或者提供劳务期限不足一个纳税年度，且有证据表明不履行纳税义务的。

（2）没有办理税务登记或者临时税务登记，且未委托中国境内的代理人履行纳税义务的。

（3）未按照规定期限办理企业所得税纳税申报或者预缴申报的。

2. 税务机关的告知义务。规定的扣缴义务人，由县级以上税务机关指定，并同时告知扣缴义务人所扣税款的计算依据、计算方法、扣缴期限和扣缴方式。

（四）税款的扣缴与追缴

依照规定应当扣缴的所得税，扣缴义务人未依法扣缴或者无法履行扣缴义务的，由纳税人在所得发生地缴纳。纳税人未依法缴纳的，税务机关可以从该纳税人在中国境内其他收入项目的支付人应付的款项中，追缴该纳税人的应纳税款。

（1）所得发生地的界定。所得发生地，是指依照规定原则确定的所得发生地。在中国境内存在多处所得发生地的，由纳税人选择其中之一申报缴纳企业所得税。

政策解析

需要注意三个方面的内容：

第一，扣缴义务人未依法扣缴的或者无法履行扣缴义务的，由纳税人自行申报纳税。

第二，纳税人自行申报纳税的纳税地点为按照税法规定的原则确定的所得发生地。

案例分析

【例】某外国企业通过北京Z中介公司向天津C企业转让技术。若我国境内企业在规定的期限内没有扣缴税款，该外国企业应自行履行纳税义务。根据税法规定，应选择在特许权使用费实际负担地天津缴纳税款。

第三，在中国境内存在多个所得发生地的，由纳税人选择一地申报缴纳税款。

案例分析

【例】某外国企业在我国境内购买不良资产，该不良资产由多个企业的捆绑资产构成。外国企业在购买时，不同企业的资产没有相对应的价格。外国企业转让不良资产时，采取逐一转让，也无法就每笔资产转让损益情况作出计算，而必须等到转让价格超过捆绑资产购买价时，才能确认为收益。此时，纳税人可选择一地，履行纳税申报。

（2）境内其他收入的界定。纳税人在中国境内其他收入，是指该纳税人在中国境内取得的其他各种来源的收入。

政策解析

为了确保国家税收的优先地位，避免税收流失，企业所得税法规定，扣缴义务人未依法扣缴的或者无法履行扣缴义务的，纳税人也未自行申报纳税时，税务机关可以从该纳税人在中国境内取得的其他各种来源的收入追缴。

案例分析

【例】其他收入包括该纳税人直接在我国从事销售货物、工程、劳务等经营活动取得的收入，包括纳税人从事间接活动取得的投资收益、租金、利息、特许权使用费、财产转让收益等收入。

（3）税务机关的告知义务。税务机关在追缴该纳税人应纳税款时，应当将追缴理由、追缴数额、缴纳期限和缴纳方式等告知该纳税人。

政策解析

税务机关在扣缴税款时，对纳税人补征税款、征收滞纳金及进行处罚的理由、金额、期限、方式均应告知纳税人。纳税人对税务机关所扣金额存在异议的，可以按照《税收征收管理法》的有关规定，提起上诉。税务机关在向纳税人追缴应缴未缴的税款时，还可按照《税收征收管理法》对纳税人采取税收保全措施和强制执行措施，以及对扣缴义务人处以罚款。

二、非居民企业所得税源泉扣缴

自2009年1月1日起，对非居民企业所得税源泉扣缴按照以下管理办法执行：

（一）基本规定

对非居民企业取得来源于中国境内的股息、红利等权益性投资收益和利息、租金、特许权使用费所得、转让财产所得以及其他所得应当缴纳的企业所得税，实行源泉扣缴，以依照有关法律规定或者合同约定对非居民企业直接负有支付相关款项义务的单位或者个人为扣缴义务人。

非居民企业，是指依照外国（地区）法律成立且实际管理机构不在中国境内，但在中国境内未设立机构、场所且有来源于中国境内所得的企业，以及虽设立机构、场所但取得的所得与其所设机构、场所没有实际联系的企业。

（二）税源管理

1. 扣缴义务人与非居民企业首次签订与本办法第三条规定的所得有关的业务合同或协议（以下简称“合同”）的，扣缴义务人应当自合同签订之日起30日内，向其主管税务机关申报办理扣缴税款登记。

2. 扣缴义务人每次与非居民企业签订与本办法第三条规定的所得有关的业务合同时，应当自签订合同（包括修改、补充、延期合同）之日起30日内，向其主管税务机关报送《扣缴企业所得税合同备案登记表》、合同复印件及相关资料。文本为外文的应同时附送中文译本。

股权转让交易双方均为非居民企业且在境外交易的，被转让股权的境内企业在依法变更税务登记时，应将股权转让合同复印件报送主管税务机关。

3. 扣缴义务人应当设立代扣代缴税款账簿和合同资料档案，准确记录企业所得税的扣缴情况，并接受税务机关的检查。

（三）征收管理

1. 扣缴义务人在每次向非居民企业支付或者到期应支付本办法第三条规定的所得时，应从支付或者到期应支付的款项中扣缴企业所得税。

所谓到期应支付的款项，是指支付人按照权责发生制原则应当计入相关成本、费用的应付款项。扣缴义务人每次代扣代缴税款时，应当向其主管税务机关报送《中华人民共和国扣缴企业所得税报告表》（以下简称“扣缴表”）及相关资料，并自代扣之日起7日内缴入国库。

2. 扣缴企业所得税应纳税额计算，其计算公式为：

扣缴企业所得税应纳税额 = 应纳税所得额 × 实际征收率

应纳税所得额是指依照企业所得税法规定计算的下列应纳税所得额：

（1）股息、红利等权益性投资收益和利息、租金、特许权使用费所得，以收入全额为应纳税所得额，不得扣除税法规定之外的税费支出。

（2）转让财产所得，以收入全额减除财产净值后的余额为应纳税所得额。

（3）其他所得，参照前两项规定的方法计算应纳税所得额。

实际征收率是指企业所得税法及其实施条例等相关法律法规规定的税率，或者税收协定规定的更低的税率。

案例分析

【例】在中国境内未设立机构、场所的非居民企业从中国境内取得的（　　）所得，应按收入全额计算征收企业所得税。

A. 股息　　　　B. 转让财产所得

C. 租金　　　　D. 特许权使用费

参考答案：A、C、D。

解析：非居民企业从中国境内取得的股息、红利等权益性投资收益和利息、租金、特许权使用费所得，以收入全额为应纳税所得额；财产转让所得需要差额计税。

3. 扣缴义务人对外支付或者到期应支付的款项为人民币以外货币的，在申报扣缴企业所得税时，应当按照扣缴当日国家公布的人民币汇率中间价，折合成人民币计算应纳税所得额。

4. 扣缴义务人与非居民企业签订与规定的所得有关的业务合同时，凡合同中约定由扣缴义务人负担应纳税款的，应将非居民企业取得的不含税所得换算为含税所得后计算征税。

5. 按照企业所得税法及其实施条例和相关税收法规规定，给予非居民企业减免税优惠的，应按相关税收减免管理办法和行政审批程序的规定办理。对未经审批或者减免税申请未得到批准之前，扣缴义务人发生支付款项的，应按规定代扣代缴企业所得税。

6. 非居民企业可以适用的税收协定与本办法有不同规定的，可申请执行税收协定规定；非居民企业未提出执行税收协定规定申请的，按国内税收法律法规的有关规定执行。

7. 非居民企业已按国内税收法律法规的有关规定征税后，提出享受减免税或税收协定待遇申请的，主管税务机关经审核确认应享受减免税或税收协定待遇的，对多缴纳的税款应依据税收征管法及其实施细则的有关规定予以退税。

8. 因非居民企业拒绝代扣税款的，扣缴义务人应当暂停支付相当于非居民企业应纳税款的款项，并在1日之内向其主管税务机关报告，并报送书面情况说明。

9. 扣缴义务人未依法扣缴或者无法履行扣缴义务的，非居民企业应于扣缴义务人支付或者到期应支付之日起7日内，到所得发生地主管税务机关申报缴纳企业所得税。

股权转让交易双方为非居民企业且在境外交易的，由取得所得的非居民企业自行或委托代理人向被转让股权的境内企业所在地主管税务机关申报纳税。被转让股权的境内企业应协助税务机关向非居民企业征缴税款。

扣缴义务人所在地与所得发生地不在一地的，扣缴义务人所在地主管税务机关应自确定扣缴义务人未依法扣缴或者无法履行扣缴义务之日起5个工作日内，向所得发生地主管税务机关发送《非居民企业税务事项联络函》，告知非居民企业的申报纳税事项。

10. 非居民企业依照规定申报缴纳企业所得税，但在中国境内存在多处所得发生地，并选定其中之一申报缴纳企业所得税的，应向申报纳税所在地主管税务机关如实报告有关情况。申报纳税所在地主管税务机关在受理申报纳税后，应将非居民企业申报缴纳所得税情况书面通知扣缴义务人所在地和其他所得发生地主管税务机关。

11. 非居民企业未依照规定申报缴纳企业所得税，由申报纳税所在地主管税务机关责令限期缴纳，逾期仍未缴纳的，申报纳税所在地主管税务机关可以收集、查实该非居民企业在中国境内其他收入项目及其支付人（以下简称“其他支付人”）的相关信息，并向其他支付人发出《税务事项通知书》，从其他支付人应付的款项中，追缴该非居民企业的应纳税款和滞纳金。

其他支付人所在地与申报纳税所在地不在一地的，其他支付人所在地主管税务机关应给予配合和协助。

12. 对多次付款的合同项目，扣缴义务人应当在履行合同最后一次付款前15日内，向主管税务机关报送合同全部付款明细、前期扣缴表和完税凭证等资料，办理扣缴税款清算手续。

（四）后续管理

1. 主管税务机关应当建立《扣缴企业所得税管理台账》，加强合同履行情况的跟踪监管，及时了解合同签约内容与实际履行中的动态变化，监控合同款项支付、代扣代缴税款等情况。必要时应查核企业相关账簿，掌握股息、利息、租金、特许权使用费、转让财产收益等支付和列支情况，特别是未实际支付但已计入成本费用的利息、租金、特许权使用费等情况，有否漏扣企业所得税问题。

主管税务机关应根据备案合同资料、扣缴企业所得税管理台账记录、对外售付汇开具税务证明等监管资料和已申报扣缴税款情况，核对办理税款清算手续。

2. 主管税务机关可根据需要对代扣代缴企业所得税的情况实施专项检查，实施检查的主管税务机关应将检查结果及时传递给同级国家税务局或地方税务局。专项检查可以采取国、地税联合检查的方式。

3. 税务机关在企业所得税源泉扣缴管理中，遇有需要向税收协定缔约对方获取涉税信息或告知非居民企业在中国境内的税收违法行为时，可按照《国家税务总局关于印发〈国际税收情报交换工作规程〉的通知》规定办理。

（五）法律责任

1. 扣缴义务人未按照规定办理扣缴税款登记的，主管税务机关应当按照《税务登记管理办法》第四十五条、第四十六条的规定处理。

被转让股权的境内企业未依法变更税务登记的，主管税务机关应当按照《税务登记管理办法》第四十二条的规定处理。

2. 扣缴义务人未按本办法第五条规定的期限向主管税务机关报送《扣缴企业所得税合同备案登记表》、合同复印件及相关资料的，未按规定期限向主管税务机关报送扣缴表的，未履行扣缴义务，不缴或者少缴已扣税款的、或者应扣未扣税款的，非居民企业未按规定期限申报纳税的、不缴或者少缴应纳税款的，主管税务机关应当按照税收征管法及其实施细则的有关规定处理。

三、境外派发股息的所得税扣缴

中国居民企业向境外H股非居民企业股东派发股息代扣代缴企业所得税政策如下：

（一）适用税率

中国居民企业向境外H股非居民企业股东派发2008年及以后年度股息时，统一按10%的税率代扣代缴企业所得税。

（二）退税

非居民企业股东在获得股息之后，可以自行或通过委托代理人或代扣代缴义务人，向主管税务机关提出享受税收协定（安排）待遇的申请，提供证明自己为符合税收协定（安排）规定的实际受益所有人的资料。主管税务机关审核无误后，应就已征税款和根据税收协定（安排）规定税率计算的应纳税款的差额予以退税。

四、贷款利息的所得税扣缴

自2008年1月1日起，我国金融机构向境外外国银行支付贷款利息、我国境内外资金融机构向境外支付贷款利息，应按照企业所得税法及其实施条例规定代扣代缴企业所得税。

我国境内机构向我国银行的境外分行支付的贷款利息，应按照企业所得税法及其实施条例规定代扣代缴企业所得税。

五、国际运输业务的所得税扣缴

非居民企业在我国境内从事船舶、航空等国际运输业务的，以其在中国境内起运客货收入总额的5%为应纳税所得额。

纳税人的应纳税额，按照每次从中国境内起运旅客、货物出境取得的收入总额，依照1.25%的计征率计算征收企业所得税。调整后的综合计征率为4.25%，其中营业税为3%，企业所得税为1.25%。

第十二节　特别纳税调整

企业所得税法及其实施条例专门规定了特别纳税调整条款，确立了我国企业所得税的反避税制度。这是在总结完善原来转让定价税制和调查实践基础上，借鉴国际反避税立法经验，结合我国税收征管实践基础上作出的具体规定，目的是制约和打击各种避税行为。这是我国首次较为全面的反避税立法。

反避税立法主要是考虑到税收法律体系建设的需要。我国2001年修订的《税收征收管理法》对关联交易的处理做出原则性规定，这些原则性规定远远不能满足企业所得税实体税法的要求，还需要从实体法的角度，对关联交易的税收处理以及其他反避税措施作出规定。新企业所得税法丰富和扩展了征管法的反避税规定，增加了成本分摊协议、提供资料义务、受控外国企业、资本弱化、一般反避税条款以及加收利息等规定，是对反避税的全面规范。

反避税立法还考虑到参照国际通行做法、维护我国税收权益的需要。随着我国对外经济开放度的不断提高，跨国经济往来愈加频繁，如果不加强对反避税的立法和管理，国家税收权益将会受到损害。近年来，各国都非常关注跨国公司避税问题，从完善反避税立法和加强管理两方面采取措施，防止本国税收转移到国外，维护本国税收权益。

新企业所得税法及其实施条例规定的特别纳税调整的主要内容，一是明确提出了转让定价的核心原则——“独立交易原则”，增列了成本分摊协议条款，强化了纳税人、关联方和可比企业对转让定价调查的协助义务。这些规定有利于防止跨国集团利用转让定价向国外转移利润，侵蚀我国税基。二是规定了受控外国企业、资本弱化、一般反避税等相关条款，对反避税制度作了进一步规范。三是赋予了税务机关必要的反避税处置权，规定了加收利息条款。新企业所得税法通过上述反避税措施的安排，建立了比较全面、规范、与国际惯例接轨的企业所得税反避税制度。

独立交易原则是指没有关联关系的交易各方之间按照公平成交价格和营业常规进行业务往来所遵循的原则。企业与其关联方之间的业务往来，不符合独立交易原则而减少企业或者其关联方应纳税收入或者所得额的，税务机关有权按照合理方法调整。

一、关联方与关联关系

（一）关联方的确定

企业所得税在总结我国对关联方税收管理实践的基础上，借鉴国际上成熟的做法，将有下列情况之一的企业、其他组织或者个人界定为关联方：

（1）在资金、经营、购销等方面存在直接或者间接的控制关系；

（2）直接或者间接地同为第三者控制；

（3）在利益上具有相关联的其他关系。

政策解析

在判断关联企业与其关联方之间的业务往来是否符合独立交易原则时，企业所得税强调将关联交易定价或利润水平与可比情形下没有关联关系的交易定价和利润水平进行比较，如果存在差异，就说明因为关联关系的存在而导致企业没有遵循正常市场交易原则和营业常规，从而违背了独立交易原则。

（二）关联关系的确定

关联关系，主要是指企业与其他企业、组织或个人具有下列之一关系：

1. 一方直接或间接持有另一方的股份总和达到25%以上，或者双方直接或间接同为第三方所持有的股份达到25%以上。若一方通过中间方对另一方间接持有股份，只要一方对中间方持股比例达到25%以上，则一方对另一方的持股比例按照中间方对另一方的持股比例计算。

2. 一方与另一方（独立金融机构除外）之间借贷资金占一方实收资本50%以上，或者一方借贷资金总额的10%以上是由另一方（独立金融机构除外）担保。

3. 一方半数以上的高级管理人员（包括董事会成员和经理）或至少一名可以控制董事会的董事会高级成员是由另一方委派，或者双方半数以上的高级管理人员（包括董事会成员和经理）或至少一名可以控制董事会的董事会高级成员同为第三方委派。

4. 一方半数以上的高级管理人员（包括董事会成员和经理）同时担任另一方的高级管理人员（包括董事会成员和经理），或者一方至少一名可以控制董事会的董事会高级成员同时担任另一方的董事会高级成员。

5. 一方的生产经营活动必须由另一方提供的工业产权、专有技术等特许权才能正常进行。

6. 一方的购买或销售活动主要由另一方控制。

7. 一方接受或提供劳务主要由另一方控制。

8. 一方对另一方的生产经营、交易具有实质控制，或者双方在利益上具有相关联的其他关系，包括虽未达到本条第1项持股比例，但一方与另一方的主要持股方享受基本相同的经济利益，以及家族、亲属关系等。

二、关联申报

（一）关联交易类型

关联交易主要包括以下类型：

1. 有形资产的购销、转让和使用，包括房屋建筑物、交通工具、机器设备、工具、商品、产品等有形资产的购销、转让和租赁业务。

2. 无形资产的转让和使用，包括土地使用权、版权（著作权）、专利、商标、客户名单、营销渠道、牌号、商业秘密和专有技术等特许权，以及工业品外观设计或实用新型等工业产权的所有权转让和使用权的提供业务。

3. 融通资金，包括各类长短期资金拆借和担保以及各类计息预付款和延期付款等业务。

4. 提供劳务，包括市场调查、行销、管理、行政事务、技术服务、维修、设计、咨询、代理、科研、法律、会计事务等服务的提供。

（二）附送报表义务

实行查账征收的居民企业和在中国境内设立机构、场所并据实申报缴纳企业所得税的非居民企业向税务机关报送年度企业所得税纳税申报表时，应附送《中华人民共和国企业年度关联业务往来报告表》，包括《关联关系表》、《关联交易汇总表》、《购销表》、《劳务表》、《无形资产表》、《固定资产表》、《融通资金表》、《对外投资情况表》和《对外支付款项情况表》。

企业按规定期限报送规定的报告表确有困难，需要延期的，应按征管法及其实施细则的有关规定办理。

三、同期资料管理

企业应根据所得税法规定，按纳税年度准备、保存、并按税务机关要求提供其关联交易的同期资料。

（一）同期资料内容

同期资料主要包括以下内容：

1. 组织结构：

（1）企业所属的企业集团相关组织结构及股权结构；

（2）企业关联关系的年度变化情况；

（3）与企业发生交易的关联方信息，包括关联企业的名称、法定代表人、董事和经理等高级管理人员构成情况、注册地址及实际经营地址，以及关联个人的名称、国籍、居住地、家庭成员构成等情况，并注明对企业关联交易定价具有直接影响的关联方；

（4）各关联方适用的具有所得税性质的税种、税率及相应可享受的税收优惠。

2. 生产经营情况：

（1）企业的业务概况，包括企业发展变化概况、所处的行业及发展概况、经营策略、产业政策、行业限制等影响企业和行业的主要经济和法律问题，集团产业链以及企业所处地位；

（2）企业的主营业务构成，主营业务收入及其占收入总额的比重，主营业务利润及其占利润总额的比重；

（3）企业所处的行业地位及相关市场竞争环境的分析；

（4）企业内部组织结构，企业及其关联方在关联交易中执行的功能、承担的风险以及使用的资产等相关信息，并参照填写《企业功能风险分析表》；

（5）企业集团合并财务报表，可视企业集团会计年度情况延期准备，但最迟不得超过关联交易发生年度的次年 12 月 31 日。

3. 关联交易情况：

（1）关联交易类型、参与方、时间、金额、结算货币、交易条件等；

（2）关联交易所采用的贸易方式、年度变化情况及其理由；

（3）关联交易的业务流程，包括各个环节的信息流、物流和资金流，与非关联交易业务流程的异同；

（4）关联交易所涉及的无形资产及其对定价的影响；

（5）与关联交易相关的合同或协议副本及其履行情况的说明；

（6）对影响关联交易定价的主要经济和法律因素的分析；

（7）关联交易和非关联交易的收入、成本、费用和利润的划分情况，不能直接划分的，按照合理比例划分，说明确定该划分比例的理由，并参照填写《企业年度关联交易财务状况分析表》。

4. 可比性分析：

（1）可比性分析所考虑的因素，包括交易资产或劳务特性、交易各方功能和风险、合同条款、经济环境、经营策略等；

（2）可比企业执行的功能、承担的风险以及使用的资产等相关信息；

（3）可比交易的说明，如有形资产的物理特性、质量及其效用；融资业务的正常利率水平、金额、币种、期限、担保、融资人的资信、还款方式、计息方法等；劳务的性质与程度；无形资产的类型及交易形式，通过交易获得的使用无形资产的权利，使用无形资产获得的收益；

（4）可比信息来源、选择条件及理由；

（5）可比数据的差异调整及理由。

5. 转让定价方法的选择和使用：

（1）转让定价方法的选用及理由，企业选择利润法时，须说明对企业集团整体利润或剩余利润水平所作的贡献；

（2）可比信息如何支持所选用的转让定价方法；

（3）确定可比非关联交易价格或利润的过程中所做的假设和判断；

（4）运用合理的转让定价方法和可比性分析结果，确定可比非关联交易价格或利润，以及遵循独立交易原则的说明；

（5）其他支持所选用转让定价方法的资料。

（二）免于准备同期资料的情形

属于下列情形之一的企业，可免于准备同期资料：

1. 年度发生的关联购销金额（来料加工业务按年度进出口报关价格计算）在2亿元人民币以下且其他关联交易金额（关联融通资金按利息收付金额计算）在4 000万元人民币以下，上述金额不包括企业在年度内执行成本分摊协议或预约定价安排所涉及的关联交易金额。

2. 关联交易属于执行预约定价安排所涉及的范围。

3. 外资股份低于50%且仅与境内关联方发生关联交易。

（三）同期资料的提供时间

除本办法第七章另有规定外，企业应在关联交易发生年度的次年5月31日之前准备完毕该年度同期资料，并自税务机关要求之日起20日内提供。企业因不可抗力无法按期提供同期资料的，应在不可抗力消除后20日内提供同期资料。

（四）同期资料的其他要求

1. 企业按照税务机关要求提供的同期资料，须加盖公章，并由法定代表人或法定代表人授权的代表签字或盖章。同期资料涉及引用的信息资料，应标明出处来源。

2. 企业因合并、分立等原因变更或注销税务登记的，应由合并、分立后的企业保存同期资料。

3. 同期资料应使用中文。如原始资料为外文的，应附送中文副本。

4. 同期资料应自企业关联交易发生年度的次年6月1日起保存10年。

四、转让定价方法

转让定价管理是指税务机关按照规定，对企业与其关联方之间的业务往来（以下简称“关联交易”）是否符合独立交易原则进行审核评估和调查调整等工作的总称。

（一）基本规定

企业发生关联交易以及税务机关审核、评估关联交易均应遵循独立交易原则，选用合理的转让定价方法。

转让定价方法包括可比非受控价格法、再销售价格法、成本加成法、交易净利润法、利润分割法和其他符合独立交易原则的方法。

（二）可比性分析因素的内容

选用合理的转让定价方法应进行可比性分析。可比性分析因素主要包括以下五个方面：

1. 交易资产或劳务特性。主要包括：有形资产的物理特性、质量、数量等，劳务的性质和范围，无形资产的类型、交易形式、期限、范围、预期收益等。

2. 交易各方功能和风险。功能主要包括：研究开发、设计、采购、加工、装配、制造、存货管理、分销、售后服务、广告、运输、仓储、融资、财务、会计、法律及人力资源管理等，在比较功能时，应关注企业为发挥功能所使用资产的相似程度；风险主要包括：研发风险、采购风险、生产风险、分销风险、市场推广风险、管理及财务风险等。

3. 合同条款。主要包括：交易标的，交易数量、价格，收付款方式和条件，交货条件，售后服务范围和条件，提供附加劳务的约定，变更、修改合同内容的权利，合同有效期，终止或续签合同的权利。

4. 经济环境。主要包括：行业概况、地理区域、市场规模、市场层级、市场占有率、市场竞争程度、消费者购买力、商品或劳务可替代性、生产要素价格、运输成本、政府管制等。

5. 经营策略。主要包括：创新和开发策略、多元化经营策略、风险规避策略、市场占有策略等。

（三）可比非受控价格法

1. 基本含义。可比非受控价格法以非关联方之间进行的与关联交易相同或类似业务活动所收取的价格作为关联交易的公平成交价格。

2. 考察内容。可比性分析应特别考察关联交易与非关联交易在交易资产或劳务的特性、合同条款及经济环境上的差异，按照不同交易类型具体包括如下内容：

（1）有形资产的购销或转让：一是购销或转让过程，包括交易的时间与地点、交货条件、交货手续、支付条件、交易数量、售后服务的时间和地点等；二是购销或转让环节，包括出厂环节、批发环节、零售环节、出口环节等；三是购销或转让货物，包括品名、品牌、规格、型号、性能、结构、外形、包装等；四是购销或转让环境，包括民族风俗、消费者偏好、政局稳定程度以及财政、税收、外汇政策等。

（2）有形资产的使用：一是资产的性能、规格、型号、结构、类型、折旧方法；二是提供使用权的时间、期限、地点；三是资产所有者对资产的投资支出、维修费用等。

（3）无形资产的转让和使用：一是无形资产类别、用途、适用行业、预期收益；二是无形资产的开发投资、转让条件、独占程度、受有关国家法律保护的程度及期限、受让成本和费用、功能风险情况、可替代性等。

（4）融通资金：融资的金额、币种、期限、担保、融资人的资信、还款方式、计息方法等。

（5）提供劳务：业务性质、技术要求、专业水准、承担责任、付款条件和方式、直接和间接成本等。

关联交易与非关联交易之间在以上方面存在重大差异的，应就该差异对价格的影响进行合理调整，无法合理调整的，应根据本章规定选择其他合理的转让定价方法。

3. 适用范围。可比非受控价格法可以适用于所有类型的关联交易。

（四）再销售价格法

1. 计算公式。再销售价格法以关联方购进商品再销售给非关联方的价格减去可比非关联交易毛利后的金额作为关联方购进商品的公平成交价格。其计算公式为：

公平成交价格＝再销售给非关联方的价格×（1－可比非关联交易毛利率）

可比非关联交易毛利率＝可比非关联交易毛利÷可比非关联交易收入净额×100%

2. 考察内容。可比性分析应特别考察关联交易与非关联交易在功能风险及合同条款上的差异以及影响毛利率的其他因素，具体包括销售、广告及服务功能，存货风险，机器、设备的价值及使用年限，无形资产的使用及价值，批发或零售环节，商业经验，会计处理及管理效率等。

关联交易与非关联交易之间在以上方面存在重大差异的，应就该差异对毛利率的影响进行合理调整，无法合理调整的，应根据本章规定选择其他合理的转让定价方法。

3. 适用范围。再销售价格法通常适用于再销售者未对商品进行改变外形、性能、结构或更换商标等实质性增值加工的简单加工或单纯购销业务。

（五）成本加成法

1. 计算公式。成本加成法以关联交易发生的合理成本加上可比非关联交易毛利作为关联交易的公平成交价格。其计算公式为：

公平成交价格＝关联交易的合理成本×（1＋可比非关联交易成本加成率）

可比非关联交易成本加成率＝可比非关联交易毛利÷可比非关联交易成本×100%

2. 考察内容。可比性分析应特别考察关联交易与非关联交易在功能风险及合同条款上的差异以及影响成本加成率的其他因素，具体包括制造、加工、安装及测试功能，市场及汇兑风险，机器、设备的价值及使用年限，无形资产的使用及价值，商业经验，会计处理及管理效率等。

关联交易与非关联交易之间在以上方面存在重大差异的，应就该差异对成本加成率的影响进行合理调整，无法合理调整的，应根据本章规定选择其他合理的转让定价方法。

3. 适用范围。成本加成法通常适用于有形资产的购销、转让和使用，劳务提供或资金融通的关联交易。

（六）交易净利润法

1. 计算原理。交易净利润法以可比非关联交易的利润率指标确定关联交易的净利润。利润率指标包括资产收益率、销售利润率、完全成本加成率、贝里比率等。

2. 考察内容。可比性分析应特别考察关联交易与非关联交易之间在功能风险及经济环境上的差异以及影响营业利润的其他因素，具体包括执行功能、承担风险和使用资产，行业和市场情况，经营规模，经济周期和产品生命周期，成本、费用、所得和资产在各交易间的分摊，会计处理及经营管理效率等。

关联交易与非关联交易之间在以上方面存在重大差异的，应就该差异对营业利润的影响进行合理调整，无法合理调整的，应根据本章规定选择其他合理的转让定价方法。

3. 适用范围。交易净利润法通常适用于有形资产的购销、转让和使用，无形资产的转让和使用以及劳务提供等关联交易。

（七）利润分割法

1. 计算原理。利润分割法根据企业与其关联方对关联交易合并利润的贡献计算各自应该分配的利润额。利润分割法分为一般利润分割法和剩余利润分割法。

一般利润分割法根据关联交易各参与方所执行的功能、承担的风险以及使用的资产，确定各自应取得的利润。

剩余利润分割法将关联交易各参与方的合并利润减去分配给各方的常规利润的余额作为剩余利润，再根据各方对剩余利润的贡献程度进行分配。

2. 考察内容。可比性分析应特别考察交易各方执行的功能、承担的风险和使用的资产，成本、费用、所得和资产在各交易方之间的分摊，会计处理，确定交易各方对剩余利润贡献所使用信息和假设条件的可靠性等。

3. 适用范围。利润分割法通常适用于各参与方关联交易高度整合且难以单独评估各方交易结果的情况。

政策解析

按照新企业所得税法的规定，在判定纳税人的关联交易不符合独立交易原则，减少了应税收入或者所得额之后，税务机关可以运用合理方法进行纳税调整。从国际上通行的转让定价调整方法看，合理方法是指符合独立交易原则的定价原则和方法，实施条例采取国际上通行的做法，规定转让定价具体调整方法包括：（1）可比非受控法；（2）再销售价格法；（3）成本加成法；（4）交易净利润法；（5）利润分割法；（6）其他符合独立交易原则的方法。

五、转让定价调查及调整

（一）基本规定

税务机关有权依据税收征管法及其实施细则有关税务检查的规定，确定调查企业，进行转让定价调查、调整。被调查企业必须据实报告其关联交易情况，并提供相关资料，不得拒绝或隐瞒。

（二）转让定价重点调查企业

转让定价调查应重点选择以下企业：

1. 关联交易数额较大或类型较多的企业；

2. 长期亏损、微利或跳跃性盈利的企业；

3. 低于同行业利润水平的企业；

4. 利润水平与其所承担的功能风险明显不相匹配的企业；

5. 与避税港关联方发生业务往来的企业；

6. 未按规定进行关联申报或准备同期资料的企业；

7. 其他明显违背独立交易原则的企业。

实际税负相同的境内关联方之间的交易，只要该交易没有直接或间接导致国家总体税收收入的减少，原则上不做转让定价调查、调整。

（三）案头审核

税务机关应结合日常征管工作，开展案头审核，确定调查企业。案头审核应主要根据被调查企业历年报送的年度所得税申报资料及关联业务往来报告表等纳税资料，对企业的生产经营状况、关联交易等情况进行综合评估分析。

企业可以在案头审核阶段向税务机关提供同期资料。

（四）现场调查

税务机关对已确定的调查对象，应根据所得税法第六章、所得税法实施条例第六章、征管法第四章及征管法实施细则第六章的规定，实施现场调查。

1. 现场调查人员须2名以上。

2. 现场调查时调查人员应出示《税务检查证》，并送达《税务检查通知书》。

3. 现场调查可根据需要依照法定程序采取询问、调取账簿资料和实地核查等方式。

4. 询问当事人应有专人记录《询问（调查）笔录》，并告知当事人不如实提供情况应当承担的法律责任。《询问（调查）笔录》应交当事人核对确认。

5. 需调取账簿及有关资料的，应按照征管法实施细则第八十六条的规定，填制《调取账簿资料通知书》、《调取账簿资料清单》，办理有关法定手续，调取的账簿、记账凭证等资料，应妥善保管，并按法定时限如数退还。

6. 实地核查过程中发现的问题和情况，由调查人员填写《询问（调查）笔录》。《询问（调查）笔录》应由2名以上调查人员签字，并根据需要由被调查企业核对确认，若被调查企业拒绝，可由2名以上调查人员签认备案。

7. 可以以记录、录音、录像、照相和复制的方式索取与案件有关的资料，但必须注明原件的保存方及出处，由原件保存或提供方核对签注“与原件核对无误”字样，并盖章或押印。

8. 需要证人作证的，应事先告知证人不如实提供情况应当承担的法律责任。证人的证言材料应由本人签字或押印。

（五）要求提供资料及填表

根据所得税法第四十三条第二款及所得税法实施条例第一百一十四条的规定，税务机关在实施转让定价调查时，有权要求企业及其关联方，以及与关联业务调查有关的其他企业（以下简称“可比企业”）提供相关资料，并送达《税务事项通知书》。

1. 企业应在《税务事项通知书》规定的期限内提供相关资料，因特殊情况不能按期提供的，应向税务机关提交书面延期申请，经批准，可以延期提供，但最长不得超过30日。税务机关应自收到企业延期申请之日起15日内函复，逾期未函复的，视同税务机关已同意企业的延期申请。

2. 企业的关联方以及可比企业应在与税务机关约定的期限内提供相关资料，约定期限一般不应超过60日。企业、关联方及可比企业应按税务机关要求提供真实、完整的相关资料。

3. 税务机关应按本办法第二章的有关规定，核实企业申报信息，并要求企业填制《企业可比性因素分析表》。税务机关在企业关联申报和提供资料的基础上，填制《企业关联关系认定表》、《企业关联交易认定表》和《企业可比性因素分析认定表》，并由被调查企业核对确认。

（六）调查取证与资料核实

1. 转让定价调查涉及向关联方和可比企业调查取证的，税务机关向企业送达《税务检查通知书》，进行调查取证。

2. 税务机关审核企业、关联方及可比企业提供的相关资料，可采用现场调查、发函协查和查阅公开信息等方式核实。需取得境外有关资料的，可按有关规定启动税收协定的情报交换程序，或通过我驻外机构调查收集有关信息。涉及境外关联方的相关资料，税务机关也可要求企业提供公证机构的证明。

3. 税务机关应选用转让定价方法分析、评估企业关联交易是否符合独立交易原则，分析评估时可以使用公开信息资料，也可以使用非公开信息资料。

（七）税务处理

1. 税务机关分析、评估企业关联交易时，因企业与可比企业营运资本占用不同而对营业利润产生的差异原则上不做调整。确需调整的，须层报国家税务总局批准。

2. 按照关联方订单从事加工制造，不承担经营决策、产品研究开发、销售等功能的企业，不应承担由于决策失误、开工不足、产品滞销等原因带来的风险和损失，通常应保持一定的利润率水平。对出现亏损的企业，税务机关应在经济分析的基础上，选择适当的可比价格或可比企业，确定企业的利润水平。

3. 企业与关联方之间收取价款与支付价款的交易相互抵消的，税务机关在可比性分析和纳税调整时，原则上应还原抵消交易。

4. 税务机关采用四分位法分析、评估企业利润水平时，企业利润水平低于可比企业利润率区间中位值的，原则上应按照不低于中位值进行调整。

5. 经调查，企业关联交易符合独立交易原则的，税务机关应做出转让定价调查结论，并向企业送达《特别纳税调查结论通知书》。

（八）转让定价纳税调整

经调查，企业关联交易不符合独立交易原则而减少其应纳税收入或者所得额的，税务机关应按以下程序实施转让定价纳税调整：

1. 在测算、论证和可比性分析的基础上，拟定特别纳税调查初步调整方案。

2. 根据初步调整方案与企业协商谈判，税企双方均应指定主谈人，调查人员应做好《协商内容记录》，并由双方主谈人签字确认，若企业拒签，可由 2 名以上调查人员签认备案。

3. 企业对初步调整方案有异议的，应在税务机关规定的期限内进一步提供相关资料，税务机关收到资料后，应认真审核，并及时做出审议决定。

4. 根据审议决定，向企业送达《特别纳税调查初步调整通知书》，企业对初步调整意见有异议的，应自收到通知书之日起 7 日内书面提出，税务机关收到企业意见后，应再次协商审议；企业逾期未提出异议的，视为同意初步调整意见。

5. 确定最终调整方案，向企业送达《特别纳税调查调整通知书》。

企业收到《特别纳税调查调整通知书》后，应按规定期限缴纳税款及利息。

（九）跟踪管理

税务机关对企业实施转让定价纳税调整后，应自企业被调整的最后年度的下一年度起

5 年内实施跟踪管理。在跟踪管理期内，企业应在跟踪年度的次年 6 月 20 日之前向税务机关提供跟踪年度的同期资料，税务机关根据同期资料和纳税申报资料重点分析、评估以下内容：

1. 企业投资、经营状况及其变化情况。

2. 企业纳税申报额变化情况。

3. 企业经营成果变化情况。

4. 关联交易变化情况等。

税务机关在跟踪管理期内发现企业转让定价异常等情况，应及时与企业沟通，要求企业自行调整，或按照本章有关规定开展转让定价调查调整。

六、预约定价安排管理

预约定价安排管理是指税务机关按照规定，对企业提出的未来年度关联交易的定价原则和计算方法进行审核评估，并与企业协商达成预约定价安排等工作的总称。

（一）基本规定

企业可以依据税法规定，与税务机关就企业未来年度关联交易的定价原则和计算方法达成预约定价安排。预约定价安排的谈签与执行通常经过预备会谈、正式申请、审核评估、磋商、签订安排和监控执行六个阶段。预约定价安排包括单边、双边和多边三种类型。

预约定价安排应由设区的市、自治州以上的税务机关受理。

（二）预约定价安排适用企业

预约定价安排一般适用于同时满足以下条件的企业：

1. 年度发生的关联交易金额在 4 000 万元人民币以上。

2. 依法履行关联申报义务。

3. 按规定准备、保存和提供同期资料。

预约定价安排适用于自企业提交正式书面申请年度的次年起 3—5 个连续年度的关联交易。

预约定价安排的谈签不影响税务机关对企业提交预约定价安排正式书面申请当年或以前年度关联交易的转让定价调查调整。

如果企业申请当年或以前年度的关联交易与预约定价安排适用年度相同或类似，经企业申请，税务机关批准，可将预约定价安排确定的定价原则和计算方法适用于申请当年或以前年度关联交易的评估和调整。

（三）预约定价安排的程序

企业正式申请谈签预约定价安排前，应向税务机关书面提出谈签意向，税务机关可以根据企业的书面要求，与企业就预约定价安排的相关内容及达成预约定价安排的可行性开展预备会谈，并填制《预约定价安排会谈记录》。预备会谈可以采用匿名的方式。

1. 企业申请单边预约定价安排的，应向税务机关书面提出谈签意向。在预备会谈期间，企业应就以下内容提供资料，并与税务机关进行讨论：

（1）安排的适用年度；

（2）安排涉及的关联方及关联交易；

(3) 企业以前年度生产经营情况;

(4) 安排涉及各关联方功能和风险的说明;

(5) 是否应用安排确定的方法解决以前年度的转让定价问题;

(6) 其他需要说明的情况。

2. 企业申请双边或多边预约定价安排的,应同时向国家税务总局和主管税务机关书面提出谈签意向,国家税务总局组织与企业开展预备会谈,预备会谈的内容除本条第1项外,还应特别包括:

(1) 向税收协定缔约对方税务主管当局提出预备会谈申请的情况;

(2) 安排涉及的关联方以前年度生产经营情况及关联交易情况;

(3) 向税收协定缔约对方税务主管当局提出的预约定价安排拟采用的定价原则和计算方法。

3. 预备会谈达成一致意见的,税务机关应自达成一致意见之日起15日内书面通知企业,可以就预约定价安排相关事宜进行正式谈判,并向企业送达《预约定价安排正式会谈通知书》;预备会谈不能达成一致意见的,税务机关应自最后一次预备会谈结束之日起15日内书面通知企业,向企业送达《拒绝企业申请预约定价安排通知书》,拒绝企业申请预约定价安排,并说明理由。

(四) 预约定价安排的申请

企业应在接到税务机关正式会谈通知之日起3个月内,向税务机关提出预约定价安排书面申请报告,并报送《预约定价安排正式申请书》。企业申请双边或多边预约定价安排的,应将《预约定价安排正式申请书》和《启动相互协商程序申请书》同时报送国家税务总局和主管税务机关。

1. 预约定价安排书面申请报告应包括如下内容:

(1) 相关的集团组织架构、公司内部结构、关联关系、关联交易情况;

(2) 企业近三年财务、会计报表资料,产品功能和资产(包括无形资产和有形资产)的资料;

(3) 安排所涉及的关联交易类别和纳税年度;

(4) 关联方之间功能和风险划分,包括划分所依据的机构、人员、费用、资产等;

(5) 安排适用的转让定价原则和计算方法,以及支持这一原则和方法的功能风险分析、可比性分析和假设条件等;

(6) 市场情况的说明,包括行业发展趋势和竞争环境;

(7) 安排预约期间的年度经营规模、经营效益预测以及经营规划等;

(8) 与安排有关的关联交易、经营安排及利润水平等财务方面的信息;

(9) 是否涉及双重征税等问题;

(10) 涉及境内、外有关法律、税收协定等相关问题。

2. 企业因下列特殊原因无法按期提交书面申请报告的,可向税务机关提出书面延期申请,并报送《预约定价安排正式申请延期报送申请书》:

(1) 需要特别准备某些方面的资料;

(2) 需要对资料做技术上的处理,如文字翻译等;

（3）其他非主观原因。

税务机关应自收到企业书面延期申请后15日内，对其延期事项做出书面答复，并向企业送达《预约定价安排正式申请延期报送答复书》。逾期未作出答复的，视同税务机关已同意企业的延期申请。

3. 上述申请内容所涉及的文件资料和情况说明，包括能够支持拟选用的定价原则、计算方法和能证实符合预约定价安排条件的所有文件资料，企业和税务机关均应妥善保存。

（五）预约定价安排的审核和评估

1. 审核和评估的时间。税务机关应自收到企业提交的预约定价安排正式书面申请及所需文件、资料之日起5个月内，进行审核和评估。根据审核和评估的具体情况可要求企业补充提供有关资料，形成审核评估结论。

因特殊情况，需要延长审核评估时间的，税务机关应及时书面通知企业，并向企业送达《预约定价安排审核评估延期通知书》，延长期限不得超过3个月。

2. 审核和评估的内容。税务机关应主要审核和评估以下内容：

（1）历史经营状况，分析、评估企业的经营规划、发展趋势、经营范围等文件资料，重点审核可行性研究报告、投资预（决）算、董事会决议等，综合分析反映经营业绩的有关信息和资料，如财务、会计报表、审计报告等。

（2）功能和风险状况，分析、评估企业与其关联方之间在供货、生产、运输、销售等各环节以及在研究开发无形资产等方面各自所拥有的份额，执行的功能以及在存货、信贷、外汇、市场等方面所承担的风险。

（3）可比信息，分析、评估企业提供的境内、外可比价格信息，说明可比企业和申请企业之间的实质性差异，并进行调整。若不能确认可比交易或经营活动的合理性，应明确企业须进一步提供的有关文件、资料，以证明其所选用的转让定价原则和计算方法公平地反映了被审核的关联交易和经营现状，并得到相关财务、经营等资料的证实。

（4）假设条件，分析、评估对行业盈利能力和对企业生产经营的影响因素及其影响程度，合理确定预约定价安排适用的假设条件。

（5）转让定价原则和计算方法，分析、评估企业在预约定价安排中选用的转让定价原则和计算方法是否以及如何真实地运用于以前、现在和未来年度的关联交易以及相关财务、经营资料之中，是否符合法律、法规的规定。

（6）预期的公平交易价格或利润区间，通过对确定的可比价格、利润率、可比企业交易等情况的进一步审核和评估，测算出税务机关和企业均可接受的价格或利润区间。

（六）预约定价安排草案

1. 预约定价安排草案的时间。税务机关应自单边预约定价安排形成审核评估结论之日起30日内，与企业进行预约定价安排磋商，磋商达成一致的，应将预约定价安排草案和审核评估报告一并层报国家税务总局审定。

国家税务总局与税收协定缔约对方税务主管当局开展双边或多边预约定价安排的磋商，磋商达成一致的，根据磋商备忘录拟定预约定价安排草案。

2. 预约定价安排草案的内容。

（1）关联方名称、地址等基本信息。

（2）安排涉及的关联交易及适用年度。

（3）安排选定的可比价格或交易、转让定价原则和计算方法、预期经营结果等。

（4）与转让定价方法运用和计算基础相关的术语定义。

（5）假设条件。

（6）企业年度报告、记录保存、假设条件变动通知等义务。

（7）安排的法律效力，文件资料等信息的保密性。

（8）相互责任条款。

（9）安排的修订。

（10）解决争议的方法和途径。

（11）生效日期。

（12）附则。

（七）预约定价安排的签订

税务机关与企业就单边预约定价安排草案内容达成一致后，双方的法定代表人或法定代表人授权的代表正式签订单边预约定价安排。国家税务总局与税收协定缔约对方税务主管当局就双边或多边预约定价安排草案内容达成一致后，双方或多方税务主管当局授权的代表正式签订双边或多边预约定价安排。主管税务机关根据双边或多边预约定价安排与企业签订《双边（多边）预约定价安排执行协议书》。

在预约定价安排正式谈判后和预约定价安排签订前，税务机关和企业均可暂停、终止谈判。涉及双边或多边预约定价安排的，经缔约各方税务主管当局协商，可暂停、终止谈判。终止谈判的，双方应将谈判中相互提供的全部资料退还给对方。

（八）预约定价安排的监控

税务机关应建立监控管理制度，监控预约定价安排的执行情况。

1. 要求企业保存资料和提供年度报告。在预约定价安排执行期内，企业应完整保存与安排有关的文件和资料（包括账簿和有关记录等），不得丢失、销毁和转移；并在纳税年度终了后5个月内，向税务机关报送执行预约定价安排情况的年度报告。

年度报告应说明报告期内经营情况以及企业遵守预约定价安排的情况，包括预约定价安排要求的所有事项，以及是否有修订或实质上终止该预约定价安排的要求。如有未决问题或将要发生的问题，企业应在年度报告中予以说明，以便与税务机关协商是否修订或终止安排。

2. 检查企业履行安排情况。在预约定价安排执行期内，税务机关应定期（一般为半年）检查企业履行安排的情况。检查内容主要包括：企业是否遵守了安排条款及要求；为谈签安排而提供的资料和年度报告是否反映了企业的实际经营情况；转让定价方法所依据的资料和计算方法是否正确；安排所描述的假设条件是否仍然有效；企业对转让定价方法的运用是否与假设条件相一致等。

税务机关如发现企业有违反安排的一般情况，可视情况进行处理，直至终止安排；如发现企业存在隐瞒或拒不执行安排的情况，税务机关应认定预约定价安排自始无效。

3. 价格或利润的调整。在预约定价安排执行期内，如果企业发生实际经营结果不在安排所预期的价格或利润区间之内的情况，税务机关应在报经上一级税务机关核准后，将实际经营结果调整到安排所确定的价格或利润区间内。涉及双边或多边预约定价安排的，应当层报国家税务总局核准。

4. 企业发生实质性变化后对预约定价安排处理。在预约定价安排执行期内，企业发生影响预约定价安排的实质性变化，应在发生变化后30日内向税务机关书面报告，详细说明该变化对预约定价安排执行的影响，并附相关资料。由于非主观原因而无法按期报告的，可以延期报告，但延长期不得超过30日。

税务机关应在收到企业书面报告之日起60日内，予以审核和处理，包括审查企业变化情况、与企业协商修订预约定价安排条款和相关条件，或根据实质性变化对预约定价安排的影响程度采取修订或终止安排等措施。原预约定价安排终止执行后，税务机关可以和企业按照本章规定的程序和要求，重新谈签新的预约定价安排。

5. 预约定价安排的管理。国家税务局和地方税务局与企业共同签订的预约定价安排，在执行期内，企业应分别向国家税务局和地方税务局报送执行预约定价安排情况的年度报告和实质性变化报告。国家税务局和地方税务局应对企业执行安排的情况，实行联合检查和审核。

（九）预约定价安排的失效

预约定价安排期满后自动失效。如企业需要续签的，应在预约定价安排执行期满前90日内向税务机关提出续签申请，报送《预约定价安排续签申请书》，并提供可靠的证明材料，说明现行预约定价安排所谓事实和相关环境没有发生实质性变化，并且一直遵守该预约定价安排中的各项条款和约定。税务机关应自收到企业续签申请之日起15日内做出是否受理的书面答复，向企业送达《预约定价安排申请续签答复书》。税务机关应审核、评估企业的续签申请资料，与企业协商拟定预约定价安排草案，并按双方商定的续签时间、地点等相关事宜，与企业完成续签工作。

（十）预约定价安排的其他规定

1. 预约定价安排的协调。预约定价安排的谈签或执行同时涉及两个以上省、自治区、直辖市和计划单列市税务机关，或者同时涉及国家税务局和地方税务局的，由国家税务总局统一组织协调。企业可以直接向国家税务总局书面提出谈签意向。

2. 预约定价安排的执行。税务机关与企业达成的预约定价安排，只要企业遵守了安排的全部条款及其要求，各地国家税务局、地方税务局均应执行。

3. 信息资料的保密义务。税务机关与企业在预约定价安排预备会谈、正式谈签、审核、分析等全过程中所获取或得到的所有信息资料，双方均负有保密义务。税务机关和企业每次会谈，均应对会谈内容进行书面记录，同时载明每次会谈时相互提供资料的份数和内容，并由双方主谈人员签字或盖章。

4. 对税务机关使用非事实性信息的约束。税务机关与企业不能达成预约定价安排的，税务机关在会谈、协商过程中所获取的有关企业的提议、推理、观念和判断等非事实性信息，不得用于以后对该预约定价安排涉及交易行为的税务调查。

5. 分歧的协商解决。在预约定价安排执行期间，如果税务机关与企业发生分歧，双方应进行协商。协商不能解决的，可报上一级税务机关协调；涉及双边或多边预约定价安排的，须层报国家税务总局协调。对上一级税务机关或国家税务总局的协调结果或决定，下一级税务机关应当予以执行。但企业仍不能接受的，应当终止安排的执行。

6. 预约定价安排的备案。税务机关应在与企业正式签订单边预约定价安排或双边或多边预约定价安排执行协议书后10日内，以及预约定价安排执行中发生修订、终止等情况后20日内，将单边预约定价安排正式文本、双边或多边预约定价安排执行协议书以及安排变动情况的说明层报国家税务总局备案。

七、成本分摊协议管理

成本分摊协议管理是指税务机关按照规定，对企业与其关联方签署的成本分摊协议是否符合独立交易原则进行审核评估和调查调整等工作的总称。

（一）基本规定

根据所得税法规定，企业与其关联方签署成本分摊协议，共同开发、受让无形资产，或者共同提供、接受劳务，应符合成本分摊协议管理的规定。

成本分摊协议的参与方对开发、受让的无形资产或参与的劳务活动享有受益权，并承担相应的活动成本。关联方承担的成本应与非关联方在可比条件下为获得上述受益权而支付的成本相一致。

参与方使用成本分摊协议所开发或受让的无形资产不需另支付特许权使用费。企业对成本分摊协议所涉及无形资产或劳务的受益权应有合理的、可计量的预期收益，且以合理商业假设和营业常规为基础。

涉及劳务的成本分摊协议一般适用于集团采购和集团营销策划。

（二）成本分摊协议的内容

成本分摊协议主要包括以下内容：

1. 参与方的名称、所在国家（地区）、关联关系、在协议中的权利和义务。
2. 成本分摊协议所涉及的无形资产或劳务的内容、范围，协议涉及研究开发或劳务活动的具体承担者及其职责、任务。
3. 协议期限。
4. 参与方预期收益的计算方法和假设。
5. 参与方初始投入和后续成本支付的金额、形式、价值确认的方法以及符合独立交易原则的说明。
6. 参与方会计方法的运用及变更说明。
7. 参与方加入或退出协议的程序及处理规定。
8. 参与方之间补偿支付的条件及处理规定。
9. 协议变更或终止的条件及处理规定。
10. 非参与方使用协议成果的规定。

（三）成本分摊协议的备案

企业应自成本分摊协议达成之日起30日内，层报国家税务总局备案。税务机关判定成本分摊协议是否符合独立交易原则须层报国家税务总局审核。

（四）变更或协议终止执行的处理

已经执行并形成一定资产的成本分摊协议，参与方发生变更或协议终止执行，应根据独立交易原则做如下处理：

1. 加入支付，即新参与方为获得已有协议成果的受益权应做出合理的支付。

2. 退出补偿，即原参与方退出协议安排，将已有协议成果的受益权转让给其他参与方应获得合理的补偿。

3. 参与方变更后，应对各方受益和成本分摊情况做出相应调整。

4. 协议终止时，各参与方应对已有协议成果做出合理分配。

企业不按独立交易原则对上述情况做出处理而减少其应纳税所得额的，税务机关有权作出调整。

（五）成本分摊协议的执行

成本分摊协议执行期间，参与方实际分享的收益与分摊的成本不相配比的，应根据实际情况做出补偿调整。对于符合独立交易原则的成本分摊协议，有关税务处理如下：

1. 企业按照协议分摊的成本，应在协议规定的各年度税前扣除。

2. 涉及补偿调整的，应在补偿调整的年度计入应纳税所得额。

3. 涉及无形资产的成本分摊协议，加入支付、退出补偿或终止协议时对协议成果分配的，应按资产购置或处置的有关规定处理。

企业可根据本办法的规定采取预约定价安排的方式达成成本分摊协议。

（六）准备和保存的同期资料

企业执行成本分摊协议期间，除遵照本规定外，还应准备和保存以下成本分摊协议的同期资料：

1. 成本分摊协议副本。

2. 成本分摊协议各参与方之间达成的为实施该协议的其他协议。

3. 非参与方使用协议成果的情况、支付的金额及形式。

4. 本年度成本分摊协议的参与方加入或退出的情况，包括加入或退出的参与方名称、所在国家（地区）、关联关系，加入支付或退出补偿的金额及形式。

5. 成本分摊协议的变更或终止情况，包括变更或终止的原因、对已形成协议成果的处理或分配。

6. 本年度按照成本分摊协议发生的成本总额及构成情况。

7. 本年度各参与方成本分摊的情况，包括成本支付的金额、形式、对象，作出或接受补偿支付的金额、形式、对象。

8. 本年度协议预期收益与实际结果的比较及由此作出的调整。

企业执行成本分摊协议期间，无论成本分摊协议是否采取预约定价安排的方式，均应在本年度的次年6月20日之前向税务机关提供成本分摊协议的同期资料。

（七）自行分摊成本不得税前扣除的情形

企业与其关联方签署成本分摊协议，有下列情形之一的，其自行分摊的成本不得税前扣除：

1. 不具有合理商业目的和经济实质。

2. 不符合独立交易原则。

3. 没有遵循成本与收益配比原则。

4. 未按本办法有关规定备案或准备、保存和提供有关成本分摊协议的同期资料。

5. 自签署成本分摊协议之日起经营期限少于20年。

政策解析

企业所得税法借鉴了国际通行做法，将成本分摊协议引入我国税收立法。成本分摊协议是企业间签订的一种契约性协议，签约各方约定在研发或劳务活动中共摊成本、共担风险，并按照预期收益与成本相配比的原则合理分享收益。企业与其关联方共同开发、受让无形资产，或者共同提供、接受劳务时，应预先在各参与方之间达成协议安排，采用合理方法分摊上述活动发生的成本，即必须遵循独立交易原则：在可比情形下没有关联关系的企业之间共同开发、受让无形资产，或者共同提供、接受劳务所能接受的协议分配方法分摊上述活动发生的成本。

案例分析

【例】企业可以向税务机关提出与其关联方之间业务往来的定价原则和计算方法，税务机关与企业协商、确认后，达成（　　）并以此签订成本分摊协议。

A. 转让定价行为　　　　　　　　B. 关联业务往来

C. 独立交易原则　　　　　　　　D. 预约定价安排

参考答案：D。

八、受控外国企业管理

受控外国企业管理是指税务机关按照所得税法的规定，对受控外国企业不作利润分配或减少分配进行审核评估和调查，并对归属于中国居民企业所得进行调整等工作的总称。

（一）基本规定

受控外国企业是指根据所得税法的规定，由居民企业，或者由居民企业和居民个人（以下统称中国居民股东，包括中国居民企业股东和中国居民个人股东）控制的设立在实际税负低于所得税法第四条第一款规定税率水平50%的国家（地区），并非出于合理经营需要对利润不作分配或减少分配的外国企业。

所谓控制，是指在股份、资金、经营、购销等方面构成实质控制。其中，股份控制是指由中国居民股东在纳税年度任何一天单层直接或多层间接单一持有外国企业10%以上有表决权股份，且共同持有该外国企业50%以上股份。

中国居民股东多层间接持有股份按各层持股比例相乘计算，中间层持有股份超过50%的，按100%计算。中国居民企业股东应在年度企业所得税纳税申报时提供对外投资信息，附送《对外投资情况表》。

税务机关应汇总、审核中国居民企业股东申报的对外投资信息，向受控外国企业的中国居民企业股东送达《受控外国企业中国居民股东确认通知书》。中国居民企业股东符合所得税法第四十五条征税条件的，按照有关规定征税。

（二）视同受控外国企业股息分配所得的计算

计入中国居民企业股东当期的视同受控外国企业股息分配的所得，应按以下公式计算：

中国居民企业股东当期所得＝视同股息分配额×实际持股天数÷受控外国企业纳税年

度天数×股东持股比例

中国居民股东多层间接持有股份的，股东持股比例按各层持股比例相乘计算。

受控外国企业与中国居民企业股东纳税年度存在差异的，应将视同股息分配所得计入受控外国企业纳税年度终止日所属的中国居民企业股东的纳税年度。计入中国居民企业股东当期所得已在境外缴纳的企业所得税税款，可按照所得税法或税收协定的有关规定抵免。受控外国企业实际分配的利润已根据所得税法规定征税的，不再计入中国居民企业股东的当期所得。

（三）免于视同股息分配额的情形

中国居民企业股东能够提供资料证明其控制的外国企业满足以下条件之一的，可免于将外国企业不作分配或减少分配的利润视同股息分配额，计入中国居民企业股东的当期所得：

（1）设立在国家税务总局指定的非低税率国家（地区）。

（2）主要取得积极经营活动所得。

（3）年度利润总额低于500万元人民币。

中国居民企业或居民个人能够提供资料证明其控制的外国企业设立在美国、英国、法国、德国、日本、意大利、加拿大、澳大利亚、印度、南非、新西兰和挪威的，可免于将该外国企业不作分配或者减少分配的利润视同股息分配额，计入中国居民企业的当期所得。

政策解析

需要注意两个方面的内容：

第一，为了防止企业在低税率国家或地区建立受控外国企业，将利润保留在外国企业不分配或少量分配，逃避国内纳税义务，我国参照国际上一些国家的做法，引入了受控外国公司的反避税措施。

第二，受控外国公司的反避税措施从以下三个方面进行了明确：一是明确了构成受控外国企业的控制关系，具体包括：（1）居民企业或者中国居民直接或者间接单一持有外国企业10%以上有表决权股份，且由其共同持有该外国企业50%以上股份；（2）居民企业，或者居民企业和中国居民持股比例没有达到第（1）项规定的标准，但在股份、资金、经营、购销等方面对该外国企业构成实质控制。二是明确实际税负偏低的判定标准。即实际税负明显低于新企业所得税法第四条第一款规定税率水平，是指低于新企业所得税法第四条第一款规定税率的50%。三是明确中国居民的含义，即是指根据《中华人民共和国个人所得税法》的规定，其从中国境内、境外取得的所得在中国缴纳个人所得税的个人。

九、资本弱化管理

资本弱化管理是指税务机关按照所得税法的规定，对企业接受关联方债权性投资与企业接受的权益性投资的比例是否符合规定比例或独立交易原则进行审核评估和调查调整等工作的总称。

（一）不得扣除的利息支出

不得在计算应纳税所得额时扣除的利息支出应按以下公式计算：

不得扣除利息支出 = 年度实际支付的全部关联方利息 × （1 - 标准比例 ÷ 关联债资比例）

（二）标准比例的确定

1. 在计算应纳税所得额时，企业实际支付给关联方的利息支出，不超过以下规定比例和税法及其实施条例有关规定计算的部分，准予扣除，超过的部分不得在发生当期和以后年度扣除。

企业实际支付给关联方的利息支出，除符合本通知第二条规定外，其接受关联方债权性投资与其权益性投资比例：

（1）金融企业为5∶1；

（2）其他企业为2∶1。

2. 企业如果能够按照税法及其实施条例的有关规定提供相关资料，并证明相关交易活动符合独立交易原则的；或者该企业的实际税负不高于境内关联方的，其实际支付给境内关联方的利息支出，在计算应纳税所得额时准予扣除。

3. 企业同时从事金融业务和非金融业务，其实际支付给关联方的利息支出，应按照合理方法分开计算；没有按照合理方法分开计算的，一律按本通知第一条有关其他企业的比例计算准予税前扣除的利息支出。

4. 企业自关联方取得的不符合规定的利息收入应按照有关规定缴纳企业所得税。

5. 实际支付利息是指企业按照权责发生制原则计入相关成本、费用的利息。

6. 企业实际支付关联方利息存在转让定价问题的，税务机关应首先按照本办法第五章的有关规定实施转让定价调查调整。

案例分析

【例】根据《关于企业关联方利息支出税前扣除标准有关税收政策问题的通知》，在计算应纳税所得额时，企业实际支付给关联方的利息支出，不超过以下规定比例和税法及其实施条例有关规定计算的部分，准予扣除，超过的部分不得在发生当期和以后年度扣除。企业实际支付给关联方的利息支出，除另有规定外，其接受关联方债权性投资与其权益性投资比例为（　　）。

A. 金融企业为5∶1　　B. 金融企业为2∶1

C. 其他企业为2∶1　　D. 其他企业为5∶1

参考答案：A、C。

（三）债权性投资的界定

1. 债权性投资的概念。所谓债权性投资，是指企业直接或者间接从关联方获得的，需要偿还本金和支付利息或者需要以其他具有支付利息性质的方式予以补偿的融资。

政策解析

权益性投资的金额为企业资产减去负债后的余额。权益性投资通常是为了获得被投资企业的控制权，或者实施对被投资企业的重大影响，或者为其他目的而进行的。

案例分析

【例】企业为获得股利收入而对被投资企业进行普通股股票投资，即属于权益性投资。

2. 债权性投资的内容。企业间接从关联方获得的债权性投资，包括：

（1）关联方通过无关联第三方提供的债权性投资。是指关联方将资金借给无关联第三方，然后由无关联第三方借给企业的投资。

（2）无关联第三方提供的、由关联方担保且负有连带责任的债权性投资。是指虽然该债权性投资是由无关联第三方提供的，但无关联第三方可以选择由关联方偿还，关联方代企业偿还本金和支付利息后，对企业享有追偿权。

（3）其他间接从关联方获得的具有负债实质的债权性投资。具有负债实质的债权性投资，是指名义上不称为债权性投资，但是在某些情形下其实质属于负债性质。

案例分析

【例】A 企业购买 B 企业发行的可转换债券或者股权的行为，是 A 企业从关联方 B 企业获得的需要偿还本金和支付利息或者需要以其他具有利息性质的方式予以补偿的融资，即属于债权性投资。

（四）关联债资比例的确定

关联债资比例是指根据所得税法的规定，企业从其全部关联方接受的债权性投资（以下简称“关联债权投资”）占企业接受的权益性投资（以下简称“权益投资”）的比例，关联债权投资包括关联方以各种形式提供担保的债权性投资。关联债资比例的具体计算方法为：

关联债资比例 = 年度各月平均关联债权投资之和 ÷ 年度各月平均权益投资之和

其中：

各月平均关联债权投资 = （关联债权投资月初账面余额 + 月末账面余额） ÷2

各月平均权益投资 = （权益投资月初账面余额 + 月末账面余额） ÷2

权益投资为企业资产负债表所列示的所有者权益金额。如果所有者权益小于实收资本（股本）与资本公积之和，则权益投资为实收资本（股本）与资本公积之和；如果实收资本（股本）与资本公积之和小于所有者权益金额，则权益投资为所有者权益金额。

（五）利息支出的确定

利息支出包括直接或间接关联债权投资实际支付的利息、担保费、抵押费和其他具有利息性质的费用。

不得在计算应纳税所得额时扣除的利息支出，不得结转到以后纳税年度；应按照实际支付给各关联方利息占关联方利息总额的比例，在各关联方之间进行分配，其中，分配给实际税负高于企业的境内关联方的利息准予扣除；直接或间接实际支付给境外关联方的利息应视同分配的股息，按照股息和利息分别适用的所得税税率差补征企业所得税，如已扣缴的所得税税款多于按股息计算应征所得税税款，多出的部分不予退税。

（六）超标准利息支出的扣除规定

1. 在计算应纳税所得额时扣除的要求。企业关联债资比例超过标准比例的利息支出，如要在计算应纳税所得额时扣除，除遵照本办法第三章规定外，还应准备、保存、并按税务机关要求提供以下同期资料，证明关联债权投资金额、利率、期限、融资条件以及债资比例等均符合独立交易原则：

（1）企业偿债能力和举债能力分析。

（2）企业集团举债能力及融资结构情况分析。

（3）企业注册资本等权益投资的变动情况说明。

（4）关联债权投资的性质、目的及取得时的市场状况。

（5）关联债权投资的货币种类、金额、利率、期限及融资条件。

（6）企业提供的抵押品情况及条件。

（7）担保人状况及担保条件。

（8）同类同期贷款的利率情况及融资条件。

（9）可转换公司债券的转换条件。

（10）其他能够证明符合独立交易原则的资料。

2. 不得在计算应纳税所得额时扣除的情形。企业未按规定准备、保存和提供同期资料证明关联债权投资金额、利率、期限、融资条件以及债资比例等符合独立交易原则的，其超过标准比例的关联方利息支出，不得在计算应纳税所得额时扣除。

政策解析

需要注意三个方面的内容：

第一，企业投资方式有权益投资和债权投资。

第二，由于以下两方面原因，企业往往愿意采用债权投资，相应减少权益投资。一是由于债务人支付给债权人的利息可以在税前抵扣，而股东获得的收益即股息却不能在税前扣除，选择借债的融资方式比权益的融资方式，从税收的角度来说更具有优势；二是许多国家对非居民纳税人获得的利息征收的预提所得税税率，通常比对股息征收的企业所得税税率低，采用债权投资比采用股权投资的税收负担低。对于债务人和债权人同属于一个利益集团的跨国公司来说，就有动机通过操纵融资方式，降低集团整体的税收负担。

第三，纳税人在为投资经营而筹措资金时，常常刻意设计资金来源结构，加大借入资金比例，扩大债务与权益的比率，人为形成“资本弱化”。因此，许多国家在税法上对关联方之间的债权性投资与权益性投资比例做出限制，防范企业通过操纵各种债务形式的支付手段，增加税前扣除、降低税收负担。

十、一般反避税管理

一般反避税管理是指税务机关按照所得税的规定，对企业实施其他不具有合理商业目的的安排而减少其应纳税收入或所得额进行审核评估和调查调整等工作的总称。

（一）启动一般反避税调查的情形

税务机关可依据所得税法的规定对存在以下避税安排的企业，启动一般反避税调查：

1. 滥用税收优惠。

2. 滥用税收协定。

3. 滥用公司组织形式。

4. 利用避税港避税。

5. 其他不具有合理商业目的的安排。

（二）对企业避税安排的审核

税务机关应按照实质重于形式的原则审核企业是否存在避税安排，并综合考虑安排的以下内容：

1. 安排的形式和实质。

2. 安排订立的时间和执行期间。

3. 安排实现的方式。

4. 安排各个步骤或组成部分之间的联系。

5. 安排涉及各方财务状况的变化。

6. 安排的税收结果。

税务机关应按照经济实质对企业的避税安排重新定性，取消企业从避税安排获得的税收利益。对于没有经济实质的企业，特别是设在避税港并导致其关联方或非关联方避税的企业，可在税收上否定该企业的存在。

（三）一般反避税调查的其他要求

税务机关启动一般反避税调查时，应按照征管法及其实施细则的有关规定向企业送达《税务检查通知书》。企业应自收到通知书之日起60日内提供资料证明其安排具有合理的商业目的。企业未在规定期限内提供资料，或提供资料不能证明安排具有合理商业目的的，税务机关可根据已掌握的信息实施纳税调整，并向企业送达《特别纳税调查调整通知书》。

税务机关实施一般反避税调查，可按照征管法第五十七条的规定要求避税安排的筹划方如实提供有关资料及证明材料。一般反避税调查及调整须层报国家税务总局批准。

政策解析

需要注意两个方面的内容：

第一，企业所得税法借鉴了国外立法经验，将一般反避税条款作为兜底的补充性条款，主要目的在于打击和遏制以规避税收为主要目的，其他反避税措施又无法涉及的避税行为。如果对主要目的是为了获取税收利益而并非出于正常商业目的安排不进行制约，势必造成对其他企业的不公平，破坏公平市场环境。一般反避税条款用以弥补特别反避税条款的不足，有利于增强税法的威慑力。面对各种各样新的避税手法，必须要有相应的应对措施。

第二，一般反避税条款规定对不具有合理商业目的的安排进行调整，是指税务机关有权对以减少、免除或者推迟缴纳税款为主要目的的安排进行调整。不具有合理商业目的的安排通常具有以下特征：一是必须存在一个安排，即人为规划的一个或一系列行动或交易；二是企业必须从该安排中获取“税收利益”，即减少企业的应纳税收入或者所得额；三是企业获取税收利益是其安排的主要目的。满足以上三个特征，可推断该安排已经构成了避税事实。

十一、相应调整及国际磋商

（一）磋商谈判

关联交易一方被实施转让定价调查调整的，应允许另一方做相应调整，以消除双重征税。相应调整涉及税收协定国家（地区）关联方的，经企业申请，国家税务总局与税收协定缔约对方税务主管当局根据税收协定有关相互协商程序的规定开展磋商谈判。

国家税务总局按照规定接受企业谈签双边或多边预约定价安排申请的，应与税收协定缔约对方税务主管当局根据税收协定相互协商程序的有关规定开展磋商谈判。相应调整或相互磋商的结果，由国家税务总局以书面形式经主管税务机关送达企业。

（二）转让定价调整的申请与资料提供

涉及税收协定国家（地区）关联方的转让定价相应调整，企业应同时向国家税务总局和主管税务机关提出书面申请，报送《启动相互协商程序申请书》，并提供企业或其关联方被转让定价调整的通知书复印件等有关资料。

（三）转让定价调整的申请时限

企业应自企业或其关联方收到转让定价调整通知书之日起三年内提出相应调整的申请，超过三年的，税务机关不予受理。

（四）转让定价调整的范围

税务机关对企业实施转让定价调整，涉及企业向境外关联方支付利息、租金、特许权使用费等已扣缴的税款，不再做相应调整。

所谓不得在计算应纳税所得额时扣除的利息支出以及视同股息分配的利息支出，不适用相应调整的规定。

十二、法律责任

（一）未报送报告表或保存资料的法律责任

企业未按照本办法的规定向税务机关报送企业年度关联业务往来报告表，或者未保存同期资料或其他相关资料的，依照征管法第六十条和第六十二条的规定处理。

（二）拒绝提供资料或提供虚假资料的法律责任

企业拒绝提供同期资料等关联交易的相关资料，或者提供虚假、不完整资料，未能真实反映其关联业务往来情况的，依照征管法第七十条、征管法实施细则第九十六条、所得税法第四十四条及所得税法实施条例第一百一十五条的规定处理。

（三）加收利息的规定

税务机关根据所得税法及其实施条例的规定，对企业做出特别纳税调整的，应对2008年1月1日以后发生交易补征的企业所得税税款，按日加收利息。

1. 计息期间自税款所属纳税年度的次年6月1日起至补缴（预缴）税款入库之日止。

案例分析

【例】企业所得税法实施条例中规定，对于企业作出特别纳税调整的，应当对补征的税款，自税款所属纳税年度的次年（　　）起至补缴税款之日止的期间，按日加收利息。

A. 3月1日　　B. 4月1日

C. 5月1日　　D. 6月1日

参考答案：D。

2. 利息率按照税款所属纳税年度12月31日实行的与补税期间同期的中国人民银行人民币贷款基准利率（以下简称“基准利率”）加5个百分点计算，并按一年365天折算日利息率。

政策解析

需要注意两个方面的内容：

第一，税款所属纳税年度的基础利率。企业所得税法规定了确认利率的时间是税款所属纳税年度的利率，基础利率是中国人民银行公布的人民币贷款基准利率。中国人民银行公布的人民币贷款基准利率，是指中国人民银行公布的商业银行贷款业务的指导性利率，存款利率暂时不能上、下浮动，贷款利率可以在基准利率基础上下浮10%至上浮70%。

案例分析

【例】如果纳税人补税期间是三年，则需要相应采用中国人民银行公布的三年期贷款基准利率进行计算加收利息。

第二，利息计算的起止日期。企业所得税法规定的利息计算的起止日期为自税款所属纳税年度的次年6月1日起至补缴税款之日止的期间。鉴于企业所得税法规定企业应当自年度终了之日起5个月内，向税务机关报送年度企业所得税纳税申报表，并汇算清缴，结清应缴应退税款，因此，计息期间应为税款所属年度的次年6月1日起至补缴税款之日止。利息计算方法是按日计算加收利息，对应年利率，不足一年的时间以365日为标准按日计算。

企业按照本办法规定提供同期资料和其他相关资料的，或者企业符合规定免于准备同期资料但根据税务机关要求提供其他相关资料的，可以只按基准利率计算加收利息。

企业按照规定免于准备同期资料，但经税务机关调查，其实际关联交易额达到必须准备同期资料的标准的，税务机关对补征税款加收利息，适用本条第2项规定。

政策解析

为了鼓励企业按照规定积极配合提供关联业务调查有关资料，企业所得税法规定对于按规定提供有关资料的，可以减按前款规定的人民币贷款基准利率计算利息，以督促纳税人配合税务机关的调查，积极准备、保存并提供相关的资料。

3. 按照本条规定加收的利息，不得在计算应纳税所得额时扣除。

政策解析

对税款加收的利息，从性质上来说是对纳税人占用国家资金的一种补偿，不同于一般的存贷款利息，因此，不允许在税前列支。

4. 企业在税务机关做出特别纳税调整决定前预缴税款的，收到调整补税通知书后补缴税款时，按照应补缴税款所属年度的先后顺序确定已预缴税款的所属年度，以预缴入库日为截止日，分别计算应加收的利息额。

5. 企业对特别纳税调整应补征的税款及利息，应在税务机关调整通知书规定的期限内缴纳入库。企业有特殊困难，不能按期缴纳税款的，应依照征管法第三十一条及征管法实施细则第四十一条和第四十二条的有关规定办理延期缴纳税款。逾期不申请延期又不缴纳税款的，税务机关应按照征管法第三十二条及其他有关规定处理。

政策解析

需要注意三个方面的内容：

第一，企业所得税法借鉴国际通行做法，增加对反避税调整补税加收利息的条款，明确规定，税务机关按照特别纳税调整的规定对纳税人做出纳税调整，需要补征税款的，除补征税款外，应当按照国务院的规定加收利息，以此加大企业避税成本，打击各种避税行为，维护国家税收权益。

第二，鉴于反避税调查一般涉及的年份较长，调整补缴税款的性质与其他形式补缴税款有一定的差别，因此，实施条例规定加收利息按照税款所属纳税年度中国人民银行公布的与补税期间同期的人民币贷款基准利率加5个百分点计算。

第三，企业与其关联方之间的业务往来，不符合独立交易原则，或者企业实施其他不具有合理商业目的的安排的，税务机关有权在该业务发生的纳税年度起10年内，进行纳税调整。

十三、核定征收

（一）核定税额的基本规定

企业不提供与其关联方之间业务往来资料，或者提供虚假、不完整资料，未能真实反映其关联业务往来情况的，税务机关有权依法核定其应纳税所得额。

（二）核定税额的基本方法

税务机关依照税法规定核定企业的应纳税所得额时，可以采用下列方法：

1. 参照同类或者类似企业的利润率水平核定；
2. 按照企业成本加合理的费用和利润的方法核定；
3. 按照关联企业集团整体利润的合理比例核定；
4. 按照其他合理方法核定。

（三）对核定税额持有异议的处理办法

企业对税务机关按照前款规定的方法核定的应纳税所得额有异议的，应当提供相关证据，经税务机关认定后，调整核定的应纳税所得额。

政策解析

企业所得税法增加了核定征收条款，规定企业不提供与其关联方之间业务往来资料，或者提供虚假、不完整资料，未能真实反映其关联业务往来情况的，税务机关可以核定其应纳税所得额。这是维护国家税收权益、明确纳税人履行举证责任和解决反避税调查调整日趋复杂、案件旷日持久不能结案等困难的重要规定，这也是世界上许多国家采用的通常做法。

企业所得税对税务机关实施特别纳税调整采用的核定应纳税所得额的具体方法作了明确：(1) 参照同类或者类似企业的利润率水平核定；(2) 按照成本加合理的费用和利润的方法核定；(3) 按照关联企业集团整体利润的合理比例核定；(4) 按照其他合理方法核定。

案例分析

【例】企业不提供与其关联方之间业务往来资料，或者提供虚假、不完整资料，未能真实反映其关联业务往来情况的，税务机关有权依法（　　）。

A. 加收滞纳金　　B. 停供发票

C. 吊销营业执照　　D. 核定其应纳税所得额

参考答案：D。

十四、其他规定

1. 税务机关对转让定价管理和预约定价安排管理以外的其他特别纳税调整事项实施的调查调整程序可参照适用有关规定。

2. 各级国家税务局和地方税务局对企业实施特别纳税调查调整要加强联系，可根据需要组成联合调查组进行调查。

3. 税务机关及其工作人员应依据《国家税务总局关于纳税人涉税保密信息管理暂行办法》等有关保密的规定保管、使用企业提供的信息资料。

4. 所规定期限的最后一日是法定休假日的，以休假日期满的次日为期限的最后一日；在期限内有连续 3 日以上法定休假日的，按休假日天数顺延。

5. 涉及的"以上"、"以下"、"日内"、"之日"、"之前"、"少于"、"低于"、"超过"等均包含本数。

6. 被调查企业在税务机关实施特别纳税调查调整期间申请变更经营地址或注销税务登记的，税务机关在调查结案前原则上不予办理税务变更、注销手续。

7. 企业按规定准备 2008 纳税年度发生关联交易的同期资料，可延期至 2009 年 12 月 31 日。

第十三节　企业所得税核定征收

一、核定征收的适用范围

（一）适用核定征收办法的情形

企业所得税核定征收办法适用于居民企业纳税人。纳税人具有下列情形之一的，核定征收企业所得税：

1. 依照法律、行政法规的规定可以不设置账簿的。

2. 依照法律、行政法规的规定应当设置但未设置账簿的。

3. 擅自销毁账簿或者拒不提供纳税资料的。

4. 虽设置账簿，但账目混乱或者成本资料、收入凭证、费用凭证残缺不全，难以查账的。

5. 发生纳税义务，未按照规定的期限办理纳税申报，经税务机关责令限期申报，逾期仍不申报的。

6. 申报的计税依据明显偏低，又无正当理由的。

（二）不适用核定征收办法的情形

特殊行业、特殊类型的纳税人和一定规模以上的纳税人不适用本办法。"特定纳税人"包括以下类型的企业：

1. 享受《中华人民共和国企业所得税法》及其实施条例和国务院规定的一项或几项

企业所得税优惠政策的企业（不包括仅享受《中华人民共和国企业所得税法》第二十六条规定免税收入优惠政策的企业）。

2. 汇总纳税企业。

3. 上市公司。

4. 银行、信用社、小额贷款公司、保险公司、证券公司、期货公司、信托投资公司、金融资产管理公司、融资租赁公司、担保公司、财务公司、典当公司等金融企业。

5. 会计、审计、资产评估、税务、房地产估价、土地估价、工程造价、律师、价格鉴证、公证机构、基层法律服务机构、专利代理、商标代理以及其他经济鉴证类社会中介机构。

6. 国家税务总局规定的其他企业。

二、核定征收办法

税务机关应根据纳税人具体情况，对核定征收企业所得税的纳税人，核定应税所得率或者核定应纳所得税额。

（一）核定应税所得率的情形

具有下列情形之一的，核定其应税所得率：

1. 能正确核算（查实）收入总额，但不能正确核算（查实）成本费用总额的。

2. 能正确核算（查实）成本费用总额，但不能正确核算（查实）收入总额的。

3. 通过合理方法，能计算和推定纳税人收入总额或成本费用总额的。

（二）核定应纳所得税额的情形

纳税人不属于以上核定应税所得率情形的，核定其应纳所得税额。

三、核定应税所得率

（一）计算方法

采用应税所得率方式核定征收企业所得税的，应纳所得税额计算公式为：

应纳所得税额 = 应纳税所得额 × 适用税率

应纳税所得额 = 应税收入额 × 应税所得率

或：应纳税所得额 = 成本（费用）支出额 ÷（1 − 应税所得率）× 应税所得率

（二）应税所得率的确定与调整

应税所得率按表 18 − 2 规定的幅度标准确定：

表 18 − 2　　应税所得率表

行　业	应税所得率（%）
农、林、牧、渔业	3—10
制造业	5—15
批发和零售贸易业	4—15
交通运输业	7—15
建筑业	8—20
饮食业	8—25
娱乐业	15—30
其他行业	10—30

实行应税所得率方式核定征收企业所得税的纳税人，经营多业的，无论其经营项目是否单独核算，均由税务机关根据其主营项目确定适用的应税所得率。主营项目应为纳税人所有经营项目中，收入总额或者成本（费用）支出额或者耗用原材料、燃料、动力数量所占比重最大的项目。

纳税人的生产经营范围、主营业务发生重大变化，或者应纳税所得额或应纳税额增减变化达到20%的，应及时向税务机关申报调整已确定的应纳税额或应税所得率。

（三）核定应税所得率方式下的申报纳税办法

纳税人实行核定应税所得率的，按下列规定申报纳税：

（1）主管税务机关根据纳税人应纳税额的大小确定纳税人按月或者按季预缴，年终汇算清缴。预缴方法一经确定，一个纳税年度内不得改变。

（2）纳税人应依照确定的应税所得率计算纳税期间实际应缴纳的税额，进行预缴。按实际数额预缴有困难的，经主管税务机关同意，可按上一年度应纳税额的1/12或1/4预缴，或者按经主管税务机关认可的其他方法预缴。

（3）纳税人预缴税款或年终进行汇算清缴时，应按规定填写《中华人民共和国企业所得税月（季）度预缴纳税申报表（B类）》，在规定的纳税申报时限内报送主管税务机关。

四、核定征收企业所得税

（一）核定征收企业所得税的方法

税务机关采用下列方法核定征收企业所得税：

1. 参照当地同类行业或者类似行业中经营规模和收入水平相近的纳税人的税负水平核定；

2. 按照应税收入额或成本费用支出额定率核定；

3. 按照耗用的原材料、燃料、动力等推算或测算核定；

4. 按照其他合理方法核定。

采用前款所列一种方法不足以正确核定应纳税所得额或应纳税额的，可以同时采用两种以上的方法核定。采用两种以上方法测算的应纳税额不一致时，可按测算的应纳税额从高核定。

（二）核定征收企业所得税方式下的申报纳税办法

纳税人实行核定应纳所得税额方式的，按下列规定申报纳税：

1. 纳税人在应纳所得税额尚未确定之前，可暂按上年度应纳所得税额的1/12或1/4预缴，或者按经主管税务机关认可的其他方法，按月或按季分期预缴。

2. 在应纳所得税额确定以后，减除当年已预缴的所得税额，余额按剩余月份或季度均分，以此确定以后各月或各季的应纳税额，由纳税人按月或按季填写《中华人民共和国企业所得税月（季）度预缴纳税申报表（B类）》，在规定的纳税申报期限内进行纳税申报。

3. 纳税人年度终了后，在规定的时限内按照实际经营额或实际应纳税额向税务机关申报纳税。申报额超过核定经营额或应纳税额的，按申报额缴纳税款；申报额低于核定经营额或应纳税额的，按核定经营额或应纳税额缴纳税款。

五、核定征收企业所得税的鉴定工作程序

主管税务机关应及时向纳税人送达《企业所得税核定征收鉴定表》，及时完成对其核定征收企业所得税的鉴定工作。具体程序如下：

1. 纳税人应在收到《企业所得税核定征收鉴定表》后10个工作日内，填好该表并报送主管税务机关。《企业所得税核定征收鉴定表》一式三联，主管税务机关和县税务机关各执一联，另一联送达纳税人执行。主管税务机关还可根据实际工作需要，适当增加联次备用。

2. 主管税务机关应在受理《企业所得税核定征收鉴定表》后20个工作日内，分类逐户审查核实，提出鉴定意见，并报县税务机关复核、认定。

3. 县税务机关应在收到《企业所得税核定征收鉴定表》后30个工作日内，完成复核、认定工作。纳税人收到《企业所得税核定征收鉴定表》后，未在规定期限内填列、报送的，税务机关视同纳税人已经报送，按上述程序进行复核认定。

4. 税务机关应在每年6月底前对上年度实行核定征收企业所得税的纳税人进行重新鉴定。重新鉴定工作完成前，纳税人可暂按上年度的核定征收方式预缴企业所得税；重新鉴定工作完成后，按重新鉴定的结果进行调整。

5. 主管税务机关应当分类逐户公示核定的应纳所得税额或应税所得率。主管税务机关应当按照便于纳税人及社会各界了解、监督的原则确定公示地点、方式。

纳税人对税务机关确定的企业所得税征收方式、核定的应纳所得税额或应税所得率有异议的，应当提供合法、有效的相关证据，税务机关经核实认定后调整有异议的事项。

第十四节　企业所得税申报缴纳

一、纳税地点

（一）居民企业的纳税地点

除税收法律、行政法规另有规定外，居民企业以企业登记注册地为纳税地点；但登记注册地在境外的，以实际管理机构所在地为纳税地点。

所谓企业登记注册地，是指企业依照国家有关规定登记注册的住所地。

案例分析

【例】依据企业所得税法的规定，判定居民企业的标准有（　　）。

A. 登记注册地标准　　B. 所得来源地标准

C. 经营行为实际发生地标准　　D. 实际管理机构所在地标准

参考答案：A、D。

解析：居民企业是指依法在中国境内成立，或者依照外国（地区）法律成立但实际管理机构在中国境内的企业。对于两者的判断标准，新法参照国际通行做法及我国实际情况，采用“登记注册地标准”和“实际管理机构地标准”相结合的办法。

（二）非居民企业的纳税地点

非居民企业在中国境内设立机构、场所的，其所设机构、场所取得的来源于中国境内的所得，以及发生在中国境外但与其所设机构、场所有实际联系的所得，以机构、场所所在地为纳税地点。

非居民企业在中国境内未设立机构、场所的，或者虽设立机构、场所但取得的所得与其所设机构、场所没有实际联系的，其来源于中国境内的所得应缴纳的企业所得税，以扣缴义务人所在地为纳税地点。

案例分析

【例】按照新企业所得税法的规定，在中国境内登记注册的居民企业，缴纳企业所得税地点是（　　）。

A. 核算经营地　　B. 生产经营地

C. 货物销售地　　D. 登记注册地

参考答案：D。

二、汇总纳税的规定

（一）汇总纳税的基本规定

居民企业在中国境内设立不具有法人资格的营业机构的，应当汇总计算并缴纳企业所得税。企业汇总计算并缴纳企业所得税时，应当统一核算应纳税所得额。具体办法由国务院财政、税务主管部门另行制定。

非居民企业在中国境内设立两个或者两个以上机构、场所的，经税务机关审核批准，可以选择由其主要机构、场所汇总缴纳企业所得税。所谓主要机构、场所，应当同时符合下列条件：

（1）对其他各机构、场所的生产经营活动负有监督管理责任。

（2）设有完整的账簿、凭证，能够准确反映各机构、场所的收入、成本、费用和盈亏情况。

除国务院另有规定外，企业之间不得合并缴纳企业所得税。

政策解析

需要注意四个方面的内容：

第一，除另有规定外，居民企业在中国境内设立不具有法人资格的营业机构的收入必须汇总纳税。

第二，居民企业在中国境外设立不具有法人资格的营业机构的收入由纳税人选择是否申请汇总纳税，但境外的亏损不能抵减境内的盈利。

第三，非居民企业经过税务机关的审核批准，可以选择由其境内的主要机构、场所汇总缴纳企业所得税，其境外的亏损不能抵减境内的盈利。

第四，对于实行源泉扣缴方式收取的企业所得税，由于是由扣缴义务人逐笔扣缴，不存在是否汇总纳税的问题。

案例分析

【例】居民企业中国境内设立不具有法人资格的营业机构的，应当（　　）计算并缴纳企业所得税。

A. 分别　　B. 汇总　　C. 独立　　D. 就地预缴

参考答案：B。

（二）汇总纳税征收管理办法

1. 管理办法的适用范围。自2008年1月1日起，居民企业在中国境内跨地区（指跨省、自治区、直辖市和计划单列市，下同）设立不具有法人资格的营业机构、场所（以下简称“分支机构”）的，该居民企业为汇总纳税企业（以下简称“企业”），除另有规定外，适用汇总纳税征管办法。

铁路运输企业（包括广铁集团和大秦铁路公司）、国有邮政企业、中国工商银行股份有限公司、中国农业银行、中国银行股份有限公司、国家开发银行、中国农业发展银行、中国进出口银行、中央汇金投资有限责任公司、中国建设银行股份有限公司、中国建银投资有限责任公司、中国石油天然气股份有限公司、中国石油化工股份有限公司以及海洋石油天然气企业（包括港澳台和外商投资、外国海上石油天然气企业）等缴纳所得税未纳入中央和地方分享范围的企业，不适用本办法。

2. 管理办法的基本规定。企业实行“统一计算、分级管理、就地预缴、汇总清算、财政调库”的企业所得税征收管理办法。

所谓统一计算，是指企业总机构统一计算包括企业所属各个不具有法人资格的营业机构、场所在内的全部应纳税所得额、应纳税额。所谓分级管理，是指总机构、分支机构所在地的主管税务机关都有对当地机构进行企业所得税管理的责任，总机构和分支机构应分别接受机构所在地主管税务机关的管理。所谓就地预缴，是指总机构、分支机构应按本办法的规定，分月或分季分别向所在地主管税务机关申报预缴企业所得税。所谓汇总清算，是指在年度终了后，总机构负责进行企业所得税的年度汇算清缴，统一计算企业的年度应纳所得税额，抵减总机构、分支机构当年已就地分期预缴的企业所得税款后，多退少补税款。所谓财政调库，是指财政部定期将缴入中央国库的跨地区总分机构企业所得税待分配收入，按照核定的系数调整至地方金库。

政策解析

企业所得税法规定，不具有法人资格的营业机构应实行法人汇总纳税制度，由此会出现地区间税源转移问题。经请示国务院同意，将按照“统一核算、分级管理、就地预缴、集中清算、财政调库”的原则，合理确定总、分机构所在地区的企业所得税分享比例和办法，妥善解决实施新企业所得税法后引起的税收转移问题，处理好地区间利益分配关系。

案例分析

【例】根据现行政策，对于属于中央与地方共享收入范围的跨省市总分机构企业缴纳的企业所得税，按照统一规范、兼顾总机构和分支机构所在地利益的原则，实行（　　）处理办法。

A. 统一计算　　B. 分级管理

C. 就地预缴　　D. 汇总清算、财政调库

参考答案：A、B、C、D。

3. 分支机构预缴企业所得税的规定。总机构和具有主体生产经营职能的二级分支机构，就地分期预缴企业所得税。

二级分支机构及其下属机构均由二级分支机构集中就地预缴企业所得税；三级及以下分支机构不就地预缴企业所得税，其经营收入、职工工资和资产总额统一计入二级分支机构。

二级分支机构是指总机构对其财务、业务、人员等直接进行统一核算和管理的领取非法人营业执照的分支机构。总机构应及时将其所属二级分支机构名单报送总机构所在地主管税务机关，并向其所属二级分支机构及时出具有效证明（支持证明的材料包括总机构拨款证明、总分机构协议或合同、公司章程、管理制度等）。二级分支机构在办理税务登记时应向其所在地主管税务机关报送非法人营业执照（复印件）和由总机构出具的二级分支机构的有效证明。其所在地主管税务机关应对二级分支机构进行审核鉴定，督促其及时预缴企业所得税。

以总机构名义进行生产经营的非法人分支机构，无法提供有效证据证明其二级及二级以下分支机构身份的，应视同独立纳税人计算并就地缴纳企业所得税，不执行《国家税务总局关于印发〈跨地区经营汇总纳税企业所得税征收管理暂行办法〉的通知》（国税发〔2008〕28 号）的相关规定。

总机构设立具有独立生产经营职能部门，且具有独立生产经营职能部门的经营收入、职工工资和资产总额与管理职能部门分开核算的，可将具有独立生产经营职能的部门视同一个分支机构，就地预缴企业所得税。具有独立生产经营职能部门与管理职能部门的经营收入、职工工资和资产总额不能分开核算的，具有独立生产经营职能的部门不得视同一个分支机构，不就地预缴企业所得税。

不具有主体生产经营职能，且在当地不缴纳增值税、营业税的产品售后服务、内部研发、仓储等企业内部辅助性的二级及以下分支机构，不就地预缴企业所得税。

上年度认定为小型微利企业的，其分支机构不就地预缴企业所得税。新设立的分支机构，设立当年不就地预缴企业所得税。撤销的分支机构，撤销当年剩余期限内应分摊的企业所得税款由总机构缴入中央国库。

4. 境外设立营业机构的有关规定。企业在中国境外设立的不具有法人资格的营业机构，不就地预缴企业所得税。企业计算分期预缴的所得税时，其实际利润额、应纳税额及分摊因素数额，均不包括其在中国境外设立的营业机构。

5. 总分机构处于不同税率地区的有关规定。总机构和分支机构处于不同税率地区的，先由总机构统一计算全部应纳税所得额，然后依照规定的比例、三因素及其权重，计算划分不同税率地区机构的应纳税所得额后，再分别按总机构和分支机构所在地的适用税率计算应纳税额。

总机构和分支机构 2007 年及以前年度按独立纳税人计缴所得税尚未弥补完的亏损，允许在法定剩余年限内继续弥补。

6. 预缴企业所得税的有关规定。企业应根据当期实际利润额，按照本办法规定的预缴分摊方法计算总机构和分支机构的企业所得税预缴额，分别由总机构和分支机构分月或者分季就地预缴。

在规定期限内按实际利润额预缴有困难的，经总机构所在地主管税务机关认可，可以按照上一年度应纳税所得额的1/12或1/4，由总机构、分支机构就地预缴企业所得税。预缴方式一经确定，当年度不得变更。

7. 预缴企业所得税比例的有关规定。总机构和分支机构应分期预缴的企业所得税，50%在各分支机构间分摊预缴，50%由总机构预缴。总机构预缴的部分，其中25%就地入库，25%预缴入中央国库，按照财预［2008］10号文件的有关规定进行分配。

总机构应按照以前年度（1—6月份按上上年度，7—12月份按上年度）分支机构的经营收入、职工工资和资产总额三个因素计算各分支机构应分摊所得税款的比例，三因素的权重依次为0.35、0.35、0.30，其计算公式为：

某分支机构分摊比例 = 0.35 ×（该分支机构营业收入 ÷ 各分支机构营业收入之和）+0.35 ×（该分支机构工资总额 ÷ 各分支机构工资总额之和）+0.30 ×（该分支机构资产总额 ÷ 各分支机构资产总额之和）

以上公式中分支机构仅指需要就地预缴的分支机构，该税款分摊比例按上述方法一经确定后，当年不作调整。

8. 按照当期实际利润额预缴的税款分摊方法。

（1）分支机构应分摊的预缴数：总机构根据统一计算的企业当期实际应纳所得税额，在每月或季度终了后10日内，按照各分支机构应分摊的比例，将本期企业全部应纳所得税额的50%在各分支机构之间进行分摊并通知到各分支机构；各分支机构应在每月或季度终了之日起15日内，就其分摊的所得税额向所在地主管税务机关申报预缴。

（2）总机构应分摊的预缴数：总机构根据统一计算的企业当期应纳所得税额的25%，在每月或季度终了后15日内自行就地申报预缴。

（3）总机构缴入中央国库分配税款的预缴数：总机构根据统一计算的企业当期应纳所得税额的25%，在每月或季度终了后15日内自行就地申报预缴。

9. 按照上一年度应纳税所得额的1/12或1/4预缴的税款分摊方法。

（1）分支机构应分摊的预缴数：总机构根据上年汇算清缴统一计算应缴纳所得税额的1/12或1/4，在每月或季度终了之日起10日内，按照各分支机构应分摊的比例，将本期企业全部应纳所得税额的50%在各分支机构之间进行分摊并通知到各分支机构；各分支机构应在每月或季度终了之日起15日内，就其分摊的所得税额向所在地主管税务机关申报预缴。

（2）总机构应分摊的预缴数：总机构根据上年汇算清缴统一计算应缴纳所得税额的1/12或1/4，将企业全部应纳所得税额的25%部分，在每月或季度终了后15日内自行向所在地主管税务机关申报预缴。

（3）总机构缴入中央国库分配税款的预缴数：总机构根据上年汇算清缴统一计算应缴纳所得税额的1/12或1/4，将企业全部应纳所得税额的25%部分，在每月或季度终了后15日内，自行向所在地主管税务机关申报预缴。

10. 汇算清缴所得税的有关规定。总机构在年度终了后5个月内，应依照法律、法规和其他有关规定进行汇总纳税企业的所得税年度汇算清缴。各分支机构不进行企业所得税汇算清缴。

当年应补缴的所得税款，由总机构缴入中央国库。当年多缴的所得税款，由总机构所在地主管税务机关开具“税收收入退还书”等凭证，按规定程序从中央国库办理退库。

11. 分支机构有关概念的确定。

（1）分支机构经营收入，是指分支机构在销售商品或者提供劳务等经营业务中实现的全部营业收入。其中，生产经营企业的经营收入是指销售商品、提供劳务等取得的全部收入；金融企业的经营收入是指利息和手续费等全部收入；保险企业的经营收入是指保费等全部收入。

（2）分支机构职工工资，是指分支机构为获得职工提供的服务而给予职工的各种形式的报酬。

（3）分支机构资产总额，是指分支机构拥有或者控制的除无形资产外能以货币计量的经济资源总额。

各分支机构的经营收入、职工工资和资产总额的数据均以企业财务会计决算报告数据为准。

12. 对分摊所得税款比例有异议时的有关规定。分支机构所在地主管税务机关对总机构计算确定的分摊所得税款比例有异议的，应于收到《中华人民共和国企业所得税汇总纳税分支机构分配表》后30日内向企业总机构所在地主管税务机关提出书面复核建议，并附送相关数据资料。总机构所在地主管税务机关必须于收到复核建议后30日内，对分摊税款的比例进行复核，并作出调整或维持原比例的决定。分支机构所在地主管税务机关应执行总机构所在地主管税务机关的复核决定。分摊所得税款比例复核期间，分支机构应先按总机构确定的分摊比例申报预缴税款。

13. 对总机构监督和管理的有关规定。总机构和分支机构均应依法办理税务登记，接受所在地税务机关的监督和管理。

总机构应在每年6月20日前，将依照规定方法计算确定的各分支机构当年应分摊税款的比例，填入《中华人民共和国企业所得税汇总纳税分支机构分配表》，报送总机构所在地主管税务机关，同时下发各分支机构。总机构应当将其所有二级分支机构（包括不参与就地预缴分支机构）的信息及二级分支机构主管税务机关的邮编、地址报主管税务机关备案。

总机构所在地主管税务机关收到总机构报送的《中华人民共和国企业所得税汇总纳税分支机构分配表》后10日内，应通过国家税务总局跨地区经营汇总纳税企业信息交换平台或邮寄等方式，及时传送给各分支机构所在地主管税务机关。

14. 对分支机构监督和管理的有关规定。分支机构应将总机构信息、上级机构、下属分支机构信息报主管税务机关备案。分支机构注销后15日内，总机构应将分支机构注销情况报主管税务机关备案。

总机构及其分支机构除按纳税申报规定向主管税务机关报送相关资料外，还应报送《中华人民共和国企业所得税汇总纳税分支机构分配表》、财务会计决算报告和职工工资总额情况表。

分支机构的各项财产损失，应由分支机构所在地主管税务机关审核并出具证明后，再由总机构向所在地主管税务机关申报扣除。各分支机构主管税务机关应根据总机构主管税务机关反馈的《中华人民共和国企业所得税汇总纳税分支机构分配表》，对其主管分支机构应分摊入库的所得税税款和计算分摊税款比例的3项指标进行查验核对。发现计算分摊税款比例的3项指标有问题的，应及时将相关情况通报总机构主管税务机关。分支机构未按税款分配数额预缴所得税造成少缴税款的，主管税务机关应按照《中华人民共和国税收征收管理法》及其实施细则的有关规定对其处罚，并将处罚结果通知总机构主管税务机关。

15. 关于总机构不向分支机构提供企业所得税分配表，导致分支机构无法正常就地申报预缴企业所得税的处理问题。

首先，分支机构主管税务机关要对二级分支机构进行审核鉴定，如该二级分支机构具有主体生产经营职能，可以确定为应就地申报预缴所得税的二级分支机构；其次，对确定为就地申报预缴所得税的二级分支机构，主管税务机关应责成该分支机构督促总机构限期提供税款分配表，同时函请总机构主管税务机关责成总机构限期提供税款分配表，并由总机构主管税务机关对总机构按照《中华人民共和国税收征收管理法》的有关规定予以处罚；总机构主管税务机关未尽责的，由上级税务机关对总机构主管税务机关依照税收执法责任制的规定严肃处理。

（三）非居民企业汇总纳税的批准机关

非居民企业汇总纳税，须经各机构、场所所在地税务机关的共同上级税务机关审核批准。

（四）企业变更机构场所的报告义务

非居民企业经批准汇总缴纳企业所得税后，需要增设、合并、迁移、关闭机构、场所或者停止机构、场所业务的，应当事先由负责汇总申报缴纳企业所得税的主要机构、场所向其所在地税务机关报告；需要变更汇总缴纳企业所得税的主要机构、场所的，同样需要经批准汇总纳税的税务机关批准，即经各机构、场所所在地税务机关的共同上级税务机关批准。

三、纳税期限

企业所得税按纳税年度计算。纳税年度自公历1月1日起至12月31日止。自2008年1月1日起，外国企业一律以公历年度为纳税年度，按照《中华人民共和国企业所得税法》规定的税率计算缴纳企业所得税。

企业在一个纳税年度中间开业，或者终止经营活动，使该纳税年度的实际经营期不足12个月的，应当以其实际经营期为一个纳税年度。企业依法清算时，应当以清算期间作为一个纳税年度。

四、预缴和汇算清缴

（一）预缴税款的一般规定

企业所得税分月或者分季预缴。企业应当自月份或者季度终了之日起15日内，向税务机关报送预缴企业所得税纳税申报表，预缴税款。企业应当自年度终了之日起5个月内，向税务机关报送年度企业所得税纳税申报表，并汇算清缴，结清应缴应退税款。也就是说，企业所得税实行按年计征，分月或者分季预缴，年终汇算清缴的方式，即每月或者每季度申报缴纳，年终计算该纳税年度实际需要缴纳的税额，实行多退少补。企业所得税分月或者分季预缴，由税务机关具体核定。

（二）预缴税款的确认方法

企业根据企业所得税法规定分月或者分季预缴企业所得税时，应当按照月度或者季度的实际利润额预缴；按照月度或者季度的实际利润额预缴有困难的，可以按照上一纳税年度应纳税所得额的月度或者季度平均额预缴，或者按照经税务机关认可的其他方法预缴。预缴方法一经确定，该纳税年度内不得随意变更。

政策解析

实际上，企业所得税法规定了三种预缴税款的确认方法：（1）一般情况下应当按照月度或者季度的实际利润额预缴；（2）按照上一纳税年度应纳税所得额的月度或者季度平均额；（3）经税务机关认可的其他方法预缴。

（三）汇算清缴的一般规定

企业所得税汇算清缴，是指纳税人自纳税年度终了之日起5个月内或实际经营终止之日起60日内，依照税收法律、法规、规章及其他有关企业所得税的规定，自行计算本纳税年度应纳税所得额和应纳所得税额，根据月度或季度预缴企业所得税的数额，确定该纳税年度应补或者应退税额，并填写企业所得税年度纳税申报表，向主管税务机关办理企业所得税年度纳税申报、提供税务机关要求提供的有关资料、结清全年企业所得税税款的行为。

1. 凡在纳税年度内从事生产、经营（包括试生产、试经营），或在纳税年度中间终止经营活动的纳税人，无论是否在减税、免税期间，也无论盈利或亏损，均应按照企业所得税法及其实施条例的有关规定进行企业所得税汇算清缴。

实行核定定额征收企业所得税的纳税人，不进行汇算清缴

2. 纳税人应当自纳税年度终了之日起5个月内，进行汇算清缴，结清应缴应退企业所得税税款。

纳税人在年度中间发生解散、破产、撤销等终止生产经营情形，需进行企业所得税清算的，应在清算前报告主管税务机关，并自实际经营终止之日起60日内进行汇算清缴，结清应缴应退企业所得税款；纳税人有其他情形依法终止纳税义务的，应当自停止生产、经营之日起60日内，向主管税务机关办理当期企业所得税汇算清缴。

3. 纳税人应当按照企业所得税法及其实施条例的有关规定，正确计算应纳税所得额和应纳所得税额，如实、正确填写企业所得税年度纳税申报表及其附表，完整、及时报送相关资料，并对纳税申报的真实性、准确性和完整性负法律责任。

纳税人办理企业所得税年度纳税申报时，应如实填写和报送下列有关资料：企业所得税年度纳税申报表及其附表；财务报表；备案事项相关资料；总机构及分支机构基本情况、分支机构征税方式、分支机构的预缴税情况；委托中介机构代理纳税申报的，应出具双方签订的代理合同，并附送中介机构出具的包括纳税调整的项目、原因、依据、计算过程、调整金额等内容的报告；涉及关联方业务往来的，同时报送《中华人民共和国企业年度关联业务往来报告表》；主管税务机关要求报送的其他有关资料。

4. 纳税人因不可抗力，不能在汇算清缴期内办理企业所得税年度纳税申报或备齐企

业所得税年度纳税申报资料的，应按照税收征管法及其实施细则的规定，申请办理延期纳税申报。

5. 纳税人在汇算清缴期内发现当年企业所得税申报有误的，可在汇算清缴期内重新办理企业所得税年度纳税申报。

6. 纳税人在纳税年度内预缴企业所得税税款少于应缴企业所得税税款的，应在汇算清缴期内结清应补缴的企业所得税税款；预缴税款超过应纳税款的，主管税务机关应及时按有关规定办理退税，或者经纳税人同意后抵缴其下一年度应缴企业所得税税款。

7. 纳税人因有特殊困难，不能在汇算清缴期内补缴企业所得税款的，应按照税收征管法及其实施细则的有关规定，办理申请延期缴纳税款手续。

8. 实行跨地区经营汇总缴纳企业所得税的纳税人，由统一计算应纳税所得额和应纳所得税额的总机构，按照上述规定，在汇算清缴期内向所在地主管税务机关办理企业所得税年度纳税申报，进行汇算清缴。分支机构不进行汇算清缴，但应将分支机构的营业收支等情况在报总机构统一汇算清缴前报送分支机构所在地主管税务机关。总机构应将分支机构及其所属机构的营业收支纳入总机构汇算清缴等情况报送各分支机构所在地主管税务机关。

9. 经批准实行合并缴纳企业所得税的企业集团，由集团母公司（以下简称汇缴企业）在汇算清缴期内，向汇缴企业所在地主管税务机关报送汇缴企业及各个成员企业合并计算填写的企业所得税年度纳税申报表，以及规定的有关资料及各个成员企业的企业所得税年度纳税申报表，统一办理汇缴企业及其成员企业的企业所得税汇算清缴。

汇缴企业应根据汇算清缴的期限要求，自行确定其成员企业向汇缴企业报送规定的有关资料的期限。成员企业向汇缴企业报送的上述资料，应经成员企业所在地的主管税务机关审核。

（四）非居民企业所得税汇算清缴办法

1. 汇算清缴对象。

（1）依照外国（地区）法律成立且实际管理机构不在中国境内，但在中国境内设立机构、场所的非居民企业（以下简称为“企业”），无论盈利或者亏损，均应按照企业所得税法及本办法规定参加所得税汇算清缴。

（2）企业具有下列情形之一的，可不参加当年度的所得税汇算清缴：一是临时来华承包工程和提供劳务不足1年，在年度中间终止经营活动，且已经结清税款；二是汇算清缴期内已办理注销；三是其他经主管税务机关批准可不参加当年度所得税汇算清缴。

2. 汇算清缴时限。

（1）企业应当自年度终了之日起5个月内，向税务机关报送年度企业所得税纳税申报表，并汇算清缴，结清应缴应退税款。

（2）企业在年度中间终止经营活动的，应当自实际经营终止之日起60日内，向税务机关办理当期企业所得税汇算清缴。

3. 申报纳税。

（1）企业办理所得税年度申报时，应当如实填写和报送下列报表、资料：一是年度企业所得税纳税申报表及其附表；二是年度财务会计报告；三是税务机关规定应当报送的其他有关资料。

（2）企业因特殊原因，不能在规定期限内办理年度所得税申报，应当在年度终了之日起5个月内，向主管税务机关提出延期申报申请。主管税务机关批准后，可以适当延长申报期限。

（3）企业采用电子方式办理纳税申报的，应附报纸质纳税申报资料。

（4）企业委托中介机构代理年度企业所得税纳税申报的，应附送委托人签章的委托书原件。

（5）企业申报年度所得税后，经主管税务机关审核，需补缴或退还所得税的，应在收到主管税务机关送达的《非居民企业所得税汇算清缴涉税事宜通知书》后，按规定时限将税款补缴入库，或按照主管税务机关的要求办理退税手续。

（6）经批准采取汇总申报缴纳所得税的企业，其履行汇总纳税的机构、场所（以下简称“汇缴机构”），应当于每年5月31日前，向汇缴机构所在地主管税务机关索取《非居民企业汇总申报企业所得税证明》（以下称为《汇总申报纳税证明》）；企业其他机构、场所（以下简称“其他机构”）应当于每年6月30日前将《汇总申报纳税证明》及其财务会计报告送交其所在地主管税务机关。

在上述规定期限内，其他机构未向其所在地主管税务机关提供《汇总申报纳税证明》，且又无汇缴机构延期申报批准文件的，其他机构所在地主管税务机关应负责检查核实或核定该其他机构应纳税所得额，计算征收应补缴税款并实施处罚。

（7）企业补缴税款确因特殊困难需延期缴纳的，按税收征管法及其实施细则的有关规定办理。

（8）企业在所得税汇算清缴期限内，发现当年度所得税申报有误的，应当在年度终了之日起5个月内向主管税务机关重新办理年度所得税申报。

（9）企业报送报表期限的最后一日是法定休假日的，以休假日期满的次日为期限的最后一日；在期限内有连续三日以上法定休假日的，按休假日天数顺延。

4. 法律责任。

（1）企业未按规定期限办理年度所得税申报，且未经主管税务机关批准延期申报，或报送资料不全、不符合要求的，应在收到主管税务机关送达的《责令限期改正通知书》后按规定时限补报。

企业未按规定期限办理年度所得税申报，且未经主管税务机关批准延期申报的，主管税务机关除责令其限期申报外，可按照税收征管法的规定处以2 000元以下的罚款，逾期仍不申报的，可处以2000元以上10 000元以下的罚款，同时核定其年度应纳税额，责令其限期缴纳。企业在收到主管税务机关送达的《非居民企业所得税应纳税款核定通知书》后，应在规定时限内缴纳税款。

（2）企业未按规定期限办理所得税汇算清缴，主管税务机关除责令其限期办理外，对发生税款滞纳的，按照税收征管法的规定，加收滞纳金。

（3）企业同税务机关在纳税上发生争议时，依照税收征管法相关规定执行。

五、向税务机关报送资料的规定

企业在报送企业所得税纳税申报表时，应当按照规定附送财务会计报告和其他有关资料。企业在纳税年度内无论盈利或者亏损，都应当依照税法规定的期限，向税务机关报送预缴企业所得税纳税申报表、年度企业所得税纳税申报表、财务会计报告和税务机关规定应当报送的其他有关资料。

政策解析

需要注意三个方面的内容：

第一，税法规定的期限是指企业应当自月份或者季度终了之日起15日内，向税务机关报送预缴企业所得税纳税申报表；企业应当自年度终了之日起5个月内，向税务机关报送年度企业所得税纳税申报表。

第二，企业在纳税年度内无论盈利或者亏损都应当向税务机关报送相关资料。

第三，企业应向税务机关报送预缴企业所得税纳税申报表、年度企业所得税纳税申报表、财务会计报告和税务机关规定应当报送的其他有关资料。

六、清算所得

企业应当在办理注销登记前，就其清算所得向税务机关申报并依法缴纳企业所得税。所谓清算所得，是指企业的全部资产可变现价值或者交易价格减除资产净值、清算费用以及相关税费等后的余额。

企业清算所得＝企业的全部资产可变现价值或者交易价格－资产净值－清算费用－相关税费

投资方企业从被清算企业分得的剩余资产，其中相当于从被清算企业累计未分配利润和累计盈余公积中应当分得的部分，应当确认为股息所得；剩余资产减除上述股息所得后的余额，超过或者低于投资成本的部分，应当确认为投资资产转让所得或者损失。

七、外币折算

依照企业所得税法缴纳的企业所得税，以人民币计算。所得以人民币以外国货币计算的，应当折合成人民币计算并缴纳税款。

企业所得以人民币以外的货币计算的，预缴企业所得税时，应当按照月度或者季度最后一日的人民币汇率中间价，折合成人民币计算应纳税所得额。年度终了汇算清缴时，对已经按照月度或者季度预缴税款的，不再重新折合计算，只就该纳税年度内未缴纳企业所得税的部分，按照纳税年度最后一日的人民币汇率中间价，折合成人民币计算应纳税所得额。

经税务机关检查确认，企业少计或者多计前款规定的所得的，应当按照检查确认补税或者退税时的上一个月最后一日的人民币汇率中间价，将少计或者多计的所得折合成人民币计算应纳税所得额，再计算应补缴或者应退的税款。

政策解析

需要注意三个方面的内容：

第一，在进行预缴时，对以人民币以外的货币计价的收入，按照月度或者季度最后一日的人民币汇率中间价，折合成人民币计算应纳税所得额。

第二，在汇算清缴时，对已经预缴税款的所得不再重新折合计算。

第三，少计或者多计人民币以外的货币所得时的折算方法。

八、税收征管

(一) 税收征管的基本规定

企业所得税的征收管理除另有规定外，依照《中华人民共和国税收征收管理法》的规定执行。

(二) 新增企业所得税征管范围的调整

1. 基本规定。以 2008 年为基年，2008 年年底之前国家税务局、地方税务局各自管理的企业所得税纳税人不作调整。2009 年起新增企业所得税纳税人中，应缴纳增值税的企业，其企业所得税由国家税务局管理；应缴纳营业税的企业，其企业所得税由地方税务局管理。

同时，2009 年起下列新增企业的所得税征管范围实行以下规定：

(1) 企业所得税全额为中央收入的企业和在国家税务局缴纳营业税的企业，其企业所得税由国家税务局管理。

(2) 银行（信用社）、保险公司的企业所得税由国家税务局管理，除上述规定外的其他各类金融企业的企业所得税由地方税务局管理。

(3) 外商投资企业和外国企业常驻代表机构的企业所得税仍由国家税务局管理。该范围除包括外国企业常驻代表机构外，还应包括在中国境内设立机构、场所的其他非居民企业。

2. 若干具体问题的规定。

(1) 境内单位和个人向非居民企业支付《中华人民共和国企业所得税法》第三条第三款规定的所得的，该项所得应扣缴的企业所得税的征管，分别由支付该项所得的境内单位和个人的所得税主管国家税务局或地方税务局负责。

不缴纳企业所得税的境内单位，其发生的企业所得税源泉扣缴管理工作仍由国家税务局负责。

(2) 2008 年年底之前已成立跨区经营汇总纳税企业，2009 年起新设立的分支机构，其企业所得税的征管部门应与总机构企业所得税征管部门相一致；2009 年起新增跨区经营汇总纳税企业，总机构按基本规定确定的原则划分征管归属，其分支机构企业所得税的管理部门也应与总机构企业所得税管理部门相一致。

(3) 按税法规定免缴流转税的企业，按其免缴的流转税税种确定企业所得税征管归属；既不缴纳增值税也不缴纳营业税的企业，其企业所得税暂由地方税务局管理。

(4) 既缴纳增值税又缴纳营业税的企业，原则上按照其税务登记时自行申报的主营业务应缴纳的流转税税种确定征管归属；企业税务登记时无法确定主营业务的，一般以工商登记注明的第一项业务为准；一经确定，原则上不再调整。

(5) 2009 年起新增企业，是指按照《财政部 国家税务总局关于享受企业所得税优惠政策的新办企业认定标准的通知》（财税［2006］1 号）及有关规定的新办企业认定标准成立的企业。

练习与思考

一、概念题

1. 企业所得税　　　　2. 居民企业

3. 非居民企业
4. 应纳税所得额
5. 收入总额
6. 不征税收入
7. 免税收入
8. 税收抵免
9. 核定应税所得率
10. 核定应纳税所得税
11. 关联企业
12. 特别纳税调整
13. 汇总纳税
14. 合并纳税
15. 源泉扣缴

二、思考题

1. 居民企业与非居民企业的判定与纳税义务?
2. 应纳税所得额与利润总额的差异?
3. 小型微利企业的界定标准?
4. 高新技术企业的认定条件?
5. 企业所得税优惠政策的重心与优惠方式?
6. 鼓励技术创新和技术进步的优惠政策?
7. 促进环境保护和节能减排的优惠政策?
8. 特别纳税调整方法?
9. 汇总纳税适用范围及方法?

三、案例题

案例 1：生产企业应纳税额的计算

某市一家居民企业为增值税一般纳税人，主要生产销售彩色电视机，假定 2008 年度有关经济业务如下：

（1）销售彩电取得不含税收入 8 600 万元，与彩电配比的销售成本 5 660 万元。

（2）转让技术所有权取得收入 700 万元，直接与技术所有权转让有关的成本和费用 100 万元。

（3）出租设备取得租金收入 200 万元，接受原材料捐赠，取得增值税专用发票注明材料金额 50 万元、增值税进项税额 8.5 万元，取得国债利息收入 30 万元。

（4）购进原材料共计 3 000 万元，取得增值税专用发票注明进项税额 510 万元；支付购料运输费用共计 230 万元，取得运输发票。

（5）销售费用 1 650 万元，其中广告费 1 400 万元。

（6）管理费用 850 万元，其中业务招待费 90 万元。

（7）财务费用 80 万元，其中含向非金融企业借款 500 万元，所支付的年利息 40 万元；当年金融企业贷款的年利率为 5.8%。

（8）计入成本、费用中的实发工资 540 万元，发生的工会经费 15 万元、职工福利费 82 万元、职工教育经费 18 万元。

（9）营业外支出 300 万元，其中包括通过公益性社会团体向贫困山区的捐款 150 万元。

其他相关资料：一是上述销售费用、管理费用和财务费用不涉及技术转让费用。二是取得的相关票据均通过主管税务机关认证。

要求：根据上述资料，按下列序号计算回答问题：

（1）企业 2008 年应缴纳的增值税。

（2）企业 2008 年应缴纳的营业税。

（3）企业 2008 年应缴纳的城市维护建设税和教育费附加。

（4）企业 2008 年实现的会计利润。

（5）广告费用应调整的应纳税所得额。

（6）业务招待费应调整的应纳税所得额。

（7）财务费用应调整的应纳税所得额。

（8）职工工会经费、职工福利费、职工教育经费应调整的应纳税所得额。

（9）公益性捐赠应调整的应纳税所得额。

（10）企业 2008 年度企业所得税的应纳税所得额。

（11）企业 2008 年度应缴纳的企业所得税。

（12）编制有关税务处理的会计分录。

解析：

（1）企业 2008 年应缴纳的增值税：

应纳增值税 = 8 600 × 17% －（8.5 + 510 + 230 × 7%）= 1 462 － 534.6 = 927.4（万元）

（2）企业 2008 年应缴纳的营业税：

租金收入应纳营业税 = 200 × 5% = 10（万元）

注意：700 万元技术转让收入免征营业税。

（3）企业 2008 年应缴纳的城市维护建设税和教育费附加：

（927.4 + 10）×（7% + 3%）= 93.74（万元）

（4）企业 2008 年实现的会计利润：

会计利润 =（8 600 + 700 + 200 + 50 + 8.5 + 30）－（5 660 + 100 + 1 650 + 850 + 80 + 300 + 10 + 93.74）

= 9 588.5 － 8 743.74

= 844.76（万元）

注意：（50 + 8.5）的捐赠收入计入收入总额；不要忘记减除营业税、城建税、教育费附加。

（5）广告费用应调整的应纳税所得额：

限额 =（8 600 + 200）× 15% = 1 320（万元）

应调整应纳税所得额 = 1 400 － 1 320 = 80（万元）

（6）业务招待费应调整的应纳税所得额：

90 × 60% = 54（万元）>（8 600 + 200）× 5‰ = 44（万元）

应调整应纳税所得额 = 90 － 44 = 46（万元）

（7）财务费用应调整的应纳税所得额：

应调整应纳税所得额 = 40 － 500 × 5.8% = 11（万元）

（8）职工工会经费、职工福利费、职工教育经费应调整的应纳税所得额：

工会经费限额 = 540 × 2% = 10.8（万元）

职工福利费限额 = 540 × 14% = 75.6（万元）

职工教育经费限额 = 540 × 2.5% = 13.5（万元）

应调整应纳税所得额 = (15 + 82 + 18) - (10.8 + 75.6 + 13.5) = 115 - 99.9 = 15.1(万元)

（9）公益性捐赠应调整的应纳税所得额：

150 - 844.76 × 12% = 150 - 101.37 = 48.63（万元）

（10）企业 2008 年度企业所得税的应纳税所得额：

844.76 + 80 + 46 + 11 + 15.1 + 48.63 - 30（国债利息）- 500（免税所得）= 515.49（万元）

注意：技术转让所得 700 - 100 = 600（万元），其中 500 万元免税，100 万元减半征收。

（11）企业 2008 年度应缴纳的企业所得税：

(515.49 - 100) × 25% + 100 × 25% × 50% = 103.87 + 12.5 = 116.37（万元）

（12）编制有关税务处理的会计分录：

应纳营业税的会计分录：

借：营业税金及附加　　100 000

　　贷：应交税费——应交营业税　　100 000

应纳城建税与教育费附加的会计分录：

借：营业税金及附加　　937 400

　　贷：应交税费——应交城建税　　656 180

　　　　　　　　——应交教育费附加　　281 220

应纳所得税的会计分录：

借：所得税　　1 163 700 万元

　　贷：应交税费——应交所得税　　1 163 700

案例 2：外商投资企业应纳税额的计算

某生产油漆搅拌机的生产性外商投资企业（产品出口企业），主营生产销售产品，并辅营对外提供搅拌设备的设计服务。2001 年 9 月在我国依法设立，经营期 15 年，原涉外企业所得税税率为 15%，该企业 2004 年进入获利年度，开始实施“两免三减半”的优惠政策，但在 2007 年亏损，应纳税所得额 -20 万元。2008 年度有关经营情况如下：

（1）1—12 月取得境内产品销售收入 3 000 万元（其中，12 月份 300 万元），取得出口产品销售收入 5 000 万元（其中，12 月份 500 万元），取得与销售无关的设计、咨询服务收入 150 万元。

（2）12 月份境内采购原材料取得防伪税控系统开具的增值税专用发票，注明价款 600 万元、增值税 102 万元；从小规模纳税人处购买零件一批，取得税务机关代开的增值税发票，注明价款 10 万元、增值税 0.6 万元；取得发票并支付销售油漆搅拌设备运输费 4 万元；进料加工免税进口料件一批，到岸价格折合人民币 100 万元，海关保税放行。

（3）转让 7 年前建成的旧仓库一座，取得收入 800 万元，该仓库原值 550 万元，已提折旧 200 万元。该仓库经有关机构评估，成新度 60%，目前建造同样仓库需要 1 000 万元，有凭证显示该仓库支付的土地出让金和相关税费金额为 60 万元。

（4）12月份转让股票收益70万元；转让国库券收入30万元。

（5）全年应扣除的销售（经营）成本7 000万元（未含12月份不能抵扣的增值税，也未含辅营业务营业税）。

（6）管理费用200万元，其中含与生产经营相关的交际应酬费50万元、新技术开发费60万元、境内职工的境外社会保险10万元；财务费用30万元，其中24万元系经批准向本企业职工借款300万元用于生产经营，借用期限半年，支付了利息费用24万元（同期银行贷款年利率为7.5%）。

（7）在“营业外支出”账户中，发生的通过民政局向雪灾地区捐赠50万元，直接向某学校捐赠20万元，非广告性质的赞助支出40万元；毁损一批生产用材料，账面成本24.65万元（含运费4.65万元）。

注：增值税税率为17%，退税率为11%；转让仓库印花税忽略不考虑。

要求：按下列顺序回答问题（每个问题均为共计金额）：

（1）计算2008年应缴纳的营业税合计数。

（2）计算2008年12月出口货物应退的增值税。

（3）计算该企业应纳的土地增值税。

（4）计算2008年缴纳企业所得税的应税收入总额。

（5）计算2008年所得税前应扣除的管理费用。

（6）计算2008年所得税前应扣除的财务费用。

（7）计算2008年所得税前应扣除的捐赠、赞助、损失金额。

（8）计算该企业所得税前按优惠规定可加计扣除的金额。

（9）计算该出口企业2008年度应纳税所得额。

（10）计算该出口企业2008年度境内应缴纳的企业所得税。

（11）编制有关税务处理的会计分录。

解析：

（1）2008年应纳营业税：

应纳营业税 $=150\times5\%+800\times5\%=47.5$（万元）

（2）2006年12月出口货物应退的增值税：

当期免抵退税不得抵扣税额 $=500\times(17\%-11\%)-100\times(17\%-11\%)=24$（万元）

当期应纳税额 $=300\times17\%-(102+0.6+4\times7\%-24)+(24.65-4.65)\times17\%+4.65\div(1-7\%)\times7\%=-24.13$（万元）

当期出口货物免、抵、退税额 $=500\times11\%-100\times11\%=44$（万元）

由于24.13万元<44万元，12月份出口货物应退增值税 $=24.13$（万元）

（3）计算该企业应纳的土地增值税：

扣除项目额 $=1\ 000\times60\%+60+800\times5\%=700$（万元）

土地增值额 $=800-700=100$（万元）

$100\div700\times100\%=14.29\%$

应纳土地增值税 $=100\times30\%=30$（万元）

（4）2008年缴纳企业所得税的应税收入总额：

3 000 +5 000 +150 +70 +30 +800 =9 050（万元）

（5）2008 年所得税前应扣除的管理费用：

交际应酬费：

标准：50 ×60% =30（万元）

限度：（3 000 +5 000 +150） ×5‰ =40.75（万元）

比较择其小者扣除，税前可扣除招待费 30 万元，招待费超支 20 万元

境内职工的境外社会保险不得扣除：

2008 年所得税前应扣除的管理费用 =200 -20 -10 =170（万元）

（6）2008 年所得税前应扣除的财务费用：

利息可开支金额 =300 ×7.5% ×50% =11.25（万元）

利息超支 =24 -11.25 =12.75（万元）

2008 年所得税前应扣除的财务费用 =30 -12.75 =17.25（万元）

（7）2008 年所得税前应扣除的捐赠、赞助、损失金额 =50 +28.4 =78.4（万元）

向雪灾地区捐赠未超过利润总额的 12%，可全部扣除。

毁损材料可在税前扣除：24.65 + （24.65 -4.65） ×17% +4.65 ÷ （1 -7%） ×7% =28.4（万元）

（8）计算该企业所得税前按优惠规定可加计扣除的金额：

新产品加计扣除费用 =60 ×50% =30（万元）

（9）计算该出口企业 2008 年度应纳税所得额：

9 050 -7 000 -47.5（营业税） -24 -30（土地增值税） -410 -170 -17.25 -78.4 -30 -20（上年亏损） =1 222.85（万元）

注意：出口不能免抵的增值税计 24 万元，应加大销售成本，从而减少计税所得；转让旧仓库账面成本 =550 -200 +60 =410（万元）。

（10）计算该出口企业 2008 年度境内应缴纳的企业所得税：

1 222.85 ×18% ×50% =110.06（万元）

注意：该企业 2008 使用过渡期的 18% 的税率，并继续执行“两免三减半”的减半政策。

（11）编制有关税务处理的会计分录：

应纳营业税的会计分录：

借：营业税金及附加　　475 000

　　贷：应交税费——应交营业税　　475 000

应纳土地增值税的会计分录：

借：营业税金及附加　　300 000

　　贷：应交税费——应交土地增值税　　300 000

应纳所得税的会计分录：

借：所得税　　1 100 600

　　贷：应交税费——应交所得税　　1 100 600

第十九章　个人所得税

第一节　个人所得税概述

个人所得税法是指国家制定的用以调整个人所得税征收与缴纳之间权利及义务关系的法律规范。

个人所得税是以个人（自然人）取得的各项应税所得为征税对象而征收的一种所得税，但是个人所得税的征税对象不仅包括个人还包括具有自然人性质的企业。政府利用个人所得税对个人收入进行调节，取得财政收入。

一、个人所得税的发展

个人所得税是世界各国普遍征收的一个税种，目前世界上已有140多个国家开征了这一税种。个人所得税最早于1799年在英国创立，当时由于英法两国交战，财政紧张，于是英国开始对高收入人群征收个人所得税。

我国的个人所得税制度的创建始于20世纪之初。清末宣统年间，政府有关部门曾起草过《所得税章程》，其中包括对个人所得征税的内容。中华民国成立后，曾制定过《所得税条例》，但未能真正施行。1936年7月，国民党政府正式发布了《所得税暂行条例》，先后开征了薪给报酬所得税、证券存款利息所得税和营利事业所得税等。新中国成立后，我国仍然保留了所得税。但是我国真正意义上的个人所得税法诞生于1980年。1980年9月10日，第五届全国人民代表大会第三次会议通过了《中华人民共和国个人所得税法》（以下简称《个人所得税法》），主要适用于我国境内的外籍人员。1986年，国务院先后发布实施了《中华人民共和国城乡个体工商业户所得税暂行条例》和《中华人民共和国个人收入调节税暂行条例》，主要适用于个体工商户和国内公民。1993年税制改革中，将上述3部法律、法规进行了修改和合并。1994年1月1日，修改后的《个人所得税》开始施行，个人所得税的法律制度得到了统一。1999年8月30日第九届全国人民代表大会常务委员会第十一次会议通过了第二次修正的《中华人民共和国个人所得税法》。2000年9月，财政部、国家税务总局根据《国务院关于个人独资企业和合伙企业征收所得税问题的通知》有关“对个人独资企业和合伙企业停征企业所得税，只对其投资者的经营所得征收个人所得税”的规定。制定了《关于个人独资企业和合伙企业投资者征收个人所得税的规定》（以下简称《规定》）。《规定》明确从2000年1月1日起，个人独资企业和合伙企业投资者将依法缴纳个人所得税。

现行个人所得税的基本规范是1980年9月10日第五届全国人民代表大会第三次会议

制定、根据1993年10月31日第八届全国人民代表大会常务委员会第四次会议决定修改的《中华人民共和国个人所得税法》，以及2008年2月18日修改的《中华人民共和国个人所得税法实施条例》。

在现代社会，随着公共财政的建立，国家担负了越来越多的公共职能，对于财政收入的需求也日益增大，而个人所得税由于其调节收入分配、缓解贫富差距、促进社会稳定、增加财政收入、调节经济等特点，被大多数国家所采纳，特别是许多发达国家将其作为了主体税种。

二、个人所得税的计税原理、征收模式

（一）计税原理

个人所得税的计税依据是个人的纯所得，即纳税人的收入或报酬扣除了有关费用以后的余额。有关费用一方面指与纳税人获取收入和报酬有关的经营费用；另一方面指维持纳税人自身及家庭生活需要的费用。具体可以分为三类：

1. 与应税收入相匹配的经营成本和费用；
2. 与个人总体能力相匹配的免税扣除和家庭生计扣除；
3. 为了实现特定的社会目标而鼓励的支出，又称为“特别费用扣除”。

（二）征收模式

个人所得税的征收模式有三种：分类征收制、综合征收制和混合征收制。

1. 分类征收制，是将纳税人不同来源、性质的所得项目，分别规定不同的税率征税。其优点是对纳税人全部所得区分性质进行区别征税，可以体现国家的政策目标；缺点是对纳税人的整体把握不全面，可能会导致实际税负的不公平。

2. 综合征收制，是对纳税人全年的各项所得加以汇总，就其总额进行征税。其优点是可以对纳税人的全部所得征税，体现了收入方面的税收公平原则；缺点是不利于区分不同的收入来调节，很难体现国家的政策目标。

3. 混合征收制，是对纳税人不同来源、性质的所得项目，先分别按照不同的税率征税，然后将全年的各项所得进行汇总征税。这种征收模式集中了前两种的优点，既可以实现税收的政策调节功能，也可以体现税收的公平原则。

我国的个人所得税征收采用了分类征收制。因为在我国开征个人所得税之初，居民个人的总体收入水平较低，收入来源比较单一，政府征税的目的是调节一部分居民畸高的收入。而现如今，我国居民的收入规模和来源都发生了很大的变化，仅仅按照居民收入的类型来课征个人所得税就不能达到调节收入分配的目的。因为现行的分类征收税制有一定弊端，纳税人可以将自己的收入在不同类型收入间进行转换，以达到少缴税甚至不缴税的目的。另一方面，如果把纳税人不用缴税的单个来源的收入按照全年加总来看，也是一笔不小的收入。如此看来，对我国现行的个人所得税制模式进行改革是未来的一个方向，我国也初步确定了把个人所得税制由分类征收制向分类与综合相结合的模式转变。

三、个人所得税的作用

（一）保证财政收入

经济越发达的国家，个人所得税收入占税收收入的比重就越大。随着我国经济连年快速稳步的发展，居民的收入水平也在不断提高，因此个人所得税占全部税收收入的比重也

在不断提高，再加上我国税法日臻完善，征管水平不断提高，个人所得税体现了越来越重要的财政意义，向主体税种的方向迈进。

（二）维护国家权益

改革开放以来，来华工作的外籍人员不断增多，在我国境内取得的收入额也越来越大。根据国际征税原则，外籍人员在我国境内取得的所得，除了向我国政府依法纳税外，还要向其所在国政府缴纳部分个人所得税。因此开征个人所得税，对境内的外籍人员行使税收管辖权，可以保证我国的合理税收收入，维护国家权益。

（三）调节个人收入分配

随着我国经济的快速发展，居民的生活水平不断提高，一部分人已经达到了较高的收入水平，收入差距逐步扩大，开征个人所得税可以对居民收入进行调节，在保证人们基本生活费用支出的同时，高收入者多纳税，中等收入者少纳税，低收入者不纳税，以此实现社会公平，维护社会安定。

（四）增强个人纳税意识

一直以来，我国公民的纳税观念比较淡薄。随着经济发展和个人收入水平的不断提高，符合缴纳个人所得税的人逐渐增多，开征个人所得税，有利于培养人们的纳税习惯。通过个人所得税税法宣传，加强税收的管理和税收的缴纳，实施源泉扣缴和自行申报制度，使公民逐步树立依法纳税的观念。

第二节 个人所得税征税范围

个人所得税的征税范围包括居民纳税人来源于中国境内、中国境外的全部所得和非居民纳税人来源于中国境内的所得。判断所得来源地，是确定该项收入是否应该征收个人所得税的重要依据。

一、所得来源的确定

（一）所得来源地确认方法

中国的个人所得税，依据所得来源地的判断应反映经济活动的实质，要遵循方便税务机关实行有效征管的原则，具体规定如下：

1. 工资、薪金所得，以纳税人任职、受雇的公司、企业、事业单位、机关、团体、部队、学校等单位的所在地，作为所得来源地。

2. 生产、经营所得，以生产、经营活动实现地，作为所得来源地。

3. 劳务报酬所得，以纳税人实际提供劳务的地点，作为所得来源地。

4. 不动产转让所得，以不动产坐落地为所得来源地；动产转让所得，以实现转让的地点为所得来源地。

5. 财产租赁所得，以被租赁财产的使用地，作为所得来源地。

6. 利息、股息、红利所得，以支付利息、股息、红利的企业、机构、组织的所在地，作为所得来源地。

7. 特许权使用费所得，以特许权的使用地，作为所得来源地。

（二）关于境内所得的规定

所得的来源地与所得的支付地并不是同一概念，有时两者是一致的，有时却是不相同的。根据上述原则和方法，来源于中国境内的所得有：

1. 在中国境内的公司、企业、事业单位、机关、社会团体、部队、学校等单位或经济组织中任职、受雇而取得的工资、薪金所得。

2. 在中国境内提供各种劳务而取得的劳务报酬所得。

3. 在中国境内从事生产、经营活动而取得的所得。

4. 个人出租的财产，被承租人在中国境内使用而取得的财产租赁所得。

5. 转让中国境内的房屋、建筑物、土地使用权，以及在中国境内转让其他财产而取得的财产转让所得。

6. 提供在中国境内使用的专利权、专有技术、商标权、著作权，以及其他各种特许权利而取得的特许权使用费所得。

7. 因持有中国的各种债券、股票、股权而从中国境内的公司、企业或其他经济组织以及个人取得的利息、股息、红利所得。

8. 在中国境内参加各种竞赛活动取得名次的奖金所得；参加中国境内有关部门和单位组织的有奖活动而取得的中奖所得；购买中国境内有关部门和单位发行的彩票取得的中彩所得。

9. 在中国境内以图书、报纸方式出版、发表作品取得的稿酬所得。

案例分析

【例1】下列所得为来源于中国境内所得的有（　　）。

A. 将泥人制造工具租给在美国的中国公民由其使用而取得的所得

B. 中国公民转让其在日本的房产而取得的所得

C. 境外个人将一项专利卖给我国境内公司使用取得的所得

D. 华侨持有中国的各种债券而从中国境内的公司、企业取得利息

答案：C、D。

解析：来自中国境内的所得是指：出租财产的使用地在中国；转让中国境内的房地产；提供在中国境内使用的专利权、专有技术、商标权、著作权；持有中国的各种债券、股票、股权而从中国境内的公司、企业取得利息、股息、红利所得。

【例2】美国某职员在中国境内的公司任职而取得的工资所得、日本某商人转让其在中国境内的房屋取得的财产转让所得、英国某作家提供在中国境内使用的著作权而取得的特许权使用费所得、法国旅游者购买中国境内有关部门和单位发行的彩票取得的中彩所得等，均属于来源于中国境内的所得，应依法计算缴纳个人所得税。

二、应税所得项目

我国个人所得税实行分类征收制，根据不同的应税所得项目，分别确定计税依据和适用税率，分别计算应纳税额。现行个人所得税法规定的应税所得项目有11项。

（一）工资、薪金所得

工资、薪金所得，是指个人因任职或者受雇而取得的工资、薪金、奖金、年终加薪、

劳动分红、津贴、补贴以及任职或者受雇有关的其他所得。

劳动分红与投资分红不属于一个范畴。

(二) 个体工商户的生产、经营所得

个体工商户的生产、经营所得，是指个体工商户从事工业、手工业、建筑业、交通运输业、商业、饮食业、服务业、修理业及其他行业取得的所得以及其他个人从事个体工商业生产、经营取得的所得。

(三) 对企事业单位的承包经营、承租经营的所得

对企事业单位的承包经营、承租经营所得，是指个人承包经营或承租经营以及转包、转租取得的所得。承包项目可分多种，如生产经营、采购、销售、建筑安装等各种承包。转包包括全部转包或部分转包。

(四) 劳务报酬所得

劳务报酬所得，指个人独立从事各种非雇用的各种劳务所取得的所得。包括设计、装潢、安装、制图等多项劳务。

(五) 稿酬所得

稿酬所得，是指个人因其作品以图书、报纸形式出版、发表而取得的所得。

(六) 特许权使用费所得

特许权使用费所得，是指个人提供专利权、商标权、著作权、非专利技术以及其他特许权的使用权取得的所得。提供著作权的使用权取得的所得，不包括稿酬所得。

(七) 利息、股息、红利所得

利息、股息、红利所得，是指个人拥有债权、股权而取得的利息、股息、红利所得。

(八) 财产租赁所得

财产租赁所得，是指个人出租建筑物、土地使用权、机器设备、车船以及其他财产取得的所得。

(九) 财产转让所得

财产转让所得，是指个人转让有价证券、股权、建筑物、土地使用权、机器设备、车船以及其他财产取得的所得。

(十) 偶然所得

偶然所得，是指个人得奖、中奖、中彩以及其他偶然性质的所得。

(十一) 经国务院财政部门确定征税的其他所得

除上述列举的各项个人应税所得外，其他确有必要征税的个人所得，由国务院财政部门确定。个人取得的所得，难以界定应纳税所得项目的，由主管税务机关确定。

案例分析

【例】依据个人所得税法规定，对个人转让有价证券取得的所得，应属于（　　）征税项目。

A. 偶然所得　　B. 财产转让所得

C. 股息红利所得　　D. 特许权使用费所得

参考答案：B。

第三节 个人所得税纳税人

个人所得税纳税人，包括中国公民（自然人）、个体工商业户以及在中国境内有所得的外籍人员（包括无国籍人员）和华侨、香港、澳门、台湾同胞。上述纳税人依据住所和居住时间两个标准，区分居民纳税人和非居民纳税人，分别承担不同的纳税义务。

税法中关于“中国境内”的概念，是指施行《中华人民共和国个人所得税法》的地区，即中国大陆地区，目前还不包括中国香港、澳门和台湾地区。

政策解析

自2000年1月1日起，个人独资企业和合伙企业投资者也为个人所得税的纳税义务人。

一、居民纳税义务人

根据《个人所得税法》规定，居民纳税义务人是指在中国境内有住所，或者无住所而在中国境内居住满1年的个人。居民纳税义务人负有无限纳税义务，应就其来来源于中国境内、中国境外的全部所得缴纳个人所得税。

（一）在中国境内有住所的个人

所谓在中国境内有住所的个人，是指因户籍、家庭、经济利益关系，而在中国境内习惯性居住的个人。所谓习惯性居住，是判定纳税义务人属于居民还是非居民的一个重要依据。它是指个人因学习、工作、探亲等原因消除之后，没有理由在其他地方继续居留时，所要回到的地方。而不是指实际居住或在某一个特定时期内的居住地。一个纳税人因学习、工作、探亲、旅游等原因，原来是在中国境外居住，但是在这些原因消除之后，如果必须回到中国境内居住的，则中国为该人的习惯性居住地。尽管该纳税义务人在一个纳税年度内，甚至连续几个纳税年度，都未在中国境内居住过1天，他仍然是中国居民纳税义务人，应就其来自全球的应纳税所得，向中国缴纳个人所得税。

（二）在中国境内无住所而在境内居住满1年的个人

所谓在境内居住满1年，是指在一个纳税年度（即公历1月1日起至12月31日止，下同）内，在中国境内居住满365日。在计算居住天数时，对临时离境应视同在华居住，不扣减其在华居住的天数。这里所说的临时离境，是指在一个纳税年度内，一次不超过30日或者多次累计不超过90日的离境。

政策解析

个人所得税的居民纳税义务人包括有以下两类：

第一，在中国境内定居的中国公民和外国侨民。但不包括虽具有中国国籍，却并没有在中国大陆定居，而是侨居海外的华侨和居住在香港、澳门、台湾的同胞。

第二，从公历1月1日起至12月31日止，居住在中国境内的外国人、海外侨胞和香港、澳门、台湾同胞。这些人如果在一个纳税年度内，一次离境不超过30日，或者多次离境累计不超过90日的，仍应被视为全年在中国境内居住，从而判定为居民纳税义务人。

案例分析

【例】临时离境是指纳税人在该纳税年度中一次不超过（　　）日或者多次累计不超过（　　）日的离境。（　　）

A. 30、60　　B. 30、90　　C. 60、90　　D. 90、183

参考答案：B。

二、非居民纳税义务人

根据《个人所得税法》规定，非居民纳税义务人是“在中国境内无住所又不居住或者无住所而在境内居住不满1年的个人”。非居民纳税义务人承担有限纳税义务，即仅就其来源于中国境内的所得，向中国缴纳个人所得税。

非居民纳税义务人，是指习惯性居住地不在中国境内，而且不在中国居住，或者在一个纳税年度内，在中国境内居住不满1年的个人。在现实生活中，习惯性居住地不在中国境内的个人，只有外籍人员、华侨或香港、澳门和台湾同胞。因此，非居民纳税义务人。实际上只能是在一个纳税年度中，没有在中国境内居住，或者在中国境内居住不满1年的外籍人员、华侨或香港、澳门、台湾同胞。

政策解析

自2004年7月1日起，对境内居住的天数和境内实际工作期间按以下规定为准：

第一，判定纳税义务及计算在中国境内居住的天数。对在中国境内无住所的个人，均应以该个人实际在华逗留天数计算。其入境、离境、往返或多次往返境内外的当日，均按1天计算其在华实际逗留天数。

第二，对个人入、离境当日及计算在中国境内实际工作期间。对在中国境内、境外机构同时担任职务或仅在境外机构任职的境内无住所个人，在计算其境内工作期间时，对其入境、离境、往返或多次往返境内外的当日，均按半天计算其在华实际工作天数。

案例分析

【例1】将个人所得税的纳税义务人区分为居民纳税义务人和非居民纳税义务人，依据的标准有（　　）。

A. 境内有无住所　　B. 境内时间

C. 取得收入的工作地　　D. 境内居住时间

参考答案：A、D。

【例2】下列属于非居民纳税人的有（　　）。

A. 在中国境内无住所且不居住，但有来源于中国境内所得的居民

B. 在中国境内无住所的居民

C. 在中国境内无住所的居民，但居住时间满一个纳税年度

D. 在中国境内有住所，但目前未居住的居民

参考答案：A。

【例3】下列属于个人所得税纳税义务人的是（　　）。

A. 城乡个体工商户　　　　　　　　B. 私营企业

C. 个人独资企业的投资者　　　　　D. 外籍个人

参考答案：A、C、D。

【例 4】某外籍人 2007 年 2 月 10 日来华工作，2008 年 3 月 17 日离华，2008 年 4 月 14 日又来华，2008 年 9 月 26 日离华，2008 年 10 月 9 日又来华，2009 年 5 月离华回国，则该纳税人（　　）。

A. 2007 年度为居民纳税人，2008 年为非居民纳税人

B. 2007 年度为居民纳税人，2008 年为非居民纳税人

C. 2007、2008 年度均为非居民纳税人

D. 2007、2008 年度均为居民纳税人

参考答案：B。

第四节　个人所得税税率

个人所得税采用分类征收制，税率按所得项目不同分别确定。

一、工资、薪金所得适用税率

工资、薪金所得，适用九级超额累进税率，税率为 5%—45%（见表 19－1）。

表 19－1　　工资、薪金所得适用税率和速算扣除数

级数	全月应纳税所得额	税率（%）	速算扣除数（元）
1	不超过 500 元的	5	0
2	超过 500—2 000 元的部分	10	25
3	超过 2 000—5 000 元的部分	15	125
4	超过 5 000—20 000 元的部分	20	375
5	超过 20 000—40 000 元的部分	25	1 375
6	超过 40 000—60 000 元的部分	30	3 375
7	超过 60 000—80 000 元的部分	35	6 375
8	超过 80 000—100 000 元的部分	40	10 375
9	超过 100 000 元的部分	45	15 375

政策解析

表 19－1 所谓全月应纳税所得额是指依照税法的规定以每月收入额减除费用 2 000 元后的余额或者减除附加减除费用后的余额。

二、个体工商户的生产、经营所得和对企事业单位的承包经营、承租经营所得适用税率

个体工商户的生产、经营所得和对企事业单位的承包经营、承租经营所得，适用

5%—35%的超额累进税率（见表19－2）。

表19－2 个体工商户、承包户适用税率和速算扣除数

级数	全年应纳税所得额	税率（%）	速算扣除数（元）
1	不超过5 000元的	5	0
2	超过5 000—10 000元的部分	10	250
3	超过10 000—30 000元的部分	20	1 250
4	超过30 000—50 000元的部分	30	4 250
5	超过50 000元的部分	35	6 750

政策解析

第一，表19－2所谓全年应纳税所得额，对个体工商户的生产、经营所得来源，是指以每一纳税年度的收入总额，减除成本、费用以及损失后的余额；对企事业单位的承包经营、承租经营所得来源，是指以每一纳税年度的收入总额减除必要费用后的余额。

第二，个人独资企业和合伙企业的生产经营所得，也适用5%—35%的五级超额累进税率。

对企事业单位实行承包经营、承租经营的征税问题，按下列规定执行：

1. 企业实行个人承包、承租经营后，如果工商登记仍为企业的，不管其分配方式如何，均应先按照企业所得税的有关规定缴纳企业所得税。承包经营、承租经营者按照承包、承租经营合同（协议）规定取得的所得，依照个人所得税法的有关规定缴纳个人所得税，具体为：

（1）承包、承租人对企业经营成果不拥有所有权，仅是按合同（协议）规定取得一定所得的，其所得按工资、薪金所得项目征税，适用5%—45%的九级超额累进税率。

（2）承包、承租人按合同（协议）的规定只向发包、出租方缴纳一定费用后，企业经营成果归其所有的，承包、承租人取得的所得，按对企事业单位的承包经营、承租经营所得项目，适用5%—35%的5级超额累进税率征税。

【例】中国公民李某与某单位签订承包经营招待所的协议。协议中规定，招待所的经营成果归发包单位所有；发包单位每年向张某支付报酬8万元，年终根据招待所的盈亏情况给予一定的奖励或处罚。则对李某取得的所得，应按照工资、薪金所得项目适用九级超额累进税率计算缴纳个人所得税。

2. 企业实行个人承包、承租经营后，如工商登记改变为个体工商户的，应依照个体工商户的生产、经营所得项目计征个人所得税，不再征收企业所得税。

三、稿酬所得适用税率

稿酬所得，适用比例税率，税率为20%，并按应纳税额减征30%。故其实际税率为14%。

四、劳务报酬所得适用税率

劳务报酬所得，适用比例税率，税率为 20%。对劳务报酬所得一次收入畸高的，可以实行加成征收，具体办法由国务院规定。

根据《个人所得税法实施条例》规定的“劳务报酬所得一次收入畸高”，是指个人一次取得劳务报酬，其应纳税所得额超过 20 000 元。对应纳税所得额超过 20 000—50 000 元的部分，依照税法规定计算应纳税额后再按照应纳税额加征五成；超过 50 000 元的部分，加征十成。因此，劳务报酬所得实际上适用 20%、30%、40% 的三级超额累进税率（见表 19－3）。

表 19－3　劳务报酬所得个人所得税税率表

级数	每次应纳税所得额	税率（%）
1	不超过 20 000 元的部分	20
2	超过 20 000—50 000 元的部分	30
3	超过 50 000 元的部分	40

政策解析

表 19－3 所谓每次应纳税所得额，是指每次收入额减除费用 800 元（每次收入额不超过 4 000 元时）或者减除 20% 的费用（每次收入额超过 4 000 元时）后的余额。

五、特许权使用费所得，利息、股息、红利所得，财产租赁所得，财产转让所得，偶然所得和其他所得适用税率

特许权使用费所得，财产租赁所得，财产转让所得，偶然所得和其他所得，适用比例税率，税率为 20%。

利息、股息、红利所得的适用税率，2007 年 8 月 15 日前为 20%，8 月 15 日起为 5%。

对个人出租住房取得的所得减按 10% 的税率征收个人所得税。

从 2007 年 8 月 15 日起，居民储蓄利息税率调为 5%，自 2008 年 10 月 9 日起暂免征收储蓄存款利息的个人所得税。

案例分析

【例 1】下列个人所得在计算应纳税所得额时，采用定额与定率相结合扣除费用的是（　　）。

A. 个体工商户的生产、经营所得　　B. 工资薪金所得

C. 劳务报酬所得　　D. 偶然所得

参考答案：C。

解析：A 为按规定扣除成本费用损失；B 为定额扣除费用；D 为不得扣除费用。

【例 2】下列所得项目中，属于一次收入畸高而要加成征收个人所得税的是（　　）。

A. 稿酬所得　　B. 利息、股息、红利所得

C. 偶然所得　　　　　　　　　　　　D. 劳务报酬所得

参考答案：D。

解析：劳务报酬所得一次收入畸高而要加成征收个人所得税。

第五节 个人所得税税收优惠

一、免征个人所得税的优惠

1. 省级人民政府、国务院部委和中国人民解放军军以上单位，以及外国组织、国际组织颁发的科学、教育、技术、文化、卫生、体育、环境保护等方面的奖金。

2. 国债和国家发行的金融债券利息。国债利息，是指个人持有财政部发行的债券而取得的利息所得；国家发行的金融债券利息，是指个人持有经国务院批准发行的金融债券而取得的利息所得。

3. 按照国家统一规定发给的补贴、津贴。是指按照国务院规定发给的政府特殊津贴、院士津贴、资深院士津贴，以及国务院规定免纳个人所得税的其他补贴、津贴。

发给中国科学院资深院士和中国工程院资深院士每人每年1万元的资深院士津贴免予征收个人所得税。自2008年3月7日起，生育妇女按照县级以上人民政府根据国家有关规定制定的生育保险办法，取得的生育津贴、生育医疗费或其他属于生育保险性质的津贴、补贴，免征个人所得税。

4. 福利费、抚恤金、救济金。这里所说的福利费，是指根据国家有关规定，从企业、事业单位、国家机关、社会团体提留的福利费或者工会经费中支付给个人的生活补助费；所说的救济金，是指国家民政部门支付给个人的生活困难补助费。

但是，下列收入不属于免税的福利费范围，应当并入纳税人的工资、薪金收入计征个人所得税：

（1）从超出国家规定的比例或基数计提的福利费、工会经费中支付给个人的各种补贴、补助；

（2）从福利费和工会经费中支付给单位职工的人人有份的补贴、补助；

（3）单位为个人购买汽车、住房、电子计算机等不属于临时性生活困难补助性质的支出。

5. 保险赔款。

6. 军人的转业费、复员费。

7. 按照国家统一规定发给干部、职工的安家费、退职费、退休工资、离休工资、离休生活补助费。

8. 依照我国有关法律规定应予免税的各国驻华使馆、领事馆的外交代表、领事官员和其他人员的所得。

上述“所得”，是指依照《中华人民共和国外交特权与豁免条例》和《中华人民共和国领事特权与豁免条例》规定免税的所得。

9. 中国政府参加的国际公约以及签订的协议中规定免税的所得。

10. 关于发给见义勇为者的奖金问题。对乡、镇（含乡、镇）以上人民政府或经县（含县）以上人民政府主管部门批准成立的有机构、有章程的见义勇为基金或者类似性质组织，奖励见义勇为者的奖金或奖品，经主管税务机关核准，免征个人所得税。

11. 企业和个人按照省级以上人民政府规定的比例提取并缴付的住房公积金、医疗保险金、基本养老保险金、失业保险金，不计入个人当期的工资、薪金收入，免予征收个人所得税。超过规定的比例缴付的部分计征个人所得税。个人领取原提存的住房公积金、医疗保险金、基本养老保险金时，免予征收个人所得税。

12. 对个人取得的教育储蓄存款利息所得以及国务院财政部门确定的其他专项储蓄存款或者储蓄性专项基金存款的利息所得，免征个人所得税。

13. 储蓄机构内从事代扣代缴工作的办税人员取得的扣缴利息税手续费所得，免征个人所得税。

14. 对第四届高等学校教学名师奖奖金，免予征收个人所得税。

15. 第二届全国职工技术创新成果获奖者所得奖金，免予征收个人所得税。

16. 对延长离休退休年龄的高级专家从其劳动人事关系所在单位取得的，单位按国家有关规定向职工统一发放的工资、薪金、奖金、津贴、补贴等收入，视同离休、退休工资，免征个人所得税。从其劳动人事关系所在单位之外的其他地方取得的培训费、讲课费、顾问费、稿酬等各种收入，依法计征个人所得税。高级专家从两处以上取得应税工资、薪金所得以及具有税法规定应当自行纳税申报的其他情形的，应在税法规定的期限内自行向主管税务机关办理纳税申报。

延长离休退休年龄的高级专家是指：

（1）享受国家发放的政府特殊津贴的专家、学者；

（2）中国科学院、中国工程院院士。

17. 个人通过扣缴单位统一向灾区的捐赠，由扣缴单位凭政府机关或非营利组织开具的汇总捐款凭证、扣缴单位记载的个人捐款明细表等，由扣缴单位在代扣代缴税款时，依法据实扣除。

个人直接通过政府机关、非营利组织向灾区的捐款，采取扣缴方式纳税的，捐赠人应及时向扣缴单位出示政府机关、非营利组织开具的捐款凭证，由扣缴单位在代扣代缴税款时，依法据实扣除；个人自行申报纳税的，税务机关凭政府机关、非营利组织开具的接受捐款凭据，依法据实扣除。

扣缴单位在向税务机关进行个人所得税全员全额扣缴申报时，应一并报送由政府机关或非营利组织开具的汇总接受捐款凭据（复印件）、所在单位每个纳税人的捐赠总额和当期扣除的捐赠额。

“5·12”四川汶川特大地震发生后，广大党员响应党组织的号召，以“特殊党费”的形式积极向灾区捐款。党员个人通过党组织缴纳的抗震救灾“特殊党费”，属于对公益、救济事业的捐赠。党员个人的该项捐赠额，可以按照个人所得税法及其实施条例的规定，依法在缴纳个人所得税前扣除。

18. 对被拆迁人按照国家有关城镇房屋拆迁管理办法规定的标准取得的拆迁补偿款，免征个人所得税。

与拆迁补偿款有关的其他税收政策汇总如下：因国家建设需要依法征用、收回的房地产，免征土地增值税；因城市实施规划、国家建设的需要而搬迁，由纳税人自行转让原房地产的，免征土地增值税；土地、房屋被县级以上人民政府征用、占用后，重新承受土地、房屋权属的，由省级人民政府确定是否减免契税；对拆迁居民因拆迁重新购置住房的，对购房成交价格中相当于拆迁补偿款的部分免征契税，成交价格超过拆迁补偿款的，对超过部分征收契税。

19. 自 2008 年 10 月 9 日起，对证券市场个人投资者取得的证券交易结算资金利息所得，暂免征收个人所得税，即证券市场个人投资者的证券交易结算资金在 2008 年 10 月 9 日后（含 10 月 9 日）孳生的利息所得，暂免征收个人所得税。

20. 其他经国务院财政部门批准免税的所得。

案例分析

【例 1】下列所得中，免缴个人所得税的是（　　）。

A. 年终加薪　　B. 拍卖本人文字作品原稿的收入

C. 个人保险所获赔款　　D. 从投资管理公司取得的派息分红

参考答案：C。

解析：A 属于工资薪金所得；B 属于特许权使用费所得；D 属于股息红利所得。上述都应缴纳个人所得税。C 属于对个人损失的补偿，不属于收入，所以免税。

【例 2】对于县级政府颁发的科学、教育、技术、文化、卫生、体育、环境保护等方面的奖金，应当（　　）。

A. 征收个人所得税　　B. 免征个人所得税

C. 减半征收个人所得税　　D. 适当减征个人所得税

参考答案：A。

解析：税法规定省级政府颁发的上述奖项可免征个人所得税。

二、减征个人所得税的优惠

1. 残疾、孤老人员和烈属的所得。经省级人民政府批准可减征个人所得税的残疾、孤老人员和烈属的所得仅限于劳动所得。具体免税所得项目为：工资、薪金所得；个体工商户的生产经营所得；对企事业单位的承包经营、承租经营所得；劳务报酬所得；稿酬所得；特许权使用费所得。其他各项所得，不属减征照顾的范围。

2. 因严重自然灾害造成重大损失的。

3. 其他经国务院财政部门批准减税的。

案例分析

【例 1】根据《中华人民共和国个人所得税法》的有关规定，经批准可以减征个人所得税的有（　　）。

A. 残疾、孤老人员和烈属所得　　B. 因严重自然灾害造成重大损失的

C. 其他经国务院财政部门批准减免的　　D. 转让个人唯一生活用房取得的所得

参考答案：A、B、C。

【例 2】某福利企业残疾职工陈某 2008 年 6 月取得工资收入 2 400 元，财产租赁收入

2 000 元，偶然所得 15 000 元。该省规定，对残疾、孤老人员和烈属取得的收入应纳的个人所得税实行减半征收。假设不考虑财产租赁收入应纳税费。因此，陈某工资收入可享受减半优惠，财产租赁所得及偶然所得应按规定征税。则陈某当月应纳税额计算如下：

应纳个人所得税 = （2 400 - 2 000） ×5% ×50% + （2 000 - 800） ×20% +15 000 × 20% =3 250（元）

三、暂免征收个人所得税的优惠

1. 外籍个人以非现金形式或实报实销形式取得的住房补贴、伙食补贴、搬迁费、洗衣费。

2. 外籍个人按合理标准取得的境内、外出差补贴。

3. 外籍个人取得的探亲费、语言训练费、子女教育费等，经当地税务机关审核批准为合理的部分。可以享受免征个人所得税优惠的探亲费，仅限于外籍个人在我国的受雇地与其家庭所在地（包括配偶或父母居住地）之间搭乘交通工具，且每年不超过两次的费用。

4. 个人举报、协查各种违法、犯罪行为而获得的奖金。

5. 个人转让自用达 5 年以上并且是唯一的家庭居住用房取得的所得。

6. 外籍个人从外商投资企业取得的股息、红利所得。

7. 凡符合下列条件之一的外籍专家取得的工资、薪金所得可免征个人所得税：

（1）根据世界银行专项贷款协议由世界银行直接派往我国工作的外国专家；

（2）联合国组织直接派往我国工作的专家；

（3）为联合国援助项目来华工作的专家；

（4）援助国派往我国专为该国无偿援助项目工作的专家；

（5）根据两国政府签订文化交流项目来华工作两年以内的文教专家，其工资、薪金所得由该国负担的；

（6）根据我国大专院校国际交流项目来华工作两年以内的文教专家，其工资、薪金所得由该国负担的；

（7）通过民间科研协定来华工作的专家，其工资、薪金所得由该国政府机构负担的。

8. 股权分置改革中非流通股股东通过对价方式向流通股股东支付的股份、现金等收入，暂免征收流通股股东应缴纳的个人所得税。

9. 个人取得单张有奖发票奖金所得不超过 800 元（含 800 元）的，暂免征收个人所得税；个人取得单张有奖发票奖金所得超过 800 元的，应全额按照个人所得税法规定的“偶然所得”项目征收个人所得税。

10. 对个人购买社会福利有奖募捐奖券一次中奖收入不超过 1 万元的，暂免征收个人所得税；对一次中奖收入超过 1 万元的，应按税法规定全额征收个人所得税。

对个人购买体育彩票，凡一次中奖收入不超过 1 万元的，暂免征收个人所得税；超过 1 万元的，应按税法规定全额征收个人所得税。

11. 自 2006 年 6 月 1 日起，对保险营销员佣金中的展业成本，免征个人所得税；对佣金中的劳务报酬部分，扣除实际缴纳的营业税及附加后，依照税法有关规定计算征收个人所得税。保险营销员的佣金由展业成本和劳务报酬构成，所谓“展业成本”即营销费。

根据目前保险营销员展业的实际情况，佣金中展业成本的比例暂定为40%。即以佣金收入扣除展业成本、营业税金及附加，再减除税法规定的费用后，其余额为应纳税所得额。

12. 对持有B股或海外股（包括H股）的外籍个人，从发行该B股或海外股的中国境内企业所取得的股息（红利）所得，暂免征收个人所得税。

13. 为了配合企业改制，促进股票市场的稳健发展，从1997年1月1日起，对个人转让上市公司股票取得的所得，继续暂免征收个人所得税。

14. 为促进资本市场发展，自2005年6月13日起，对个人投资者从上市公司取得的股息红利所得，暂减按50%计入个人应纳税所得额，依照税法规定计征个人所得税。对证券投资基金从上市公司分配取得的股息红利所得，扣缴义务人在代扣代缴个人所得税时，减按50%计算应纳税所得额。上市公司是指在上海证券交易所、深圳证券交易所挂牌交易的上市公司。

15. 对第29届奥运会参赛运动员因奥运会比赛获得的奖金和其他奖赏收入，按现行税收法律法规的有关规定免征应缴纳的个人所得税。

16. 李四光地质科学奖奖金免征个人所得税。为奖励长期奋战在工作环境恶劣、生活条件艰苦的地质工作第一线并作出突出贡献的地质科技工作者，国土资源部根据《李四光地质科学奖章程》，经过专家初评和评奖委员会终评，社会公示，2007年共评出16位获奖者，获奖者所获奖金免征个人所得税。

17. 对第四届“中华宝钢环境奖”和“中华宝钢环境优秀奖”获奖者个人所获奖金，免予征收个人所得税。

18. 对参赛运动员因2010年广州亚运会、2011年深圳大运会和2009年哈尔滨大冬会比赛获得的奖金和其他奖赏收入，按现行税收法律法规的有关规定免征应缴纳的个人所得税。

四、低税率优惠

稿酬所得按应纳税额减征30%。

从2001年1月1日起，对个人按市场价格出租房屋取得的所得，暂减按10%的税率征收个人所得税。

自2008年3月1日起，对个人出租住房取得的所得，减按10%的税率征收个人所得税。

政策解析

个人按市场价格出租的居民住房，减按4%税率缴纳房产税（且用于居住）；减按3%税率缴纳营业税；减按10%的税率缴纳个人所得税。

总结储蓄存款利息所得的个人所得税政策：储蓄存款在1999年10月31日前孳生的利息所得，不征收个人所得税；在1999年11月1日至2007年8月14日孳生的利息所得，按照20%的比例税率征收个人所得税；2007年8月15日至2008年10月8日孳生的利息所得，按照5%的比例税率征收个人所得税；储蓄存款在2008年10月9日后（含10月9日）孳生的利息所得，暂免征收个人所得税。因此，储蓄存款利息所得应按政策调整前和调整后分时段计算，并按照不同的税率计征个人所得税。

五、其他优惠规定

（一）在中国境内无住所的纳税人的优惠

在中国境内无住所，但是在一个纳税年度中在中国境内连续或者累计居住不超过90日的个人，其来源于中国境内的所得，由境外雇主支付并且不由该雇主在中国境内的机构、场所负担的部分，免予缴纳个人所得税。

在中国境内无住所，但是居住1年以上5年以下的个人，其来源于中国境外的所得，经主管税务机关批准，可以只就由中国境内公司、企业以及其他经济组织或者个人支付的部分缴纳个人所得税；居住超过5年的个人，从第6年起，应当就其来源于中国境外的全部所得缴纳个人所得税。

个人在中国境内居住满5年，是指个人在中国境内连续居住满5年，即在连续5年中的每一纳税年度内均居住满1年。

个人在中国境内居住满5年后，从第6年起的以后各年度中，凡在境内居住满1年的，应当就其来源于境内、境外的所得申报纳税；凡在境内居住不满1年的，则仅就该年内来源于境内的所得申报纳税。如该个人在第6年起以后的某一纳税年度内在境内居住不足90天，可以按实施条例第7条的规定确定纳税义务（即来源于中国境内的所得，由境外雇主支付并且不由该雇主在中国境内的机构、场所负担的部分，免予缴纳个人所得税），并从再次居住满1年的年度起重新计算5年期限。个人在境内是否居住满5年自1994年1月1日起开始计算。

（二）关于就业再就业的优惠

自2000年1月1日起，对从事个体经营的随军家属，自领取税务登记证之日起，3年内免征个人所得税。

自2003年5月1日起，从事个体经营的军队转业干部，经主管税务机关批准，自领取税务登记证之日起，3年内免征个人所得税。自主择业的军队转业干部必须持有师以上部队颁发的转业证件。

自2004年1月1日起，对自谋职业的城镇退役士兵从事个体经营（除建筑业、娱乐业以及广告业、桑拿、按摩、网吧、氧吧外）的，自领取税务登记证之日起，3年内免征个人所得税。

对持《再就业优惠证》人员从事个体经营的，3年内按每户每年8 000元为限额依次扣减其当年实际应缴纳的营业税、城市维护建设税、教育费附加和个人所得税。纳税人年度应缴纳税款小于上述扣减限额的以其实际缴纳的税款为限；大于上述扣减限额的应以上述扣减限额为限。

（三）2010年上海世博会的优惠

对在世博会举办期间在中国境内居住不超过183天的各参展国外籍工作人员，在世博园区内从事世博会参展工作所取得的劳务报酬，免征个人所得税。

对受上海世博局聘请，参与世博会注册报告、规划设计等相关工作的外籍专家所取得的由上海世博局支付的咨询费或劳务费收入，免征个人所得税。

（四）在企业改组改制中职工个人取得量化资产的征免税问题

根据国家有关规定，集体所有制企业在改制为股份合作制企业时，可以将有关资产量化给职工个人。为支持企业改组改制的顺利进行，国家税务总局对个人取得量化资产的征免税问题规定如下：

1. 对职工个人以股份形式取得的仅作为分红依据，不拥有所有权的企业量化资产，不征收个人所得税。

2. 对职工个人以股份形式取得的拥有所有权的企业量化资产，暂缓征收个人所得税；待个人将股份转让时，就其转让收入额，减除个人取得该股份时实际支付的费用支出和合理转让费用后的余额，按“财产转让所得”项目计征个人所得税。

3. 对职工个人以股份形式取得的企业量化资产参与企业分配而获得的股息、红利，应按“利息、股息、红利”项目征收个人所得税。

（五）转化职务科技成果以股权形式给予个人奖励的征税问题

自 1999 年 7 月 1 日起，科研机构、高等学校转化职务科技成果以股份或出资比例等股权形式给予个人奖励，获奖人在取得股份、出资比例时，暂不缴纳个人所得税，此项审核权自 2007 年 8 月 1 日起停止执行。取消上述审核权后，主管税务机关应加强科研机构、高等学校转化职务科技成果以股份或出资比例等股权形式给予个人奖励暂不征收个人所得税的管理。

获奖人按股份、出资比例获得分红时，对其所得按“利息、股息、红利所得”项目征收个人所得税。获奖人转让股权、出资比例，对其所得按“财产转让所得”项目征收个人所得税，财产原值为零。

（六）与个人住房相关的优惠

为鼓励个人换购住房，对出售自有住房并拟在现住房出售后 1 年内按市场价重新购房的纳税人，其出售现住房所应缴纳的个人所得税，视其重新购房的价值可全部或部分予以免税。具体办法为：

1. 个人出售现住房所应缴纳的个人所得税税款，应在办理产权过户手续前，以纳税保证金形式向当地主管税务机关缴纳。税务机关在收取纳税保证金时，应向纳税人正式开具“中华人民共和国纳税保证金收据”，并纳入专户存储。

2. 个人出售现住房后 1 年内重新购房的，按照购房金额大小相应退还纳税保证金。购房金额大于或等于原住房销售额（原住房为已购公有住房的，原住房销售额应扣除已按规定向财政或原产权单位缴纳的所得收益，下同）的，全部退还纳税保证金；购房金额小于原住房销售额的，按照购房金额占原住房销售额的比例退还纳税保证金，余额作为个人所得税缴入国库。

个人现自有住房房产证登记的产权人为 1 人，在出售后 1 年内又以产权人配偶名义或产权人夫妻双方名义按市场价重新购房的，产权人出售住房所得应缴纳的个人所得税，可以全部或部分予以免税（退还纳税保证金，下同）；以其他人名义按市场价重新购房的，产权人出售住房所得应缴纳的个人所得税，不予免税。

3. 个人出售现住房后 1 年内未重新购房的，所缴纳的纳税保证金全部作为个人所得税缴入国库。

4. 个人在申请退还纳税保证金时，应向主管税务机关提供合法、有效的售房、购房合同和主管税务机关要求提供的其他有关证明材料，经主管税务机关审核确认后方可办理纳税保证金退还手续。

5. 跨行政区域售、购住房又符合退还纳税保证金条件的个人，应向纳税保证金缴纳地主管税务机关申请退还纳税保证金。

6. 对个人转让自用5年以上、并且是家庭唯一生活用房取得的所得，继续免征个人所得税。

7. 关于单位低价向职工售房有关个人所得税问题。自2007年2月8日起，根据住房制度改革政策的有关规定，国家机关、企事业单位及其他组织（以下简称“单位”）在住房制度改革期间，按照所在地县级以上人民政府规定的房改成本价格向职工出售公有住房，职工因支付的房改成本价格低于房屋建造成本价格或市场价格而取得的差价收益，免征个人所得税。

除上述情形外，单位按低于购置或建造成本价格出售住房给职工，职工因此而少支出的差价部分，属于个人所得税应税所得，应按照“工资、薪金所得”项目缴纳个人所得税。所谓差价部分，是指职工实际支付的购房价款低于该房屋的购置或建造成本价格的差额。

员工取得上述应税所得，比照《国家税务总局关于调整个人取得全年一次性奖金等计算征收个人所得税方法问题的通知》（国税发［2005］9号）规定的全年取得一次性奖金的征税办法，计算征收个人所得税，即先将全部所得数额除以12，按其商数并根据个人所得税法规定的税率表确定适应的税率和速算扣除数，再根据全部所得数额、适用的税率和速算扣除数，按照税法规定计算征税。

8. 自2007年8月1日起，对个人按《廉租住房保障办法》（建设部等9部委令第162号）规定取得的廉租住房货币补贴，免征个人所得税；对于所在单位以廉租住房名义发放的不符合规定的补贴，应征收个人所得税。

（七）残疾人个人就业的个人所得税政策

根据《中华人民共和国个人所得税法》（主席令第四十四号）第五条和《中华人民共和国个人所得税法实施条例》（国务院令第142号）第十六条的规定，对残疾人个人取得的劳动所得，按照省（不含计划单列市）人民政府规定的减征幅度和期限减征个人所得税。具体所得项目为：工资薪金所得、个体工商户的生产和经营所得、对企事业单位的承包和承租经营所得、劳务报酬所得、稿酬所得、特许权使用费所得。

（八）《建立亚洲开发银行协定》有关个人所得税问题

《建立亚洲开发银行协定》（以下简称《协定》）第五十六条第二款规定：“对亚行付给董事、副董事、官员和雇员（包括为亚行执行任务的专家）的薪金和津贴不得征税。除非成员在递交批准书或接受书时，声明对亚行向其本国公民或国民支付的薪金和津贴该成员及其行政部门保留征税的权力。”鉴于我国在加入亚洲开发银行时，未作相关声明，因此，对由亚洲开发银行支付给我国公民或国民（包括为亚行执行任务的专家）的薪金和津贴，凡经亚洲开发银行确认这些人员为亚洲开发银行雇员或执行项目专家的，其取得的符合我国税法规定的有关薪金和津贴等报酬，应依《协定》的约定，免征个人所得税。

六、税额扣除

（一）公益救济性捐赠

个人将其所得对教育事业和其他公益事业捐赠的部分，按照国务院有关规定从应纳税所得中扣除。

1. 限定比例扣除。

（1）个人将其所得通过中国境内的社会团体、国家机关向教育和其他社会公益事业以及遭受严重自然灾害地区、贫困地区的捐赠，捐赠额未超过纳税人申报的应纳税所得额30%的部分，可以从其应纳税所得额中扣除。

（2）为支持体育事业发展，鼓励社会力量向体育事业捐赠，企业、事业单位、社会团体和个人等社会力量，通过中国境内非营利的社会团体、国家机关向第八届全国少数民族传统体育运动会筹委会的捐赠，可按现行税法规定的公益、救济性捐赠办法，准予个人在其申报应纳税所得额30%以内的部分在所得税前扣除。

（3）自2007年1月1日起，对企业、事业单位、社会团体和个人等社会力量通过中国青少年社会教育基金会、中国职工发展基金会、中国西部人才开发基金会、中远慈善基金会、张学良基金会、周培源基金会、中国孔子基金会、中华思源工程扶贫基金会、中国交响乐发展基金会、中国肝炎防治基金会、中国电影基金会、中华环保联合会、中国社会工作协会、中国麻风防治协会、中国扶贫开发协会和中国国际战略研究基金会16家单位用于公益救济性的捐赠，个人在申报应纳税所得额30%以内的部分，准予在计算缴纳个人所得税税前扣除。

（4）中国华夏文化遗产基金会、中国民航科普基金会、南航十分关爱基金会、国寿慈善基金会四家单位是按照国务院《基金会管理条例》或《社会团体登记管理条例》的规定，经民政部登记注册的非营利性的社会团体。根据《中华人民共和国个人所得税法》的有关规定，纳税人通过上述基金会的公益、救济性捐赠支出，自2007年1月1日起，在未超过申报的个人所得税应纳税所得额30%的部分，准予在缴纳个人所得税前扣除，国家以后有新的政策规定，统一按新的政策规定执行。

（5）自2007年8月1日起，个人捐赠住房作为廉租住房的，捐赠额未超过其申报的应纳税所得额30%的部分，准予从其应纳税所得额中扣除。

2. 全额扣除。个人发生的下列公益、救济性的捐赠，准予在计算缴纳个人所得税时全额扣除：

（1）自2000年1月1日起，纳税人通过非营利性的社会团体和国家机关（包括中国红十字会）向红十字事业的捐赠，在计算缴纳个人所得税时准予全额扣除。

（2）自2000年1月1日起，纳税人通过非营利性的社会团体和国家机关对公益性青少年活动场所（包括新建）的捐赠，在缴纳个人所得税前准予全额扣除。

所谓公益性青少年活动场所，是指专门为青少年读者提供科技、文化、德育、爱国主义教育、体育活动的青少年宫、青少年活动中心等校外活动的公益性场所。

（3）自2000年10月1日起，纳税人通过非营利性的社会团体和政府部门向福利性、非营利性的老年服务机构的捐赠，在缴纳个人所得税前准予全额扣除。

所谓老年服务机构，是指专门为老年人提供生活照料、文化、护理、健身等多方面服务的福利性、非营利性的机构，主要包括：老年社会福利院、敬老院（养老院）、老年服务中心、老年公寓（含老年护理院、康复中心、托老所）等。

（4）自2001年7月1日起，纳税人通过非营利的社会团体和国家机关向农村义务教育的捐赠，准予在缴纳个人所得税前的所得额中全额扣除。

自 2004 年 1 月 1 日起，纳税人通过中国境内非营利的社会团体、国家机关向教育事业的捐赠，准予在个人所得税前全额扣除。

（5）自 2003 年 1 月 1 日起，纳税人对企事业单位、社会团体等社会力量，向中华健康快车基金会、孙冶方经济科学基金会、中华慈善总会、中国法律援助基金会和中华见义勇为基金会的捐赠，准予在缴纳个人所得税前全额扣除。

（6）自 2004 年 1 月 1 日起，纳税人通过宋庆龄基金会、中国福利会、中国残疾人福利基金会、中国扶贫基金会、中国煤矿尘肺病治疗基金会、中华环境保护基金会用于公益救济性的捐赠，准予在缴纳个人所得税前全额扣除。

（7）自 2006 年 1 月 1 日起，纳税人通过中国医药卫生事业发展基金会用于公益救济性捐赠，准予在缴纳个人所得税前全额扣除。

（8）自 2006 年 1 月 1 日起，纳税人通过中国教育发展基金会用于公益救济性捐赠，准予在缴纳个人所得税前全额扣除。

（9）自 2006 年 1 月 1 日起，纳税人通过中国老龄事业发展基金会、中国华文教育基金会、中国绿化基金会、中国妇女发展基金会、中国关心下一代健康体育基金会、中国生物多样性保护基金会、中国儿童少年基金会和中国光彩事业基金会用于公益救济性捐赠，准予在缴纳个人所得税前全额扣除。

（10）自 2007 年 1 月 18 日起，对公益救济性捐赠所得税税前扣除政策及相关管理问题明确如下：

依据国务院发布的《社会团体登记管理条例》和《基金会管理条例》的规定，经民政部门批准成立的非营利的公益性社会团体和基金会，凡符合有关规定条件，并经财政税务部门确认后，纳税人通过其用于公益救济性的捐赠，可按现行税收法律法规及相关政策规定，准予在计算缴纳个人所得税时在所得税税前扣除。

经国务院民政部门批准成立的非营利的公益性社会团体和基金会，其捐赠税前扣除资格由财政部和国家税务总局进行确认；经省级人民政府民政部门批准成立的非营利的公益性社会团体和基金会，其捐赠税前扣除资格由省级财税部门进行确认，并报财政部和国家税务总局备案。接受公益救济性捐赠的国家机关是指县及县以上人民政府及其组成部门。

申请捐赠税前扣除资格的非营利的公益性社会团体和基金会，必须具备以下条件：

（1）致力于服务全社会大众，并不以营利为目的；

（2）具有公益法人资格，其财产的管理和使用符合法律、行政法规的规定；

（3）全部资产及其增值为公益法人所有；

（4）收益和营运节余主要用于所创设目的的事业活动；

（5）终止或解散时，剩余财产不能归属任何个人或营利组织；

（6）不得经营与其设立公益目的无关的业务；

（7）有健全的财务会计制度；

（8）具有不为私人谋利的组织机构；

（9）捐赠者不得以任何形式参与非营利公益性组织的分配，也没有对该组织财产的所有权。

申请捐赠税前扣除资格的非营利的公益性社会团体和基金会，需报送以下材料：

（1）要求捐赠税前扣除的申请报告；

（2）国务院民政部门或省级人民政府民政部门出具的批准登记（注册）文件；

（3）组织章程和近年来资金来源、使用情况。

具有捐赠税前扣除资格的非营利的公益性社会团体、基金会和县及县以上人民政府及其组成部门，必须将所接受的公益救济性捐赠用于税收法律法规规定的范围，即教育、民政等公益事业和遭受自然灾害地区、贫困地区。

纳税人在进行公益救济性捐赠税前扣除申报时，须附送以下资料：

（1）接受捐赠或办理转赠的非营利的公益性社会团体、基金会的捐赠税前扣除资格证明材料；

（2）由具有捐赠税前扣除资格的非营利的公益性社会团体、基金会和县及县以上人民政府及其组成部门出具的公益救济性捐赠票据；

（3）主管税务机关要求提供的其他资料。

主管税务机关应组织对非营利的公益性社会团体和基金会接受公益救济性捐赠使用情况的检查，发现非营利的公益性社会团体和基金会存在违反组织章程的活动，或者接受的捐赠款项用于组织章程规定用途之外的支出，应对其接受捐赠收入和其他各项收入依法征收所得税，并取消其已经确认的捐赠税前扣除资格。

纳税人直接向受赠人的捐赠和非公益救济性捐赠，不允许在个人所得税前扣除。

案例分析

【例】中国居民李某于2007年2月获得股息8 000元，从中拿出2 000元通过民政部门向中国红十字会捐赠。5月，王某获得转让收入2 000元。为了支持本市工人文化宫新建一所青少年活动场所，王某从中拿出1 000元通过市总工会向工人文化宫捐赠。不考虑股份转让应纳税费。则王某通过非营利性的社会团体和国家机关（包括中国红十字会）向红十字事业的捐赠，在计算缴纳个人所得税时准予全额扣除；通过非营利性的社会团体和国家机关对公益性青少年活动场所（包括新建）的捐赠，在缴纳个人所得税前准予全额扣除。其应纳个人所得税计算如下：

股息收入应纳税额 =（8 000 - 2 000）×20% = 1 200（元）

转让收入应纳税额 =（2 000 - 1 000）×20% = 200（元）

（二）科技经费资助支出的税务处理

个人将其所得（不含偶然所得，经国务院财政部门确定征税的其他所得）通过中国境内非营利的社会团体、国家机关，用于非关联的科研机构和高等学校研究开发经费资助的，可以全额在下月（工资、薪金所得）或下次（按次计征的所得）或当年（按年计征的所得）计征个人所得税时，从应纳税所得额中扣除，不足抵扣的，不得结转抵扣。

纳税人直接向科研机构和高等学校的资助不允许在税前扣除。

（三）境外所得的税额扣除

为了避免对同一所得双重征税，对纳税人从中国境外取得的所得、准予其在应纳税额中扣除已在境外缴纳的个人所得税额。但扣除额不得超过该纳税人境外所得依照我国税法规定计算的应纳税额。

1. 境外所得已在境外缴纳的个人所得税额，是指纳税人从中国境外取得的所得，依照该所得来源国家或者地区的法律应当缴纳并且实际已经缴纳的税额。

2. 境外所得依照税法规定计算的应纳税额，是指纳税人从中国境外取得的所得，区别不同国家或者地区和不同应税项目，依照我国税法规定的费用减除标准和适用税率计算的应纳税额；同一国家或者地区内不同应税项目的应纳税额之和，为该国家或者地区的扣除限额。

3. 境外所得税额扣除。纳税人在中国境外一个国家或者地区实际已经缴纳的个人所得税税额，低于依照税法规定计算出的该国家或者地区扣除限额的，应当在中国缴纳差额部分的税款；超过该国家或者地区扣除限额的，其超过部分不得在本纳税年度的应纳税额中扣除，但是可以在以后纳税年度的该国家或者地区扣除限额的余额中补扣。补扣期限最长不得超过 5 年。纳税人依照税法规定申请扣除已在境外缴纳的个人所得税额时，应当提供境外税务机关填发的完税凭证原件。

在中国境内有住所，或者无住所而在境内居住满 1 年的个人，从中国境内和境外取得的所得，应当分别计算应纳税额。

第六节　工资、薪金个人所得的特殊规定

一、征税范围

（一）一般规定

工资、薪金所得，是指个人因任职或者受雇而取得的工资、薪金、奖金、年终加薪、劳动分红、津贴、补贴以及任职或者受雇有关的其他所得。

一般来说，工资、薪金所得属于非独立个人劳动所得。所谓非独立个人劳动，是指个人所从事的是由他人指定、安排并接受管理的劳动，工作或服务于公司、工厂、行政、事业单位的人员（私营企业主除外）均为非独立劳动者。他们从上述单位取得的劳动报酬，是以工资、薪金的形式体现的。

除工资、薪金以外奖金、年终加薪、劳动分红、津贴、补贴也被确定为工资、薪金范畴。其中，奖金是指所有具有工资性质的奖金，免税奖金的范围在税法中另有规定。年终加薪、劳动分红不分种类和取得情况，一律按工资、薪金所得课税。津贴、补贴等则有例外。根据我国目前个人收入的构成情况，规定对于一些不属于工资、薪金性质的补贴、津贴或者不属于纳税人本人工资、薪金所得项目的收入，不予征税。这些项目包括：

（1）独生子女补贴；

（2）执行公务员工资制度未纳入基本工资总额的补贴、津贴差额和家属成员的副食品补贴；

（3）托儿补助费；

（4）差旅费津贴、误餐补助。

其中，误餐补助是指按照财政部规定，个人因公在城区、郊区工作，不能在工作单位

或返回就餐的，根据实际误餐顿数，按规定的标准领取的误餐费。单位以误餐补助名义发给职工的补助、津贴不能包括在内。

案例分析

【例】以下属于工资薪金所得的项目有（ ）。

A. 托儿补助费　　B. 劳动分红

C. 投资分红　　D. 独生子女补贴

参考答案：B。

解析：A、D不属于纳税人工资薪金收入，是个人所得税不予征税的项目。C不属于工资薪金项目，属于利息股息红利项目。B属于工资薪金项目。

（二）其他特殊规定

1. 单位为职工个人购买商业性补充养老保险等，在办理投保手续时应作为个人所得税的工资、薪金所得项目，按税法规定缴纳个人所得税；因各种原因退保，个人未取得实际收入的，已缴纳的个人所得税应予以退回。

2. 参照2001年11月9日国税函［2001］832号批复的规定，公司职工取得的用于购买企业国有股权的劳动分红，按“工资、薪金所得”项目计征个人所得税。

3. 出租汽车经营单位对出租车驾驶员采取单车承包或承租方式运营，出租车驾驶员从事客货营运取得的收入，按工资、薪金所得征税。

4. 任职、受雇于报纸、杂志等单位的记者、编辑等专业人员，因在本单位的报纸、杂志上发表作品取得的所得，属于因任职、受雇而取得的所得，应与其当月工资收入合并，按工资、薪金所得项目征收个人所得税。

5. 在境内从事保险、旅游等非有形商品经营的企业，有时通过其雇员或非雇员个人的推销、代理等服务活动开展业务。对雇员为本企业提供非有形商品推销、代理等服务活动取得佣金、奖励和劳务费等名目的收入，无论该收入采用何种计取方法和支付方式，均应计入该雇员的当期工资薪金所得，计算征收个人所得税。

6. 对商品营销活动中，企业和单位对营销业绩突出人员以培训班、研讨会、工作考察等名义组织旅游活动，通过免收差旅费、旅游费对个人实行的营销业绩奖励（包括实物、有价证券等），应将所发生的费用，全额计入营销人员的应税所得，依法征收个人所得税，并由提供上述费用的企业和单位代扣代缴。对企业雇员享受的此类奖励，应与当期的工资薪金合并，按照工资、薪金所得项目征收个人所得税。

7. 对退休人员再任职取得的收入，在减除个人所得税法规定的费用扣除标准后，按工资、薪金所得项目征收个人所得税。

二、应纳税所得额的规定

（一）费用减除标准

自2006年1月1日起，工资、薪金所得，以每月应税工资性收入额（不包括按规定缴纳的“三费一金”）减除费用1 600元后的余额，为应纳税所得额。2008年3月1日起，工资、薪金所得，以每月收入额减除费用2 000元后的余额，为应纳税所得额。

政策解析

工资、薪金所得计算缴纳个人所得税的政策衔接：

自2008年3月1日起施行是指从2008年3月1日（含）起，纳税人实际取得的工资、薪金所得，应适用每月2 000元的减除费用标准，计算缴纳个人所得税。

纳税人2008年3月1日前实际取得的工资、薪金所得，无论税款是否在2008年3月1日以后入库，均应适用每月1 600元的减除费用标准，计算缴纳个人所得税。

（二）附加减除费用标准

考虑到外籍人员和在境外工作的中国公民的生活水平比国内公民要高，而且，我国汇率的变化情况对他们的工资、薪金所得也有一定的影响。为了不因征收个人所得税而加重他们的负担，现行税法对外籍人员和在境外工作的中国公民的工资、薪金所得增加了附加减除费用的照顾。

税法规定，对在中国境内无住所而在中国境内取得工资、薪金所得的纳税义务人和在中国境内有住所而在中国境外取得工资、薪金所得的纳税义务人，可以根据其平均收入水平、生活水平以及汇率变化情况确定附加减除费用，在适用范围内的人员每月工资、薪金所得在减除2 000元费用的基础上，再减除2 800元。

政策解析

华侨和香港、澳门、台湾同胞参照上述附加减除费用标准执行。

国务院在发布的《个人所得税法实施条例》中，对附加减除费用适用的范围和标准作了具体规定，具体如下：

（1）在中国境内的外商投资企业和外国企业中工作取得工资、薪金所得的外籍人员；

（2）应聘在中国境内的企业、事业单位、社会团体、国家机关中工作取得工资、薪金所得的外籍专家；

（3）在中国境内有住所而在中国境外任职或者受雇取得工资、薪金所得的个人；

（4）财政部确定的取得工资、薪金所得的其他人员。

案例分析

【例】按照《个人所得税法》的规定，以下可以享受附加减除费用的个人有（　　）。

A. 临时在国外打工取得工资收入的中国公民

B. 华侨和港、澳、台同胞

C. 在我国工作的外国专家

D. 在我国境内的外国企业中工作的中方人员

参考答案：A、B、C。

（三）计税方法

工资、薪金所得采取按月计税的方式。

三、应纳税额的计算

工资、薪金所得应纳税额的计算公式为：

应纳税额 = 应纳税所得额 × 适用税率 − 速算扣除数

=（每月收入额－2 000 元或 4 800 元）×适用税率－速算扣除数

由于工资、薪金所得在计算应纳个人所得税额时，适用的是超额累进税率，所以计算比较烦琐。运用速算扣除数计算法，可以简化计算过程。

速算扣除数是指在采用超额累进税率征税的情况下，根据超额累进税率表中划分的应纳税所得额级距和税率，先用全额累进方法计算出税额，再减去用超额累进方法计算的应征税额以后的差额。当超额累进税率表中的级距和税率确定以后，各级速算扣除数也固定不变，成为计算应纳税额时的常数。工资、薪金所得适用的速算扣除数见表 19－4。

表 19－4　　工资、薪金所得适用的速算扣除数表

级数	月含税应纳税所得额	月不含税应纳税所得额	税率（%）	速算扣除数（元）
1	不超过 500 元的	不超过 475 元的	5	0
2	超过 500—2 000 元的部分	超过 475—1 825 元的部分	10	25
3	超过 2 000—5 000 元的部分	超过 1 825—4 375 元的部分	15	125
4	超过 5 000—20 000 元的部分	超过 4 375—61 375 元的部分	20	375
5	超过 20 000—40 000 元的部分	超过 16 375—31 375 元的部分	25	1 375
6	超过 40 000—60 000 元的部分	超过 31 375—45 375 元的部分	30	3 375
7	超过 60 000—80 000 元的部分	超过 45 375—58 375 元的部分	35	6 375
8	超过 80 000—100 000 元的部分	超过 58 375—7 375 元的部分	40	10 375
9	超过 100 000 元的部分	超过 70 375 元的部分	45	15 375

案例分析

【例】某外籍人员在外商投资企业工作，2008 年 3 月取得由该企业发放的工资收入 10 000 元人民币。计算其应纳的个人所得税税额。

应纳税所得额＝10 000－（2 000＋2 800）＝5 200（元）

应纳税额＝5 200×20%－375＝665（元）

四、应纳税额计算中的特殊问题

（一）个人取得全年一次性奖金等征收个人所得税的方法

全年一次性奖金是指行政机关、企事业单位等扣缴义务人根据其全年经济效益和对雇员全年工作业绩的综合考核情况，向雇员发放的一次性奖金。一次性奖金也包括年终加薪、实行年薪制和绩效工资办法的单位根据考核情况兑现的年薪和绩效工资。纳税人取得全年一次性奖金，单独作为 1 个月工资、薪金所得计算纳税，自 2005 年 1 月 1 日起按以下计税办法，由扣缴义务人发放时代扣代缴：

1. 先将雇员当月内取得的全年一次性奖金，除以 12 个月，按其商数确定适用税率和速算扣除数。如果在发放年终一次性奖金的当月，雇员当月工资薪金所得低于税法规定的费用扣除额，应将全年一次性奖金减除“雇员当月工资薪金所得与费用扣除额的差额”后的余额，按上述办法确定全年一次性奖金的适用税率和速算扣除数。

2. 将雇员个人当月内取得的全年一次性奖金，按上述第 1 条确定的适用税率和速算扣除数计算征税，其计算公式为：

（1）如果雇员当月工资薪金所得高于（或等于）税法规定的费用扣除额的。适用公式为：

应纳税额 = 雇员当月取得全年一次性奖金 × 适用税率 - 速算扣除数

（2）如果雇员当月工资薪金所得低于税法规定的费用扣除额的，适用公式为：

应纳税额 = （雇员当月取得全年一次性奖金 - 雇员当月工资薪金所得与费用扣除额的差额） × 适用税率 - 速算扣除数

3. 在一个纳税年度内，对每一个纳税人，该计税办法只允许采用一次。

4. 实行年薪制和绩效工资的单位，个人取得年终兑现的年薪和绩效工资按上述第2条、第3条规定执行。

5. 雇员取得除全年一次性奖金以外的其他各种名目奖金，如半年奖、季度奖、加班奖、先进奖、考勤奖等，一律与当月工资、薪金收入合并，按税法规定缴纳个人所得税。

6. 对无住所个人取得上述第5条所谓的各种名目奖金，如果该个人当月在我国境内没有纳税义务，或者该个人由于出入境原因导致当月在我国工作时间不满1个月的，仍按照《国家税务总局关于在我国境内无住所的个人取得奖金征税问题的通知》计算纳税。

（二）个人取得不含税全年一次性奖金的计税方法

对个人取得不含税全年一次性奖金收入，应将其换算为含税奖金收入计征个人所得税。具体方法为：

1. 按照不含税的全年一次性奖金收入除以12的商数，查找相应适用税率A和速算扣除数A。

2. 将不含税的全年一次性奖金收入换算为含税的全年一次性奖金收入：

含税的全年一次性奖金收入 = （不含税的全年一次性奖金收入 - 速算扣除数A） ÷ （1 - 适用税率A）

3. 按含税的全年一次性奖金收入除以12的商数，重新查找适用税率B和速算扣除数B。

4. 计算应纳税额：

应纳税额 = 含税的全年一次性奖金收入 × 适用税率B - 速算扣除数B

值得注意的是，如果纳税人取得不含税全年一次性奖金收入的当月，其工资薪金所得低于税法规定的费用扣除额，应先将不含税全年一次性奖金减去当月工资薪金所得低于税法规定费用扣除额的差额部分后，再按照上述方法处理。

根据企业所得税和个人所得税的现行规定，企业所得税的纳税人、个人独资和合伙企业、个体工商户为个人支付的个人所得税款，不得在所得税前扣除。

（三）在中国境内无住所的个人一次取得数月奖金的征税问题

自1996年7月1日起，对在中国境内无住所的个人一次取得数月奖金或年终加薪、劳动分红（以下简称“奖金”，不包括应按月支付的奖金），可单独作为一个月的工资、薪金所得计算纳税。由于对每月的工资、薪金所得计税时已按月扣除了费用，因此，对上述奖金不再减除费用，全额作为应纳税所得额直接按适用税率计算应纳税款，并且不再按居住天数进行划分计算。上述个人应在取得奖金月份的次月7日内申报纳税。

在中国境内无住所的个人在担任境外企业职务的同时，兼任该外国企业在华机构的职务，但并不实际或并不经常到华履行该在华机构职务，对其一次取得的数月奖金中属于全月未在华工作的月份奖金，依照劳动发生地原则，可不作为来源于中国境内的奖金收入计算纳税。

（四）特定行业职工取得的工资、薪金所得的计税方法

为了照顾采掘业、远洋运输业、远洋捕捞业因季节、产量等因素的影响，职工的工资、薪金收入呈现较大幅度波动的实际情况，对这三个特定行业的职工取得的工资、薪金所得，可按月预缴，年度终了后30日内，合计其全年工资、薪金所得，再按12个月平均并计算实际应纳的税款，多退少补。其计算公式表示为：

应纳所得税额 = [（全年工资、薪金收入 ÷12 - 费用扣除标准） ×税率 - 速算扣除数] ×12

考虑到远洋运输具有跨国流动的特性，对远洋运输船员每月的工资、薪金收入在统一扣除费用的基础上，准予再扣除税法规定的附加减除费用标准。由于船员的伙食费统一用于集体用餐，不发给个人，故特别允许该项补贴不计入船员个人的应纳税工资、薪金收入。

（五）个人取得公务交通、通信补贴收入征税问题

个人因公务用车和通信制度改革而取得的公务用车、通信补贴收入，扣除一定标准的公务费用后，按照“工资、薪金”所得项目计征个人所得税。按月发放的，并入当月“工资、薪金”所得计征个人所得税；不按月发放的，分解到所属月份并与该月份“工资、薪金”所得合并后计征个人所得税。

公务费用扣除标准，由省级地方税务局根据纳税人公务交通、通讯费用实际发生情况调查测算，报经省级人民政府批准后确定，并报国家税务总局备案。

在实际执行中，凡因公务用车制度改革而以现金、报销等形式向职工个人支付的收入，均应视为个人取得公务用车补贴收入，按照“工资、薪金所得”项目计征个人所得税。具体计征方法按上述规定执行。

（六）失业保险费（金）征税问题

城镇企业事业单位及其职工个人按照《失业保险条例》规定的比例，实际缴付的失业保险费，均不计入职工个人当期工资、薪金收入，免予征收个人所得税；超过《失业保险条例》规定的比例缴付失业保险费的，应将其超过规定比例缴付的部分计入职工个人当期的工资、薪金收入，依法计征个人所得税。

具备《失业保险条例》规定条件的失业人员，领取的失业保险金，免予征收个人所得税。

（七）支付各种免税之外的保险金的征税方法

企业为员工支付各项免税之外的保险金，应在企业向保险公司缴付时（即该保险落到被保险人的保险账户）并入员工当期的工资收入，按“工资、薪金所得”项目计征个人所得税，税款由企业负责代扣代缴。

（八）外资企业和外国驻华机构的中方人员取得的工资薪金的计税问题

1. 中方人员取得的工资、薪金收入，凡是由雇用单位和派遣单位分别支付的，支付

单位应依照税法规定代扣代缴个人所得税。具体操作办法如下：

（1）雇用单位在支付工资薪金时，按税法规定减除费用，计算扣缴个人所得税；派遣单位支付的工资薪金不再减除费用，以支付全额直接确定适用税率，计算扣缴个人所得税。

（2）纳税人应持两处支付单位提供的原始明细工资、薪金单（书）和完税凭证原件，选择并固定到一地税务机关申报每月工资、薪金收入，汇算清缴其工资薪金收入的个人所得税，多退少补。

2. 对外商投资企业、外国企业和外国驻华机构发放给中方工作人员的工资、薪金所得，应全额征税。但对可以提供有效合同或有关凭证，能够证明其工资、薪金所得的一部分按照有关规定上交派遣（介绍）单位的，可扣除其实际上交的部分，按其余额计征个人所得税。

案例分析

【例】中国公民张先生系国内S单位职工，2009年被派遣到外地某外资企业工作。外资企业每月支付其工资3 400元；原单位每月支付其工资2 200元。则雇用单位和派遣单位支付张先生工资时，应分别应依照税法规定代扣代缴个人所得税。

其中，外资企业在支付工资薪金时，按税法规定减除费用，计算扣缴个人所得税：(3 400 - 2 000) ×10% - 25 = 115（元）；

S单位支付的工资薪金不再减除费用，以支付全额直接确定适用税率，计算扣缴个人所得税：2 200 ×15% - 125 = 205（元）；

张先生还应持两处支付单位提供的原始明细工资、薪金单（书）和完税凭证原件，选择并固定到一地税务机关申报每月工资、薪金收入，汇算清缴其工资薪金收入的个人所得税：(3 400 + 2 200 - 2 000) ×15% - 125 = 415（元）；补税：415 - 115 - 205 = 95（元）。

（九）内部退养人员取得收入的征税问题

在企业减员增效和行政、事业单位、社会团体在机构改革过程中，实行内部退养办法人员取得的收入按下列规定办理：

1. 实行内部退养的个人在其办理内部退养手续后至法定离退休年龄之间从原任职单位取得的工资、薪金，不属于离退休工资，应按“工资、薪金所得”项目计征个人所得税。

2. 个人在办理内部退养手续后从原任职单位取得的一次性收入，应按办理内部退养手续后至法定离退休年龄之间的所属月份进行平均，并与领取当月的“工资、薪金”所得合并后减除当月费用扣除标准，以余额为基数确定适用税率；再将当月工资、薪金加上取得的一次性收入，减除费用扣除标准，按适用税率计征个人所得税。

3. 个人在办理内部退养手续后至法定离退休年龄之间重新就业取得的工资、薪金所得，应与其从原单位取得的同一月份的工资、薪金所得合并，并依法自行向主管税务机关申报缴纳个人所得税。

案例分析

【例】李某是一国企员工，2009 年 2 月办理内部退养手续，取得一次性收入 60 000 元，当月工资收入 2 500 元。李某办理内部退养手续后至法定离退休年龄之间有 5 年。计算该国企向李某支付上述款项时应代扣代缴的个人所得税税额。

月应纳税所得额 = 60 000 ÷ (12 × 5) + 2 500 − 2 000 = 1 500（元）

适用税率为 10%，预算扣除数为 25 元

代扣代缴税额 = (2 500 + 60 000 − 2000) × 10% − 25 = 6 025（元）

（十）中国境内无住所的个人取得工资薪金的征税问题

1. 工资、薪金所得来源地的确定。属于来源于中国境内的工资薪金所得，应为个人实际在中国境内工作期间取得的工资薪金，即：个人实际在中国境内工作期间取得的工资薪金，不论是由中国境内还是境外企业或个人雇主支付，均属来源于中国境内的所得；个人实际在中国境外工作期间取得的工资薪金，不论是由中国境内还是境外企业或个人雇主支付，均属于来源于中国境外的所得。

2. 在境内居住天数和实际工作期间的确定。

（1）在境内居住天数的确定：对在中国境内无住所的个人，需要计算确定其在中国境内居住天数，以便依照税法和协定或安排的规定判定其在华负有何种纳税义务时，均应以该个人实际在华逗留天数计算。上述个人入境、离境、往返或多次往返境内外的当日，均按 1 天计算其在华实际逗留天数。

（2）在境内实际工作期间的确定：在中国境内企业、机构中任职（包括兼职）、受雇的个人，其实际在中国境内工作期间，应包括在中国境内工作期间在境内、外享受的公休假日、个人休假日以及接受培训的天数；其在境外营业机构中任职并在境外履行该项职务或在境外营业场所中提供劳务的期间，包括该期间的公休假日，为在中国境外的工作期间。不在中国境内企业、机构中任职、受雇的个人受派来华工作，其实际在中国境内工作期间应包括来华工作期间在中国境内所享受的公休假日。

对在中国境内、境外机构同时担任职务或仅在境外机构任职的境内无住所个人，在按上述规定计算其境内工作期间时，对其入境、离境、往返或多次往返境内外的当日，均按半天计算为在华实际工作天数。

3. 在中国境内无住所而在一个纳税年度中在中国境内连续或累计居住不超过 90 日，或在税收协定规定的期间中在中国境内连续或累计居住不超过 183 日的个人纳税义务的确定。

上述个人由中国境外雇主支付并且不是由该雇主的中国境内机构负担的工资薪金，免予申报缴纳个人所得税。对上述个人应仅就其实际在中国境内工作期间由中国境内企业或个人雇主支付，或者由中国境内机构负担的工资薪金所得申报纳税。上述纳税人适用的计算公式为：

应纳税额 = (当月境内外工资薪金应纳税所得额 × 适用税率 − 速算扣除数) × (当月境内支付工资 ÷ 当月境内外支付工资总额) × (当月境内工作天数 ÷ 当月天数)

4. 在中国境内无住所而在一个纳税年度中，在中国境内连续或累计居住超过 90 日，

或在税收协定规定的期间中在中国境内连续或累计居住超过 183 日，但不满 1 年的个人纳税义务的确定。

上述个人实际在中国境内工作期间取得的由中国境内企业或个人雇主支付和由境外企业或个人雇主支付的工资薪金所得，均应申报缴纳个人所得税；其在中国境外工作期间取得的工资薪金所得，除担任中国境内企业董事或高层管理职务的个人外，不予征收个人所得税。上述纳税人适用的计算公式为：

应纳税额 =（当月境内外工资薪金应纳税所得额 × 适用税率 - 速算扣除数）×（当月境内工作天数 ÷ 当月天数）

5. 在中国境内无住所但在境内居住满 1 年而不超过 5 年的个人纳税义务的确定。上述个人在中国境内工作期间取得的由中国境内企业或个人雇主支付和由中国境外企业或个人雇主支付的工资薪金，均应申报缴纳个人所得税；其在临时离境工作期间的工资薪金所得，仅就由中国境内企业或个人雇主支付的部分申报纳税。

在一个月中既有在中国境内工作期间的工资薪金所得，也有在临时离境期间由境内企业或个人雇主支付的工资薪金所得的，应合并计算当月应纳税款。上述纳税人适用的计算公式为：

应纳税额 =（当月境内外工资薪金应纳税所得额 × 适用税率 - 速算扣除数）×［1 -（当月境内支付工资 ÷ 当月境内外支付工资总额）×（当月境内工作天数 ÷ 当月天数）］

如果上述各类个人取得的是日工资薪金或者不满 1 个月工资薪金，应以日工资薪金乘以当月天数换算成月工资薪金后，按上述公式计算应纳税额。

6. 中国境内企业董事、高层管理人员纳税义务的确定。担任中国境内企业董事或高层管理职务的个人（指公司正、副（总）经理、各职能技师、总监及其他类似公司管理层的职务），其取得的由该中国境内企业支付的董事费或工资薪金，应自其担任该中国境内企业董事或高层管理职务起，至其解除上述职务止的期间，不论其是否在中国境外履行职务，均应申报缴纳个人所得税；其取得的由中国境外企业支付的工资薪金，应依照上述第 3、4、5 项的规定确定纳税义务。

案例分析

【例】外籍个人约翰从 2007 年 1 月起在中国境内某外商投资企业担任总经理，由该企业每月支付其工资 30 000 元，同时，该企业外方的境外总机构每月也支付其工资 5 000 美元。约翰大部分时间在境外履行职务，2007 年来华工作时间累计为 180 天。要求：确定约翰 2007 年度在中国的纳税义务。

解析：

（1）约翰是企业的高层管理人员，其于 2007 年 1 月 1 日起至 12 月 31 日在华任职期间，由该企业支付的每月 30 000 元工资、薪金所得，应按月依照税法规定的期限申报缴纳个人所得税。

（2）由于其 2007 年来华工作时间未超过 183 天，根据税收协定的规定，其境外雇主支付的工资、薪金所得，在我国可免予申报纳税（如果该个人属于与我国未签订税收协定国家的居民或港、澳、台居民，则其由境外雇主按每月 5 000 美元标准支付的工资、薪金，凡属于在中国境内180天工作期间取得的部分，应与中国境内企业每月支付的30 000元工资合并计算缴纳个人所得税)。

（十一）个人与用人单位解除劳动关系取得的一次性补偿金征税问题

根据《财政部 国家税务总局关于个人与用人单位解除劳动关系取得的一次性补偿收入征免个人所得税问题的通知》和《国家税务总局关于国有企业职工因解除劳动合同取得一次性补偿收入征免个人所得税问题的通知》精神，自2001年10月1日起，按以下规定处理：

1. 企业依照国家有关法律规定宣告破产，企业职工从该破产企业取得的一次性安置费收入，免征个人所得税。

2. 个人因与用人单位解除劳动关系而取得的一次性补偿收入（包括用人单位发放的经济补偿金、生活补助费和其他补助费用)，其收入在当地上年职工平均工资3倍数额以内的部分，免征个人所得税；超过3倍数额部分的一次性补偿收入，可视为一次取得数月的工资、薪金收入，允许在一定期限内平均计算。方法为：以超过3倍数额部分的一次性补偿收入，除以个人在本企业的工作年限数（超过12年的按12年计算)，以其商数作为个人的月工资、薪金收入，按照税法规定计算缴纳个人所得税。个人在解除劳动合同后又再次任职、受雇的，已纳税的一次性补偿收入不再与再次任职、受雇的工资薪金所得合并计算补缴个人所得税。

3. 个人领取一次性补偿收入时按照国家和地方政府规定的比例实际缴纳的住房公积金、医疗保险费、基本养老保险费、失业保险费，可以在计征其一次性补偿收入的个人所得税时予以扣除。

（十二）个人取得退职费收入征免个人所得税问题

《个人所得税法》第四条第七款所说的可以免征个人所得税的“退职费”，是指个人符合《国务院关于工人退休、退职的暂行办法》（国发［1978］104号）规定的退职条件并按该办法规定的退职费标准所领取的退职费。

个人取得的不符合上述办法规定的退职条件和退职费标准的退职费收入，应属于与其任职、受雇活动有关的工资、薪金性质的所得，应在取得的当月按工资、薪金所得计算缴纳个人所得税。但考虑到作为雇主给予退职人员经济补偿的退职费，通常为一次性发给，且数额较大，以及退职人员有可能在一段时间内没有固定收入等实际情况，依照《个人所得税法》有关工资、薪金所得计算征税的规定，对退职人员一次取得较高退职费收入的，可视为其一次取得数月的工资、薪金收入，并以原每月工资、薪金收入总额为标准，划分为若干月份的工资、薪金收入后，计算个人所得税的应纳税所得额及税额。但按上述方法划分超过了6个月工资、薪金收入的，应按6个月平均划分计算。个人取得全部退职费收入的应纳税款，应由其原雇主在支付退职费时负责代扣并于次月7日内缴入国库。个人退职后6个月内又再次任职、受雇的，对个人已缴纳个人所得税的退职费收入，不再与再次任职、受雇取得的工资、薪金所得合并计算补缴个人所得税。

案例分析

【例】2009年3月某公司员工李某因故被雇主辞退，取得一次性退职费19 800元。

该员工受聘期间每月工资收入 1 200 元。则李某应缴纳的个人所得税计算如下：

划分月份 = 19 800 ÷ 1 200 = 16.5（个月），超过 6 个月，按 6 个月计算

每月应纳税额 = （19 800 ÷ 6 − 2 000） × 10% − 25 = 105（元）

一次性退职费应纳税额 = 105 × 6 = 630（元）

（十三）补充养老保险退保和提供担保个人所得税的征税方法

关于单位为个人办理补充养老保险退保后个人所得税及企业所得税的处理问题。单位为职工个人购买商业性补充养老保险等，在办理投保手续时应作为个人所得税的“工资、薪金所得”项目，按税法规定缴纳个人所得税；因各种原因退保，个人未取得实际收入的，已缴纳的个人所得税应予以退回。

关于个人提供担保取得收入征收个人所得税问题。个人为单位或他人提供担保获得报酬，应按照《个人所得税法》规定的“其他所得”项目缴纳个人所得税，税款由支付所得的单位或个人代扣代缴。

（十四）个人兼职和退休人员再任职取得收入个人所得税的征税方法

个人兼职取得的收入应按照“劳务报酬所得 ”应税项目缴纳个人所得税；退休人员再任职取得的收入，在减除按个人所得税法规定的费用扣除标准后，按“工资、薪金所得”应税项目缴纳个人所得税。

（十五）个人股票期权所得个人所得税的征税方法

1. 股票期权所得。企业员工股票期权（以下简称股票期权）是指上市公司按照规定的程序授予本公司及其控股企业员工的一项权利，该权利允许被授权员工在未来时间内以某一特定价格购买本公司一定数量的股票。

上述“某一特定价格”被称为“授予价”或“施权价”，即根据股票期权计划可以购买股票的价格，一般为股票期权授予日的市场价格或该价格的折扣价格，也可以是按照事先设定的计算方法约定的价格；“授予日”，也称“授权日”，是指公司授予员工上述权利的日期；“行权”，也称“执行”，是指员工根据股票期权计划选择购买股票的过程；员工行使上述权利的当日为“行权日”，也称“购买日”。

2. 股票期权所得性质的确认及其具体征税规定。

（1）员工接受实施股票期权计划企业授予的股票期权时，除另有规定外，一般不作为应税所得征税。

（2）员工行权时，其从企业取得股票的实际购买价（施权价）低于购买日公平市场价（指该股票当日的收盘价，下同）的差额，是因员工在企业的表现和业绩情况而取得的与任职、受雇有关的所得，应按“工资、薪金所得”适用的规定计算缴纳个人所得税。

对因特殊情况，员工在行权日之前将股票期权转让的，以股票期权的转让净收入，作为工资、薪金所得征收个人所得税。员工行权日所在期间的工资、薪金所得，应按下列公式计算工资、薪金应纳税所得额：

股票期权形式的工资、薪金应纳税所得额 = （行权股票的每股市场价 − 员工取得该股票期权） × 股票数量

（3）员工将行权后的股票再转让时获得的高于购买日公平市场价的差额，是因个人在证券二级市场上转让股票等有价证券而获得的所得，应按照“财产转让所得”适用的

免征规定计算缴纳个人所得税。

（4）员工因拥有股权而参与企业税后利润分配取得的所得，应按照“利息、股息、红利所得”适用的规定计算缴纳个人所得税。

3. 工资、薪金所得境内外来源划分。按照《国家税务总局关于在中国境内无住所个人以有价证券形式取得工资薪金所得确定纳税义务有关问题的通知》（国税函［2000］190号）有关规定，需对员工因参加企业股票期权计划而取得的工资、薪金所得确定境内或境外来源的，应按照该员工据以取得上述的工资、薪金所得的境内、外工作期间月份数比例计算划分。

4. 应纳税款的计算。

（1）认购股票所得（行权所得）的税款计算。员工因参加股票期权计划而从中国境内取得的所得，按本通知规定应按工资薪金所得计算纳税的，对该股票期权形式的工资、薪金所得可区别于所在月份的其他工资、薪金所得，单独按下列公式计算当月应纳税款：

应纳税额 =（股票期权形式的工资、薪金应纳税所得额/规定月份数 × 适用税率 - 速算扣除数）× 规定月份数

上款公式中的规定月份数，是指员工取得来源于中国境内的股票期权形式的工资、薪金所得的境内工作期间月份数，长于12个月的，按12个月计算；上款公式中的适用税率和速算扣除数，以股票期权形式的工资、薪金应纳税所得额除以规定月份数后的商数，对照《国家税务总局关于印发〈征收个人所得税若干问题的规定〉的通知》（国税发［1994］089号）所附税率表确定。

（2）转让股票（销售）取得所得的税款计算。对于员工转让股票等有价证券取得的所得，应按现行税法和政策规定征免个人所得税。即：个人将行权后的境内上市公司股票再行转让而取得的所得，暂不征收个人所得税；个人转让境外上市公司的股票而取得的所得，应按税法的规定计算应纳税所得额和应纳税额，依法缴纳税款。

（3）参与税后利润分配取得所得的税款计算。员工因拥有股权参与税后利润分配而取得的股息、红利所得，除依照有关规定可以免税或减税的外，应全额按规定税率计算纳税。

5. 部分股票授权时即约定可以转让，且在境内或境外存在公开市场及挂牌价格（以下简称“可公开交易的股票期权”）的税务处理。

（1）员工取得可公开交易的股票期权，属于员工已实际取得有确定价值的财产，应按授权日股票期权的市场价格，作为员工授权日所在月份的工资、薪金所得，并按财税［2005］35号文件第四条第（一）项规定计算缴纳个人所得税。如果员工以折价购入方式取得股票期权的，可以授权日股票期权的市场价格扣除折价购入股票期权时实际支付的价款后的余额，作为授权日所在月份的工资薪金所得。

（2）员工取得上述可公开交易的股票期权后，转让该股票期权所取得的所得，属于财产转让所得，按财税［2005］35号文件第四条第（二）项规定进行税务处理。

（3）员工取得本条第（一）项所谓可公开交易的股票期权后，实际行使该股票期权购买股票时，不再计算缴纳个人所得税。

6. 员工以在一个公历月份中取得的股票期权形式工资、薪金所得为一次。员工在一

个纳税年度中多次取得股票期权形式工资、薪金所得的，其在该纳税年度内首次取得股票期权形式的工资、薪金所得的税务处理。

本年度内以后每次取得股票期权形式的工资、薪金所得，应按以下公式计算应纳税款：

应纳税款 =（本纳税年度内取得的股票期权形式工资薪金所得累计应纳税所得额 ÷ 规定月份数 × 适用税率 - 速算扣除数） × 规定月份数 - 本纳税年度内股票期权形式的工资、薪金所得累计已纳税款

上款公式中的本纳税年度内取得的股票期权形式工资、薪金所得累计应纳税所得额，包括本次及本次以前各次取得的股票期权形式工资、薪金所得应纳税所得额；上款公式中的规定月份数，是指员工取得来源于中国境内的股票期权形式工资、薪金所得的境内工作期间月份数，长于12个月的，按12个月计算；上款公式中的适用税率和速算扣除数，以本纳税年度内取得的股票期权形式工资、薪金所得累计应纳税所得额除以规定月份数后的商数，对照《国家税务总局关于印发〈征收个人所得税若干问题的规定〉的通知》所附税率表确定；上款公式中的本纳税年度内股票期权形式的工资、薪金所得累计已纳税款，不含本次股票期权形式的工资、薪金所得应纳税款。

7. 员工多次取得或者一次取得多项来源于中国境内的股票期权形式工资、薪金所得，而且各次或各项股票期权形式工资、薪金所得的境内工作期间月份数不相同的税务处理。以境内工作期间月份数的加权平均数为财税［2005］35号文件第四条第（一）项规定公式和本通知第七条规定公式中规定的月份数，但最长不超过12个月，其计算公式如下：

规定月份数 = Σ各次或各项股票期权形式工资、薪金应纳税所得额与该次或该项所得境内工作期间月份数的乘积/Σ各次或各项股票期权形式工资、薪金应纳税所得额

8. 公司雇员以非上市公司股票期权形式取得的所得征收个人所得税问题。

（1）按照《财政部 国家税务总局关于个人股票期权所得征收个人所得税问题的通知》第一条的规定，现行有关个人股票期权所得征收个人所得税的规定，仅适用于以上市发行的股票为内容，按照规定的程序对员工实施的期权奖励计划。因此，该公司雇员以非上市公司股票期权形式取得的工资薪金所得，不能按照财税［2005］35号规定缴纳个人所得税。

（2）该公司雇员以非上市公司股票期权形式取得的工资、薪金所得，在计算缴纳个人所得税时，因一次收入较多，可比照《国家税务总局关于调整个人取得全年一次性奖金等计算征收个人所得税问题的通知》规定的全年一次性奖金的征税办法，计算征收个人所得税。

（3）该公司雇员以非上市股票期权形式取得所得的纳税义务发生时间，按雇员的实际购买日确定，其所得额为其从公司取得非上市股票的实际购买价低于购买日该股票价值的差额。

由于非上市公司股票没有可参考的市场价格，为便于操作，除存在实际或约定的交易价格，或存在与该非上市股票具有可比性的相同或类似股票的实际交易价格情形外，购买日股票价值可暂按其境外非上市母公司上一年度经中介机构审计的会计报告中每股净资产数额来确定。

9. 税款的征收管理。

(1) 扣缴义务人。实施股票期权计划的境内企业为个人所得税的扣缴义务人，应按税法规定履行代扣代缴个人所得税的义务。

(2) 自行申报纳税。员工从两处或两处以上取得股票期权形式的工资薪金所得和没有扣缴义务人的，该个人应在《个人所得税法》规定的纳税申报期限内自行申报缴纳税款。

(3) 报送有关资料。实施股票期权计划的境内企业，应在股票期权计划实施之前，将企业的股票期权计划或实施方案、股票期权协议书、授权通知书等资料报送主管税务机关；应在员工行权之前，将股票期权行权通知书和行权调整通知书等资料报送主管税务机关。

扣缴义务人和自行申报纳税的个人在申报纳税或代扣代缴税款时，应在税法规定的纳税申报期限内，将个人接受或转让的股票期权以及认购的股票情况（包括种类、数量、施权价格、行权价格、市场价格、转让价格等）报送主管税务机关。

(4) 处罚。实施股票期权计划的企业和因股票期权计划而取得应税所得的自行申报员工，未按规定报送上述有关报表和资料，未履行申报纳税义务或者扣缴税款义务的，按《税收征收管理法》及其实施细则的有关规定进行处理。

（十六）企业高级管理人员行使股票认购权取得所得的征税方法

根据《个人所得税法》和有关规定，企业有股票认购权的高级管理人员，在行使股票认购权时的实际购买价（行权价）低于购买日（行权日）公平市场价之间的数额，属于个人所得税“工资、薪金所得”应税项目的所得，应按照《国家税务总局关于个人认购股票等有价证券而从雇主取得折扣或补贴收入有关征收个人所得税问题的通知》（国税发［1998］9号）的规定缴纳个人所得税，税款由企业负责代扣代缴。

个人在股票认购权行使前，将其股票认购权转让所取得的所得，应并入其当月工资收入，按照“工资、薪金所得”项目缴纳个人所得税。上述所得由境内受雇企业或机构支付的，或者属于《国家税务总局关于外商投资企业和外国企业对境外企业支付其雇员的工资薪金代扣代缴个人所得税问题的通知》（国税发［1999］241号）规定的本应由境内受雇企业或机构支付但实际由其境外母公司（总机构）或境外关联企业支付情形的，相应所得的应纳税款由境内受雇企业或机构负责代扣代缴；上述应纳税款在境内没有扣缴义务人的，取得所得的个人应按税法规定，在规定的期限内向主管税务机关自行申报纳税。

对个人在行使股票认购权后，将已认购的股票（不包括境内上市公司股票）转让所取得的所得，应按照“财产转让所得”项目缴纳个人所得税。上述税款由直接向个人支付转让收入的单位（不包括境外企业）负责代扣代缴；直接向个人支付转让收入的单位为境外企业的，取得收入的个人应按税法规定，在规定的期限内向主管税务机关自行申报纳税。

案例分析

【例】下列各项中应按照，“工资、薪金”所得纳税的有（　　）。

A. 个人兼职取得的收入

B. 退休人员再任职取得的收入

C. 个人在股票认购权行使前，将其股票认购权转让所取得的所得

D. 个人在行使股票认购权后，将已认购的股票（不包括境内上市公司股票）转让所取得的所得

答案：B、C。

解析：个人在股票认购权行使前，将其股票认购权转让所取得的所得，应并入其当月工资收入，按照“工资、薪金所得”项目缴纳个人所得税。对个人在行使股票认购权后，将已认购的股票（不包括境内上市公司股票）转让所取得的所得，应按照“财产转让所得”项目缴纳个人所得税。

（十七）中央企业负责人年度绩效薪金延期兑现收入和任期奖励的征税方法

中央企业负责人薪酬由基薪、绩效薪金和任期奖励构成，其中基薪和绩效薪金的60%在当年度发放，绩效薪金的40%和任期奖励于任期结束后发放。中央企业负责人任期结束后取得的绩效薪金40%部分和任期奖励，合并计算缴纳个人所得税。

（十八）关于股权激励所得项目的征税方法

根据个人所得税法及其实施条例和财税［2009］5号文件等规定，个人因任职、受雇从上市公司取得的股票增值权所得和限制性股票所得，由上市公司或其境内机构按照“工资、薪金所得”项目和股票期权所得个人所得税计税方法，依法扣缴其个人所得税。

1. 关于股票增值权应纳税所得额的确定。

股票增值权被授权人获取的收益，是由上市公司根据授权日与行权日股票差价乘以被授权股数，直接向被授权人支付的现金。上市公司应于向股票增值权被授权人兑现时依法扣缴其个人所得税。被授权人股票增值权应纳税所得额计算公式为：

股票增值权某次行权应纳税所得额＝（行权日股票价格－授权日股票价格）×行权股票份数。

2. 关于限制性股票应纳税所得额的确定。

按照个人所得税法及其实施条例等有关规定，原则上应在限制性股票所有权归属于被激励对象时确认其限制性股票所得的应纳税所得额。即：上市公司实施限制性股票计划时，应以被激励对象限制性股票在中国证券登记结算公司（境外为证券登记托管机构）进行股票登记日期的股票市价（指当日收盘价，下同）和本批次解禁股票当日市价（指当日收盘价，下同）的平均价格乘以本批次解禁股票份数，减去被激励对象本批次解禁股份数所对应的为获取限制性股票实际支付资金数额，其差额为应纳税所得额。被激励对象限制性股票应纳税所得额计算公式为：

应纳税所得额＝（股票登记日股票市价＋本批次解禁股票当日市价）÷2×本批次解禁股票份数－被激励对象实际支付的资金总额×（本批次解禁股票份数÷被激励对象获取的限制性股票总份数）

3. 关于股权激励所得应纳税额的计算。

（1）个人在纳税年度内第一次取得股票期权、股票增值权所得和限制性股票所得的，上市公司应按照财税［2005］35号文件第四条第一项所列公式计算扣缴其个人所得税。

（2）个人在纳税年度内两次以上（含两次）取得股票期权、股票增值权和限制性股票等所得，包括两次以上（含两次）取得同一种股权激励形式所得或者同时兼有不同股权激励形式所得的，上市公司应将其纳税年度内各次股权激励所得合并，按照《国家税务总局关于个人股票期权所得缴纳个人所得税有关问题的补充通知》（国税函［2006］902号）第七条、第八条所列公式计算扣缴个人所得税。

4. 关于纳税义务发生时间。

（1）股票增值权个人所得税纳税义务发生时间为上市公司向被授权人兑现股票增值权所得的日期；

（2）限制性股票个人所得税纳税义务发生时间为每一批次限制性股票解禁的日期。

5. 关于报送资料的规定。

（1）实施股票期权、股票增值权计划的境内上市公司，应按照财税［2005］35号文件第五条第（三）项规定报送有关资料。

（2）实施限制性股票计划的境内上市公司，应在中国证券登记结算公司（境外为证券登记托管机构）进行股票登记、并经上市公司公示后15日内，将本公司限制性股票计划或实施方案、协议书、授权通知书、股票登记日期及当日收盘价、禁售期限和股权激励人员名单等资料报送主管税务机关备案。

境外上市公司的境内机构，应向其主管税务机关报送境外上市公司实施股权激励计划的中（外）文资料备案。

（3）扣缴义务人和自行申报纳税的个人在代扣代缴税款或申报纳税时，应在税法规定的纳税申报期限内，将个人接受或转让的股权以及认购的股票情况（包括种类、数量、施权价格、行权价格、市场价格、转让价格等）、股权激励人员名单、应纳税所得额、应纳税额等资料报送主管税务机关。

五、境外所得的税额扣除

在对纳税人的境外所得征税时，会存在其境外所得已在来源国家或者地区缴税的实际情况。基于国家之间对同一所得应避免双重征税的原则，我国在对纳税人的境外所得行使税收管辖权时，对该所得在境外已纳税额采取了分不同情况从应征税额中予以扣除的做法。

税法规定，纳税义务人从中国境外取得的所得，准予其在应纳税额中扣除已在境外缴纳的个人所得税税额。但扣除额不得超过该纳税义务人境外所得依照我国税法规定计算的应纳税额。

（一）已在境外缴纳的所得税税额

境外所得已在境外缴纳的个人所得税税额，是指纳税义务人从中国境外取得的所得，依照该所得来源国家或者地区的法律应当缴纳并且实际已经缴纳的税额。

（二）依照税法规定计算的应纳税额

境外所得依照税法规定计算的应纳税额，是指纳税义务人从中国境外取得的所得。区别不同国家或者地区和不同应税项目，依照我国税法规定的费用减除标准和适用税率计算的应纳税额；同一国家或者地区内不同应税项目，依照我国税法计算的应纳税额之和，为该国家或者地区的扣除限额。

（三）境外所得税税额扣除

纳税义务人在中国境外一个国家或者地区实际已经缴纳的个人所得税税额，低于依照上述规定计算出的该国家或者地区扣除限额的，应当在中国缴纳差额部分的税款；超过该国家或者地区扣除限额的，其超过部分不得在本纳税年度的应纳税额中扣除，但是可以在以后纳税年度的该国家或者地区扣除限额的余额中补扣，补扣期限最长不得超过5年。纳税人依照税法规定申请扣除已在境外缴纳的个人所得税税额时，应当提供境外税务机关填发的完税凭证原件。

在中国境内有住所，或者无住所而在境内居住满一年的个人，从中国境内和境外取得的所得，应当分别计算应纳税额。

案例分析

【例】某纳税人在A国提供一项专利技术使用权，一次取得特许权使用费收入25 000元，利息收入5 000元，两项所得缴纳所得税5 200元；在B国出版一部著作，稿酬25 000元，已纳所得税2 500元。要求：纳税人在A、B两国的应纳税额。

解析：

（1）在A国取得所得的税额扣除：

特许权使用费所得税款扣除限额 =25 000×（1 -20%）×20% =4 000（元）

利息所得税款扣除限额 =5 000×20% =1 000（元）

扣除限额合计 =5 000（元）

该纳税人在A国已纳所得税5 200元，超过税款扣除限额200元，故不得在本纳税年度应纳税额中扣除，但可以在以后纳税年度的A国的扣除限额的余额中补扣，补扣期限最长不得超过5年。

（2）在B国取得所得的税额扣除：

稿酬所得税款扣除限额 =25 000×（1 -20%）×20%×（1 -30%）=2 800（元）

该纳税人在B国已纳所得税2 500元，低于税款扣除限额，故应该在国内补缴个人所得税：

应补税额 =2 800 -2 500 =300（元）

第七节　劳务报酬所得的特殊规定

一、征税范围

（一）一般规定

劳务报酬所得，指个人独立从事各种非雇用的各种劳务所取得的所得，具体内容如下：

1. 设计。是指按照客户的要求，代为制定工程、工艺等各类设计业务。

2. 装潢。是指接受委托，对物体进行装饰、修饰，使之美观或具有特定用途的作业。

3. 安装。是指按照客户要求，对各种机器、设备的装配、安置，以及与机器、设备相连的附属设施的装设和被安装机器设备的绝缘、防腐、保温、油漆等工程作业。

4. 制图。是指受托按实物或设想物体的形象，依体积、面积、距离等，用一定比例绘制成平面图、立体图、透视图等的业务。

5. 化验。是指受托用物理或化学的方法，检验物质的成分和性质等业务。

6. 测试。是指利用仪器仪表或其他手段代客对物品的性能和质量进行检测试验的业务。

7. 医疗。是指从事各种病情诊断、治疗等医护业务。

8. 法律。是指受托担任辩护律师、法律顾问，撰写辩护词、起诉书等法律文书的业务。

9. 会计。是指受托从事会计核算的业务。

10. 咨询。是指对客户提出的政治、经济、科技、法律、会计、文化等方面的问题进行解答、说明的业务。

11. 讲学。是指应邀（聘）进行讲课、作报告、介绍情况等业务。

12. 新闻。是指提供新闻信息、编写新闻消息的业务。

13. 广播。是指从事播音等劳务。

14. 翻译。是指受托从事中、外语言或文字的翻译（包括笔译和口译）的业务。

15. 审稿。是指对文字作品或图形作品进行审查、核对的业务。

16. 书画。是指按客户要求，或自行从事书法、绘画、题词等业务。

17. 雕刻。是指代客镌刻图章、牌匾、碑、玉器、雕塑等业务。

18. 影视。是指应邀或应聘在电影、电视节目中出任演员，或担任导演、音响、化妆、道具、制作、摄影等与拍摄影视节目有关的业务。

19. 录音。是指用录音器械代客录制各种音响带的业务，或者应邀演讲、演唱、采访而被录音的服务。

20. 录像。是指用录像器械代客录制各种图像、节目的业务，或者应邀表演、采访被录像的业务。

21. 演出。是指参加戏剧、音乐、舞蹈、曲艺等文艺演出活动的业务。

22. 表演。是指从事杂技、体育、武术、健美、时装、气功以及其他技巧性表演活动的业务。

23. 广告。是指利用图书、报纸、杂志、广播、电视、电影、招贴、路牌、橱窗、霓虹灯、灯箱、墙面及其他载体，为介绍商品、经营服务项目、文体节目或通告、声明等事项，所做的宣传和提供相关服务的业务。

24. 展览。是指举办或参加书画展、影展、盆景展、邮展、个人收藏品展、花鸟虫鱼展等各种展示活动的业务。

25. 技术服务。是指利用一技之长而进行技术指导、提供技术帮助的业务。

26. 介绍服务。是指介绍供求双方商谈，或者介绍产品、经营服务项目等服务的业务。

27. 经纪服务。是指经纪人通过居间介绍，促成各种交易和提供劳务等服务的业务。

28. 代办服务。是指代委托人办理受托范围内的各项事宜的业务。

29. 其他劳务。是指上述列举 28 项劳务项目之外的各种劳务。

自 2004 年 1 月 20 日起，对商品营销活动中，企业和单位对其营销业绩突出的非雇员以培训班、研讨会、工作考察等名义组织旅游活动，通过免收差旅费、旅游费对个人实行的营销业绩奖励（包括实物、有价证券等），应根据所发生费用的全额作为该营销人员当期的劳务收入，按照“劳务报酬所得”项目征收个人所得税，并由提供上述费用的企业和单位代扣代缴。

政策解析

工资薪金所得与劳务报酬所得的区别：工资、薪金所得是属于非独立个人劳务活动，即在机关、团体、学校、部队、企事业单位及其他组织中任职、受雇而得到的报酬；劳务报酬所得则是个人独立从事各种技艺、提供各项劳务取得的报酬。两者的主要区别在于：前者存在雇用与被雇用关系，后者则不存在这种关系。

（二）其他的特殊规定

个人由于担任董事职务所取得的董事费收入，属于劳务报酬所得性质，按照劳务报酬所得项目征收个人所得税。

在境内从事保险、旅游等非有形商品经营的企业，有时通过其雇员或非雇员个人的推销、代理等服务活动开展业务。对非本企业雇员取得上述收入，均应计入个人从事服务业应税劳务的营业额，按照规定计算征收营业税；上述收入扣除已缴纳的营业税金后，应计入个人的劳务报酬所得，按照规定计算征收个人所得税。

对商品营销活动中，企业和单位对营销业绩突出人员以培训班、研讨会、工作考察等名义组织旅游活动，通过免收差旅费、旅游费对个人实行的营销业绩奖励（包括实物、有价证券等），应将所发生的费用，全额计入营销人员的应税所得，依法征收个人所得税，并由提供上述费用的企业和单位代扣代缴。对企业雇员以外的其他人员享受的此类奖励，应作为当期的劳务收入，按照劳务报酬所得项目征收个人所得税。

对个人兼职取得的收入，应按照劳务报酬所得项目征收个人所得税。

案例分析

【例】下列项目中，属于劳务报酬所得的是（　　）。

A. 发表论文取得的报酬

B. 提供著作的版权而取得的报酬

C. 将国外的作品翻译出版取得的报酬

D. 高校教师受出版社委托进行审稿取得的报酬

答案：D。

解析：劳务报酬是指个人从事设计、装潢、审稿等而取得的报酬。本题发表论文取得的报酬，将国外的作品翻译出版而取得的报酬属于稿酬；提供著作的版权而取得的报酬，属于特许权使用费所得。

二、应纳税所得额的规定

（一）费用减除标准

劳务报酬所得，每次收入不超过 4 000 元的，减除费用 800 元；4 000 元以上的，减除20%的费用，其余额为应纳税所得额。

（二）计税方法

劳务报酬所得采取按次计税的方式。根据不同劳务项目的特点，分别规定为：

1. 只有一次性收入的，以取得该项收入为一次。例如从事设计、安装、装潢、制图、化验、测试等劳务，往往是接受客户的委托，按照客户的要求，完成一次劳务后取得收入。因此，是属于只有一次性的收入，应以每次提供劳务取得的收入为一次。

2. 属于对同一项目连续取得收入的，以1个月内取得的收入为一次。同一项目，是指劳务报酬所得列举具体劳务项目中的某一单项，个人兼有不同的劳务报酬所得，应当分别减除费用，计算缴纳个人所得税。

对属于同一项目连续性收入的，考虑属地管辖与时间划定有交叉的特殊情况，统一规定以县（含县级市、区）为一地，其管辖内的一个月内的劳务服务为一次；当月跨县地域的，则应分别计算。

3. 个人无需经政府有关部门批准并取得执照举办学习班、培训班的，其取得的办班收入属于"劳务报酬所得"，应按税法规定计征个人所得税。办班者每次收入按以下方法确定：一次收取学费的，以一期取得的收入为一次；分次收取学费的，以每月取得的收入为一次。

三、应纳税额的计算

对劳务报酬所得，其个人所得税应纳税额的计算公式为：

（一）每次收入不足4 000元的

应纳税额 = 应纳税所得额 × 适用税率

= （每次收入额 - 800） ×20%

（二）每次收入在4 000元以上的

应纳税额 = 应纳税所得额 × 适用税率

= 每次收入额 × （1 - 20%） ×20%

（三）每次收入的应纳税所得额超过20 000元的

应纳税额 = 应纳税所得额 × 适用税率 - 速算扣除数

= 每次收入额 × （1 - 20%） × 适用税率 - 速算扣除数

劳务报酬所得适用的速算扣除数见表19 - 5。

表19 - 5 劳务报酬所得适用的速算扣除数表

级数	每次应纳税所得额	税率（%）	速算扣除数（元）
1	不超过20 000元的部分	20	0
2	超过20 000—50 000元的部分	30	2 000
3	超过50 000元的部分	40	7 000

案例分析

【例】李某业余时间为一家工厂（非任职单位）进行制图，报酬40 000元。计算林某应纳的个人所得税税额。

应纳税所得税额 =40 000 × （1 －20%） =32 000（元）

适用税率为 30%，速算扣除数为 2 000 元

应纳个人所得税税额 =40 000 × （1 －20%） ×30% －2 000 =7 600（元）

（四）为纳税人代付税款的计算方法

如果单位或个人为纳税人代付税款的，应当将单位或个人支付给纳税人的不含税支付额（或称纳税人取得的不含税收入额）换算为应纳税所得额，然后按规定计算应代付的个人所得税款，其计算公式为：

（1）不含税收入额不超过 3 360 元的：

①应纳税所得额 = （不含税收入额 －800） ÷ （1 －税率）

②应纳税额 = 应纳税所得额 × 适用税率

（2）不含税收入额超过 3 360 元的：

①应纳税所得额 =［（不含税收入额 －速算扣除数） × （1 －20%）］ ÷ ［1 －税率 × （1 －20%）］

或 =［（不含税收入额 －速算扣除数） × （1 －20%）］ ÷当级换算系数

②应纳税额 = 应纳税所得额 × 适用税率 －速算扣除数

上述（1）中的公式①和（2）中的公式①中的税率，是指不含税劳务报酬收入所对应的税率（见表 19 －6）；（1）中的公式②和（2）中的公式②中的税率，是指应纳税所得额按含税级距所对应的税率（见表 19 －6）。

表 19 －6　　不含税劳务报酬收入适用税率表

级数	不含税劳务报酬收入额	税率（%）	速算扣除数（元）	换算系数（%）
1	未超过 3 360 元的部分	20	0	0
2	超过 3 360—21 000 元的部分	20	0	84
3	超过 21 000—49 500 元的部分	30	2 000	76
4	超过 49 500 元的部分	40	7 000	68

案例分析

【例】歌星刘某应某晚会主办方邀请，参加该晚会演出。合同规定：晚会主办方支付刘某出场费 60 000 元，其个人所得税由主办方承担。计算：晚会主办方承担的刘某的个人所得税税额。

应纳税所得额 = （60 000 －7 000） × （1 －20%） ÷ ［1 －40% × （1 －20%）］
=62 352. 94（元）

或 = （60 000 －7 000） × （1 －20%） ÷68% =62 352. 94（元）

应纳税额 =62 352. 94 ×40% －7 000 =17 942. 18（元）

故晚会主办方承担的刘某的个人所得税税额为 17 942. 18 元。

第八节 稿酬所得的特殊规定

一、征税范围

（一）一般规定

稿酬所得，是指个人因其作品以图书、报纸形式出版、发表而取得的所得。将稿酬所得独立划归一个征税项目，而对不以图书、报纸形式出版、发表的翻译、审稿、书画所得归为劳务报酬所得，主要是考虑了出版、发表作品的特殊性。第一，它是一种依靠较高智力创作的精神产品；第二，它具有普遍性；第三，它与社会主义精神文明和物质文明密切相关；第四，它的报酬相对偏低。因此，稿酬所得应当与一般劳务报酬相对区别，并给予适当优惠照顾。

（二）其他的特殊规定

作者去世后，对取得其遗作稿酬的个人，按“稿酬所得”征收个人所得税。

任职、受雇于报纸、杂志等单位的记者、编辑等专业人员以外的其他人员，在本单位的报纸、杂志上发表作品取得的所得，应按“稿酬所得”项目征收个人所得税。

政策解析

任职、受雇于报纸、杂志等单位的记者、编辑等专业人员，因在本单位的报纸、杂志上发表作品取得的所得，属于因任职、受雇而取得的所得，应于当月工资收入合并，按照“工资、薪金所得”项目征收个人所得税。

出版社的专业作者撰写、编写或翻译的作品，由本社以图书形式出版而取得的稿费收入，应按“稿酬所得”项目计算缴纳个人所得税。

案例分析

【例】下列所得属于稿酬所得（　　）。

A. 个人图书被出版取得的收入　　B. 翻译资料取得的收入

C. 个人作品在杂志上连载取得的收入　　D. 剧本被使用取得的收入

参考答案：A、C。

二、应纳税所得额的规定

（一）费用减除标准

稿酬所得，每次收入不超过4 000元的，减除费用800元；4 000元以上的，减除20%的费用，其余额为应纳税所得额。

（二）计税方法

稿酬所得采取按次计税的方式，以每次出版、发表取得的收入为一次。具体又可细分为：

1. 同一作品再版取得的所得，应视作另一次稿酬所得计征个人所得税。

2. 同一作品先在报纸、杂志上连载，然后再出版，或先出版，再在报纸、杂志上连载的，应视为两次稿酬所得征税。即连载作为一次，出版作为另一次。

3. 同一作品在报纸、杂志上连载取得收入的，以连载完成后取得的所有收入合并为一次，计征个人所得税。

4. 同一作品在出版和发表时，以预付稿酬或分次支付稿酬等形式取得的稿酬收入，应合并计算为一次。

5. 同一作品出版、发表后，因添加印数而追加稿酬的，应与以前出版、发表时取得的稿酬合并计算为一次，计征个人所得税。

三、应纳税额的计算

稿酬所得应纳税额的计算公式为：

（一）每次收入不足4 000元的

应纳税额 = 应纳税所得额 × 适用税率 ×（1 − 30%）

= （每次收入额 − 800）× 20% ×（1 − 30%）

（二）每次收入在4 000元以上的

应纳税额 = 应纳税所得额 × 适用税率 ×（1 − 30%）

= 每次收入额 ×（1 − 20%）× 20% ×（1 − 30%）

 **案例分析**

【例】某知名作家出版一部小说，稿酬30 000元。该小说在报纸、杂志上连载2个月，每月稿酬3 000元。因小说畅销，出版社加印了5 000册，追加稿酬8 000元。计算该作家应纳的个人所得税税额。

出版社代扣个人所得税 = （30 000 + 8 000）×（1 − 20%）× 20% ×（1 − 30%）

= 4 256（元）

报社代扣个人所得税 = 3 000 × 2 ×（1 − 20%）× 20% ×（1 − 30%）= 672（元）

第九节　个体工商户生产经营所得的特殊规定

一、征税范围

（一）一般规定

1. 个体工商户从事工业、手工业、建筑业、交通运输业、商业、饮食业、服务业、修理业及其他行业取得的所得。

2. 个人经政府有关部门批准，取得执照，从事办学、医疗、咨询以及其他有偿服务活动取得的所得。

3. 上述个体工商户和个人取得的与生产、经营有关的各项应税所得。

4. 个人因从事彩票代销业务而取得所得，应按照“个体工商户的生产、经营所得”项目计征个人所得税。

5. 其他个人从事个体工商业生产、经营取得的所得。

个体工商户的上述生产、经营所得实际上可以分为两类：一类是纯生产、经营所得，如第1、2、3、4项所得，它是指个人直接从事工商各业生产、经营活动而取得的生产性、经营性所得以及有关的其他所得。另一类是独立劳动所得，如第5项所得。所谓独立劳动，是指个人所从事的是由自己自由提供的、不受他人指定、安排和具体管理的劳动。例如，私人诊所的医生、私人会计师事务所的会计师，以及独立从事教学、文艺等活动的个人均为独立劳动者，他们的收入具有不确定性。在国际税收协定中，也将独立的个人劳务严格界定为从事独立的科学、文学、艺术、教育或教学活动，以及医师、律师、工程师、建筑师、牙医师和会计师的独立活动。严格说来，个体工商户的劳动虽然也属于独立劳动，但没有包括在人们通常所说的“独立劳动”之内。

（二）其他特殊规定

1. 个体工商户与企业联营而分得的利润，按“利息、股息、红利所得”项目征收个人所得税。个体工商户和从事生产、经营的个人，取得与生产、经营活动无关的各项应税所得，应按规定分别计算征收个人所得税。

2. 从事个体出租车运营的出租车驾驶员取得的收入，按个“体工商户的生产经营所得”项目缴纳个人所得税。出租车属个人所有，但挂靠出租汽车经营单位或企事业单位，驾驶员向挂靠单位缴纳管理费的，或出租汽车经营单位将出租车所有权转移给驾驶员的，出租车驾驶员从事客货运营取得的收入，比照“个体工商户的生产经营所得”项目征收个人所得税。

政策解析

出租汽车经营单位对出租车驾驶员采取单车承包或承租方式运营，出租车驾驶员从事客货营运取得的收入，按“工资、薪金”所得征税。

3. 从2000年1月1日起，个人独资企业和合伙企业的生产经营所得，比照“个体工商户的生产经营所得”项目征收个人所得税。

4. 个人独资企业、合伙企业的个人投资者以企业资金为本人、家庭及其相关人员支付与企业生产经营无关的消费性支出及购买汽车、住房等财产性支出，视为企业对个人投资者的利润分配，并入投资者个人的生产经营所得，依照“个体工商户的生产经营所得”项目计征个人所得税。

政策解析

除个人独资企业、合伙企业以外的其他企业的个人投资者，以企业资金为本人、家庭成员及其相关人员支付与企业经营无关的消费性支出及购买汽车、住房等财产性支出，视为企业对个人投资者的红利分配，依照“利息、股息、红利所得”项目计征个人所得税。

5. 个人经政府有关部门批准并取得执照举办学习班、培训班的，其取得的办班收入属于“个体工商户的生产、经营所得”，应按税法规定计征个人所得税。

6. 代开货物运输业发票的个体工商户、个人独资企业和合伙企业作为纳税人，统一按开票金额的2.5%预征个人所得税。年度终了后，查账征税的代开货运发票个人所得税纳税人，预征的个人所得税可以在汇算清缴时扣除；实行核定征收个人所得税的，预征的个人所得税，不得从已核定税额中扣除。

二、应纳税所得额的规定

个体工商户的生产、经营所得，以每一纳税年度的收入总额，减除成本、费用以及损失后的余额，为应纳税所得额。所谓成本、费用，是指纳税义务人从事生产、经营所发生的各项直接支出和分配计入成本的间接费用以及销售费用、管理费用、财务费用。所谓损失，是指纳税义务人在生产、经营过程中发生的各项营业外支出。

自2008年3月1日起，个体工商户业主的费用扣除标准统一确定为24 000元/年，即2 000元/月。从事生产、经营的纳税义务人未提供完整、准确的纳税资料，不能正确计算应纳税所得额的，由主管税务机关核定其应纳税所得额。

个人独资企业的投资者以全部生产经营所得为应纳税所得额。合伙企业的投资者按照合伙企业的全部生产经营所得和合伙协议约定的分配比例，确定应纳税所得额，合伙协议没有约定分配比例的，以全部生产经营所得和合伙人数量平均计算每个投资者的应纳税所得额。

上述所谓生产经营所得，包括企业分配给投资者个人的所得和企业当年留存的所得（利润）。

三、应纳税额的计算

个体工商户的生产、经营所得应纳税额的计算公式为：

应纳税额 = 应纳税所得额 × 适用税率 − 速算扣除数

或 = （全年收入总额 − 成本、费用以及损失） × 适用税率 − 速算扣除数

（一）对个体工商户个人所得税计算征收的有关规定

个体工商户的生产、经营所得，以每一纳税年度的收入总额，减除成本、费用以及损失后的余额，为应纳税所得额，其中费用扣除标准统一确定为24 000元/年，即2 000元/月。

从2008年1月1日起，个体工商户向其从业人员实际支付的合理的工资、薪金支出，允许在税前据实扣除。

从2008年1月1日起，个体工商户拨缴的工会经费、发生的职工福利费、职工教育经费支出分别在工资薪金总额2%、14%、2.5%的标准内据实扣除。

从2008年1月1日起，个体工商户每一纳税年度发生的广告费和业务宣传费用不超过当年销售（营业）收入15%的部分，可据实扣除；超过部分，准予在以后纳税年度结转扣除。

从2008年1月1日起，个体工商户每一纳税年度发生的与其生产经营业务直接相关的业务招待费支出，按照发生额的60%扣除，但最高不得超过当年销售（营业）收入的5‰。

个体工商户在生产、经营期间借款利息支出，凡有合法证明的，不高于按金融机构同类、同期贷款利率计算的数额的部分，准予扣除。

个体工商户或个人专营种植业、养殖业、饲养业、捕捞业，应对其所得计征个人所得税。兼营上述四业并且四业的所得单独核算的，对属于征收个人所得税的，应与其他行业的生产、经营所得合并计征个人所得税；对于四业的所得不能单独核算的，应就其全部所得计征个人所得税。

个体工商户和从事生产、经营的个人，取得与生产、经营活动无关的各项应税所得，应分别适用各应税项目的规定计算征收个人所得税。

个体工商户生产经营过程中从业人员的工资扣除标准，由各省、自治区、直辖市地方税务机关根据当地实际情况确定。并报国家税务总局备案。

（二）个体工商户的生产、经营所得适用的速算扣除数（见表 19－2）

（三）个人独资企业和合伙企业应纳个人所得税的计算

合伙企业是指依照中国法律、行政法规成立的合伙企业。合伙企业以每一个合伙人为纳税义务人。合伙企业合伙人是自然人的，缴纳个人所得税；合伙人是法人和其他组织的，缴纳企业所得税。

合伙企业生产经营所得和其他所得采取“先分后税”的原则。从 2009 年 1 月 1 日起，合伙企业的合伙人按照下列原则确定应纳税所得额：

（1）合伙企业的合伙人以合伙企业的生产经营所得和其他所得，按照合伙协议约定的分配比例确定应纳税所得额。

（2）合伙协议未约定或者约定不明确的，以全部生产经营所得和其他所得，按照合伙人协商决定的分配比例确定应纳税所得额。

（3）协商不成的，以全部生产经营所得和其他所得，按照合伙人实缴出资比例确定应纳税所得额。

（4）无法确定出资比例的，以全部生产经营所得和其他所得，按照合伙人数量平均计算每个合伙人的应纳税所得额。合伙协议不得约定将全部利润分配给部分合伙人。

（5）合伙企业的合伙人是法人和其他组织的，合伙人在计算其缴纳企业所得税时，不得用合伙企业的亏损抵减其盈利。

对个人独资企业和合伙企业生产经营所得，其个人所得税应纳税额的计算有两种方法：一是查账征收；二是核定征收。

第一种：查账征收。凡实行查账征税办法的，生产经营所得比照《个体工商户个人所得税计税办法（试行）》的规定确定。但下列项目的扣除依照以下规定执行：

（1）自 2008 年 3 月 1 日起，个人独资企业和合伙企业投资者的生产经营所得依法计征个人所得税时，个人独资企业和合伙企业投资者本人的费用扣除标准统一确定为 24 000 元/年，即 2 000 元/月。投资者的工资不得在税前扣除。

（2）企业从业人员的工资支出按标准在税前扣除，具体标准由各省、自治区、直辖市地方税务局参照企业所得税计税工资标准确定。

（3）投资者及其家庭发生的生活费用不允许在税前扣除。投资者及其家庭发生的生活费用与企业生产经营费用混合在一起，并且难以划分的，全部视为投资者个人及其家庭发生的生活费用，不允许在税前扣除。

（4）企业生产经营和投资者及其家庭生活共用的固定资产，难以划分的，由主管税务机关根据企业的生产经营类型、规模等具体情况，核定准予在税前扣除的折旧费用的数额或比例。

（5）从 2008 年 1 月 1 日起，企业向其从业人员实际支付的合理的工资、薪金支出，允许在税前据实扣除。

（6）从 2008 年 1 月 1 日起，企业实际发生的工会经费、职工福利费、职工教育经费分别在其计税工资总额的 2%、14%、2.5% 的标准内据实扣除。

（7）从 2008 年 1 月 1 日起，企业每一纳税年度发生的广告和业务宣传费用不超过当年销售（营业）收入 15% 的部分，可据实扣除；超过部分可无限期向以后的纳税年度结转。

(8) 从2008年1月1日起，企业每一纳税年度发生的与其生产经营业务直接相关的业务招待费，按照发生额的60%扣除，但最高不得超过当年销售（营业）收入的5‰。

(9) 企业计提的各种准备金不得扣除。

(10) 投资者兴办的两个或两个以上企业，并且企业性质全部是独资的，年度终了后，汇算清缴时，应纳税款的计算按以下方法进行：汇总其投资兴办的所有企业的经营所得作为应纳税所得额以此确定适用税率，计算出全年经营所得的应纳税额，再根据每个企业的经营所得占所有企业经营所得的比例，分别计算出每个企业的应纳税额和应补缴税额。计算公式如下：

应纳税所得额 = ∑各个企业的经营所得

应纳税额 = 应纳税所得额 × 税率 − 速算扣除数

本企业应纳税额 = 应纳税额 × 本企业的经营所得 ÷ ∑各企业的经营所得

本企业应补缴的税额 = 本企业应纳税额 − 本企业预缴的税额

第二种：核定征收。有下列情形之一的，主管税务机关应采取核定征收方式征收个人所得税：

(1) 企业依照国家有关规定应当设置但未设置账簿的；

(2) 企业虽设置账簿，但账目混乱或者成本资料、收入凭证、费用凭证残缺不全，难以查账的；

(3) 纳税人发生纳税义务，未按照规定的期限办理纳税申报，经税务机关责令限期申报，逾期仍不申报的。

核定征收方式，包括定额征收、核定应税所得率征收以及其他合理的征收方式。实行核定应税所得率征收方式的，应纳所得税额的计算公式如下：

应纳所得税税额 = 应纳税所得额 × 适用税率

应纳税所得额 = 收入总额 × 应税所得率

或 = 成本费用支出额 ÷ (1 − 应税所得率) × 应税所得率

应税所得率应按表19−7规定的标准执行。

表19−7　　个人所得税应税所得率表

行　　业	应税所得率（%）
工业、交通运输业、商业	5—20
建筑业、房地产开发业	7—20
饮食服务业	7—25
娱乐业	20—40
其他行业	10—30

企业经营多业的，无论其经营项目是否单独核算，均应根据其主营项目确定其适用的应税所得率。实行核定征税的投资者，不能享受个人所得税的优惠政策。

实行查账征税方式的个人独资企业和合伙企业改为核定征税方式后，在查账征税方式下认定的年度经营亏损未弥补完的部分，不得再继续弥补。

第十节 对企事业单位承包承租经营所得的特殊规定

一、征税范围

对企事业单位的承包经营、承租经营所得，是指个人承包经营或承租经营以及转包、转租取得的所得。承包项目可分多种，如生产经营、采购、销售、建筑安装等各种承包。转包包括全部转包或部分转包。

二、应纳税所得额的规定

对企事业单位的承包经营、承租经营所得，以每一纳税年度的收入总额，减除必要费用后的余额，为应纳税所得额。所谓每一纳税年度的收入总额，是指纳税义务人按照承包经营、承租经营合同规定分得的经营利润和工资、薪金性质的所得。所谓减除必要费用，是指按月减除 2 000 元。

三、应纳税额的计算

对企事业单位的承包经营、承租经营所得，其个人所得税应纳税额的计算公式为：

应纳税额 = 应纳税所得额 × 适用税率 - 速算扣除数

或 = （纳税年度收入总额 - 必要费用） × 适用税率 - 速算扣除数

政策解析

第一，对企事业单位的承包经营、承租经营所得，以每一纳税年度的收入总额，减除必要费用后的余额为应纳税所得额。在一个纳税年度中，承包经营或者承租经营期限不足 1 年的，以其实际经营期为纳税年度。

第二，对企事业单位的承包经营、承租经营所得适用的速算扣除数，同个体工商户的生产、经营所得适用的速算扣除数（见表 19 - 2）。

案例分析

【例】假定2008 年5 月1 日，张先生与事业单位签订承包合同经营招待所，承包期为 3 年。2008 年招待所实现承包经营利润 120 000 元，按合同规定承包人每年应从承包经营利润中上缴承包费 50 000 元。计算承包人 2008 年应纳个人所得税税额。

年应纳税所得额 = 承包经营利润 - 上缴费用 - 每月必要费用扣减合计

= 120 000 - 50 000 - （2 000 × 8） = 54 000 （元）

应纳个人所得税税额 = 年应纳税所得额 × 适用税率 - 速算扣除数

= 54 000 × 35% - 6 750 = 12 150 （元）

第十一节 特许权使用费所得的特殊规定

一、征税范围

特许权使用费所得，是指个人提供专利权、商标权、著作权、非专利技术以及其他特许权的使用权取得的所得。提供著作权的使用权取得的所得不包括稿酬所得。

专利权，是指由国家专利主管机关依法授予专利申请人或其权利继承人在一定期间内实施其发明创造的专有权。对于专利权，许多国家只将提供他人使用取得的所得，列入特许权使用费。而将转让专利权所得列为资本利得税的征税对象。我国没有开征资本利得税，故将个人提供和转让专利权取得的所得都列入特许权使用费所得征收个人所得税。商标权，是指商标注册人享有的商标专用权。著作权，即版权，是指作者依法对文学、艺术和科学作品享有的专有权。个人提供或转让商标权、著作权、专有技术或技术秘密、技术诀窍取得的所得，应当依法缴纳个人所得税。

自 2007 年 5 月 1 日起，作者将自己的文字作品手稿原件或复印件拍卖取得的所得，按照“特许权使用费”所得项目缴纳个人所得税，以其转让收入额减除 800 元（转让收入额 4 000 元以下）或者 20%（转让收入额 4 000 元以上）后的余额为应纳税所得额。

政策解析

个人拍卖除文字作品原稿及复印件外的其他财产，应以其转让收入额减除财产原值和合理费用后的余额为应纳税所得额，按照“财产转让所得”项目适用 20% 税率缴纳个人所得税。

对于剧本作者从电影、电视剧的制作单位取得的剧本使用费，不再区分剧本的使用方是否为其任职单位，统一按“特许权使用费所得”项目计征个人所得税。

案例分析

【例 1】以下按照特许权使用费所得计征个人所得税的项目是（　　）。

A. 作家取得作品稿酬　　B. 作家转让著作权

C. 作家拍卖文字作品手稿复印件　　D. 作家拍卖写作用过的金笔

参考答案：B、C。

解析：A 属于稿酬所得；D 属于财产转让所得。

案例分析

【例 2】以下不属于特许权使用费所得的项目是（　　）。

A. 转让技术诀窍　　B. 转让技术秘密

C. 转让专利权　　D. 转让土地使用权

正确答案：D。

解析：转让土地使用权属于财产转让所得，不属于特许权使用费所得。

二、应纳税所得额的规定

（一）费用减除标准

特许权使用费所得，每次收入不超过 4 000 元的，减除费用 800 元；4 000 元以上的，减除 20% 的费用，其余额为应纳税所得额。

（二）计税方法

特许权使用费所得采取按次计税的方式，以某项使用权的一次转让所取得的收入为一次。对于一个纳税义务人，可能不仅拥有一项特许权利，每项特许权的使用权也可能不止一次地向他人提供。因此，对特许权使用费所得的“次”的界定，明确为每一项使用权的每次转让所取得的收入为一次。如果该次转让取得的收入是分笔支付的，则应将各笔收入相加为一次的收入，计征个人所得税。

三、应纳税额的计算

特许权使用费所得应纳税额的计算公式为：

（一）每次收入不足 4 000 元的

应纳税额 = 应纳税所得额 × 适用税率 = （每次收入额 − 800） × 20%

（二）每次收入在 4 000 元以上的

应纳税额 = 应纳税所得额 × 适用税率 = 每次收入额 × （1 − 20%） × 20%

第十二节　财产租赁所得的特殊规定

一、征税范围

（一）一般规定

财产租赁所得，是指个人出租建筑物、土地使用权、机器设备、车船以及其他财产取得的所得。

个人取得的财产转租收入属于“财产租赁所得”的征税范围，由财产转租人缴纳个人所得税。在确认纳税义务人时，应以产权凭证为依据；对无产权凭证的，由主管税务机关根据实际情况确定。产权所有人死亡，在未办理产权继承手续期间，该财产出租而有租金收入的，以领取租金的个人为纳税义务人。

（二）其他特殊规定

房地产开发企业与商店购买者个人签订协议规定，房地产开发企业按优惠价格出售其开发的商店给购买者个人，但购买者个人在一定期限内必须将购买的商店无偿提供给房地产开发企业对外出租使用。其实质是购买者个人以所购商店交由房地产开发企业出租而取得的房屋租赁收入支付了部分购房价款。

根据个人所得税法的有关规定精神，对上述情形的购买者个人少支出的购房价款，应视同个人财产租赁所得，按照“财产租赁所得”项目征收个人所得税。每次财产租赁所得的收入额，按照少支出的购房价款和协议规定的租赁月份数平均计算确定。

二、应纳税所得额的规定

（一）费用减除标准

财产租赁所得，每次收入不超过 4 000 元的，减除费用 800 元；4 000 元以上的，减除 20% 的费用，其余额为应纳税所得额。

（二）计税方法

财产租赁所得采取按次计税的方式，以 1 个月内取得的收入为一次。

三、应纳税额的计算

财产租赁所得一般以个人每次取得的收入，定额或定率减除规定费用后的余额为应纳税所得额。在确定财产租赁的应纳税所得额时，纳税人在出租财产过程中缴纳的税金和教育费附加，可持完税（缴款）凭证，从其财产租赁收入中扣除。准予扣除的项目除了规定费用和有关税、费外，还准予扣除能够提供有效、准确凭证，证明由纳税人负担的该出租财产实际开支的修缮费用。允许扣除的修缮费用，以每次 800 元为限。一次扣除不完的，准予在下一次继续扣除，直到扣完为止。

个人出租财产取得的财产租赁收入，在计算缴纳个人所得税时，应依次扣除以下费用：

（1）财产租赁过程中缴纳的税费。

（2）由纳税人负担的该出租财产实际开支的修缮费用。

（3）税法规定的费用扣除标准。

（一）每次（月）收入不超过 4 000 元的

应纳税所得额 = 每次（月）收入额 - 准予扣除项目 - 修缮费用（800 元为限）- 800 元

（二）每次（月）收入超过 4 000 元的

应纳税所得额 = ［每次（月）收入额 - 准予扣除项目 - 修缮费用（800 元为限）］×（1 - 20%）

政策解析

第一，个人取得财产转租收入，其向出租方支付的租金可在个人所得税税前扣除。

第二，对个人按市场价格出租的居民住房取得的所得，自 2001 年 1 月 1 日起暂减按 10% 的税率征收个人所得税。其应纳税额的计算公式为：

应纳税额 = 应纳税所得额 × 适用税率

案例分析

【例 1】下列应税项目中，以一个月为一次确定应纳税所得额的有（　　）。

A. 劳务报酬所得　　　　B. 特许权使用费所得

C. 财产租赁所得　　　　D. 财产转让所得

参考答案：C。

解析：劳务报酬所得、特许权使用费所得、财产转让所得以取得一次确定应纳税所得额。

【例 2】李女士 2008 年 1 月 1 日将其自有的 3 间房屋出租给某经营场所，租期 1 年。李女士每月取得租金收入 3 000 元。其中 5 月份发生了修理费用 300 元，有维修部门的正式收据。计算李女士 2008 年全年出租房屋取得租金收入所应纳的个人所得税税额。

（1）每月应纳税额 =（3 000 - 800）×20% = 440（元）

（2）5 月份应纳税额 =（3 000 - 300 - 800）×20% = 380

（3）全年应纳税额 = 440 × 11 + 380 = 5 220（元）

解析：本例在计算个人所得税时未考虑其他税费。如果对租金收入计征营业税、印花税、城建税和教育费附加等，可持完税凭证将税金从税前收入中先记扣除，然后再计算应纳的个人所得税。

第十三节 财产转让所得的特殊规定

一、征税范围

财产转让所得，是指个人转让有价证券、股权、建筑物、土地使用权、机器设备、车船以及其他财产取得的所得。

在现实生活中，个人进行的财产转让主要是个人财产所有权的转让。财产转让实际上是一种买卖行为，当事人双方通过签订、履行财产转让合同，形成财产买卖的法律关系，使出让财产的个人从对方取得价款（收入）或其他经济利益。财产转让所得因其性质的特殊性，需要单独列举项目征税。对个人取得的各项财产转让所得，除股票转让所得外，都要征收个人所得税。具体规定为：

（一）股票转让所得

根据《个人所得税法实施条例》规定，对股票所得征收个人所得税的办法，由财政部另行制定，报国务院批准施行。鉴于我国证券市场发育还不成熟，股份制还处于试点阶段，对股票转让所得的计算、征税办法和纳税期限的确认等都需要做深入的调查研究后，结合国际通行的做法，作出符合我国实际的规定。因此，国务院决定，对股票转让所得暂不征收个人所得税。

对个人在行使股票认购权后，将已认购的股票（不包括境内上市公司股票）转让所取得的所得，应按照“财产转让所得”项目缴纳个人所得税。上述税款由直接向个人支付转让收入的单位（不包括境外企业）负责代扣代缴；直接向个人支付转让收入的单位为境外企业的，取得收入的个人应按税法规定，在规定的期限内向主管税务机关自行申报纳税。

政策解析

个人在股票认购权行使前，将其股票认购权转让所取得的所得，应并入其当月工资收入，按照“工资、薪金所得”项目缴纳个人所得税。

（二）量化资产股份转让

集体所有制企业在改制为股份合作制企业时，对职工个人以股份形式取得的拥有所有权的企业量化资产，暂缓征收个人所得税；待个人将股份转让时，就其转让收入额，减除个人取得该股份时实际支付的费用支出和合理转让费用后的余额，按“财产转让所得”项目计征个人所得税。

（三）个人出售自有住房

1. 根据《个人所得税法》的规定，个人出售自有住房取得的所得应按照“财产转让所得”项目征收个人所得税。

2. 个人出售自有住房的应纳税所得税额，按下列原则确定：

（1）个人出售除已购公有住房以外的其他自有住房，其应纳税所得额按照个人所得税法的有关规定确定。

（2）个人出售已购公有住房，其应纳税所得额为个人出售已购公有住房的销售价。减除住房面积标准的经济适用房价款、原支付超过住房面积标准的房价款、向财政或原产权单位缴纳的所得收益以及税法规定的合理费用后的余额。

已购公有住房是指城镇职工根据国家和县级（含县级）以上人民政府有关城镇住房制度改革政策规定，按照成本价（或标准价）购买的公有住房。经济适用住房价格按县级（含县级）以上地方人民政府规定的标准确定。

（3）职工以成本价（或标准价）出资的集资合作建房、安居工程住房、经济适用住房以及拆迁安置住房，比照已购公有住房确定应纳税所得额。

3. 为鼓励个人换购住房，对出售自有住房并拟在现住房出售后1年内按市场价重新购房的纳税人，其出售现住房所应缴纳的个人所得税，视其重新购房的价值可全部或部分予以免税。具体办法为：

（1）个人出售现住房所应缴纳的个人所得税税款，应在办理产权过户手续前，以纳税保证金形式向当地主管税务机关缴纳。税务机关在收取纳税保证金时，应向纳税人正式开具“中华人民共和国纳税保证金收据”，并纳入专户存储。

（2）个人出售现住房后1年内重新购房的，按照购房金额大小相应退还纳税保证金。购房金额大于或等于原住房销售额（原住房为已购公有住房的，原住房销售额应扣除已按规定向财政或原产权单位缴纳的所得收益，下同）的，全部退还纳税保证金；购房金额小于原住房销售额的，按照购房金额占原住房销售额的比例退还纳税保证金，余额作为个人所得税缴入国库。

（3）个人出售现住房后1年内未重新购房的，所缴纳的纳税保证金全部作为个人所得税缴入国库。

（4）个人在申请退还纳税保证金时，应向主管税务机关提供合法、有效的售房、购房合同和主管税务机关要求提供的其他有关证明材料，经主管税务机关审核确认后方可办理纳税保证金退还手续。

（5）跨行政区域售、购住房又符合退还纳税保证金条件的个人，应向纳税保证金缴纳地主管税务机关申请退还纳税保证金。

4. 企事业单位将自建住房以低于购置或建造成本价格销售给职工的个人所得税的征税规定：

（1）根据住房制度改革政策的有关规定，国家机关、企事业单位及其他组织（以下简称单位）在住房制度改革期间，按照所在地县级以上人民政府规定的房改成本价格向职工出售公有住房，职工因支付的房改成本价格低于房屋建造成本价格或市场价格而取得的差价收益，免征个人所得税。

（2）除上述符合规定的情形外，根据《中华人民共和国个人所得税法》及其实施条例的有关规定，单位按低于购置或建造成本价格出售住房给职工，职工因此而少支出的差价部分，属于个人所得税应税所得，应按照“工资、薪金所得”项目缴纳个人所得税。其中“差价部分”是指职工实际支付的购房价款低于该房屋的购置或建造成本价格的差额。

（3）对职工取得的上述应税所得，比照《国家税务总局关于调整个人取得全年一次性奖金等计算征收个人所得税方法问题的通知》（国税发［2005］9号）规定的全年一次性奖金的征税办法，计算征收个人所得税，即先将全部所得数额除以12，按其商数并根据个人所得税法规定的税率表确定适用的税率和速算扣除数，再根据全部所得数额、适用的税率和速算扣除数，按照税法规定计算征税。此前未征税款不再追征，已征税款不予退还。

5. 对个人转让自用5年以上并且是家庭唯一生活用房取得的所得，继续免征个人所得税。

6. 为了确保有关住房转让的个人所得税政策得到全面、正确的实施，各级房地产交易管理部门应与税务机关加强协作、配合，主管税务机关需要有关本地区房地产交易情况的，房地产交易管理部门应及时提供。

7. 个人现自有住房房产证登记的产权人为本人，在出售后1年内又以产权人配偶名义或产权人夫妻双方名义按市场价重新购房的，产权人出售住房所得应缴纳的个人所得税，可以按照《财政部　国家税务总局　建设部关于个人出售住房所得征收个人所得税有关问题的通知》（财税字［1999］278号）第三条的规定，全部或部分予以免税；以其他人名义按市场价重新购房的，产权人出售住房所得应缴纳的个人所得税，不予免税。

8. 个人转让离婚析产房屋的征税问题：

（1）通过离婚析产的方式分割房屋产权是夫妻双方对共同共有财产的处置，个人因离婚办理房屋产权过户手续，不征收个人所得税。

（2）个人转让离婚析产房屋所取得的收入，允许扣除其相应的财产原值和合理费用后，余额按照规定的税率缴纳个人所得税；其相应的财产原值，为房屋初次购置全部原值和相关税费之和乘以转让者占房屋所有权的比例。

（3）个人转让离婚析产房屋所取得的收入，符合家庭生活自用5年以上唯一住房的，可以申请免征个人所得税。

（四）个人财产对外转移提交税收证明或者完税凭证的规定

1. 税务机关对申请人缴纳税款情况进行证明。税务机关在为申请人开具税收证明时，应当按其收入或财产的不同类别、来源，由收入来源地或者财产所在地国家税务局、地方税务局分别开具。

2. 申请人拟转移的财产已取得完税凭证的，可直接向外汇管理部门提供完税凭证。不需向税务机关另外申请税收证明。申请人拟转移的财产总价值在人民币15万元以下的，可不需向税务机关申请税收证明。

3. 申请人申请领取税收证明的程序如下：

（1）申请人按照本通知第五条的规定提交相关资料，按财产类别和来源地，分别向国税局、地税局申请开具税收证明。开具税收证明的税务机关为县级或者县级以上国家税务局、地方税务局。

（2）申请人资料齐全的，税务机关应当在15日内开具税收证明；申请人提供资料不全的，可要求其补正，待补正后开具。

（3）申请人有未完税事项的，允许补办申报纳税后开具税收证明。

（4）税务机关有根据认为申请人有偷税、骗税等情形，需要立案稽查的，在稽查结案并完税后可开具税收证明。

申请人与纳税人姓名、名称不一致的，税务机关只对纳税人出具证明，申请人应向外汇管理部门提供其与纳税人关系的证明。

4. 税务机关开具税收证明的内部工作程序由省、自治区、直辖市和计划单列市国家税务局、地方税务局明确。

5. 申请人向税务机关申请税收证明时，应当提交的资料分别为：代扣代缴单位报送的含有申请人明细资料的《扣缴个人所得税报告表》复印件，《个体工商户所得税年度申报表》、《个人承包承租经营所得税年度申报表》原件，有关合同、协议原件，取得有关所得的凭证，以及税务机关要求报送的其他有关资料。

申请人发生财产变现的，应当提供交易合同、发票等资料。必要时税务机关应当对以上资料进行核实；对申请人没有缴税的应税行为，应当责成纳税人缴清税款并按照《税收征收管理法》的规定处理后开具税收证明。

6. 税务机关必须按照申请人实际入库税额如实开具证明，并审查其有无欠税情况，严禁开具虚假证明。申请人编造虚假的计税依据骗取税收证明的，伪造、变造、涂改税收证明的，按照《税收征收管理法》及其实施细则的规定处理。

7. 税务机关应当与当地外汇管理部门加强沟通和协作，要建立定期协调机制，共同防范国家税收流失。税务机关应当将有税收违法行为且可能转移财产的纳税人情况向外汇管理部门通报，以防止申请人非法对外转移财产。外汇管理部门审核过程中，发现申请人有偷税嫌疑的，应当及时向相应税务机关通报。

有条件的地方，税务机关应当与外汇管理部门建立电子信息交换制度，建立税收证明的电子传递、比对、统计、分析评估制度。各地税务机关、外汇管理部门对执行中的问题，应及时向国家税务总局、国家外汇管理局反映。

（五）其他

个人拍卖除文字作品原稿及复印件外的其他财产，按照“财产转让所得”项目缴纳个人所得税。

个人通过网络收购玩家的虚拟货币，加价后向他人出售取得的收入，属于个人所得税应税所得，应按照“财产转让所得”项目计算缴纳个人所得税。个人销售虚拟货币的财产原值为其收购网络虚拟货币所支付的价款和相关税费。对于个人不能提供有关财产原值凭证的，由主管税务机关核定其财产原值。

二、应纳税所得额的规定

财产转让所得，以转让财产的收入额减除财产原值和合理费用后的余额，为应纳税所得额。

1. 财产原值是指：

（1）有价证券，为买入价以及买入时按照规定交纳的有关费用。

（2）建筑物，为建造费或者购进价格以及其他有关费用。

（3）土地使用权，为取得土地使用权所支付的金额，开发土地的费用以及其他有关费用。

（4）机器设备、车船，为购进价格、运输费、安装费以及其他有关费用。

（5）其他财产，参照以上方法确定。

纳税义务人未提供完整、准确的财产原值凭证，不能正确计算财产原值的，由主管税务机关核定其财产原值。

2. 合理费用，是指卖出财产时按照规定支付的有关费用。

三、应纳税额的计算

财产转让所得应纳税额的计算公式为：

应纳税额 = 应纳税所得额 × 适用税率

= （收入总额 - 财产原值 - 合理税费） ×20%

四、应纳税额计算中的特殊问题

（一） 因购买和处置债权取得所得的征税问题

个人通过招标、竞拍或其他方式购置债权以后，通过相关司法或行政程序主张债权而取得的所得，应按照“财产转让所得”项目缴纳个人所得税。个人通过上述方式取得“打包”债权，只处置部分债权的，其应纳税所得额按以下方式确定：

1. 以每次处置部分债权的所得，作为一次财产转让所得征税。

2. 其应税收入按照个人取得的货币资产和非货币资产的评估价值或市场价值的合计数确定。

3. 所处置债权成本费用（即财产原值），按下列公式计算：

当次处置债权成本费用 = 个人购置“打包”债权实际支出 × 当次处置债权账面价值（或拍卖机构公布价值） ÷ “打包”债权账面价值（或拍卖机构公布价值）

4. 个人购买和和处置债权过程中发生的拍卖招标手续费、诉讼费、审计评估费以及缴纳的税金等合理税费，在计算个人所得税时允许扣除。

（二） 个人住房转让所得征税问题

对住房转让所得征收个人所得税时，以实际成交价格为转让收入。纳税人申报的住房成交价格明显低于市场价格且无正当理由的，征收机关有权依法根据有关信息核定其转让收入，但必须保证各税种计税价格一致。

对转让住房收入计算个人所得税应纳税所得额时，纳税人可凭原购房合同、发票等有效凭证，经税务机关审核后，允许从其转让收入中减除房屋原值、转让住房过程中缴纳的税金及有关合理费用。

1. 房屋原值具体为：

（1） 商品房：购置该房屋时实际支付的房价款及缴纳的相关税费。

（2） 自建住房：实际发生的建造费用及建造和取得产权时实际缴纳的相关税费。

（3） 经济适用房（含集资合作建房、安居工程住房）：原购房人实际支付的房价款及相关税费，以及按规定缴纳的土地出让金。

（4） 已购公有住房：原购公有住房标准面积按当地经济适用房价格计算的房价款，加上原购公有住房超标准面积实际支付的房价款以及按规定向财政部门（或原产权单位）缴纳的所得收益及相关税费。

（5） 城镇拆迁安置住房原值分别为：房屋拆迁取得货币补偿后购置房屋的，为购置该房屋实际支付的房价款及缴纳的相关税费；房屋拆迁采取产权调换方式的，所调换房屋原值为《房屋拆迁补偿安置协议》注明的价款及缴纳的相关税费；房屋拆迁采取产权调换方式，被拆迁人除取得所调换房屋，又取得部分货币补偿的，所调换房屋原值为《房屋拆迁补偿安置协议》注明的价款和缴纳的相关税费，减去货币补偿后的余额；房屋拆迁采取产权调换方式，被拆迁人取得所调换房屋，又支付部分货币的，所调换房屋原值为《房屋拆迁补偿安置协议》注明的价款，加上所支付的货币及缴纳的相关税费。

2. 转让住房过程中缴纳的税金，是指纳税人在转让住房时实际缴纳的营业税、城市维护建设税、教育费附加、土地增值税、印花税等税金。

3. 合理费用，是指纳税人按照规定实际支付的住房装修费用、住房贷款利息、手续费、公证费等费用。

（1）支付的住房装修费用。纳税人能提供实际支付装修费用的税务统一发票，并且发票上所列付款人姓名与转让房屋产权人一致的，经税务机关审核，其转让的住房在转让前实际发生的装修费用，可在以下规定比例内扣除：已购公有住房、经济适用房的最高扣除限额为房屋原值的15%；商品房及其他住房的最高扣除限额为房屋原值的10%。

纳税人原购房为装修房，即合同注明房价款中含有装修费（铺装了地板，装配了洁具、厨具等）的，不得再重复扣除装修费用。

（2）支付的住房贷款利息。纳税人出售以按揭贷款方式购置的住房的，其向贷款银行实际支付的住房贷款利息，凭贷款银行出具的有效证明据实扣除。

（3）纳税人按照有关规定实际支付的手续费、公证费等，凭有关部门出具的有效证明据实扣除。纳税人未提供完整、准确的房屋原值凭证，不能正确计算房屋原值和应纳税额的，税务机关可根据税收征管法第三十五条的规定，实行核定征税，即按纳税人住房转让收入的一定比例核定应纳个人所得税额。具体比例由省级地方税务局或者省级地方税务局授权的地市级地方税务局根据纳税人出售住房的所处区域、地理位置、建造时间、房屋类型、住房平均价格水平等因素，在住房转让收入1%—3%的幅度内确定。

个人将受赠不动产对外销售，在计算缴纳个人所得税时，以财产转让收入减除受赠、转让住房过程中缴纳的税金及有关合理费用后的余额为应纳税所得额，按20%的适用税率计算缴纳个人所得税。

（三）个人财产拍卖所得的征税问题

自2007年5月1日起，个人拍卖除文字作品原稿及复印件外的其他财产，应以其转让收入额减除财产原值和合理费用后的余额为应纳税所得额，按照财产转让所得项目适用20%税率缴纳个人所得税。

1. 对个人财产拍卖所得征收个人所得税时，以该项财产最终拍卖成交价格为其转让收入额。

个人财产拍卖所得适用财产转让所得项目计算应纳税所得额时，纳税人凭合法有效凭证（税务机关监制的正式发票、相关境外交易单据或海关报关单据、完税证明等），从其转让收入额中减除相应的财产原值、拍卖财产过程中缴纳的税金及有关合理费用。

2. 财产原值，是指售出方个人取得该拍卖品的价格（以合法有效凭证为准）。具体为：通过商店、画廊等途径购买的，为购买该拍卖品时实际支付的价款；通过拍卖行拍得的，为拍得该拍卖品实际支付的价款及交纳的相关税费；通过祖传收藏的，为其收藏该拍卖品而发生的费用；通过赠送取得的，为其受赠该拍卖品时发生的相关税费；通过其他形式取得的，参照以上原则确定财产原值。

3. 拍卖财产过程中缴纳的税金，是指在拍卖财产时纳税人实际缴纳的相关税金及附加。

4. 有关合理费用，是指拍卖财产时纳税人按照规定实际支付的拍卖费（佣金）、鉴定费、评估费、图录费、证书费等费用。

纳税人如不能提供合法、完整、准确的财产原值凭证，不能正确计算财产原值的，按转让收入额的3%征收率计算缴纳个人所得税；拍卖品经文物部门认定是海外回流文物的，按转让收入额的2%征收率计算缴纳个人所得税。

纳税人的财产原值凭证内容填写不规范，或者一份财产原值凭证包括多件拍卖品且无法确认每件拍卖品一一对应的原值的，不得将其作为扣除财产原值的计算依据，应视为不能提供合法、完整、准确的财产原值凭证，并按上述规定的征收率计算缴纳个人所得税。纳税人能够提供合法、完整、准确的财产原值凭证，但不能提供有关税费凭证的，不得按征收率计算纳税，应当就财产原值凭证上注明的金额据实扣除，并按照税法规定计算缴纳个人所得税。

个人财产拍卖所得应纳的个人所得税税款，由拍卖单位负责代扣代缴，并按规定向拍卖单位所在地主管税务机关办理纳税申报。拍卖单位代扣代缴个人财产拍卖所得应纳的个人所得税税款时，应给纳税人填开完税凭证，并详细标明每件拍卖品的名称、拍卖成交价格、扣缴税款额。主管税务机关应加强对个人财产拍卖所得的税收征管工作，在拍卖单位举行拍卖活动期间派工作人员进入拍卖现场，了解拍卖的有关情况，宣传辅导有关税收政策，审核鉴定原值凭证和费用凭证，督促拍卖单位依法代扣代缴个人所得税。

人通过拍卖市场取得的房屋拍卖收入在计征个人所得税时，其房屋原值应按照纳税人提供的合法、完整、准确的凭证予以扣除；不能提供完整、准确的房屋原值凭证，不能正确计算房屋原值和应纳税额的，统一按转让收入全额的3%计算缴纳个人所得税。

为方便纳税人依法履行纳税义务和税务机关加强税收征管，纳税人在房屋拍卖后缴纳营业税、契税、土地增值税等税收的同时，一并申报缴纳个人所得税。

第十四节 股息利息红利所得的特殊规定

一、征税范围

（一）一般规定

利息、股息、红利所得，是指个人拥有债权、股权而取得的利息、股息、红利所得。

所谓利息，是指个人拥有债权而取得的利息，包括存款利息、贷款利息和各种债券的利息。按税法规定，个人取得的利息所得，除国债和国家发行的金融债券利息外，应当依法缴纳个人所得税。所谓股息、红利，是指个人拥有股权取得的股息、红利。按照一定的比率对每股发给的息金叫股息；公司、企业应分配的利润按股份分配的叫红利。股息、红利所得，除另有规定外，都应当缴纳个人所得税。

（二）其他特殊规定

1. 股份制企业在分配股息、红利时，以股票形式向股东个人支付应得的股息、红利（即派发红股），应以派发红股的股票票面金额为收入额，按“利息、股息、红利”项目计征个人所得税。

2. 从 2007 年 8 月 15 日起对储蓄存款利息所得征收个人所得税，减按 5% 的比例税率执行。减征幅度的调整由国务院决定。扣缴义务人在向储户结付利息时，依法代扣代缴税款。储蓄存款在 1999 年 10 月 31 日前孳生的利息所得，不征收个人所得税；储蓄存款在 1999 年 11 月 1 日至 2007 年 8 月 14 日孳生的利息所得，按照 20% 的比例税率征收个人所得税；储蓄存款在 2007 年 8 月 15 日后孳生的利息所得，按照 5% 的比例税率征收个人所得税；储蓄存款在 2008 年 10 月 9 日后（含 10 月 9 日）孳生的利息所得，暂免征收个人所得税。

3. 从 2007 年 8 月 7 日起，外籍个人和港澳台居民个人从中国境内取得储蓄存款的利息所得，其居民国（地区）与我国（内地）签订的税收协定（包括内地与香港特别行政区和澳门特别行政区分别签订的税收安排）规定的税率低于我国法律法规规定的税率的，可以享受协定待遇，但须提交享受税收协定待遇申请表；协定税率高于我国法律法规规定的税率的，按我国法律法规规定的税率执行。

4. 除个人独资企业、合伙企业以外的其他企业的个人投资者，以企业资金为本人、家庭成员及其相关人员支付与企业生产经营无关的消费性支出及购买汽车、住房等财产性支出，视为企业对个人投资者的红利分配，依照“利息、股息、红利所得”项目计征个人所得税。企业的上述支出不允许在所得税前扣除。

政策解析

个人独资企业、合伙企业的个人投资者以企业资金为本人、家庭及其相关人员支付与企业生产经营无关的消费性支出及购买汽车、住房等财产性支出，视为企业对个人投资者的利润分配，并入投资者个人的生产经营所得，依照个体工商户的生产经营所得项目计征个人所得税。

5. 纳税年度内个人投资者从其投资企业（个人独资企业、合伙企业除外）借款，在该纳税年度终了后既不归还又未用于企业生产经营的，其未归还的借款可视为企业对个人投资者的红利分配，依照“利息、股息、红利所得”项目计征个人所得税。

6. 个人在个人银行结算账户的存款自 2003 年 9 月 1 日起孳生的利息，应按“利息、股息、红利所得”项目计征个人所得税，税款由办理个人银行结算账户业务的储蓄机构在结付利息时代扣代缴。

7. 自 2008 年 10 月 9 日起，对证券市场个人投资者取得的证券交易结算资金利息所得，暂免征收个人所得税，即证券市场个人投资者的证券交易结算资金在 2008 年 10 月 9 日后（含 10 月 9 日）孳生的利息所得，暂免征收个人所得税。

政策解析

不是从 2008 年 10 月 9 日后实际取得的全部利息所得都免税，而是根据利息孳生时间的不同，分段计税，即个人投资者证券交易结算资金从 2008 年 10 月 9 日（含 9 日）之后孳生的利息，才暂免征收个人所得税。

8. 对于个人从上市公司（含境内、外上市公司，下同）取得的股票增值权所得和限制性股票所得，比照《财政部 国家税务总局关于个人股票期权所得征收个人所得税问题的通知》、《国家税务总局关于个人股票期权所得缴纳个人所得税有关问题的补充通知》的有关规定，计算征收个人所得税。

股票增值权，是指上市公司授予公司员工在未来一定时期和约定条件下，获得规定数量的股票价格上升所带来收益的权利。被授权人在约定条件下行权，上市公司按照行权日与授权日二级市场股票差价乘以授权股票数量，发放给被授权人现金；限制性股票，是指上市公司按照股权激励计划约定的条件，授予公司员工一定数量本公司的股票。

实施股票增值权计划或限制性股票计划的境内上市公司，应在向中国证监会报送备案的同时，将企业股票增值权计划、限制性股票计划或实施方案等有关资料报送主管税务机关备案。

案例分析

【例】以下项目属于按照“利息、股息、红利”征收个人所得税的是（　　）。

A. 国家发行的金融债券利息

B. 个人储蓄存款利息

C. 合伙企业的个人投资者以企业资金为本人购买住房

D. 股份有限公司的个人投资者以企业资金为本人购买小汽车

参考答案：B、D。

解析：A 属于免税项目；C 属于“个体工商户经营所得”项目。

二、应纳税所得额的规定

（一）费用减除标准

利息、股息、红利所得，不减除费用，以每次收入额为应纳税所得额。自 2005 年 6 月 13 日起，个人从上市公司取得的股息、红利所得按以下规定处理：

1. 对个人投资者从上市公司取得的股息、红利所得，自 2005 年 6 月 13 日起暂减按 50% 计入个人应纳税所得额，依照现行税法规定计征个人所得税。

2. 对证券投资基金从上市公司分配取得的股息、红利所得，按照财税［2005］102 号文件规定，扣缴义务人在代扣代缴个人所得税时，减按 50% 计算应纳税所得额。

政策解析

第一，财税［2005］102 号文件所谓上市公司是指在上海证券交易所、深圳证券交易所挂牌交易的上市公司。

第二，利息和来自非上市公司股息红利按收入总额为应纳税所得额。

为了贯彻依法治国方略，切实落实依法行政要求，维护税法的严肃性、权威性和统一性，财税［2004］40 号通知进一步明确：

《中华人民共和国税收征收管理法》和《实施细则》规定：“任何机关、单位和个人不得违反法律、行政法规的规定，擅自作出税收开征、停征以及减税、免税、退税、补税和其他同税收法律、行政法规相抵触的决定”，“任何部门、单位和个人作出的与税收法律、行政法规相抵触的决定一律无效，税务机关不得执行，并应当向上级税务机关报告”。《个人所得税法》是全国人民代表大会制定的税收法律，各地、各部门、单位和个人都有自觉维护个人所得税法严肃性、完整性和统一性的义务，没有随意改变税法规定的权利。

未经全国人大及其常委会授权，任何地区、部门和单位均不得擅自提高个人所得税费用扣除标准，不得随意变通或超越权限扩大不征税项目的适用范围。根据国家税收征管法，对于一些地方违反统一政策，擅自提高个人所得税费用扣除标准和扩大不征税项目适用范围的文件规定，各级税务机关一律不得执行，已执行的要停止执行。

（二）计税方法

利息、股息、红利所得采取按次计税的方式，以支付利息、股息、红利时取得的收入为一次。

三、应纳税额的计算

利息、股息、红利所得应纳税额的计算公式为：

应纳税额 = 应纳税所得额 × 适用税率 = 每次收入额 × 20%（或 5%）

其中，利息的适用税率，2007 年 8 月 15 日前为 20%，2007 年 8 月 15 日至 2008 年 10 月 9 日的税率为 5%，2008 年 10 月 9 日之后免征个人所得税。

案例分析

【例】某居民 2007 年 1 月 1 日存入银行 1 年期定期存款 10 000 元。假定年平均利率为 4.5%，存款到期日即 2007 年 12 月 31 日把存款全部取出。请计算其应纳的个人所得税。

（1）每天利息收入 = 10 000 × 4.5% ÷ 365 = 1.23（元）

（2）应缴纳个人所得税 = 226 × 1.23 × 20% + 139 × 1.23 × 5% = 64.1（元）

第十五节 偶然所得的特殊规定

一、征税范围

（一）一般规定

偶然所得，是指个人得奖、中奖、中彩以及其他偶然性质的所得。

所谓得奖，是指参加各种有奖竞赛活动，取得名次得到的奖金。所谓中奖、中彩，是指参加各种有奖活动，如有奖销售、有奖储蓄，或者购买彩票，经过规定程序，抽中、摇中号码而取得的奖金。偶然所得应缴纳的个人所得税税款，一律由发奖单位或机构代扣代缴。

（二）其他特殊规定

1. 个人参加有奖储蓄取得的各种形式的中奖所得，属于机遇性的所得，应按“偶然所得”项目征收个人所得税。

2. 个人因参加企业的有奖销售活动而取得的赠品所得，应按“偶然所得”项目计征个人所得税。赠品所得为实物的，应按凭证注明的价格或市场价格确定应纳税所得额。

3. 个人取得单张有奖发票奖金所得超过800元的，应全额按照个人所得税法规定的“偶然所得”项目征收个人所得税。

4. 企业向个人支付不竞争款项，即资产购买方企业向个人支付的不竞争款项，属于个人因偶然因素取得的一次性所得，为此，资产出售方企业自然人股东取得的所得，应按照“偶然所得”项目计算缴纳个人所得税，税款由资产购买方企业在向资产出售方企业自然人股东支付不竞争款项时代扣代缴。

不竞争款项是指资产购买方企业与资产出售方企业自然人股东之间在资产购买交易中，通过签订保密和不竞争协议等方式，约定资产出售方企业自然人股东在交易完成后一定期限内，承诺不从事有市场竞争的相关业务，并负有相关技术资料的保密义务，资产购买方企业则在约定期限内，按一定方式向资产出售方企业自然人股东所支付的款项。

 案例分析

【例】下列所得中，应按偶然所得征收个人所得税的有（　　）。

A. 存款利息所得　　B. 参加有奖销售所得奖金

C. 转让股票所得　　D. 购买福利彩票所得奖金

参考答案：B、D。

二、应纳税所得额的规定

（一）费用减除标准

偶然所得，不减除费用，以每次收入额为应纳税所得额。

（二）计税方法

偶然所得采取按次计税的方式，以每次收入为一次。

三、应纳税额的计算

偶然所得应纳税额的计算公式为：

应纳税额 = 应纳税所得额 × 适用税率 = 每次收入额 × 20%

第十六节　其他所得的特殊规定

一、征税范围

（一）一般规定

除上述列举的各项个人应税所得外，其他确有必要征税的个人所得，由国务院财政部门确定。个人取得的所得，难以界定应纳税所得项目的，由主管税务机关确定。

（二）其他特殊规定

1. 对于个人因任职单位缴纳有关保险费用而取得的无赔款优待收入，按照“其他所得”项目计征个人所得税。

2. 一些证券公司为了招揽大户股民在本公司开户交易，通常从证券公司取得的交易手续费中支付部分金额给大户股民。对于股民个人从证券公司取得的此类回扣收入或交易

手续费返还收入，应按照“其他所得”项目征收个人所得税。

3. 部分单位和部门在年终总结、各种庆典、业务往来及其他活动中，为其他单位和部门的有关人员发放现金、实物或有价证券。对个人取得该项所得，应按照“其他所得”项目计算缴纳个人所得税，税款由支付所得的单位代扣代缴。

4. 个人为单位或他人提供担保获得报酬，应按照个人所得税法规定的“其他所得”项目缴纳个人所得税，税款由支付所得的单位或个人代扣代缴。

5. 商品房买卖过程中，有的房地产公司因未协调好与按揭银行的合作关系，造成购房人不能按合同约定办妥按揭贷款手续，从而无法缴纳后续房屋价款，致使房屋买卖合同难以继续履行，房地产公司因双方协商解除商品房买卖合同而向购房人支付违约金。对购房个人因上述原因从房地产公司取得的违约金收入，应按照“其他所得”项目征收个人所得税。

二、应纳税所得额的规定

（一）费用减除标准

其他所得，不减除费用，以每次收入额为应纳税所得额。

（二）计税方法

其他所得采取按次计税的方式，以每次收入为一次。

三、应纳税额的计算

其他所得应纳税额的计算公式为：

应纳税额 = 应纳税所得额 × 适用税率 = 每次收入额 × 20%

第十七节 个人所得税申报缴纳

个人所得税的纳税办法，有自行申报纳税和代扣代缴两种。

一、自行申报纳税

自行申报纳税，是指由纳税人自行在税法规定的纳税期限内，向税务机关申报取得的应税所得项目和数额，如实填写个人所得税纳税申报表，并按照税法规定计算应纳税额，据此缴纳个人所得税的一种方法。

（一）自行申报纳税的纳税义务人

自行申报纳税的纳税义务人主要有以下几种：

1. 自 2006 年 1 月 1 日起，年所得 12 万元以上的。

2. 从中国境内两处或者两处以上取得工资、薪金所得的。

3. 从中国境外取得所得的。

4. 取得应税所得，没有扣缴义务人的。

5. 国务院规定的其他情形。

其中，年所得 12 万元以上的纳税人，无论取得的各项所得是否已足额缴纳了个人所得税，均应当按照本办法的规定，于纳税年度终了后向主管税务机关办理纳税申报；其他情形的纳税人，均应当按照自行申报纳税管理办法的规定，于取得所得后向主管税务机关办理纳税申报。年所得12万元以上的纳税人，不包括在中国境内无住所，且在一个纳税年度中在中国境内居住不满1年的个人。

从中国境外取得所得的纳税人，是指在中国境内有住所，或者无住所而在一个纳税年度中在中国境内居住满1年的个人。

从中国境内两处或者两处以上取得工资、薪金所得的，或从中国境外取得所得的，或取得应税所得、没有扣缴义务人的纳税人，均应于取得所得后向主管税务机关办理纳税申报。

案例分析

【例】个人所得税自行申报的纳税人有（　　）。

A. 从两处或两处以上取得工资、薪金的　　B. 取得应纳税所得，没有扣缴义务人的

C. 从中国境外取得所得的　　D. 个体户

参考答案：A、B、C、D。

（二）自行申报纳税的内容

年所得12万元以上的纳税人，在纳税年度终了后，应当填写《个人所得税纳税申报表（适用于年所得12万元以上的纳税人申报）》，并在办理纳税申报时报送主管税务机关，同时报送个人有效身份证件复印件，包括身份证、护照、回乡证、军人身份证等，以及主管税务机关要求报送的其他有关资料。

1. 构成12万元的所得。构成12万元的所得包括：工资、薪金所得；个体工商户的生产、经营所得；对企事业单位的承包经营、承租经营所得；劳务报酬所得；稿酬所得；特许权使用费所得；利息、股息、红利所得；财产租赁所得；财产转让所得；偶然所得；经国务院财政部门确定征税的其他所得。

2. 不包含在12万元中的所得。

（1）免税所得。是指省级人民政府、国务院部委、中国人民解放军军以上单位，以及外国组织、国际组织颁发的科学、教育、技术、文化、卫生、体育、环境保护等方面的奖金；国债和国家发行的金融债券利息；按照国家统一规定发给的补贴、津贴，即《个人所得税法实施条例》第十三条规定的按照国务院规定发放的政府特殊津贴、院士津贴、资深院士津贴，以及国务院规定免征个人所得税的其他补贴、津贴；福利费、抚恤金、救济金；保险赔款；军人的转业费、复员费；按照国家统一规定发给干部、职工的安家费、退职费、退休工资、离休工资、离休生活补助费。

（2）暂免征税所得。是指依照我国有关法律规定应予免税的各国驻华使馆、领事馆的外交代表、领事官员和其他人员的所得；中国政府参加的国际公约、签订的协议中规定免税的所得。

（3）可以免税的来源于中国境外的所得。如按照国家规定单位为个人缴付和个人缴付的基本养老保险费、基本医疗保险费、失业保险费、住房公积金。

3. 各项所得的年所得的计算方法。

（1）工资、薪金所得，按照未减除费用及附加减除费用的收入额计算。

（2）劳务报酬所得、稿酬所得、特许权使用费所得，不得减除纳税人在提供劳务或

让渡特许权使用权过程中缴纳的有关税费。

（3）财产租赁所得，不得减除纳税人在出租财产过程中缴纳的有关税费；对于纳税人一次取得跨年度财产租赁所得的，全部视为实际取得所得年度的所得。

（4）财产转让所得，按照应纳税所得额计算，即按照以转让财产的收入额减除财产原值和转让财产过程中缴纳的税金及有关合理费用后的余额计算。个人转让房屋所得，采取核定征收个人所得税的，按照实际征收率（1%、2%、3%）分别换算为应税所得率（5%、10%、15%），据此计算年所得。

（5）个人储蓄存款利息所得、企业债券利息所得，全部视为纳税人实际取得所得年度的所得。

（6）对个体工商户、个人独资企业投资者，按照征收率核定个人所得税的，将征收率换算为应税所得率，据此计算应纳税所得额。合伙企业投资者按照上述方法确定应纳税所得额后，合伙人应根据合伙协议规定的分配比例确定其应纳税所得额，合伙协议未规定分配比例的，按合伙人数平均分配确定其应纳税所得额。对于同时参与两个以上企业投资的，合伙人应将其投资所有企业的应纳税所得额相加后的总额作为年所得。

（7）利息、股息、红利所得，偶然所得和其他所得，按照收入额全额计算。股票转让所得，以1个纳税年度内，个人股票转让所得与损失盈亏相抵后的正数为申报所得数额，盈亏相抵为负数的，此项所得按“零”填写。

（三）自行申报纳税的申报地点

1. 年所得12万元以上的纳税人的纳税申报地点。

（1）在中国境内有任职、受雇单位的，向任职、受雇单位所在地主管税务机关申报。

（2）在中国境内有两处或者两处以上任职、受雇单位的，选择并固定向其中一处单位所在地主管税务机关申报。

（3）在中国境内无任职、受雇单位，年所得项目中有个体工商户的生产、经营所得或者对企事业单位的承包经营、承租经营所得（以下统称生产、经营所得）的，向其中一处实际经营所在地主管税务机关申报。

（4）在中国境内无任职、受雇单位，年所得项目中无生产、经营所得的，向户籍所在地主管税务机关申报。在中国境内有户籍，但户籍所在地与中国境内经常居住地不一致的，选择并固定向其中一地主管税务机关申报。在中国境内没有户籍的，向中国境内经常居住地主管税务机关申报。

2. 其他所得的纳税人的纳税申报地点。

（1）从两处或者两处以上取得工资、薪金所得的，选择并固定向其中一处单位所在地主管税务机关申报。

（2）从中国境外取得所得的，向中国境内户籍所在地主管税务机关申报。在中国境内有户籍，但户籍所在地与中国境内经常居住地不一致的，选择并固定向其中一地主管税务机关申报。在中国境内没有户籍的，向中国境内经常居住地主管税务机关申报。

（3）个体工商户向实际经营所在地主管税务机关申报。

（4）个人独资、合伙企业投资者兴办两个或两个以上企业的，区分不同情形确定纳税申报地点：兴办的企业全部是个人独资性质的，分别向各企业的实际经营管理所在地主管税务机关申报；兴办的企业中含有合伙性质的，向经常居住地主管税务机关申报；兴办的企业中含有合伙性质，个人投资者经常居住地与其兴办企业的经营管理所在地不一致的，选择并固定向其参与兴办的某一合伙企业的经营管理所在地主管税务机关申报；除以上情形外，纳税人应当向取得所得所在地主管税务机关申报。

3. 除以上情形外，纳税人应当向取得所得所在地的主管税务机关申报。纳税人不得随意变更纳税申报地点，因特殊情况变更纳税申报地点的，须报原主管税务机关备案。

案例分析

【例】个人所得税法规定，自行申报纳税时在中国境内两处或两处以上取得应纳税所得的，其纳税地点的选择是（　　）。

A. 收入来源地　　B. 税务局指定地点

C. 纳税人户籍所在地　　D. 纳税人选择一地申报纳税

参考答案：D。

解析：个人所得税法规定，自行申报纳税时在中国境内两处或两处以上取得应纳税所得的，纳税人选择固定一地申报纳税。

（四）自行申报纳税的申报期限

年所得12万元以上的纳税人，在纳税年度终了后3个月内向主管税务机关办理纳税申报。

个体工商户和个人独资、合伙企业投资者取得的生产、经营所得应纳的税款，分月预缴的，纳税人在每月终了后7日内办理纳税申报；分季预缴的，纳税人在每个季度终了后7日内办理纳税申报；纳税年度终了后，纳税人在3个月内进行汇算清缴。

纳税人年终一次性取得对企事业单位的承包经营、承租经营所得的，自取得所得之日起30日内办理纳税申报；在1个纳税年度内分次取得承包经营、承租经营所得的，在每次取得所得后的次月7日内申报预缴；纳税年度终了后3个月内汇算清缴。

从中国境外取得所得的纳税人，在纳税年度终了后30日内向中国境内主管税务机关办理纳税申报。

除以上规定的情形外，纳税人取得其他各项所得须申报纳税的，在取得所得的次月7日内向主管税务机关办理纳税申报。

纳税人不能按照规定的期限办理纳税申报，需要延期的，按照《中华人民共和国税收征管法》和其实施细则的规定办理。

（五）自行申报纳税的申报方式

纳税人可以采取数据电文、邮寄等方式申报，也可以直接到主管税务机关申报，或者采取符合主管税务机关规定的其他方式申报。

纳税人采取数据电文方式申报的，应当按照税务机关规定的限期和要求保存有关纸质资料。纳税人采取邮寄方式申报的，以邮政部门挂号信函收据作为申报凭据，以寄出的邮戳日期为实际申报日期。纳税人也可以委托有税务代理资质的中介机构或者他人代为办理纳税申报。

（六）自行申报纳税的申报管理

主管税务机关应当将各类申报表，登载到税务机关的网站上，或者摆放到税务机关受理纳税申报的办税服务厅，免费供纳税人随时下载或取用。

主管税务机关应当在每年法定申报期间，通过适当方式，提醒年所得 12 万元以上的纳税人办理自行纳税申报。

受理纳税申报的主管税务机关根据纳税人的申报情况，按照规定办理税款的征、补、退、抵手续。

主管税务机关按照规定为已经办理纳税申报并缴纳税款的纳税人开具完税凭证。

税务机关依法为纳税人的纳税申报信息保密。

纳税人变更纳税申报地点，并报原主管税务机关备案的，原主管税务机关应当及时将纳税人变更纳税申报地点的信息传递给新的主管税务机关。

主管税务机关对已办理纳税申报的纳税人建立纳税档案，实施动态管理。

二、代扣代缴纳税

代扣代缴，是指按照税法规定负有扣缴税款义务的单位或者个人，在向个人支付应纳税所得时，应计算应纳税额，从其所得中扣出并缴入国库，同时向税务机关报送扣缴个人所得税报告表。这种方法，有利于控制税源、防止漏税和逃税。

个人所得税以所得人为纳税义务人，以支付所得的单位或者个人为扣缴义务人。扣缴义务人应按照国家规定办理全员全额扣缴制度。

个人所得税全员全额扣缴申报（简称扣缴申报），是指扣缴义务人向个人支付应税所得时，不论其是否属于本单位人员、支付的应税所得是否达到纳税标准，扣缴义务人应当在代扣税款的次月内，向主管税务机关报送其支付应税所得个人（简称个人）的基本信息、支付所得项目和数额、扣缴税款数额以及其他相关涉税信息。

（一）实行全员全额扣缴申报的应税所得

实行全员全额扣缴申报的应税所得包括：工资、薪金所得；个体工商户的生产、经营所得；对企事业单位的承包经营、承租经营所得；劳务报酬所得；稿酬所得；特许权使用费所得；利息、股息、红利所得；财产租赁所得；财产转让所得；偶然所得；经国务院财政部门确定征税的其他所得。

1. 工资、薪金所得，应重点分析工资总额增减率与该项目税款增减率对比情况，人均工资增减率与人均该项目税款增减率对比情况，税款增减率与企业利润增减率对比分析，同行业、同职务人员的收入和纳税情况对比分析。

2. 利息、股息、红利所得，应重点分析当年该项目税款与上年同期对比情况，该项目税款增减率与企业利润增减率对比情况，企业转增个人股本情况，企业税后利润分配情况。

3. 个体工商户的生产、经营所得（含个人独资企业和合伙企业），应重点分析当年与上年该项目税款对比情况，该项目税款增减率与企业利润增减率对比情况，税前扣除项目是否符合现行政策规定，是否连续多个月零申报，同地区、同行业个体工商户生产、经营所得的税负对比情况。

4. 对企事业单位的承包经营、承租经营所得，应重点分析当年与上年该项目税款对比情况，该项目税款增减率与企业利润增减率对比情况，其行业利润率、上缴税款占利润总额的比重等情况，是否连续多个月零申报，同地区、同行业对企事业单位的承包经营、承租经营所得的税负对比情况。

5. 劳务报酬所得，应重点分析纳税人取得的所得与过去对此情况，支付劳务费的合同、协议、项目情况，单位白条列支劳务报酬情况。

6. 其他各项所得，应结合个人所得税征管实际，选择有针对性的评估指标进行评估分析。

扣缴义务人向个人支付应纳税所得（包括现金、实物和有价证券）时，不论纳税人是否属于本单位人员，均应代扣代缴其应纳的个人所得税税款。这里所说支付，包括现金支付、汇拨支付、转账支付和以有价证券、实物以及其他形式的支付。

政策解析

国家税务总局下发通知，要求各地力争在2009年年底前，要将所有扣缴单位纳入全员全额扣缴明细申报管理。凡是2008年度扣缴税款在10万元以上的扣缴单位，从2009年6月份开始必须实行全员全额扣缴明细申报。同时，各地要加强高校教师除工资以外的其他收入和兼职、来访讲学人员的个人所得税征管。要选择部分扣缴税款可能不实、人均纳税额较低的高校进行分析、评估和检查，发现应扣未扣税款行为，要依法处理。

（二）扣缴义务人的义务及应承担的责任

1. 扣缴义务人应指定支付应纳税所得的财务会计部门或其他有关部门的人员为办税人员，由办税人员具体办理个人所得税的代扣代缴工作。代扣代缴义务人的有关领导要对代扣代缴工作提供便利，支持办税人员履行义务。确定办税人员或办税人员发生变动时，应将名单及时报告主管税务机关。

2. 扣缴义务人的法人代表（或单位主要负责人）、财会部门的负责人及具体办理代扣代缴税款的有关人员，共同对依法履行代扣代缴义务负法律责任。

3. 同一扣缴义务人的不同部门支付应纳税所得时，应报办税人员汇总。

4. 扣缴义务人在代扣税款时，必须向纳税人开具税务机关统一印制的代扣代收税款凭证，并详细注明纳税人姓名、工作单位、家庭住址和居民身份证或护照号码（无上述证件的，可用其他能有效证明身份的证件）等个人情况。对工资、奖金所得和利息、股息、红利所得等，因纳税人数众多、不便一一开具代扣代收税款凭证的，经主管税务机关同意，可不开具代扣代收税款凭证，但应通过一定形式告知纳税人已扣缴税款。纳税人为持有完税依据而向扣缴义务人索取代扣代收税款凭证的，扣缴义务人不得拒绝。

扣缴义务人应主动向税务机关申领代扣代收税款凭证，据以向纳税人扣税。非正式扣税凭证，纳税人可以拒收。

5. 扣缴义务人对纳税人的应扣未扣的税款，其应纳税款仍然由纳税人缴纳，扣缴义务人应承担应扣未扣税款50%以上至3倍的罚款。

6. 扣缴义务人应设立代扣代缴税款账簿，正确反映个人所得税的扣缴情况，并如实填写《扣缴个人所得税报告表》及其他有关资料。

7. 关于行政机关、事业单位工资发放方式改革后扣缴个人所得税问题：

（1）行政机关、事业单位改革工资发放方式后，随着支付工资所得单位的变化，其扣缴义务人也有所变化。根据《个人所得税法》第八条规定，凡是有向个人支付工薪所

得行为的财政部门（或机关事务管理、人事等部门）、行政机关、事业单位均为个人所得税的扣缴义务人。

（2）财政部门（或机关事务管理、人事等部门）向行政机关、事业单位工作人员发放工资时应依法代扣代缴个人所得税。行政机关、事业单位在向个人支付与其任职、受雇有关的其他所得时，应将个人的这部分所得与财政部门（或机关事务管理、人事等部门）发放的工资合并计算应纳税额，并就应纳税额与财政部门（或机关事务管理、人事等部门）已扣缴税款的差额部分代扣代缴个人所得税。

（三）代扣代缴期限

扣缴义务人每月所扣的税款，应当在次月 7 日内缴入国库，并向主管税务机关报送《扣缴个人所得税报告表》、代扣代收税款凭证和包括每一纳税人姓名、单位、职务、收入、税款等内容的支付个人收入明细表以及税务机关要求报送的其他有关资料。

扣缴义务人违反上述规定不报送或者报送虚假纳税资料的，一经查实，其未在支付个人收入明细表中反映的向个人支付的款项，在计算扣缴义务人应纳税所得额时不得作为成本费用扣除。扣缴义务人因有特殊困难不能按期报送《扣缴个人所得税报告表》及其他有关资料的，经县级税务机关批准，可以延期申报。

三、核定征收

核定征收是指按照征管法的有关规定对无法查账征收的纳税人所采用的一种征收形式。为了加强个人所得税的管理，有关规定如下：

1. 增值税、营业税起征点提高后，对采取核定征税办法的纳税人（包括按综合征收率或按应缴纳流转税的一定比例附征个人所得税等方法的纳税人），可依据《中华人民共和国税收征收管理法》和《中华人民共和国个人所得税法》的有关规定，结合增值税和营业税起征点提高后纳税人所得相应增加的实际情况，本着科学、合理、公开的原则，重新核定纳税人的个人所得税定额。

2. 任何地区均不得对律师事务所、会计师事务所、税务师事务所、审计师事务所以及其他中介机构实行全行业核定征税办法。要按照税收征管法和国发［1997］12 号文件的规定精神，对具备查账征收条件的律师事务所，实行查账征收个人所得税。

对按照《税收征管法》第三十五条的规定确实无法实行查账征收的律师事务所，经地市级地方税务局批准，应根据《财政部国家税务总局关于印发（关于个人独资企业和合伙企业投资者征收个人所得税的规定）的通知》（财税［2000］91 号）中确定的应税所得率来核定其应纳税额。各地要根据其雇员人数、营业规模等情况核定其营业额，并根据当地同行业的盈利水平从高核定其应税所得率，应税所得率不得低于 25%。对实行核定征税的律师事务所，应督促其建账建制，符合查账征税条件后，应尽快转为查账征税。

各地要严格贯彻执行《国家税务总局关于律师事务所从业人员取得收入征收个人所得税有关业务问题的通知》（国税发［2000］149 号），对律师事务所的个人所得税加强征收管理。对作为律师事务所雇员的律师，其办案费用或其他个人费用在律师事务所报销的，在计算其收入时不得再扣除国税发［2000］149 号第五条第二款规定的其收入 30% 以内的办理案件支出费用。

案例分析

【例】个人所得税目前的主要征收方式有（　　）。

A. 代扣代缴　　B. 邮寄申报

C. 核定征收　　D. 自行申报

参考答案：A、C、D。

四、个人所得税的管理

（一）建立个人收入档案管理制度

1. 个人收入档案管理制度是指税务机关按照要求对每个纳税人的个人基本信息、收入和纳税信息以及相关信息建立档案，并对其实施动态管理的一项制度。

2. 省以下（含省级）各级税务机关的管理部门应当按照规定逐步对每个纳税人建立收入和纳税档案，实施“一户式”的动态管理。

3. 省以下（含省级）各级税务机关的管理部门应区别不同类型纳税人，并按以下内容建立相应的基础信息档案：

（1）雇员纳税人（不含股东、投资者、外籍人员）的档案内容包括：姓名、身份证照类型、身份证照号码、学历、职业、职务、电子邮箱地址、有效联系电话、有效通信地址、邮政编码、户籍所在地、扣缴义务人编码、是否重点纳税人。

（2）非雇员纳税人（不含股东、投资者）的档案内容包括：姓名、身份证照类型、身份证照号码、电子邮箱地址、有效联系电话、有效通信地址（工作单位或家庭地址）、邮政编码、工作单位名称、扣缴义务人编码、是否重点纳税人。

（3）股东、投资者（不含个人独资、合伙企业投资者）的档案内容包括：姓名、国籍、身份证照类型、身份证照号码、有效通信地址、邮政编码、户籍所在地、有效联系电话、电子邮箱地址、公司股本（投资）总额、个人股本（投资）额、扣缴义务人编码、是否重点纳税人。

（4）个人独资、合伙企业投资者、个体工商户、对企事业单位的承包承租经营人的档案内容包括：姓名、身份证照类型、身份证照号码、个体工商户（或个人独资企业、合伙企业、承包承租企事业单位）名称、经济类型、行业、经营地址、邮政编码、有效联系电话、税务登记证号码、电子邮箱地址、所得税征收方式（核定、查账）、主管税务机关、是否重点纳税人。

（5）外籍人员（含雇员和非雇员）的档案内容包括：纳税人编码、姓名（中、英文）、性别、出生地（中、英文）、出生年月、境外地址（中、英文）、国籍或地区、身份证照类型、身份证照号码、居留许可证号码（或台胞证号码、回乡证号码）、劳动就业证号码、职业、境内职务、境外职务、入境时间、任职期限、预计在华时间、预计离境时间、境内任职单位名称及税务登记证号码、境内任职单位地址、邮政编码、联系电话、其他任职单位（也应包括地址、电话、联系方式）名称及税务登记证号码、境内受聘或签约单位名称及税务登记证号码、地址、邮政编码、联系电话、境外派遣单位名称（中、英文）、境外派遣单位地址（中、英文）、支付地（包括境内支付还是境外支付）、是否重点纳税人。

4. 纳税人档案的内容来源：

（1）纳税人税务登记情况；

（2）《扣缴个人所得税报告表》和《支付个人收入明细表》；

（3）代扣代收税款凭证；

（4）个人所得税纳税申报表；

（5）社会公共部门提供的有关信息；

（6）税务机关的纳税检查情况和处罚记录；

（7）税务机关掌握的其他资料及纳税人提供的其他信息资料。

5. 税务机关应对档案内容适时进行更新和调整；并根据本地信息化水平和征管能力提高的实际，以及个人收入的变化等情况，不断扩大档案管理的范围，直至实现全员全额管理。

6. 税务机关应充分利用纳税人档案资料，加强个人所得税管理。定期对重点纳税人、重点行业和企业的个人档案资料进行比对分析和纳税评估，查找税源变动情况和原因，及时发现异常情况，采取措施堵塞征管漏洞。

（二）建立纳税人与扣缴义务人向税务机关双向申报制度

1. 纳税人与扣缴义务人向税务机关双向申报制度是指，纳税人与扣缴义务人按照法律、行政法规规定和税务机关依法律、行政法规所提出的要求，分别向主管税务机关办理纳税申报，税务机关对纳税人和扣缴义务人提供的收入、纳税信息进行交叉比对、核查的一项制度。

2. 对税法及其实施条例，以及相关法律、法规规定纳税人必须自行申报的，税务机关应要求其自行向主管税务机关进行纳税申报。

3. 税务机关接受纳税人、扣缴义务人的纳税申报时，应对申报的时限、应税项目、适用税率、税款计算及相关资料的完整性和准确性进行初步审核，发现有误的，应及时要求纳税人、扣缴义务人修正申报。

4. 税务机关应对双向申报的内容进行交叉比对和评估分析，从中发现问题并及时依法处理。

（三）加强高收入者的重点管理

1. 税务机关应将下列人员纳入重点纳税人范围：金融、保险、证券、电力、电信、石油、石化、烟草、民航、铁道、房地产、学校、医院、城市供水供气、出版社、公路管理、外商投资企业和外国企业、高新技术企业、中介机构、体育俱乐部等高收入行业人员；民营经济投资者、影视明星、歌星、体育明星、模特等高收入个人；临时来华演出人员。

2. 各级税务机关应从下列人员中，选择一定数量的个人作为重点纳税人，实施重点管理：

（1）收入较高者；

（2）知名度较高者；

（3）收入来源渠道较多者；

（4）收入项目较多者；

（5）无固定单位的自由职业者；

（6）对税收征管影响较大者。

3. 各级税务机关对重点纳税人应实行滚动动态管理办法，每年都应根据本地实际情况，适时增补重点纳税人，不断扩大重点纳税人管理范围，直至实现全员全额管理。

4. 税务机关应对重点纳税人按人建立专门档案，实行重点管理，随时跟踪其收入和纳税变化情况。

5. 各级税务机关应充分利用建档管理掌握的重点纳税人信息，定期对重点纳税人的收入、纳税情况进行比对、评估分析，从中发现异常问题，及时采取措施堵塞管理漏洞。

6. 省级（含计划单列市）税务机关应于每年7月底以前和次年1月底以前，分别将所确定的重点纳税人的半年和全年的基本情况及收入、纳税等情况，用Excel表格的形式填写《个人所得税重点纳税人收入和纳税情况汇总表》报送国家税务总局（所得税管理司）。

7. 各级税务机关应强化对个体工商户、个人独资企业和合伙企业投资者以及独立从事劳务活动的个人的个人所得税征管：

（1）积极推行个体工商户、个人独资企业和合伙企业建账工作，规范财务管理，健全财务制度。有条件的地区应使用税控装置加强对纳税人的管理和监控。

（2）健全和完善核定征收工作，对账证不全、无法实行查账征收的纳税人，按规定实行核定征收，并根据纳税人经营情况及时进行定额调整。

（3）加强税务系统的协作配合，实现信息共享，建立健全个人所得税情报交流和异地协查制度，互通信息，解决同一个投资者在两处或两处以上投资和取得收入合并缴纳个人所得税的监控难题。

（4）加强个人投资者从其投资企业借款的管理，对期限超过1年又未用于企业生产经营的借款，严格按照有关规定征税。

（5）要严格对个人投资的企业和个体工商户税前扣除的管理，定期进行检查。对个人投资者以企业资金为本人、家庭成员及其相关人员支付的与生产经营无关的消费性、财产性支出，严格按照规定征税。

（6）加强对从事演出、广告、讲课、医疗等人员的劳务报酬所得的征收管理，全面推行预扣预缴办法，从源泉上加强征管。

8. 税务机关要加强对重点纳税人、独立纳税人的专项检查，严厉打击涉税违法犯罪行为。各地每年应当通过有关媒体公开曝光2—3起个人所得税违法犯罪案件。

9. 税务机关要重视和加强重点纳税人、独立纳税人的个人所得税日常检查，及时发现征管漏洞和薄弱环节，制定和完善征管制度、办法。日常检查由省级以下税务机关的征管和税政部门共同组织实施。

实施日常检查应当制订计划，并按规定程序进行，防止多次、重复检查，防止影响纳税人的生产经营。

（四）加强税源的源泉管理

1. 税务机关应严格税务登记管理制度，认真开展漏征漏管户的清理工作，摸清底数。

2. 税务机关应按照有关要求建立和健全纳税人、扣缴义务人的档案，切实加强个人所得税税源管理。

3. 税务机关应继续做好代扣代缴工作，提高扣缴质量和水平：

（1）要继续贯彻落实已有的个人所得税代扣代缴工作制度和办法，并在实践中不断完善提高。

（2）要对本地区所有行政、企事业单位、社会团体等扣缴义务人进行清理和摸底，在此基础上按照纳税档案管理的指标建立扣缴义务人台账或基本账户，对其实行跟踪管理。

（3）配合全员全额管理，推行扣缴义务人支付个人收入明细申报制度。

（4）对下列行业应实行重点税源管理：金融、保险、证券、电力、电信、石油、石化、烟草、民航、铁道、房地产、学校、医院、城市供水供气、出版社、公路管理、外商投资企业、高新技术企业、中介机构、体育俱乐部等高收入行业；连续 3 年（含 3 年）为零申报的代扣代缴单位（以下简称“长期零申报单位”）。

（5）对重点税源管理的行业、单位和长期零申报单位，应将其列为每年开展专项检查的重点对象，或对其纳税申报材料进行重点审核。

4. 各级税务机关应充分利用与各部门配合的协作制度，从公安、工商、银行、文化、体育、房管、劳动、外汇管理等社会公共部门获取税源信息。

5. 各级税务机关应利用从有关部门获取的信息，加强税源管理、进行纳税评估。税务机关应定期分析税源变化情况，对变动较大等异常情况，应及时分析原因，采取相应管理措施。

6. 各级税务机关在加强查账征收工作的基础上，对符合《征管法》第三十五条规定情形的，采取定期定额征收和核定应税所得率征收，以及其他合理的办法核定征收个人所得税。对共管个体工商户的应纳税经营额由国家税务总局负责核定。

7. 主管税务机关在确定对纳税人的核定征收方式后，要选择有代表性的典型户进行调查，在此基础上确定应纳税额。典型调查面不得低于核定征收纳税人的3%。

（五）加强全员全额管理

全员全额管理，是指凡取得应税收入的个人，无论收入额是否达到个人所得税的纳税标准，均应就其取得的全部收入，通过代扣代缴和个人申报，全部纳入税务机关管理。

各级税务机关应本着先扣缴义务人后纳税人，先重点行业、企业和纳税人后一般行业、企业和纳税人，先进“笼子”后规范的原则，积极稳妥地推进全员全额管理工作。

各级税务机关要按照规定和要求，尽快建立个人收入档案管理制度、代扣代缴明细账制度、纳税人与扣缴义务人向税务机关的双向申报制度、与社会各部门配合的协税制度，为实施全员全额管理打下基础。

各级税务机关应积极创造条件，并根据金税工程三期的总体规划和有关要求，依托信息化手段，逐步实现全员全额申报管理，并在此基础上，为每个纳税人开具完税凭证（证明）。

税务机关应充分利用全员全额管理掌握的纳税人信息、扣缴义务人信息、税源监控信息、有关部门、媒体提供的信息、税收管理人员实地采集的信息等，依据国家有关法律和政策法规的规定，对自行申报纳税人的纳税申报情况和扣缴义务人扣缴税情况的真实性、准确性进行分析、判断，开展个人所得税纳税评估，提高全员全额管理的质量。

税务机关应加强个人独资和合伙企业投资者、个体工商户、独立劳务者等无扣缴义务人的独立纳税人的基础信息和税源管理工作。

个人所得税纳税评估应按“人机结合”的方式进行，其基本原理和流程是：根据当地居民收入水平及其变动、行业收入水平及其变动等影响个人所得税的相关因素，建立纳税评估分析系统；根据税收收入增减额、增减率或行业平均指标模型确定出纳税评估的重点对象；对纳税评估对象进行具体评估分析，查找锁定引起该扣缴义务人或者纳税人个人所得税变化的具体因素；据此与评估对象进行约谈，要求其说明情况并纠正错误，或者交由稽查部门实施稽查，并进行后续的重点管理。

税务机关应设置纳税评估分析指标、财务分析指标、业户不良记录评析指标，通过分析确定某一期间个人所得税的总体税源发生增减变化的主要行业、主要企业、主要群体，确定纳税评估重点对象。个人所得税纳税评估的程序、指标、方法等按照总局《纳税评估管理办法》（试行）及相关规定执行。

练习与思考

一、概念题

1. 个人所得税　　2. 居民纳税人

3. 非居民纳税人　　4. 超额累进税率

5. 特许权使用费所得　　6. 财产租赁所得

7. 自行申报纳税　　8. 全员全额扣缴申报

二、思考题

1. 居民纳税人和非居民纳税人的界定标准及纳税义务是什么？
2. 个人所得税的应税所得项目有哪些？
3. 企业改组改制过程中个人取得量化资产的征税问题是如何规定的？
4. 境外所得的税额扣除是如何规定的？
5. 工资薪金和劳务报酬的区别是什么？
6. 劳务报酬和稿酬的区别是什么？
7. 个人所得税的应税所得项目的税率是如何规定的？
8. 在中国境内无住所的个人工资薪金所得纳税义务是如何规定的？
9. 个人所得税的缴纳办法及适用范围是什么？
10. 全员全额扣缴申报是如何规定的？

三、案例题

案例 1：李某是一公司职员，2008 年的收入情况如下：

（1）每月取得工资收入 3 200 元。

（2）每月取得出租居民用房租金收入 4 000 元（按市场价出租，为取得税金凭证，且当期未发生修缮费用）。

（3）2 月取得 2007 年一次性奖金 48 000 元（2007 年的月工资为 2 800 元）。

（4）5 月取得一份为其他公司制图的劳务报酬 20 000 元。

（5）8 月取得上市公司分的股息、红利所得 10 000 元。

要求：计算李某 2008 年度应缴纳的个人所得税税额。

参考答案：

（1）工资应纳个人所得税税额 = ［（3 200 − 1 600）×10% − 25］×2 + ［（3 200 − 2 000）×10% − 25］×10 = 1 220（元）

（2）租金应纳个人所得税税额 = 4 000 ×（1 − 20%）×10% = 320（元）

（3）奖金应纳个人所得税税率的确定：48 000 ÷ 12 = 4 000（元），适用税率为 15%，速算扣除数为 125。

奖金应纳个人所得税税额 = 48 000 × 15% − 125 = 7 075（元）

（4）劳务报酬应纳个人所得税税额 = 20 000 ×（1 − 20%）×20% = 3 200（元）

（5）股息、红利所得应纳个人所得税税额 = 10 000 × 50% × 20% = 1 000（元）

（6）2008 年度应缴纳的个人所得税税额 = 1 220 + 320 + 7 075 + 3 200 + 1 000 = 12 815（元）

案例 2：王先生（中国公民，国内某单位职工）2009 年度收入情况如下：

（1）1—12 月份，每月应税工资收入（不含按规定缴纳的基本养老保险费、基本医疗保险费、失业保险费和住房公积金）均为 5 000 元。

（2）2 月，取得教育储蓄存款利息所得 500 元。

（3）3 月，向 A 企业转让一项非专利技术的使用权，成交价格 10 000 元。

（4）4 月，按照国家有关城镇房屋拆迁管理办法规定的标准取得拆迁补偿款 40 000元。

（5）5 月，因检举、揭发某人违法犯罪行为，获得政府部门颁发奖金 1 000 元。

（6）6 月，为 B 公司搞软件设计，获得报酬 20 000 元，刘某从中拿出 10 000 通过民政部门捐赠给某福利性敬老院。

（7）7 月，参与电视台举办的有奖竞猜活动，获得奖品价值 500 元。

（8）8 月，取得省政府颁发的科技奖 5 000 元。

（9）9 月，因购房领取原提存的住房公积金 25 000 元。

（10）10 月，在 M 国出版一部专著，稿酬 25 000 元，已在 A 国缴纳个人所得税 2 850 元。

（11）11 月，转让自用达 5 年以上并且是唯一的家庭生活用房，取得所得 60 000 元。

（12）12 月，获得保险赔款 2 000 元。

要求：

（1）说明上述收入中，哪些不须缴纳个人所得税。

（2）计算各支付单位应扣缴的个人所得税。

（3）说明对于境外所得，王先生应如何申报纳税。

（4）说明王先生适用的税收优惠政策有哪些。

参考答案：

（1）上述收入中，第（1）、（3）、（6）、（7）、（10）项收入须缴纳个人所得税；第

（2）、（4）、（5）、（8）、（9）、（11）、（12）项收入免征个人所得税。

（2）计算各支付单位应扣缴的个人所得税：

任职单位按“工资薪金所得”项目扣缴税款＝［（5 000－2 000）×15%－125］×12＝3 900（元）

A企业按“特许权使用费所得”项目扣缴税款＝10 000×（1－20%）×20%＝1 600（元）

B公司按“劳务报酬所得”项目扣缴税款＝［20 000×（1－20%）－10 000］×20%＝1 200（元）

电视台按“偶然所得”项目扣缴税款＝500×20%＝100（元）

各支付单位每月所扣的税款，应在次月7日内缴入国库，并向税务机关报送扣缴报告表。

（3）境外稿酬所得税款扣除限额＝25 000×（1－20%）×20%×（1－30%）＝2 800（元）

因王先生在M国实际缴纳个人所得税2 850元，超出扣除限额50元，不能在本年度扣除，但可在以后5个纳税年度的该国扣除限额的余额中补扣。王先生应在年度终了后30日内，向境内户籍所在地或经常居住地税务机关申报，并提供境外税务机关填发的完税凭证原件。

（4）王先生适用的税收优惠政策有：省级人民政府、国务院部委和中国人民解放军军以上单位，以及外国组织、国际组织颁发的科学、教育、技术、文化、卫生、体育、环境保护等方面的奖金，免征个人所得税。对个人取得的教育储蓄存款利息所得，免征个人所得税。个人实际领（支）取原提存的基本养老保险金、基本医疗保险金、失业保险金和住房公积金时，免征个人所得税。对被拆迁人按照国家有关城镇房屋拆迁管理办法规定的标准取得的拆迁补偿款，免征个人所得税。个人举报、协查各种违法、犯罪行为而获得的奖金，免征个人所得税。个人转让自用达5年以上并且是唯一的家庭生活用房取得的所得，免征个人所得税。保险赔款，免征个人所得税。

案例3：高某是自由职业者（中国公民），2008年度收入情况如下：

（1）受托对一房屋进行设计，取得劳务报酬15 000元。

（2）出版中篇小说一部，取得报酬50 000元，后因小说畅销，加印2 000册，取得出版社支付的稿酬10 000元，之前在报刊连载取得报社支付的稿酬3 000元。

（3）为某公司制图取得收入5 000元。

（4）向某公司提供一项专有技术，一次取得专有技术使用费40 000元。

（5）在A国进行翻译取得收入30 000元，在B国讲学取得收入70 000元，已分别按照收入来源国税法规定缴纳了个人所得税5 000元和18 000元。

要求：计算高某2008年度应缴纳的个人所得税税额。

参考答案：

（1）劳务报酬应纳个人所得税税额＝15 000×（1－20%）×20%＝2 400（元）

（2）出版社支付稿酬应纳个人所得税税额＝（50 000＋10 000）×（1－20%）×20%×（1－30%）＝6 720（元）

报社支付稿酬应纳个人所得税税额 = （3 000 - 800） ×20% × （1 - 30%） = 308（元）

稿酬应纳个人所得税税额 =6 720 +308 =7 028 （元）

（3） 制图应纳个人所得税税额 =5 000 × （1 - 20%） ×20% =800 （元）

（4） 专有技术使用费应纳个人所得税税额 =40 000 × （1 - 20%） ×20% =6 400（元）

（5） A 国翻译收入属于劳务报酬收入，畸高收入加征计算：

抵扣限额 =30 000 × （1 - 20%） ×30% -2 000 =5 200 （元） 因其实际境外纳税5 000元未超限额，境外已纳税额可全额抵扣，并需要在我国补税：

应补税 =5 200 -5 000 =200 （元）

B 国讲学收入属于劳务报酬收入，畸高收入加征计算：

抵扣限额 =70 000 × （1 -20%） ×40% -7 000 =15 400 （元）

因其实际境外纳税 18 000 元超过限额，境外已纳税款只可抵扣 15 400 元，并不需要在我国补税，超限额部分的 2 600 元不影响在 A 国的应纳税额，也不得在本年度应纳税额中抵扣，这能在未来 5 个纳税年度内从来自 B 国所得的未超限额的部分中补扣。

案例 4：张先生在 D 市承包经营一家饭店（某事业单位下属企业），承包期 3 年，每年从税后利润中上缴承包费 50 万元。该饭店 2009 年度有关情况如下：

（1） 营业收入 384 万元；营业成本 215 万元；营业费用 58.36 万元，其中业务招待费 3.92 万元。

（2） 缴纳营业税 19.2 万元，缴纳城市维护建设税和教育费附加 1.92 万元。

（3） 财务费用 0.32 万元，系银行借款费用。该项借款是年初因经营需要借入的。

（4） 营业外支出 1.2 万元。经查属材料物资损失，已向税务机关申报，准予在税前扣除。

（5） 该饭店共有职工 20 人（包括张先生在内），全年发放并计入费用的工资支出 30 万元，其中张先生全年工资 2.82 万元；计提职工福利费、工会经费、职工教育经费 4.81 万元。2006 年企业计税工资标准为：1—6 月份每人每月 800 元，7—8 月份每人每月 1 600元。

要求：

（1） 计算该饭店应纳的企业所得税。

（2） 计算张先生应纳的个人所得税。

解析：

（1） 计算该饭店应纳的企业所得税：

纳税调整前所得 =384 -215 -58.36 -19.20 -1.92 -0.32 -1.20 =88 （万元）

按会计制度计算的利润总额也是 88 万元。

纳税调整：

A. 业务招待费扣除标准 =3.92 ×60% =2.35 （万元）

业务招待费扣除限额 =384 ×5‰ =1.92 （万元）

应调增所得额 =3.92 -1.92 =2 （万元）

B. 张先生的工资不能计入工资总额，故工资总额为 27. 18 (30 - 2. 82) 万元。

C. 三项经费扣除限额 = 27. 18 × (14% + 2% + 2. 5%) = 5. 03 (万元)

因实际计提的三项经费 4. 81 万元，未超过扣除限额，故无需调整。

应纳税所得额 = 88 + 2 = 90 (万元)

应纳企业所得税税额 = 90 × 25% = 22. 5 (万元)

(2) 计算张先生应纳的个人所得税：

该饭店实现的净利润 = 88 - 22. 5 = 65. 5 (万元)

应纳税所得额 = 65. 5 - 50 + 2. 82 - 0. 2 × 12 = 15. 92 (万元)

应纳个人所得税税额 = 159 200 × 35% - 6 750 = 48 970 (元)